铁路机车乘务员学习指导丛书

CRH2A、CRH380B(L)型动车组专业知识

北京铁路局　编

中国铁道出版社

2017年·北京

内 容 简 介

本书是针对铁路机车车辆驾驶人员资格考试而编写的培训教材。内容包括高速铁路专业及相关理论知识、CRH2A 型动车组专业知识、CRH380B(L)型动车组专业知识、练习题和模拟试卷等。

本书可作为机车乘务员晋升、增驾资格考试培训教材,也可作为机车乘务员、整备及运用安全管理人员日常技术培训教材。

图书在版编目(CIP)数据

CRH2A、CRH380B(L)型动车组专业知识/北京铁路局编.
—北京:中国铁道出版社,2017.9
(铁路机车乘务员学习指导丛书)
ISBN 978-7-113-23763-9

Ⅰ.①C… Ⅱ.①北… Ⅲ.①高速动车-资格考试-教材
Ⅳ.①U266

中国版本图书馆 CIP 数据核字(2017)第 216627 号

书　　名: 铁路机车乘务员学习指导丛书
CRH2A、CRH380B(L)型动车组专业知识
作　　者: 北京铁路局 编

责任编辑: 孙 楠　**编辑部电话:** 010-51873421　**电子信箱:** tdpress@126.com
编辑助理: 王晓阳
封面设计: 王镜夷
责任校对: 孙 玫
责任印制: 高春晓

出版发行: 中国铁道出版社(100054,北京市西城区右安门西街 8 号)
网　　址: http://www.tdpress.com
印　　刷: 北京铭成印刷有限公司
版　　次: 2017 年 9 月第 1 版　2017 年 9 月第 1 次印刷
开　　本: 787 mm×1 092 mm　1/16　**印张:** 30.25　**字数:** 718 千
书　　号: ISBN 978-7-113-23763-9
定　　价: 76.00 元

编委会名单

Preface 前言

随着铁路改革深化和新设备、新技术的应用，如何学好、用好法律法规、规章制度和各型机车、动车组专业知识，如何进一步提高机车乘务员、动车组司机和机务运用安全专业管理人员业务素质，是当前机务专业的重点工作。为此，我们以现行法律法规、专业规章、各机型技术标准和国家铁路局《2017年铁路机车车辆驾驶人员资格考试大纲》为依据，参考近几年铁路机车车辆驾驶人员资格考试主办单位发布的复习考试要求，在北京铁路局机务系统多年开展培训、积累经验、收集资料的基础上，组织编写了铁路机车乘务员学习指导丛书。本套丛书共5本，分别为《普速铁路机务行车安全规章》《高速铁路机务行车安全规章》《DF_4、DF_7型内燃机车专业知识》《HXD_2、HXD_3型电力机车专业知识》《CRH2A、CRH380B(L)型动车组专业知识》。

本套丛书内容重点突出，贴近现场，且符合考试大纲要求，让师生教与学有所遵循，提高培训质量和学习效果；使学员掌握考试大纲规定的专业知识与技能，提高学员分析与解决问题的能力，能够扎实、熟练、灵活地应对资格考试；本书内容兼顾机车乘务员岗位应知应会内容，通过培训提高其岗位适应能力，更好地满足工作需要。该书是机车乘务员晋升、增驾资格考试培训教材，是机车乘务员、整备及运用安全管理人员日常技术培训教材，亦可作为培训机构专项培训教材。

本套丛书由北京铁路局职工教育处、机务处组织编写。在编写过程中，查阅了大量的参考资料，多次开展专题交流与研讨。在缩写结构上，注重逻辑性、层次性并兼顾系统性；在内容编排上，主要考虑适用于机车乘务员岗位工作需要，同时兼顾资格考试所需知识，理论知识与实践内容相结合，突出分析问题、解决问题能力的培养；在文字表述上，力求准确、精炼、通俗易通。部分章附有思考题，巩固学员所学知识。

《CRH2A、CRH380B(L)型动车组专业知识》共分四部分：第一部分高速铁路专业及相关理论知识；第二部分 CRH2A 型动车组专业知识；第三部分 CRH380B(L)型动车组专业知识；第四部分练习题题库及模拟试卷。内容包括动车组基本构造，连接装置与转向架基本部件组成及功用，高速铁路及动车组技术概论，高速铁路行车组织和调度指挥系统，动车组通信信号系统基本组成，人机工程与行车安全装备，高速铁路牵引供电基本知识及动车组过分相控制原理，CRH2A 型、CRH380B(L)型动车组总体及主要技术参数、牵引传动系统、制动系统、控制系统、网络信息控制系统、列车运行控制系统基本组成和原理，动车组列控车载设备基本操作，动车组检查试验等，以及结合上述内容编制的思考题、练习题题库，便于干部职工学习掌握。

本书由王永辉主编。其中，第一部分由任中魁、邓毅、耿鹏编写，第二部分由王勇、胡晓冰、冯伯庆编写，第三、四部分由王永辉、任中魁、赵军、方小龙、杨炳辉编写。全书经李明、陈铮、李鸥、孙彬、吴宜诚、芦智、宋亚军、张涛、张同、邓洪、郭志明、张晨月、侯跃文等集体审定。

本书在编写过程中参考和借鉴了相关路内外的书籍、资料，在此一并对有关作者和出版社深表谢意。

由于编者水平有限，书中难免有错漏之处，恳请读者批评指正。

编　者

2017 年 6 月

Contents 目录

第一部分 高速铁路专业及相关理论知识

第二部分　CRH2A 型动车组专业知识

第三部分　CRH380B(L)型动车组专业知识

第四部分 练习题题库及模拟考试

第一部分　高速铁路专业及相关理论知识

第一章　动车组基本构造

本章主要介绍了高速动车组的基本组成、分类以及动车组的主要技术参数。从业人员通过对本章的学习能初步了解动车组基础知识，有助于后面章节内容学习时的理解、掌握。

第一节　高速动车组基本组成和分类

一、动车组定义

由若干带动力的车辆（动车）和不带动力的车辆（拖车）组成的、在正常使用寿命周期内始终以固定编组运行、不能随意更改编组的一组特殊列车。

二、动车组分类

1. 按动力类型分

内燃动车组——由柴油机提供动力；

电力动车组——由牵引接触网提供动力。

2. 按动力配置分

动力集中式——就是指将整车动力集中在动车组一端或两端的车辆上，其余中间车辆不带动力（即为拖车），与常规意义上的机车牵引若干车辆的列车相似，例如 ICE-1、TGV-A 等。

动力分散式——就是指将整车动力分散到动车组的若干车辆上，中间车辆有带动力的（即动车），也有不带动力的（即拖车），也可以全部车辆都带动力，例如 300 系、500 系、ICE-3 等。

我国引进、合作生产及自主研发的动车组包括 200 km/h 速度等级、300 km/h 速度等级、380 km/h 速度等级，均属于动力分散式交流传动电动车组。

三、动车组基本组成

一般动车组有动车（M 车）和拖车（T 车）、带司机室车和不带司机室车等多种形式。

通常动车组由以下八部分组成：

1. 车体

车体分有司机室车体和无司机室车体两种。

作用:安装基础+承载骨架。

车体是容纳乘客和司机驾驶(对于有司机室的车辆)的地方,又是安装与连接其他设备和部件的基础和骨架。通常车体由底架、端墙、侧墙和车顶等组成。

近代动车组车体均采用整体承载的钢结构或轻金属结构,以实现在最轻的自重条件下满足强度和刚度要求。

2. 转向架

转向架有动力转向架和非动力转向架之分。

作用:承载+转向+平稳+制动,而动力转向架还有驱动(牵引)。

转向架位于车辆的最下部,在车体与轨道之间。它牵引和引导车辆沿着轨道行驶,并承受和传递来自车体及线路的各种载荷,同时缓和其动力作用。它是保证车辆运行品质的关键部件。

转向架一般由构架、弹簧悬挂装置、轮对轴箱装置和基础制动装置等组成。而对于动力转向架还装设有驱动装置(包括牵引电动机和传动齿轮)。

3. 牵引传动和控制系统

作用:实现电能有效传递和转换+控制列车正常运行。动车组的牵引传动和控制系统主要是指动车电气设备,包括动车(或拖车)上的各种电气设备及其控制电路。按其作用和功能可分为主传动电路系统、辅助电路系统和电子与控制电路系统三部分。

(1)主传动电路系统主要包括主变压器、变流装置和牵引电机等;

(2)辅助电路系统主要包括各种通风冷却装置;

(3)电子与控制电路系统主要包括与牵引传动系统有关的各种控制装置。

4. 制动装置

制动装置包括机械部分、空气管路部分和电气控制部分。

作用:产生一定的制动力,使列车减速或停车。

制动装置是保证列车安全运行必不可少的装置。不仅在动车上要装设制动装置,而且在拖车上也要装设制动装置,这样才能使运行中的车辆按需要减速或在规定的距离内停车。现代动车组通常以再生制动为首选制动方式。

5. 车端连接装置

车端连接装置包括各种车钩缓冲装置、铰接装置和风挡等。

作用:连接车辆成列+缓和纵向冲击+传递各种控制信号等。

一般车辆编组成列必须借助于连接装置,即所谓车钩。当然铰接式动车组通常采用铰接装置来代替车钩。

为了改善列车纵向平稳性,一般在车钩的后部装设缓冲装置,以缓和列车冲动。另外还必须借助于简便且可靠的连接头将车辆之间的电气和空气管路很好的连通。

牵引缓冲连接装置有如下几种形式:

(1)全自动车钩和缓冲器;

(2)半自动车钩和缓冲器;

(3)半永久牵引杆;

(4)各种形式的铰接装置。

6. 受流装置

作用:将电流(能)导入动车。

从接触导线(接触网)或导电轨(第三轨)将电流引入动车的装置称为受流装置或受流器。

受流装置按其受流方式有多种形式,但高速动车组通常采用受电弓受流器。属上部受流,受电弓可根据需要进行升降。

在受流制式上,目前世界各国高速铁路既有采用直流供电(1 500 V、3 000 V),也有采用交流供电($16\frac{2}{3}$ Hz,15 kV;50 Hz,25 kV)。

我国客运专线全部采用单相交流 50 Hz,25 kV。

7. 车辆内部设备(或车辆辅助装置)

作用:保证乘客乘坐安全舒适+车辆运行平稳。

车辆内部设备包括服务于乘客的车体内的固定附属装置和服务于车辆运行的辅助设备。

8. 列车控制与检测网络系统(TCMS-Train Control and Monitoring System)

作用:对整个列车的牵引、制动和车内所有设备进行控制、监测和诊断。

该系统主要由列车信息中央装置(CCU)、列车信息终端装置、列车信息显示器(含 IC 卡架)、列车总线(WTB-Wired Train Bus)、车辆总线(MVB-Multifunction Vehicle Bus)、控制总线(CAN-Controller Area Network)、网关(GW-GateWay)以及车内各种设备的监控、诊断和显示装置等组成。

第二节　动车组的主要技术参数

动车组车辆技术参数是概括地说明车辆技术规格的某些指标,是从总体上表征车辆性能及结构的一些参数。一般分性能参数与主要尺寸两大类。

一、车辆性能参数

1. 自重、载重和容积

自重是车辆本身的全部质量,以 t 为单位;载重即车辆允许的正常最大装载质量,以 t 为单位;容积即表示装载空间,以 m^3 为单位。

2. 构造速度

指车辆设计时,按安全及结构强度等条件所允许的车辆最高行驶速度。车辆实际运行速度一般不允许超过构造速度。

3. 轴重

轴重是指按车轴型式及在某个运行速度范围内该轴允许负担的并包括轮对本身质量在内的最大总质量。

轴重的选择与线路、桥梁及车辆走行部的设计标准有关。

4. 每延米轨道载重

每延米轨道载重是车辆设计中与桥梁、线路强度密切相关的一个参数,同时又是能否充分利用站线长度、提高运输能力的一个指标。其数值是车辆总质量与车辆全长之比。

5. 能通过的最小曲线半径

指装备某种型式转向架的车辆在站场或厂、段内调车作业时所能安全通过的最小曲线半径。

当车辆在此曲线区段上行驶时不得出现脱轨、倾覆等危及行车安全的事故,也不允许转向架与车体底架或与车下其他悬挂部件相碰。

6. 轴配置(一般用轴列式表示)

轴配置表示动轴与非动轴等排列情况。而所谓轴列式是指用英文字母或数字来表示车辆走行部结构特点的一种简单方法。

通常,英文字母表示动轴数(A:一根动轴;B:两根动轴;C:三根动轴等);数字表示从轴数(1:一根从轴;2:两根从轴;3:三根从轴等)。

通常高速动车有前后两台转向架,则其轴列式可表示为 B—B;而拖车的轴列式可表示为 2—2。

7. 最大启动加速度、剩余加速度、平均启动加速度、最大制动减速度和平均制动减速度

最大启动加速度是指列车在启动过程(正常定员、直线和平道)中所能够达到的最大加速度。一般要求最大启动加速度≥0.4m/s^2。

剩余加速度是指列车速度达最大时的加速度。一般要求剩余加速度≥0.1 m/s^2。

平均启动加速度是指列车速度从 0 增至某一速度(一般为 120～150 km/h)之间的平均加速度。

最大制动减速度是指列车在额定载荷下,在空气制动和再生制动共同作用下所能达到的减速度之最大值。一般情况下:最大制动减速度≥1.0 m/s^2。

平均制动减速度是指列车在额定载荷下,自最大运行速度制动减速直至停车过程中的平均减速度。

8. 单位自重功率指标

指整车总功率与整车自重之比。

一般在 10～15 kW/t 之间。

9. 供电电压、最大网电流和牵引电机功率

目前世界各国高速铁路既有采用直流供电(电压为 1 500 V 或 3 000 V),也有采用交流供电,且有两种情况:

①当频率为 16⅔ Hz 时,电压为 15 kV;

②当频率为 50 Hz 时,电压为 25 kV。

牵引电机功率由列车运行工况决定,单电机功率通常为:

动力集中式动车组为 1 200～1 400 kW,

而动力分散式动车组为 200～300 kW。

10. 制动形式

动车组的制动形式有多种,通常有:

(1)摩擦制动,包括踏面制动和盘形制动;

(2)再生制动(即反馈制动)；

(3)电阻制动；

(4)涡流制动和磁轨制动等。

11. 座席数及单位地板面积站立人数

座席数根据车内布置情况确定。一般情况下，二等座的座席布置为2＋3，一等座的座席布置为2＋2。单辆车座席数最多约100人，最少约50人。

二、车辆主要尺寸

1. 车辆外形尺寸

包括车辆全长、最大宽度和最大高度等。

其中：车辆全长有车钩中心线连接长度和车体长度之分；车辆宽度是指车体最宽部分的尺寸；而车辆最大高度是指车辆顶部最高点到钢轨水平面的距离。

车辆最大宽度和最大高度必须符合车辆限界的要求。

2. 车体内部的长、宽、高

车体内部的尺寸必须满足大部分旅客的乘坐要求。

3. 车钩高

指车钩钩舌的水平中心线至轨面的高度。

我国现行铁路规定新造或修竣后的空车标准车钩高度为880 mm，而我国高速动车组和城市轨道交通车辆的车钩高度无统一标准。

4. 地板面高度

指新造或修竣后空车的地板面距轨面的高度。它受两个方面的制约：一方面，受车辆本身某些结构高度限制，如车钩和转向架；另一方面，又与站台高度的标准有关。

5. 车辆定距

指车辆两相邻转向架中心之间的距离。国产CRH2型动车组的车辆定距为17.5 m，CRH5型动车组的车辆定距为19 m，CRH1型动车组的车辆定距为19 m。

6. 转向架固定轴距(简称轴距)

指转向架内部两轴之间的距离。

一般：国产CRH2型动车组转向架轴距为2 500 mm，CRH1型和CRH5型动车组转向架轴距均为2 700 mm。

思考题

1. 简述动车组基本组成。
2. 动车组的制动形式有哪些？

第二章　连接装置与转向架基本部件组成及功用

本章主要介绍了动车组转向架基本部件组成、功用以及车体与转向架间的连接装置(即二系悬挂),同时对CRH2型、CRH380B(L)型动车组进行了重点介绍。从业人员通过对本章的学习能初步掌握动车组连接装置与转向架方面基础知识。

第一节　概　述

转向架是机车车辆最重要的组成部件之一。其结构是否合理直接影响机车车辆的运行品质(即平稳性)、动力性能(即稳定性)和行车安全(即安全性)。

高速列车在全世界各地的疾速奔驰,现代城轨车辆的飞速发展,无一不与转向架技术的进步发展息息相关。可以毫不夸张地说,转向架技术是“靠轮轨接触驱动运行的现代机车车辆”得以生存发展的核心技术之一。

由于各国铁路发展历史和背景的不同以及技术条件上的差异,致使各国研制的高速转向架结构类型相差较多。然而在设计原则上的共识和实践经验却导致高速转向架形式上的众多相同之处,如采用空气弹簧悬挂系统、无磨耗轴箱弹性定位、盘形制动为主的复合制动系统等。

高速动车组转向架设计原则:

1. 采用高柔性的弹簧悬挂系统,以获得良好的振动性能。这种高柔性空气弹簧在速度300 km/h以下能表现出其优越性。

2. 采用高强度、轻量化的转向架结构,以降低轮轨间动力作用。

3. 采取能有效地抑制转向架蛇行运动、提高转向架蛇行运动临界速度的各种措施。

4. 驱动装置采用简单、实用、可靠和成熟的结构,尽量减小簧下质量和簧间质量,以改善轮轨间的动作用力,提高高速运行稳定性。

5. 基础制动装置采用复合制动系统。

第二节　转向架的组成及功能

一、组成及各部分的作用

一般动车组转向架可分为动力转向架和非动力转向架,其主要组成部分及其作用如下:

1. 轮对——轮对直接向钢轨传递质量,通过轮轨间的黏着产生牵引力或制动力,并通过车轮的回转实现车辆在钢轨上的运行(平移)。

2. 轴箱——轴箱是联系构架与轮对的活动关节,它除了保证轮对进行回转运动外,还能使轮对适应线路不平顺等条件，相对于构架上、下，左、右和前、后运动。

3. 一系悬挂（弹簧悬挂装置）——用来保证一定的轴重分配，缓和线路不平顺对车辆的冲击，并保证车辆运行平稳性。它包括轴箱弹簧、垂向减振器和轴箱定位装置等。

4. 构架——转向架的骨架，它将转向架的各个零部件组成一个整体，并承受和传递各种力。它包括侧梁、横梁或端梁以及各种相关设备的安装或悬挂支座等。

5. 二系悬挂（车体与转向架间的连接装置）——用以传递车体与转向架间的垂向力和水平力，使转向架在车辆通过曲线时能相对于车体回转，并进一步减缓车体与转向架间的冲击振动，同时必须保证转向架稳定。它包括二系弹簧、各方向减振器、抗侧滚装置和牵引装置等。

6. 驱动装置（仅动力转向架有）——将动力装置的扭矩最后有效地传递给车轮，驱动机车或动车前进。包括牵引电机、车轴齿轮箱、联轴节或万向轴和各种悬吊机构等。

7. 基础制动装置——由制动缸传来的力，经放大系统（一般为杠杆机构）增大若干倍以后传给闸瓦（或闸片），使其压紧车轮（或制动盘），对车辆施行制动。包括制动缸（气缸或油缸）、放大系统（杠杆机构或空—油转换装置）、制动闸瓦（或闸片）和制动盘等。

一般动车组的非动力转向架与动力转向架的最主要区别是：非动力转向架没有驱动装置。

二、功　能

1. 承载——承受车架以上各部分的质量（包括：车体、车架、动力装置和辅助装置等等），并使轴重均匀分配。

2. 驱动（仅动力转向架有）——保证必要的轮轨黏着，并把轮轨接触处产生的轮周牵引力传递给车架、车钩，牵引列车前进。

3. 缓冲——缓和线路不平顺对车辆的冲击，保证车辆具有良好的运行平稳性和稳定性。

4. 转向——保证车辆顺利通过曲线。

5. 制动——产生必要的制动力，以使车辆在规定的距离内减速或停车。

第三节　CRH 系列动车组转向架

一、CRH2 型动车组转向架简介

CRH2 型动车组采用 4M4T 的编组形式，其动车（M 车）和拖车（T 车）分别装用了动力转向架（M 转向架）和非动力转向架（T 转向架）。两转向架型号分别为 SKMB-200 和 SK-TB-200，其中 S，K 分别代表中车四方（Sifang）和川崎重工（Kawasaki），M 和 T 分别表示动车和拖车，B 表示转向架（Bogie），200 代表运行速度级。

CRH2 型动车组由川崎重工负责方案选型和技术设计，转向架以川崎重工为东日本铁路公司提供的 E2-1000 系动车组转向架为原型，其 M 转向架的型号为 DT206，T 转向架为 TR7004。为适用于中国铁路，对原型车转向架方案进行了部分变更设计。

动车组中所有M转向架的结构形式是相同的，T转向架的结构形式除两辆端部头车(T1、T4号车)因安装排障装置和LKJ2000型速度传感器略有差异外，其他结构均相同。

(一)CRH2型动车组转向架基本结构特征

1. 无摇枕H形构架之转向架。

2. 采用轻量、小型、简洁的结构。

3. 采用小轮径(ϕ860 mm)的车轮以减少簧下质量。

4. 采用内孔为ϕ60 mm的空心车轴，该内孔同时有利于对车轴进行超声波探伤。

5. 轴箱采用转臂式定位，轴箱弹簧采用双圈钢圆簧。

6. 二系采用具有高度自动调节装置的空气弹簧，且其辅助风缸由无缝钢管制成的横梁内腔承担。

7. 采用抗蛇行减振器兼顾高速稳定性和曲线通过性能。

8. 采用单拉杆式中央牵引装置传递纵向力。

9. 动车转向架上装用轻型交流异步牵引电机。

10. 采用挠性浮动齿式联轴式牵引电动机架悬式驱动装置。

11. 基础制动装置采用液压油缸卡钳式盘形制动。

12. 全部车轮装有机械制动盘(轮盘)。

13. 拖车转向架车轴上装有机械制动盘(轴盘)。

14. 利用踏面清扫装置改善轮轨间运行噪声和黏着状态。

(二)主要技术参数

与转向架有关的主要技术参数见表2-1，转向架详细技术参数见表2-2。

表2-1 转向架主要技术参数表

项　目	参　数
设计最高速度(km/h)	250
营业最高速度(km/h)	200
额定轴重(t)	14
满员时最大轴重(200%定员)(t)	16
编组能通过的最小曲线半径(m)	180
单车调车能通过的最小曲线半径(m)	130
转向架转角(°)	4.0
轴距(mm)	2 500
车轮直径　新/磨耗到限(mm)	ϕ860/790
适用轨距(mm)	1 435
自重下空气弹簧上平面距轨面高度(mm)	1 000

表2-2 转向架详细技术参数表

项目＼转向架形式	动车转向架 SKMB-200	拖车转向架 SKTB-200
转向架质量(t)	7.50	一般转向架：6.87 头车转向架：6.95
固定轴距(mm)	2 500	
车轮直径(mm)	ϕ860(最小使用直径 ϕ790)	
轴承中心间距(mm)	2 000	
转向架最大长度(mm)	3 416	一般转向架：3 416 头车转向架：3 566
转向架最大宽度(mm)	3 102(至空气弹簧筒为止)	
空气弹簧左右间隔(mm)	2 460	
空气弹簧有效直径(mm)	ϕ520	
驱动方式	平行万向节挠性联轴器、1 级减速齿轮方式	—
齿轮比	85:28=3.04:1	—
车轴轴承	ϕ130 密封复式圆锥滚子轴承	
制动方式	空油变换、轮盘方式	空油变换、轮盘轴盘并用方式
锁紧装置	油压缸：ϕ45×2	油压缸：ϕ32×2
制动倍率	18.367(增压比)×2(油压缸数量)=36.73	
闸片	烧结合金(锻钢盘片用)	
轴箱定位　方式	转臂式	
轴箱定位　弹性定位节点刚度(每轴箱)(MN/m)	纵向：13.7 横向：5.49	
减振方式及阻尼系数　一系垂向油压减振器(kN·s/m)	4×19.6	
减振方式及阻尼系数　二系横向油压减振器(kN·s/m)	2×58.8	
减振方式及阻尼系数　二系抗蛇行油压减振器(kN·s/m)	2×2450	

(三)动车转向架基本结构

CRH2 型动车组中的所有 M 车(第 2、3、6、7 号车)装用了 SKMB-200 型 M 转向架，转向架图纸编号为 SFEZ03-000-000。动车转向架主要由驱动轮对、轴箱、一系悬挂、构架、二系悬挂、驱动装置和基础制动装置等七部分组成。

动车转向架中垂向力、纵向力的传递过程

1. 垂向力(即重力)：

车体→橡胶空气弹簧→构架侧梁→轴箱圆弹簧＋转臂定位销→轴箱→车轴→车轮→钢轨。

2. 纵向力(牵引力或制动力)：

(轮轨间黏着)车轮→车轴→轴箱→轴箱转臂定位销→构架侧梁→构架横梁→牵引拉杆→中央牵引拉杆座→车体→车钩。

(四)拖车转向架基本结构

CRH2 型动车组中的所有 T 车(第 1、4、5、8 号车)装用了 SKTB-200 型拖车转向架,转向架图纸编号为 SFEZ04-000-000,其中第 4、5 号车所装用的拖车转向架,在轮对的二位侧(A 侧)安装了 AG37 型速度传感器,而第 1、8 号车所装用的拖车转向架,其第 2、3 位轮对的二位侧(A 侧)安装了 AG43 型速度传感器,其第 1、4 位轮对的二位侧(A 侧)安装了 AG37 型速度传感器,而一位侧(B 侧)安装了 LKJ2000 型速度传感器。此外,分别在第 1、8 号车的最外端四个轴箱下安装了排障装置(即扫石器)。

T 转向架实际上可细分为中间车 T 转向架和端部车 T 转向架两种类型,两者结构基本相同,只是端部车 T 转向架上装有排障器。T 转向架主要由轮对、轴箱、一系悬挂、构架、二系悬挂和基础制动装置六部分组成。

二、CRH380BL 型动车组转向架简介

CRH380BL 型动车组以成熟的高速转向架结构型式为基础,针对不同车辆载荷的要求,对转向架各部件质量、重心以及悬挂参数进行了调整,使其运行品质更加优越。

CRH380BL 型动车组转向架分动力转向架(M 转向架)和非动力转向架(T 转向架)两种类型。两种转向架不可互换,但其结构形式基本一致。转向架构架为 H 形箱形焊接结构,由两个中间为凹形的侧梁以及横梁组成;一系悬挂为螺旋钢弹簧加垂向减振器,转臂式定位方式;二系悬挂采用带有应急橡胶堆的空气弹簧支撑车体,在车体和转向架之间装有双抗蛇行减振器、横向减振器、垂向减振器、抗侧滚装置以及 Z 形双拉杆牵引装置。动力转向架采用轮盘制动方式;非动力转向架采用轴盘制动方式。转向架轴箱轴承采用自密封式圆锥滚动轴承。

CRH380BL 型动车组转向架主要技术参数见表 2-3。

表 2-3 CRH380BL 型动车组转向架主要技术参数

项　目	转向架	
	动力转向架	非动力转向架
轴列式	B_0	2
轨距(mm)	1 435	
最小曲线半径(m)动车组,连挂时(困难条件下)	低速时:250(150)	
最小曲线半径(m)单车调车	步行速度时:150	
S形曲线(m)	180＋10 过渡＋180	
持续运行速度(km/h)	350	

续上表

项　　目	转　向　架	
	动力转向架	非动力转向架
最高运行速度(km/h)	380	
最高试验速度(km/h)	420	
未平衡离心加速度(m/s^2)	0.79	
固定轴距(mm)	2 500	
车轮直径(mm)新/旧	920/830	920/860
最大静轴重(t)	17×(1±4%)(最大 17.68)	17×(1±4%)(最大 17.68)
转向架质量,包括枕梁及其零部件(kg)	≤10 000	≤8 000
一系悬挂	螺旋钢弹簧＋垂向减振器	
二系悬挂	空气弹簧＋抗侧滚扭杆＋横向减振器＋垂向减振器＋双抗蛇行减振器	
二系纵向力传递方式	Z 形双拉杆牵引装置	
转向架距轨面高度(mm)新车轮、空气弹簧充风状态下	1 010(枕梁上表面)	
传动	平行轴＋齿轮传动装置	—
持续轴功率(kW)	约 560	—
机械制动	轮盘盘形制动	轴盘盘形制动
停放制动	—	弹簧储能制动

(一)动力转向架

CRH380BL 型动车组中的动车分别装用了安装不同设施的十六个动力转向架。每个转向架轴端布置有轴温传感器,在每个动力转向架上安装有一个横向加速度传感器;EC01/16 车一位端转向架上有两个安装天线装置的端梁,转向架前端有扫石器,构架侧梁下部安装有自动过分相感应接收器;EC01、IC08、BC09 和 EC16 车转向架前端还安装有撒砂装置。动力转向架主要由焊接构架、一系悬挂及轮对轴箱定位装置、二系悬挂及牵引装置、抗侧滚扭杆装置、枕梁、驱动装置、基础制动装置、轴温报警装置、撒砂装置和 ATP 信号接收装置以及轮缘润滑装置等组成。

(二)非动力转向架

CRH380BL 型动车组中分别装用了十六个非动力转向架,该转向架的结构主要由焊接构架、一系悬挂及轮对轴箱定位装置、二系悬挂及牵引装置、抗侧滚扭杆装置、枕梁、停放储能制动装置、基础制动装置、轴温报警装置与接地回流装置和速度传感器装置等组成。

动力转向架与非动力转向架的主要区别如下:

(1)动力转向架有两根动力轴,动力轴上装有两个制动轮盘和一组齿轮箱。

(2)非动力转向架有两根非动力轴,非动力轴上装有三个制动轴盘。

(3)动力转向架比非动力转向架多一个电机吊架。

第四节　转向架构架

一、作用及组成

(一)作　　用

转向架构架是转向架的骨架,用以联系(安装)转向架各组成部分和传递各方向的力,并用来保持车轴在转向架内的位置。

(二)组　　成

转向架构架一般由左、右两根侧梁和一个或几个横梁(或端梁)等组成。

侧梁的作用:不仅是向轮对(或轮组)传递垂向力、横向力和纵向力的主要构件,还用来规定轮对的位置。

横梁的作用:保证构架在水平面内的刚度,保持各轴的平行及承托牵引电动机等部件。

根据组成构架的横梁或端梁的数量不同,转向架构架的基本结构类型可分为五种:

1. 由两根侧梁和中间一根横梁组成,通常称为“H”形构架;
2. 由两根侧梁和两根端梁组成,通常称为“口”字形构架;
3. 由两根侧梁和中间一根横梁再加两根端梁组成,通常称为“日”字形构架;
4. 由两根侧梁和中间两根横梁组成,通常称为“Ⅱ”形构架;
5. 由两根侧梁和中间两根横梁再加两根端梁组成,通常称为“目”字形构架。

横梁和侧梁的数量多少主要是根据构架强度、刚度以及转向架具体部件的安装悬挂需要设置的。但如果从构架强度和刚度方面考虑的话,最理想的结构应该是“H”形构架和“口”字形构架,原因是这两种构架属于“柔性”结构,当有集中载荷作用在构架上时,“柔性”结构构架能够通过自身的变形将集中载荷部分地传递到其他部分,起到“以柔克刚”的作用。而“目”字形构架最为“强壮”,在各种载荷作用下几乎不能变形,很容易出现应力集中而导致裂纹的出现。

CRH2 型动车组转向架构架是“H”形构架,属于“柔性”结构。

二、CRH2 型动车组转向架构架简介

(一)基本结构

CRH2 型动车组转向架构架有动车构架和拖车构架两种。构架为焊接结构,主体框架呈“H”形,由两侧梁和横梁构成。侧梁为箱形断面,横梁采用无缝钢管型材。

(二)构架组成

构架强度和刚度设计按照 JIS E 4207《铁路车辆用转向架设计通则》标准进行;并按照 JIS E 4208《铁道车辆用构架和摇枕的载荷的试验方法》标准实施静载荷试验来进行强度确认。

构架由侧梁、横梁、纵向连接梁、空气弹簧支承梁及其他焊接附件组成。动车转向架构架和拖车转向架构架主结构相似,不同之处主要是动车转向架构架设有电机吊座和齿轮箱吊座,拖车转向架构架设有轴盘制动吊座。

CRH2 型动车组转向架构架侧梁内设有筋板，提高侧梁承载刚度，并在侧梁外侧及两横梁间设置空气弹簧支承梁，两支承梁分别与两横梁连通，共同组成空气弹簧附加气室。靠近横梁与侧梁的连接处设置四个轮盘制动吊座。

两横梁之间设纵向连接梁，主要用于吊挂增压缸和设置横向减振器安装座及横向缓冲挡安装座。

1. 侧梁

动车构架侧梁和拖车构架侧梁结构相同。侧梁采用薄板焊接，内腔设加强筋板。

侧梁组成：轴箱弹簧座、转臂定位销座、横梁连接孔、减振器安装座。侧梁中央为两个加工形成的圆孔，以便横梁通过。侧梁两端采用筒体结构，支承在轴箱弹簧上。筒壁与侧梁梁体腹板采用对接焊缝。上盖板采用厚钢板，与侧梁上盖板对接。轴箱弹簧筒体外设轴箱减振器座，除为了安装减振器外，还有两个目的：一是在内侧立板上开设吊装孔，在转向架进行起吊时用于安装吊钩；二是用于安装轮对提吊，能够在转向架整体起吊时，通过轮对提吊使轮对装置随构架整体吊装。

2. 横梁

动车构架横梁和拖车构架横梁略有不同，动车构架横梁斜对称布置两电机吊座和齿轮箱吊座；拖车构架横梁上相应位置设置轴盘制动吊座。横梁组成：(1)M 车横梁组成：电机吊座、齿轮箱吊座、限位止挡、轮盘制动吊座、纵向连接梁。(2)T 车横梁组成：纵向连接梁、轮盘制动吊座、牵引拉杆座。

为了方便电机吊座与横梁的焊接作业和降低自重，在电机吊座的安装板上开设有圆形或长圆形孔，与电机吊座相对的另一侧设齿轮箱吊座。齿轮箱吊座下盖板上设安全挡座，在安全挡座间安装挡销，起到在故障工况下齿轮箱的安全托防护作用。

3. 纵向连接梁

在两横梁间设有两纵向连接梁，以连接两横梁提高横梁刚度。纵向连接梁上设横向减振器安装座、增压缸安装座和差压阀安装座。

4. 空气弹簧支承梁

空气弹簧支承梁沿纵向跨于两端横梁之间并与构架侧梁形成封闭腔体，成为空气弹簧的支承构件和附加空气室一部分。梁体内有一钢管型材制成的空气弹簧座导筒，用于空气弹簧与附加空气室的连通和定位，导筒与相应的横梁相连通，保证两侧空气弹簧附加气室相互独立，空气弹簧支承梁的焊接有较高的密封性要求。

空气弹簧支承梁上为空气弹簧支承座板，加工后安放空气弹簧。为了安装抗蛇行减振器，在支承梁下盖板上设有减振器安装座。

三、CRH380BL 型动车组转向架构架简介

（一）构架结构

动力转向架构架由两个侧梁、两个横梁和两个纵梁组焊为“H”形箱形结构。侧梁由钢板焊接而成下凹的“U”形结构，钢板材质为 S355J2G3。侧梁上焊有转臂定位座、一系垂向减振器座、一系弹簧定位座、二系空气弹簧定位座、抗侧滚扭杆座、抗蛇行减振器座、转向架起吊吊座、制动吊座等；横梁为无缝钢管，材质为 S355J2H，横梁上焊有牵引拉杆座、齿轮箱

吊座、牵引电机吊架吊座等。

构架所用材质均符合 EN 10025 标准中的非合金结构钢标准。焊接在构架上的安装座(定位座、弹簧座等)均采用质量可靠的锻件加工而成。构架焊接后,加工之前,无需进行热处理。

构架强度计算依据 UIC 515-4 和 UIC 615-4 标准进行计算,许用应力标准依据 DIN 15018 中的规定。设计构架时,确保能采用最适宜的焊接工艺;重视构架外表面的防腐处理以及焊接时需采取防潮措施等。

(二)动力与非动力转向架构架组成比较

CRH380BL 型动车组转向架共有两种构架组成形式,即动力转向架构架组成和非动力转向架构架组成。为了实现模块化设计,两种构架组成的主体结构尽可能通用。与非动力转向架构架相比,动力转向架构架增加了齿轮箱吊座、牵引电机吊架吊座等驱动和轮盘制动吊座。非动力转向架构架则有轴盘制动吊座。

第五节　车体与转向架间的连接装置(即二系悬挂)

一、概　　述

车体与转向架间的连接装置实际上就是二系悬挂系统,主要包括各种形式的旁承、牵引装置、弹性侧挡和各种减振器等(有的机车车辆还有抗侧滚扭杆装置等)。由于它位于车体和转向架间且从各个方向上传递两者间的所有作用力,因此我们觉得使用"车体与转向架间的连接装置"代替"二系悬挂系统"似乎更加直观一些。

(一)作　　用

车体与转向架间的连接装置的作用可以概括如下:

1. 传力——传递车体与转向架间的垂向力、纵向力和横向力。

2. 轴重均匀分配——通过具体的弹簧配置,使得分配到每个车轴上的最终载荷基本均匀一致。

3. 保持转向架安定——通过合理配置二系旁承的数量,使转向架静态和动态时均能保持安定。

4. 允许横动(即横向弹性)——通过在车体和转向架之间设置合理的弹性装置,保证转向架能相对于车体在一定的范围内弹性横动。

5. 容许相互回转——在通过曲线的时候,允许转向架相对于车体在合理范围内灵活转动。

通常情况下,垂向力主要由各种形式的旁承来传递,而纵向力和横向力则由牵引装置传递。

(二)形　　式

车体与转向架间的连接装置有多种形式,可简单概括为:有牵引销(或心盘)+旁承和无牵引销(或心盘)+旁承两种形式。但根据不同的牵引装置结构,有牵引销(或心盘)形式又有前后橡胶堆式和双牵引拉杆式(即"Z"字形),而无牵引销(或心盘)形式又有单牵引拉杆式和四连杆机构式(即平行四边形机构)等多种不同形式。另外,铰接式转向架采用的铰接装置属于一种特殊的车体与转向架间的连接装置。

二、CRH2 系列高速动车组的车体与转向架间的连接装置

(一)结构布置及特点

CRH2 型动车组转向架二系悬挂装置主要由空气弹簧系统、牵引装置、横向减振器、抗蛇行减振器及横向缓冲橡胶止挡等零部件组成。

每辆车体以上所有质量通过四个空气弹簧传递给两个转向架,纵向力(牵引力或制动力)由单牵引拉杆传递,而横向力则由空气弹簧和横向缓冲橡胶止挡共同传递。

空气弹簧是车体与转向架之间的重要悬挂元件,车体由前后转向架上的四个空气弹簧支承,其主要作用除支承车体载荷外,还可以隔离转向架构架的振动,并在通过曲线过程中通过变位实现车体与转向架间的相对旋转和横移。因此,空气弹簧是二系悬挂中的关键零部件,是影响车辆的运行平稳性的关键因素。

由于 CRH2 型动车组转向架上的左右空气弹簧跨距达 2460mm,比 CRH1 的 1860mm 大很多,由左右空气弹簧本身的弹性完全能够保证车体的侧滚被限制在正常范围以内,因此,CRH2 型动车组转向架的二系悬挂系统中省去了抗侧滚扭杆装置,使得其二系悬挂系统更加简单。

(二)空气弹簧装置

空气弹簧装置主要包括空气弹簧及其附属的高度调整阀、调整阀保温箱及差压阀等。

空气弹簧采用自由膜式气囊,与下部的积层橡胶堆组成一体。

1. 特点

(1)垂向变形由空气弹簧本体(即气囊)和其下面的层叠橡胶堆共同承担,确保垂向大变形量;

(2)在水平方向,一方面利用积层橡胶堆进一步降低刚性,另一方面通过改变气囊形状,可以产生一定的阻尼,以改善乘坐舒适性。

2. 工作原理

一般空气弹簧装置由列车主风管、T 形支管、截断塞门、滤尘止回阀、空气弹簧储风缸、连接软管、高度控制阀、空气弹簧本体、差压阀和附加空气室等组成,空气弹簧系统工作原理(即压力空气传递过程)为:

压力空气由列车主风管→高度阀排风塞门→高度控制阀→空气弹簧排风塞门→空气弹簧→节流阀→附加空气室。

3. 空气弹簧结构

空气弹簧主要由橡胶气囊、上下盖板、橡胶堆等零部件组成,空气弹簧采用上进气设计,压缩空气经过高度调整阀进入橡胶气囊和构架内腔形成的附加空气室,橡胶气囊和附加空气室间设直径为 $\phi14$ 的节流孔,空气通过节流孔时产生的节流效应构成二系悬挂的垂向阻尼。

4. 高度调节原理

为了保持车体距轨面的高度不变,在车体与转向架间装有高度调节阀,调节空气弹簧橡

胶囊中的压缩空气(充气、放气或保持压力),使车辆地板面不受车内乘客的多少和分布不均的影响,始终保持水平。

5. 高度调整阀

高度调整阀工作过程分进气过程和排气过程。

CRH2 型动车组采用 LV5B-2 型高度调整阀,其使用的工作油为硅油。

6. 差压阀

每台转向架的两只气囊都通过差压阀相连。

如果气囊突然破裂或毁坏,差压阀将开通,使转向架的两只气囊压力保持平衡。这可防止客车由于一只气囊充气而另一只气囊没有充气而向一边严重倾斜。

为什么要用差压阀而不直接用一根气管将左右两只气囊连通起来呢?这是因为:

(1)在曲线上时,左右两只气囊必须保证一定的压差,否则车体将会发生倾斜;

(2)车体左右摇摆振动时,也必须保证一定的压差,否则将加剧摇摆。

(三)中央牵引拉杆座及牵引拉杆

为传递车体与转向架间的纵向载荷,在车体枕梁中央安装了中央牵引拉杆座,通过单牵引拉杆与转向架构架连接。

牵引拉杆是传递车体与转向架之间纵向载荷的主要承载构件,无摇枕转向架的牵引拉杆方式主要有 Z 形双拉杆和单拉杆两大类型。

中央牵引拉杆座及牵引拉杆是传递转向架与车体间纵向力(即牵引力或制动力)的重要部件,这里采用了非常简单而实用的单拉杆结构,牵引拉杆两端安装有橡胶关节。

(四)横向减振器

横向减振器共有两个,分别位于转向架构架横梁连接梁与中央牵引拉杆座之间的前后位置,属水平横向布置。其作用是衰减车体与转向架间的横向振动。该横向减振器的型号为 OD50116。

(五)抗蛇行减振器

抗蛇行减振器是为了防止动车组在高速运行时的蛇行失稳而专门设置的,它安装在转向架构架侧梁的外侧,呈纵向水平布置,也称纵向减振器。

(六)横向止挡

为了限制车体相对于转向架构架的横向移动,在转向架横梁的连接梁与中央牵引拉杆座设有横向止挡,该横向弹性侧挡与中央牵引拉杆座之间的间隙为 20 mm。

三、CRH380BL 型动车组车体与转向架间的连接装置(二系悬挂装置)

二系悬挂装置主要由枕梁、空气弹簧系统、横向缓冲止挡、牵引梁、牵引中心销抗侧滚扭杆装置、牵引拉杆、横向油压减振器、垂向油压减振器、高度控制阀、安全阀及供风管路等组成。

每个转向架上的两个空气弹簧坐落在侧梁上,空气弹簧上设有枕梁,枕梁采用铸造结构,枕梁与构架间牵引装置采用 Z 形双牵引拉杆。每个转向架有一套抗侧滚扭杆装置、两个横向减振器、两个垂向油压减振器以及四个抗蛇行减振器,其中抗侧滚扭杆装置根据车型的不同进行了参数选择,以使车辆获得良好的乘坐舒适性。

(一)空气弹簧系统

空气弹簧系统由两个空气弹簧、两个高度阀和一个附加空气室通过管路连接组成，是转向架构架与枕梁之间的悬挂装置，空气弹簧系统确保车辆保持高度不变。

1. 空气弹簧

弹簧悬挂装置的性能是影响车辆运行品质的重要因素之一。空气弹簧能使车辆获得良好的垂向和横向性能。空气弹簧由胶囊与橡胶堆组成，胶囊与橡胶堆串联工作，通过对两个部件的优化，可以获得较高的乘坐舒适性。在正常工况下(充气状态)，橡胶堆有助于胶囊适应转向架的转动，如果胶囊失效，橡胶堆将独立工作，此时上盖下表面与橡胶堆顶部的磨耗板接触，磨耗板采用特殊制造确保获得较低的摩擦系数(0.08～0.12)，该系统刚度小，可以使车辆获得较高的乘坐舒适性，悬挂系统仍然能够安全的进行工作，不会影响到车辆的运行安全性。

2. 高度阀

高度阀的主要作用及要求是维持车体在不同静载荷作用时均与轨面保持一定的高度；在直线上运行时，车辆在正常振动情况下不发生进、排气作用；在车辆通过曲线时，如果车体倾斜程度超过规定的数值后，转向架上的高度控制阀分别产生进、排气的不同作用，从而减少车辆的倾斜。

高度阀组成主要包括高度阀座、高度阀、水平杆、螺纹杆、调节环和下座等部件。

高度控制阀的主体采用螺钉固定在高度阀座上，阀座与枕梁相连，而该阀的阀杆铰接在转向架构架上。

车辆高度阀调节车辆垂向位移的不敏感带约为±3 mm，此时空气停止流通，避免空气的过度消耗。超出不敏感带之后，空气流通保证了悬挂系统的减振功能。空气悬挂设备的空气信号与旅客载荷成比例，并传送到制动控制单元，用以计算制动力。

(二)二系减振器

1. 抗蛇行减振器

为抑制高速车辆的蛇行运动，在车体与转向架之间设有抗蛇行运动回转阻尼装置。理论计算和运行实践均证明，这是非常有效的措施。每个转向架装四个抗蛇行减振器，抗蛇行减振器大端通过抗蛇行减振器支座(枕梁端)与枕梁相连，小端通过抗蛇行减振器支座(构架端)与构架相连。

2. 二系横向减振器

二系横向减振器用于控制车体相对于转向架之间的横向运动。每个转向架有两个二系横向减振器，二系横向减振器通过支座(枕梁端)与枕梁相连，通过支座(纵向梁端)与构架相连。

3. 二系垂向减振器

二系垂向减振器用于控制车体相对于转向架之间的垂向运动。每个转向架有两个二系垂向减振器，二系垂向减振器通过支座(枕梁端)与枕梁相连，通过支座(构架端)与构架相连。

(三)车体—转向架连接关系

1. 枕梁

枕梁的功能是连接车体与转向架。枕梁是铝合金铸造成的箱形结构，牵引力的传递依靠牵引中心销装置和枕梁与构架之间的牵引拉杆装置来完成，同时作为二系悬挂空气弹簧系统的附加空气室。

枕梁通过定位销与车体连接。通过空气弹簧、牵引装置与构架相连，抗侧滚扭杆、二系横向减振器、二系垂向减振器、抗蛇行减振器等都通过相应的支座与枕梁和构架相连。

2. 牵引装置

车体与转向架间采用双牵引拉杆的牵引装置，传递牵引力和制动力。牵引装置成 Z 形连接，由一个牵引梁、两个带有弹性关节的牵引拉杆组成。转向架构架与枕梁通过中心销连接，铸钢制成的中心销通过螺栓与枕梁固定，硫化到铸铁套筒的橡胶和中心销底部相装配。

(四)抗侧滚扭杆

抗侧滚扭杆由扭力杆、两个扭臂和两个连杆组成，连接在构架和枕梁间，主要作用是车辆通过曲线时减小车体的侧滚运动，每个转向架装有一 套抗侧滚扭杆装置。

扭力杆安装在枕梁上的两个空心套内。轴承套是由枕梁(上轴套)和两个下轴套形成的。扭力杆的轴向间隙可以调节，是由垫圈和相应的定距垫圈限定的。轴承套利用轴承盖密封。扭力杆与转向架之间是通过可调长度的连杆实现连接的。

转向架的两侧各有一根热装到扭力杆上的扭臂，扭臂通过锥形接头和球形接头挠性连接到连杆上，连杆的另一端通过球形块连接到转向架构架上。通过这样的布置，车体的侧滚运动可转换为扭力杆的扭转，因此，扭转刚度可抑制车体的侧滚运动。

动车组使用的扭杆长度和刚度需根据车体的宽度和载荷进行适当的调整，其中两端的头车因车体较窄，采用较短的扭杆。

思考题

1. 简述 CRH2 型动车组转向架构架组成。
2. CRH2 型动车组转向架二系悬挂装置主要由哪些零部件组成?
3. 简述 CRH380BL 型动车组转向架构架组成。
4. CRH380BL 型动车组转向架二系悬挂装置主要由哪些零部件组成?

第三章　高速铁路及动车组技术概论

本章主要介绍了高速铁路特点及国内外高速铁路发展情况，同时对高速动车组、高速铁路线路及技术体系进行了简要概述。从业人员通过对本章的学习能初步了解动车组发展历程及发展动车组的意义。

第一节　高速动车组的发展及应用概况

世界交通运输的发展史，从根本上讲就是以提高速度为主要目标的技术开发史。由于火车速度高于轮船和马车，19 世纪后半叶至 20 世纪初，铁路得到了大发展，并促进了整个社会经济的进步。第二次世界大战后，汽车和石油工业蓬勃发展，发达的资本主义国家高速公路异军突起，航空运输日新月异、机型不断更新，铁路为此受到挑战，一度被视为“夕阳产业”。在这种形势下，迫使铁路部门加快了提高行车速度的步伐，高速铁路应运而生。

1964 年 10 月 1 日，世界第一条高速铁路——日本东海道新干线正式开通运营，标志着高速铁路技术开始进入实用阶段。当时高速铁路定义为最高速度 200 km/h 及以上的铁路运输系统。

随着技术的不断发展，国际铁路联盟(UIC)1996 年在互通运营指导文件中进行了更确切的定义，适度提高了新建线的标准，规定“新建线路达到 250 km/h 及以上，既有线改造达到 200 km/h 及以上的铁路”为高速铁路。我国目前沿用了此标准。但在我国高速铁路相关建设及运用维护工作中，综合考虑了技术管理特别是核心设备换代方面的实际情况，我国《铁路技术管理规程》高速铁路与普速铁路部分主要按 200 km/h 进行划分。

一、高速铁路特点

高速铁路具有其他交通运输系统难以比拟的多项优势，得到世界各国的普遍重视。

(一)旅客需求方面

1. 安全性高

安全性是旅客最关切的核心问题。铁路的安全性是由轨道交通系统的基本运行原理决定的。以列车的自动导向为例，极大地规避了人工参与导向产生的误操作等问题。

与高速公路相比，据统计美国每年因车祸死亡的人数约为 5.5 万人，受伤人数多达 200 万人，德国、法国和日本每年死亡人数也在万人以上，并有近 10 万人因伤致残；而民航失事也时有发生。

尽管各个国家统计口径不完全一致，但都反映了铁路运输的安全优越性。高速铁路安全性更优于普速铁路。

2. 旅行总时耗少

据统计分析，目前高速铁路在 100～1 000 km 范围内，与公路和航空运输相比具有明显的旅行总时耗优势，而此范围能涵盖大部分旅行需求。

与汽车运输相比，高速铁路速度快，在大于 200 km 的范围内优势明显。自驾里程大于 200 km 的旅客改乘高速列车越来越多。与航空运输相比，节省机场往来及安检等附增时间，在总里程小于 1 000 km 的情况下，与飞机相比具有明显的优势。

3. 正点率高

航空运输受气候影响大，风、雪、雨、雾等各类异常天气下极易受到干扰而晚点。高速公路堵塞情况也时有发生。高速铁路在气候适应性方面比较强，可全天候行车。

高速铁路线路为全封闭、系统自动进行导向，并采用多项高新技术，列车调度精准，列车运行速度可控，大大减少了不确定性。列车在站发车，从原理上能保证其正点运行。日本高速列车 50 年来平均误点 48 s。如在大雾天气下，前行列车位置不通过司机瞭望来实现防护，而是由列控系统自动获取位置信息并进行防护计算，极大降低了大雾导致司机可视范围降低带来的影响。

4. 舒适度好

高速列车座椅空间整体比汽车、飞机大。同时列车上就餐、给排水及卫生系统配备齐全，使用空间大。高速列车运行平稳，运行过程中通过曲线时旅客无乘坐汽车的明显晃动感，也无飞机起降和遇气流时的强烈颠簸感，整体乘坐舒适度较高。

（二）国家战略方面

从国家层面，除考虑旅客直接需求外，我国幅员辽阔，各地区资源分布、经济发展不平衡，运输需求巨大。尤其是针对我国公路、航空运输还不是很发达，石油供给紧张，环境污染等问题，发展高速铁路适应我国国情。

1. 运输能力大

据相关资料统计，每天开行高速铁路列车 192～240 对时，若每列车平均乘坐 800 人，年均单向输送能力将达 5 600 万～7 000 万人。

在同等占地面积下，双线高速铁路的运能是双向四车道高速公路的 3 倍。航空运能则远低于高速铁路运能。日本东海道新干线年运量 1.7 亿人次，是原来东京—大阪间航空运量的 10 倍、高速公路的 5 倍，但运输成本只是其 1/5～2/5。

2. 能源消耗少

据统计，各种交通运输工具平均每人公里的能耗为：高速铁路与小汽车、飞机之比为 1∶5.8∶5.3。高速铁路能耗最低。

更为突出的是，电力驱动的高速列车不直接消耗石油，具有重大国防意义。战斗机、大炮、军舰等国防装备目前主要还是以石油做动力。石油属于战略能源，关系到国家安全。石油属于不可再生资源，一般认为，如果国家进口石油比例超过 70%，战略地位受其他国家间接牵制太大，存在战略风险。

同样的行程使用高速列车，国家需提供 1 个单位的能源。若改航空运输，则国家需提供 5.3 个单位的石油能源。若改成小汽车运输，则国家需提供更多的石油能源。

因此，国家通过建设高速铁路优化运输结构，整体上比使用汽车或飞机承运可节约 4/5 的石油。高速铁路运输能力大，节省的石油极为可观，可有效降低石油进口比例，提升国家的战略安全。

由此看出，优化国家的战略能源结构，必须大力发展高速铁路等低能耗交通运输系统。

3. 环境污染小

电力驱动的高速列车运行污染物排放比其他交通运输工具小得多。特别是在“雾霾”治理方面，根据发达国家经验，减少汽车污染物排放是关键因素。

表 3-1 统计数据是将发电厂发电污染折算到高速列车后的数据，其污染物排放量仅为汽车的百分之几。

表 3-1　每人公里排放污染物量对比(g)

污染物	小汽车	高速列车
CO	9.3	0.06
NO_X	1.7	0.43
CH	1.1	0.03

因此，高速铁路属于绿色的交通运输方式。

4. 社会效益高

高速铁路具有极高的社会效益，可节约整体社会交通运输耗时。将旅客从其他交通运输方式转乘高速列车节省的旅行时间等效成旅客的工作时间，极大地减少社会的工作消耗，等效为社会增创大量财富。

初步统计，京沪高速铁路一年可节省旅行时间约 10 亿小时。据日本新干线统计，旅客从既有线改乘新干线高速列车，每年可节约旅行时间 3 亿小时。即每年节省的时间效益相当于当时修建东海道新干线所需的全部费用。此外，高速铁路可减少高速公路交通堵塞或事故给国民经济带来的巨大损失，减少给家庭带来的巨大伤害。

欧共体国家用于解决公路堵塞的费用约占国民生产总值的 2.6%～3.1%，相当于整个欧洲高速铁路网的全部投资；用于处理公路事故的费用也占国民生产总值的 2.5%。

另外，高速铁路开通运营可增加各地区经济文化交流，对促进地方经济发展、民族团结具有重大意义。投资高速铁路也可作为国家宏观经济调控手段，可带动基建、冶金等一大批行业的发展。

综上所述，不论从国家战略层面，还是从旅客需求层面，高速铁路具有特殊的优越性，已成为各国交通运输发展的共同趋势。发展高速铁路属于国家行为。世界多个国家甚至一些发展中国家，都正在发展或者正在规划高速铁路，如南非、埃及、委内瑞拉等。随着市场需求扩大、技术发展，高速铁路运营需求必然进一步提升，向着速度更高、更安全、更舒适、更经济、更环保的方向发展。

二、国外高速铁路发展概况

(一)国外高速铁路发展过程

国外高速铁路的发展过程共分三个阶段：

第一阶段：自 1825 年在英国诞生世界第一条铁路以来，铁路牵引动力设备从蒸汽机车发展到内燃机车及电力机车最后到动车组。

第二阶段：从 20 世纪初至 20 世纪 50 年代，德国、法国、日本等国都开展了大量的有关高速列车的理论研究和试验工作。

1. 1903 年 10 月 27 日,德国用电力机车首创了试验速度 210 km/h 的历史纪录。

2. 1955 年 3 月,法国用 2 台电力机车牵引 3 辆客车试验速度达到了 331 km/h,刷新了高速铁路的纪录。

第三阶段:从 20 世纪 60 年代进入实用阶段,20 世纪 80 年代至 90 年代取得突破性进展。

1. 1981 年法国高速列车时速达到 270 km/h。

2. 1989 年法国 TGV 大西洋铁路又以 300 km/h 的速度投入运营。

3. 1990 年 5 月 13 日,时隔仅 8 个月法国再创 515.3 km/h 的实验速度。

4. 2007 年 4 月 3 日,法国 V150 试验列车创造了轮轨高速铁路试验速度 574.8 km/h 的世界最高纪录,如图 3-1 所示。

图 3-1　V150 试验列车

(二)国外高速铁路开通状况

日本是建立世界首条正式商业运营的高速铁路的国家,东海道新干线诞生于 1964 年。

1. 1981 年,法国东南线开通,随后在 1990 年创造 515.3 km/h 世界纪录。

2. 1991 年,德国两条高速铁路开通。

3. 1992 年,西班牙首条高速铁路开通。

4. 1992 年,意大利首条高速铁路开通。

5. 1994 年,英法海峡高速海底隧道开通。

到 2005 年,世界已有 10 个国家的高速铁路投入运营,高速铁路运营里程达到了 6 355 km。

(三)国外高速铁路速度等级划分

目前公认的定义为国际铁路联盟(UIC)规定的新线 250 km/h 以上、既有线改造 200 km/h 以上的铁路称为高速铁路(图 3-2)。

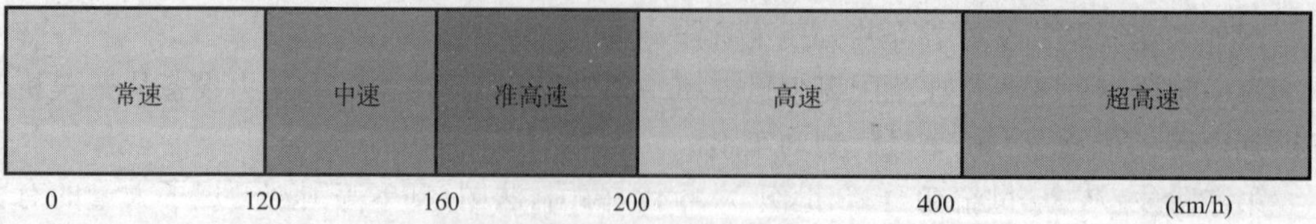

图 3-2　速度等级划分

(四)国外主要国家高速铁路发展概况

1. 日本

日本是世界上第一个建立商业运营高速铁路的国家。日本高速铁路称为新干线(Shinkansen),东海道新干线1959年动工,1964年东京奥运会开幕前通车,使用日本0系光号16辆编组高速列车担当,并采用全动力分散方式,如图3-3所示。

图3-3 世界首列高速列车——日本0系高速列车

新干线建成后,大量客流转向新干线,迫使东京至名古屋的航班停运,极大促进了日本沿线城市的发展。日本新干线的建设扭转了世界铁路"夕阳产业"的命运,各国铁路界为之震惊,新干线成为日本的名片。

1971年日本国会审议并通过了《全国铁道新干线建设法》,掀起了高速铁路建设的浪潮。1975年山阳新干线通车营业,列车最高速度270 km/h;1982年上越新干线通车营业,列车最高速度240 km/h;1985年东北新干线通车营业,列车最高速度240 km/h;1997年长野新干线通车营业,列车最高速度260 km/h。到2013年建成的线路有:从八户到青森长96.5 km的高速线(东北新干线延长线);从青森到札幌长300 km的高速线(北海道新干线);长野—富山—小松—大阪长473 km的高速线(北陆新干线延长线);福冈—熊本—八代长130.9 km和福冈——长崎长140 km的九州新干线的2条支线。

目前,日本新干线全部营业里程已达2 170 km,小型新干线里程275.9 km,并计划再修建5 000 km高速铁路。

日本高速列车大致可划分为两大类:

(1)0系(1964年)、100系(1985年)、200系(1980年)、300系(1990年)、400系(1990年)、500系(1997年)、700系(1997年)、800系(2004年)、N700系(2007年、摆式)。此类高速列车主要运行于东海道、山阳、九州新干线。

(2)E1系(1994年)、E2系(1995年,2002年升级至E2-1000)、E3系(1995年)、E4系(1997年)、E5系FASTECH360(2009年)、E6系。此类高速列车主要运行于东北等新干线。

日本高速动车组列车至今已形成完整体系,如图3-4所示。

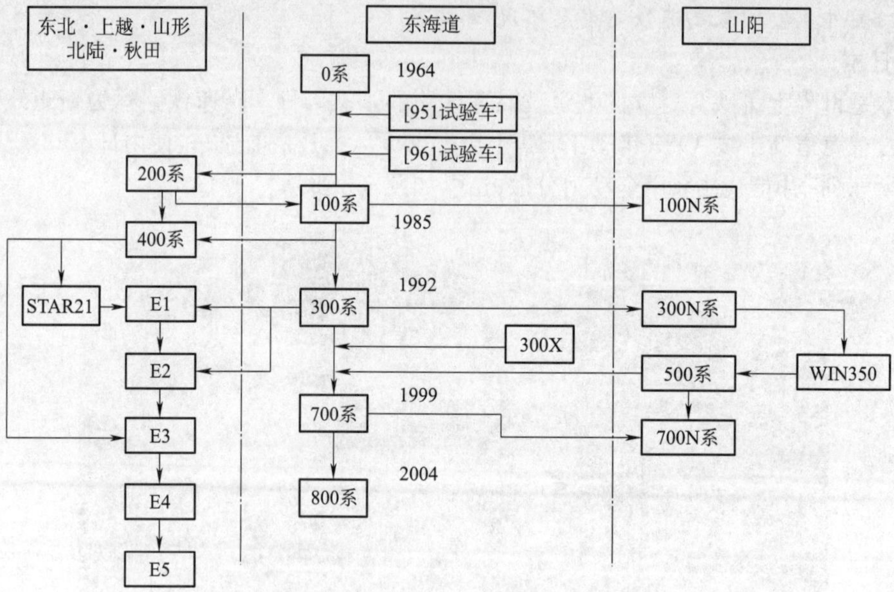

图 3-4　日系动车组型号发展示意图

其中，FASTECH360 是为了研究以 360 km/h 速度营运的可行性而设计的倾摆式交流传动动车组，引入风阻制动机构。定型为 E5 系，2011 年 3 月 5 日起开始商业化运营，目前最高运行速度 320 km/h，如图 3-5 所示。

图 3-5　FASTECH360(2006)高速列车

日本针对其地理环境较差、土质松软、山地河流较多的情况，为降低对轨道等基础设施的要求，动车组采用动力分散方式，且大力推进高速列车的轻量化设计，日本高速列车轴重基本在 14 t 以下，而欧洲高速列车基本在 17 t 以上。

日本的列车运行控制系统（DS-ATC 列控系统）使用有绝缘数字轨道电路发送列车位置、目标速度、进路条件和轨道电路状态等信息。车载设备采用数据库方式存储线路数据，并生成一次连续速度控制曲线。列车制动采用设备控制优先方式。

2. 法国

法国是继日本之后世界上第二个建立商业运营高速铁路的国家，也是高速列车运营速度最高的国家。

法国高速列车称为 TGV(法文“train à grande vitesse” 即超高速列车的缩写)，高速铁路称为 TGV 高速铁路系统。日本新干线后，法国以极高的热情推进本国铁路的高速化。前期尝试使用燃气轮机作为动力，直至 1976 才转向电力驱动研究。

法国政府于 1971 年批准修建 TGV 东南线巴黎至里昂，全长 417 km，其中新建高速铁路线 389 km)，东南线于 1976 年 10 月正式开工，1983 年 9 月全线建成通车，列车最高运行时速 270 km。

随后在 1989 年、1990 年，法国又建成巴黎至勒芒、巴黎至图尔的大西洋线，列车最高时速达到 300 km。

1993 年，法国第三条高速铁路 TGV 北线开通运营。北线也称北欧线，由巴黎经里尔，穿过英吉利海峡隧道通往伦敦，并与欧洲北部比利时的布鲁塞尔、德国的科隆、荷兰的阿姆斯特丹相连，是一条重要的国际通道。21 世纪，法国把东南线延伸至马赛，并修建通向意大利和西班牙的南部欧洲线以及巴黎至德国的东部欧洲线，逐渐与邻国相连。

法国高速列车模式与日本不同，前期一直致力于动力集中模式，并采用铰接式转向架，满足跨国直通运行是其突出特征；后期致力于动力分散模式。法国新一代高速列车称为 AGV(法文“Automotrice à grande vitesse” 即高速动车组的缩写)，运营速度 360 km/h，采用动力分散方式永磁电机驱动，如图 3-6 所示。

法国高速动车组列车至今已形成完整体系，如图 3-7 所示。

图 3-6　AGV 高速列车

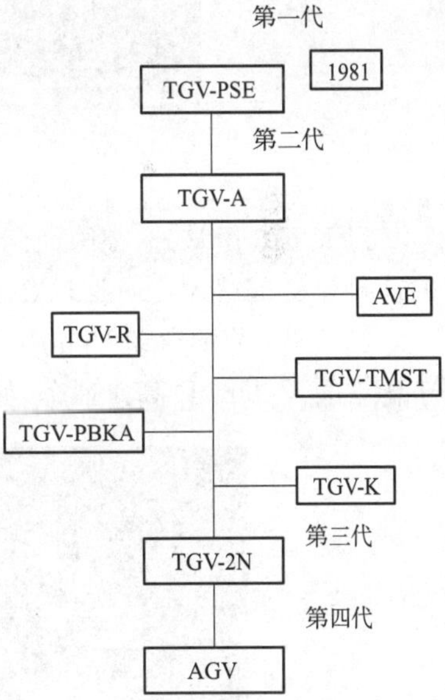

图 3-7　法国高速列车发展示意

法国列车运行控制系统(TVM430 列控系统)使用无绝缘数字轨道电路，采用列控联锁一体化设备(SEI)生成行车许可并通过钢轨传送到列车。车载设备根据轨道电路报文产生分段连续速度控制曲线。列车制动采用司机控制优先方式。

3. 德国

德国是最早制造和运用动车的国家，制造技术一直领先。1903 年 7 月 8 日，运行由钢轨供电的动车组，由 4 节动车和 2 节拖车编成。同年 8 月 14 日，又运行由接触网供电的动车组，这是世界上第一列由接触网供电的单相交流电动车组。同年 10 月 28 日，西门子公司制造的三相交流电动车进行高速试验，首创速度 210.2 km/h 的历史性记录。

德国的实用性高速铁路直到 20 世纪 90 年代初才开始修建。1982 年，首列 ICE-V 型试验车被德国铁道定购，1985 年交付使用，并在 1989 年以 406.9 km/h 的速度成为当时世界纪录。

德国高速列车称为 ICE（为 Inter City Express 城际快车的缩写）。1988 年 5 月 1 日，ICE-V 创造了 406.9 km/h 的世界速度。1991 年，德国推出 ICE-1 动车组，是德国第一代高速列车。德国高速列车在动力配置上与法国类似，前期擅长动力集中式，后期转入动力分散式动车组研究。在 2000 年，推出动力分散 ICE-3 高速列车，速度可达 320 km/h，如图 3-8 所示。

图 3-8　ICE-3 高速列车

以 ICE-3 做基础，德国西门子公司推出 Velaro 高速列车平台（“Velaro”衍生自“高速”的西班牙文词组 Velocidad Alta），可以根据运营商的具体需求定制。

2007 年，德国启动 Velaro 柔性平台项目，突出其通用性、灵活性。目前已生产出应用于德铁的 Velaro D 高速列车，如图 3-9 所示。

图 3-9　Velaro D 高速列车

德国高速动车组列车至今已形成完整体系，如图 3-10 所示。

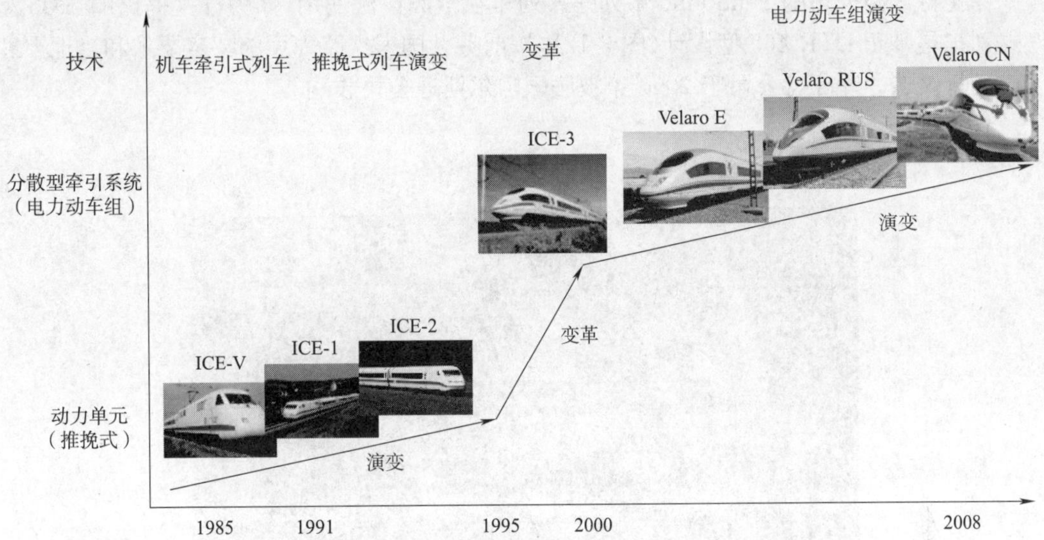

图 3-10 德国高速动车组发展过程

德国列车运行控制系统(LZB 列控系统)采用轨道电缆(交叉环线)方式传输车—地信息。使用 S 棒无绝缘轨道电路实现列车占用和完整性检查。车载设备采用连续速度控制模式曲线监控列车安全运行。列车制动采用司机控制优先方式。

4. 意大利

意大利是欧洲首个进行铁路高速化的国家。其首条高铁(罗马—佛罗伦萨高速铁路)1970 年动工，1977 年首段通车。模式与德国类似，全部修建新线，客货列车混用，采用摆式列车模式。意大利高速列车简称 ETR(Electrico Treno Rapido 高速电动车组首字母)。

1960 年，意大利国家铁路和菲亚特轨道车辆集团合作，测试一套可以倾斜单一座位的特殊系统。1969 年研制出第一台摆式列车原型 ETR Y 0160(首款命名为 Pendolino 的车型，Pendolino 潘多利诺意大利语“小摆钟”)。1974 年研制出 ETR401 摆式列车，如图 3-11 所示。

图 3-11 ETR401 摆式列车

1985 年发展至 ETR450，后又升级至 ETR460 和 ETR480。

菲亚特铁路公司的 Pendolino 系列摆式列车在欧洲广泛使用，如为芬兰提供的 SM3 型摆式列车是基于 ETR 460 型设计(图 3-12)，按前芬兰国家铁路 VR 的特定要求和当地严寒气候进行改造。菲亚特公司于 2000 年被法国阿尔斯通公司收购。

图 3-12　SM3 型摆式列车

新一代摆式列车车型 ETR 600 和 ETR 610 已于 2006 年起交付，如图 3-13 所示。此外，意大利于 2008 年采购了 25 列法国 AGV575 高速列车，编号为 ETR1000。

图 3-13　ETR 610 型摆式列车

5. 瑞典

受日本新干线和法国 TGV 的影响，瑞典也推进铁路提速。

由于瑞典铁路弯道多、曲线半径小，考虑全面改造基础设施或新建高速铁路投入较大，瑞典国有铁路(SJ)决定开发一种能在既有线上以较高速度运行的列车。其采用了摆式列车实现高速运行客货混用方案。

瑞典国铁和 Adtranz 公司经过多年的研究实验，研制成功 X2000 型动力集中式摆式列车，如图 3-14 所示，并于 1990 年投入运用。X2000 仅在非机车部分设置车体倾摆功能，且使用径向转向架。

此后，瑞典还研制出 XZ、XCE 等型号的摆式列车。X2000 对瑞典铁路有很重要的意义，1990 年投入运营即令当时陷入低潮的瑞典铁路客运重新发展，成为瑞典高速列车的代表作。

图 3-14　X2000 摆式列车

由于 X2000 摆式列车在站间距短的城郊地区营运成本较高，ADtranz 公司于 2000 年研发出 Regina 电动车组，如图 3-15 所示。Regina 动车组编组灵活，可以采用两节或三节短编组运行，也可用三个单元编组成一列车(6～9 节)以重联方式运行，是理想的中短途客运和城际交通用车。Adtranz 公司于 2011 年被庞巴迪公司收购。

图 3-15　Regina 动车组

6. 其他国家

随着世界高速铁路的发展，西班牙、韩国、俄罗斯、美国等多个国家也开始大力发展本国的高速铁路。西班牙、韩国等引进其他国家先进技术，开发自主品牌。如西班牙 Talgo-350(2006)交流传动 350 km/h 倾摆式动车组，如图 3-16 所示，韩国 HEMU-430X 交流传动 370 km/h 动车组等，如图 3-17 所示。

图 3-16　西班牙 Talgo-350 高速动车组

图 3-17　韩国 HEMU-430X 高速动车组

三、我国高速铁路发展概况

我国具有国土辽阔、人口众多、经济发展不平衡等特点，铁路与其他交通运输方式相比，具有大运力、低成本、节能、环保等优点，在综合运输交通体系中发挥着重要的骨干作用。

改革开放以来，我国的经济和社会飞速发展，而铁路发展一直严重滞后，成为国民经济和社会发展的“瓶颈”制约。为适应全面建设小康社会的目标要求，铁路网必须要扩大规模、完善结构、提高质量、快速扩充运输能力、迅速提高装备水平。

我国对高速铁路的前期研究始于 20 世纪 90 年代初。以京沪高速铁路为例，当时处于构思阶段，1990 年原铁道部完成《京沪高速铁路线路方案构想报告》并提交全国人大会议讨论。共组织 456 个课题研究，1995 年全部完成设计。在高速列车方面，对动力学问题进行大量的理论和实验研究，包括风动实验、弹射实验、线路实验等。

1994 年,我国第一条准高速铁路(广州—深圳)建成并投入运营,运营速度为 160～200 km/h。通过科研试验、引进和开发,为我国高速铁路建设做了前期准备。1998 年广深铁路电气化提速改造完成,设计最高速度为 200 km/h。为研究"通过摆式列车方式在中国铁路既有线实现提速"的可行性,我国于同年从瑞典引入速度 200 km/h 的 X2000 摆式列车在广深线运营,并取得巨大成功,特别是其先进的运用维修理念对我国铁路机车车辆的检修体制产生影响。广深铁路是中国由既有线改造进入高速铁路的开端。X2000 摆式列车如图 3-18 所示。

图 3-18　X2000 摆式列车

由于中国铁路长期运输能力严重不足,制约我国经济发展。在 1996～2000 年期间进行的三次中国铁路大提速的基础上,我国制定了《"十五"期间铁路提速规划》(以下简称《规划》),正式将高速铁路建设列入规划。

《规划》提出:到"十五"末期,初步建成以北京、上海、广州为中心,连接全国主要城市的全路快速客运网,总里程达 16 000 km;客运专线旅客列车最高速度达到 200 km/h 及以上,实现高速铁路、部分繁忙干线客货分线。而用于高速铁路车辆的交流电传动、动车组技术研究也同步进行,并开展速度 270 km/h 高速动车组(DJJ2)研制。

1999 年 8 月 16 日,第一条真正意义上的高速铁路秦沈客专正式开工建设,2003 年正式开通运营。全线设计速度达到 200～250 km/h。

2004 年 1 月,国务院常务会议通过了历史上第一个《中长期铁路网规划》,确定了扩大规模、完善结构、提高质量、快速扩充运输能力、迅速提高装备水平的铁路网发展目标。正式宣布规划建设里程超过 1.2 万 km 的客运专线。客车速度目标值达到 200 km/h 及以上。在三个地区(环渤海地区、长江三角洲地区、珠江三角洲地区)建造城际客运系统。自规划实施后,大批高速铁路相继开工建设。

2004 年,中国在广深铁路首次开行速度达 160 km/h 的国产快速旅客列车。广深铁路被誉为中国高速铁路成长、成熟的"试验田"。

2007 年,实行中国铁路第六次大提速,达到世界既有线提速改造先进水平。中国首次在主要提速干线(如京沪线、京广线、京哈线、胶济线等)大规模开行速度高达 200～250 km/h 的中国铁路高速(CRH)动车组列车,标志着我国已经步入了高速铁路时代。

2008年4月18日，合宁高速铁路开通运营，南京至合肥由原来的4小时缩短至1小时25分；7月20日，设计速度250 km/h的胶济铁路高速铁路东段开通运营，济南到青岛的行车时间仅需2小时；8月1日，我国第一条设计速度350 km/h的高速铁路—京津城际铁路开通并投入商业运营。

2008年11月正式发布《中长期铁路网规划(2008年调整)》。该方案将客运专线规划目标由1.2万km调整为1.6万km，并将城际客运系统扩展到长株潭、中原城市群、武汉城市圈、关中城镇群、海峡西岸城镇群等经济发达和人口稠密地区。

2009年4月1日，石太高速铁路开通运营，石家庄到太原只需要59分钟；合肥至武汉高速铁路开通运营，由合肥至武汉的运行时间仅为1小时55分；10月1日，甬台温、温福铁路开通运营，该线为国家Ⅰ级双线电气化干线，设计速度200 km/h(预留提速250 km/h条件)；10月18日福厦铁路全线铺通；12月26日，世界上一次建成里程最长、工程类型最复杂的武广高速铁路开通并投入商业运营。

2010年2月6日，世界首条修建在湿陷性黄土地区的郑西高速铁路开通运营；7月1日，沪宁城际高速铁路开通运营；9月20日，昌九(南昌至九江)城际高铁开通运营；10月26日，沪杭高铁开通，运营时速350 km，上海至杭州运行时间仅需45分钟。12月30日，海南东环高速铁路正式运营通车。

2011年1月7日，广珠城际铁路高速铁路正式运营通车；7月1日，京沪高速铁路开通运营；12月26日，广深港高铁(广深段)正式开通，广州南站到深圳北站只需35分钟。

2012年9月28日，郑武高铁开通投入运营；12月26日，京广高速铁路开通运营，北起首都北京，南到广州，经过河北、河南、湖北、湖南、广东5省，全程2 298 km，是世界上运营里程最长的高速铁路。从北京坐高铁到广州的旅行时间缩短至8小时。

2013年9月12日盘营高速铁路通车；11月26日，津秦高速铁路通车；12月28日厦深、渝利高速铁路通车；12月30日，柳南高速铁路通车，进一步完善了国家铁路网在广西的布局，让广西省府南宁至首都北京实现全程高铁。

2014年，大西、宜万、沪昆东段、南广、贵广、兰新等高速铁路相继开通。

经过10多年的高速铁路新线建设和对既有铁路的高速化改造，我国已经拥有世界上最大规模高速铁路网。我国高速铁路里程名列世界第一。

在高速列车发展方面，我国共经历了两个阶段，从1958年到20世纪80年代末期，是我国铁路动车和动车组发展的初始阶段，动车组的发展刚开始萌芽，虽然历经30余年，但发展程度仍然不高。直到20世纪90年代到21世纪最初，我国铁路动车和动车组进入了发展的第二阶段，这是高速发展阶段。

前期曾研制出多种型号高速列车，如北海号、北亚号、长白山号、春城号、大白鲨号、罕露号、金轮号、晋龙号、庐山号、神州号、先锋号、新曙光号、中原之星等。其中，以后期研发的蓝箭、中华之星高速列车影响最为深远。蓝箭和中华之星分别于2001年和2005年在广深线和秦沈客运专线上投入试验性商业运营。

蓝箭高速列车是为满足广深线“小编组、高密度、高速度”的公交化客运要求，由株洲电力机车厂、株洲电力机车研究所、长春客车厂和广铁集团于2000年共同研制的新一代交流传动高速电动旅客列车组，最高速度220 km/h，如图3-19所示。

图 3-19　蓝箭高速列车

中华之星高速列车在秦沈客运专线创造了“中国铁路第一速”的 321.5 km/h 速度纪录，如图 3-20 所示。

图 3-20　“中华之星”高速列车

2004 年 4 月 1 日，国务院召开会议专题研究铁路机车车辆装备有关问题，形成《研究铁路机车车辆装备有关问题的会议纪要》，明确了“引进先进技术、联合设计生产、打造中国品牌”基本原则，确定重点扶持国内机车车辆制造企业、引进少量原装、国内散件组装和国内生产的项目运作模式，实现我国铁路客运发展的高速化。

2004 年 7 月 29 日，国家发改委与原铁道部联合印发《大功率交流传动电力机车技术引进与国产化实施方案》和《时速 200km 动车组引进与国产化实施方案》。

通过技术引进、消化、吸收，国内形成四家机车车辆重点制造企业和多家外围企业，实现了动车车辆制造水平的跨越，增强了市场竞争力，有力地推动了我国相关民族工业的发展壮大。在这些重点制造企业中，长春轨道客车股份有限公司联合阿尔斯通公司，制造生产出 CRH5 型动车组；四方机车车辆股份有限公司联合日本川崎重工，制造生产出 CRH2 系列动车组；青岛 BSP 公司联合加拿大庞巴迪公司，制造生产出 CRH1 系列动车组。唐山机车车辆厂联合德国西门子公司，制造生产出 CRH3 系列动车组。同时，在时速 200 km 的技术平台上，自主创新研制出时速 300 km 及 350 km 动车组，新研制的时速 400 km 中国标准动车组已经下线运营。

我国高速列车运行控制系统(CTCS 系统)以分级形式满足不同线路运输需求的技术规范，它的体系结构按铁路运输管理层、网络运输层、地面设备层和车载设备层配置，以地面设备为基础，车载与地面设备统一设计，分别采用传统轨道电路和应答器及无线网络传输行车许可信息，并保证列车安全运行。

第二节　高速铁路总体技术

高速铁路虽然源于传统铁路，但借助于多项高新技术已全面突破了常规铁路的概念，已形成一种能与既有路网兼容的新型交通系统，并在世界诸多经济发达的国家和地区迅速扩展。高速铁路已是当代科学技术进步与经济发展的象征。其在运营过程中不断更新换代，技术还在不断发展与完善。

一、高速铁路技术体系

高速铁路属于超大规模集成系统，高速铁路由工务工程、牵引供电、通信信号、动车组(高速列车)、运营调度系统、客运服务系统六大子系统有机组合而成。高速铁路的技术体系主干如图 3-21 所示。

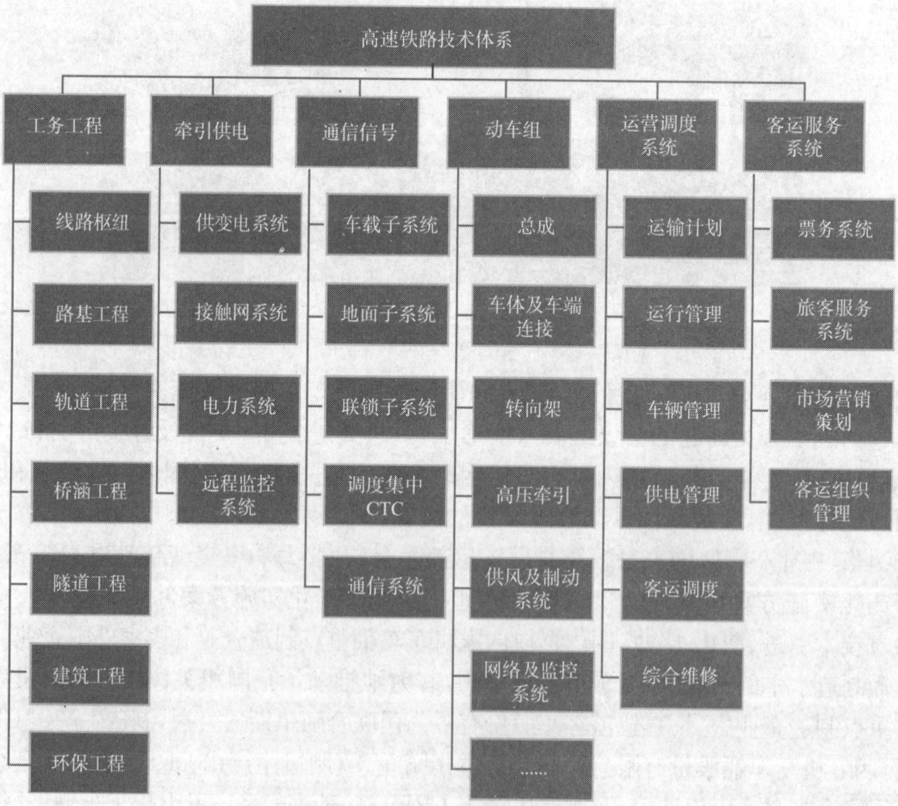

图 3-21　高速铁路技术体系

各系统间既相对自成体系，又相互关联。高速列车与运营调度、列车运行控制系统三者之间关系密切。其相关关系如图 3-22 所示。

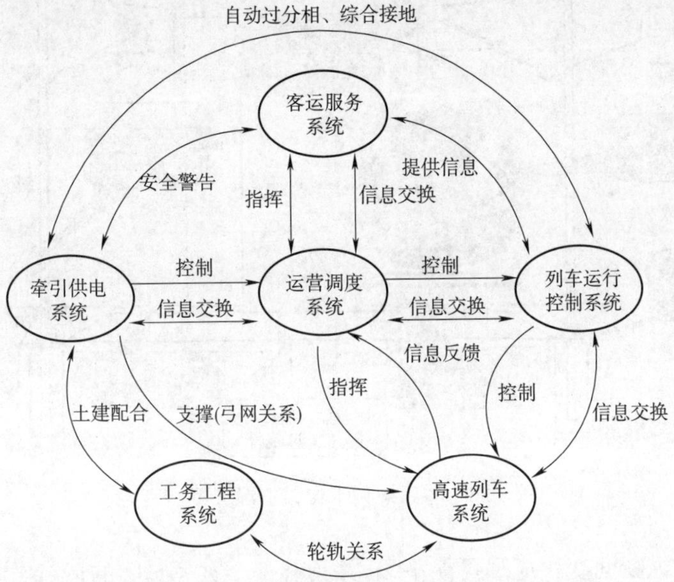

图 3-22　高速铁路技术体系关系

由于各国发展高速铁路的国情、路情不同，运输模式不同，故采用的技术和装备也不同，运营管理和养护维修方式也有不同。我国高速铁路技术体系特点是：

1. 满足高速度、高密度、大运量、长距离、高舒适性及多种运输组织形式需求。

2. 兼容不同速度等级的列车，配备多种编组形式的动力分散型动车组。

3. 采用高平顺性、高稳定性、高耐久性且少维修的基础设施。

4. 建立智能化的调度指挥系统、列车自动控制系统及信息化的运营管理系统。

5. 高度重视环境保护，追求高安全性、高可靠性及低运营成本。

二、高速铁路四大类核心技术

1. 线路技术。需保证全天候列车高速运行冲击下线路高平顺度。

2. 列控技术。高速铁路列控系统属于复杂大跨度高可靠性安全控制系统。

3. 弓网高速受流技术。列车高速运行时动态取流、保证受流质量和系统的维护性。

4. 高速列车技术，也是最核心元素。高速列车是当代高新技术的集成。高速列车方面，涉及各系统技术接口概况典型示意如图 3-23 所示。

三、工务工程技术特点

为保证高速列车能够长期、持续地安全、平稳的运行，要求线下基础具有高平顺性、高稳定性、高精度、小变形、少维修等特点。这些技术特点是高速铁路有别于中低速铁路的最主要之点，需要从线路平纵断面、路基、轨道、桥梁、隧道等各方面运用技术标准和措施加以保证。与普速铁路相比采用许多新技术和新工艺，其设计和施工控制标准高。

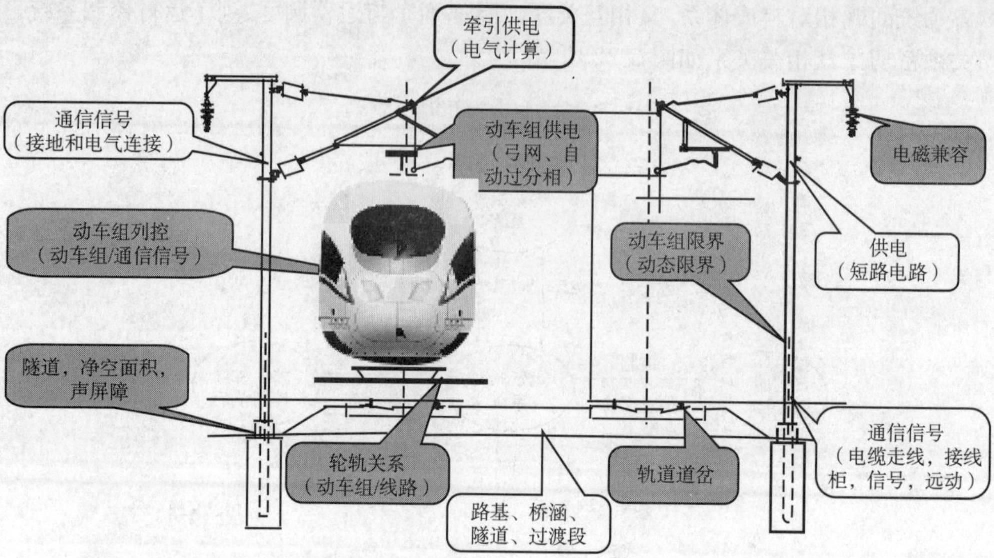

图 3-23 各系统技术接口概况典型示意

1. 线路。平纵断面变化应尽可能平缓，并具有一个宽大封闭的运行空间。

2. 线间距。世界各国高速铁路都根据各自的国情、线路运行速度、车辆情况（流线型程度、车宽、气密性等）等综合考虑固定设施和移动设施的投资等因素，确定线间距标准，其标准相差较大。我国高速铁路规定根据机车车辆限界最大宽度、列车最高运行速度确定区间正线线间距，分别为：350 km/h≥5.0 m；300 km/≥4.8 m；250 km/h≥4.6 m；200 km/h≥4.4 m。

3. 最小曲线半径。最小曲线半径与运输组织模式、列车速度、曲线超高参数和轨道类型有关。必须确定合理的曲线超高参数，即实设超高、欠超高、过超高的允许值。我国高速铁路实设最大超高为无砟轨道 175 mm、有砟轨道 170 mm，欠超高为 40 mm、80 mm，过超高为 40 mm、80 mm。由于我国高速铁路规定的超高参数数值小、标准高，计算得出的最小曲线半径较大。350 km/h 线路的曲线半径一般为 8000～10 000 m，最小为 7 000 m；300 km/h 线路的曲线半径一般为 6 000～8 000 m，最小为 5 000 m；250 km/h 线路的曲线半径一般为 4 500～7 000m，最小为 3 500 m；200 km/h 线路一般为 2 200 m，最小为 2 000 m。德国科隆—法兰克福的最高速度 300 km/h，规定最大超高 170 mm，最大欠超高 150 mm，最小曲线半径 3 320 m。

4. 建筑限界。一般分为基本建筑限界、桥梁建筑限界、隧道建筑限界；根据牵引种类，又分电力牵引铁路、内燃牵引铁路的建筑限界等。高速铁路的建筑限界必须同时满足高速铁路上运行的各种车辆的安全。根据我国高速铁路的运输模式，采用的建筑限界有三类：纯客运、客货（普通货车）兼顾、双层集装箱通道。

5. 路基。高速铁路路基除具备一般铁路路基的基本性能之外，还需要满足高平顺性、高稳定性轨道对基础提出的新性能要求：即强度高、刚度大的路基基床，沉降很小的地基以及沿线路方向平缓变化的刚度。

6. 桥梁。高速铁路桥梁的梁体必须具有足够大的竖向刚度、横向刚度和抗扭刚度，保证线路的高平顺性和避免不良的车、桥动力响应或共振；墩台必须具有足够大的纵向刚度，以限制桥上无缝线路轨道的附加应力和制动时梁轨相对位移，保证线路稳定；桥梁结构及构造布置应符合耐久性要求，便于检查和维修。我国高速铁路采用了刚度大、整体性能好的结构，如简支梁、连续梁、组合梁、刚架及拱等，优先选用双线整孔箱形梁桥。

7. 隧道。高速列车进入隧道后诱发的空气动力学效应随列车速度的提高而加大，因此会产生一系列负面影响，主要表现在三个方面，即瞬变压力、洞口微气压波和行车阻力。根据研究，隧道内气动力效应与隧道净空面积、长度，列车横断面、头部形状、密封性以及道床类型、竖井和横洞位置等因素有关。我国高速铁路隧道设计特点是加大隧道净空面积，采用斜切式、明洞扩大式等不同形式洞门，必要时设置洞口缓冲结构，减缓隧道内空气动力学效应的不利影响。

8. 轨道。我国高速铁路轨道的主要技术特点是采用 60 kg/m 的 100 m 长定尺钢轨、跨区间无缝线路、大号码道岔和无砟轨道。借鉴国外先进技术与成熟经验，逐步实现自主知识产权的无砟轨道技术体系和高速道岔的国产化及创新。

四、牵引供电技术特点

高速铁路牵引供电系统主要由牵引供电系统和电力系统组成。其技术要求为：满足高速运行的弓网关系；满足可靠稳定的供电要求；满足免维护、少检修、抵御自然环境侵害的要求；动车组自动过分相；供电能力适应高速度、高密度、大功率；具有综合一体化远程监控能力。与普通电气化铁路相比，高速铁路牵引供电系统具有功率需求大、负荷电流大、馈线电流波动剧烈等特点。

1. 供变电。我国高速铁路牵引变电所外部电压等级采用 220 kV 双电源供电，互为备用。其特点是输送能力高，电压损失小，保证较高的供电质量；改善对电力系统的负序和谐波影响，系统具有更大的负序承受能力，电压畸变小；安全可靠，能保证高速列车稳定运行。供电方式采用先进的 AT 供电方式，供电能力大、电分相少、节能环保、电磁污染低、外部电源投资低。

2. 接触网。国外高速铁路接触网有不同的悬挂方式，日本采用复链型悬挂(300 km/h 线路采用简单链型悬挂)、德国采用弹性链型悬挂、法国采用简单链型悬挂。我国 200～250 km/h 高速铁路一般采用简单链型悬挂(合武铁路、长吉城际采用弹性链型悬挂)，300～350 km/h 线路一般采用弹性链型悬挂(京津城际、广深港客专采用全补偿简单链型悬挂)。

3. 远程监控系统。我国高速铁路综合监控采用 SCADA 系统，提供用户监控的人机界面以及牵引供电设备和电力供电设备的监测、手动或自动控制。远程监控系统集通信、信号、牵引供电、电力远程监控一体化设计。采用分层分布式系统结构，控制中心采用独立的监控网络及设备，通过网络安全隔离措施与其他系统进行接口。系统监控范围包括 220 V～220 kV 的通信、信号、牵引供电、电力供电设备在线实时监控。

五、列车运行控制系统技术特点

我国高速铁路采用的是中国列车运行控制系统(CTCS)。主要包括：

1. CTCS-0/1 级：基于轨道电路传输信息，车载设备由机车信号和列车运行监控装置

(LKJ)构成。

2. CTCS-2 级：基于轨道电路(ZPW-2000)和应答器传输列车行车许可信息，采用目标距离连 续速度控制模式监控列车安全运行的列控系统。

3. CTCS-3 级：基于 GSM-R 无线通信实现车—地信息双向传输，无线闭塞中心(RBC)生成行车许可，轨道电路(ZPW-2000)实现列车占用检查，应答器实现列车定位，并具备 CTCS-2 级功能的列车运行控制系统。

4. CTCS-4 级：完全基于无线传输信息的列控系统，地面可取消轨道电路，由 RBC 和车载验证系统共同完成列车定位和完整性检查，点式应答器提供列车用于测距修正的定位信息，实现移动闭塞。

我国高速铁路 200～250 km/h 等级采用 CTCS-2 级列控系统，300～350 km/h 等级的采用 CTCS-3 级列控系统，均由车载设备(ATP)和地面设备组成。

六、电务通信工程技术特点

我国高速铁路的通信系统包括：光传输系统、数据网、电话交换系统、调度通信系统、GSM-R、会议电视系统、应急通信系统、综合视频监控、时钟同步、综合网管、监测系统、防雷与接地系统、通信电源及线路等。

高速铁路通信系统的主要技术特点是：采用数字移动通信系统(GSM-R)，其场强覆盖、服务质量标准(QOS)必须符合要求。特别是 CTCS-3 列控信息区段，必须采用系统冗余设计进行设计，以满足调度指挥、公务通信、信息传输和列车运行控制的需要。

(一)运营调度系统技术特点

集成化程度高，技术复杂，可靠性要求高。集计算机、通信、网络等现代化技术为一体，完成列车的计划、运行、维修等一系列任务，是完成客运专线运输组织特别是日常运营的根本保证，也为完成运输生产提供有力保障。

高速铁路行车指挥采用分散自律调度集中系统(CTC)，由铁路局、车站两级构成，具备列车进路及调车进路的控制、列车运行监视、车次号追踪、列车运行计划调整和列控限速设置等功能。CTC 控制模式包括分散自律控制和非常站控两种模式。分散自律控制模式的操作方式又分为中心操作方式、车站调车操作方式和车站操作方式等三种。

(二)高速铁路自然灾害及异物侵限监测系统 技术特点

可对铁路沿线风、雨、雪、地震及异物侵限进行实时监测，同时具备报警、预警及联动触发功能的系统，采用铁路局中心系统、现场监测设备两级架构。

1. 风速监测。极大风速值超过 15 m/s 的地区应设置风监测点。山区垭口、峡谷、河谷等区段，风速风向监测点的平均间距 1～5 km；桥梁、高路堤等区段，风监测点的平均间距5～10 km。

2. 雨量监测。年降雨量大于 200 mm 的地区设置雨量监测点。连续路基区段，有砟轨道线路雨量监测点的布设间距一般为 15～20 km；无砟轨道线路布设间距一般为 20～25 km。高路堤、高路堑地段、隧道口等特殊地段应需要增设雨量监测点。

3. 雪深监测。雪量监测点设置雪深计，最大积雪深度 36 cm 以上的地区原则上按 50 km设置一处，一般设置于车站、综合维修车间、工区、路堑等处所。

4. 异物侵限监测。设置在公跨铁桥梁、公铁并行地段、高路堑及可能存在危险的隧道口等地点(线路允许速度不大于 160 km/h 区段内的公跨铁立交桥不设置)。

5. 地震监测。沿线地震动峰值加速度大于等于 0.1 gal(相当于震级烈度Ⅶ级)的地区,应具有 S 波监测功能,有条件时宜具备 P 波预警功能。可设置于牵引变电所、AT 所、分区所等处所,设置间隔宜为 20 km。每个监测点设置两台地震仪,间隔宜为 40 m。当两个及以上地震监测点监测出的地震动加速度达到 45 gal 及以上时,即发出地震报警信息,并立即发送给地震影响范围的列控系统接口继电器,列控系统收到报警信息,控制列车运行;同时将报警信息发送给地震影响范围的牵引变电系统接口继电器,停止向接触网供电。

(三)高速列车主要技术特点

高速铁路的动车组基本均为机车车辆一体化。主要技术特点:

1. 安全、快捷、舒适、平稳。
2. 固定编组、双向运行,无须调头、机动性强,车头流线型。
3. 启动迅速、制动力强。
4. 采用轻量化的车体结构和动力设备。
5. 采用动力学性能优化的转向架。
6. 采用交流传动技术。
7. 采用复合制动系统。
8. 列车控制系统采用网络通信技术。

第三节　高速铁路线路的基本知识

一、高速铁路线路的基本特点

线路是列车运行的基础,高速运行的列车要求线路具有高平顺性、高稳定性、高精度、小残变和少维修性,并要有良好的环境保护性。只有这样,才能保证列车运行的高速、平稳和安全。

1. 高平顺性

轮轨相互作用的理论指出,轨道不平顺所引起的轮轨动力响应及其对行车安全性、平稳性和乘车舒适性的影响随速度的提高而增大。因此,对于高速铁路要求具有高平顺性的轨道。

2. 高稳定性

稳定、沉降小且沉降均匀的平顺路基是高平顺性轨道的基础。其稳定性好主要需要控制路基的“变形”并要求桥梁具有足够大的刚度。

3. 高精度、小残变、少维修

轨道铺设的初始不平顺是运营后不平顺发生、发展、恶化的根源,因此,要求轨道初始铺设时具有高精度。同时,由于高速动车组频繁及强烈的冲击载荷作用,要保证运营后仍然具有高平顺性,则必须保证铺设时的小残余变形。只有这样,才能保证线路的少维修量。

4. 宽大、独行的线路空间

列车高速运行时将带动周围空气流动，形成一种特定的非常流场，威胁沿线工作人员和站台旅客的安全，对线路两侧建筑物也有破坏作用。1998 年我国在京广线许昌—小商桥间进行高速试验时，试验列车与南宁—西安的旅客列车交会时将客车(22 型客车)车窗玻璃吸下并击打在试验车车体上。因此，需要在高速线路上增大线间距离和旅客的安全退避距离，并采用全封闭线路。

5. 高标准的环境保护

高速铁路需要强调线路本身与环境的完美结合。当列车速度超过 250 km/h 后，来自轮轨、弓网相互作用以及与空气摩擦产生的噪声是让人无法忍受的，因此，需要设置隔音墙等降噪设施。

此外，高速铁路还要求在开通时即以最高速度运行，并需要有严密的轨道状态检测和防灾安全监控措施。

二、高速铁路线路的主要技术参数

列车与线路是相互依存、相互适应的关系，列车是载体，线路是基础。高速铁路对线路的要求较一般线路更高，标准也更严格。

铁路线路平面是由直线和曲线组成的，曲线由圆曲线和缓和曲线组成。曲线线路能较好地适应地形的变化，减少工程量，但也有使列车运行速度降低、增加轮轨磨耗等缺点。高速铁路列车运行速度高，对线路曲线有严格的要求。

(一)曲线超高度及欠超高

列车在曲线上运行时，会产生离心力，为了平衡列车通过曲线时的离心力，必须把曲线外轨加高，称为曲线超高。最大超高度的选择应保证列车停在曲线上而又遇到大风时，也不致使列车颠覆。目前，除日本东海道新干线规定最大超高度为 200 mm 外，日本其余各线及法国高速干线的最大超高度为 180 mm，德国第一期、第二期高速线路最大超高度为85 mm，第三期为 170 mm。我国《高速铁路设计规范》中规定有砟轨道实设最大超高允许值为 170 mm，无砟轨道为 175 mm。

曲线外轨超高度是一个定值。对于速度较高的车，会产生未被平衡的离心加速度。对于速度较低的车，会产生剩余的向心加速度。未被平衡的离心加速度和向心加速度统称为未平衡加速度，可以理解为外轨超高度不足(欠超高)或外轨超高度过大(过超高)，欠超高和过超高统称为未被平衡的超高度。

为了保证行车安全、旅客舒适度和轨道的稳定性，必须对未被平衡的超高度加以限制，各国规定欠超高的数值大致为 60～130 mm。不同国家技术要求不同，所允许的最大欠超高也有所区别。我国《高速铁路设计规范》中规定的欠超高允许值见表 3-2。

表 3-2　欠超高允许值(mm)

舒适度条件	优秀	良好	一般
欠超高允许值	40	60	90

此外，考虑到高、低速列车在同一条线路上运行的需要，在设计铁路线路时还需要对其允许的最大过超高、欠超高与过超高之和和欠超高与实设超高之和进行规定。我国《高速铁

路设计规范》中规定线路最大允许过超高与欠超高允许值一致，欠超高与过超高之和的允许值见表 3-3，欠超高与实设超高之和的允许值见表 3-4。

表 3-3 欠、过超高之和允许值(mm)

舒适度条件	优秀	良好	一般
欠、过超高之和允许值	100	140(110)	180(140)
注：括号内数值为设计行车速度 250 km/h 与 160 km/h 匹配时的采用值			

表 3-4 设计超高与欠超高之和允许值(mm)

舒适度条件		优秀	良好	一般
设计超高与欠超高之和允许值	有砟轨道	200	220(220)	250(260)
	无砟轨道	210	235	265
注：括号内数值为设计行车速度 250 km/h 与 160 km/h 匹配时的采用值				

(二)最小曲线半径

最小曲线半径为线路平面设计时允许选用的曲线最小值。最小曲线半径的选定主要考虑列车的运行速度。

由于高速铁路列车运行速度高，要求最小曲线半径较一般线路更大，并随线路运行速度的提高而增大。除早期日本东海道新干线最小曲线半径为 2 500 m 外，现国外高速铁路最小曲线半径一般为 4 000 m 以上，新建线路推荐值为 6 000～7 000 m。我国《高速铁路设计规范》中规定的线路最小曲线半径见表 3-5。

表 3-5 平面曲线半径表(m)

设计行车速度(km/h)	350/250	300/200	250/200	250/160
有砟轨道	推荐 8 000～10 000	推荐 6 000～8 000	推荐 4 500～7 000	推荐 4 500～7 000
无砟轨道	推荐 8 000～10 000	推荐 6 000～8 000	推荐 4 500～7 000	推荐 4 500～7 000
最大半径	12 000	12 000	12 000	12 000

(三)缓和曲线和夹直线长度

为减小轮轨间相互作用，便于设置曲线外轨超高，满足行车安全和旅客舒适度的要求，在直线和圆曲线之间设置缓和曲线。

普通铁路曲线型超高缓和曲线、高速铁路直线超高型缓和曲线一般采用三次抛物线型，高速铁路曲线超高型缓和曲线一般采用一波正弦型、半波正弦型、四-三-四型或七次四项式型。

缓和曲线的长度对行车安全和舒适度有直接影响。太短，不利于行车安全和舒适平稳性，太长，又给设置和养护带来困难。缓和曲线长度应根据曲线超高度、列车运行速度、欠超高等综合考虑。我国《高速铁路设计规范》中根据曲线半径和地形等规定了不同曲线半径下的缓和曲线推荐长度和最小长度。对于大型车站两端减、加速等限速地段，还需要根据设计速度来规定不同曲线半径下的缓和曲线推荐长度、最小长度及个别最小长度。

列车通过同向或反向曲线以及 S 形曲线时，线路对车辆的冲击以及未平衡的横向加速度变化频繁。为使列车平稳、安全运行,必须在同向曲线或反向曲线间加入一段夹直线。

夹直线应尽可能长,特别是高速铁路更应如此。日本铁路规定夹直线最小长度:一般为100 m,速度低于110 km/h,可取为50 m。我国也对夹直线最小长度做出了规定,《高速铁路设计规范》对夹直线长度的规定见表3-6。

表3-6 圆曲线或夹直线最小长度

设计行车速度(km/h)	350	300	250
圆曲线或夹直线最小长度(m)	280(210)	240(180)	200(150)
注:括号内围困难条件下采用的最小值			

(四)线路间距

线路间距即为两条线路中心线间的距离。在高速复线铁路上,当两列车相遇时,将产生强大的空气压力波(风压)。为避免这种风压造成损害,高速铁路应选取适当的线路间距。

世界各国经过大量研究和试验,都确定了最小的线路间距,几个主要国家高速线路的最小线路间距如下:

1. 日本:区间线路为4.2 m,车站内为4.6 m。
2. 法国:4.2 m。
3. 德国:4.5 m。

《高速铁路设计规范》对正线线间距的规定见表3-7。

表3-7 正线线间距

设计行车速度(km/h)	350	300	250
线间距(m)	5.0	4.8	4.6

(五)竖曲线半径

为了保证列车通过变坡点时的运行安全和旅客的舒适度,一般用竖曲线来连接两个相邻的坡段。竖曲线的半径与列车运行速度有关,列车运行速度越高,竖曲线半径越大。

世界主要国家高速铁路竖曲线半径如下:

法国TGV东南线的竖曲线半径采用25 000 m,TGV大西洋线采用16 000 m。

日本除东海道新干线采用10 000 m外,其余各线均采用15 000 m。

《高速铁路设计规范》规定的竖曲线半径见表3-8。

表3-8 我国竖曲线半径选用标准

v_{max}(km/h)	350	300	250
竖曲线半径(m)	25 000	25 000	20 000

(六)其他线路参数

限界——需要考虑在高速机车车辆限界的基础上的各种安全裕量、轨道维修抬高量、接触网形式以及施工误差等,按最不利组合确定《高速铁路设计规范》规定的建筑限界基本尺寸。

坡度——线路的最大坡度在一定的自然条件下对小麦的走向、长度、工程投资、运营费用、牵引质量及输送能力都有较大影响。各国高速铁路根据不同的运输组织模式和地形条件的不同，采用的最大坡度也不一样。

路基——要求路基刚度大，平顺性好。因此一般采用大基床厚度或整体道床，并严格控制沉降。

桥梁——要求桥梁刚度大，耐久性好，并设置路—桥过渡段。

钢轨——采用大质量钢轨。日本、法国、德国均采用 60 kg/m 的钢轨。

道岔——采用单开可动心轨大号码道岔以提高通过速度，目前法国高速铁路采用的高速道岔最高侧向通过速度可以达到 230 km/h。

线路不平顺——对于轨道不平顺分别设置不同的管理值以便按照不同的程序予以处理。

隧道——由于列车进入隧道时原来占据着空间的空气被迅速排开，造成车内压力波动，会造成旅客不适，并对铁路员工、建筑物和车辆造成伤害。因此，要求高速铁路隧道具有洞口缓冲结构和大的隧道断面面积。

信号——高速铁路行车速度高、密度大，因此，高速铁路采用列车自动运行控制系统，如新干线 ATC 系统、法国高速铁路 TVM300 和 TVM430 系统等。目前，我国高速铁路采用 CTCS 列车运行控制系统。

三、高速铁路线路的养护、维修及运用管理

良好的养护与维修是高速铁路系统运转的基础。目前世界各国高速铁路在进行养护维修时一般采用通过轨道检查车在一定周期内对线路进行检测，按照线路损坏的程度进行线路养护。更换钢轨、道岔、道床则按照一定的时间周期或通过质量进行。进行维修时一般采用大型养路机械施工。

各国高速铁路一般在相应区段配置检修基地，基地内设置车库、给油给水设备、材料装卸设备和油脂处理设备。

各国高速铁路一般均预留施工作业时间，以法国高速铁路网为例，其日常维修和线路封锁时间在白天为 1.5 h，夜间为 5 h。

第四节 高速动车组的基本知识

一、高速动车组技术特点

1. 制动系统技术特点

动车组制动系统由两部分组成，分别是再生制动及直通式电空制动。再生制动系统将牵引电动机转换成发电机，将动能转换成电能并将电流反馈回电网。直通式电空制动系统，将电指令转换成空气指令实现空气制动或缓解作用。列车制动优先采用再生制动方式，制动方式转换均由微机系统控制完成。大多数采用电气指令式制动系统，动车组各车辆的制动控制装置采用微机控制。

制动力由动力车的电制动及各车辆的摩擦制动两种形式产生，动力车采用轮盘方式制动，拖车采用轴盘制动方式制动。通过司机操纵台上的制动控制器发出制动指令时，制动电信号首先到达列车计算机系统。列车计算机系统根据列车速度、减速度及轮轨黏着状态，确定动力制动及空气制动的功率及两者的分配。

动车转向架可采用再生制动和摩擦制动，拖车转向架仅可用摩擦制动。当动力制动和摩擦制动共同使用时再生制动永远具有优先权。再生制动的制动力不足时，则由摩擦制动补偿。

列车配有计算机控制的电空制动系统，每辆车都设有本车制动计算机(BCU)。而贯穿整个列车的电气安全环路却不受计算机的控制，以确保在紧急情况下启动紧急制动阀。

2. 空气动力学技术特点

随着列车运行速度的提高，空气的动力作用一方面对列车和列车运行性能产生影响；另一方面，列车高速运行引起的气动现象对周围环境也产生影响。对于高速动车组来说，列车头型设计非常重要，好的头型设计可以有效地减少列车表面压力、列车空气阻力、会车压力波和隧道内列车表面压力以及列车风等问题。

为了节省牵引功率，降低高速所引起的动力作用对线路结构、机车车辆结构产生的损伤以及提高旅客乘坐舒适度，需要最大限度地降低高速动车组的轴重，车体结构轻量化。因此，国内外高速列车车体的主要材料是铝合金和不锈钢，从发展趋势看，铝合金将成为动车组车体的主导材料。

3. 高性能转向架技术特点

提高列车运行速度首先遇到的问题是转向架运行的稳定性和安全性，提高列车运行速度应具有高性能的转向架，具有高速运行的稳定性和安全性，良好的曲线通过性能，旅客乘坐的舒适性。CRH系列动车组均采用无摇枕高速转向架技术，并采用空簧做二系悬挂，提高了旅客乘坐的舒适度，保证良好的曲线通过性能。

4. 复合制动技术特点

高速列车对制动技术提出了严峻的挑战，因为列车的动能与速度的平方成正比，而在一定的制动距离条件下，列车的制动功率是速度的三次函数。因此，传统的空气制动能力远远不能满足需要。主要是：

(1)采用大功率盘形制动机。

(2)采用复合制动方式，即：空气盘形制动＋电气动力制动(再生制动)＋非黏着制动(涡流制动和磁轨制动)；按速度控制制动力的大小以充分利用黏着；采用高性能的防滑装置以及采用微机控制等。

(3)采用电、空联合制动模式，电制动优先，并装有防滑器。电制动与空气制动结合可保证列车在较大的速度范围内都有充足的制动力，而防滑器的安装可使轮轨间的黏着力得到充分运用，进而有效地缩短制动距离。电制动由于操纵控制方便，并且可以大大减少空气制动系统零部件的磨耗，因而得以优先使用。

(4)操纵控制采用电控、直通或微机控制电气指令式。这些装置使制动系统的反应更为迅速，进一步缩短制动距离。采用"故障导向安全"机构，在制动系统发生故障时，能向安全方向动作。

5. 密接式车钩缓冲装置技术特点

车辆间的牵引缓冲装置是关系到缓和列车冲击，提高旅客舒适性和列车安全的重要部件，高速列车对牵引缓冲装置提出了更高的要求。目前世界各国高速列车普遍采用密接式车钩连接装置，该装置两车钩连接面的纵向间隙一般都小于 2 mm，上下、左右偏移也很小，对提高列车的运行平稳性和电气线路、风管的自动对接提供保证。

6. 交流传动技术特点

早期的电力牵引传动系统均采用交—直传动，用直流电动机驱动。由于直流电动机的单位功率质量较大，使高速列车既要大功率驱动又要求减轻轴重，形成难以克服的矛盾。我国 CRH 各平台动车组均采用交—直—交结构传动系统，牵引能力强、牵引特性好。交流牵引电机具有额定输出功率大，结构简单、体积小、质量轻、易维修，速度控制方便，效率高等一系列优点。

7. 自动控制及故障诊断技术特点

列车自动控制系统对保证高速列车安全运行有十分重要的作用。世界各国在发展高速铁路时都十分重视列车自动控制系统的研究和开发，研制了多种基础技术设备，例如列车超速防护系统、卫星定位系统、车载智能控制系统、车载微机自动监测和诊断系统等。

目前，高速铁路自动控制方式主要分为两类：一类是以设备为主、人控为辅的控制方式，以日本新干线采用的 ATC(列车自动控制)方式为代表；另一类是人机共用、人控为主的方式，以法国 TGV 高速列车为代表，主要采用 TVM300 型安全防护系统及改进的 TVM430 型安全防护系统；还有德国 ICE 高速列车采用的 FRS 速差式机车信号和 LZB 型双轨条交叉电缆传输式列车控制设备等。

8. 高速受流技术特点

接触网-受电弓受流系统的受流过程以运动形式完成，包括多种机械运动形式电气状态变化。受流系统的电流容量、适用速度、安全性能、使用寿命提高。要保证功率传输的可靠性，必须保证动车组所需要的最低电压，保证动车组的可靠运行。高速列车的电流负荷特性较之常速列车有较大的区别，其特征是脉冲负荷占的比例大，整个牵引供电系统要适应高速列车对电压水平和电流负荷的要求。

9. 牵引控制系统技术特点

采用性能优越的三相交流异步牵引电机。交流传动系统的变流装置是将单相交流电转变为调频调压的三相交流电。技术特点是：

(1)调速范围宽。根据列车速度要求，变流器调频范围从 0.4 Hz 一直到 200 Hz 以上，且调频连续平稳，无冲击。

(2)控制特性复杂。牵引性能由恒转矩区，恒功区及自然特性区组成，启动转矩大，恒功区宽。

(3)有良好的稳态控制特性和快速动态响应特性。动车组通过弓网传递能量，通过轮轨传递牵引力，空转、打滑、跳弓离线及网压波动等均能引起功率的急剧变化，牵引变流器能适应这种负载及外界环境的急剧变化。

(4)输出电压波形质量好。为减少谐波分量对牵引电机谐波热损耗和转矩脉动影响,输出波形尽量接近正弦形。

(5)牵引与再生制动频繁转换,能量双向流动。

(6)效率高,利用率高,可靠性高。

(7)利于安装,调度和维修。

二、动车组型号及车组号编号规则

1. 我国动车组型号及车组号标志于动车组头车两侧外墙上。动车组型号及车组号标识用于识别不同列的动车组,如图 3-24 所示。

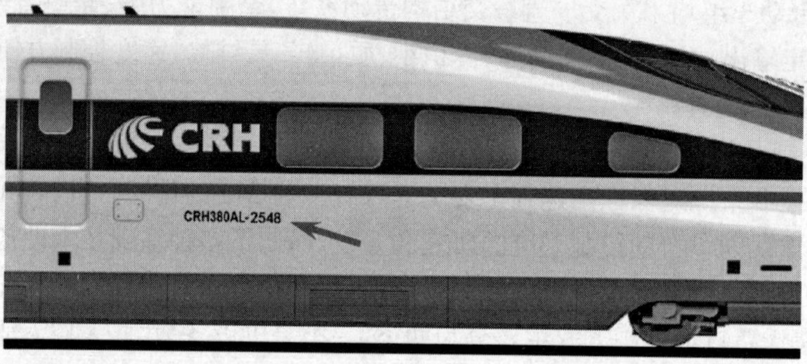

图 3-24　动车组型号和车组号标志示意

2. 型号及车组号格式定义如下。

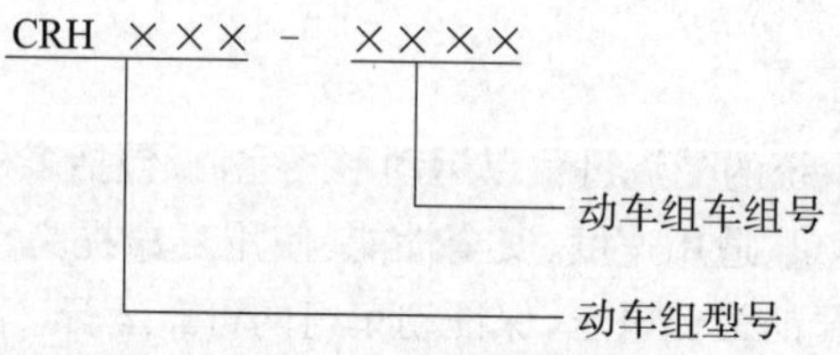

三、动车组型号部分简介

1. 动车组型号分技术序列代码命名方式和速度目标值命名方式两种。技术序列代码命名方式,动车组型号及车组号示意如下:

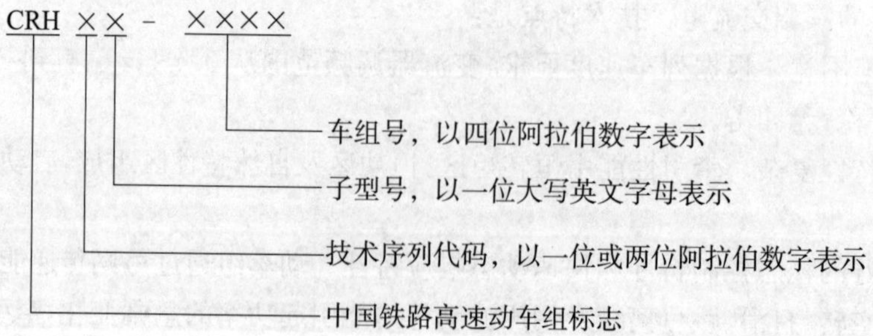

2. 技术序列代码以阿拉伯数字表示，由 1 开始顺序排列见表 3-9。

表 3-9　技术序列代码命名表

代　码	研制生产单位	备　注
1	四方庞巴迪公司	
2	四方股份	
3	唐车公司	
5	长客股份	
6	四方股份/浦镇公司	城际动车组
7 及后续	预留	

3. 子型号以一位大写英文字母表示，由 A 开始顺序排列见表 3-10。

表 3-10　子型号排序表

代　码	时　速	编　组	备　注
A	200～250	8 辆	座车
B	200～250	16 辆	座车
C	300～350	8 辆	座车
D	300～350	16 辆	座车
E	200～250	16 辆	卧车
F	160	8 辆	城际动车组
G	200～250	8 辆	耐高寒座车
H	200～250	8 辆	耐风沙及高寒座车
I	预留		
J			综合检测车
K 及后续	预留		

4. 速度目标值命名方式。主要针对 CRH380 系列动车组，动车组型号及车号示意如下：

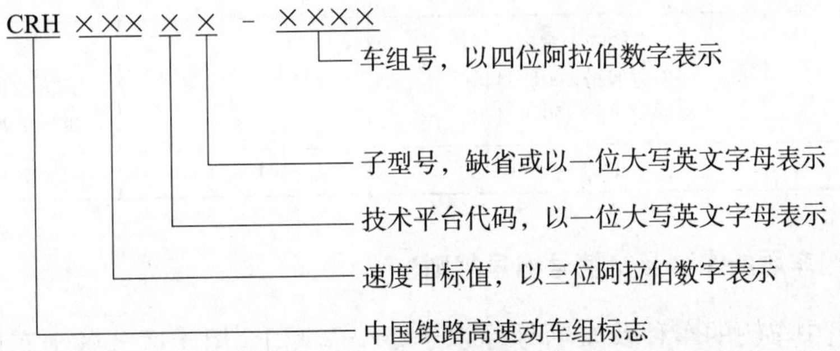

5. 动车组设计的最高运行速度目标值以三位阿拉伯数字表示，例如：380——代表设计最高运行速度目标值为 380 km/h。技术平台代码含义见表 3-11。

表 3-11　技术平台代码含义表

代　码	研制生产单位	编　组	备　注
A	四方股份	8 辆	座车
B	唐车公司/长客股份	8 辆	座车
C	长客股份	8 辆	座车
D	四方庞巴迪公司	8 辆	座车
E	预留		
F	预留		

6. 子型号，以一位大写英文字母表示，由 G 开始顺序排列。缺省时为基本型。子型号代码与技术序列代码命名方式下的子型号保持完全一致。新增 L、M 两项含义见表 3-12。

表 3-12　新增 L、M 两项含义表

代　码	备　注
L	基本型的 16 辆编组动车组
M	更高速度等级试验列车改为综合检测动车组

四、动车组车组号简介

车组号部分以四位阿拉伯数字表示，按照动车组的制造工厂，具体号段分配见表 3-13。

表 3-13　动车组车组号分配表

动车组制造工厂	速度 250 km/h 及以下	速度 350 km/h 及以上	检测、试验等特殊用途
BST	1001～1499	1501～1999	0101～0199
四方股份	2001～2499 （CRH2C 保持不变，仍包含在其中）	2501～2999	0201～0299
唐车公司	3001～3499 （CRH3C 保持不变，仍包含在其中）	3501～3999	0301～0399
四方股份/浦镇公司	城际动车组： 四方股份 4001～4499 浦镇公司 4501～4999		四方股份 0401～0449 浦镇公司 0451～0499
长客股份	5001～5499	5501～5999	0501～0599

五、动车组车厢的车种及车辆号编号规则

1. 动车组中车辆的车种及车辆号标识于各个车厢上，用于区分各个车厢，如图 3-25 所示。

图 3-25 车辆车种及车辆号示意

2. 车辆车种及车辆号格式定义如下：

×× ×××× ××

- ××（第三组）——编组顺位代码，以两位阿拉伯数字表示，由1位头车至2位头车的代码为01、02、…、00
- ××××——动车组车组号
- ××（第一组）——车种代码，以两位或三位大写英文字母表示

3. 动车组中的车辆车种代码是车种名称的汉语拼音缩写，车种代号、车种名称及英文见表 3-14。示例：ZYS 264201

ZYS——车辆车种代码，一等/商务座车

2642——动车组车组号

01——车辆编组顺序号

表 3-14 车辆车种代码含义表

序号	车种代号	车种名称	英 文
1	ZY	一等座车	First Class Coach
2	ZE	二等座车	Second Class Coach
3	WR	软卧车	Soft Sleeper Coach
4	WY	硬卧车	Hard Sleeper Coach
5	CA	餐 车	Dining Coach
6	SW	商务车	Business Coach
7	ZEC	二等座车/餐车	Second Class/Dining Coach
8	ZYS	一等/商务座车	First Class/Business Coach
9	ZES	二等/商务座车	Second Class/ Business Coach

续上表

序号	车种代号	车种名称	英　文
10	ZYT	一等/特等座车	First Class/ Premier Coach
11	ZET	二等/特等座车	Second Class/ Premier Coach
12	JC	检测车	Detection Car

六、动车组运用及其基本要求

1. 动车组列车运行图是动车组运用工作的主要依据。动车组的运用涵盖了一体化管理、信号、行车组织、列车运行图、动车组的周转、动车组运转制度及乘务员乘务制度、运用安全管理等多方面的内容。

2. 运用工作是动车组实现高速铁路运输功能的最终环节。动车组的安全、正点、高效运用是动车组相关设计生产,运营维护等各项工作的最终目的。动车组在实际运用过程中出现的问题也为设计生产、运营维护工作的改进提出新的需求及优化方向。动车组运用的基本要求是安全、正点、高效。

七、动车组的修程修制

动车组的维修在确保车辆运行安全方面起着重要的作用。与传统列车相比,动车组集成设备规模大,维护检修工作的复杂性提高。检修项目多,周期较为分散。检修计划编制和检修作业组织的复杂性提高,对信息系统需求越来越大。

我国各型CRH动车组均实行计划性预防修的检修体制,基本上划分成五个等级(图3-26)。

其中:一、二级修为运用检修,在动车组运用所内进行;三、四、五级修为高级检修,在具备相应车型检修资质的检修单位(动车基地或主机企业)进行。

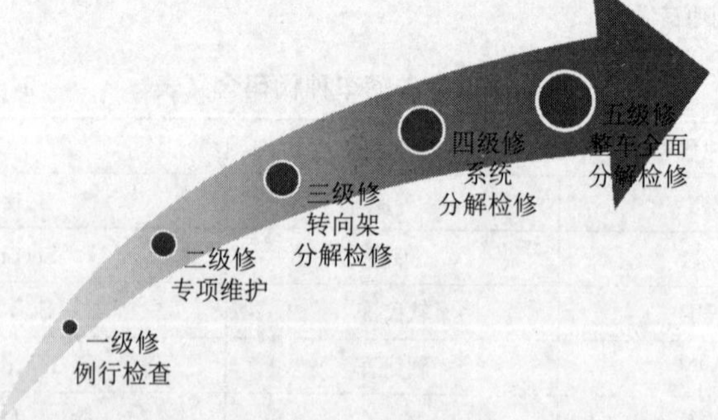

图3-26　我国动车组的检修级别划分

动车组运用检修及高级检修采用以走行公里周期为主(走行公里以动车组管理信息系统为准)、时间周期为辅的检修模式。我国CRH动车组各型动车组检修周期情况见表3-15。

表 3-15　我国 CRH 动车组各型动车组检修周期表

<table>
<tr><th>修程
车型</th><th>一级修</th><th>二级修</th><th>三级修</th><th>四级修</th><th>五级修</th></tr>
<tr><td>CRH1A</td><td rowspan="3">≤(4 000+400)km
或运用 48 h</td><td rowspan="3">另行
公布</td><td rowspan="3">(120±10)万 km
或 3 年</td><td rowspan="3">(240±10)万 km
或 6 年</td><td rowspan="3">(480±10)万 km
或 12 年</td></tr>
<tr><td>CRH1B</td></tr>
<tr><td>CRH1E</td></tr>
<tr><td>CRH5A</td><td>≤(5 000+500)km
或运用 48 h</td><td>另行
公布</td><td rowspan="5">120±12 万 km
或 3 年</td><td rowspan="5">240±12 万 km
或 6 年</td><td rowspan="5">480±12 万 km
或 12 年</td></tr>
<tr><td>CRH3C</td><td rowspan="4">≤(4000+400)km
或运用 48 h</td><td rowspan="4">另行
公布</td></tr>
<tr><td>CRH380B</td></tr>
<tr><td>CRH380BL</td></tr>
<tr><td>CRH380CL</td></tr>
<tr><td>CRH2A</td><td rowspan="7">≤(4 000+400)km
或运用 48 h</td><td rowspan="7">另行
公布</td><td rowspan="7">$60^{+2.5}_{-5}$ 万 km
或 1.5 年</td><td rowspan="7">120^{+5}_{-10} 万 km
或 3 年</td><td rowspan="7">240±10 万 km
或 6 年</td></tr>
<tr><td>CRH2B</td></tr>
<tr><td>CRH2E</td></tr>
<tr><td>CRH2C
(一阶段)</td></tr>
<tr><td>CRH2C
(二阶段)</td></tr>
<tr><td>CRH380A</td></tr>
<tr><td>CRH380AL</td></tr>
</table>

注:1. 动车组检修周期以走行公里周期为主、时间周期为辅的检修模式,先到为准。

2. 二级修项目允许按二级修维修卡片规定的检修周期延后 10%组织施修(有调整检修周期范围的除外)。

3. 高级检修间隔不超过一个三级修周期。

1. 一级修。是对运用动车组的车顶、车下、车体两侧、车内和司机室等部位实施快速例行检查、试验和故障处理的检修作业,可称为库检。一级检修利用库内三层工作平台进行,重点为走行、车顶高压、制动等。此外还同时进行吸污上水、车内外保洁等整备作业。检修股道接触网的供断电对一级修作业流程影响较大,一般据此为主线安排一级修生产节拍。

2. 二级修。是对动车组各系统、零部件实施的周期性维护保养、检测、试验。在运用所作业条件下,开展相对深入的专项维护工作。二级检修一般要打开各裙板等各类外部盖板,进行清洁、润滑及测试作业,重点项目有空心轴探伤、踏面修形等。

3. 三、四、五级修。在具备相应车型检修资质的检修单位如动车段或主机企业进行。扣车时间较长,各部件分解较深入,并可实施在运用缺乏作业条件或者耗时较长情况下的改造。

三级修以转向架检修为中心展开,对转向架进行分解检修。转向架是动车组安全的核心,此外结合扣车时间对制动系统等进行状态检查和功能测试。

四级修是对关键系统的分解检修,相对三级修,进一步扩大分解检修系统的范围,包含制动系统、电机的分解检修等。

五级修是对整车进行全面分解检修，包括动车组分解、清洗、检查、修复，最后还对车体进行油漆，基本恢复至新车状态。

思考题

1. 高速铁路在旅客运输方面有哪些特点？
2. 高速铁路在国家战略方面有哪些特点？
3. 国外高速铁路发展阶段如何划分的？
4. 国外高速铁路发展突出的国家有哪些？有何特点？
5. 我国高速铁路是如何发展的？
6. 高速铁路四大核心技术是什么？
7. 高速动车组主要技术特点是什么？
8. 高速铁路线路主要具有哪些基本特征？
9. 我国动车组型号及车组号编号规则是什么？
10. 我国动车组的修程如何划分？

第四章　高速铁路行车组织和调度指挥系统概述

本章主要介绍了高速铁路CTC分散自律调度集中系统的结构技术特点、功能、控制原理。同时对我国高速铁路调度系统的层次结构、调度所设备结构、动车段(所)调度系统及列车调度业务流程进行了简要介绍。从业人员通过对本章的学习能初步了解高速铁路运行组织及指挥系统的运作模式。

第一节　高速铁路CTC分散自律调度集中系统

一、CTC分散自律调度集中系统概述

该系统包含了行车调度指挥的所有功能,列车运行监视、车次号自动跟踪、到发点自动采集、实际运行图自动生成、日班(阶段)计划的自动调整、调度命令的网络下达、车站行车日志自动生成等,在此基础上进一步实现了车站信号设备的集中控制、列车进路的按图排路。

二、CTC分散自律调度集中系统结构技术特点

1. 分散自律调度集中系统(FZKGCTC),综合了计算机、网络通信和现代控制技术,采用智能化分散自律设计原则,以列车运行调整计划控制为中心的高度自动化调度指挥系统。既是新型的行车指挥和信号控制设备,同时也是一种新的、高效的运输组织管理模式。

2. 系统关键单元1+1防护,故障情况下无需人工干预热备切换。

3. 分散自律功能配置,在中央故障时仍可完成大部分自动控制功能。

4. 符合人机工程原理的标准化图形用户界面。

5. 完善的故障诊断功能,减少系统维护时间。

6. 与各种微机联锁、ATP、ATO和车地通信系统的无缝集成。

7. 基于UNIX、关系型数据库和面向对象技术的高可靠性设计保证系统运行的稳定可靠。

8. 全系统的时钟同步。

9. 传输系统采用数字传输通道,提供标准的接口。

10. 系统全面实现结构标准化、接口标准化、采样方法标准化、工程图纸标准化等,方便用户自行改造和扩容,严格遵循统一的接口规范、通信协议和数据格式。

11. 系统采用双网结构设计,设备之间通过网络设备快速交换信息。网络中任一处设备(如网卡、集线器和网线)故障,系统仍能够正常工作,有效提高了系统长期工作的可靠性。

12. 系统关键设备(如 CAD 主机、通信机、自律分机等)采用双机热备,关键数据进行了异地防灾备份。

13. 严密的网络安全系统(防火墙系统、入侵检测系统、防病毒系统等),能阻止病毒的入侵和恶意攻击,并进行实时监测,保障系统的信息安全。

14. 集中分布式的广域网结构设计,方便系统扩展。

15. 系统充分考虑了与高速铁路其他系统、既有线系统的集成,便于今后系统需求变化调整后与其他外部系统的接口。

16. 系统完全模块化设计,不论是调度中心子系统,还是车站子系统都具有很好的可扩展性,可通过增加系统模块,对系统功能进行扩展。

三、CTC 系统主要功能

1. 行车信息实时显示功能。
2. 车站实时信息站间透明显示功能。
3. 列车车次号生成功能。
4. 列车无线车次号校核功能。
5. 实时自动跟踪列车运行功能。
6. 列车运行自动报点。
7. 调度命令管理与下达。
8. 无线调度命令自动下达指定车站和机车的功能。
9. 临时限速命令自动下达功能。
10. 自动描绘列车实际运行图功能。
11. 自动早正晚点统计功能。
12. 阶段计划编制、调整和下达。
13. 甩挂计划下达。
14. 按列车阶段计划,自动办理列车进路以及自动信号开放功能。
15. 根据供电状态自动卡控电力机车运行进路功能。
16. 动车组进路和高站台的信息提示功能。
17. 自动控制调车进路及开放调车信号功能。
18. 监控轨道电路分路不良功能。
19. 设备运行状态、网络状态监督功能。
20. 与相邻系统及其他系统信息交换。

四、CTC 系统分散自律的控制原理

自律控制系统是整个 CTC 系统的核心模块,运行在 CTC 服务器上,它根据各列车的实际运行情况,将调度员下达的控制计划转化为对车站联锁设备的控制命令,从而实现运输指挥的高效和自动。自律控制子系统在整个软件系统中的位置如图 4-1 所示。

CTC 系统分散,是指由调度中心控制车站作业改变为由车站独立控制各自的列车和调车作业。CTC 系统自律,是指系统按照《铁路技术管理规程》《行车组织规则》《车站行

车工作细则》等自动协调列车调车作业矛盾，控制进路。

1. 分散自律调度集中系统工作原理

自律控制系统分布在2个位置：控制中心和车站。控制中心是中央自律控制子系统，车站是车站自律控制子系统，中央自律和车站自律互为备用。正常情况下，系统工作在车站自律状态下，只有在车站自律失效或调试时，中央自律控制才起作用。同时接受从调度台和调车控制模块发来的阶段计划和调车计划，但只有车站自律控制子系统发出进路办理命令。

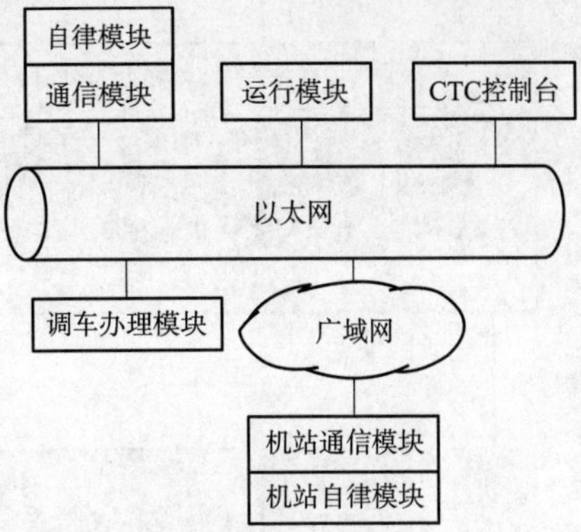

图4-1　自律控制系统示意

2. 系统控制模式

分散自律调度集中系统具有2种控制模式：分散自律控制模式和非常站控模式。分散自律控制模式下，从进路控制方式角度出发，定义了2种进路控制方式：计划控制方式和人工按钮控制方式。

(1)分散自律控制模式

分散自律控制的基本模式是用列车运行调整计划自动控制列车运行进路。同时在分散自律条件下，调度中心具备人工办理列车、调车进路，车站具备人工办理调车进路的功能。

(2)非常站控模式

当分散自律调度集中系统故障或其他紧急情况时，车站值班员可以按下6502控制台上的紧急站控按钮，切断分散自律调度集中系统控制输出继电器的电源，直接通过控制台按钮的方式进行控制。在计算机联锁车站，则是在计算机联锁系统的操作界面上，进入非常站控，此时计算机联锁系统不再执行任何CTC的控制指令，由操作员操作按钮进行控制。

第二节　高速铁路调度系统

高速铁路调度所在铁路总公司调度指挥中心的领导下，对管辖范围内的高速铁路、客运专线列车运行进行集中调度指挥；对管辖范围内运力资源进行统一安排和调配；负责客运专线日常运输生产，掌握列车运行状况；在发生自然灾害、行车事故时，指挥灾害、事故的处理；在客运专线运行秩序发生紊乱时，制定列车运行调整方案并组织实施。

一、高速铁路调度系统的层次结构

车站、动车基地(段、所)、乘务基地(段、所)、综合维修基地(维修工区)作为调度指挥的第三层机构，依据调度所计划编制部门编制的实施计划及各调度台的调整计划，实现对现场作业的调度指挥。高速铁路调度组织机构如图4-2所示。

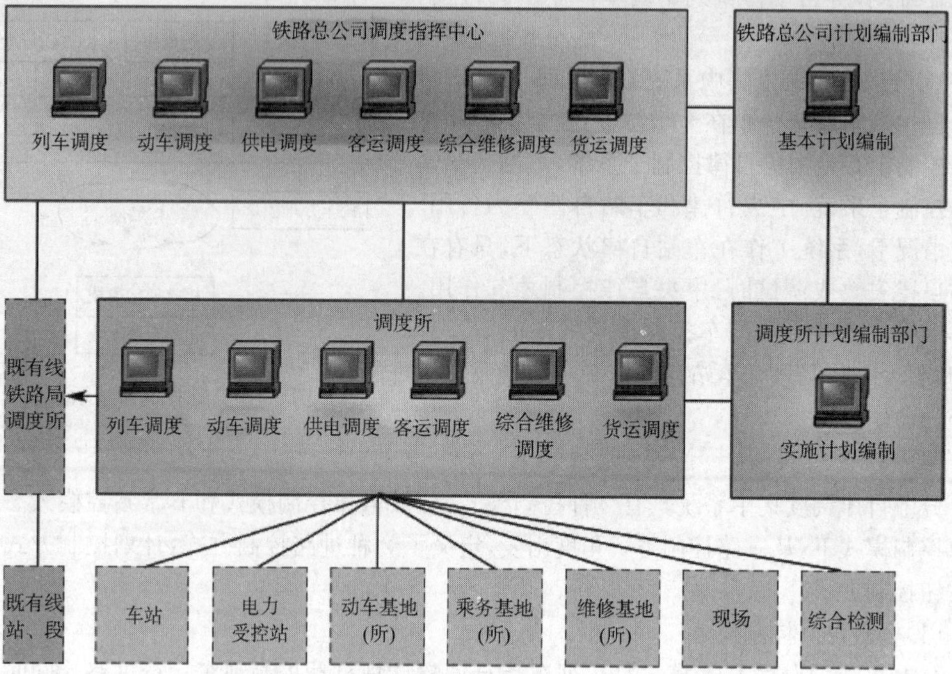

图 4-2　高速铁路调度组织机构示意

二、高速铁路调度所设备结构

高速铁路调度所设备结构如图 4-3 所示。

三、动车基地(段、所)调度系统

动车基地(段、所)内调度系统的主要功能是监视动车组运行状态,根据列车运行及调整计划、动车组编组、动车运用及调整计划、司机乘务计划、动车组在线工作状态以及车辆检修计划,及时调整司机出乘和投入运营的车辆,组织实施动车调配。动车基地(段、所)内调度系统通过专线数字通道与调度所、中心系统相连,进行动车调度信息的交互。

动车基地(段、所)配置服务器、基地调度终端、基地内计划编制终端和基础数据处理终端及打印机等设备。

动车基地(段、所)局域网均采用千兆以太网,通过路由器实现与调度中心、所的连接,实现与调度所的数据交换,采用双网结构。动车基地设备结构如图 4-4 所示。

四、列车调度业务流程

列车调度密切监视列车运行情况及现场发回的各种实时信息,按实施计划组织列车的正常运行。在列车秩序紊乱时及时编制列车运行调整计划,并积极组织相关人员实施,确保尽快恢复正常的列车运行秩序。列车调度的业务流程如图 4-5 所示。

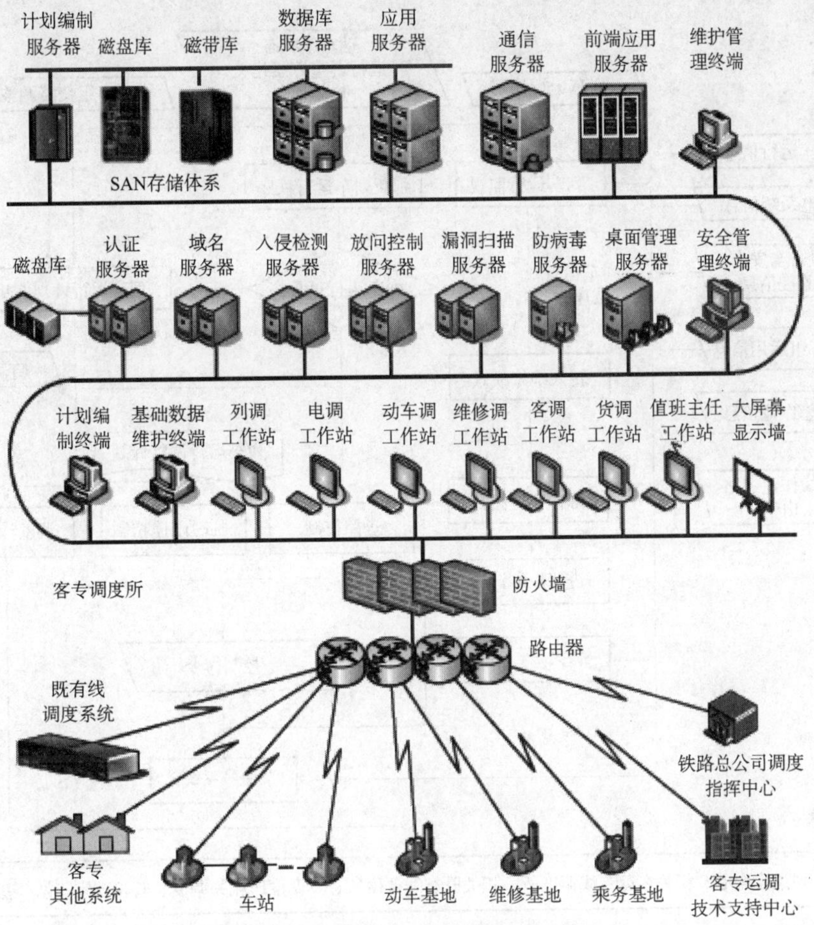

图 4-3　高速铁路调度所设备结构

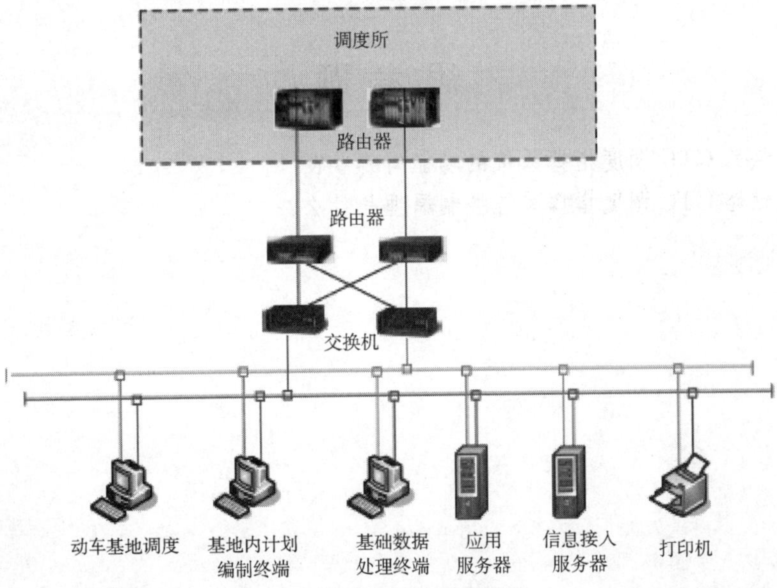

图 4-4　动车基地设备结构

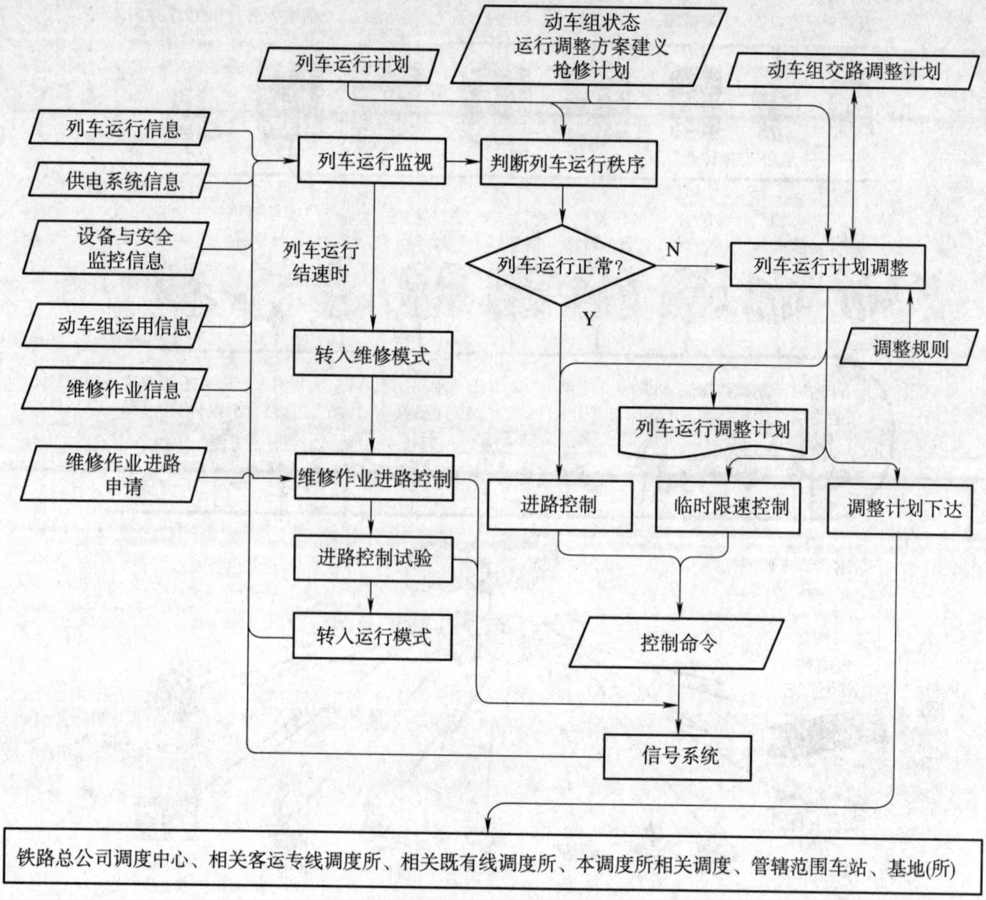

图 4-5　列车调度业务流程

思考题

1. 高速铁路 CTC 调度指挥系统的功能有哪些?
2. 高速铁路 CTC 调度指挥系统控制原理是什么?

第五章　动车组通信信号系统概述及基本部件组成

本章主要介绍了车站联锁设备分类、计算机联锁系统及联锁的基本概念及其意义。同时对铁路综合数字移动通信系统、车站列控中心及无线闭塞中心系统进行了简要介绍。重点对机车综合无线通信系统及操作使用进行了详细说明。从业人员通过对本章的学习能初步了解动车组通信信号基础知识并学会机车综合无线通信系统的操作、使用。

第一节　车站联锁设备

铁路信号是组织、指挥、控制行车的技术设备，是信号、联锁、闭塞设备的总称。而车站信号又是铁路信号中的主要设备之一。

车站信号的主要任务是：

1. 集中控制车站内的信号、道岔和进路，发出行车命令去指挥列车或调车车列安全、迅速地运行。

2. 完成车站内的信号、道岔和进路之间的联锁任务，以保证行车安全，提高运输效率。

铁路运输必须实行高度集中统一的指挥，才能保证列车安全、迅速而不间断地运行。由于车站信号在保证行车安全、提高运输效率、改善劳动条件、降低建设成本和节约运营费用上占有重要的地位，所以在铁路运输现代化的进程中，日益受到重视和发展。

一、联锁的意义及基本概念

在车站内有许多条线路，线路之间用道岔连接着，根据道岔不同的位置来开通不同的线路。列车和调车车列是根据信号机的显示来运行的。如车站某一端向某一股道接车，不但要求有关道岔开通方向正确，而且车站另一端没有向同一股道办理接车，该端的进站信号机才能开放。否则，车站两端的列车，同时进入某一股道，就会发生正面冲突，造成严重的行车事故。

为了保证行车安全，通过技术方法使道岔、进路和信号机三者之间按一定的程序、一定的条件建立起既联系而又制约的关系，这种关系称为联锁。为完成联锁关系而装设的信号设备称为联锁设备。

二、联锁设备分类

目前，我国铁路上采用的联锁设备主要有电气集中联锁和微机联锁两种类型。

1. 电气集中联锁

应用电气方法由一个地方集中控制和监督道岔、进路和信号，并实现它们之间联锁关系的设备称为电气集中联锁。我国目前广泛采用由继电器组成的逻辑电路实现联锁关系。电气集中联锁可分为大站电气集中联锁和小站电气集中联锁等。

2. 计算机联锁

计算机联锁是用微型计算机和其他一些电子、继电器件组成具有“故障—安全”性能的实时控制系统。计算机联锁安全可靠、处理速度快，具有独特的优点。

三、计算机联锁系统

随着计算机技术的迅速发展，尤其是对可靠性技术和兼容技术的深入研究，出现了计算机联锁，它正渐趋成熟并被推广使用。根据各国对计算机联锁的研究和试用情况来看，由于计算机在逻辑功能和信息处理方面具有很强的功能，它非常适用于车站联锁。计算机联锁与继电集中联锁相比具有十分明显的技术优势，无论在安全性、可靠性、经济性等方面都是继电集中联锁无法比拟的，而且其设计、施工、维修和使用大为方便。它具有广阔的发展前景，为世界各国所关注，是车站联锁设备的发展方向。

计算机联锁系统优点：

1. 减少继电器检修工作量。

2. 减少系统的设计、施工和维护的工作量。

3. 减少建筑使用面积。

4. 当采用分布式系统结构时，可以节省干线电缆，从而降低工程造价。

5. 当采取了必要的提高系统的可靠性和安全性的技术措施后，系统的可靠性和安全性将得到提高。

6. 便于改造。

7. 便于增加新功能。

最关键的是，计算机联锁系统为铁路信号向智能化和网络化方向发展创造了条件。

第二节　铁路综合数字移动通信系统

铁路综合数字移动通信系统（GSM-R）是在数字蜂窝移动通信系统（GSM）上增加了调度通信功能和适合高速环境下使用的要素，能满足国际铁路联盟提出的铁路专用调度通信的要求。在 GSM-R 网络上实现中国铁路无线列调需要增加一个车站台，而车站台既要具有调度业务又要具有站内通信、站间通信、区间通信等各类通信业务。

一、GSM-R 的组成

GSM-R 是以移动交换中心（MSC）为平台的移动通信网络和以固定用户接入交换机（FAS）为平台的有线通信网络互联互通，是移动通信网络和有线通信网络的结合体，是有线调度通信与无线调度通信的融合，实现站车通信一体化，从而形成现代化的调度通信、公务移动、信息传输、列车传输一体化的通信系统。

（一）GSM-R 陆地移动网络的基本结构

1. 基站子系统（BSS）

基站子系统(BSS)由一个基站控制器(BSC)和若干个基站收发信机(BTS)组成。BTS主要负责与一定覆盖区域内的移动台(MS)进行通信,并对空中接口进行管理。BSC负责管理BTS与MSC之间的信息流。

2. 网络交换子系统(NSS)

网络交换子系统(NSS)建立在移动业务交换中心(MSC)上,负责端到端的呼叫、用户数据管理、移动性管理、与固定网络的连接。它包括GMSC(网关MSC)、HLR(归属位置寄存器)、VLR(拜访位置寄存器)、GCR(组呼寄存器)、AuC(鉴权中心)、EIR(设备识别寄存器)等。

3. 操作和维护子系统(OSS)

操作和维护子系统(OSS)是相对独立的子系统,为GSM-R网络提供管理和维护功能。它主要提供移动用户管理、移动设备管理、网络操作和控制三类功能,由操作维护中心(OMC)来完成,其中OMC-R负责管理BSS,OMC-S负责管理NSS。

(二) 固定调度通信网络(FAS)

固定调度通信网络实际上是一个以专用交换机为平台的有线调度通信网络。干、局线区段调度网络所采用的数字调度设备也是以电路交换为平台。干线调度网络和正在逐步改造中的区段数字调度网络已经比较完善,可以充分利用现有的有线资源。当然现有的数字调度设备需要增加联网的接口,软件要升级,功能要扩展,才能满足有线调度与无线调度的融合。

(三) 移动终端和固定终端

GSM-R应用的用户终端包括移动终端和固定终端。具体终端类型及适用场所见表5-1。

表5-1　GSM-R系统终端类型及适用场所

终端类型		适用场所
移动终端	作业手持台(OPH)	用于列车上以及车站、编组场、沿线区间及其他铁路作业区的各工种地面工作人员话音和数据通信
	通用手持台(GPH)	用于铁路工务人员、与铁路业务相关的人员话音和数据通信
	调车手持台(OPS)	用于编组场调车作业话音和数据通信
	机车综合通信设备	用于运营机车、维修检测机车、编组场调车机车、轨道车等机车司机话音通信和通用数据传输
	列控机车台	用于运营机车、维修检测机车、编组场调车机车、轨道车等机车与地面控制中心之间的安全信息传输
	汽车车载台	用于各工种维护维修用车辆的话音和数据通信
	列尾通信设备	用于列车尾部风压、GPS及控制信息传输
固定终端	调度终端	用于各种调度所调度员、值班室值班员的话音和数据通信
	车站终端	用于车站值班员、其他工种值班员的话音和数据通信
	固定无线电	用于区间、站场各类信息点、业务点通用数据传输
	有线电话	需要纳入GSM-R网络的固定电话用户

二、基于GSM-R的调度通信系统组网方式

利用GSM-R进行无线列调组网，既可以完全利用无线方式，也可以同有线方式结合起来共同完成调度通信任务。事实上，在铁路上的有线通信已经比较完善，因此完全可以利用现有的有线资源，构成GSM-R+PBX即ISDN专用自动交换机的有线/无线混合网络，进行有线用户(固定终端)和无线用户(移动终端)的统一调度指挥。

第三节　车站列控中心及无线闭塞中心系统

一、车站列控中心(TCC)

(一)车站列控中心(TCC)功能

列控中心是列控地面设备的重要组成部分之一。列控中心具备报文存储调用(或实时组帧)、地面电子单元(LEU)控制、轨道电路低频信息编码、区间信号机点灯及区间运行方向控制等功能。

列控中心根据列控限速调度命令、线路数据、轨道电路及进路状态等产生控车信息，通过轨道电路及有源应答器传送给列控车载设备，如图5-1所示。

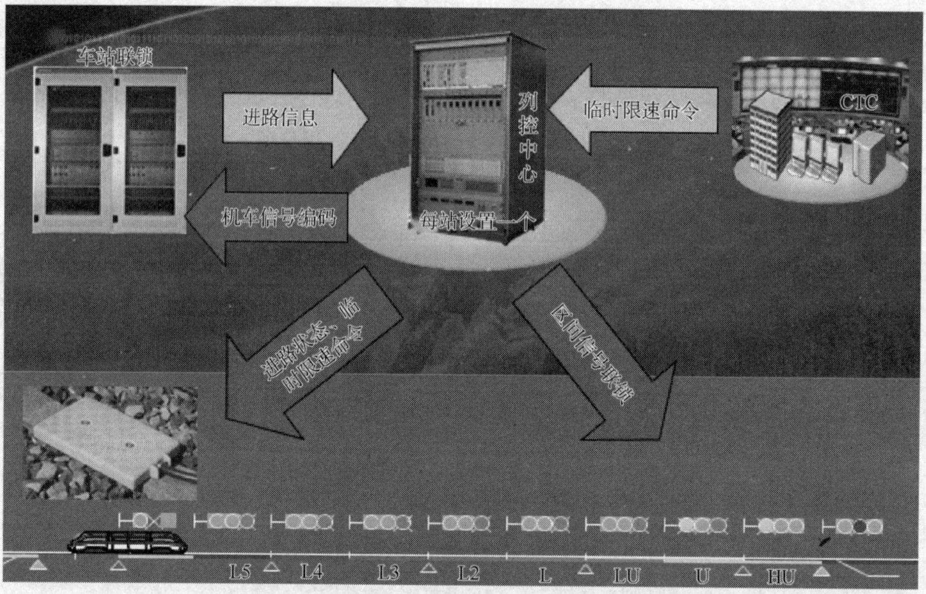

图5-1　车站TCC工作原理

(二)车站列控中心(TCC)接口要求

CTCS-2级线路的车站、区间中继站、线路所、动车段(所)均设置列控中心。CTCS-3级线路的车站及区间中继站应设置列控中心，线路所、动车段(所)根据需要设置列控中心。

列控中心具备与车站联锁系统、临时限速服务器、轨道电路、地面电子单元(LEU)、CTC/TDCS车站设备、信号集中监测及相邻列控中心的接口，如图5-2所示。

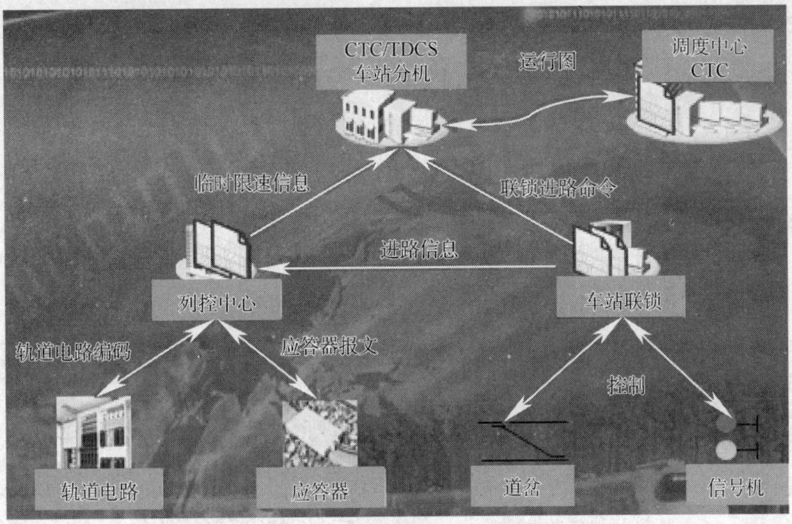

图 5-2　车站 TCC 接口示意

（三）车站列控中心（TCC）完成临时限速功能的原理

临时限速服务器接收 CTC 或临时限速操作终端生成的临时限速调度命令，向相关的列控中心传递临时限速信息。

列控中心从 TDCS/CTC/临时限速服务器获得列控限速调度命令并反馈限速设置情况，如图 5-3 所示。

列控中心控制的每个有源应答器只管辖一定范围内的限速设置，在一个有源应答器的管辖范围内最多可以分别设置三处限速。限速区可以设置在区间、站内正线、站内侧线或区间跨站内正线。

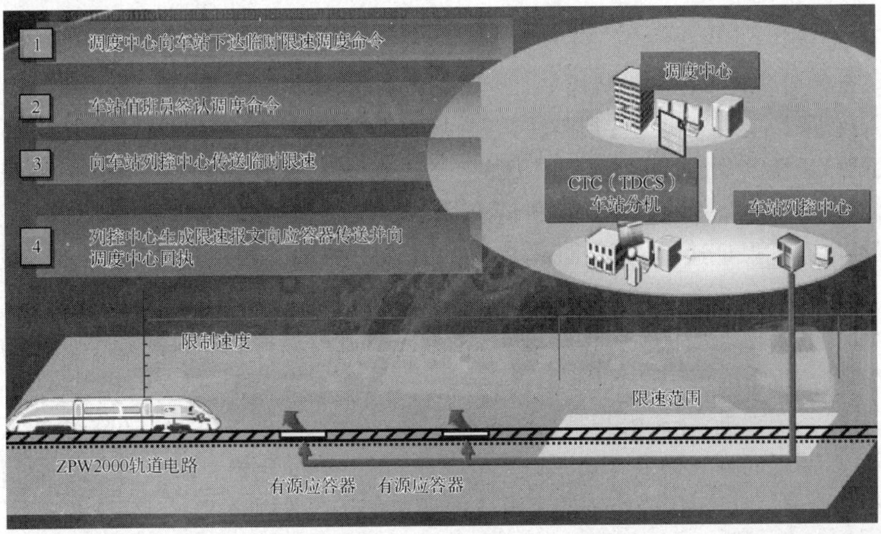

图 5-3　车站 TCC 完成临时限速功能的原理

二、无线闭塞中心(RBC)

(一)无线闭塞中心(RBC)功用及实现的功能

无线闭塞中心(RBC)系统是 CTCS-3 级列控系统的核心设备,满足 CTCS-3 级列控系统总体列车控制要求。无线闭塞中心(RBC)系统根据车载子系统、地面子系统其他系统、地面外部系统提供的列车状态、轨道占用、临时限速命令、联锁进路状态、灾害防护等信息,产生针对所控列车的行车许可(MA)及线路描述、临时限速等控制信息,通过 GSM-R 无线通信系统传输给 CTCS-3 级车载子系统,如图 5-4 所示。

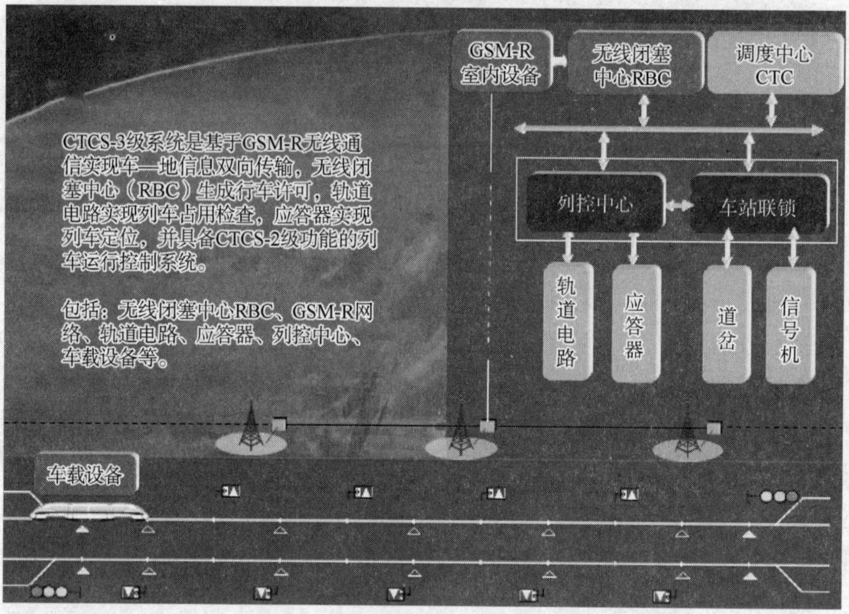

图 5-4 无线闭塞中心(RBC)工作原理

(二)无线闭塞中心(RBC)功能

1. RBC 系统实现列车的注册与注销,并接收来自列车的位置报告和列车数据。

2. RBC 系统接受运行于 CTCS-3 级的列车转换至 CTCS-2 级运行的请求,接受运行于 CTCS-2 级下的 CTCS-3 级列车的注册请求。

3. RBC 系统保证通过 RBC-RBC 边界的列车获得 MA 的一致性,使列车不减速通过 RBC-RBC 边界。

4. RBC 系统根据从联锁获得的进路、轨道区段占用等信息以及从列车获得的状态信息,向列车发送行车许可。

5. RBC 系统根据 TSR 服务器发送的临时限速命令,向相关列车发送临时限速信息。

6. RBC 系统向列车提供分相区相关信息,实现自动过分相。RBC 系统应能接受列车的调车模式请求,并可以接受离开调车模式的列车重新注册的请求。

7. RBC 系统根据联锁或调度员的紧急停车命令,向列车发送紧急停车消息。紧急停车分两种情况,分别为联锁发送的激活紧急停车区和 CTC 的紧急停车命令。

8. RBC 系统具备完整的自诊断、维护、测试、管理功能，可对 RBC 系统的各种控制、接口等信息进行记录。信息和事件的记录功能基于计算机硬件平台和以太网数据通信来实现。

无线闭塞中心(RBC)控制关系如图 5-5 所示。

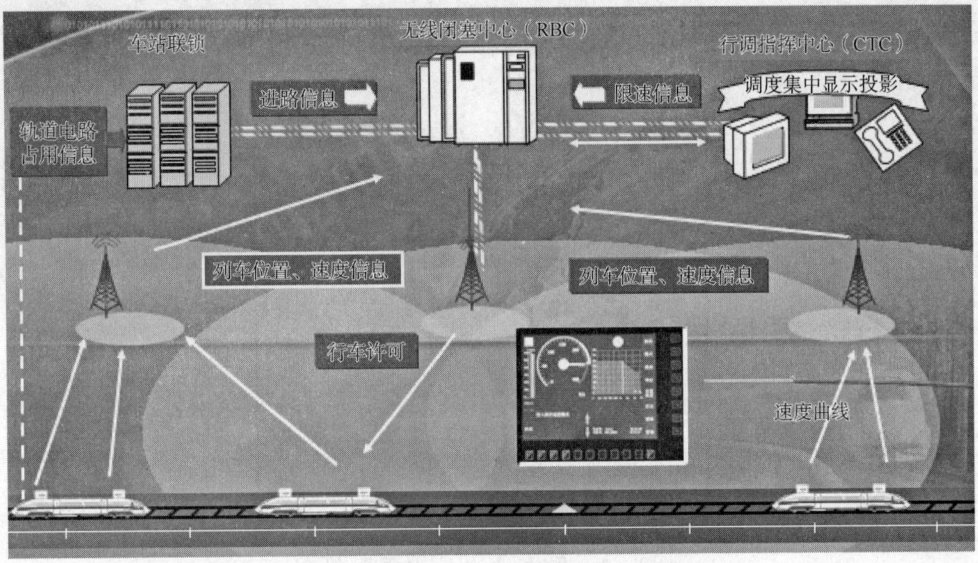

图 5-5　无线闭塞中心(RBC)控制关系

(三)无线会话管理

1. 车载设备发起建立通信会话步骤(图 5-6)

(1)车载设备请求与无线闭塞中心(RBC)建立安全连接，不断重复请求直到连接成功或超过规定次数。如果不成功，通过车载设备显示屏(DMI)通知司机未能建立连接。

(2)一旦建立安全连接，车载设备立即向 RBC 发送“通信会话开始”消息。

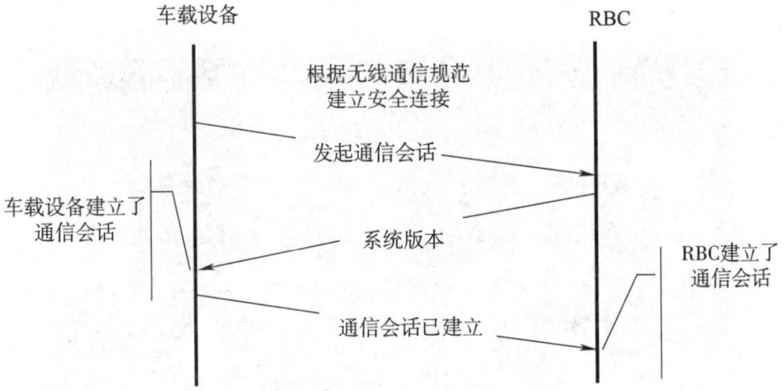

图 5-6　车载设备发起通信会话过程

2. 车载设备终止通信会话条件(图 5-7)

当通信会话建立后，如果安全连接偶然中断，但地面设备未发出断开连接的指令时，车载设备会尝试建立另一个新的安全连接并重复尝试，直到安全连接再次建立或停止尝试条件满足。停止尝试条件满足时，车载设备判定通信会话已终止。

(1)接收到来自地面设备(无线闭塞中心或应答器组)的终止通信会话命令。

(2)车载设备连接请求次数超过规定次数且仍未收到来自无线闭塞中心(RBC)的连接消息。

(3)车载设备检测到需要终止通信会话的条件发生时。

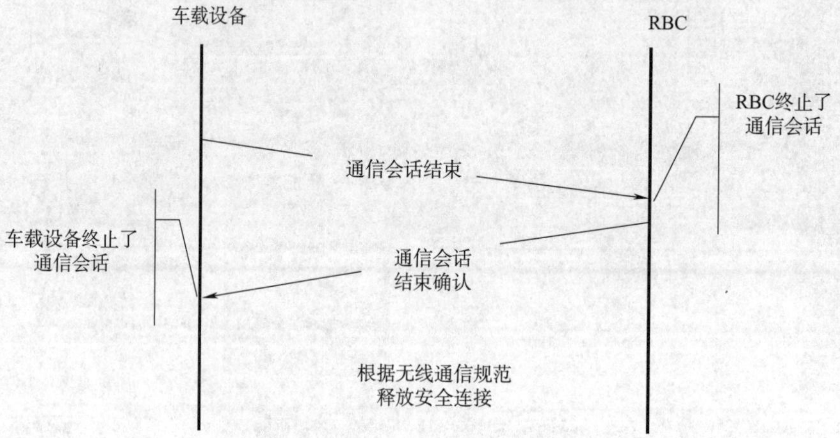

图 5-7 车载设备终止通信会话过程

第四节 机车综合无线通信系统

一、机车综合无线通信设备(CIR)组成

机车综合无线通信设备(CIR)由主机、操作显示终端(简称“MMI”)、送受话器、扬声器、打印终端、天线及连接电缆等组成，如图 5-8 所示。

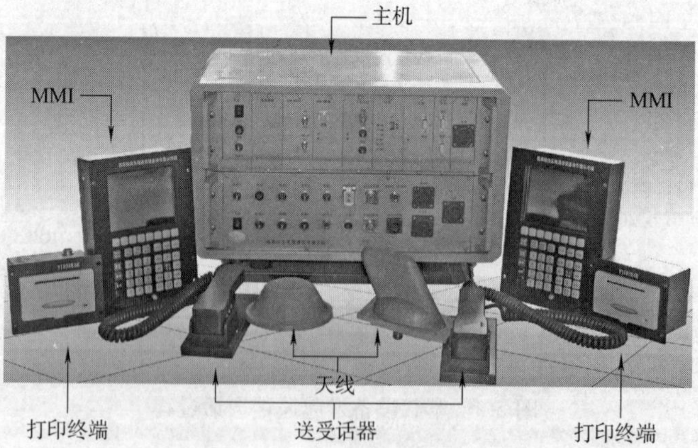

图 5-8 CIR 设备系统

MMI：MMI 由外壳、液晶显示屏、控制板和按键等组成，根据不同的安装需求，MMI 分为竖立式和横向式两种外型结构，如图 5-9、图 5-10 所示。功能及操作方法完全一样。现以竖立式 MMI 为例介绍。

图 5-9　竖立式 MMI

图 5-10　横向式 MMI

MMI 的按键分为可配置式按键、数字字母输入按键、功能按键和列尾按键，如图 5-11 所示。

图 5-11　MMI 按键

送受话器：根据不同的安装需求，送受话器分为通用式和紧凑式两种型号，如图 5-12、图 5-13 所示。送受话器配置有两个呼叫按键和一个 PTT 按键：当 CIR 工作在 450 MHz 模式下时，按键“Ⅰ”和按键“Ⅱ”分别用于呼叫“隧道车站”和“平原车站”；工作在 GSM-R 模式下按键“Ⅰ”和按键“Ⅱ”分别用于呼叫“调度”和“车站”；通话过程中，司机需按下 PTT 按键才能讲话。

图 5-12　通用式

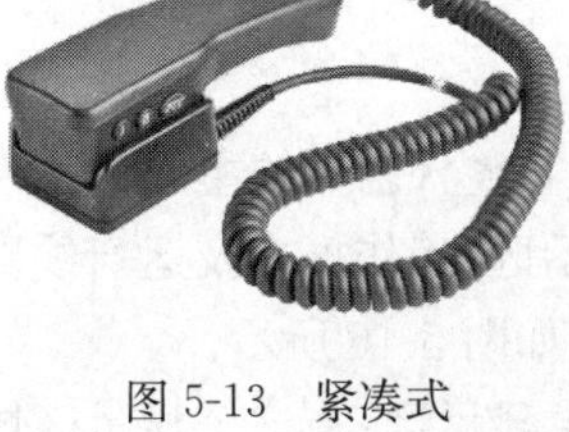

图 5-13　紧凑式

二、功能详细说明

(一)开　　机

机车加电时,CIR 设备应自动加电运行。加电后,MMI 根据上次关机时的状态进入 450 MHz 模式或 GSM-R 模式主界面,如图 5-14、图 5-15 所示。若机车加电后 CIR 设备没有自动加电运行,检查 CIR 供电电源开关是否打开,连接线缆是否正常连接。

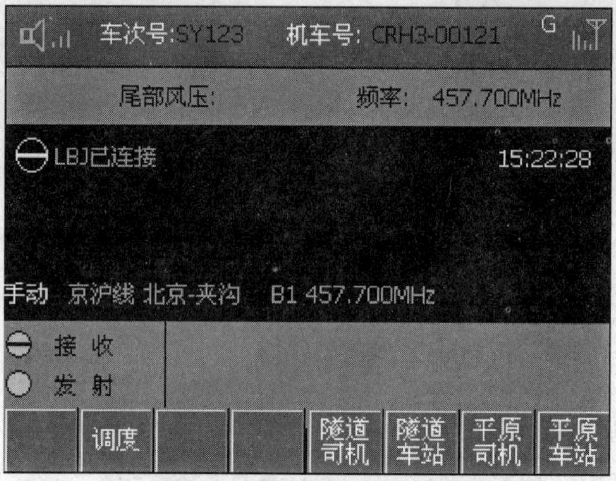

图 5-14　450 MHz 模式主界面

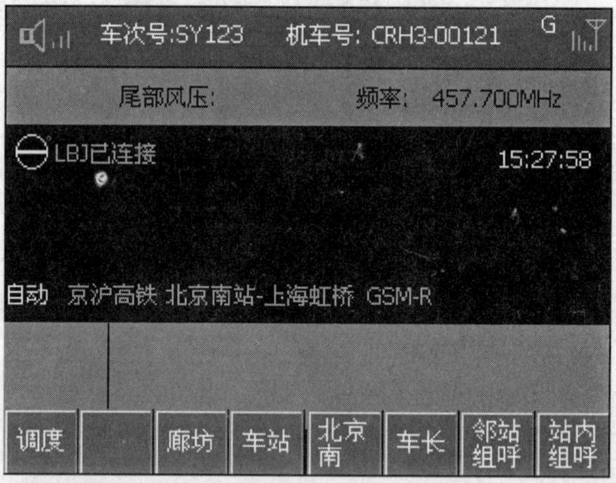

图 5-15　GSM-R 模式主界面

(二)界面介绍

MMI 在守候状态下的主界面,从上到下依次分为:基本信息显示区,列尾状态显示区,安全预警显示区,工作模式及运行线路显示区,调度通信状态显示区和功能按键显示区,一共六个区域,如图 5-16 所示。

基本信息显示区:在这个显示区域,显示内容包括扬声器或听筒的音量、车次号和机车

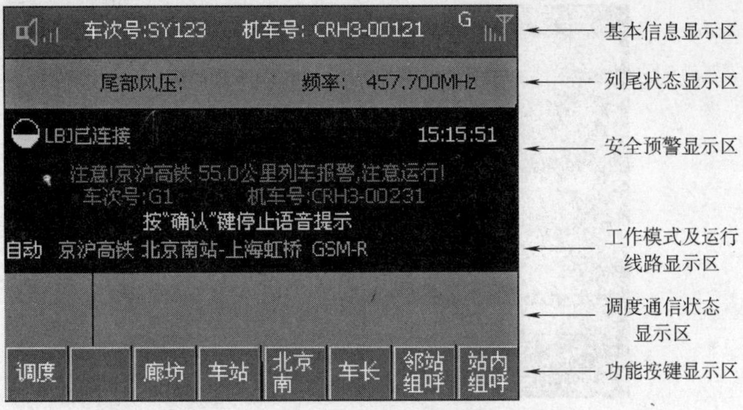

图 5-16　MMI 主界面

号、GSM-R 话音单元场强信息、GSM-R 数据单元状态等。左侧的图标显示的是扬声器或听筒的音量，在挂机状态下显示扬声器音量，在摘机状态下显示听筒音量。右侧的 GSM-R 话音单元场强信息图标显示 GSM-R 话音单元接收到的网络信号强度。车次号和机车号内容显示为白色时，表示功能号已注册，显示为黑色时表示功能号未注册。车次号获取方式设定为“自动”时，“车次号：”字符为白色字体；车次号获取方式设定为“手动”时，“车次号：”字符为黑色字体。如果 GSM-R 数据单元已获取 IP 地址，右上角显示白色“G”；GSM-R 数据单元处于重启、无接收信号、GPRS 网络附着、PDP 激活等过程时，符号“G”不显示，表示 GSM-R 数据单元不能正常进行 GPRS 数据传送。

列尾状态显示区：此区域显示与列尾相关的各种信息。主要信息包括列尾的连接状态、风压数值等。在与不同制式的列尾配合使用时，显示的内容不同。

安全预警显示区：此区域显示列车安全预警信息。在 CIR 设备装备有 LBJ 单元时，此区域显示列车防护报警的各种状态提示信息。右上角显示卫星定位状态和当前时间(24 小时制)，卫星定位信息有效时，当前时间显示为黄色；卫星定位信息无效时，当前时间显示为红色。

工作模式及运行线路显示区：此区域显示工作方式、线路名称、运行区段、工作模式等信息。

调度通信状态显示区：此区域显示调度通信的呼出、呼入、通话等状态信息，在 450 MHz工作模式下，还显示 450 MHz 机车电台的收发状态，红色图标亮表示发射机发射，绿色图标上半圆亮表示接收到异频信号，下半圆亮表示接收到同频信号。

功能按键显示区：此区域用于显示司机可单键发起呼叫的按键名称，在 450 MHz 模式下显示“调度”、“隧道司机”、“隧道车站”、“平原司机”、“平原车站”；在 GSM-R 模式下显示“调度”、“车长”、“邻站组呼”、“站内组呼”以及根据列车运行位置显示的车站名称。

（三）工作模式选择

1. 自动选择线路

在 MMI 主界面下按 “设置”键，进入设置界面，如图 5-17 所示。

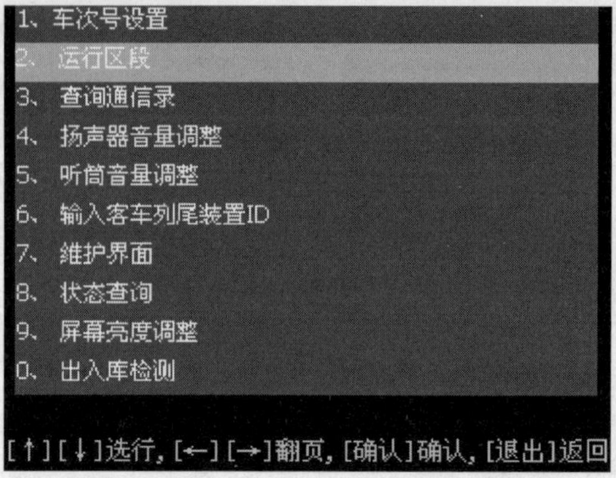

图 5-17　设置界面

根据屏幕提示按方向键将光标移动到“2、运行区段”，也可以按数字键“2”快速定位至选项，按“确认/签收”键进入“线路选择”界面，如图 5-18 所示。移动光标到“1、自动”，再次按“确认/签收”键，此时 CIR 设置为线路自动切换模式。

CIR 将根据位置信息自动在 450 MHz 和 GSM-R 两种工作模式间切换，在 450 MHz 模式下可自动转换工作制式和频点；在 GSM-R 模式下可自动变换功能按键显示区的车站名称。在自动模式下如果卫星定位信息失效，主界面工作模式及运行线路显示区“自动”两字红色闪烁。

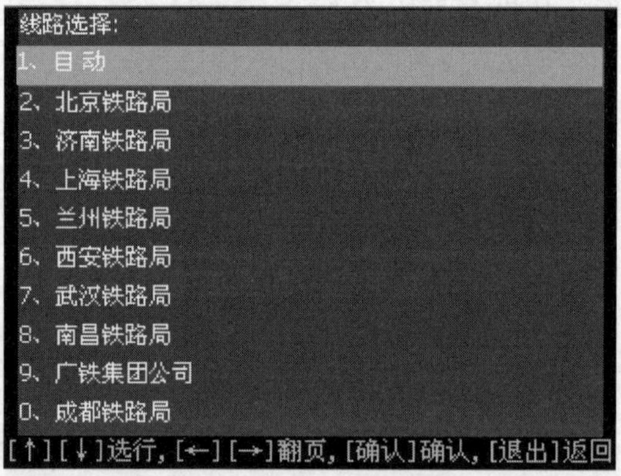

图 5-18　线路选择界面—自动方式

2. 手动选择线路

在 MMI 主界面下按“设置”键，进入设置界面，选择“2、运行区段”，按“确认/签收”键进入“线路选择”界面，此时屏幕上会列出所有的路局。选择路局后按“确认/签收”键，此时屏幕上列出该路局全部运行线路，如图 5-19 所示。选中线路后，再次按下“确认/签收”键，即可转到相应运行线路的工作模式。手动选择线路后，工作模式不随位置信息自动变化。在 GSM-R 工作模式下，如果选择线路与 GPS 输出线路一致，车站名称根据位置信息变化；如果选择线路与 GPS 输出线路不一致，则不显示车站名称，同时主界面工作模式及运行线路显示区“手动”两字黄色闪烁。

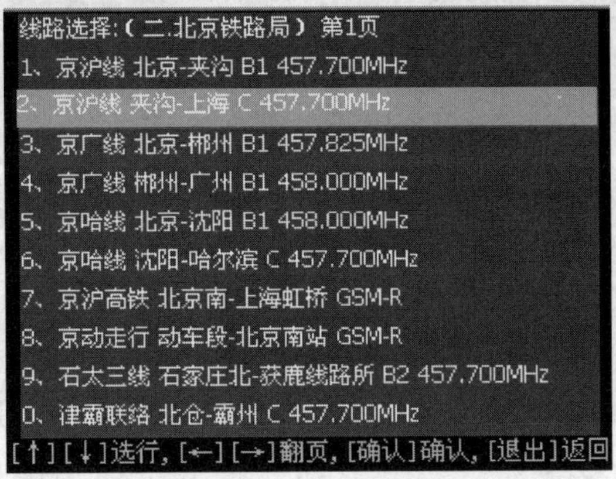

图 5-19　线路选择界面—手动方式

3. 运行线路选择

除以上所述自动、手动选择线路的方式外，还有在自动工作方式下人工选择运行线路及模式的方式，即：当 MMI 发出语音提示“通信转换，请选择线路”时，司机可按“切换”键调出线路选择界面，选择运行线路，如图 5-20 所示。

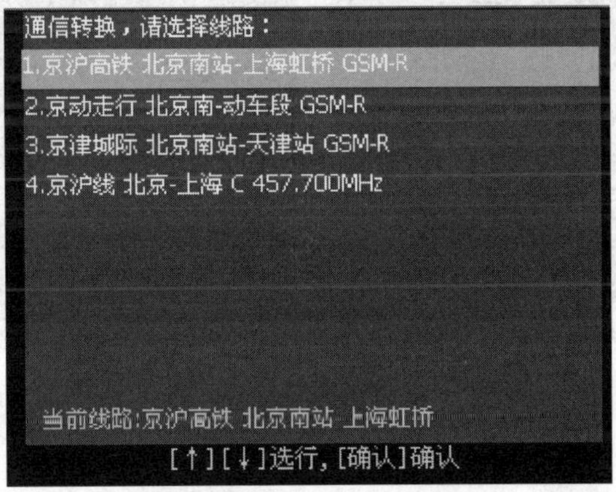

图 5-20　运行线路选择界面

（四）车次号注册和确认

CIR 在 GSM-R 模式下必须进行车次号注册，在 450 MHz 模式下必须进行车次号设置。

1. 车次号注册

(1)GSM-R 模式下，在主界面下按“设置”键，进入设置界面。将光标移动至“1、车次功能号注册”并按“确认/签收”键，如图 5-21 所示。根据 MMI 屏幕下方的提示，手动输入车次号后按“确认/签收”键，从随后弹出的选择机车牵引任务状态界面上选择“本务机”或“补机”，如图 5-22 所示。再次按下“确认/签收”键后 CIR 即向 GSM-R 网络注册车次功能号，如图 5-23 所示。

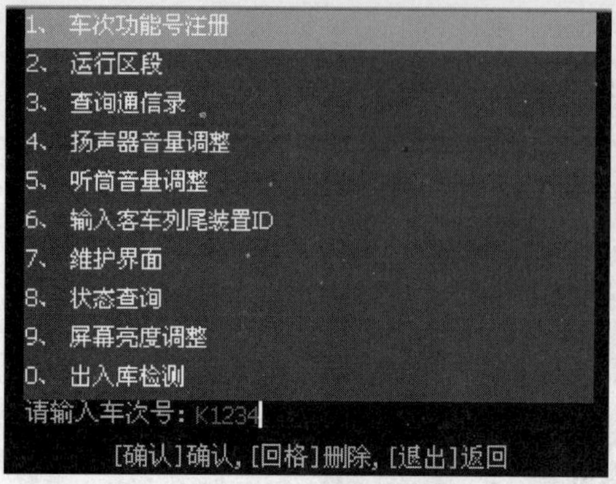

图 5-21　输入车次号

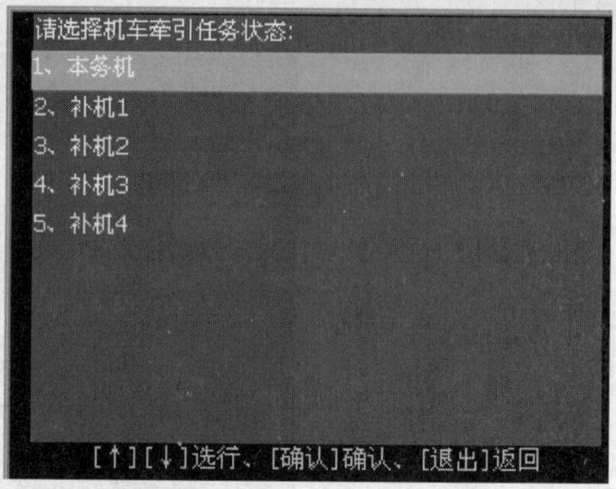

图 5-22　选择机车牵引任务状态

(2)450 MHz 模式下，设置车次号的操作过程与 GSM-R 模式下的注册过程一样，但"确认/签收"后不进行功能号注册，如图 5-24 所示。

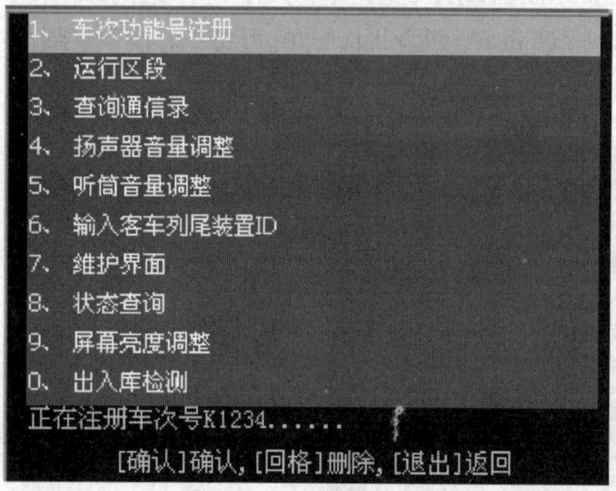

图 5-23　注册车次号

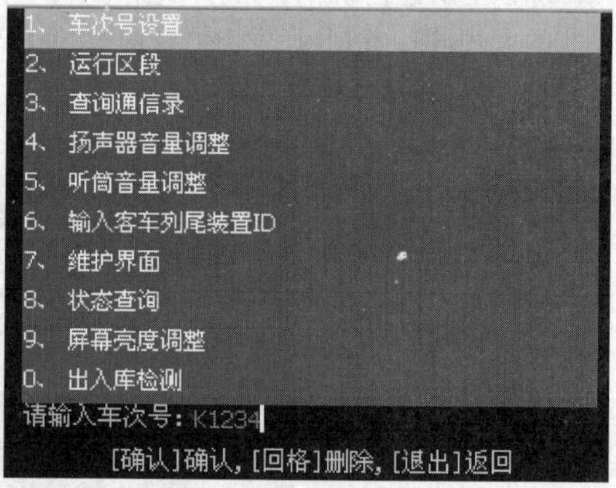

图 5-24　设置车次号

2. 车次号确认

(1)车次号获取方式设定为自动时(在 CIR 设备的维护界面，增加了车次号获取方式的"手动"、"自动"功能选项，由路局管理部门确定"手动"、"自动"方式)，当出现下列情况时，CIR 设备在车次号注册界面(GSM-R 工作模式)或车次号设置界面(450 MHz 工作模式)分别给出界面显示和语音提示，语音提示为"请确认车次号"。

①LKJ 装置由非通常工作状态(原称"非监控状态")转入通常工作状态(原称"监控状态")时，CIR 未设定车次号或 LKJ 输出的车次号与 CIR 当前设定的车次号不一致；

②LKJ 处于通常工作状态，列车折角运行时，LKJ 输出的车次号发生变化且与 CIR 当前的车次号不一致；

③LKJ 处于通常工作状态，CIR 复位重启后 LKJ 输出的车次号与 CIR 保持的当前车次号不一致。

在车次号注册或设置界面，司机应确认界面上的车次号是否与图定车次号一致。若一致直接按“确认/签收”键确认，不一致时可通过按“回格”和“数字/字母”键等进行修改，再按“确认/签收”键确认，后续操作不变。

(2)车次号获取方式设定为手动时，LKJ 状态转换或列车折角运行车次号变化，CIR 均不会自动给出车次号注册界面或车次号设置界面显示和语音提示。车次号须由司机在指定的地点手动输入图定的车次号，操作过程与车次号的注册、设置方法相同。

三、通　　话

(一)GSM-R 通话

GSM-R 通话分为 CIR 与调度员通话，与车站值班员通话，与运转车长(或承担运行运转车长职责的人员，如车辆乘务员)通话，邻站组呼，站内组呼，紧急呼叫和广播。

1. 与调度员通话

在主界面下按“调度”键呼叫该区段列车调度员，通话过程中需要按 PTT 讲话，如图 5-25所示。

有调度员呼入时，在 MMI 上显示呼叫方信息并伴有振铃提示(振铃声)，此时司机摘机即可进行通话，如图 5-26 所示。

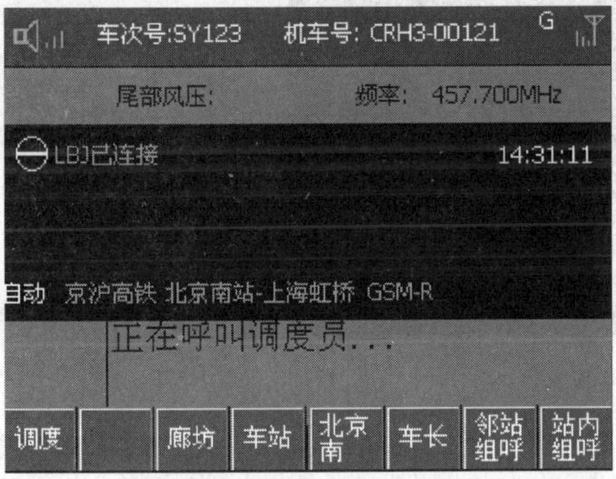

图 5-25　与调度员通话

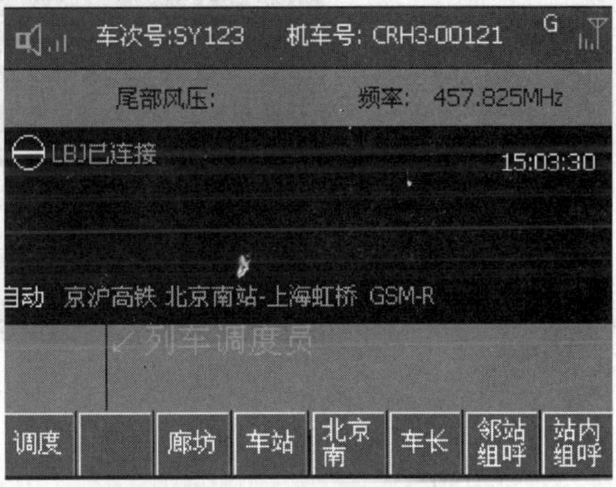

图 5-26　与调度员通话

2. 与车站值班员通话

司机根据功能按键显示区显示的站名按下相应的按键，可以呼叫车站值班员，如图5-27所示，通话过程中需要按 PTT 讲话。

有车站值班员呼入时，在 MMI 上显示呼叫方信息并伴有振铃提示(振铃声)。

3. 与本车运转车长通话

CIR 已获取车次号时，“车长”键有效，显示为蓝底白字；CIR 未获取车次号时，“车长”键无效，显示为蓝底灰字。

当“车长”键为有效状态时，在主界面下按“车长”键，可以呼叫本车运转车长，如图 5-28 所示，通话过程中需要按 PTT 讲话。

有运转车长呼入时，在 MMI 上显示呼叫方信息并伴有振铃提示(振铃声)。

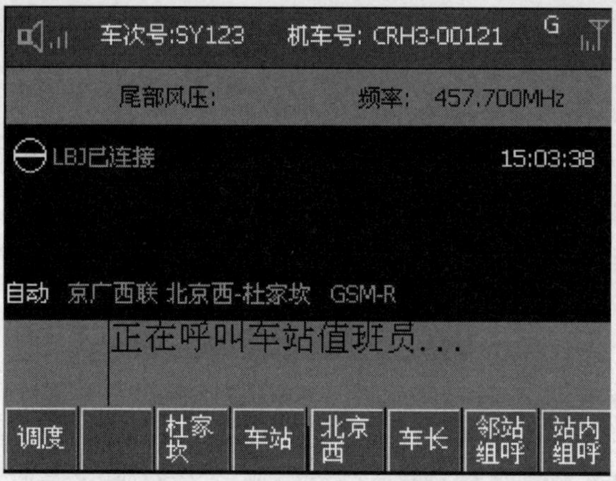

图 5-27 CIR 呼叫车站值班员

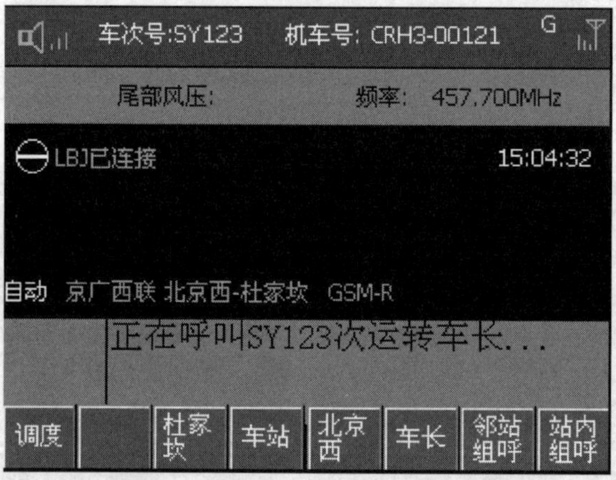

图 5-28 CIR 呼叫运转车长

4. 邻站组呼

在主界面下按“邻站组呼”键可以发起邻站组呼，呼叫列车所在位置的相邻三个车站及站间区间的相关用户。在通话过程中，需要讲话时按 PTT，当看到屏幕显示送受话器图标时即可讲话，送受话器图标显示不可用时不能讲话，如图 5-29 所示。

(a) 可以讲话

(b) 不能讲话

图 5-29 组呼中，按下 PPT 时是否可以讲话状态显示

有邻站组呼呼入时，CIR 自动加入通话，此时屏幕显示组呼呼入信息，扬声器播放话音。

结束邻站组呼时，发起方司机按下“挂断”键或直接挂机。

5. 站内组呼

主界面下按“站内组呼”键，发起站内组呼，呼叫列车所在的车站基站区内相关用户，如图 5-30 所示。通话过程与邻站组呼一样。

有站内组呼呼入时，CIR 自动加入通话，此时屏幕显示组呼呼入信息，扬声器播放话音。

在通话过程中，需要讲话时按 PTT，当看到屏幕显示送受话器图标时即可讲话，送受话器图标显示不可用时不能讲话。站内组呼通话过程中，司机按下“挂断”键或直接挂机，CIR 可以主动退出站内组呼。

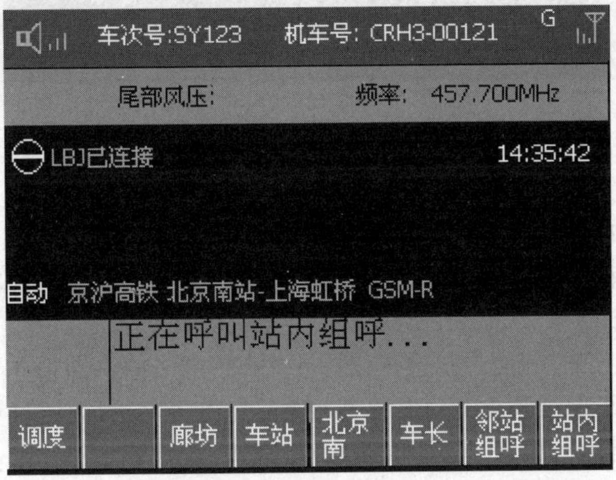

图 5-30　CIR 发起站内组呼

6. 铁路紧急呼叫

司机按下“紧急呼叫”键，发起铁路紧急呼叫。此时 CIR 若处于其他通话状态，退出正在进行的通话并优先发起铁路紧急呼叫。

有紧急呼叫进入时，CIR 自动加入通话，此时屏幕显示呼入信息，扬声器播放话音。在通话过程中的操作与组呼相同。

结束紧急呼叫时，发起方司机按下“挂断”键或直接挂机。

铁路紧急呼叫为最高优先级的组呼，接收方不能自己退出，除非呼叫发起方主动结束呼叫或由调度员人工拆除。

注意：司机必须慎用铁路紧急呼叫功能。

7. 接收广播呼叫

有广播呼入时，CIR 自动接听，此时屏幕显示广播呼入信息，扬声器播放话音。广播过程中，只能收听不能讲话。

8. 拨号呼叫

除以上单键发起呼叫外，司机还可以直接输入被叫方的功能号或电话号码，按“呼叫”键发起呼叫，如图 5-31 所示。

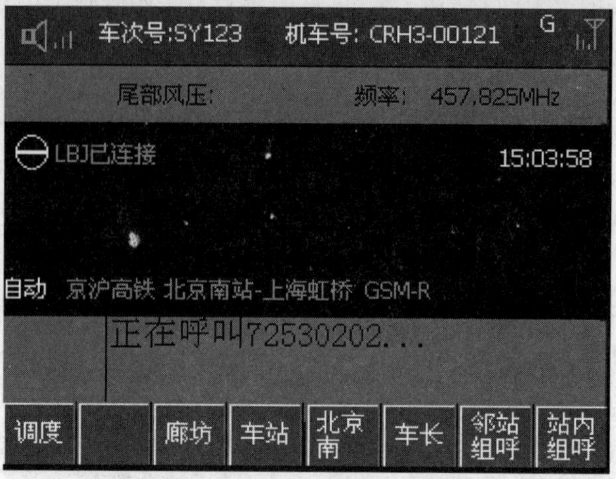

图 5-31 拨号呼叫

9. 重拨

主界面下按“呼叫”键,屏幕上显示司机上一次拨打过的号码,按“回格”键可修改或重新输入号码,再次按“呼叫”键能够方便地进行重拨。

10. 通信录呼叫

在 MMI 主界面下按“设置”键,进入设置界面,选择“3、查询通信录”,按“确认/签收”键进入“通信录”界面,此时屏幕上会列出所有的路局。选择路局后按“确认/签收”键,此时屏幕上列出该路局全部运行线路。选中线路后,再次按下“确认/签收”键,即会显示该条线路(区段)的调度员、车站值班员的电话号码,如图 5-32 所示。移动光标选中需要呼叫的调度员或车站值班员,按“确认/签收”键发起呼叫,如图 5-33 所示。

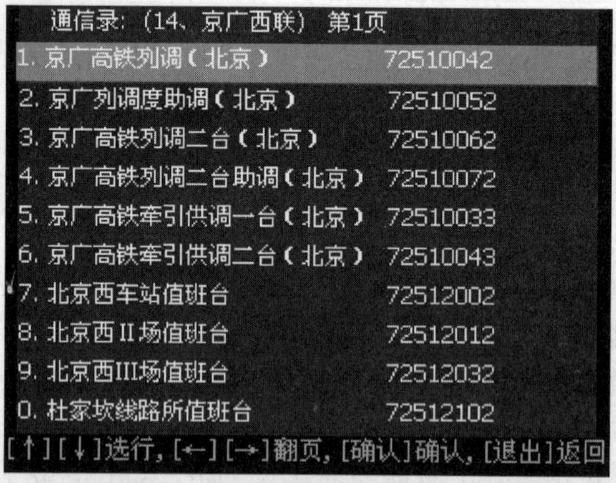

图 5-32 通信录界面

进行通信录查询时,在通信录最后一页倒数第一行显示本线路(区段)车站值班员的短号码,倒数第二行显示本线路(区段)调度员的短号码,如图 5-34 所示。选择相应的短号码按“确认/签收”键发起呼叫。

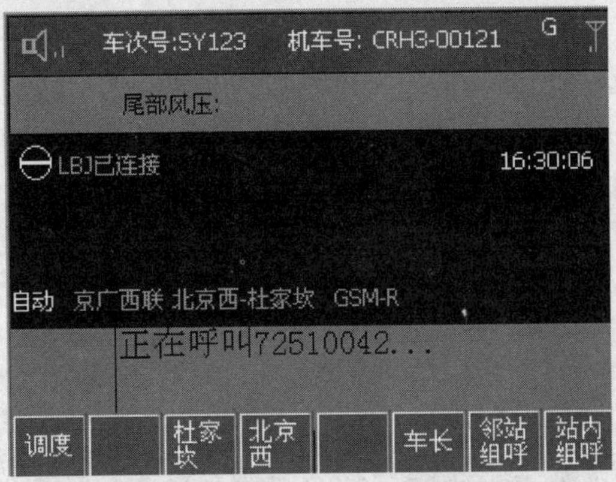

图 5-33　从通信录发起呼叫

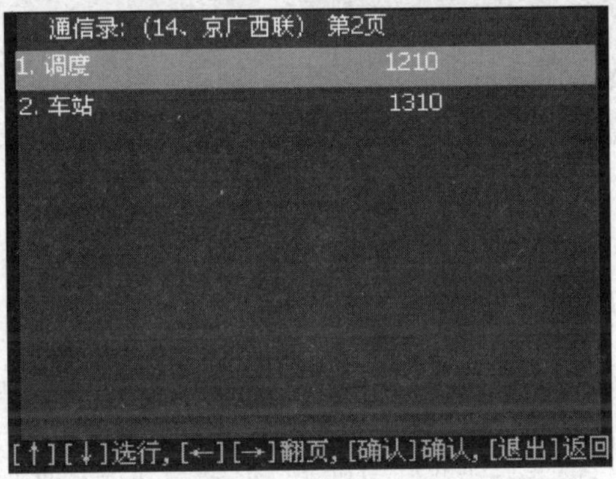

图 5-34　通信录界面

(二)450 MHz 通话

1. 450 MHz 主呼

在守候状态下摘机,根据需要呼叫的对象按下屏幕下方相应的按键即可以发起呼叫。通话过程中需要按 PTT 讲话,如图 5-35 所示。

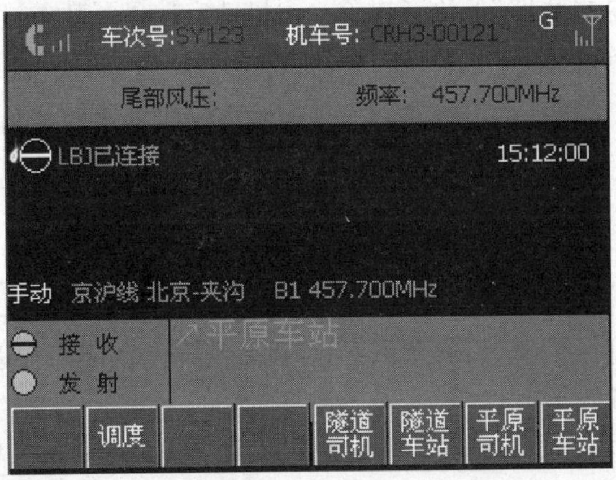

图 5-35　主呼,与平原车站通话中

2. 450 MHz 被呼

450 MHz 状态下被呼时，通过扬声器可听到对方的话音，此时摘机即可与对方通话，若未摘机，则通话将在 10 s 左右后自动挂断。通话过程中需要按 PTT 讲话，如图 5-36 所示。

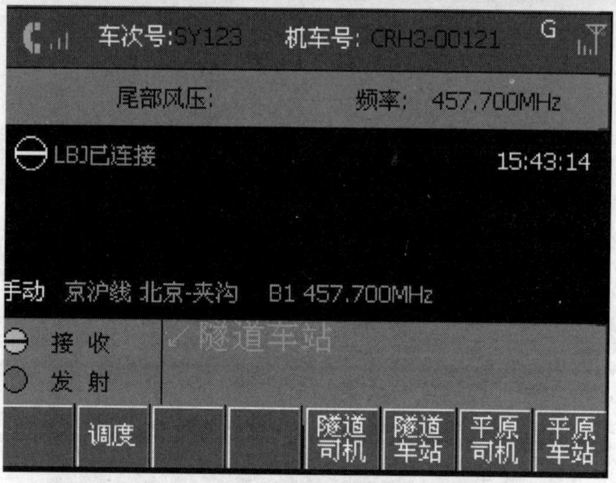

图 5-36 被呼，与隧道车站通话中

四、运行中线路转换及相关操作

CIR 的工作方式为自动时，由卫星定位单元根据当前运行位置来确定 CIR 的工作模式。

当列车运行过程中 CIR 无法区分两条及以上的运行线路，需要进行线路选择时，MMI 发出语音提示“通信转换，请选择线路”，司机按“切换”键调出线路选择界面，选择运行线路。

在运行过程中，如果 CIR 判断列车的实际运行线路与司机选择的运行线路不符，MMI 自动弹出运行线路确认界面并提示“请确认线路”，司机重新选择运行线路。

在线路选择界面选择某条运行线路后，长按“确认/签收”键 3 s 可以锁定该条线路，MMI 主界面当前运行线路及工作模式的后方显示黄色“🔒”标志，如图 5-37 所示。锁定线路后，经过后续的线路选择区域时，若可选择的线路中包含司机已锁定的线路则 MMI 将不再发出“通信转换，请选择线路”的语音提示。司机锁定选择了某条运行线路后，在出现以下条件之一时，CIR 退出线路锁定状态，清除“🔒”标志：(1)按“切换”键调出线路选择界面，按“确认/签收”键重新正常选择运行线路；(2)列车驶离司机锁定的线路，卫星定位单元已重新定位到新的运行线路时。

五、调度命令信息

调度命令信息包含调度命令、行车凭证、列车进路预告等信息。其中，列车进路预告是应用最多的一种调度命令信息，该信息由 CTC 设备自动向辖区内的运行列车发送。

(一)调度命令显示界面介绍

MMI 调度命令显示界面分调度命令信息显示区、调度命令正文内容显示区，如图5-38 所示。

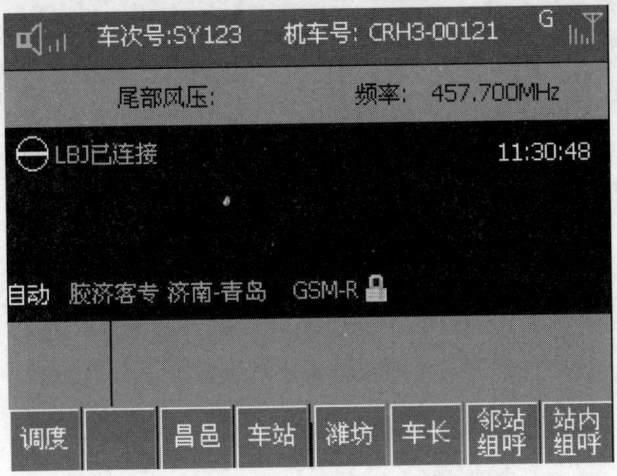

图 5-37　锁定选择线路状态显示界面

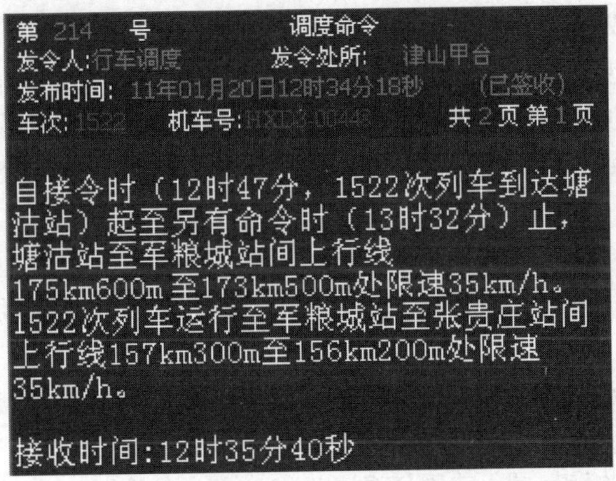

图 5-38　调度命令显示界面示例

调度命令信息显示区:此区域显示凭证名称、调度命令编号、发令处所、调度命令发布时间、车次号和机车号、调度命令签收状态等信息。

正文内容显示区:此区域显示调度命令正文内容、接收时间、接收地点、签收时间、签收地点等信息。CIR 连续 10 s 未能获取 TAX 装置(或 DMS 设备)的公里标信息时,接收地点或签收地点信息显示“——”。

(二)阅读和签收

CIR 接收到调度命令信息后,MMI 显示接收到的调度命令信息,MMI 发出提示语音,如“调度命令,请签收”。司机阅读完调度命令信息后按“确认/签收”键签收。较长的调度命令会分页显示,司机应阅读完后再签收。如果未阅读至最后一页按“确认/签收”键,MMI 会提示“请阅读完再签收”。调度命令信息显示(最后一页)如图 5-39 所示。

未签收的调度命令信息每间隔 15 s 重复显示,提醒司机签收。

调度命令优先显示功能“关闭”时,在调度命令信息签收 10s 后显示界面将自动退回到

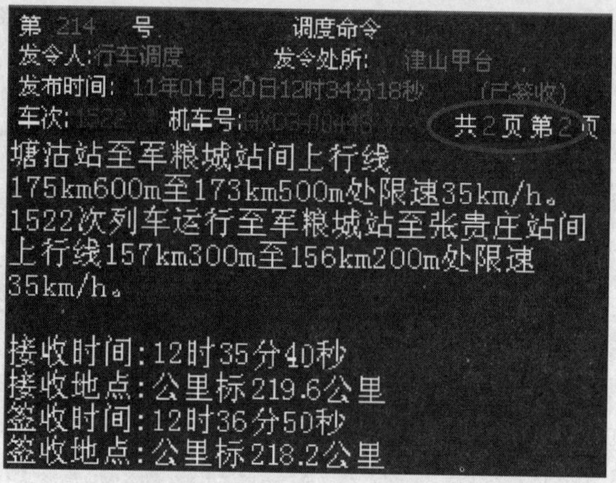

图 5-39　多页调度命令(最后一页)

主界面;调度命令优先显示功能“开启”时,在调度命令信息签收完之后保持在调度命令信息界面,可以按“退出”或“界面”键返回主界面。

如果调度命令信息已签收,按上、下方向键可实现本条调度命令信息翻页,当本条调度命令信息显示至第一页时,按向上方向键将显示前一条调度命令,如图 5-40 所示。当本条调度命令信息显示至最后一页时,按向下方向键将显示后一条调度命令信息,如图 5-41 所示。

(三)打　　印

在调度命令界面下,按“打印”键,打印终端即打印当前显示的调度命令信息。

(四)查　　询

在主界面下按“查询”键,进入查询界面。移动光标选择要查询的调度命令信息类型,然后按“确认/签收”键,屏幕上即显示查询到的调度命令信息索引列表,将光标移动到要查看的条目上按“确认/签收”键,即可查看该条调度命令信息的全部内容,如图 5-42 所示。

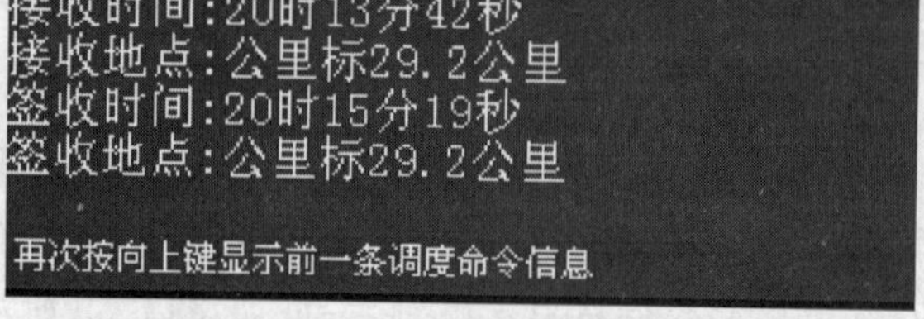

图 5-40　提示按向上方向键将显示前一条调度命令界面

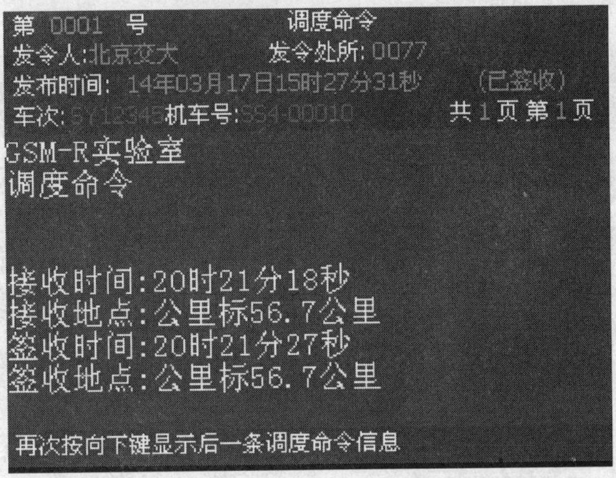

图 5-41　提示按向下方向键将显示后一条调度命令信息

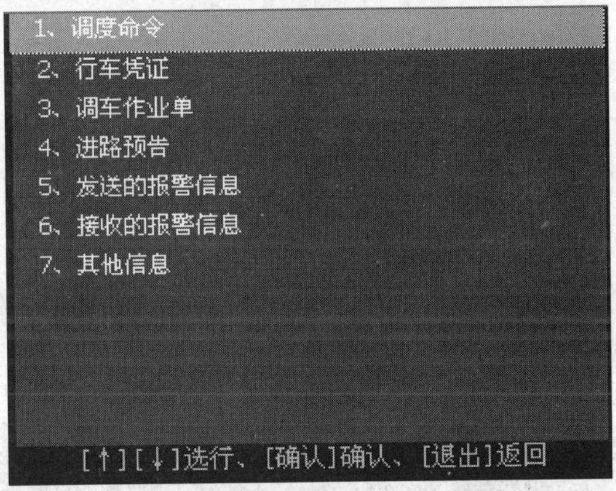

图 5-42　调度命令查询界面

在主界面下按“界面”键,可切换显示 CIR 最新接收到的调度命令信息。

六、列尾操作

(一)450 MHz 列尾操作

1. 频率选择

确认 MMI 上列尾状态显示区的频率与当前列尾装置主机的工作频率是否一致,若不一致,进入“运行区段”界面选择正确的频率,然后再选择正确的运行线路(模式)和工作方式。

2. 输号

当听到 MMI 发出提示音“××××列尾装置等待确认”,司机判断该列尾装置主机 ID 与本机一致时按下“列尾确认”键,听到 “××××机车,确认完毕”表示输号成功。

3. 手动查询列尾风压

按下“风压查询”键,可以主动查询当前列尾风压数据。查询后 MMI 提示“××××机车，风压×××”，如图 5-43 所示。

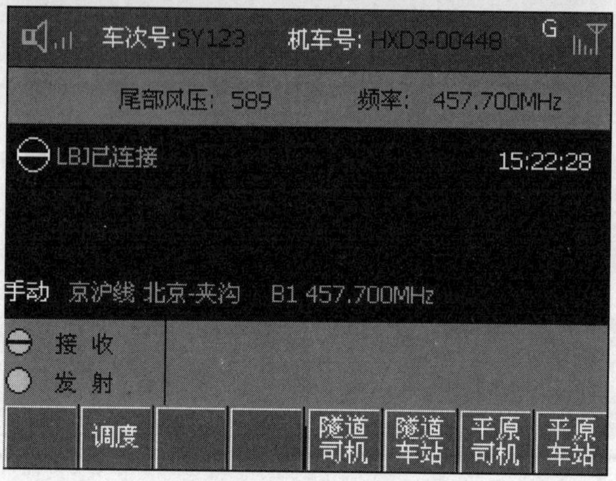

图 5-43 风压显示界面

4. 风压自动报警

当 CIR 收到列尾装置主机发送的风压报警信号时，MMI 显示区的风压值变成红色字样并提示“××××机车注意，风压×××”，如图 5-44 所示。当风压值恢复正常或司机按下“列尾确认”键后，MMI 停止声光提示。

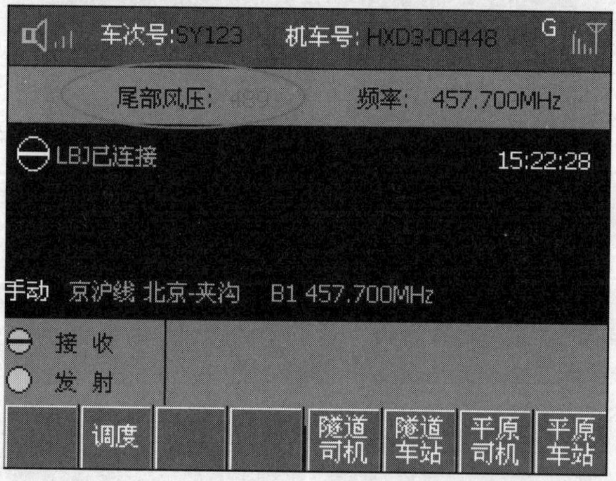

图 5-44 风压报警界面

5. 电池欠压报警

当 CIR 收到列尾装置主机发送的电池欠压报警信号时，MMI 发出提示音“××××机车，电量不足”。司机按下“列尾确认”键后停止提示。

6. 辅助排风制动

CIR 进行辅助排风制动动作可通过以下两种方法：

第一种方法是持续按下“列尾排风”键 3 s 以上；

第二种方法是按下“列尾排风”键后 3 s 内再按下“列尾确认”键。

按以上操作后 CIR 即向列尾装置主机发送排风命令并提示“××××机车，排风”。列尾主机排风结束后，CIR 会收到一条风压数据，MMI 提示“××××机车注意，风压×××”。

7. 消号

按下“列尾消号”键 3 s 以上，消号成功时播放语音“××××机车，消号成功”。

(二)客列尾操作

1. 建立连接关系

司机进入“设置界面”输入需要连接的列尾装置 ID(6 位)并按“确认/签收”键发起连接。连接成功后 MMI 主界面显示客列尾 ID 并语音提示“××××××列尾装置，连接成功”，如图 5-45 所示；如果连接不成功，MMI 会发出语音提示“列尾装置连接失败”。

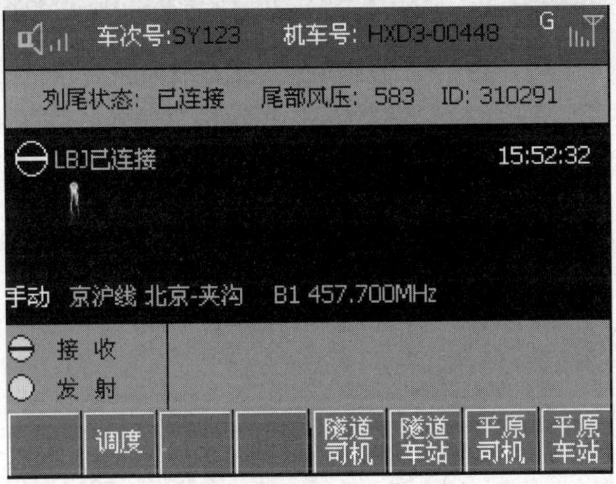

图 5-45　建立客列尾连接关系

2. 手动查询列尾风压

客列尾连接成功后，司机在主界面下按“风压查询”键，查询到的当前列尾风压数值显示在 MMI 上并语音提示“××××机车，风压××××”。

3. 列尾风压动态显示

CIR 每隔一段时间(随机 120～130 s)自动查询客列尾风压 1 次，并在 MMI 上动态更新风压数据。如果 5 min 内没有接收到客列尾的风压信息，CIR 进入客列尾连接失效状态，如图 5-46 所示，MMI 每隔 5 s 发出一次提示音“列尾装置通信失效”。按下“列尾确认”键可以停止提示，如果 CIR 重新接收到风压信息，即恢复与客列尾的连接。

4. 辅助排风制动

持续按下“列尾排风”键 3 s 以上，或按下“列尾排风”键后 3 s 内再按下“列尾确认”键，CIR 向客列尾发送列尾排风制动命令，并语音提示“××××机车，排风”。

5. 风压自动提示

列车主风管风压不正常时，客列尾主机向 CIR 发送欠压提示，MMI 显示区的风压值变成红色字样，并语音提示“××××机车注意，风压×××”。司机可以按下“列尾确认”键停止 MMI 的声光提示，如图 5-47 所示。

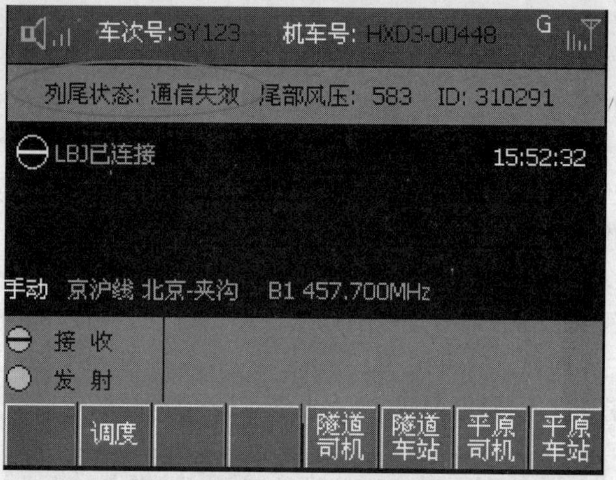

图 5-46 客列尾通信失效显示界面

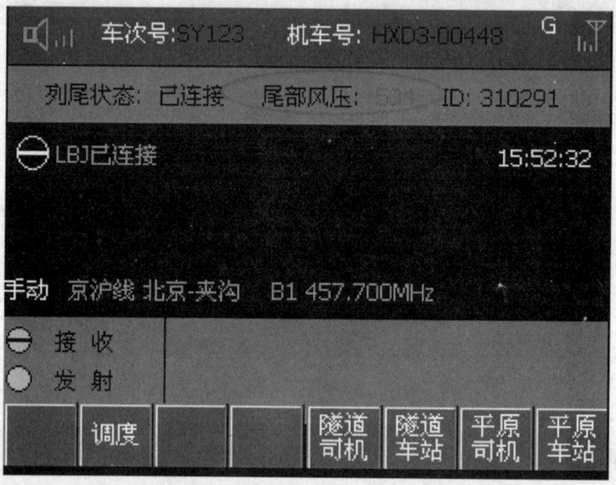

图 5-47 风压自动提示

6. 供电电压欠压自动提示

当客列尾主机供电电压低于一定值后，向 CIR 发送电压报警信息，MMI 发出语音提示“××××机车，列尾装置电压不足”时，司机可以按“列尾确认”键，停止 MMI 的语音提示。

7. 解除列尾连接关系

解除列尾连接关系的方式有两种：

第一种是按下“列尾消号”键并持续 3 s 以上；

第二种是进入列尾 ID 输入界面，输入六个 0 并按下“确认/签收”键。列尾连接关系解除后，MMI 语音提示“××××××列尾装置，消号成功”。

七、列车防护报警(LBJ)

(一) 列车防护报警常态显示

CIR 可以通过 LBJ 发送和接收列车防护报警信息和列车防护报警解除信息，还可以接收施工防护报警信息、道口报警信息等其他报警信息。

当小型化 CIR 与 LBJ 设备已正确连接，或标准型 CIR 内部已配置 LBJ 单元，CIR 开机加电后，在 MMI 主界面安全预警显示区文字提示“LBJ 已连接”，如图 5-48 所示。

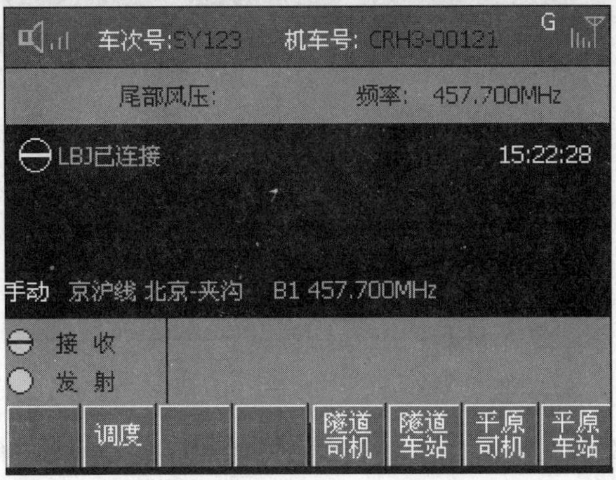

图 5-48　报警主界面

报警主界面里的圆形区域为工作状态指示灯，上半圆标识发送报警状态、下半圆标识接收报警状态。具体情况如下：

1. 两个黄色的半空心圆表示 LBJ 未发送过列车防护报警信息，也未接收过报警信息。

2. 一个黄色的上半实心圆和一个黄色的下半空心圆表示 LBJ 已发送过列车防护报警信息，未接收过报警信息。

3. 一个黄色的上半空心圆和一个黄色的下半实心圆表示 LBJ 未发送过列车防护报警信息，但已接收过报警信息。

4. 一个黄色的上半实心圆和一个黄色的下半实心圆表示 LBJ 已发送过列车防护报警信息，也接收过报警信息。

以上 2、3、4 情况，需要维护人员读取 LBJ 数据后，才能变回黄色圆环。

如果 CIR 未连接 LBJ，MMI 报警主界面提示“LBJ 未连接”，如图 5-49 所示。

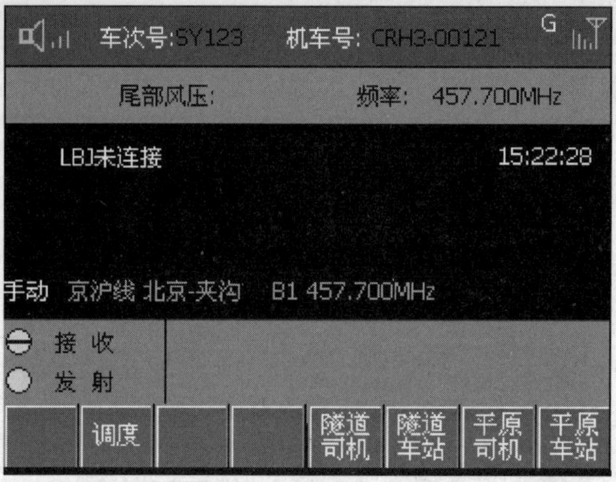

图 5-49 LBJ 未连接界面

如果 LBJ 列车防护报警功能关闭,MMI 报警主界面提示"报警功能已关闭"如图 5-50 所示。报警功能关闭后 LBJ 不再接收防护报警信息,也不能发送列车防护报警信息。

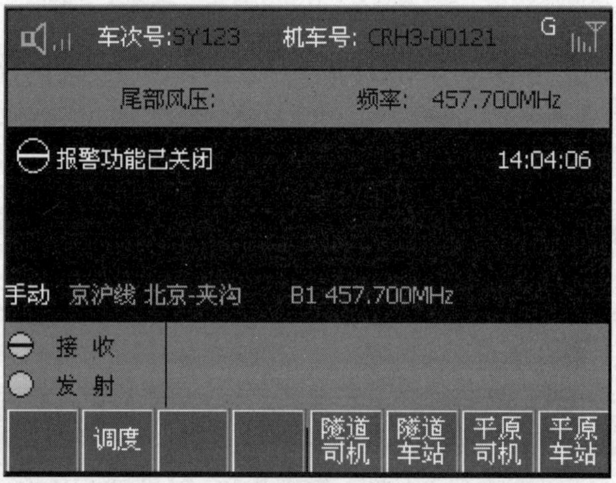

图 5-50 LBJ 报警功能已关闭界面

(二)发送列车防护报警信息

注意:列车防护报警信息只能在停车状态发送!

1. 通过 MMI 启动发送列车防护报警信息

当 MMI 处于主界面或调度命令信息显示界面时,持续按下 MMI 的"报警"按键 3 s 以上,MMI 发出语音提示:"按确认键发送报警信息",同时 MMI 主界面安全预警显示区出现提示信息:"按'确认/签收'键发送报警信息,按'退出'键返回",并显示 8s 倒计时,如图 5-51 所示。

在随后的 8 s 内:

(1) 按"确认/签收"按键,满足条件时,LBJ 开始发送列车防护报警信息。

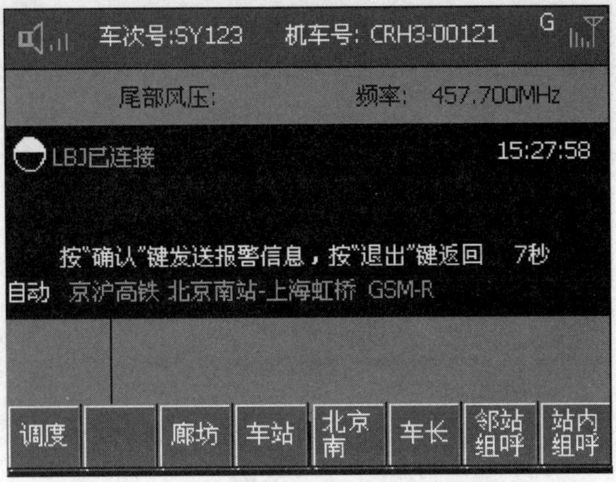

图 5-51　持续按"报警"键 3 s 状态显示界面

(2) 按"退出"按键,清除提示信息。

(3) 没有任何操作,8 s 计时到,清除提示信息。

按"确认/签收"键后,如果 LBJ 能通过 TAX 装置或 DMS 设备获取到有效的速度信息,判断列车当前速度为 0 时(列车处于停车状态),LBJ 启动发送列车防护报警信息,LBJ 随机间隔 5～10 s 以无线方式发送列车防护报警信息,MMI 发出间歇的蜂鸣音,同时主界面"安全预警显示区"的工作状态指示灯(采用红色实心圆)每 1 s 闪烁一次,并用红色文字显示"本车正在发送报警信息!",黄色文字显示"再次按下'报警'按键 3 s 后解除报警",如图 5-52 所示;LBJ 判断列车当前速度不为 0 时(列车处于运行状态),LBJ 应向 MMI 回送无法启动防护报警的反馈信息,MMI 主界面显示"非停车状态下禁止发送防护报警信息!",如图 5-53 所示,显示 5 s 后自动清除。

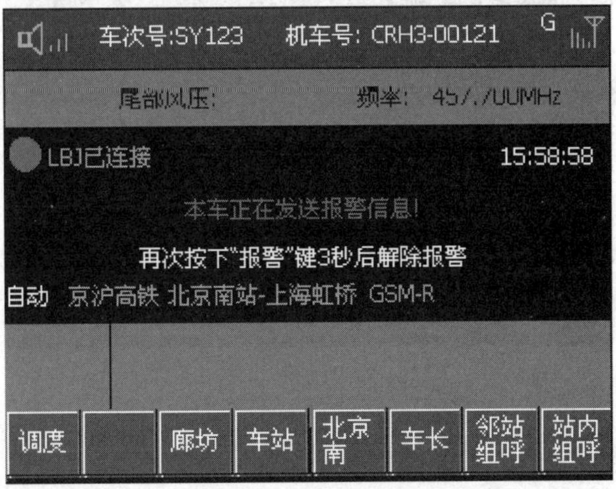

图 5-52　正在发送报警信息界面

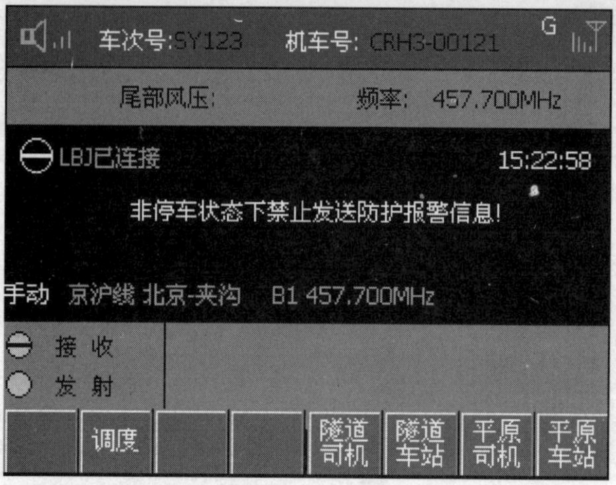

图 5-53 非停车状态下禁止发送防护报警信息界面

2. 通过 CIR 或 LBJ 主机启动发送列车防护报警信息

紧急情况下,可通过 CIR(LBJ 内置)或 LBJ 主机面板的"报警"按键启动发送报警信息。持续按下主机面板"报警"按键 3 s 后,"报警"按键指示灯变为长亮,松开"报警"按键,如果列车处于停车状态,LBJ 将启动发送列车防护报警信息,主机面板"报警"按键指示灯每 1 s 闪亮一次,MMI 发出间歇的蜂鸣音,主界面"安全预警显示区"的工作状态指示灯(采用红色实心圆)每 1 s 闪烁一次,并用红色文字显示"本车正在发送报警信息!",黄色文字显示"再次按下主机'报警'键 3 s 后解除报警",如图 5-54 所示。

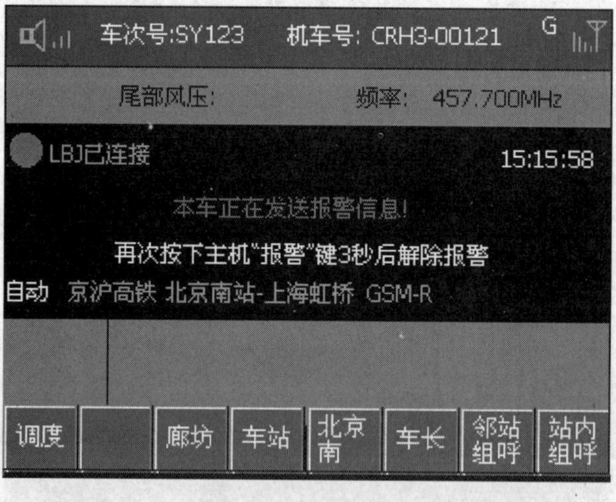

图 5-54 发送防护报警信息时状态显示界面

(三) 解除列车防护报警信息

1. 通过报警按键解除

由 CIR 或 LBJ 主机面板"报警"按键触发的报警,只能通过 CIR 或 LBJ 主机面板的"报警"按键解除;由 MMI"报警"按键触发的报警,可通过处于主控状态 MMI 的"报警"按键解除报警，也可通过 CIR 或 LBJ 主机面板的“报警”按键解除报警；手动解除报警时，LBJ 以无线方式发送列车防护报警解除信息。

发送列车防护报警信息时，当再次按下主控 MMI 的“报警”按键 3 s 后，LBJ 以无线方式发送列车防护报警解除信息，MMI 发出 5 s 连续蜂鸣提示音，主界面安全预警显示区用红色字体显示“列车防护报警已解除！”，同时状态指示灯（红色实心圆）继续闪烁 5 s，如图 5-55 所示。5 s 后 MMI 自动停止蜂鸣提示音，清除文字显示，状态指示灯黄色长亮（黄色上半实心圆）。

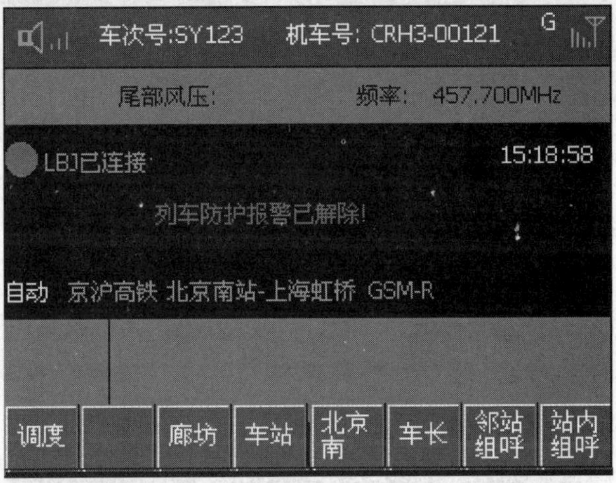

图 5-55　列车防护报警解除界面

使用主机面板“报警”按键解除报警时，持续按下“报警”按键 3 s 后，“报警”按键指示灯由闪亮变为长亮，松开“报警”按键后，LBJ 以无线方式发送列车防护报警解除信息，“报警”按键指示灯熄灭，MMI 发出 5 s 连续蜂鸣提示音，主界面安全预警显示区用红色字体显示“列车防护报警已解除！”，同时状态指示灯（红色实心圆）继续闪烁 5 s，如图 5-55 所示。5 s 后 MMI 自动停止蜂鸣提示音，清除文字显示，状态指示灯黄色长亮（黄色上半实心圆）。

2. 列车移动自动解除列车防护报警

发送列车防护报警信息时，如果 LBJ 可通过 TAX 装置（或 DMS 设备）获取到有效的速度信息，对速度值进行判断，当速度值大于 5 km/h、连续运行时间大于 30 s 时，LBJ 自动停发防护报警信息（不发送列车防护报警解除信息），MMI 停止蜂鸣音提示，MMI 界面显示并语音提示“注意！列车移动，报警自动解除！”，如图 5-56 所示。

（四）接收列车防护报警信息

CIR 接收到列车防护报警信息时，MMI 每间隔 5 s 发出一次语音提示“注意！收到列车报警信息，注意运行！”，主界面“安全预警显示区” 工作状态指示灯（黄色下半实心圆）每 1 s 闪烁一次，报警内容用红色字体显示，如图 5-57 所示。

司机可以按下“确认/签收”键确认，确认后不再进行语音提示，主界面报警信息内容改为黄色字体显示，并填加“已确认”文字显示，状态指示灯变为长亮（采用黄色的下半实心圆），如图 5-58 所示。

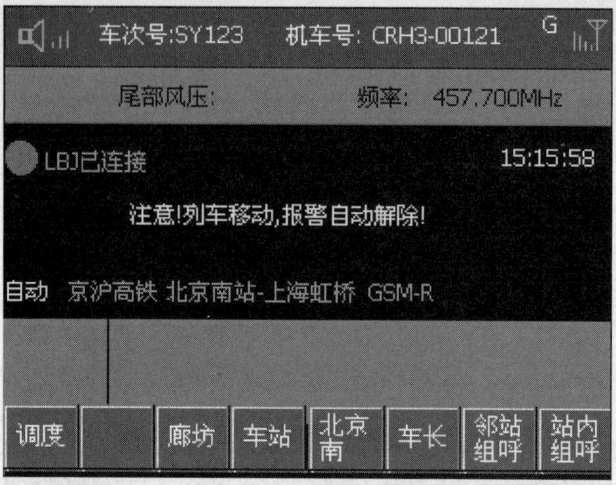

图 5-56 列车移动报警自动解除状态显示界面

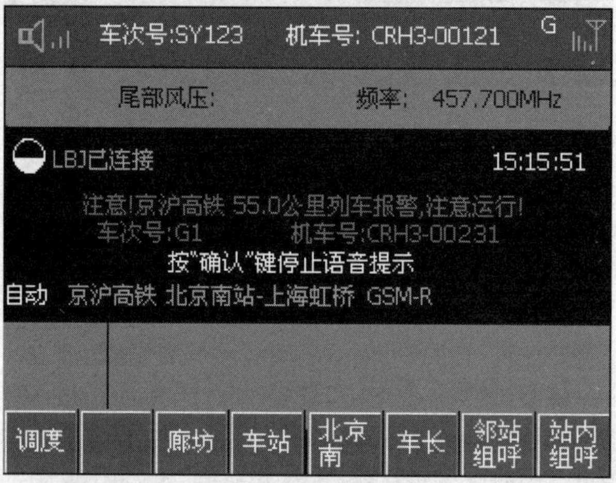

图 5-57 收到列车防护报警信息后 MMI 显示界面

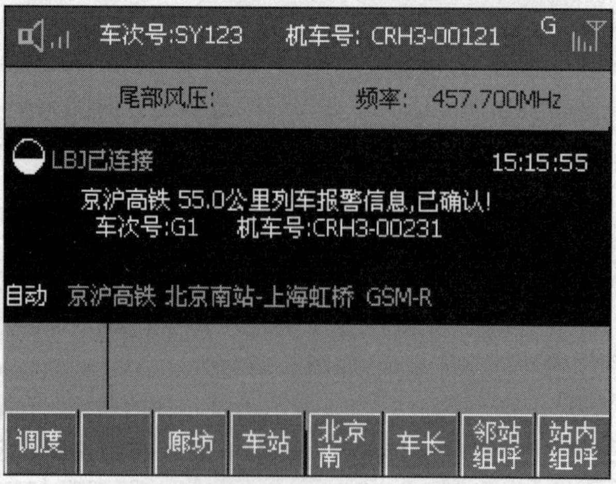

图 5-58 报警信息已确认后 MMI 显示界面

（五）接收列车防护报警解除信息

CIR 接收到列车防护报警解除信息后向 MMI 转发，MMI 发出两次语音提示：“注意！列车报警解除，注意运行！”，MMI 主界面安全预警显示区用红色字体显示报警解除信息内容，如图 5-59 所示。两次语音提示结束后自动清除报警解除信息显示，工作状态指示灯变为长亮（采用黄色下半实心圆）。

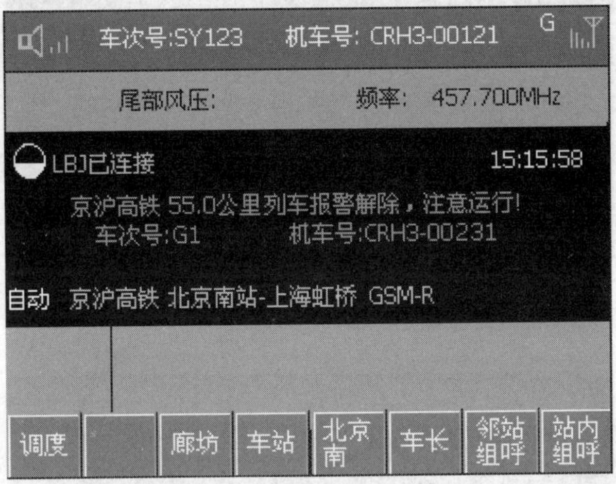

图 5-59　收到防护报警解除信息后 MMI 显示界面

注：CIR 接收到施工防护报警信息、道口报警信息等其他报警信息的处理方法与列车防护报警相同。

（六）查询列车防护报警信息

在主界面下按“查询”键，进入查询界面。移动光标选择查询发送或接收的报警信息，如图 5-60 所示。然后按“确认/签收”键，屏幕上即显示接收或发送的报警信息列表，如图 5-61 所示。将光标移动到要查看的条目上按“确认/签收”键可查看报警信息具体内容，如图 5-62 所示。

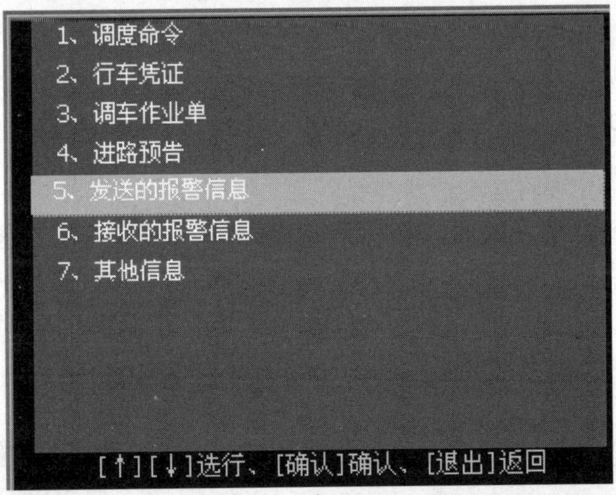

图 5-60　信息查询界面

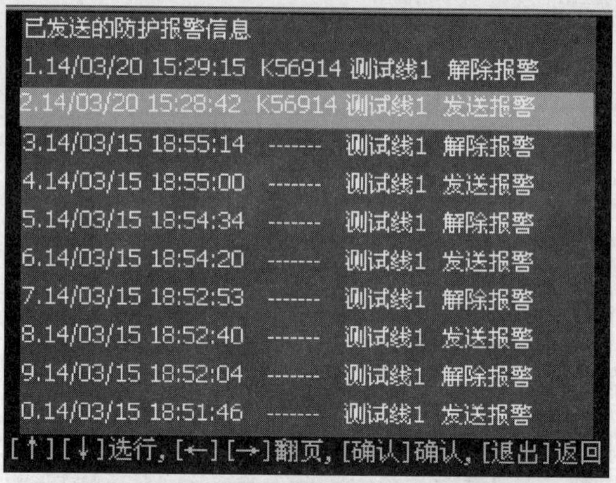

图 5-61　已发送的报警信息显示界面

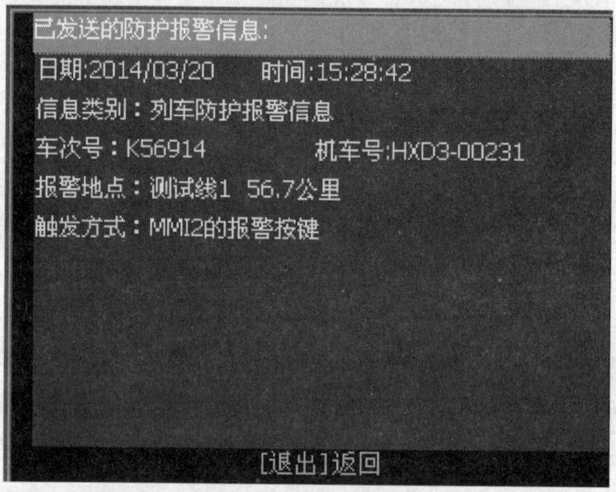

图 5-62　已发送的报警信息内容显示界面

八、特别注意事项

1. 司机离车前一定要将送受话器挂好。

2. 离车前以及动车组换端时，司机需手动注销车次功能号。注销过程如下：在设置界面下选择“1、车次功能号注销”，按“确认/签收”键后 MMI 屏幕下方显示是否确认注销的提示，按“确认/签收”键，CIR 即向网络注销车次功能号。车次功能号注销后，关闭机车电源。机车电源关闭后 MMI 会语音提示“注意，LBJ 3 min 后关机”，5 min 内 CIR 自动断电。

3. 如果客列尾已连接，司机离车前一定要解除 CIR 和客列尾的连接关系。

思考题

1. 联锁的意义及基本概念是什么?
2. 计算机联锁系统优点有哪些?
3. 铁路综合数字移动通信系统(GSM-R)有哪些功能?
4. 车站列控中心(TCC)的功能有哪些?
5. 无线闭塞中心(RBC)具备哪些功能?
6. CIR 的 MMI 显示屏有哪些显示区? 有何功能?
7. 如何设置 CIR 自动选择线路?
8. CIR 车次号的注册和确认如何操作?
9. 运行中线路转换如何操作 CIR?
10. 简述客列尾操作流程。

第六章　人机工程与行车安全装备简述

本章主要介绍了人机工程与行车安全心理学的基本知识。包括人机系统、人的心理与生理特点、疲劳概念及动车组驾驶作业安全心理学的简要介绍。从业人员通过对本章的学习能初步掌握安全驾驶的基本技巧。

第一节　人 机 系 统

人机系统是由人和机器构成的系统。这里的人是指机器的操作者和管理者，机主要指人使用的工具和器物。工具要充分发挥其作用，需要具备三方面的条件：一要工具本身质量好，二要适合于使用，三要有善于使用工具的人。因此，机具和使用者是密切相关的。要使机具适合于使用，机具设计者不仅需要了解制造机具的材料和机具的结构、功能特点，而且还必须了解人的身心及行为特点。

一、人机系统

(一)什么是人机系统及作用、关系

1. 人机系统的定义

系统按组成成分的特点进行分类，由人与机组成的系统称为人机系统。人机系统是工程心理学研究的对象。人机系统也具有一切系统所共有的通性。它的性质和作用不仅依赖人和机的特性，而且也取决于人机之间的关系。

2. 人在人机系统中的作用

在人机系统中，人是系统的操纵者、主宰者，因此在设计人机系统和处理人机关系时必须坚持以人为中心。

从人机关系角度分析，存在手控式、机控式和监控式三类人机系统中的作用。手控式、机控式和监控式三类人机系统中，人与机器的交互作用方式和人发挥的功能特点有很大的差别。

在手控式人机系统中，系统以人力为动力源，机器在人力直接驱动下工作，因而在手控式系统中的人虽然是机器的主宰者，但机器要依靠人提供能量才能运转起来。在这类人机系统中，人的活动和作用主要是体力，整个系统的效率主要取决于人对机具的施力大小和施力方式。

机控式人机系统以电能、化学能等作动力，在这种系统中，人主要依靠显示器了解机器的运转状态，通过开关、按钮等控制器操纵机器的活动。人的作用主要表现为通过显示器和控制器对机器的运转状态进行监测、调节和控制。

在自动化人机系统中，机器本身是一个闭环系统，它能自动地实现包括信息接收、加工和执行等功能。人的作用主要表现为向机器输入工作程序和对机器的运转进行监视，只有在机器发生故障或需要机器改变工作程序时。才需要人进行干预。因此，自动化人机系统也称监控式人机系统。

(二)人机交互作用

1. 人机交互界面

人机系统中的人和机器都是各自独立和性质不同的系统。这两个独立的系统能结合在一起构成一个人机系统，表明二者存在着可以相互连接的，且在功能上有共通的地方。这个共通点表现为人和机器的活动都包含有输入、内部加工和输出三个环节。人机系统中人和机器相互直接发生作用的部分只是人的效应器官和机器的控制器，以及人的感受器官和机器的显示器。它们是人与机器发生交互作用的地方，称为人机界面或人机接口。

2. 人机交互作用的基本模式

人机交互作用就是人与机器互相进行信息交换的过程。信息交换自然有来有往，一方面是人的输出信息发向机器，经转换后成为机器的输入信息，另一方面是机器的输出信息发向人，转换成为人的输入信息。

二、人机系统功能分配

一个理想的人机系统应具有可靠性高、跟踪响应快、抗干扰性强、操作负荷轻、费用效益比小等性能。要满足这些性能要求，除了要求人与机具有优良性能外，还要使人机之间得到最合理的配合。人机配合包括两方面的涵义：一是人机功能分配，二是人机在构形与性能特点上的匹配。

(一)人机功能分配

设计人机系统时必须对系统的功能进行分析，确定哪些任务分配给机器、哪些任务由人去完成。人机功能分配的一条重要原则就是使人和机器都做到扬长避短，各得其所。要做到这一点，就要求对人与机器功能上的长短有所了解。

1. 机器的功能优势

(1)强度大。

(2)速度快。

(3)精度高。

(4)反应灵敏。

(5)记忆强。

(6)工作时间长。

(7)受环境限制小。

2. 人的功能优势

(1)人具有某些机器达不到的感知能力。

(2)人能随情况变化运用不同信道去接收外来信息。

(3)人的灵活性高，能随机应变，因而具有机器很难实现的应付意外事件的能力。

(4)人具有创造能力。

(5)人具有诊断机器故障、排除故障和修复机器的能力。

(6)人具有总结经验、吸取教训和不断自我完善的能力。

(7)人具有情感,能区分善恶,权衡价值高低。

(二)人机界面匹配

人机匹配要符合以下原则:

1. 要选用最有利于发挥人的能力和提高人的操作可靠性的匹配方式,不要为图便宜或为了容易设计而选用不利于发挥人的能力特性的匹配方式。

2. 匹配方式要有利于使整个系统能够达到最大的效率,但要避免对人提出能力所不及的要求;

3. 要使人操作起来方便、省力,避免选用在大部分工作时间内差错少的匹配方式。

4. 要采用信息流程和信息加工过程自然的、使人容易学习的差错少的匹配方式。

5. 不要采用需要人做高度精密的、简单重复且过于单调的或连续不停工作的匹配方式。

6. 不可把人安排为机器的辅助物,避免使人产生自己的工作是为机器服务的感受,而要选用使人感到自己的工作很有意义的匹配方式。

第二节　人的心理与生理特点

一、人体神经系统活动机理与感觉特征

人体是由各种器官组成的有机整体,各种器官具有各自的功能。机体在生存过程中表现出的功能活动,称之为生命现象。从形态和功能上将机体划分为运动系统、消化系统、呼吸系统、泌尿系统、生殖系统、循环系统、内分泌系统、感觉系统和神经系统共九个子系统。

在人机系统中,人与机的沟通主要是通过感觉系统、神经系统和运动系统,人体的其他六个子系统,起到辅助和支持作用。机的运行状况由显示器显示,经人的眼、耳等感觉器官感知,经过神经系统的分析、加工和处理,将结果由人的手、脚等运动器官传递给机器的控制部件,使机在新的状态下继续工作。机的工作状态再次被显示器显示,再由人的感觉器官感知,如此循环直至中间任何环节中断而停止。

感觉是人脑对直接作用于感觉器官(眼、耳、鼻、舌、身)的客观事物的个别属性的反映。比如人们从自身周围的客观世界中看到颜色、听到声音、嗅到气味、尝到味道、触之软硬等都是感觉。

知觉则是人脑对直接作用于感觉器官的客观事物的整体属性的反映。

感觉和知觉都是人脑对当前客观事物的直接反映,但二者又是有区别的。感觉反映的是客观事物的个别属性,知觉反应的是客观事物的整体属性。

感觉和知觉是由于客观事物直接刺激人的各种感觉器官的神经末梢,由传入神经传到脑的相应部位而产生的,感觉有视觉、听觉、嗅觉、触觉(包括触觉、温度觉、痛觉)、味觉、运动觉、平衡觉、空间知觉以及时间知觉等。

感受器是指分布在体表或各种组织内部的能够感受机体内外变化的一种组织或器官。感觉器官是机体内的感受器,如视觉器官、听觉器官、前庭器官等。传统上把与眼、耳、鼻、

舌、肤、平衡有关的器官称为感觉器官。人体主要感觉器官的适宜刺激及感觉反应见表6-1。

表 6-1　刺激及感觉反应

感觉种类	感觉器官	适宜刺激	识别特征	作用
视觉	眼	光	形状、大小、位置、远近、色彩、明暗、运动方向等	鉴别
听觉	耳	声	声音的高低、强弱、方向和远近	报警、联络
嗅觉	鼻	挥发和飞散的物质	辣气、香气、臭气	报警、鉴别
味觉	舌	被唾液溶解的物质	甜酸、苦辣、咸等	鉴别
皮肤感觉	皮肤及皮下组织	物理或化学物质对皮肤的作用	触觉、痛觉、温度觉、压觉	报警
深部感觉	机体神经及关节	物质对机体的作用	撞击、重力、姿势等	
平衡感觉	前庭器官	运动和位置变化	旋转运动、直线运动和摆动等	调整

二、人体运动系统

(一)人体生物力学的一般知识

人体完成各种活动动作的运动器官系统，由肌肉、关节、骨骼等组成。全身的关节将骨节连接成一体，形成可以活动的骨骼体系，肌肉跨越关节黏附于骨之上。肌肉、关节、骨三者在神经系统的支配和协调下，按照人的意志，共同准确地由肌肉的收缩与舒张牵动骨通过关节的作用而产生各种动作。

1. 人体肌肉力学特性

不论人体骨骼与关节机构怎样完善，如果没有肌肉，就不能做功。所以，人体活动的能量决定于肌肉。肌肉的基本机能是将摄入的化学能转变成机械能或热能再转变成机械功或力，肌肉收缩时所产生的力及其长度改变与改变的速度，反映了肌肉活动的主要生物力学特征。

肌肉运动的基本特征是收缩与放松，故此肌肉具有展长性和弹性、兴奋性、收缩性的特性。肌肉收缩是产生人的体力的根源。

2. 人体运动的特征

人体是一个有机的物质系统，身体各个部分的运动都是转动，转动状态的改变则不是取决于力，而是取决于力矩。

力矩是力对物体转动作用的量度，力矩的大小等于力与力臂之积。对于人体生物系统来说，肌肉的张力对相应的关节的轴形成力矩。

3. 人体活动范围

人体的肢体、躯干、头、颈、手掌、手指、脚掌、脚趾等均有各自的活动范围。人体活动范围可分为：最有利范围、正常范围和最大可及范围三种。

(1)最有利范围。它是指可使人在既达到动作目的，同时又保证了人的工作轻松、舒适、不疲劳的最佳效果的人体活动范围，亦称顺手可及活动范围。因此要求施加的操纵力不大的、使用频率很高的、极重要的操作装置应安装在此范围内。

(2)正常范围。它是指人体一般活动均在此活动范围内进行，如上肢相对于不动的肩膀在肘关节弯曲时外切弧的范围。在此活动范围内的活动，要求施加的操纵力较大，但人不感觉到吃力，并且能持久地维持作业姿势、作业能力、作业速度、作业意志，既能保障安全生产，又能保证产品质量和高工效。是理想的作业场所。因此一般常用的又重要的操作装置应安装在此范围内。

(3)最大可及范围。它是指肢体长时间处于最大限度伸直状态的活动范围。在最大可及范围内工作时，肌肉之间会产生内力，肌肉的能量主要消耗在为使动作达到不同的准确性时所产生的速度上，因此，长时间处于此活动范围内的活动容易引起疲劳。所以布置操纵机构时，要充分考虑人体的活动范围，尽可能不使人在最大可及范围内工作。但是不常用的费力很大的操作装置应安装在此范围内。

(二)人体的操纵力

操纵力是指操作者在操作时为达到操作目的所付出的一定数量的力。

人的头、躯干、肩膀、四肢、手掌、手指、脚掌、脚趾均可发挥出一定的操纵力。故此在设计人机系统时，为了使操纵者既发挥最大的主观能动性，而又不感到疲劳，既耗费能量最少，同时感到轻松愉快，就必须很好地考虑操纵力的数值以及操作者的生理状况是否能够付出所需要的操纵力。

三、作业姿势

(一)作业姿势的类型及影响因素

人在日常生活和生产中，一般有四大基本姿势，即立姿、端坐姿、靠椅坐姿和卧姿。

影响作业姿势的因素很多，主要有以下几个方面：

1. 作业空间的大小及照明条件，变换姿势的可能性。
2. 体力负荷的大小及用力方向，作业所要求的准确度和速度。
3. 工作场所的布置，工具设备与材料的位置以及取用、操作的方法。
4. 作业的方式、方法以及操作时的起坐频率。
5. 工作台面与座椅的高度，有无足够的容膝空间。
6. 操作者随意采取的体位。

(二)作业中常用的姿势

1. 立姿

正确的立姿是身体各个部分，如头、颈、胸、腹等均垂直于水平面，且身体保持平衡和稳定。此时，人体的质量主要由骨骼承担，肌肉和韧带的负荷最小，人体内各系统如呼吸、消化、血液循环等活动的机械阻力最小。舒适的立姿是身体自然直立或躯干稍向前倾 15°左右。

2. 坐姿

作业时正确的坐姿应是身躯上部伸直稍向前倾 10°～15°，保持眼睛到工作面的距离在 300 mm 以上，大腿放平，小腿自然垂直着地或稍向前伸展着地，使整个身体处于自然舒适状态。

3. 坐、立姿

坐、立姿是指在作业过程中既可以坐也可以站立,坐、立交替,但以坐姿为主。坐着可以解除站立所引起的下肢肌肉酸痛感,而站立又可放松坐着引起的腰部肌肉紧张,所以坐、立交替可以消除不同部位的肌肉负荷。

四、人的心理特性

(一)心理学概述

心理学是研究人的心理活动规律和心理机制的科学。心理规律是指认识、情感、意志、气质、情绪等心理过程和能力、性格、需要、动机等心理特征和规律。

(二)心理特性与安全

1. 注意

注意是心理活动对一定对象的指向性和集中,对象可以是外部世界的事物和现象,也可以是内向体验。注意是心理活动的一种特性,是伴随一切心理活动而存在的一种心理状态。即心理活动离不开注意,注意也离不开心理活动。

2. 情绪与情感

(1)情绪与情感的比较。情绪、情感是人对客观事物的一种特殊反应形式。任何人都具有喜、怒、哀、欲、爱、恶、俱七情,因此在现实生活中,各种事物对人的作用不一样,有的使人高兴、快乐,有的使人忧愁、悲伤,有的使人赞叹、喜爱,有的使人惊恐、厌恶。

(2)情绪。情绪状态可分为心境、应激。

心境是一种使人的一切其他体验和活动都感染情绪色彩的比较持久的情绪状态,它具有弥散性。当一个人处于某种心境中,往往以同样的情绪看待一切事务。

应激是由于意外的紧张情况所引起的情绪状态。在突如其来的和十分危险的情况下,必须迅速地、几乎没有选择余地的裁决决定时刻,容易出现应激状态。

3. 意志

意志就是人们自觉地确定目的并调节自己的行动去克服困难,以实现预定目的的心理过程,它是意识能动作用的表现。人们在日常生活、工作中,尤其是在恶劣的环境中工作,就必须有意志活动的参与,才能顺利地完成任务。

4. 态度

态度是个人对他人、对事物较持久的肯定或否定的内在反应倾向的心理活动。

人们在认识客观事物或在掌握知识的过程中,不是被动地去观察、想象和思维,也不是无区别地去学习一切,而是对人对事物都有某种积极、肯定的或消极、否定的反应倾向。这种反应倾向也是一种内在的心理准备状态,他一旦变得比较持久和稳定,就成为态度。态度影响一个人对事物、对他人及对各种活动做出定向选择。态度是一种内隐的反应倾向,但他或早或晚总要从外部行为中表现出来。

5. 性格

(1)定义。性格是人们在对待客观事物的态度和社会行为的方式中,区别于他人所表现出的那些比较稳定的心理特征的总和。

(2)性格特征。性格是十分复杂的心理现象,它包含多个侧面,具有各种不同的特征。

这些特征在不同的个体上,组成了独具结构的模式。

6. 能力

(1)定义。能力是人顺利完成某种活动所必须具备的心理特征之一。

(2)特点。能力作为一种心理特征不是先天具有的,而是在一定的素质基础上经过教育和实践锻炼逐步形成的,素质为能力的形成奠定了物质基础,要使素质所提供的发展能力的可能性变为现实,必须经过教育和锻炼。

(3)能力和知识、技能的关系。能力和知识、技能既有区别又紧密联系。知识是人类社会实践经验的总结。技能是人掌握的动作方式。能力是在掌握知识和技能的过程中形成和发展起来的,掌握知识和技能又以一定的能力为前提。能力不表现为知识和技能本身,而是表现在获得知识和技能的整体上,即在条件相同时,人掌握知识和技能时所表现出的快慢、深浅、难易及巩固程度上。

(4)能力的种类。能力的种类很多,而且各种能力都有自己的结构,各种能力之间存在着一定的联系和区别。

(5)能力的个体差异。人与人之间能力是有差异的,主要表现在能力类型的差异、能力表现早晚的差异和能力发展水平的差异。

7. 气质

(1)定义。气质是一个人生来就有的心理活动的动力特征。心理活动的动力指心理过程的程度、心理过程的速度和稳定性以及心理活动的指向性。

(2)特点。人的气质受神经系统特点的制约,具有一定的先天性。婴儿一出生,就表现出不同的气质类型。气质具有一定的稳定性,一个人具有某种气质特点,在一般情况下总会经常表现在他的情感活动中,尽管活动内容很不相同,但显现的气质类型相同。虽然气质特点在后天的教育、影响下会有所改变,但与其他个性特点相比,气质变化缓慢且困难。

8. 非理智行为的心理因素

明知故犯而违章作业的情况是普遍存在的,通过分析发现,由非理智行为而发生违章操作的心理因素经常表现在以下方面:

(1)侥幸心理。由侥幸心理导致的事故是很常见的。人们产生侥幸的原因:一是错误的经验。例如某种事故从未发生过或多年未发生过,人们心理上的危险感觉便会减弱,因而易产生麻痹心理导致违章行为甚至酿成事故。二是在思想方法上错误的运用小概论容错思想。

(2)逆反心理。在某种特定情况下,某些人的言行在好奇心、好胜心、求知欲、思想偏见、对抗情绪之类的一时作用下,产生一种与常态行为相反的对抗性心理反应,即所谓逆反心理。

第三节　疲　　劳

一、疲劳的概念与分类

(一)疲劳的定义

疲劳是一个很难准确解释的概念,由于它涉及许多现象,迄今尚无统一的、确切的定义,但随着对疲劳研究的不断深入，对疲劳本质的认识也在不断深化，其定义有两种说法。一种定义为：所谓疲劳，就是在人体发生可以概括为失去功能或打乱这样的变化，引起生理活动的变化也就是发生机能变化、物质变化、自觉疲劳和效率变化的现象。另一种定义为："所谓疲劳就是人体内的分解代谢和合成代谢平衡不能维持，换言之，当高位与低位的代谢反应平衡不正常时叫疲劳。"由上述定义可以看出，对研究疲劳问题早期，是以物质代谢为重点的生理学的疲劳，后来才发展为考虑了功能的综合作用和社会影响，在概念上是一个扩展。

(二)疲劳的特点

疲劳是体力和脑力效能暂时的减弱。作业者在作业中，作业机能衰退，作业能力下降，并伴有疲倦感等主要症状。疲劳也可理解为一种状态：原来可轻松完成的工作，现在却要花费较大精力，且取得的效果不佳。疲劳具有以下特征：

1. 疲劳可能是将身体的一部分过度使用之后发生的，但并不是只发生在身体的这一部分，可能出现在整个身体上。通常，不仅局部有疲劳、倦累的感觉，而且会带来全身筋疲力尽和不愉快，之后出现疲劳自觉症状。由于疲劳引起全身症状，因而也表现出大脑疲劳，这种大脑与疲劳有关的现象，乃是人身疲劳的最大特征。

2. 疲劳不但使作业能力降低，同时也有作业意志减弱的迹象，这种现象主要是人体自动无意识限值私对休息的需要而产生的。这种限制过度的劳动以减少疲劳的发生，可以说具有防护身体安全的作用。

3. 人体疲劳后，具有恢复原状的能力，而不会留下损伤痕迹。这种现象与机械不同，当机械疲劳达到破坏程度时，并不能再自动恢复原状，而身体疲劳后，却能够自动恢复原状。人体与机械的疲劳形态是有相同之处的，即都是一种累积的形态。越是过度作业，疲劳出现得越早越严重。反之愈是轻松而短暂的工作，越不易发生疲劳，或疲劳现象发生得愈晚。

4. 有一种疲劳状态是由作业内容和环境变化太小引起的，当作业内容和环境改变时，疲劳可以减弱或消失。

5. 从有疲倦感到精疲力竭，感觉和疲劳有时并不一定同步发生，当人们对作业不感兴趣、缺乏动力时，已有疲劳感觉，但机体并未到达疲劳状态。当人们过于关注自己的工作、责任心很强、积极性很高时，会发生机体已过度疲劳，但主观并未感觉疲劳。

二、疲劳的分类

疲劳的分类，并无统一方法，主要是根据研究的目的和方法进行分类。

(一)按疲劳的原因

1. 生理性疲劳。主要是新陈代谢平衡遭到破坏所致。

2. 心理性疲劳。主要是受大脑边缘之感情形成中枢的影响所产生的疲劳。

(二)按疲劳所发生的部位分

按疲劳所发生的部分，可分为精神疲劳、肌肉疲劳和神经疲劳。这三种疲劳，是由规定的作业内容引起的，精神作业引起第一种，肌肉作业产生第二种，神经作业产生第三种。经常是三种作业混合的，按其比重较大的来确定。

(三)按疲劳的程度

1. 一般疲劳。产生在机体的任何体力和心理劳累之后。

2. 过度疲劳。是在连续和过长的工作中形成的,它影响到思维的精确性,而且对神经系统有不良的作用,使人厌倦工作。

3. 重度疲劳。这种疲劳在程度上已接近于病态,它有造成创伤的危险性。

另外,根据疲劳产生的时间长短不同可分为急性疲劳和慢性疲劳。按作业方式,可分为动态作业疲劳和静态作业疲劳。根据中心器官还是外周器官的功能发生变化,分为中心性疲劳和外周性疲劳等。

三、疲劳的改善与消除

(一)改进操作方法,合理应用体力

改进操作方法的首要任务是使作业者处于一种合理的姿势,减少能量消耗,缓解机体的疲劳。其次,在作业姿势一定的情况下,为作业者提供合适的工作台和座椅。再次,根据人体生理特点,合理应用体力。

(二)合理确定休息制度

1. 合理确定作业过程中的休息时间

不同劳动强度的能量消耗亦不同。为了延缓疲劳的发生,减少错误和事故,保证产品质量,维护作业者的健康,必须在作业过程中插入必要的休息时间。因为延长作业时间对消除疲劳极为不利,所以必须根据不同的劳动强度,合理确定休息时间。

2. 轮班制度

作业者在夜班工作的生理机能水平,只有白班工作时的70%,主要表现为体温、血压、脉搏降低;血液中的盐分增加;感受性、反应机能降低等。这必然导致工作效率降低。其原因主要是,夜班工作破坏了作业者的生物节律;夜班作业在白天得不到充分的休息,使机体产生不适应性疲劳。

3. 休息日制度

通过膝腱反射机能方法对作业者疲劳累积情况的调查表明:轻劳动强度作业一天后,其反射机能下降不大,第二天便可以恢复到原来的水平;重强度体力作业一天后,膝腱反射机能下降很大,有的作业者在第二天也恢复不到原来的水平,以后每天的反射机能起点逐渐降低,劳动效率也随之降低,只有在连续工作5~6天后,休息1~2天,才能解除疲劳。因此,确保休息日制度的实施非常重要。

(三)改善工作内容,克服单调感

作业过程中出现许多短暂而又高度重复的作业或操作,称为单调作业。单调作业使作业者产生不愉快的心理状态,称为单调感或枯燥感。

(四)合理调节作业速率

作业速率对疲劳和单调感的产生有很大影响,人的生理上有一个最有效或最经济的作业速率。作业速率过高,会加速作业者的疲劳,甚至影响身体的健康。作业速率过慢同样对作业者不利,但程度不像速率过快那样。速率过慢会使作业者的情绪冷淡,感到工作内容贫乏,不能激发作业能力的发挥,而且还容易出现废品。

第四节 动车组驾驶作业安全心理学

一、动车作业引起的生理变化

(一)视野变化

人的眼睛注视前方,头部和视野固定时,所能看到的全部范围称为视野(静视野)。如将头部固定,眼球自由转动时能看到的全部范围称为动视野。视野可分为单眼视野和双眼视野。单眼静视野:在垂直方向约为110°～130°(上方约50°～60°、下方约60°～70°);在水平方向约150°(鼻侧约60°、耳侧约90°)。双眼静视野:左、右眼的视野鼻侧部分发生重叠,这时左右各90°,向上为50°,向下为70°。动视野比静视野加宽,左右各加15°,上方加10°,下方不变。当行车速度不断增加时,驾驶员的动视野范围会不断缩减。

由于高速引起了司机动视野范围的缩减,减小了司机的注意范围,因此在动车驾驶作业过程中,为了弥补速度造成视野范围的缩减,有以下建议:

1. 形成良好的瞭望扫视习惯,做到车外信息与车内仪表信息间视觉注意的合理分配。

2. 熟悉行车线路,能够对行车过程中的关键特殊地点作为视觉注意的预分配。

3. 保证车辆内物品整洁,视野范围内无遮挡性物体。

4. 调整合适的坐姿,保证正常的视觉瞭望范围。

(二)穿行隧道中引起的耳鸣、耳疼

列车高速通过隧道时,人体会感觉到耳痛,这种现象称为耳鸣,耳鸣是由车辆进入隧道,引起车内压力变动造成。

听觉器官可分为与外界相连的外耳,由鼓膜与外耳隔离而由耳咽管与鼻咽头相连的中耳和具有耳蜗及三半规管等组成的内耳。外界大气压力变化时,外耳内的压力自动地随之变化,而由鼓膜隔开的中耳还保持原有的压力,因而与外耳之间产生了压差,从而引起耳鸣等不舒适感。基于耳鸣产生原理提出了耳鸣消除克服方法,当进入隧道时,可张大口腔,大口吸气,吞咽入腹中,尽快使得内外气压平衡,以减少压力造成的耳鸣影响。

二、作业疲劳的产生原因及其消除克服

(一)作业疲劳及表现

疲劳是一种正常的生理心理现象。所谓作业疲劳是指动车司机在行车过程中由于连续作业而产生的生理上和心理上的失调、自觉不适感和驾驶作业质量下降的现象。

1. 作业疲劳的心理表现

司机在疲劳情况下,会出现心理功能的下降,主要表现在以下七个方面:

(1)无力感。自己感觉驾驶能力下降,对操作缺乏信心,主动性下降,总感到无法按照规程继续驾驶。

(2)注意失调。注意的集中性下降,注意分配不均衡,经常丢失重要的行车信息,而反常地注意次要信息。

(3)感觉失调。感觉器官的功能会发生减退和紊乱。例如,视线模糊、听觉迟钝、触觉和

运动觉敏感性减弱。

(4)动作失调。首先是动作节律失调,动作的自动化程度降低。操作迟缓、生硬、不协调,甚至产生错误动作。自我感觉驾驶时力不从心。

(5)记忆和思维能力下降。有时忘记技术规程,违反规则要求。对突发情况的分析、判断迟缓,不准确。

(6)自制力下降。意志力衰退,缺乏坚持不懈精神;情绪不稳定,常因小事发火。

(7)困倦嗜睡。过度疲劳会导致司机在行车中打瞌睡。

2. 作业疲劳的外部表现

司机在疲劳状态下,会产生许多异常的外部表现,主要包括以下四个方面:

(1)颜面。面无光泽,皮肤松弛,面色沉黑,表情僵化、不活泼。

(2)眼睛。眼睑下垂,眼窝下陷、发黑,瞳孔缩小,眼皮不时跳动,目光无神、呆滞。

(3)动作。动作不灵活,无精打采、反应迟钝,驾驶不准确,时有错误动作,又不能及时修正。

(4)言谈。说话有气无力,谈话方式机械,内容空洞,所答非所问,有时则沉默寡言。

(二)疲劳影响下作业能力的动态变化及疲劳缓解方法

1. 作业能力变化过程

作业疲劳的主要症状是工作能力下降。这种工作能力下降是按一定时间变化的。整个劳动过程中,作业能力下降的水平在各期也是不一样的。

(1)准备期。司机反应能力与工作能力都在提高。在该阶段,机体已经做好工作负荷的准备,动员了机体的能力。在这个阶段司机的情绪、意志稍显紧张,心跳加快,动脉压增高。

(2)适应期。其特点是工作开始后情绪、意志的紧张稍缓和,工作能力和工作效率逐步提高,进入“工作习惯”化状态。反应时缩短,感知觉灵敏,血液循环和机体代谢水平逐步提高。

(3)最高工效期。这是司机在驾驶劳动中最佳阶段。机体各系统进入最适合驾驶工作的水平,驾驶质量达到最佳状态。

(4)完全代偿期。在这个阶段,由于疲劳的发展,使机体发动最大功能水平的调节能力开始下降,产生疲乏感。但由于增强了意志的控制作用,动员机体心理能力储备,劳动效率仍稳定地保持在较高的水平。

(5)不稳定代偿期。工作继续进行,导致机体调节能力继续下降。情绪和意志力明显减弱,但仍可通过意志控制,使劳动效率短时间内保持在相当的水平上。但操作过程有时紊乱,时间延长,经常呈现波动状态。

(6)进行性下降期。此时如果继续工作,机体的所有机能呈进行性下降,这是由于机体向过度疲劳发展所致。感觉运动时间延长,注意力减弱,记忆力下降。司机主诉自己感到疲乏。反映工作能力的各项指标急剧下降,驾驶动作经常发生差错,极易导致事故发生。此时司机必须休息,直到疲劳消除。

(7)终末激动期。当司机知道工作即将结束时,在工作末期可出现情绪、意志的高度紧张,使工作能力明显提高。这时外表疲劳体征减弱甚至消失,但操作的准确性仍然很低,反应迟钝,动作迟缓。此时是事故的高发期。

疲劳的恢复是在工作结束之后。经过休息，机体的功能状态与工作效率恢复到原有的水平。否则，说明休息还不充分，疲劳没有完全

2. 行车作业途中疲劳感的减缓办法

(1)利用停车等空闲时刻，适当的起身活动。

(2)饮用碱性刺激性饮品。

(3)驾驶过程中保持良好的情绪。

(4)疲劳难耐时可在太阳穴等穴位，涂抹适当的风油精以刺激提神。

(5)利用行车中的空闲时段做缓慢的深呼吸，增加脑部供氧量。

(6)平时多食用抗疲劳食物，增强抗疲劳性(高蛋白、维生素、碱性食物)。

(7)熟习机车操作与沿线情况，减弱工作负荷。

(8)注意开窗通风、适当的肢体活动。

3. 日常轮休中的调整方法

(1)在家休息时一定要养成早睡早起的习惯，保证有充分的休息睡眠时间，使出车时积累的疲劳能最大限度地释放缓解。

(2)在家空闲时间积极参加各类体育活动，一方面缓解心理疲劳，同时锻炼身体提高身体抗疲劳能力。

(3)积极参加各类社会活动，与同事、朋友保持良好的沟通，缓解心理压力。

三、作业事故心理分析

事故多种多样，事故原因也很复杂。我们结合各类安全事故的实际情况，对事故发生前、过程中的心理状态进行分析探讨，以期待对以后的工作有一定的借鉴。

(一)事故发生前的心理状态

客观上，一种系统的组合、设备的运转、人员的操作等过程中，发生事故的可能性或者说潜在危险总是存在的。由于人员的心理不良，有时可能成为事故的“触发”因素。有时当其他原因引发事故时，操作人员心理因素关系，可能使可以避免的事故没有避免，甚至人为地扩大了事故。所以，事故发生前的心理状态分析也极为重要。

1. 侥幸心理

企图意外地免去不幸或可能获得成功的心理即侥幸心理。有的作业人员总是以为“就这一次，不会发生什么问题”、“没关系，以前有一次我这么干过”、“不会那么巧，灾难不会落到我头上”，结果图省事，明知故犯，侥幸心理是安全的大敌。

2. 责任心不强

责任心不强表现在：有的人工作吊儿郎当，什么事都敷衍了事，有的人脑子里想的是金钱，对主业工作不感兴趣，有的人图省事，不严格要求，不按章办事等，总之，责任心不强表现在方方面面，是造成行车事故的重要因素之一。

3. 意识迂回

意识迂回又称白日梦。这是一种内心引发的不注意现象。它的表现是意识处于朦胧状态，注意的对象在内心，好像在凝视某个对象，实际上视而不见，充耳不闻，心不在焉，木然地处于白日做梦的状态。所以，白日梦的心理状态对安全威胁很大。

4. 思想麻痹

这里所指的是疏忽大意,失去警惕性。这种情况可能发生在没有经验的青工身上,因为他们遇到的事故不多,不知有些险情已预示着需要及时处理。这种情况也发生在有经验、有技术的职工身上,因为他们认为“这种工作不知干过多少次了,不会有危险”、“设备情况好不会有事”,因而放松警惕,对操作或监护人就不那么谨慎和思想集中了。

5. 盲目自信

有些司机认为自己干了十几年的工作,对自己的驾驶操作作业技术十分自信,同时认为自己经验丰富可以应付所有的突发情况。这种盲目自信是过分相信自己的本领,存在怕损害自尊心的心理状态。还有一种盲目自信,与保守的心理联系在一起,因循守旧,沿用落后的工作方式,拒绝学新知识,新技术,客观上由于先学的东西对后学的东西有干扰作用,这对安全也是不利的。

6. 不懂装懂

不懂装懂是虚荣心作怪。没有知识,硬要显示自己知识丰富,没有技术,装作技术高明的样子,明明没有懂,还不负责任的下结论,所以,提高思想水平,消除虚荣心理对于保证行车安全也很重要。

7. 敷衍马虎

由于工作不安心,产生厌倦心理,认为自己大材小用,工作敷衍塞责,马虎凑合,也容易发生事故。有的人认为工作任务简单,小事一桩,边驾驶机车,边做其他无关事情,结果疏于瞭望,或产生错误操作危及行车安全。

8. 好奇心理

好奇心理是指一个人积极探究某种事物的认识倾向。好奇心理是由兴趣驱使的,兴趣是人的心理特征之一。本来这种心理有积极的一面,但在生产的过程中,若不恰当的将好奇心理付诸好奇行动,就可能变成事故的祸根。这种事情较易发生在刚上岗的动车司机身上,任凭好奇心和某种感情驱使做出某种举动,增加事故发生的可能性。

9. 情绪异常

情绪低落或情绪过于兴奋,都可能成为事故苗子。作业人员如遇到夫妻吵架、失恋、与领导闹别扭等心理不痛快时,消极情绪占了上风,可能有烦躁、消沉、怨恨等不良心境,必会引起注意力不集中,心不在焉,忘掉按规章办事等,出事故的可能性很大。

10. 兴奋

兴奋是一种积极的情绪,可能产生一种好的心境,但过于兴奋,忘乎所以,也会神魂颠倒,违反常规,导致事故。

(二)事故发生时的心理状态

1. 心理和生理同时处于紧张状态

有的人在事故发生时紧张得几乎到了恐惧的程度。意外情况引起高度情绪紧张,有时更容易造成操作错误,使事故扩大。

2. 只将注意集中于眼前的事物之一

有的人被紧急情况吓得目瞪口呆,不知所措就可出现这种情况。人在异常状态时,特别是在发生意外事件甚至生命攸关时,接收信息的瞬间,首先反应的是眼睛能看到的直接事物或直接刺激引起的事物。此时,有的人员对接受的信息的方向性没有选择的可能,只将注意力集中于眼前事物之一,处理事故时只扑向一个地方或只去处理某一并不相关的操作,而忘记操作顺序,乱了手脚,顾此失彼。这些都是事故发生时人的不正常心理状态。

3. 自认倒霉、患得患失

事故责任人在事故发生的时候可能在想:"这下真倒霉,给我遇上了","一切都完了,同事要埋怨我了,领导会批评我,对我另眼相看"。这种"倒霉论"和患得患失,造成思想障碍和情绪干扰,对处理事故非常不利。有了这种情绪,就会影响当时全面了解事故现象和作出冷静的判断,有了这种顾虑,也就影响果断大胆地处理事故。这种心理也可能出现在事故处理之后。

四、压力与作业安全

(一)压力的类型与来源

职业压力,是指职业要求迫使人们做出偏离常态机能的改变时所引起的压力。职业压力可分为以下4类。

类型1:与工作负荷有关。在超负荷工作情况下,任务要求超过了个人满足要求的能力;同样,在低负荷工作的情况下,一个人完成的工作调动不起积极性。低负荷工作的例子有:(1)不需要太多的脑力投入;(2)没有发挥个人专长和技能的机会;(3)重复性工作。

类型2:与职业变动有关。职业改变了个人行为上的、心理上的和认识上的功能模式。当工作岗位变动时较易引发此类压力。

类型3:与职业上受到挫折有关。当工作不能满足预先的目标时,会导致这种情况。

类型4:其他可能的职业环境因素,如振动、噪声、高温、光线太暗或太亮、不好的人际关系等。

(二)压力对工作绩效的影响

压力是影响人的行为及其可靠性的一个重要因素。压力不完全是一种消极因素,实际上,适度的压力有利于把人的工作效率提高到最佳状态。如果压力过轻,任务简单且单调,反而会使人觉得工作没有意思而变得迟钝;相反若压力过大,超过中等压力情况,将引起作业者工作效率下降;只有保持适度的压力才能最有利于保持作业人员最佳的工作绩效。

(三)压力的自我缓解方法

1. 正视工作压力的存在,寻找自己压力的来源。

2. 尽快熟悉动车的各种基本操作与规章,熟悉驾驶线路,提高业务能力是减轻压力负荷的重要方式之一。

3. 改变不良认知方式,积极应对生活、工作中的各种挫折与问题,从积极的方面去思考问题,避免悲观的情绪。

4. 结合自身的实际状况,调整个人的期望水平,为自己制定切实可行的工作与生活目标;面对自己设定的目标未能实现时,若自己已作最大的主观努力时、不应过于追究个人的责任。

5. 遇到困难与问题时注重同领导、同事、家人多方面的沟通交谈。

6. 培养转移压力的良好兴趣,在生活中寻找一种适合自己放松的兴趣爱好,使得自己在工作之余能够最大限度地放松。

7. 日常生活中要尽量多的参加各种集体活动，同时积极参加体育锻炼，通过体育运动达到缓解工作压力的目的。

五、注意力与作业安全

(一)注意的分类

注意是心理活动对一定对象的指向和集中，是心理状态的一种表现形式，是司机顺利准确地获得各类行车信息，保障安全行车的必要前提，是司机的一种重要的心理能力。所谓指向是司机在行车过程中，其心理活动朝向与行车安全有关的对象。所谓集中，是指心理活动在选定的某个事物上聚集起来，即全神贯注于最重要的事物，而对无关紧要甚至起干扰作用的其他活动的抑制。注意的指向和集中，是注意密不可分的两个特性。没有指向性，就不可能达到集中；没有集中性，指向性也失去了意义。指向愈广，集中程度就越低；指向愈窄，集中程度就愈高。

注意是一种伴随于心理过程的非独立状态，并通过外部行为或多或少表现出来。如人们在注视一个事物时，注目凝视；在注意听一种声音时，把耳朵朝向声源；当沉浸于思考和回忆时，目光"呆视"前方等。根据组织注意时人的积极性，可把注意分为无意注意、有意注意、有意后注意三种。

1. 无意注意

无意注意又叫不随意注意，是事先没有预定的目的，也不需要做意志努力的注意。无意注意是由事物外部特点所引起，是人们自然而然地对那些强烈的、新颖的和感兴趣的事物所表现的心理活动的指向与集中。如强烈的光线、巨大的声响、浓郁的气味、新颖的外形等，都可以引起人的无意注意。

2. 有意注意

有意注意也叫随意注意，是具有预定的目的，需要一定意志努力的注意。人在活动中，必须经常把自己的注意主动地服从于既定目的任务，并有意识地调节保持在作业上，"举目凝视""侧耳倾听"等，才能达到预期目的。司机安全行车的目的和为达到这一目的而付出的努力，有助于维持司机的注意，使其在车辆行驶时不分心，不出差错。

3. 有意后注意

有意后注意是注意的特殊形式，是指事先有预定目的，不需要意志努力的注意。它既不像无意注意那样无明确目的，又不像有意注意那样耗费大量生理能量，是有意注意的一种高级的发展形式。如新司机刚上动车时，由于技术不熟练，对行车中的操作动作需要保持高度紧张的有意注意。当经过一段时间的实践，驾驶技术熟练后，操作起来就会得心应手，这时有意注意就会逐渐转化为有意后注意。

无意注意、有意注意和有意后注意在实践活动中紧密联系，协同作用，也相互转化，对人的心理活动起着积极的维护和组织作用，使人能及时地集中自己的心理活动，清晰地反映客观事物，更好地适应环境、改造环境。

(二)注意特征与行车安全

1. 注意的集中

注意的集中是指司机对行车对象的集中程度。司机根据驾驶任务和安全行车的需要，把全部注意力集中到所从事的驾驶活动中，应当具有稳定的注意集中能力。与司机注意集中的有关因素有以下几种：

(1)注意的集中与司机的责任感有关。

如果司机不但对其工作的意义有明确的认识，而且又认识造成事故的危害，那么，他在驾驶时，就会有高度的责任感，切实做到开车时思想集中，保持有意注意，不受外界的干扰。

(2)注意集中与注意的内容有关。

一般来说，人们感兴趣的内容，最能引起注意，也最能集中注意。例如有节奏的发动机声，轮轨撞击声，司机一般没有兴趣。但是，如果发动机的声音发生了变化、发动机运转失常或出现异常情况与信号，这些信息有助于安全行驶，司机就可以产生兴趣。这种对事物的结果的兴趣，称为间接兴趣。在驾驶工作中，要较长时间集中注意，就需要有间接兴趣支持。

不过，靠间接兴趣的支持，强制自己的心理活动集中在单调事物中，容易疲倦，难以持久。如果我们能把间接兴趣转化为直接兴趣，即把对事物结果的兴趣转化为对事物发展过程本身的兴趣，注意事物时就不会感到枯燥无味了。例如，司机若把发动机声音变化与发动机工作情况的关系作为一项技巧来研究，对发动机声音的变化就有了直接兴趣。

2. 注意的范围

注意的范围是指注意在有限的时间内能清楚地把握事物的数量，也叫注意的广度。司机应该有较广阔的注意范围，做到远近一目了然，前后了如指掌。如果司机的注意范围太窄，在行车中就会出现注意了近处的行人，就忽略了远处的来车；注意到车前，就顾不得车后。经常紧张过度，措手不及，做出一些令人担惊受怕的危险动作来。司机注意的范围与经验和注意对象的特征有关。

(1)注意的范围依赖于司机对任务的理解、知识和经验。司机如果能熟悉安全操作规程，掌握安全行车的要领和经验，了解车辆的各部构造和功能，有较丰富的驾驶经验，就比刚刚学会操作的人注意范围大，能够把驾驶有关的许多孤立的事物连接成一个整体来感知。

(2)司机注意的范围取决于注意对象的特征。注意对象愈集中，排列愈有规律，大小愈一致，愈能成为相互联系的整体，注意的范围就愈大。对于不整齐、不集中的事物，司机就要了解其特点，认识其规律性及意义，也可以扩大注意范围。

3. 注意的分配

注意的分配是指同一时间内，把注意指向于不同的对象与活动上。如边走路边思考，边听讲边记录等，就是把注意同时分配在走和想、听和写的活动上。行车中要求司机要有较好的分配注意能力。司机作业系统是一个相当宽容的系统，它允许司机比较自由地改变注意量，而不是把全部注意集中到一个目标或分散于所有目标。这样，便有一部分剩余注意。当需要时，司机就可将这些存储起来的注意分配到当前的驾驶作业上。研究表明，新司机趋向于把全部注意集中到驾驶任务上，而有经验的司机则是把有意后注意分配到驾驶任务上，留有充分的注意储备。一旦出现特殊情况，就能及时发现，动员足够的心理能量，迅速、准确地处理险情。所以，司机要善于分配注意，要具备较强的注意分配能力。

4. 注意的转移

注意的转移是指把注意从一个对象转移到另一个对象上。例如司机在驾车直行时，注意观察车的前方，而在倒车时又把注意转移到车的后方。注意转移的指标是：(1)注意转移时间。即从一种活动转到另一种活动所需要的时间。与个体神经过程的灵活性有关。行车中,时间是一种重要变量。心理学的纯音和光点实验表明,注意转移的时间约为40～60 ms。不同的个体注意转移所需要的时间是不相同的。注意转移时间太长,会影响驾驶车辆的行为,以致发生事故。(2)注意转移的范围。一经转移,注意便移到中心以外,注意的范围就会发生变化,这将使行车信息的数量和性质发生改变。如果注意转移的范围过窄,会造成信息接受不足或错误,就会影响行车安全。(3)注意转移的程度。当注意转移不完全时,人已进入新的作业任务,但实际上还没有脱离旧的作业模式,会造成操作失误。

思考题

1. 人机关系分哪三类?各有何特点?
2. 人机匹配要遵循哪些原则?
3. 人机系统是如何工作的?
4. 基本作业姿势有哪些?影响作业姿势的因素有哪些?
5. 人的心理特性有哪些?
6. 疲劳的分类有哪些?
7. 动车作业引起的生理变化有哪些?
8. 作业疲劳的心理表现有哪几方面?
9. 导致事故发生的心理状态有哪些?
10. 注意力与行车安全的关系是什么?

第七章　高速铁路牵引供电与接触网基本概述

本章主要介绍了高速铁路牵引供电与接触网的基本知识。包括高速铁路牵引供电系统的构成、接触网及电分相的基本知识。从业人员通过对本章的学习能初步掌握高速铁路牵引供电方面的基础知识。

电气化铁路牵引供电系统由牵引变电所(含 AT 所、分区所、开闭所等)和接触网组成,其结构和接线形式由供电自身的标准和要求决定。高速铁路牵引供电关键技术主要有:高速接触网技术、自动过分相技术、高速线岔技术、远程监控技术,确保动车组安全、平稳、高速运行。

第一节　高速铁路牵引供电系统的构成

高速电气化铁路都采用工频(50 Hz),额定电压为 25 kV 或 2×25 kV 的单相交流制,牵引供电系统的构成(图 7-1)。相对牵引变电所而言,通常把为其供电的电力系统称为外部电源或一次系统。牵引供电系统由牵引变电所和接触网组成。

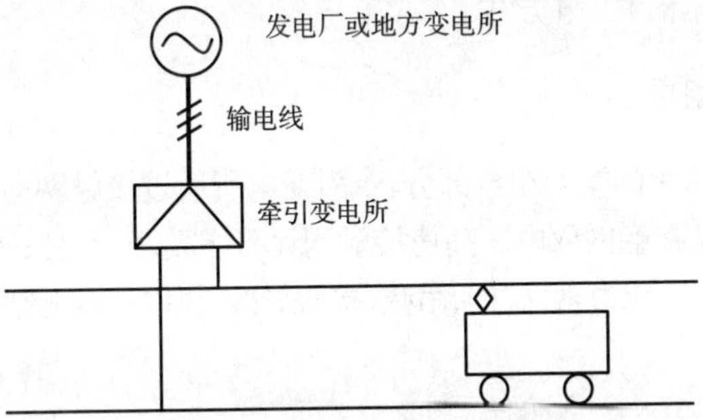

图 7-1　牵引供电系统的构成

一、牵引变电所功能

牵引变电所是电气化铁路供电系统中的心脏,无论一般线路还是高速线路都要求它具有高度的可靠性。我国电气化铁路采用的是工频单相 25 kV 交流制,而电力系统是一个三相交流系统,需要经过变换电压等级和由三相变换成单相才能使用。电气化铁路产生的负序和高次谐波对电力系统会造成多种不良影响,需要通过牵引变电所来解决。

二、牵引变电所的作用

1. 变电所将电力系统的电能变换成适合动车组使用的电能。在牵引变电所内装设有牵引变压器(也称主变压器),将电力系统的高压(一般为 110 kV 或 220 kV)降为 25 kV 或

2×25 kV(自耦变压器供电方式),以单相电馈送给接触网,供动车组使用。

2. 降低电气化铁路对电力系统的影响。电气化铁路的单相牵引负荷是一个不对称的负荷,对三相电力系统产生负序电流和负序电压。

电力系统对电气化铁路供电,要求功率因数达到0.85以上,而牵引负荷的自然功率因数仅为0.8左右。功率因数低会使供电系统设备能力不能充分利用,降低了使用效率,增加了能量损耗。因此,需要在牵引变电所安装并联电容补偿装置,将功率因数提高到0.85以上。

第二节 高速铁路接触网

接触网向电力牵引单元供应牵引电能,高速铁路接触网是接触网的一种特殊应用形式。高速铁路接触网和普速铁路接触网无明显差异,均包括“支柱与基础、支持装置、定位装置、接触悬挂以及供电辅助设施”五大部分,但就其各自的“机电特性、设计考量、技术要求、施工工艺、维修理念、运营管理”而言,高速铁路接触网和普速铁路接触网存在较大差异。

一、接触网的供电方式

高速铁路接触网的供电方式是由接触网所完成的特殊输电功能的技术要求和经济性能所决定的,基本上可以按分区所运行状态和接触网设备类型进行分类。按分区所的运行状态,通常分单边供电、双边供电两种方式;按接触网设备类型,目前主要采用直接供电方式(带回流线)和(自耦变压器)供电方式。

二、接触网的基本组成

接触网是牵引供电系统的重要组成部分,牵引变电所通过接触网向列车(动车组)供电,而列车(动车组)通过受电弓从接触网取电。高速接触网设备主要由:支柱、平腕臂、承力索支座、定位器、定位管、X腕臂、绝缘子、承力索、拉杆、吊弦、接触导线、供电线、回流线等组成,如图7-2所示。

图7-2 高速接触网组成示意

三、接触网的定位

(一)接触网定位的作用

接触网的定位有直线定位、曲线定位两种方式，是通过定位装置实现的。定位装置保证接触网导线以线路中心线为基准呈之字状，定位点与线路中心的距离称为之字值。在曲线地段因铁路外轨超高，必须将导线向曲线内侧拉出，拉出的距离称为拉出值，如图 7-3 所示。

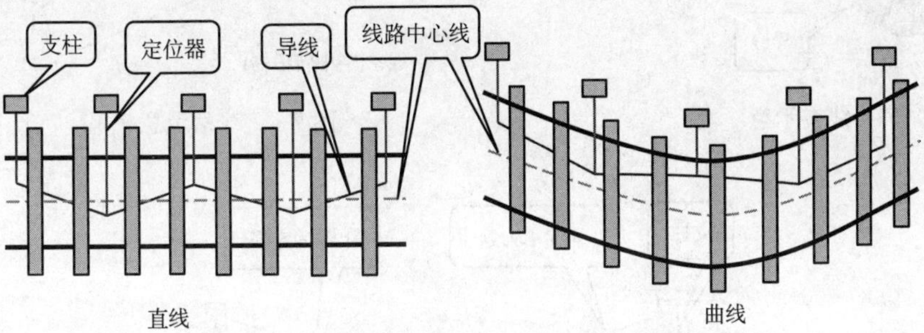

图 7-3　接触网定位示意

(二)接触网的悬挂

接触网的悬挂方式分为简单悬挂、双补偿链式悬挂两种方式。接触悬挂由导线、承力索、吊弦组成，保证导线高度、弹性均匀，弛度变化小，保证在任何情况下不间断完成供电。简单悬挂只有接触网导线，无承力索，因导线无承力吊弦造成弛度大、弹性差，仅适用于行车速度较低区段，如图 7-4 所示。

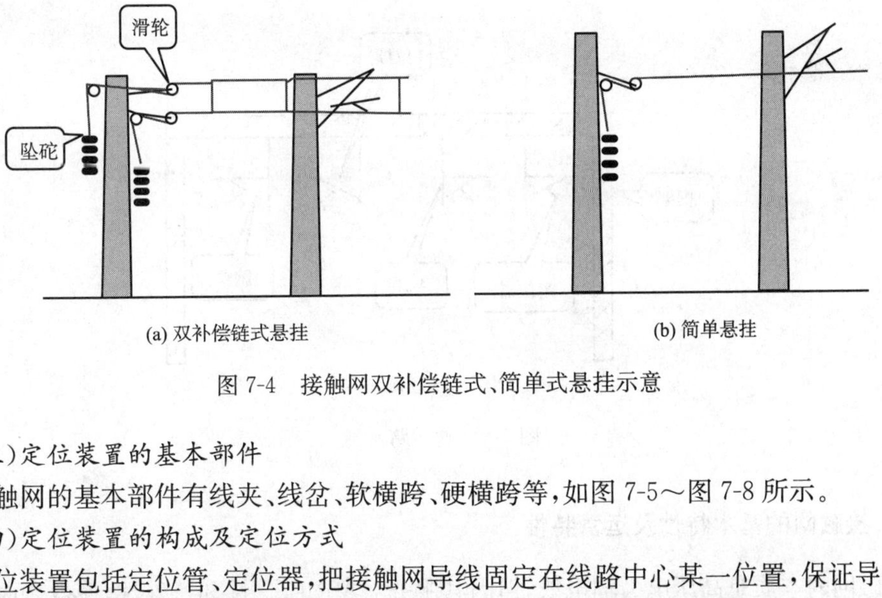

图 7-4　接触网双补偿链式、简单式悬挂示意

(三)定位装置的基本部件

接触网的基本部件有线夹、线岔、软横跨、硬横跨等，如图 7-5～图 7-8 所示。

(四)定位装置的构成及定位方式

定位装置包括定位管、定位器，把接触网导线固定在线路中心某一位置，保证导线不会超出受电弓工作范围。接触网的定位方式分为正定位、反定位和弯道定位，如图 7-9 所示。由正定位和反定位交错安装，使导线呈之字状，在曲线上将导线按规定拉出。

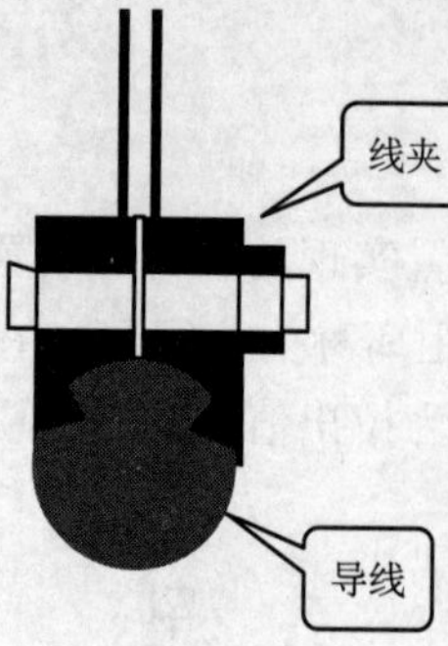

图 7-5　线夹示意

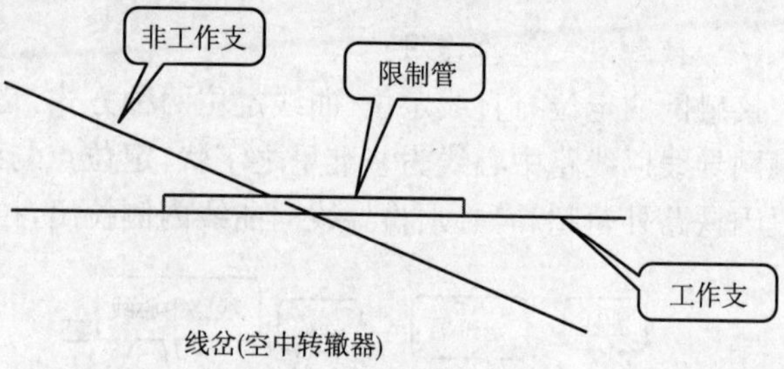

图 7-6　线岔示意

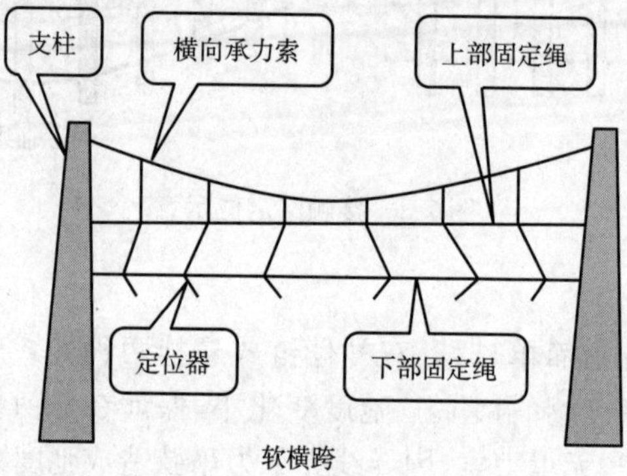

图 7-7　软横跨示意

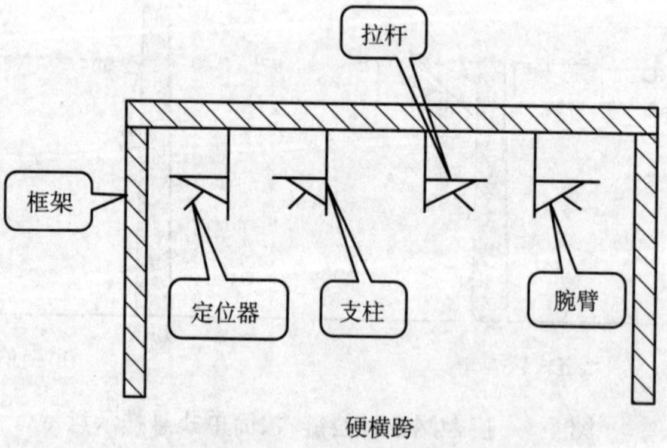

图 7-8　硬横跨示意

四、接触网的基本特性及运营特性

接触网的本质是高压电力输电线，但因其服务对象的唯一性和特殊性，使得表面看起来仅由几根导线组成的结构并不复杂的接触网变得非常复杂了，其复杂性不在于它的结构，而在于弓网之间的匹配以及这种匹配对二者的性能要求。因此，接触网实际上包含了输电和

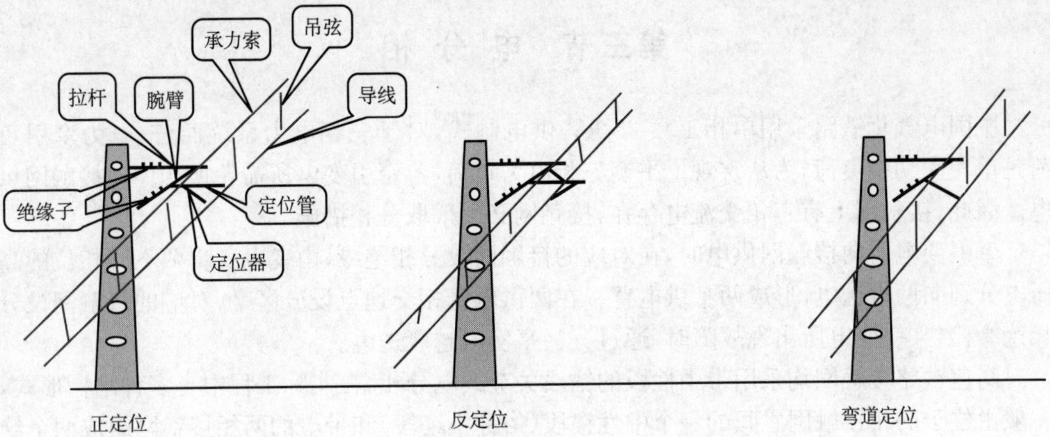

图 7-9　接触网的定位方式

与高速受电弓动态配合的问题，在几何空间位置和状态上都受到极其严格的限制，在机电性能上受到极其严格的要求。与普速铁路接触网相比较，高速铁路接触网的运营环境发生了较大变化，最主要体现在列车运行速度提高到 300 km/h 以上，牵引功率是普速列车的 3～4 倍，白天运营、晚上停运。

五、弓网系统的特性变化因素

列车运行速度提高使弓网的匹配特性发生了根本变化，普速铁路接触网与受电弓的匹配重点是几何关系，而高速铁路接触网与受电弓的匹配除了几何关系外，更重要的是机电匹配关系，几何关系已转换到基础地位。

运行速度提高使高速列车所需的牵引功率是普速列车的 3～4 倍，牵引电流的加大使电流热效应突显，接触网线索的物理性能和工程寿命均受到一定影响。牵引电流的加大对接触线和滑板材质的机电要求增加；牵引电流的加大和波动使网中高次谐波电流绝对值增大，对接触网周围的电磁环境和电子设备的影响加大。

运行速度提高使受电弓的动态抬升量和摆动量增加，受电弓动态包络线成为弓网几何耦合的一个重要因素。列车运行速度加大，气流对弓网接触力的影响明显，多条线路试验均证实了这一点。列车运行速度加大，钢轨及接触线任何一点的不平顺都极易造成接触线—受电弓系统的振动，这种振动的幅度与列车速度成正比。这种振动导致弓网动态接触力上下波动、弓网接触质量变差，甚至离线，加剧受电弓滑板和接触线的机电磨耗。

运营环境的变化，对接触网适应气候的性能要求更高，气象三要素(温度、覆冰、风)对接触网性能和安全的影响突显。

六、接触网基本性能的要求

接触网应具备良好的电气性能，具备良好的机械性能，具备良好的环境适应能力，具备稳定的空间几何参数，具有灵活合理的电气分段。高速铁路接触网应具有合理的电气分段，供电灵活、安全，事故影响范围小，便于检修和抢修，便于运营管理。

第三节 电 分 相

中国电气化铁路采用单相工频 25 kV 供电制式，对于三相电力系统而言，电力牵引负荷是单相大功率负荷，为从宏观上平衡三相电力负荷，各牵引变电所需轮换相序向接触网供电。因此，接触网上有三相交流电存在，接触网必须采取分相措施。

牵引变电所向接触网供电时，在对应的接触网设分相绝缘，由变电所将两不同相位的高压电分别向两端送电，形成两个供电臂。在两供电臂相交地点设分区亭，对应的接触网设分相绝缘，当某一变电所出现故障时，通过分区亭实现越区送电。

高速铁路接触网均采用带中性段的锚段关节式电分相，在实际工程中有多种结构形式，一般由位于两相接触网之间的一个中性锚段(俗称小锚段)和带电的两相接触网组成两个绝缘锚段关节，通过受电弓在锚段关节和中性段上的转换实现换相。

一、接触网电分相结构

高速铁路接触网采用绝缘锚段关节式电分相结构。接触网由各个相对独立的锚段构成，以减少发生故障时的影响程度，一个锚段与另一个锚段衔接的部分称为锚段关节，如图 7-10 所示。

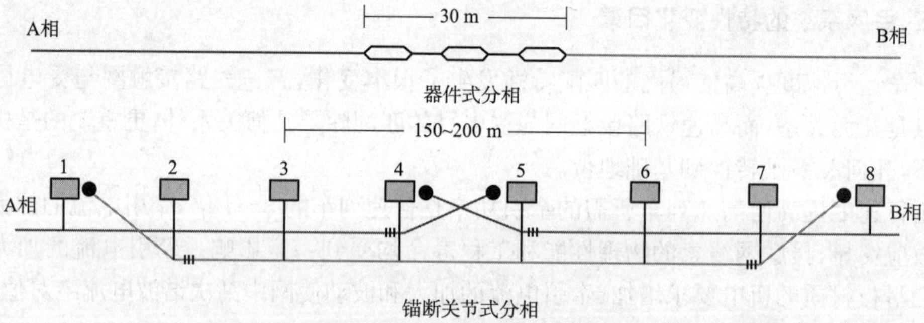

图 7-10 锚段关节式分相示意

锚段关节分相的分类：

1. 非绝缘锚段关节，设在区间，起机械分段作用，简称三跨，如图 7-11 所示。

2. 绝缘锚段关节，除做机械分段外，主要用于同相的电分段，简称四跨，设在车站两端，将站场与区间的接触网在电路上分开，如图 7-12 所示。

中国高速铁路接触网常用电分相结构主要有六跨、七跨、八跨、九跨、十二跨、十六跨，根据电分相结构的断口数量，可分为两断口和三断口两种形式。

二、接触网设置电分相的一般规定

接触网电分相一般设置在牵引变电所和分区亭出口处，两供电臂交界处，铁路局分界处。具体位置应充分考虑线路、列车运行方式、调车作业、供电线路分布、进站信号机位置等条件。为避免分区所开关设备承受线间电压，两相邻变电所之间的接触网宜采用同相电供电。

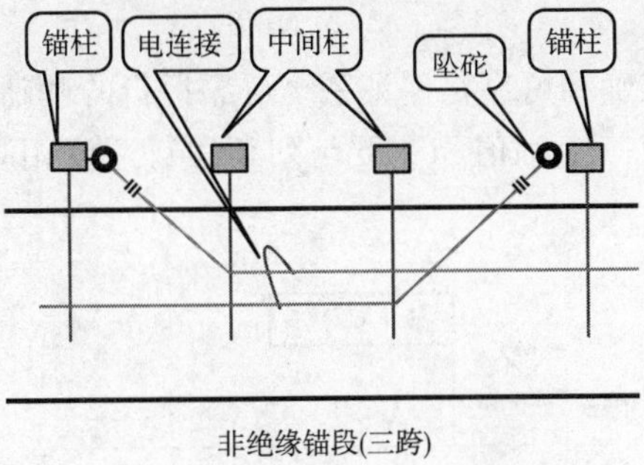

图 7-11　非绝缘锚段关节示意

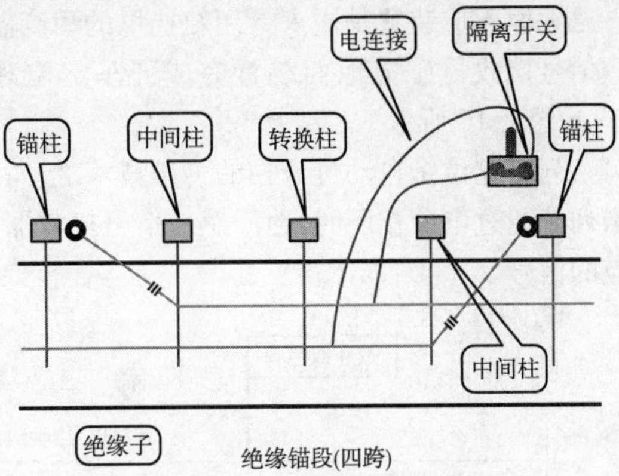

图 7-12　绝缘锚段关节示意

距进站信号机 500 m 的范围内不得设电分相，6‰以上的坡道区段不得设电分相。因客观原因确实无法满足上述要求时，应根据线路通行的电力机车功率、牵引质量和线路坡度等条件进行技术校验，确保列车不会停滞在接触网无电区内。

电分相无电区的设置必须满足两点：

1. 列车因故停车时，机车受电弓不能处于电分相无电区内。

2. 列车因故停车启动后，应能保证列车具备足够的动能闯过无电区。

三、列车自动过分相技术

在高速铁路中，均采用列车自动过分相技术，主要方式有以英国为代表的车上断电自动过分相方案（简称车上方式）；以瑞士 AF 公司为代表的网上断载自动过分相方案（简称柱上式）；以日本为代表的地面带电自动过分相方案（简称地面式）。我国铁路牵引供电的过分相方式采用车上断电自动过分相方式。

（一）过分相装置的组成

过分相装置由车载过分相装置和地面设备组成。

车载过分相装置由车底部的车载感应信号接收器、控制系统和安装于司机室的信号指示系统三个部分组成。车载自动过分相系统结构如图 7-13 所示。

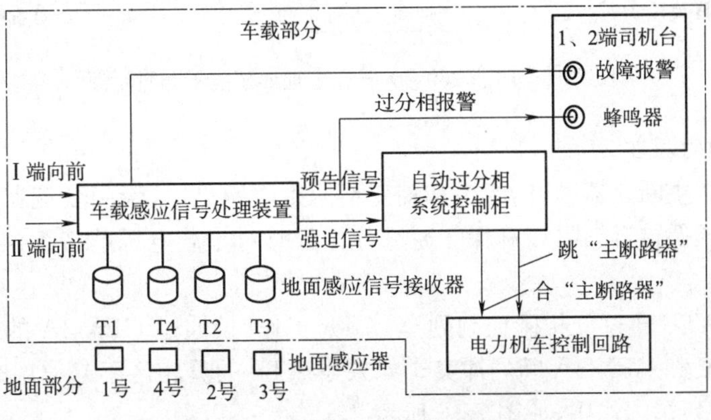

图 7-13　车载自动过分相系统结构

地面感应装置是嵌入专用轨枕里的耐高温、耐腐蚀、不易损坏的永久磁铁。通过车载感应信号接收器感应地面装置完成列车定位和过分相动作触发。地面感应装置布置如图7-14、图7-15所示。

列车定位是自动过分相的关键技术之一，定位准确和可靠是保证系统可靠运行的基础，当列车通过电分相区时，地面感应信号接收器将感应一个幅值和宽度与列车运行速度相对应的信号。

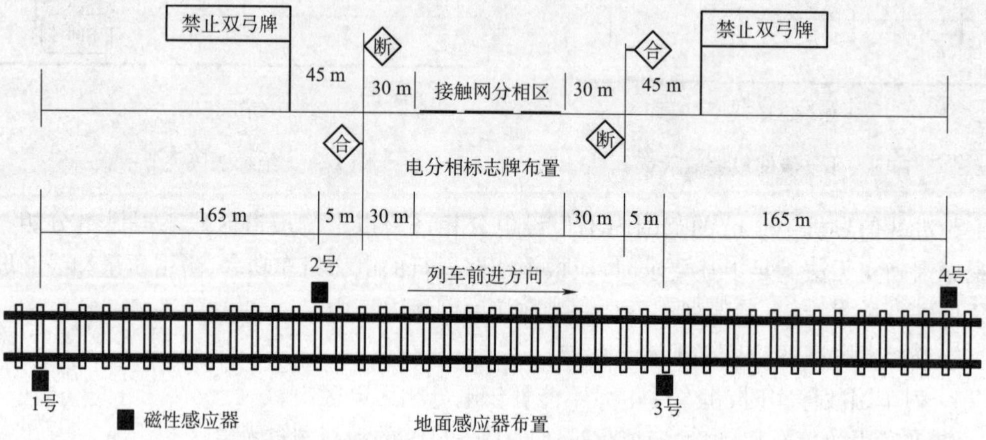

图 7-14　时速 250 km/h 以下地面感应器布置示意

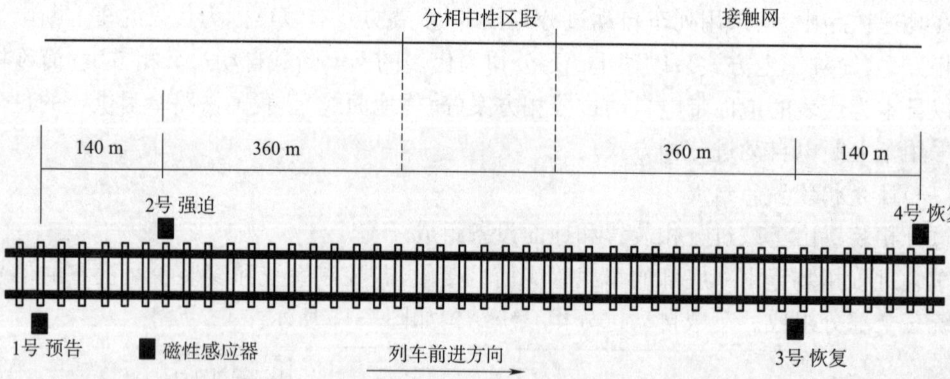

图 7-15　时速 250 km/h 以上地面感应器布置示意

(二)过分相的原理

在分相区内，主断路器断开，牵引和辅变不能由电网供电，牵引变流器转换到中间电路的“直流环节电压保持”模式，以确保在通过分相区时对车载电源的持续供电。同时只有空气制动起作用。

1. 列车由ATP通过分相区控制列车，ATP工作时，通过GFX-3A的分相区信号需要隔离以避免ATP和GFX-3A间的冲突。如果当ATP的分相区不起作用时，GFX-3A通过分相区起到控制列车的作用，如图7-16所示。

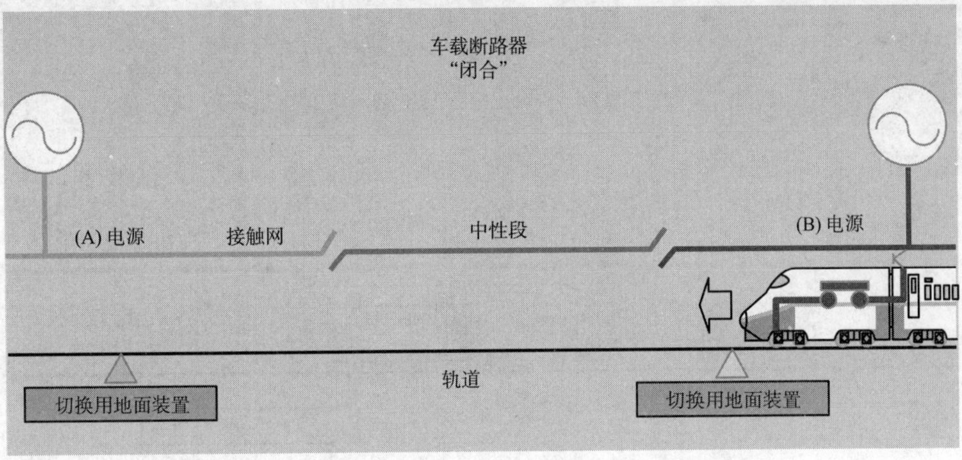

图 7-16 列车由 B 相电区段准备过分相

2. 过分相信号通过 MVB 传递到 CCU，并由 CCU 向牵引控制单元(TCU)发送信号来开始电压保持状态。过程需要 1.5 s。

3. 过分相区时主断路器断开，为保持中间电路供电，所以必要的能量只能从列车的动能中获得。故在电压保持状态，列车采取些许“制动”，而牵引电机则转为发电机状态，通过逆变器向中间牵引电路供电，如图 7-17 所示。

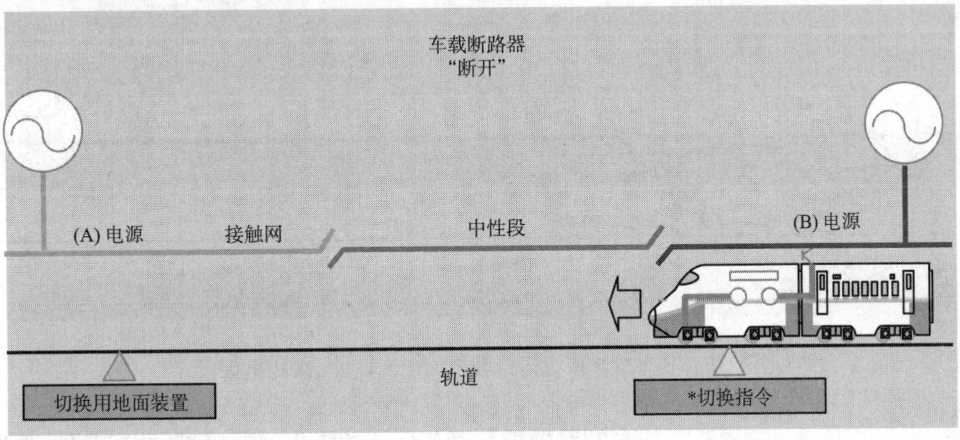

图 7-17 列车接到地面设备过分相指令，自动断开主断路器

按照中间电路对功率的要求，牵引力按预定坡度线性减小而制动力按预定坡度线性增加。在电制动运行模式，电制动功率必须按照中间电路对功率的要求通过预定坡度获得。然后阻断 4QS，切换到电压保持状态。从牵引方面看，直至到达电压保持状态，主电路的断路器才能够断开，如图 7-18 所示。

4. TCU 进入中间电压保持模式用时 0.5 s。完毕后通过 MVB 传递给 CCU，由 CCU 发送断开主断命令。

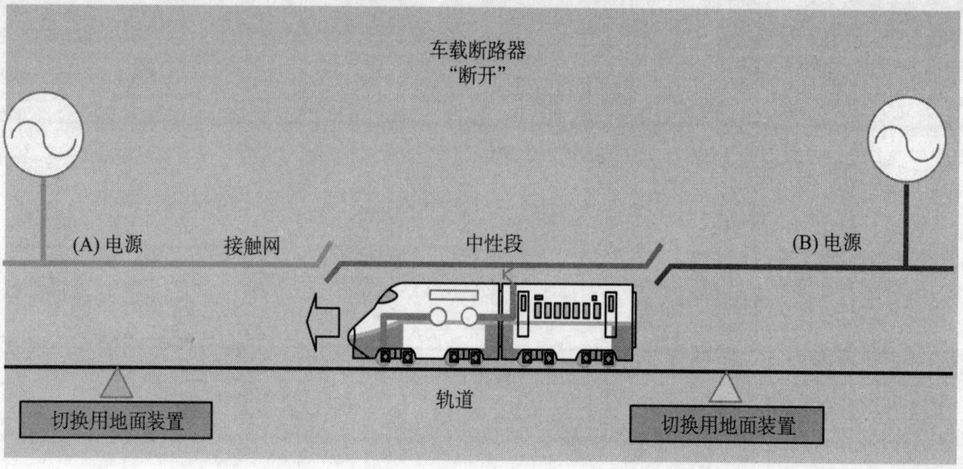

图 7-18 列车断开主断路器后，惰力运行进入分相区内的无电区(中性段)

5. 列车驶出分相区，触发出分相信号，信号通过 MVB 将信号传递到 CCU，过程用时 1.5 s，如图 7-19 所示。

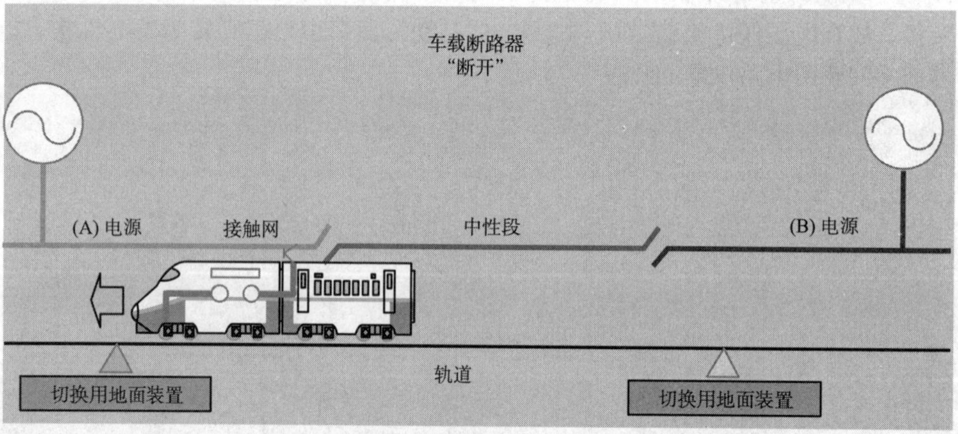

图 7-19 列车继续惰力运行驶出无电区，进入 A 相电区段

6. 列车需要 3 s 的延时以使主断路器控制确认网压的恢复，测试惰性电流条件，传递信号以及通过列车通信网络测得数值。

7. 列车在确认网压正常后，发送闭合主断的命令。1.5 s 后向 TCU 发送结束电压保持的命令，如图 7-20 所示。

8. TCU 需要 3 s 的时间结束电压保持状态，恢复牵引力和电制动。按照牵引控制器的位置提供牵引力。整个出分相过程大约需要 9 s。

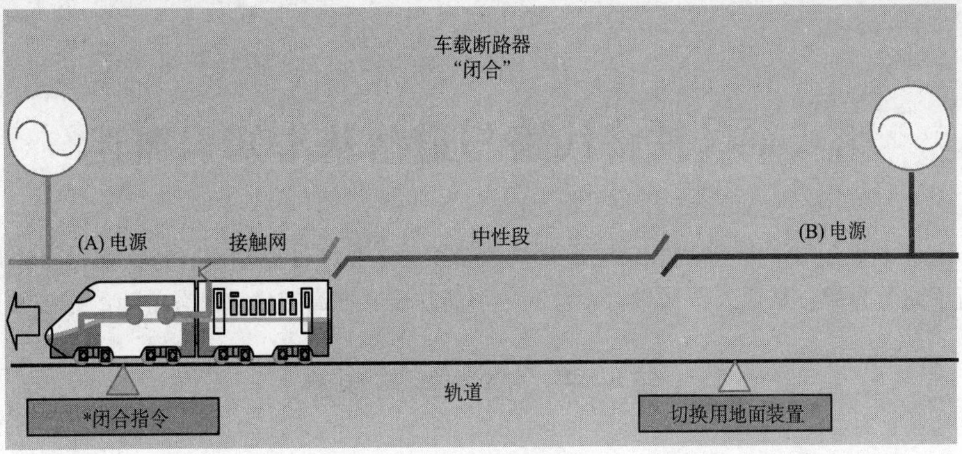

图 7-20　列车进入 A 相电区段后接收地面设备指令，闭合主断路器，完成过分相

第八章　铁路线路与道岔基本知识概述

本章主要介绍了高速铁路新路、道岔基本知识。从高速铁路线路、轨道、道岔 3 个方面进行了简要介绍。从业人员通过对本章的学习能初步掌握高速铁路工务方面的基础知识。

第一节　高速铁路线路

高速铁路线路是由路基、桥隧建筑和轨道组成的一个整体的工程结构。路基是线路的基础。桥隧建筑物是当线路通过河流、山岭等天然障碍或跨越公路、其他线路时修筑的桥梁、涵洞、明渠、隧道等建筑物。高速铁路线路划分：

1. 国际铁路联盟将时速在 200 km/h 及以上的铁路称为高速铁路。

2. 国际上根据铁路线路允许运行的最高时速对铁路作以下划分。

(1)普速铁路：100～120 km/h。

(2)中速铁路：120～160 km/h。

(3)快速铁路：160～200 km/h。

(4)高速铁路：200～400 km/h。

(5)特高速铁路：400 km/h 及以上。

第二节　高速铁路轨道

一、轨道的组成

轨道由道床、轨枕、钢铁、连接零件、防爬设备和道岔等组成。他对机车车辆运行起导向作用，直接承受由车轮传来的巨大压力，并把它传给路基或桥隧建筑物。

双块式无砟轨道，如图 8-1 所示。

(a) 路基地段　　(b) 桥梁地段

图 8-1　双块式无砟轨道

长枕埋入式，如图 8-2 所示。

(a)

(b)

图 8-2　板式道岔区无砟轨道图

道床是铺设在路基面上的石渣（道砟）垫层。道床的作用是支撑轨枕，把从轨枕传来的压力均匀传给路基；固定轨枕的位置，防止轨枕移动；排除线路上的地表水，并阻止路基内毛细管水上升；使轨道具有弹性，缓冲列车冲击、振动；并便于校正线路的平面和纵断面。

轨枕的作用是支撑钢轨，并将钢轨传来的压力传递给道床，同时可保持钢轨位置的规矩。

钢轨的作用是直接承受车轮的压力并引导车轮的运行方向，因而它应当具备足够的强度、稳定性和耐磨性。钢轨的断面采用"工"字形，由轨头、轨腰、轨底组成。钢轨的类型以每米长度的质量（公斤数）来表示，主要的标准钢轨类型有 60 kg/m、50 kg/m 钢轨。

连接零件包括接头连接零件和中间连接零件两类。接头连接零件是用来连接钢轨与钢轨间的接头的，包括夹板、螺栓、螺帽和弹性垫圈等。为使钢轨在气温变化时能够自由伸缩，要在钢轨接头处留出轨缝。中间连接零件（又称扣件）的作用是将钢轨紧扣在轨枕上。钢筋混凝土轨枕扣件分扣件式、弹片式、弹条式等。

防爬设备是防止轨道爬行的设备。轨道爬行就是因列车运行时纵向力的作用，使钢轨产生纵向移动，有时甚至产生带动轨枕一起移动的现象。轨道爬行经常出现在单线铁路的重车方向（运量大的方向）、复线铁路的行车方向以及长大下坡道和进站前的制动距离内。防爬设备主要包括防爬器和防爬撑。另外，轨道上还有轨距杆、轨撑、护轨等附属设备以及道岔。

二、高速铁路轨道的基本技术要求

高速铁路轨道的主要基本技术要求是轨道的高平顺性，轨道的高可靠性，轨道的长寿命，轨道的高稳定性四个方面。

（一）轨道的高平顺性

高平顺性是高速铁路对轨道的最根本的要求，也是建设高速铁路的控制性条件。这是因为轨道不平顺是引起列车振动、轮轨动作用力增大的主要原因。因此，为保障高速行车的平稳、安全和舒适，必须严格控制轨道的平顺性。

要达到高速铁路轨道高平顺性,必须满足以下条件:

1. 路基设计和施工必须满足路基的工后沉降小、不均匀沉降小,在动力作用下变形小、稳定性高等要求。高平顺性、高稳定性的路基是确保轨道高平顺性的前提条件。

2. 桥梁的动挠度等变形必须满足高平顺的要求。

3. 道床必须选用硬质、耐磨的道砟,并在铺枕前整平压实。

4. 严格控制轨道的初始不平顺。

(二)轨道的高可靠性、长寿命

高可靠性主要是指轨道结构保持平顺性,维持线路正常运营的能力。高速列车荷载的特点主要在于高频冲击和振动,这种高频荷载容易造成扣件松动、轨下胶垫磨耗、混凝土轨枕承轨槽破损,特别是有砟轨道中道砟破碎、粉化,道床沉降和变形。长寿命,指的是轨道结构有较长的维修和大修周期。由于高速铁路的行车密度大,速度高,因此其维修工作量必须少,维修周期必须长,才能保证不中断行车,维持列车正常运行。

(三)轨道的高稳定性

采用跨区间无缝线路是提高轨道结构连续性、均匀性的重大举措。在跨区间无缝线路中,道岔的连续焊接会使道岔区基本轨产生附加的温度力,从而使结构、受力和变形更为复杂的道岔区成为高速铁路稳定性的控制区。高速列车的高频冲击和振动会使轨道自身保持稳定的能力降低,而高速列车的蛇行和横向振动又会使作用到轨道上的横向荷载加大,增加轨道横向失稳(胀轨、跑道)的可能性。

第三节　高速铁路道岔

道岔是使机车车辆从一股道转入或跨过另一股道的线路连接或交叉设备。道岔分为单式道岔、复式道岔和菱形交叉。其中单式道岔又分为:普通单开道岔和对称双开道岔。复式道岔分为:对称三开道岔、不对称三开道岔和交分道岔。

道岔的基本结构由转辙器、辙叉及护轨、连接部分组成,如图 8-3 所示。

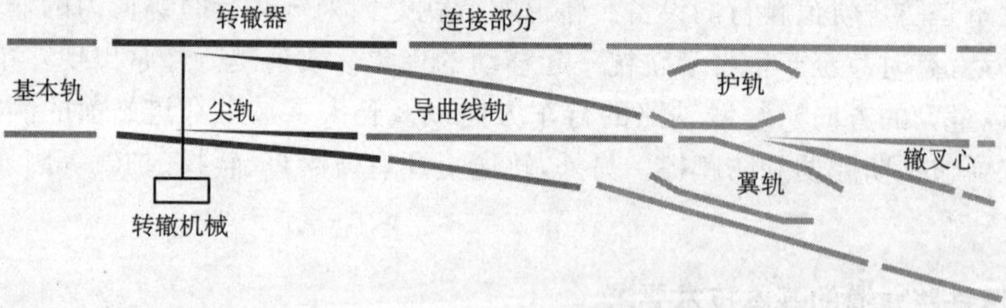

图 8-3　道岔基本组成示意

一、我国铁路道岔发展概况

中华人民共和国成立前我国铁路使用的道岔主要依靠进口。中华人民共和国成立初期我国有 300 种道岔。这些道岔由 100 多种钢轨制造,仅单开道岔就有 6、7、8、9、10、11、12、

15、16、24号共10种型号，而且即使是同一轨型同一号码的道岔也可能分为多种型式，如40B钢轨8号道岔，就有“旧型”、“新型”、“暂定型”、“战时型”等多种，这就给道岔的养护维修和更换带来极大不便。中华人民共和国成立后我国立即着手研制适应我国铁路具体条件的道岔。发展情况概述如下：

（一）“50”型、“53”型、“55”型和“57”型道岔

原铁道部于1950年颁发的《铁道建筑标准图集》中，规定了8号、10号和12号三种号码，38 kg/m、43 kg/m和50 kg/m钢轨三种轨型共9种单开道岔的型式尺寸，简称为“50型”道岔。

1953年至1957年，原铁道部又先后规定了8号、9号、10号、11号和12号五种型号，38 kg/m、43 kg/m和50 kg/m三种钢轨共32种单开道岔，以及与之配套的12种型号的交叉渡线、对称道岔和复式交分道岔。按照设计年度区分，这些道岔分别简称为“53”型、“55”型和“57”型道岔。

（二）“75”型（含“62”型）道岔

在20世纪50年代末期我国开始使用有5个动轴的前进型机车并且以载重50 t及60 t的货车取代载重30 t的货车以后，“55”型道岔及“57”型道岔的养护难度迅速增加，脱轨事故不断发生，尤其是5动轴机车在8号道岔上脱轨以及4轴货车在交分道岔固定型钝角辙叉上脱轨，成为当时的惯性事故。

为研制适应轴重21～23 t，直向容许过岔速度80～100 km/h的道岔，1959～1962年，在原铁道部主持下，开展了道岔标准化工作。1962年通过了我国第一代标准型单开道岔的设计标准，简称为“62”型道岔。与过去各型道岔相比较，“62”型道岔的性能有了明显提高。

在70年代至80年代中期还设计和生产了与“75”型9号、12号标准型单开道岔配套的交分道岔、交叉渡线、6号单式对称道岔、18号大号码道岔、三开道岔、混凝土岔枕道岔等配套的“75”型系列道岔。到90年代初期，我国铁路铺设使用的“75”型（含“62”型）道岔超过10万组，占全铁路道岔总数的80%以上。

长期的实践证明，“75”型道岔的结构强度和稳定性，可以满足轴重不超过23 t、直向过岔速度不超过80～100 km/h各型机车车辆安全运行的需要。由于这种道岔价格较低、维修方便、部件互换性强以及在现场已大量使用等原因，在今后相当长一段时间内，“75”型道岔仍将在我国铁路上行车速度较低（不超过80～100 km/h）的次要正线和站线以及专用线上大量使用。

（三）“92”型（含过渡型）道岔

随着60 kg/m钢轨的推广应用，我国在70年代末开始着手研制与60 kg/m钢轨配套的道岔。考虑到60 kg/m钢轨是供重载和较高速度行车情况下使用的，因此设计60 kg/m钢轨的配套道岔时，采用了比“75”型道岔更高一级的技术标准。

随着60 kg/m钢轨的大量铺设，“92”型道岔在我国已大量推广应用，“92”型道岔已在我国正线道岔总数中占相当大的比重。这种道岔的主要结构，如矮型特种断面钢轨藏尖式尖轨、H形（或槽形）护轨、可调式轨撑、整铸前后分腿式高锰钢辙叉或可动心轨辙叉等等，性能已达到世界铁路90年代水平，因此它将作为我国常速（100～120 km/h）和快速（120～160 km/h）铁路线路的正线道岔而大量使用。

我国铁路在20世纪70年代后期已开始铺设60 kg/m钢轨，当时“92”型道岔尚未定型

生产。因此我国生产了一批采用普通 60 kg/m 钢轨刨制的爬坡式尖轨和整铸高锰钢前后分腿式辙叉。其性能介于"75"型和"92"型之间,因此称之为"过渡型道岔"。原计划过渡型道岔在"92"型道岔投产后即予停产,但因弹性可弯尖轨跟端加工技术到 1986 年才通过铁道部技术鉴定,因此直到 1987 年才停止"过渡型道岔"批量生产。至 1996 年底,我国铁路的 60 kg/m 钢轨地段共有 5 000 余组"过渡型道岔",在相当长时期内还不能全部换掉。

(四)提速道岔的研制

从 1996 年开始,我国的广深及沪宁、京秦等四大干线已先后逐步开行准高速及提速列车,这就要求我国铁路及早研制性能比"92"型道岔更高的、适应速度在 160 km/h 及以上的道岔。1995 年 12 月由原铁道部工务局、电务局和建设司联合召开的"60 kg/m 钢轨提速道岔设计标准审查会",规定了这种道岔的主要技术条件如下:

1. 旅客列车直向容许通过速度为 160 km/h。
2. 货物列车直向容许通过速度为 90 km/h(轴重 23 t)。
3. 侧向允许通过速度为 50 km/h。

二、道岔的基本结构

转辙器包括两根尖轨、两根基本轨和转辙机械等。尖轨通过连接杆与转辙机械相连,操纵转辙机械可以改变尖轨的位置,即道岔的开通方向。

辙叉及护轨包括一个辙叉心、两根翼轨、两根基本轨及两根护轨等。

从辙叉咽喉(两翼轨间最窄处)到辙叉心实际尖端之间,存在着一段轨线中断的空隙,叫作辙岔有害空间。当机车车辆通过辙叉有害空间时,轮缘有走错辙叉槽而引起脱轨的可能,因此,必须设置护轨,对车轮的运行方向实行强制性的引导。连接部分是连接转辙器和辙叉及护轨的部分,包括两根直轨和两根导曲线轨。

道岔号数等于辙叉角(辙叉心两作用边间的夹角)的余切。辙叉角越小,道岔号数越大,导曲线半径也越大,允许机车车辆侧向过岔速度也越高,机车车辆侧向通过道岔时,就越平稳,然而道岔号数越大,道岔全长就越长,铺设时占地就越多。

三、轨道连接及交叉设备的作用

道岔是一种使机车车辆能从一股道转入另一股道的线路连接设备。道岔是铁路轨道结构的一个重要组成部分。

各国铁路道岔与线路的比例,随铁路运量、密度的不同而有很大差异。我国是铁路运量、密度较大的国家之一,因此我国铁路道岔数量较多。

思考题

1. 简述高速铁路牵引供电系统的构成。
2. 牵引变电所功能是什么?
3. 简述接触网的基本组成。
4. 简述接触网的基本特性及运营特性。

5. 弓网系统的特性变化因素有哪些?

6. 简述接触网设置电分相的一般规定。

7. 高速铁路轨道的基本技术要求是什么?

8. 简述高速铁路道岔的组成。

9. 试述我国铁路道岔发展概况。

10. 试述自动过分相的过程。

第九章　列车运行控制系统构成、控制原理及基本操作

本章主要介绍了列车运行控制系统构成及基本控制原理，同时对我国 CTCS 系统的组成和分级、列控车载设备各种工作模式以及显示和运行操作进行了重点讲述。从业人员通过对本章的学习能初步掌握高速铁路列车运行控制系统及列控车载设备方面的基础知识。

第一节　列控系统概述

列车运行控制系统（Train Control System）是以技术手段对列车运行方向、运行间隔和运行速度进行控制，使列车能够安全运行并且提高运行效率的系统，我国铁路目前主要采用列车超速防护系统 ATP。列车运行控制系统是随着列车技术的发展以及列车与地面信息传输系统发展而发展的轨道交通信号系统，将先进的控制技术、通信技术、计算机技术与铁路信号技术融为一体的行车指挥、控制、管理自动化系统，是保证行车安全、提高运输效率的核心。

一、列车运行控制系统概述

（一）高速铁路采用列控系统的必要性

传统的行车方式是司机按照地面信号驾驶列车，要正确识别、理解信号并及时正确执行，行车安全由司机保证。铁路沿线设置的闭塞分区长 1.5～2 km，当列车运行速度超过 200 km/h 时，司机每 20 s 就须辨认一次信号，辨识信号的频率和数量增加会使司机疲劳，识别信号的错误概率会显著增加，为防止司机失误影响行车安全，将区间通过信号从简单的"红灯停、绿灯行"转变为速度信号是高速铁路必须采取的措施。为此，需要使车载信号设备把地面传送上来的信号命令直接转变为对列车制动系统的控制，指令由高可靠、高安全的智能设备来保证列车安全运行，实现人控到机控的转变。

（二）我国列控系统的发展概况

20 世纪 80 年代末期，我国相继在京广线郑武段、京哈线京秦段引进了法国的 UM71 轨道电路和 TVM300 列控系统；在京哈线秦沈段引进了法国的 UM2000 轨道电路和 TVM430 列控系统，在京九线、广深线试验和小范围使用了国内研究开发的 LCF 模式曲线超防系统和 LSK 分级速度控制系统。

2003 年，为进一步适应铁路跨越式发展战略，满足日益增长的铁路运输需求，参照欧洲列车控制系统（ETCS），结合我国国情，原铁道部制定了《中国列车控制系统 CTCS 技术规范总则（暂行）》和相应 CTCS 技术条件，以保证我国铁路运输安全，满足长交路运营的需求，适应提速战略的实施。CTCS 就是中国列车运行控制系统（Chinese Train Control System)的英文缩写。

2004年底，在我国铁路既有线第六次提速200～250 km/h时采用CTCS-2级列控系统，在动车组列车上装备CTCS-2级列控车载设备，在提速至200～250 km/h线路区段进行CTCS-2级列控地面设备改造。

2006年7月，采用关键设备和技术引进、主要设备自主研发、既有设备结合改造的模式，主要依靠国内技术力量、借助国外先进经验进行系统集成的CTCS-2级列控系统通过原铁道部技术审查。

2007年，原铁道部在总结近年来既有线提速和高速铁路CTCS-2级列控系统建设和运用经验的基础上，颁布了《既有线CTCS-2列车运行控制系统技术规范(暂行)》和《高速铁路CTCS-2级列控系统配置及运用技术原则(暂行)》等文件，用于指导200～250 km/h高速铁路的CTCS-2级列车运行控制系统和作为300～350 km/h高速铁路的后备模式的CTCS-2级列车运行控制系统的工程设计、施工，设备研发、生产，运行试验、运用及维护。

2008年，CTCS-3级列控系统标准规范由原铁道部科学技术司及运输局联合颁布。

(三)列控系统的分类

1. 根据系统功能分类

(1)列车自动防护系统(ATP)。ATP可对列车运行速度进行实时监督，当列车运行速度超过最大允许速度时，自动控制列车实施常用制动或紧急制动，使列车停在显示禁止信号的信号机或停车标前方。

(2)铁路列车运行自动控制系统(ATC)。ATC可根据行车指挥命令、线路参数、列车参数等实时监督列车运行速度，通过控制列车多级常用制动，自动降低列车运行速度，保证行车安全。是比列车超速防护系统高一级的列车自动控制系统，它可替代司机的部分操作。

2. 按人—机设备优先等级分类

(1)设备优先的列控系统。设备优先的列控系统在列车速度高于目标速度后立即进行制动控制，当列车速度低于目标速度后自动缓解，不必司机干预。日本新干线ATC采用设备优先控制的方式。

(2)人控优先的列控系统。人控优先的方式只有在列车速度超过安全运行所允许的速度，设备才自动介入实施制动，列车正常运行时设备不干预司机操作。法国TVM300/430以及德国的LZB系统即采用司机控制优先的方式。

3. 按控制模式划分

(1)阶梯控制方式

阶梯控制方式，在一个闭塞分区内只控制一个速度等级。在一个闭塞分区中只按照一种速度判断列车是否超速。阶梯控制方式又可分为：出口检查方式(滞后式控制)及入口检查方式(提前式控制)两种。

图9-2中出口检查方式要求司机在闭塞分区内将列车运行降低到目标速度，ATP车载设备在闭塞分区出口检查列车运行。如果司机按照允许速度操纵列车，ATP设备不干预司机正常操作，当司机违章操作或列车运行超过允许速度时，列控设备将自动实施制动。属于滞后控制模式，列车制动后需要走行一段距离才能减速(或停车)，因此，在禁止信号后方需要设置一段防护区段实现过走防护。

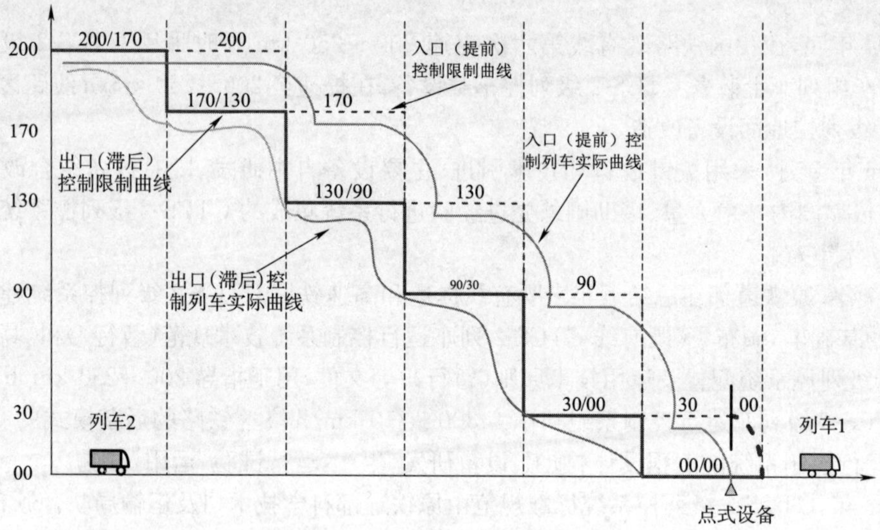

图 9-1　阶梯控制曲线

图 9-3 中入口检查方式就是列车在闭塞分区入口处接收到允许速度后立即依此速度进行检查，没有目标速度指示，一旦列车速度超过允许速度，则列控设备自动实施制动使列车运行降低到目标速度以下。入口检查方式中本区段的入口速度就是本区段的允许速度。较滞后式控制方式可有效提高间隔能力。

(2)速度—距离模式曲线控制方式

速度—距离模式曲线控制是根据目标速度、线路参数、列车参数、制动性能等确定的反映列车允许速度与目标距离间关系的曲线，速度—距离模式曲线反映了列车在各点允许运行的速度值。列控系统根据速度距离模式曲线实时给出列车当前的允许速度，当列车超过当前允许速度时，设备自动实施常用制动或紧急制动，保证列车能在停车地点前停车。

4. 按照地—车信息传输方式划分

(1)点式列控系统

点式列控系统是一种点式传递信息，用车载计算机进行信息处理，最后达到列车超速防护目的的系统。它采用高信息容量的地面应答器、地面轨道环线或其他感应设备进行地面对车载设备的信息传输，其主要功能是实现列车超速防护。

(2)连续式列控系统

鉴于点式列控系统的主要缺点是信息传递的不连续性，有时会对列车的精确定位或高效运行造成影响，西方工业国家的铁路信号公司相继研制开发了采用连续交叉轨道交叉环线、音频轨道电路、GSM-R、漏泄交叉环线、无线或波导管等方式作为信息传输通道的连续式列控系统，实现了连续信息传递。

(3)点连式列控系统

我国的列控系统采用点连式列车运行控制系统，点式应答器作为线路数据的输入，连续轨道电路信息作为列车前方轨道空闲数量的传输媒介。这种方式有效利用了轨道线路和点式设备，典型的应用就是目前 CTCS-2 级的控制方式，如图 9-2 所示。

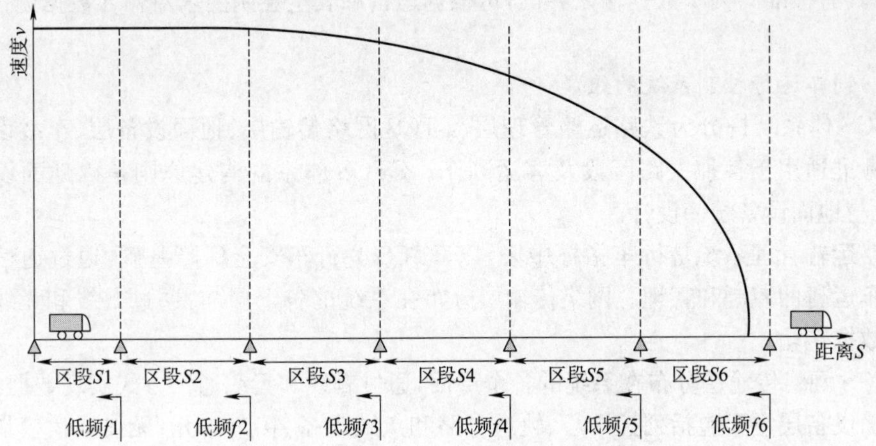

图 9-2 点连式列控系统的控制原理

在点连式列控系统中，轨道电路作为连续信息传输的通道，分别采用低频信息代表列车运行前方闭塞区段的空闲数目，在每个区段或间隔几个区段设置的应答器向列车传送线路参数信息，车载 ATP 设备将接收到的点式应答器数据与轨道电路接收的连续信息进行综合计算，则计算出列车目标点的目标距离和限制速度，实时比较列车的实际速度和限制速度，实现对列车的安全控制。

二、列车运行控制系统的功能和组成

(一)列车运行控制系统的功能

列车运行控制系统的基本功能是在不干扰机车乘务员正常驾驶的前提下有效地保证列车运行安全。功能包括以下几方面：

1. 安全防护

在任何情况下防止列车无行车许可运行。防止列车超速运行：包括防止列车超过进路允许速度；防止列车超过线路结构规定的速度；防止列车超过机车车辆构造速度；防止列车超过临时限速及紧急限速；防止列车超过铁路有关运行设备的限速。

防止列车溜逸。测速环节应保证一定范围内的车轮滑行和空转不影响 ATP 的功能并具有轮径修正能力。

2. 检测功能

(1)具有开机自检和动态检查功能。

(2)具有关键数据和关键动作的记录功能及监测接口。

3. 可靠性和安全性

按照信号故障导向安全原则进行系统设计，采用冗余结构，满足电磁兼容性相关标准。

4. 人机界面

(1)能够为机车乘务员提供必要的开关、按钮、显示和有关数据输入装置。

(2)能够以字符、数字及图形等方式显示列车运行速度、允许速度、目标速度和目标距离。

(3)能够实时给出列车超速、制动、允许缓解等表示以及设备故障状态的报警。

(4)具有标准的列车数据输入界面,可根据运营和安全控制要求对输入数据进行有效性检查。

(二)列车运行控制系统的组成

CTCS 体系结构分为铁路运输管理层、CTCS 网络传输层、地面设备层、车载设备层配置。此标准适用于各种铁路区段及客运列车。CTCS 体系的构建原则是以地面设备为基础,车载与地面设备统一设计。

铁路运输管理系统是行车指挥中心,以 CTCS 为行车安全保障基础,通过通信网络实现对列车运行的控制和管理。网络传输层分布在系统的各个层面,通过有线和无线通信方式实现数据传输。

CTCS 网络传输层分布在系统的各个层面,通过有线和无线通信方式实现数据传输。

地面设备层主要包括列控中心、轨道电路和点式设备、接口单元、无线通信模块等。地面设备根据行车命令、列车进路、列车运行状况和设备状态,通过安全逻辑运算,产生控车命令并传送给列控车载设备,实现对运行列车的控制。

车载设备层是对列车进行操纵和控制的主体,具有多种控制模式,并能够适应轨道电路、点式传输和无线传输方式。车载设备层主要包括车载安全计算机、连续信息接收模块、点式信息接收模块、无线通信模块、测速模块、人机界面和记录单元等。

第二节 CTCS 系统分级与组成

一、CTCS 系统分级

CTCS 根据功能要求和配置划分应用等级分为 0～4 级。

CTCS-0 级的控制模式是目标距离式,它在既有地面信号设备的基础上,采取大储存的方式把线路数据全部储存在车载设备中,靠逻辑推断地址调取所需的线路数据,结合列车性能计算给出目标距离式制动曲线。适用于列车最高运行速度为 160 km/h 及以下,一般自动闭塞设计仍按固定闭塞方式进行,采用四显示自动闭塞,信号显示具有分级速度控制的概念,其目标距离式制动曲线可作为参考。

CTCS-1 级由主体机车信号＋加强型运行监控装置组成,面向 160 km/h 及以下的区段,在既有设备基础上强化改造,达到机车信号主体化要求,增加点式设备,实现列车运行安全监控功能。利用轨道电路完成列车占用检测及完整性检查,连续向列车传送控制信息。控制模式为目标距离模式,采取大储存的方式把线路数据全部储存在车载设备中,靠逻辑推断地址调取所需的线路数据,结合列车性能计算给出目标距离式制动曲线。

CTCS-2 级是基于轨道电路和点式信息设备传输信息的列车运行控制系统,面向提速干线和高速新线,适用于各种限速区段,地面可不设通过信号机。采取目标距离控制模式,目标距离控制模式根据目标距离、目标速度及列车本身的性能确定列车制动曲线,不设定每个闭塞分区速度等级,采用一次制动方式。CTCS-2 级采取闭塞方式称为准移动闭塞方式,其追踪运行间隔要比固定闭塞小一些。

CTCS-3 级是基于无线通信(GSM-R)的列车运行控制系统。轨道电路完成列车占用检测及完整性检查，点式信息设备提供列车用于测距修正的定位基准信息。无线通信系统实现地—车间连续、双向的信息传输，行车许可由地面列控中心产生，通过无线通信系统传送到车上。与2级一样采取目标距离控制模式和准移动闭塞方式。由于其实现了地—车间连续、双向的信息传输，所以功能更丰富些，实时性更强些。

CTCS-4级是完全基于无线通信（GSM-R）的列车运行控制系统。由地面无线闭塞中心（RBC）和车载设备完成列车占用检测及完整性检查，点式信息设备提供列车用于测距修正的定位基准信息。采取目标距离控制模式，列车按移动闭塞或虚拟闭塞方式运行。虚拟闭塞是准移动闭塞的一种特殊方式，它不设轨道占用检查设备，采取无线定位方式来实现列车定位和占用轨道的检查功能，闭塞分区是以计算机技术虚拟设定的。其追踪运行间隔要比准移动闭塞更小一些。

CTCS列控系统等级比较见表9-1。

表9-1　CTCS列控系统等级比较

CTCS等级	CTCS-0级	CTCS-1级	CTCS-2级	CTCS-3级	CTCS-4级
控制模式	目标距离	目标距离	目标距离	目标距离	目标距离
制动方式	一次连续	一次连续	一次连续	一次连续	一次连续
闭塞方式	固定闭塞或准移动闭塞	准移动闭塞	准移动闭塞	准移动闭塞	移动闭塞或虚拟闭塞
地面设备组成	轨道电路	轨道电路、应答器及LEU	车站列控中心、轨道电路、应答器及LEU	车站列控中心、GSM-R地面设备、轨道电路、应答器及LEU、无线闭塞中心	车站列控中心、GSM-R地面设备、无线闭塞中心
车载设备组成	通用机车信号、运行监控记录装置	主体机车信号、应答器信息接收模块、加强型运行监控记录装置	ATP（含机车信号、应答器信息接收功能）、LKJ	GSM-R接收模块、ATP	GSM-R接收模块、ATP
地对车信息传输	多信息轨道电路	多信息轨道电路+应答器	多信息轨道电路+应答器；或数字轨道电路	无线通信双向信息传输	无线通信双向信息传输
轨道占用检查	轨道电路	轨道电路	轨道电路	轨道电路	无线定位、应答器校正
列车运行间隔	大于L	设为对照值L	L	L	小于L
线路数据来源	储存于车载数据库	储存于车载数据库	应答器提供	无线通信提供	无线通信提供

分析CTCS的应用等级划分，发现有以下两个特点：

1. 各应用等级均采用目标距离控制模式，采取连续一次制动方式。这是由于我国的列控系统的应用起步晚，起点高，因此一步就瞄准了比较先进的控制模式。在我国阶梯式和曲线式分级速度控制都用过，取得了经验，好在并未形成规模，CTCS推荐采用目标距离控制模式是适宜的，符合国际列控系统的发展趋势。由于列控系统的控制模式是其主要特征和性能之一,控制模式决定了闭塞方式和列车运行间隔,从而决定了运输能力,所以说除移动闭塞外,各应用等级的主要功能几乎是一样的。

2. 各应用等级是根据设备配置来划分的,其主要差别在于地对车信息传输的方式和线路数据的来源。

二、高速铁路列控系统构成

为了保证列车安全运行,并以分级形式满足不同线路运输需求,我国高速铁路列控系统根据不同线路速度等级,采用 CTCS-2 级和 CTCS-3 级列控系统(京津城际采用 CTCS-3D 列控系统)。

(一)CTCS-2 级列控系统的构成及工作原理

CTCS-2 级列控系统由轨道电路实现列车占用检测及完整性检查并连续向列车传输控制信息。包括行车许可、空闲闭塞分区数量和道岔限速等。由应答器传输点式信息,包括线路长度、线路坡度、线路固定限速、列车定位、列车进路、临时限速信息等。CTCS-2 级采用连续速度--距离模式曲线控制。

车站列控中心与 CTC 或 TDC 站机连接获取临时限速命令,与车站联锁连接获取列车进路信息。按照行车计划选择合适时机将临时限速信息和进路信息发送到 IEU 和有源应答器,向列车发送。

列车运行过程中车载 ATP 设备不断检测列车运行速度,接收轨道电路低频信息,根据空闲闭塞分区数量确定目标距离,结合地面提供的列控动态信息(包括运行许可、进路信息等)、线路静态信息、临时限速信息及有关动车组数据,计算生成速度—距离模式曲线,通过 DMI 显示列车运行速度、允许速度、目标速度和目标距离等,控制列车运行。

调度中心通过 CTC 或 TDCS 网络向车站列控中心发送临时限速命令,车站列控中心接收到临时限速命令后返回确认。当网络中断后,调度中心应授权在 CTC 或 TDCS 站机上完成临时限速命令设置操作。CTC 或 TDCS 既有功能不变。

CTCS-2 列控系统有两个子系统,即车载子系统和地面子系统如图 9-3 所示。

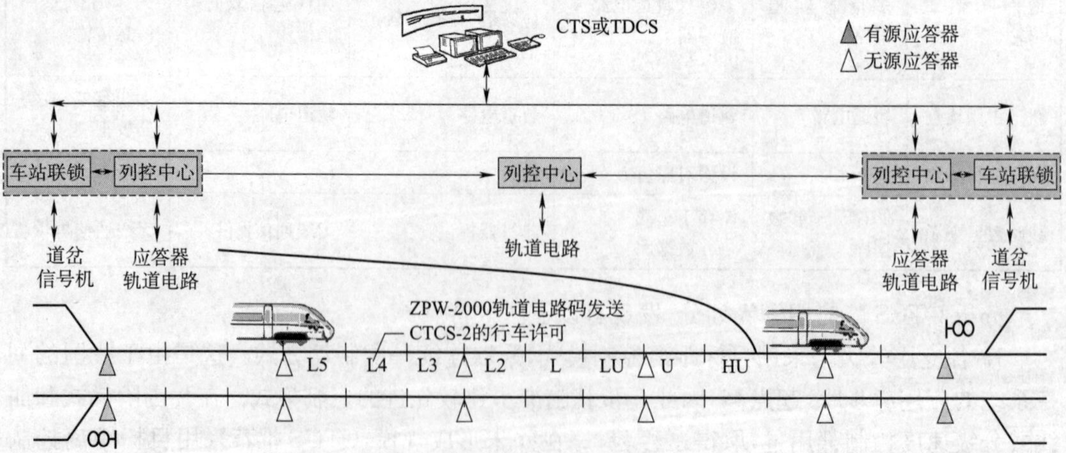

图 9-3 CTCS-2 列控系统结构

1. 地面设备

地面设备由 ZPW-2000(UM)系列轨道电路、车站电码化、应答器和车站列控中心(包括地面电子单元 LEU)等设备组成。车站列控中心具备与车站联锁系统、TDCS/CTC、微机监测等系统的接口。

2. 车载设备

车载设备由车载安全计算机(VC)、轨道电路信息接收单元(STM)、应答器信息接收单元(BTM)、制动接口单元(TIU)、记录单元(DRU)、人机界面(DMI)、速度传感器、轨道电路信息接收天线、应答器信息接收天线等部件组成,如图 9-4 所示。

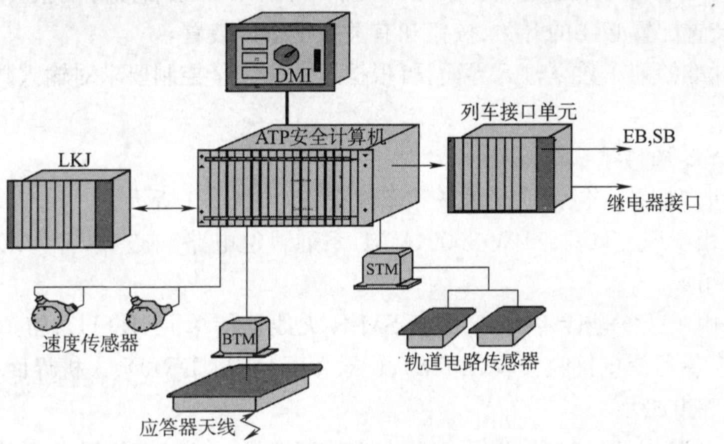

图 9-4　CTCS-2 车载设备系统结构

(1)车载安全计算机是 ATP 的核心。VC 基于两个处理器的实时比较达到 SⅡ 4 级,为了提高系统可用性采用了三个处理器。该原则基于两个不同应用处理器同时执行应用软件,并采用故障安全检测器对这些处理器的输出进行比较。如果输出相同,检测器给出相关输出。若存在任何差异,检测器将输出设置为限制状态。

(2)轨道电路信息接收单元用于接收 ZPW-2000A 系列轨道电路及 4 信息、8 信息、18 信息等传统移频轨道电路的信息,并及时将地面轨道电路信息传输给 VC 和 LKJ 监控装置。

(3)应答器信息接收单元通过 BTM 天线,接收、解调地面应答器的报文信息,并在校核后将正确的信息传输给 VC。应答器具有提供精确定位功能。

(4)各不同型号的动车组与各不同型号的 ATP 车载设备均采用统一的制动接口单元。

(5)ATP 车载设备配备了记录单元(内部记录器),主要用于设备状态和故障信息以及各种事件(包括司机对 ATP 设备的操作、轨道电路信息、ATP 与机车的信息交换等)的记录。维修人员可通过专用电脑或 IC 卡等进行数据下载。

(6)人机界面是配置了扬声器和各种按键的 10 英寸 LED 液晶显示器,安装在驾驶台上,作用是通过按键、声音、文字和图像实现司机与 ATP 车上装置的信息交互。

(7)ATP 车载设备的测速系统要求配置两套速度传感器。速度传感器需安装于不同的轴端，可以为车载设备提供速度通道，供 VC 了解列车速度和辅助确定列车距离位置。

(8)轨道电路信息接收天线利用电磁感应接收流经钢轨的信号电流，传送到设置在 ATP 主机柜的 STM，STM 对该信号进行选择和解调。

(9)应答器信息接收天线接收地面应答器所发出的高频无线电信号，并通过专用的电缆将该信号传递给设置在 ATP 的 BTM。

3. 人机界面

人机界面是为动车组司机提供的信息显示、数据输入及操作装置。

(1)能够以字符、数字及图形等方式显示列车运行速度、允许速度、目标速度和目标距离。

(2)能够实时给出列车超速、制动、允许缓解等表示以及设备故障的报警。

(3)输入装置配置必要的开关、按钮和有关数据输入装置。

(4)具有标准的列车数据输入界面，可根据运营和安全控制要求对输入数据有效性进行检查。

(二)CTCS-3 级列控系统概述

CTCS-3 级列控系统包括地面设备和车载设备，如图 9-5 所示。

地面设备由 RBC、TCC、ZPW-2000(UM)系列轨道电路、应答器(含 LEU)、GSM-R 通信接口设备等组成。

车载设备由车载安全计算机(VC)、GSM-R 无线通信单元(RTU)、轨道电路信息接收单元(TCR)、应答器信息接收模块(BTM)、记录单元(JRU/DRU)、人机界面(DMI)、列车接口单元(TIU)等组成。

RBC 根据轨道电路、联锁进路等信息生成行车许可，并通过 GSM-R 无线通信系统将行车许可、线路参数、临时限速传输给 CTCS-3 级车载设备；同时通过 GSM-R 无线通信系统接收车载设备发送的位置和列车数据等信息。

TCC 接收轨道电路的信息，并通过联锁系统传送给 RBC；同时，TCC 具有轨道电路编码、应答器报文储存和调用、站间安全信息传输、临时限速功能，满足后备系统需要。

应答器向车载设备传输定位和等级转换等信息；同时，向车载设备传送线路参数和临时限速等信息，满足后备系统需要。应答器传输的信息与无线传输的信息的相关内容含义保持一致。

车载安全计算机根据地面设备提供的行车许可、线路参数、临时限速等信息和动车组参数，按照目标距离连续速度控制模式生成动态速度曲线，监控列车安全运行。

1. CTCS-3 级列控系统的基本功能：

(1)CTCS-3 级列控系统向司机提供安全驾驶列车的必要信息。

(2)CTCS-3 级列控系统能监控列车及调车运行。

(3)受 RBC 控制的列车，只有得到 RBC 的授权才能在该 RBC 控制区域内运行。

(4)CTCS-3 级列控系统满足运营速度 350 km/h 及以上、最小追踪间隔 3 min 的要求。

(5)CTCS-3 级列控系统满足跨线运行的要求。

(6)CTCS-3 级列控系统应具有轨道占用检查功能。

(7)CTCS-3 级列控系统采用固定自动闭塞，以目标距离连续速度控制模式监控列车运行。

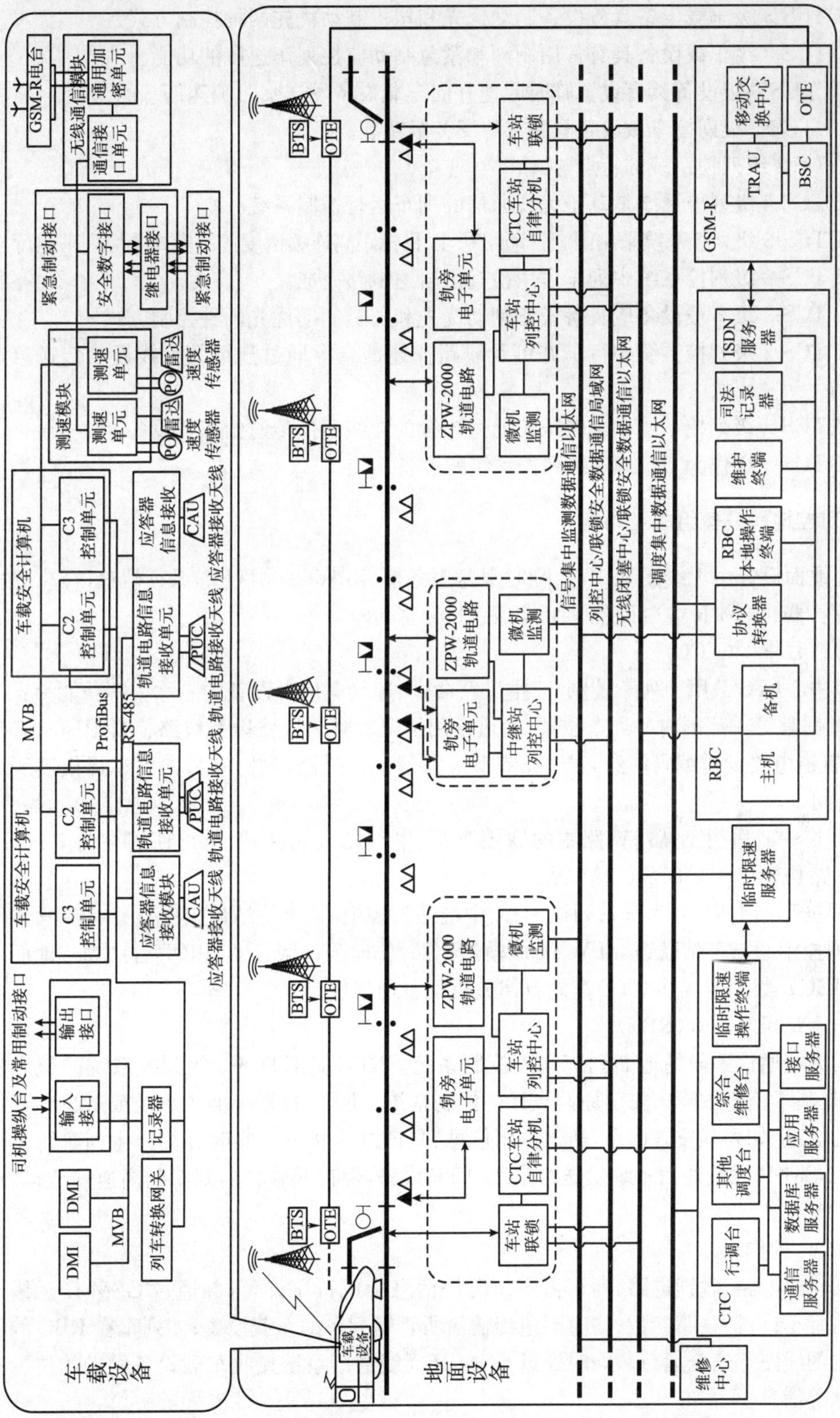

停车标志牌　△ 无源应答器　▲ 有源应答器

图 9-5　CTCS-3级列控系统总体结构示意图

BSC—基站控制器；　BTS—基站；　DMI—人机界面；
OTE—光传输设备；　RBC—无线闭塞中心；　TRAU—码型转换和速率适配单元

(8)CTCS-3 级车载设备具备设备制动优先和司机制动优先两种控制方式。

(9)CTCS-3 级车载设备具有常用制动和紧急制动监控列车速度的功能。

(10)CTCS-3 级设备具有设置临时限速并向车载设备发送临时限速信息的功能。

(11)CTCS-3 级列控车载设备具备 CTCS-2 级功能。

2. CTCS-3 级列控系统的特点：

(1)CTCS-3 级列控系统是基于无线通信的列车运行控制系统。

(2)CTCS-3 级列控系统采用固定自动闭塞，以目标距离连续速度控制模式监控列车运行。

(3)CTCS-3 级列控系统中列车占用检查由轨道电路完成。

(4)CTCS-3 级车载设备应具备设备制动优先和司机制动优先两种控制方式。

(5)CTCS-3 级列控系统中行车许可及线路描述信息等通过连续的无线通信传送给车载设备。

(6)CTCS-3 级列控系统中临时限速通过连续的无线通信传送给车载设备。

(7)CTCS-2 级作为 CTCS-3 级列控系统的后备系统。

三、列控地面设备组成及功能

列控地面设备由无线闭塞中心、临时限速服务器、ZPW-2000(UM)系列轨道电路、列控中心和应答器、GSM-R 接口设备等组成，如图 9-6 所示。

(一)列控中心(TCC)

列控中心(TCC)用于列车控制、产生进路命令、速度等信息设备的总称。其功能为：

1. 根据其管辖范围内务列车位置(轨道占用情况)、联锁进路以及线路临时限速状态等信息，对轨道电路发送编码信息，对车站有源应答器发送进路参数信息，向列车提供其所需的行车许可。

2. 列控中心适用于高速铁路中的联锁车站、中继站或无岔站，也可使用在与 CTCS-2 级高速铁路相衔接的 CTCS-0 级车站。

3. 根据车站类型，分为车站列控中心、中继站列控中心、无岔站列控中心。

4. 列控中心与车站联锁、ZPW-2000 轨道电路、临时限速服务器、相邻列控中心、地面电子单元(IEU)、集中监测和 CTC 车站自律分机配置通信接口。

(二)无线闭塞中心(RBC)

使用无线通信手段的地面列车间隔控制系统。RBC 是 CTCS-3 级列控系统的核心地面设备，是基于信号故障—安全原则设计的控制系统。RBC 根据地面子系统或来自外部地面系统的信息，如列车位置信息、轨道占用信息、联锁进路状态等实时计算产生列车行车许可，通过 GSM-R 无线通信系统发送给车载 ATP 设备，保证其管辖内列车的高速安全运行。如图 9-7 所示。

1. RBC 的作用

根据轨道电路、联锁进路、列车占用情况等信息生成行车许可，并通过 GSM-R 无线通信系统将行车许可、线路参数、临时限速传输给所管辖列车的车载设备；使列车在 RBC 的管辖范围内的线路上安全运行。同时通过 GSM-R 无线通信系统接收车载设备发送的位置和列车数据等信息。

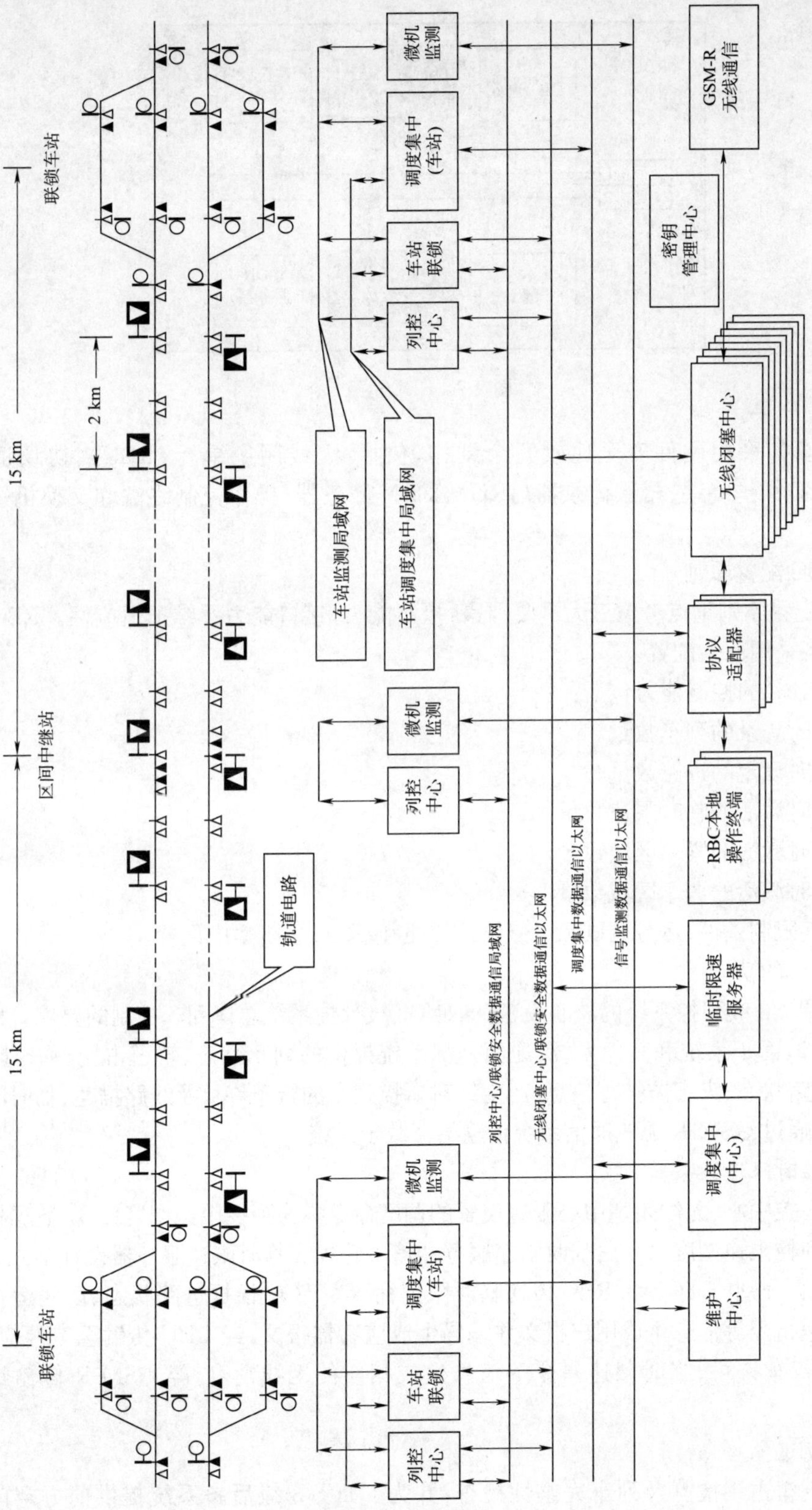

图 9-6　CTCS-3级地面设备结构示意

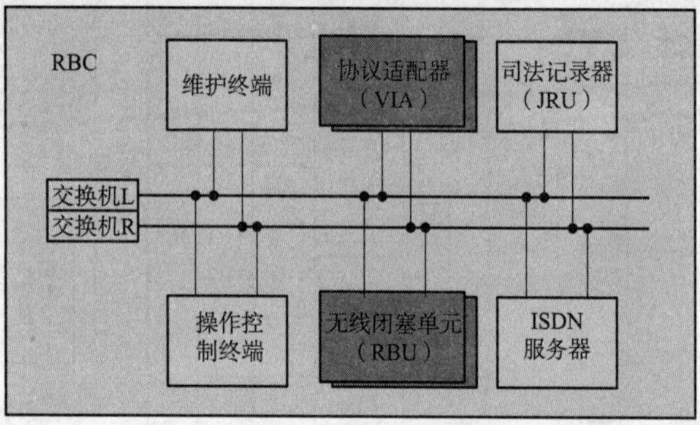

图 9-7　RBC 示意

RBC 设备采用硬件安全比较冗余结构，包括：无线闭塞单元（RBU）、协议适配器（VIA）、RBC 维护终端、司法记录器（JRU）、ISDN 服务器、操作控制终端和交换机等设备组成。

2. RBC 配置原则

RBC 配置原则重点考虑三大重要因素：控制能力，接口能力及维护适应性。RBC 及其他关键设备采用冗余配置。

每台 RBC 的控制能力包括：

(1)同时登录的列车数量。

(2)同时设定的进路数量。

(3)同时激活的临时限速数量。

(4)同时激活的紧急区域数量。

(5)同时激活的调车区域数量。

考虑其限制条件、运行调试和维修维护的便利，RBC 主机集中设置。

3. RBC 的功能

RBC 是 C3 级列控系统的核心设备，满足 C3 级列控系统总体列车控制的要求。根据车载子系统、地面子系统和其他系统、地面外部系统提供的列车状态、轨道占用、临时限速命令、联锁进路状态、灾害防护等信息，产生针对所控列车的行车许可及线路描述、临时限速等控制信息，通过 GSM-R 无线通信系统传输给车载子系统。

(三)临时限速服务器

用于列控中心、无线闭塞中心限速设置的调度命令称为列控限速调度命令（数据格式）。高速铁路列控限速调度命令由临时限速服务器信中管理。临时限速服务器设置于靠近调度中心的车站，分别向 TCC 和 RBC 传递临时限速命令。TCC 根据进路状态、区间运行方向及临时限速指令等信息生成用户报文并编码生成应答器报文，经 LEU 传输至有源应答器；RBC 根据行车许可、临时限速指令等信息生成相应的无线消息，经 GSM-R 传输给车载设备。

(四)轨道电路

实现列车占用检测及列车完整性检查，并为 CTCS-3 级后备系统提供前方空闲间隔信息。

1. 区间轨道电路

区间采用计算机编码控制的 ZPW-2000(UM)系列无绝缘轨道电路。轨道电路的正常码序为:L5-L4-L3-L2-L-LU-U-HU。

2. 站内轨道电路

复杂大站:正线及股道采用与区间同制式的、计算机编码控制的 ZPW-2000(UM)系列有绝缘轨道电路,其他区段采用 25Hz 轨道电路。

一般车站:全站采用与区间同制式的、计算机编码控制的 ZPW-2000(UM)系列有绝缘轨道电路。

(五)轨旁电子单元(LEU)

LEU 与列控中心连接,周期地接收列控中心发送的实时变化信息,生成应答器所要传输报文并连续向有源应答器发送报文的电子设备。

(六)应 答 器

由地面向车载设备传送消息,它能提供固定消息或当与轨旁电子单元(LEU)连接时能提供可变消息。应答器可按组使用,每个应答器传送一个报文,所有报文的组合构成应答器组的消息。

向车载设备传输定位和等级转换等信息;同时向车载设备传送线路参数和临时限速等信息,满足后备系统需要。应答器传输的信息与无线传输的信息的相关内容含义保持一致。

四、列控车载设备组成及功能

(一)CTCS-300T 型列控车载设备系统构成

CRH380B(L)动车组安装 CTCS-300T 型列控车载设备。CTCS-300T 型车载设备硬件采用分布式结构设计,各模块功能相对独立,通过总线(MVB 总线、Profibus 总线)连接起来组成完整的车载系统。这种分布式结构可以将模块分散放置,充分利用动车车头内有限的空间,安装方式更加灵活。每个模块都单独封装在金属盒内,可以提高电磁屏蔽性能,降低各模块之间工作时的电磁干扰。

车载设备系统如图 9-8 所示。

(二)设备组件

1. VCU 计算控制单元

VCU 单元是用于执行安全软件的实时平台。软件应被下载到 VCU 单元中,且设置 SDA 地址,如图 9-9 所示。

ATPCU 是 CTCS-3 核心计算控制单元,当工作在 CTCS-3 等级时,它接收 RBC 传送的线路描述及行车许可并结合地面应答器确定的列车位置计算模式控制曲线(含静态 MRSP 曲线及动态 MA 曲线),根据模式曲线监控列车的实际速度和位置,在列车超速时进行相关干预。当工作在 CTCS-2 等级时,它负责向 C2CU 提供访问列车接口、制动接口、测距单元及 DMI 资源的通道,并监管 C2CU 的工作状态。

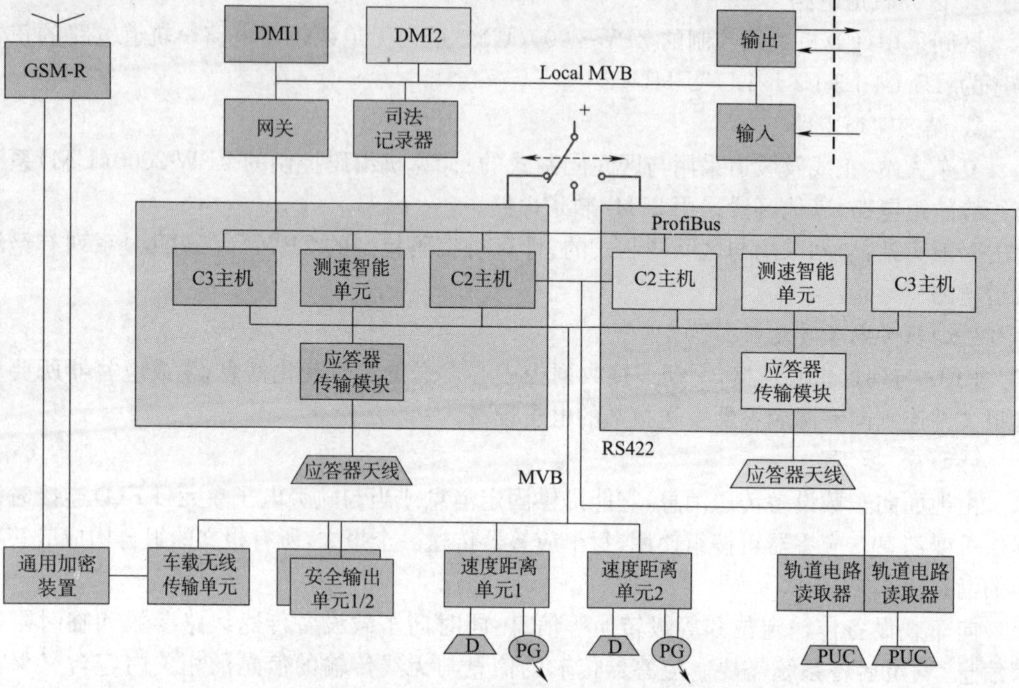

图 9-8　300T 车载设备系统

图 9-9　VCU 组成

SDP 软件负责速度和距离数据的处理，以及车载系统单元和设备通信的平台主控器处理。

TSG 列车总线转换网关，用于连接车载设备 Profibus 总线和车辆 MVB 总线，主要是用于 DMI 数据与 ATPCU 和 C2CU 之间数据交互。

C2CU 是 CTCS-2 主机控制核心单元，接收 BTM 传来的数据，结合 TCR 传来的数据和当前列车速度计算速度曲线，监控列车运行。C2CU 软件为 CTCS-2 单元，负责 CTCS-2 等级自动列车防护功能，在 CTCS-2 等级运行过程中监督静态速度、动态速度和目标限制，并在超出限制时发出制动命令。

ATPCU、SDP、TSG、C2CU 模块外观相同，通过内部不同的软件来实现相应的功能，如图 9-10 所示。

2. SDU 测速测距单元

测速测距单元(SDU)包括 SDU1 和 SDU2，它们属于热备关系，各连接一个轮轴速度传感器和一个多普勒雷达并为其提供电源。列车运行时，SDU 接收速度传感器和雷达采集的脉冲信号，并将脉冲信号转换成数字数据通过 MVB 总线发送给 SDP 进行运算处理，如图 9-11 所示。

图 9-10　ATPCU、SDP、TSG、C2CU 模块

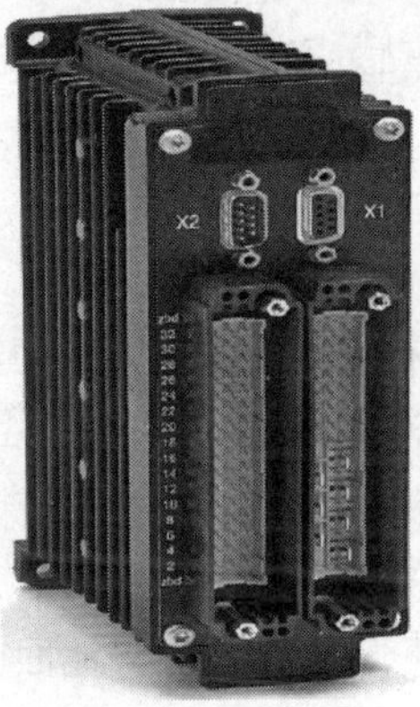

图 9-11　SDU 测速测距单元

3. STU-V 安全无线传输系统单元

STU-V 是安全无线传输系统，STU-V 负责对车载设备与地面之间传送的无线数据进行加密和安全传输，由一个 COMC 和一个 GCD 组成，其中 COMC 负责数据的安全传输，GCD 负责数据的加密/解密，如图 9-12 所示。

图 9-12　STU-V 安全无线传输系统单元

4. VDX安全数字输入输出单元

VDX单元是安全数字输入输出单元(VDX),为故障—安全单元,包括VDX1和VDX2,用于输出紧急制动并采集制动反馈。VDX1和VDX2采用互为采集的方式进行工作,即VDX1的输出由VDX2回采,VDX2的输出由VDX1回采,只有输出和回采都正确,才判断VDX工作正常,在判断VDX异常时,系统无条件输出紧急制动,如图9-13所示。

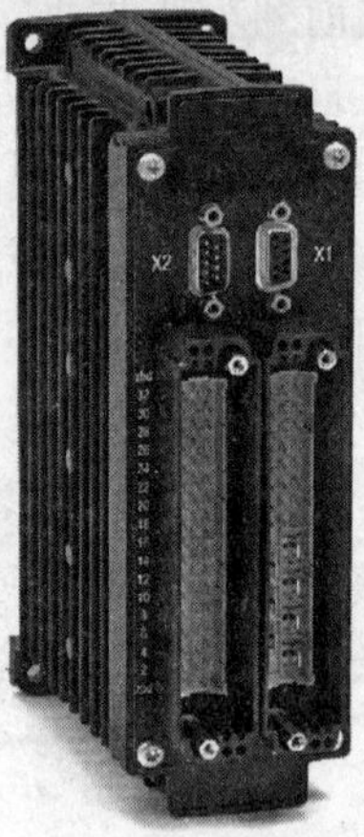

图9-13　VDX安全数字输入输出单元

5. BTM应答器传输模块单元

BTM单元即应答器传输模块,是应答器传输处理器,主要功能是通过应答器天线(CAU)实现对应答器信息的接收,并将接收到的1023位应答器报文进行校验解码,转换为830位的有效消息后发送给CTCS-3主机单元(ATPCU)及CTCS-2主机单元(C2CU)。

工作方式电磁感应式信号调制方式FSK接收频率载波频率4.234 MHz±200 kHz。

移频282.24 kHz速率564.48 kbit/s,功率载频27.095 MHz ±5kHz。

BTM软件应被下载到单元中,并设置SDA地址。BTM软件负责系统运行过程中的应答器检测和应答器数据处理功能。

6. GSM-R电台

GSM-R电台是无线传输模块,处理无线通信。车载电台的主要功能是注册GSM-R网络并通过该网络使得车载设备与地面RBC之间建立通信会晤,以实现车载设备与RBC之间的数据交互。车载电台包括两个移动终端(MT),两个MT在上电后均注册到GSM-R网络且在运行中一般只有一个MT与RBC建立连接,只有在进行RBC移交时,处于空闲工作状态下的另一个MT呼叫并与下一个RBC(接收RBC)建立连接,当列车(最小安全末端)越过RBC切换边界后,原来工作的那个MT与它连接的RBC(移交RBC)断开连接,此后处于空闲工作状态以备进行下一次RBC移交处理,如图9-14所示。

图9-14　GSM-R电台主机

7. DMI人机界面

DMI即ATP显示器。DMI主要用于向司机显示车载设备的控制信息及警示信息并为司机操作提供人机接口。控制信息及警示信息包括:速度信息、距离信息、工作状态信息、线路条件信息、司机干预提示信息及设备故障报警信息。司机操作包括:列车数据输入或确认、等级或模式选择、上下行载频选择、信息或警惕确认及缓解制动。

DMI 软件负责监督司机在 DMI 触摸屏上的操作。

8. JRU 司法记录单元

JRU 单元即司法记录单元,用于记录 CTCS-3 和 CTCS-2 列车运行中,车载设备采集的原始信息和车载设备输出的控制信息。

JRU 主要用于记录车载设备运行过程中的司法数据,以便进行故障分析及事故责任界定。记录数据包括:车载设备采集的列车接口信息、制动反馈信息、司机对 ATP 的操作信息、接收到的 RBC 消息、收到的地面应答器数据、轨道电路信息,向外输出的切牵引、制动、过分相、DMI 警示信息以及车载设备的工作状态、日期时间等。车载 JRU 记录数据可以进行下载分析,如图 9-15 所示。

图 9-15　JRU 司法记录单元

9. MOBAD 单元

MOBAD 单元是状态电池地址单元,它为锂电池,其可以安装于 VCU 单元上以保持在单元的闪存中存储的数据,MOBAD 安装在每个 VCU 单元的终端 X5。

10. 速度传感器

速度传感器是安装于车轴上的转速脉冲传感器,如图 9-16 所示。

图 9-16　速度传感器

11. 多普勒雷达

多普勒雷达即测速雷达,当目标向雷达天线靠近时,反射信号频率将高于发射频率;反之，当目标远离天线而去时，反射信号频率将低于发射频率。如此即可借由频率的改变数值，计算出目标与雷达的相对速度。测速雷达校正轮轴速度传感器的测速（如发生空转、滑行时），以提高测速测距系统的精度，如图 9-17 所示。

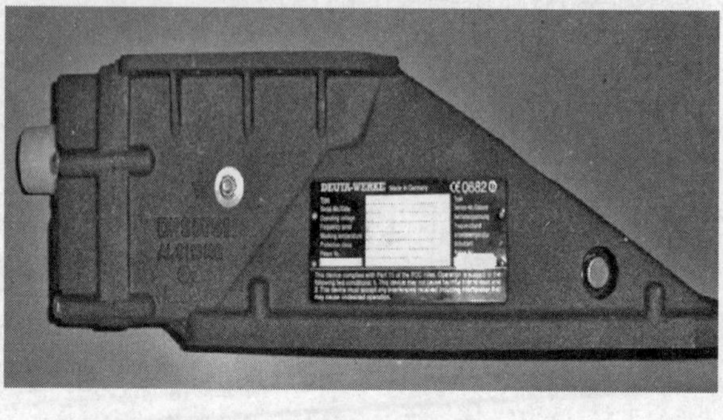

图 9-17　多普勒雷达

12. GSM-R 天线

GSM-R 天线为无线接收和发送天线。工作频率 870～960 MHz，如图 9-18 所示。

图 9-18　GSM-R 天线

13. 轨道电路读取器(TCR)

轨道电路读取器(TCR)是接收到的轨道电路并进行信息解调的单元，用于接收轨道电路信息，并将该信息通过 RS422 接口传送给主机 C2CU，如图 9-19 所示。

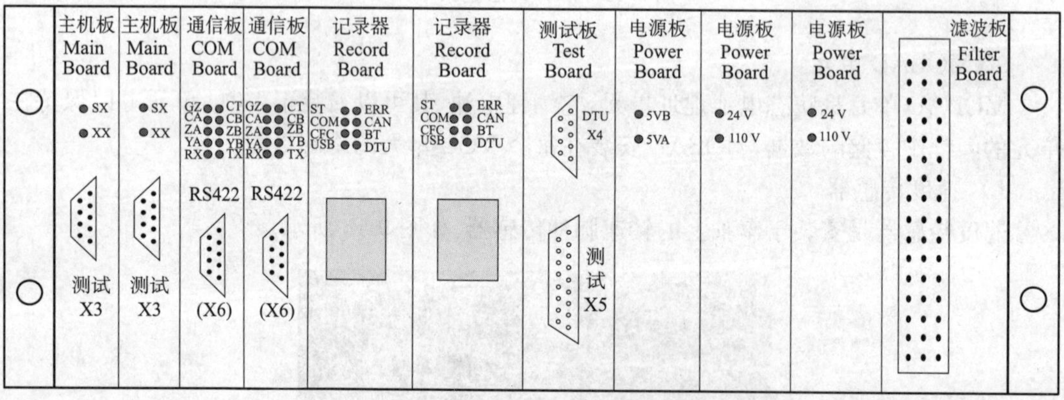

图 9-19　轨道电路读取器

14. TCR 接收线圈

TCR 接收线圈是轨道电路读取器的接收天线，用于感应轨道电路信息。静态条件下，TCR 接收线圈底部与轨面距离为(210±10)mm，线圈中心与轨面中心偏移小于 5 mm，如图 9-20 所示。

15. AG 继电器

AG 继电器用于紧急制动命令 1、紧急制动命令 2、冗余制动、紧急制动反馈、牵引切除

图 9-20　TCR 接收线圈

和常用制动反馈。

16. SBG 继电器

SBG 继电器是双极继电器，用于系统切除冗余制动和紧急制动的输出。

17. MVB 电缆

MVB 电缆是车载系统单元间的接口电缆。

18. 空气开关

空气开关是车载系统单元和设备的车辆电源开关。

19. 隔离开关

隔离开关是隔离列控车载设备制动输出和控制输出的开关。隔离开关用于将 ATP 的制动输出旁路掉，它有两个挡位，“正常”（或 1）位选择 ATP 控车，“隔离”（或 2）位旁路 ATP 的制动输出。隔离开关处于“隔离”（或 2）位时，ATP 输出的制动被旁路，这时可以移动列车。

20. 冗余开关

冗余开关是 CTCS3-300T 型列控车载设备选择采用 A 系或者 B 系的开关。它有 3 个挡位，“1”位用于选择 A 系工作，“2”位用于选择 B 系工作，“0”位用于将两系都断电。冗余开关处于“0”位时，ATP 无条件输出制动，这时不能移动列车。

第三节　车载 ATP 工作模式

一、CTCS-2 级列控车载设备的工作模式

CTCS-2 级列控车载设备的控车模式有完全监控、部分监控、引导、目视行车、调车、隔离和待机等七种模式，CTCS-2 级列控车载设备模式之间的转换见表 9-2。

1. 完全监控模式是列车的正常运行模式。列控车载设备根据控车数据自动生成目标距离模式曲线，司机依据人机界面显示的列车运行速度、允许速度、目标速度和目标距离等信息控制列车运行。

2. 部分监控模式是列控车载设备接收到轨道电路允许行车信息，而缺少应答器提供的线路数据或限速数据时使用的模式。在部分监控模式下，限速值为 45 km/h。

3. 引导模式是在进站或出站建立引导进路后，列控车载设备按照最高限速 40 km/h 控车的模式。

4. 目视行车模式是司机控车的固定限速模式，限速值为 40 km/h。列控车载设备显示

停车信号停车后，司机按规定操作转入目视行车模式。

5. 调车模式是动车组进行调车作业的固定限速模式，限速值为 40 km/h。司机按压专用按钮使列控车载设备转入调车模式。只有在列车停车时，司机才可以选择进入或退出调车模式。

6. 隔离模式是列控车载设备控制功能停用的模式。列车停车后，根据规定，司机操作隔离装置使列控车载设备转入隔离模式。

7. 待机模式是列控车载设备上电后的默认模式。列控车载设备自检后，自动处于待机模式。在待机模式下，列控车载设备正常接收轨道电路及应答器信息。

表 9-2　CTCS-2 级列控车载设备七种模式之间的转换

当前模式＼转换模式	待机模式	部分监控模式	完全监控模式	引导模式	目视行车模式	调车模式	隔离模式
待机模式	—	人工/停车	—	—	人工/停车	人工/停车	人工/停车
部分监控模式	人工/停车	—	自动	自动	人工/停车	人工/停车	人工/停车
完全监控模式	人工/停车	自动	—	人工	人工/停车	人工/停车	人工/停车
引导模式	人工/停车	自动	自动	—	人工/停车	人工/停车	人工/停车
目视行车模式	人工/停车	自动	自动	自动	—	人工/停车	人工/停车
调车模式	人工/停车	—	—	—	—	—	人工/停车
隔离模式	人工/停车	—	—	—	—	—	—

二、CTCS-3 级列控车载设备工作模式

CTCS-3 级列控车载设备有九种控车模式（含 CTCS-2 等级下专用两种），模式转换表见表 9-3、表 9-4：

1. 完全监控模式是列车的正常运行模式。列控车载设备根据控车数据自动生成目标距离模式曲线，司机依据人机界面显示的列车运行速度、允许速度、目标速度和目标距离等信息控制列车运行。

2. 引导模式是在进站或出站建立引导进路后，列控车载设备按照最高限速 40 km/h 控车的模式。

3. 目视行车模式是司机控车的固定限速模式，限速值为 40 km/h。列控车载设备显示停车信号或位置不确定时，在停车状态下司机按规定操作转入目视行车模式。

4. 调车模式是动车组进行调车作业的固定限速模式，限速值为 40 km/h。司机按压专用按钮使列控车载设备转入调车模式。只有在列车停车时，司机才可以选择进入或退出调车模式。CTCS-3 级控车时，只能在车站内转入调车模式。

5. 休眠模式是非本务端车载设备不监控列车运行，但仍执行列车定位、记录等级转换等功能的模式。

6. 隔离模式是列控车载设备控制功能停用的模式。列车停车后，根据规定，司机操作隔离装置使列控车载设备转入隔离模式。

7. 待机模式是列控车载设备上电后的默认模式。列控车载设备自检和外部设备测试后，自动处于待机模式。在待机模式下，列控车载设备正常接收轨道电路及应答器信息。

8. CTCS-3 级列控车载设备按 CTCS-2 级控车时的部分监控模式，是列控车载设备接收到轨道电路允许行车信息，而缺少应答器提供的线路数据或限速数据时使用的模式。在部分监控模式下，限速值为 45 km/h。

9. 机车信号模式是装备 CTCS-3 级列控车载设备的动车组在 CTCS-0/1 级区段运行时使用的模式。经司机操作后，列控车载设备转为最高限速 80 km/h 控车模式。在机车信号模式下，按地面信号显示运行。

表 9-3 CTCS-3 级列控车载设备按 CTCS-3 级控车时七种模式之间的转换

当前模式＼转换模式	待机模式	完全监控模式	引导模式	目视行车模式	调车模式	休眠模式	隔离模式
待机模式	—	—	人工/停车	人工/停车	人工/停车	人工/停车	人工/停车
完全监控模式	人工/停车	—	人工	人工/停车	人工/停车	—	人工/停车
引导模式	人工/停车	自动	—	人工/停车	人工/停车	—	人工/停车
目视行车模式	人工/停车	自动	人工	—	人工/停车	—	人工/停车
调车模式	人工/停车	—	—	—	—	—	人工/停车
休眠模式	人工/停车	—	—	—	—	—	人工/停车
隔离模式	人工/停车	—	—	—	—	—	—

表 9-4 CTCS-3 级列控车载设备按 CTCS-2 级控车时九种模式之间的转换

当前模式＼转换模式	待机模式	部分监控模式	完全监控模式	引导模式	目视行车模式	调车模式	休眠模式	隔离模式	机车信号模式
待机模式	—	人工/停车	—	—	人工/停车	人工/停车	人工/停车	人工/停车	人工/停车
部分监控模式	人工/停车	—	自动	自动	人工/停车	人工/停车	—	人工/停车	人工/停车
完全监控模式	人工/停车	自动	—	人工	人工/停车	人工/停车	—	人工/停车	人工/停车
引导模式	人工/停车	自动	自动	—	人工/停车	人工/停车	—	人工/停车	人工/停车
目视行车模式	人工/停车	自动	自动	自动	—	人工/停车	—	人工/停车	人工/停车
调车模式	人工/停车	—	—	—	—	—	—	人工/停车	—
休眠模式	人工/停车	—	—	—	—	—	—	人工/停车	—
隔离模式	人工/停车	—	—	—	—	—	—	—	—
机车信号模式	人工/停车	—	—	—	—	—	—	人工/停车	—

第四节 列控车载设备 DMI 显示与运行操作

一、显示区域分布

DMI 显示屏的显示分辨率为 640×480。主界面分为六个主显示区，如图 9-21 所示。

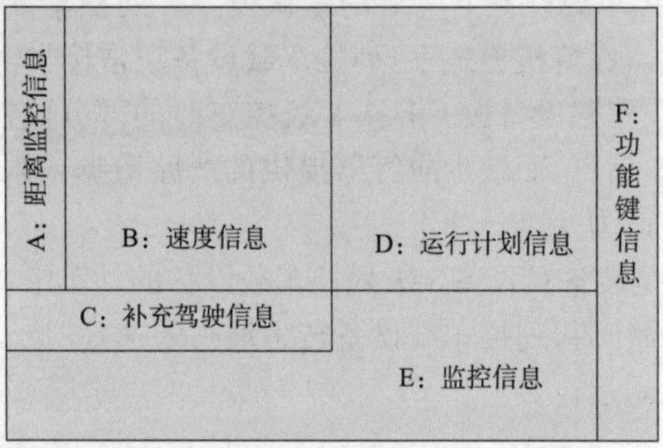

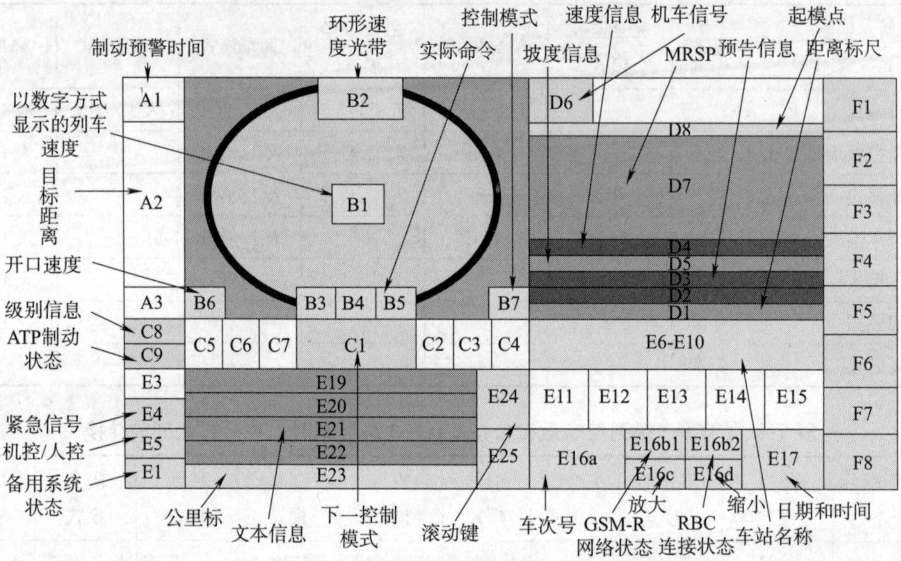

图 9-21　DMI 显示区域分区

1. A 区：距离监控信息

(1)A1 区，制动预警时间(FS 模式下显示)

制动预警时间在 A1 区中心以正方形图标显示。正方形图标的大小取决于距触发制动的预期时间。一旦距触发制动的预期时间低于设定时间值(8 s)，方块图标开始变大直至最大尺寸(54×54)。

(2)A2 区，目标距离(FS 模式下显示)

使用两种方法表示目标距离：柱状光带表示法和数字表示法。柱状光带颜色总为白色，光带正上方为数字表示区。柱状光带的左侧为坐标系刻度，该坐标系采用对数坐标。

0-100 m 采用线性坐标，最大显示范围是 1000 m。当目标距离大于 1000 m 时，光带上方用数字显示实际目标距离，柱状光带的高度保持不变，数字显示的精度为 10 m；当目标距离小于 1000 m 时，柱状光带逐渐缩短，数字显示的精度为 1 m。

2. B 区：速度信息

(1)B1 区与 B2 区速度表盘

列车速度采用双备份显示。一种方式是速度表，表盘的刻度为 0～450 km/h；另一种方式是数字，在速度表的中间区显示列车速度值。

B1 区与 B2 区是速度显示的主要区域，其图形方式主要表现为速度指针与环形速度光带，数字方式则显示在速度指针中心(B1 区)；环形速度表的具体表示方式如图 9-22 所示，其中 A 表示目标速度，B 表示允许速度，C 表示 SBI(最大常用制动速度)或 EBI(紧急制度速度)速度。

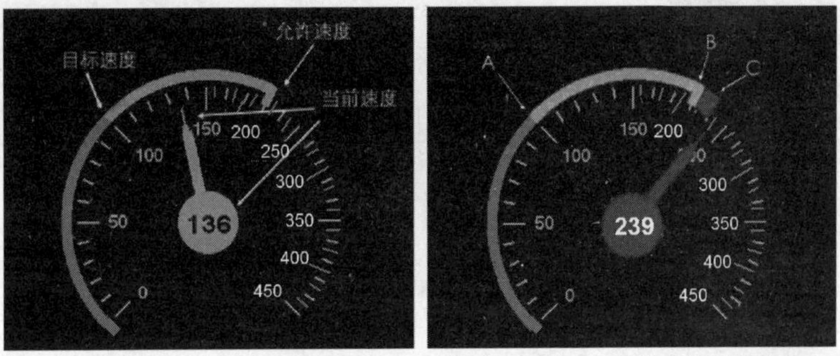

图 9-22　环形速度表示意图

当列控车载设备处于部分监控模式、目视行车模式、调车模式和机车信号模式时，显示允许速度，允许速度显示在 B2 区，以灰色短线显示(图 9-23)。当速度超过该允许速度后，显示常用制动速度或紧急制动速度。

当处于 C3 控车下的引导模式时，显示方式与完全监控模式相同。

(2)B3/4/5 区，命令图标见表 9-5。

命令图标按从左到右的顺序显示在 B3/4/5 区域内。当要求司机执行一个动作时，用黄色图标显示，并带有黄色闪烁边框，执行了该动作后，显示为灰色。

图 9-23　非完全监控模式(“引导”除外)下的速度显示

表 9-5　B3/4/5 区命令图标显示含义

序号	图　标	颜　色	含　义
1		灰色	桥梁
2		灰色	车站
3		灰色	隧道

续上表

序号	图　标	颜　色	含　义
4		灰色	临时限速区
5		灰色	分相区

(3)B7 区,模式信息见表 9-6。

表 9-6　B7 区模式信息

序号	模　式	显示文本
1	完全监控模式	完全
2	部分监控模式	部分
3	目视行车模式	目视
4	引导模式	引导
5	调车模式	调车
6	待机模式	待机
7	隔离模式	隔离
8	机车信号模式	机信
9	休眠模式	休眠

3. C 区:补充驾驶信息

C 区显示的主要内容为补充驾驶信息,包括九个分区。

(1)C1 区,下一控制模式

在 C1 区以带黄色闪动边框的模式文本,显示要确认的各种模式,闪烁频率为 1 Hz,以便司机确认下一有效模式。当司机进行确认并且列控车载设备接受后,该图标从 C1 区消失,成为 B7 中显示的新的有效控制模式。

(2)C8 区,CTCS 等级

以文字的方式显示列控车载设备的运行等级,见表 9-7。

表 9-7　C8 区显示文本含义

C8 区显示文本	含　义
CTCS2	CTCS-2 级
CTCS3	CTCS-3 级

(2)C9 区,列控车载设备制动状态

以图标的方式显示列控车载设备制动状态,DMI 根据列控车载设备的制动状态显示图标。如果列控车载设备处于非制动非允许缓解状态,则该区域不显示任何图标。C9 区显示图标含义见表 9-8。

表 9-8　C9 区显示图标含义

序　号	图　标	含　义
1		C2 一级制动
2		C2 四级制动
3		C2 最大常用缓解
4		C2 紧急制动
5		C2 允许缓解
6		C3 一级制动
7		C3 四级制动
8		C3 最大常用制动
9		C3 紧急制动
10		C3 允许缓解

4. D 区:运行计划信息

D 区显示的主要内容为运行计划信息,包括 8 个分区。D1 区:距离标尺;D2/D3 区:预告信息;D4 区:速度变化信息;D5 区:坡度信息;D6 区:机车信号;D7 区:最限制速度曲线;D8 区:起模点信息。D 区的显示示意图如图 9-24 所示。

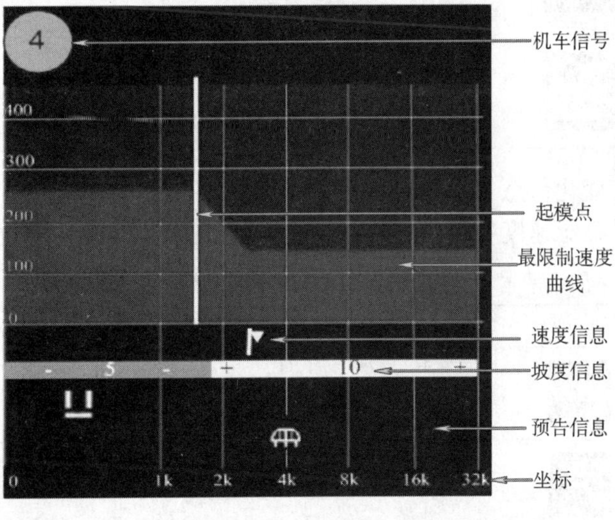

图 9-24　D 区显示示意图

(1)D1 区:距离标尺

D1 区用于显示距离坐标。坐标系的原点位于 D1 区的左下角,始终以列车当前所在位置为参考原点,即列车始终位于坐标系的原点。

坐标系的横坐标为距离(单位为 km),采用以 10 为底的对数坐标(0～1 km 为线性坐标,1 km 取在整个横坐标的 1/3 处),标尺上刻度分别为 0,1 k,2 k,4 k,8 k,16 k 和 32 k;纵坐标为速度坐标,单位为 km/h,坐标刻度为 0,100,200,300,400,500。字体颜色为白色。最大距离坐标值能够进行 8 km、16 km 和 32 km 三级切换。

(2)D2/D3 区:预告信息

D2/D3 区用于显示预告信息。为了最大限度避免图标重叠,将预告信息分两栏显示,两个时间相邻的图标不能放在同一栏内。预告图标要显示在计划区相对应的位置,当列车通过预告位置后,移除预告图标。预告图标不能改变颜色,图标的左侧对应该信息的位置,内容见表 9-9。

表 9-9　D2/D3 区的显示图标

序号	图　标	颜　色	含　义
1		灰色	桥梁
2		灰色	车站
3		灰色	隧道
4		灰色	临时限速区
5		灰色	分相区

(3)D4 区:速度变化信息

D4 区使用符号显示速度变化信息,符号左侧处在速度发生变化的位置,内容见表 9-10。

表 9-10　D4 区域显示图标

序号	图　标	颜色	含　义
1		灰色	加速
2		灰色	减速
3		灰色	减速(目标为 0)

(4)D5 区:坡度信息

坡度信息由一系列不同坡度的长方形组成,长方形具有标准高度,其宽度取决于到列车前端的距离和坡度延伸的长度。坡度为下坡道时,长方形显示为暗灰色,数字为灰色;坡度为上坡道时,长方形显示为灰色,数字为暗灰色。

如果长方形的长度大于指定长度,将坡度是千分之几标在长方形的中央位置。并在长方形的两端标出坡度的走向,“+”表示上坡,“—”表示下坡。若坡度为 0,只显示“0”,不显示“+”,“—”符号。

(5)D6 区:机车信号

当列车运行在 CTCS-2 级和 CTCS-3 级时,D6 区用于显示机车信号。机车信号的显示标准符合相应规定显示方法。机车信号的具体定义和显示图标的对应关系见表 9-11。

表 9-11　机车信号图标

序号	图　标	含　义	备　注
1		L6	
2		L5	
3		L4	
4		L3	
5		L2	
6		L	
7	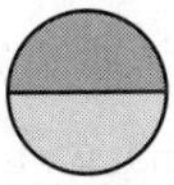	LU	
8	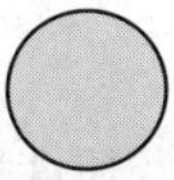	LU2	
9		U	

续上表

序号	图　标	含　义	备　注
10		U2	
11		U2S	以 1 Hz 的频率闪动
12	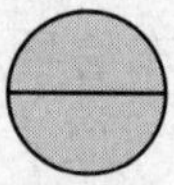	UU	
13	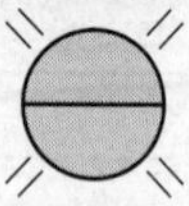	UUS	以 1 Hz 的频率闪动
14		HB	以 1Hz 的频率闪动
15		HU	
16		H	
17		25.7Hz	中灰色
18		27.9Hz	中灰色

(6)D7 区:最限制速度曲线(MRSP)

D7 区显示列车前方最远 32 km 范围内的最限制速度曲线(显示距离能够进行 8 km、16 km 和 32 km 三级切换)。MRSP 信息以图表的形式显示,横轴为距离标尺,纵轴为速度标尺。MRSP 的第一个起模点到目标点显示斜线,后面的变速点均以台阶方式显示。

(7)D8 区:起模点信息

D8 区显示起模点信息,只显示动态速度递减的起始点,不涉及速度递增的情况。起模点用一个黄色的垂直光标在 D8 和 D7 的中间显示。

5. E 区:监控信息

E 区显示的主要内容为监控信息,包括 25 个分区。其显示示意图如图 9-25 所示。

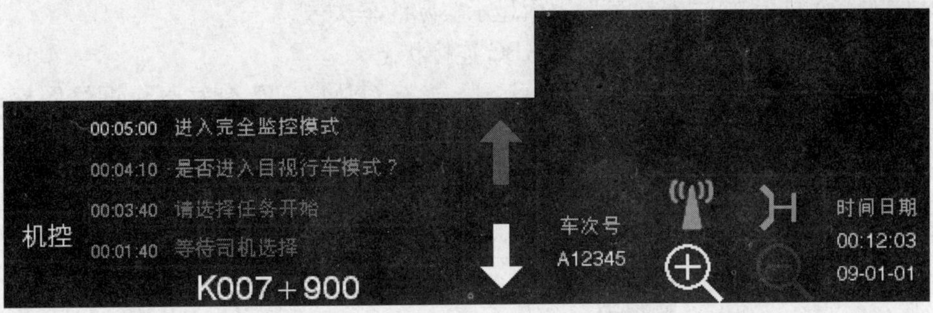

图 9-25　监控信息

(1)E1 区:备用系统状态

当 C3 控车时,显示 C2 系统的状态;当 C2 主控时,显示 C3 系统的状态。显示的状态包括正常和故障两种状态。

(2)E4 区:紧急信号

当车载设备收到紧急信号后,显示带有闪烁边框的紧急信号图标,并伴有声音发出。当超出紧急信号条件时,该图标不再显示,内容见表 9-12。

表 9-12　E4 区显示图标含义

序号	图　标	含　义
1		紧急消息
2		没有无线通信

(3)E5 区:机控/人控表示

在机控优先的情况下,显示“机控”;在人控优先的情况下,显示“人控”,内容见表 9-13。

表 9-13　E5 区显示图标含义

序号	图　标	含　义
1		机控优先
2		人控优先

(4)E6～E10 区:车站名称

E6～E10 区,显示车站名称。车站名称以汉字方式显示,最多显示 6 个汉字,汉字采用 GB 18030 编码方式。

(5)E16 区

①E16a 区:车次号

区域的上面显示文本“车次号”,下面显示实际的车次号。

②E16b 区:GSM-R 网络状态和与 RBC 连接状态

a. E16b1 区:显示 GSM-R 的网络状态。当有 GSM-R 网络时,显示网络图标;没有 GSM-R 网络时,则不显示网络图标,内容见表 9-14。

表 9-14 E16b 区显示信息

序号	图 标	含 义
1		有 GSM-R 网络

b. E16b2 区:显示 RBC 的连接状态。

表示与 RBC 未连接、正在连接或已经连接的状态,内容见表 9-15。

表 9-15 E16b2 区显示信息

序号	图 标	含 义
1		未连接
2		正在连接
3		已经连接

③E16c/E16d 区:缩放键图标

E16c/E16d 区:计划区缩放键图标。E16c 区显示放大键图标,E16d 区显示缩小键图标,内容见表 9-16。

表 9-16 E16c/E16d 区显示信息

序号	图 标	含 义
1		放大(不可用)
2		放大(可用)
3		缩小(不可用)
4		缩小(可用)

(6)E17区:日期和时间

在此区域分三行显示:

第一行显示文本“时间日期”。

第二行显示时间,显示格式是“小时:分:秒”,如11:20:23。

第三行显示日期,显示格式是“年—月—日”,如07-11-13。

(7)E19～E22区:文本信息

最多能显示4行文本,可滚动显示信息,所显示信息的最前端有时间标记(小时:分:秒),应避免显示信息的长度超过1行的情况。

文本信息按时间先后顺序分类显示,最新信息显示在E19处,白色显示,伴有声音提示。有新文本出现后,原来的文本变为灰色。

对于需要司机确认的信息,显示带有闪烁的黄色边框。司机进行确认后,文本变为灰色,黄色边框消失。

根据主机的要求,选择保留或删除文本。DMI保留最近至少50条文本信息。

(8)E23区:公里标

在E23区的中心位置显示公里标。显示格式为“Kx+y”,其中字母“K”后显示公里数,“+”后显示米数。x单位为公里,y单位为米。

二、按键布局

DMI共有19个按键,2块键盘。右侧键盘为8个可扩展功能键,屏幕正下方11个按键为固定功能键。如图9-26所示。

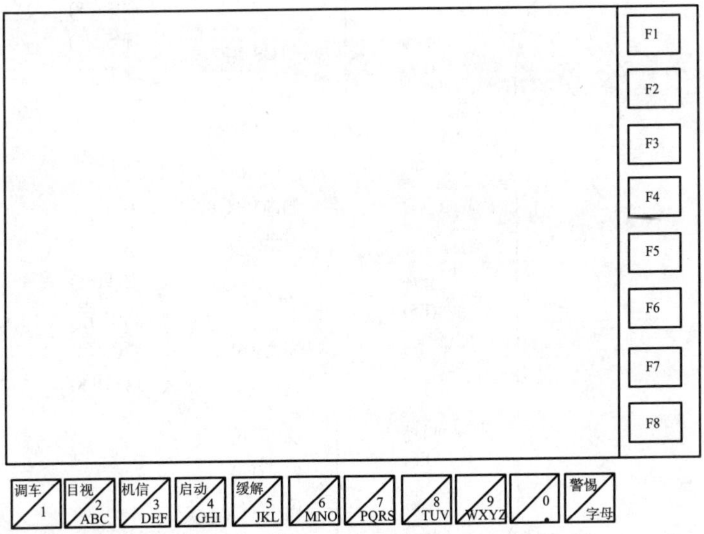

图9-26　DMI功能键布置图

1. 可扩展功能键详细说明(图9-27)

【数据】(F1):按该键后,显示数据子菜单,在此菜单下可以查看文本信息或进入下一级菜单修改司机号、车次号、列车数据等信息。

- 功能键
  - 数据(F1)
    - 司机号(F1)
      - 确定(F6)
      - 删除(F7)
      - 取消(F8)
    - 车次号(F2)
      - 确定(F6)
      - 删除(F7)
      - 取消(F8)
    - 列车数据(F3)
      - 确定(F6)
      - 删除(F7)
      - 取消(F8)
    - 向上(F4)
    - 向下(F5)
    - 返回(F8)
  - 模式(F2)
    - 调车(F1)
      - 确定(F6)
      - 取消(F8)
    - 目视(F2)
      - 确定(F6)
      - 取消(F8)
    - 机信(F3)
      - 确定(F6)
      - 取消(F8)
    - 返回(F8)
  - 载频(F3)
    - 上行(F1)
      - 确定(F6)
      - 取消(F8)
    - 下行(F2)
      - 确定(F6)
      - 取消(F8)
    - 返回(F8)
  - 等级(F4)
    - CTCS-3(F1)
      - 确定(F6)
      - 取消(F8)
    - CTCS-2(F2)
      - 确定(F6)
      - 取消(F8)
    - 返回(F8)
  - 其他(F5)
    - 制动测试(F1)
    - 音量(F2)
      - 大(F1)
      - 小(F2)
      - 返回(F8)
    - 亮度(F3)
      - 亮(F1)
      - 暗(F2)
      - 返回(F8)
    - 返回(F8)
  - 启动(F6)
    - 确定(F6)
    - 取消(F8)
  - 缓解(F7)
    - 确定(F6)
    - 取消(F8)
  - 警惕(F8)

图 9-27　功能键结构

【模式】(F2)：允许司机手动选择列控车载设备的控制模式，可选择的模式包括：目视行车模式、调车模式和机车信号模式。

【载频】(F3)：用于选择列车上、下行载频。

【等级】(F4)：用于司机切换列车运行的 CTCS-3 和 CTCS-2 等级。

【其他】(F5)：用于执行特殊操作的按钮。如制动测试、调节 DMI 屏幕亮度、调节音量等。

【启动】(F6)：用于开车时从待机状态转入正常运行状态。

【缓解】(F7)：在人控优先的状态下，如果列车触发了常用制动，当列车运行速度低于允许缓解速度后，列控车载设备允许司机缓解制动。当 DMI 上给出允许缓解的提示后，司机按下【缓解】键，列控车载设备结束制动。在机控或人控优先的状态下，如果列车触发了紧急制动，当列车停车后，列控车载设备允许司机缓解制动。当 DMI 上给出允许缓解的提示后，司机按下【缓解】键，列控车载设备结束制动。

【警惕】(F8)：当列控车载设备处于目视行车模式、引导模式(CTCS-2 级，且无目标距离曲线时)或机车信号模式(当收到限制码)时，司机在 60 s 或者 300 s(机车信号模式下为 200 m)内按【警惕】键，否则列控车载设备输出紧急制动使列车停车。此键还用于响应列控车载设备发送给司机的需要确认的消息。当有多个信息需要确认时，将需要确认的信息放入等待确认列表，由司机逐个进行确认。

2. 固定功能键

固定功能键在平时执行的是按键上角标注的功能，在输入状态下，各按键成为数字、字母输入键，每个按键代表的数字、字母为按键下角标注的字符。在输入状态下，【警惕/字母】键用于切换数字和字母及特殊符号。

固定功能键中，数字“8”和“9”对应的按键在非输入状态和完全监控模式下，用于放大和缩小计划区的显示。

本节介绍的所有按键，分为可用和不可用两类。在可扩展功能键区，以按键图标底色区分按键是否可用。若底色与 DMI 背景色相同，表示按键可用。若底色为灰色，表示按键不可用，如图 9-28 中红色框中所示，其中【数据】、【模式】、【载频】和【其他】所对应的可扩展功

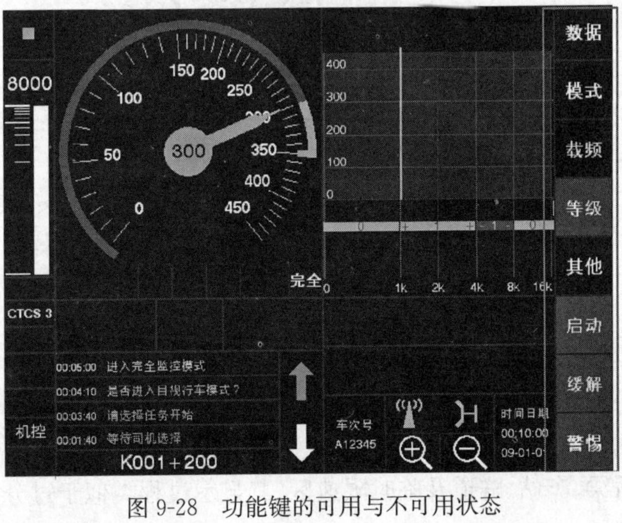

图 9-28　功能键的可用与不可用状态

能按键的【F1】、【F2】、【F3】和【F5】可以按下进行相应的操作，而【等级】、【启动】、【缓解】和【警惕】相对应的【F4】、【F6】、【F7】和【F8】为不可用状态，司机按下按键后 DMI 不会有任何提示，也不会进行与其相应的操作。

三、特殊说明

1. 打开/关闭驾驶台

在 CTCS-2 或 CTCS-3 级下，如果 DMI 主机收到车载安全计算机关闭显示屏数据命令时，DMI 会关闭屏幕显示，呈黑屏状态。

2. 按键动态屏蔽

上电任务启动过程或运行在 CTCS-3 级下时，车载安全计算机将发送按键可用性信息，DMI 根据该信息实现按键动态屏蔽功能。

按键分为可用和不可用两类。在可扩展功能键区，以按键图标底色区分按键是否可用。若底色与 DMI 背景色相同，表示按键可用。若底色为灰色，表示按键不可用。可用的按键按下时，按键有效，并发出按键音。不可用按键按下时，按键无效，只发出按键音。

若某可扩展功能键不可用时，对应的固定功能键也不可用。

3. 过分相区显示

过分相区过程中，DMI 上只显示  图标，列车通过分相区的过程如图 9-29 所示。图中位置(1)(2)(3)分别代表列车收到分相区显示信息、进入分相区和离开分相区时的示意位置；在这 3 个位置点 DMI 屏幕上图标显示区域将发生相应变化，具体描述详见以下内容。

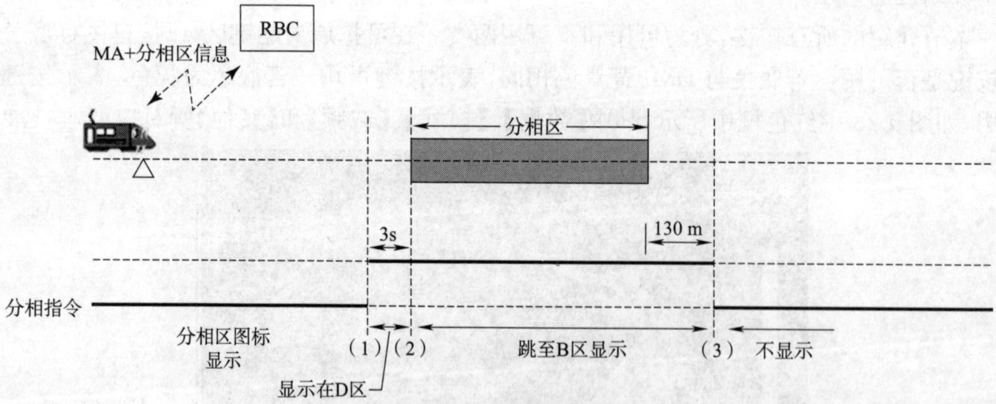

图 9-29　列车通过分相区阶段图例

(1)DMI 收到分相区显示信息。分相区图标开始在进行显示，如图 9-30 所示。

(2)列车进入分相区。图标由 D 区跳转至 B3/4/5 区显示，在 D 区不显示(图 9-31)。过分相区后，分相区图标消失，如图 9-32 所示。

(3)对于通过桥梁、车站、隧道及临时限速区，其显示过程类似于过分相。

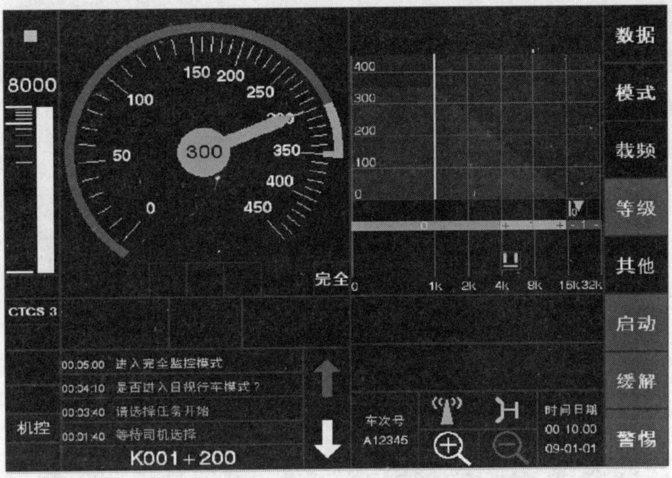

图 9-30　阶段(1)时分相显示

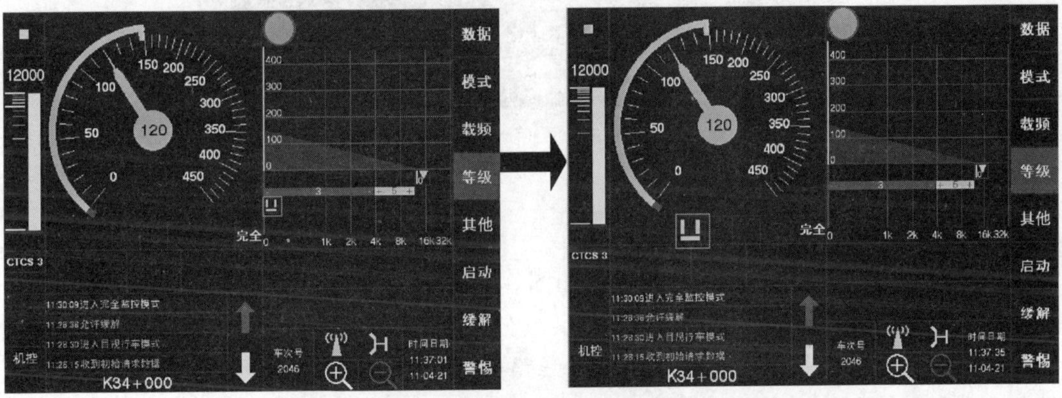

图 9-31　阶段(2)时分相显示

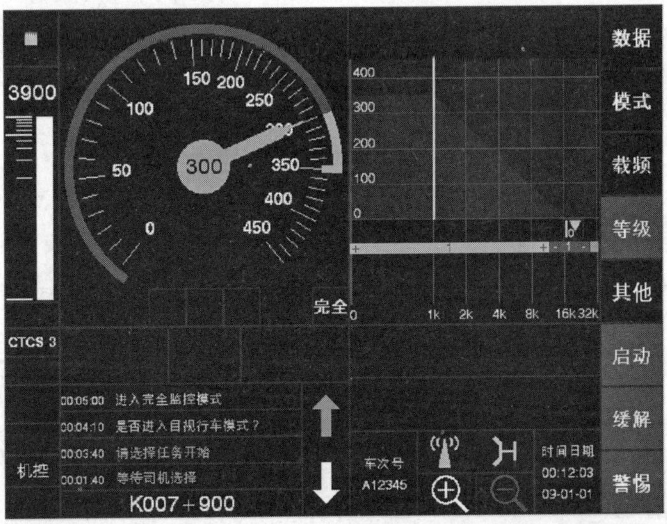

图 9-32　阶段(3)时无分相显示

4. 列车超速显示

当列车速度超过或等于紧急制动速度时，会触发列车紧急制动。DMI 速度指针、制动预警区会变成红色，并显示紧急制动图标。具体显示示意图如图 9-33(该图中紧急制动速度为 350 km/h)所示。

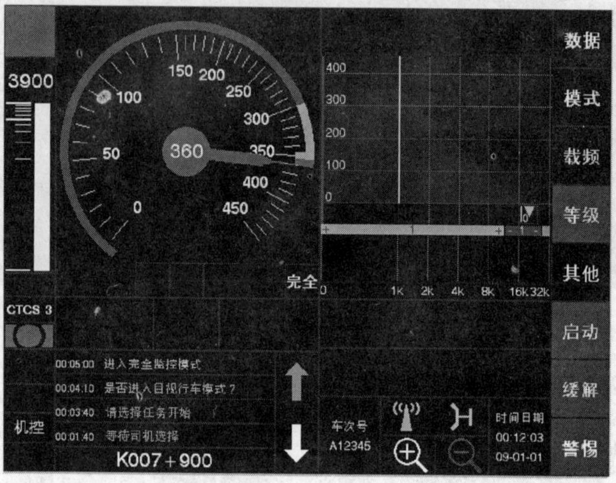

图 9-33　列车超速显示

5. 自动过分相

(1)自动过分相控制原理

CTCS-3 级列控系统自动过分相概述如图 9-34 所示。分相区信息包括至分相点距离、分相区长度等。CTCS-3 级控车时：牵引供电分相区信息与列车行车许可(MA)一起由 RBC 提供给列车。牵引供电分相区信息与线路数据一起由应答器提供给列车。车载设备接收到分相点信息后，实时监督列车运行速度和位置，并进行如下操作：

①当列车前端距分相区还有 10 s 走行距离时，车载设备向司机发出提示。

②当列车前端距分相区还有 3 s 走行距离时，车载设备向动车组发送过分相指令。

③当列车前端越过分相区后，车载设备取消原触发动车组相关过分相的操作。

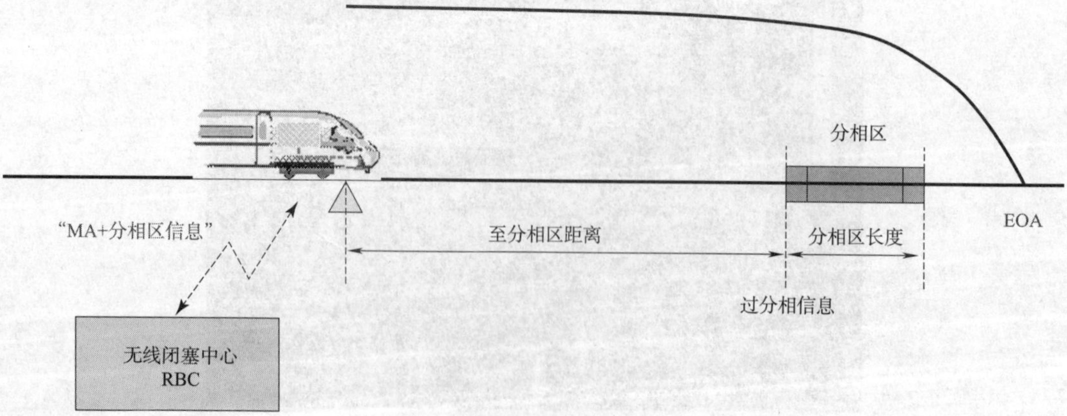

图 9-34　CTCS-3 级列控自动过分相场景图

注：由于 RBC 为列车生成的行车许可中存在分相区，所以 RBC 向车载设备发送 MA 时，也发送分相信息，包括至分相点距离、分相区长度等。

(2)过分相流程

列车按 CTCS-3 级列控系统控制运行时，CTCS-3 级车载设备将向动车组发送并保持屏蔽“磁钢”信息指令。列车前端距分相区还有 10 s 走行距离时，车载设备向司机发送出提示；列车前端距分相区还有 3 s 走行距离时，车载设备向动车组发过分相指令；当列车前端越过分相区 200 m 后，车载设备取消原触发动车组相关过分相的操作；当列车转为非 CTCS-3 级列控系统运行时，CTCS-3 级车载设备将停止向动车组发送屏蔽“磁钢”信息指令。

①列车向牵引供电分相区方向运行，如图 9-35 所示。

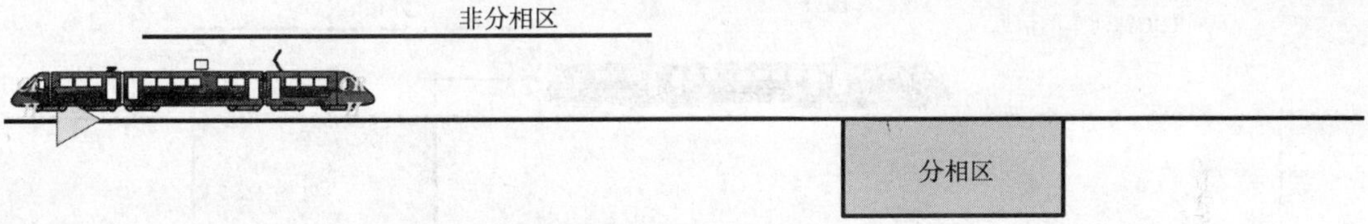

图 9-35　列车向牵引供电分相区方向运行(1)

②列车向牵引供电分相区方向运行，当 RBC 向列车发送的行车许可延伸到分相区所在区段时，发送的信息除行车许可外还包括前方分相区信息，如图 9-36 所示。

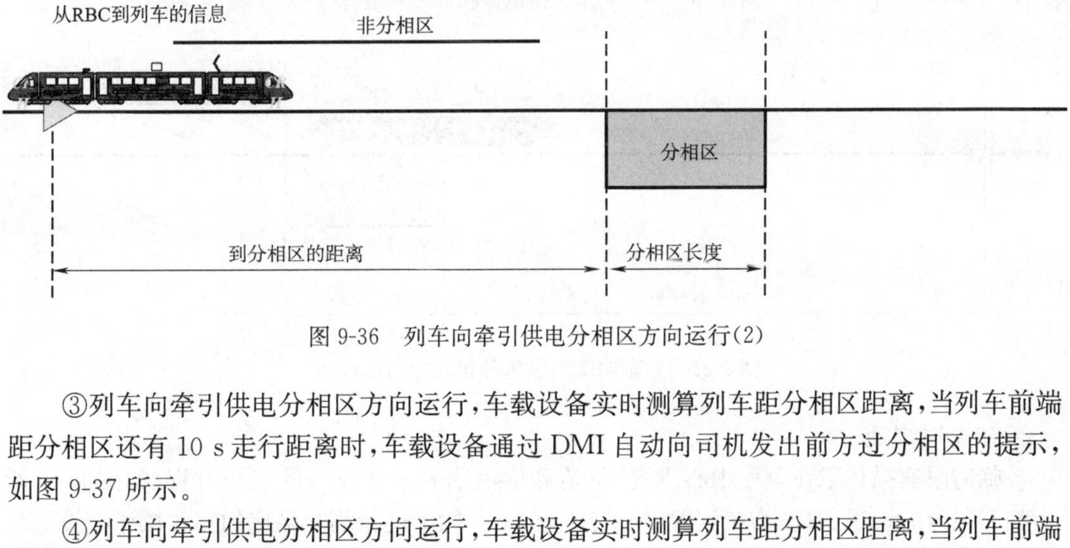

图 9-36　列车向牵引供电分相区方向运行(2)

③列车向牵引供电分相区方向运行，车载设备实时测算列车距分相区距离，当列车前端距分相区还有 10 s 走行距离时，车载设备通过 DMI 自动向司机发出前方过分相区的提示，如图 9-37 所示。

④列车向牵引供电分相区方向运行，车载设备实时测算列车距分相区距离，当列车前端距分相区还有 3 s 走行距离时，车载设备向动车组发送指令触发动车组相关过分相操作。车载设备向动车组发出过分相指令后，动车组根据其实际使用受电弓的情况，开始进入过分相区的相关操作。如图 9-38 所示。

⑤当列车前端驶出分相区后，车载设备向动车组发送指令触发动车组过分相操作。动车组根据车载设备发送的指令，开始进行驶出分相区的相关操作，如 9-39 所示。

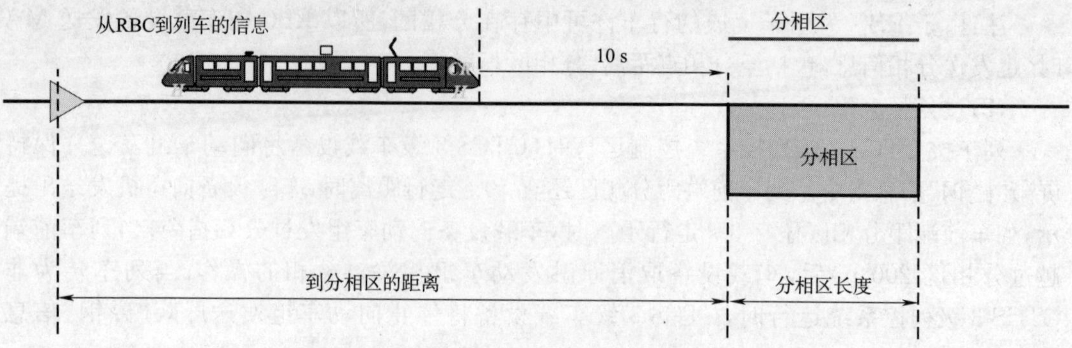

图 9-37　列车向牵引供电分相区方向运行(3)

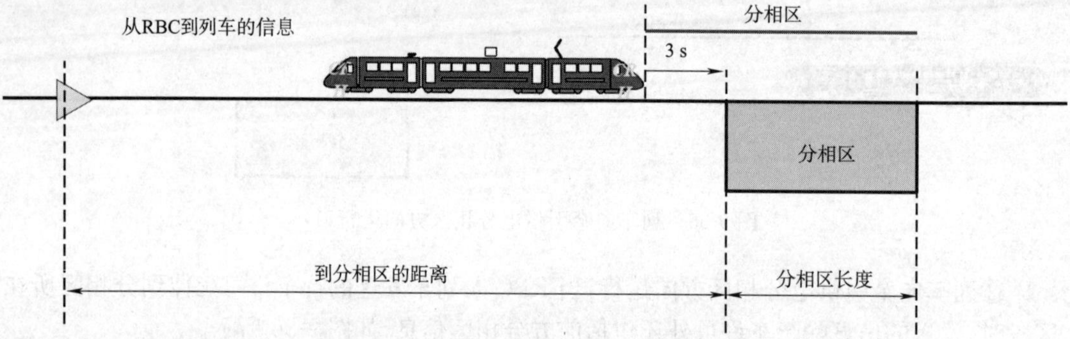

图 9-38　列车向牵引供电分相区方向运行(4)

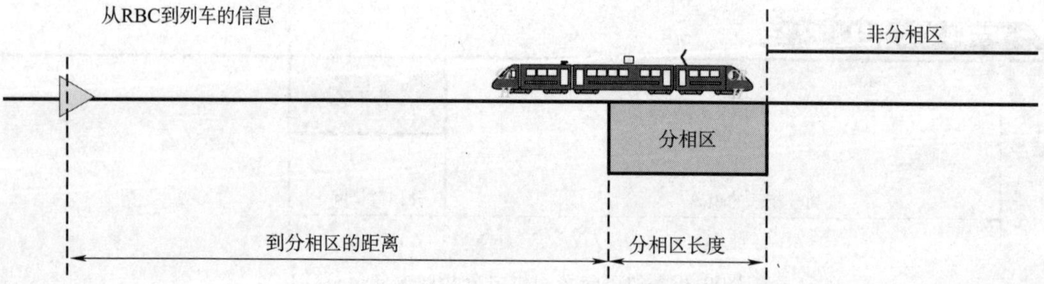

图 9-39　列车向牵引供电分相区方向运行(5)

6. 临时限速

临时限速描述了在调度中心设置、下达和取消临时限速命令的工作过程，如图 9-40 所示临时限速的设置、取消均在调度中心进行，车站一般不进行临时限速的相关操作。设置与取消临时限速采用相同的操作原则调度中心设置专用临时限速操作终端(放置在 CTC 维护台)，施工调度员通过该终端对全线有计划的限速进行拟定，经行车调度员通过 CTC 行调台确认，形成临时限速调度命令并储存在调度中心临时限速服务器中。临时限速服务器不断检查其存储的临时限速命令计划，即将到达执行时间的限速命令将通过临时限速操作终端提示给施工调度员进行激活。施工调度员确认并择机激活，经信号安全数据通信网分别下达给 RBC 和 TCC，RBC 和 TCC 分别处理执行。

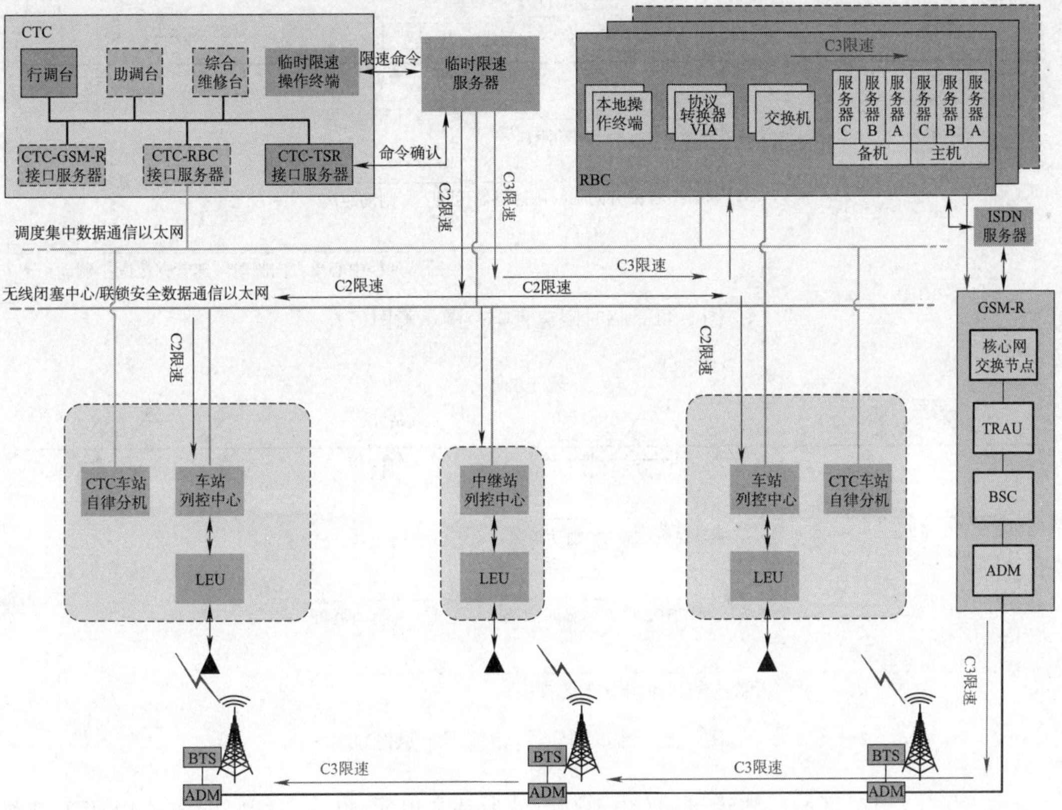

图 9-40 临时限速设备构成及信息流程示意

CTCS-3 级和 CTCS-2 级采用统一的临时限速设置原则，限速命令、管辖范围应保持一致。临时限速管辖范围应从本站进站信号机开始至前方站出站口或中继站第二个应答器组再增加一个制动距离，制动距离应保证列车由最高运行速度常用制动至 45 km/h 的要求，且终点应与闭塞分区分界点一致。

调度中心设置专用临时限速操作终端(放置在 CTC 维护台)，施工调度员通过该终端对全线有计划的限速进行拟定，经行车调度员通过 CTC 行调台确认，形成临时限速调度命令并储存在调度中心临时限速服务器中。

临时限速服务器不断检查其存储的临时限速命令计划，即将到达执行时间的限速命令将通过临时限速操作终端提示给施工调度员进行激活。施工调度员确认并择机激活，经信号安全数据通信网分别下达给 RBC 和 TCC，RBC 和 TCC 分别处理执行。CTCS-3 级和 CTCS-2 级采用统一的临时限速设置原则，限速命令、管辖范围应保持一致。临时限速管辖范围应从本站进站信号机开始至前方站出站口或中继站第二个应答器组再增加一个制动距离，制动距离应保证列车由最高运行速度常用制动至 45 km/h 的要求，且终点应与闭塞分区分界点一致。如图 9-41 所示。

各限速管辖范围内，可分别设置一处临时限速，当两相邻临时限速区段管辖范围的重叠区域设置临时限速，两相邻限速区段只设置一处临时限速，如图 9-42 所示。

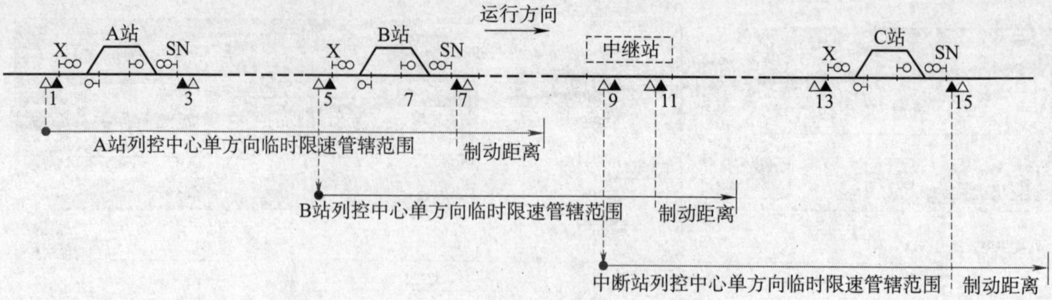

图 9-41　临时限速管辖范围示意图(1)

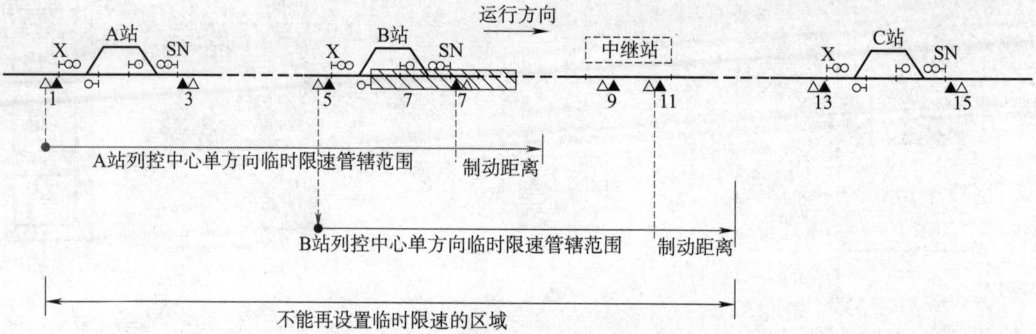

图 9-42　临时限速管辖范围示意图(2)

区间临时限速区域以轨道区段(约 1000 m)为基本单元,站内正线临时限速以接车进路或发车进路为基本单元,车站侧线限速以咽喉区、到发线为基本单元。限速等级设 45 km/h、80 km/h、120 km/h、160 km/h、200 km/h、250 km/h 六挡。车站侧线限速等级设 45 km/h 一挡,18 号(不含)以上道岔区段限速在上述六挡。

缩写词对照表

序号	缩写字母	中文名称
1	CBI	计算机联锁
2	CIR	机车综合无线通信设备
3	CTC	调度集中系统(调度集中设备)
4	CTCS	中国列车运行控制系统(列控系统)
5	DMI	列控车载设备人机界面
6	FAS	固定用户接入交换机
7	GPRS	通用分组无线业务
8	GSM-R	铁路数字移动通信系统
9	LKJ	列车运行监控装置
10	RBC	无线闭塞中心
11	TAX	机车安全信息综合监测装置
12	TCC	列控中心

续上表

序号	缩写字母	中文名称
13	TDCS	列车调度指挥系统
14	TDMS	运输调度管理系统
15	TEDS	动车组运行故障动态图像检测系统
16	TSRS	临时限速服务器
17	UPS	不间断电源
18	ZPW	自动闭塞移频无绝缘轨道电路

思考题

1. 何谓列控系统？
2. 列控系统在安全防护方面的功能有哪些？
3. 列控系统的人机界面有哪些功能？
4. 列控系统由哪几部分组成？
5. 列控系统的发展方向有哪些？
6. CTCS 根据功能要求如何进行应用等级划分？
7. 300T 型列控车载设备的组成有哪些？各部分有什么功能？
8. 简述 CTCS-3 级列控系统自动过分相。

第二部分 CRH2A 型动车组专业知识

第十章 牵引传动系统基本构成、技术特点及工作原理

本章主要介绍了 CRH2A 型动车组牵引传动系统工作方式和原理、牵引传动特性、辅助供电系统方面的知识，同时对 CRH2A 型动车组牵引系统中各主要设备及其功用进行了重点讲述。从业人员通过对本章的学习能初步掌握 CRH2A 型动车组牵引传动系统方面的基础知识。

第一节 动车组牵引传动方式

动车组采用动力分散交流驱动方式，在前后两端都设有司机室，在前端的司机室内进行操作。动车组(4M4T)在规定载客人数、平直线路、干轨运行的启动加速度为 0.406 m/s^2。定速范围为 30～250 km/h。

动车组采用交—直—交传动方式，如图 10-1 所示。

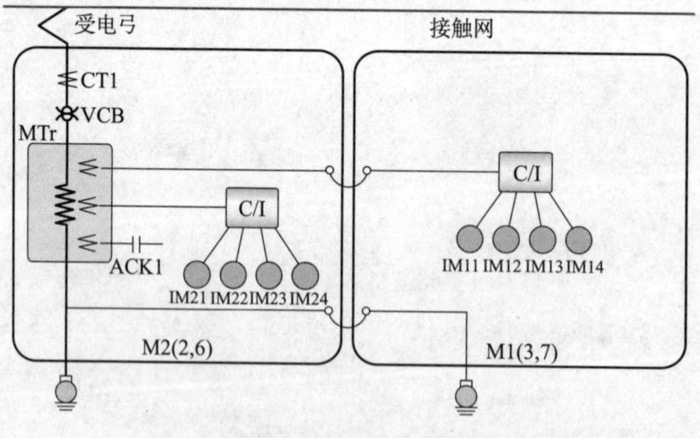

图 10-1 牵引传动方式

牵引工况时，受电弓从接触网接收 25 kV、50 Hz 的单相交流电，经主断路器 VCB 至主变压器 MTr，降压后供给两台牵引变流器 CI1 和 CI2，牵引变流器的整流环节将单相交流电整流为直流电，再经牵引变流器中间直流环节滤波，然后输送到逆变环节，在此环节内将直流电逆变为三相交流电提供给 4 台三相交流鼠笼式异步牵引电动机 IM11～14、

IM21～24。

再生工况时，牵引电动机变为发电机，发出的交流电经牵引变流器的逆变环节（此时为整流环节）、中间直流环节和整流环节（此时为逆变环节）转换为单相交流电反馈到接触网。

动车组牵引特性曲线如图 10-2 所示。

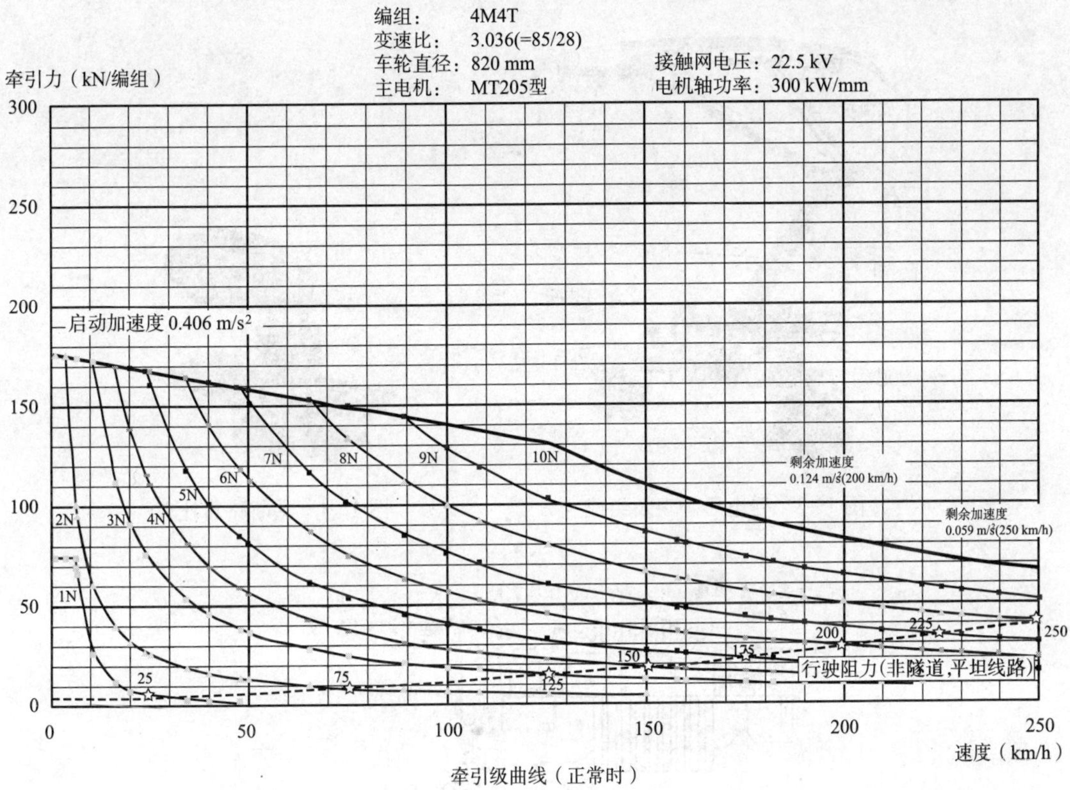

图 10-2　牵引特性曲线

第二节　牵引系统构成及工作原理

一、牵引系统的组成

动车组以 2 动 2 拖为一个基本动力单元。

一个基本动力单元的牵引系统主要由网侧高压电气设备、1 台牵引变压器、2 台牵引变流器、8 台三相交流异步牵引电机构成。

（一）网侧高压电气设备

网侧高压电气设备主要包括：受电弓、主断路器、避雷器、电流互感器、接地保护开关等。

1. 受电弓：每个基本动力单元 1 个，全列共 2 个。单臂型，额定电流 1 000 A，接触压力（70±5）N，弓头宽度 1 950 mm，具有自动降弓功能，适应接触网高度为 5 300～6 500 mm，适应列车运营速度为 250 km/h，受电弓外观及组成如图 10-3 所示。

受电弓工作原理为:升弓装置 3(气囊)充气→纵向移动钢板纵向移动→作用钢丝绳作用于下臂→下臂 4→下导杆 6→上导杆 8→上臂 7→实现受电弓正常升起。

2. 主断路器:每个基本动力单元 1 个,全列共 2 个。真空型,额定开断容量100 MV·A,额定电流 200 A,额定断路电流 3 400 A,额定断开时间小于 0.06 s。主断路器外观如图10-4所示,结构如图 10-5 所示。

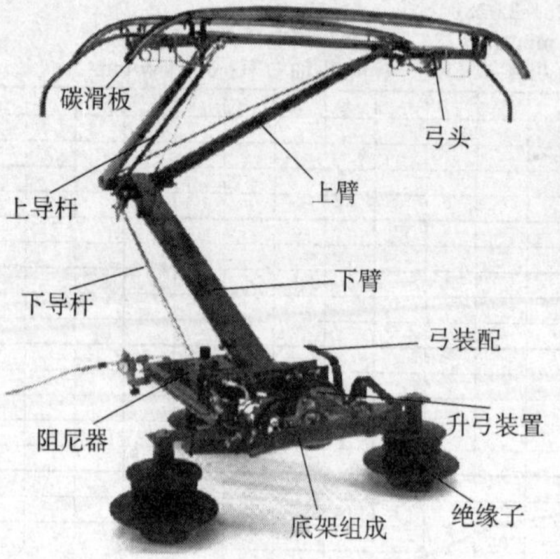

图 10-3 受电弓外观及组成

图 10-4 主断路器外观

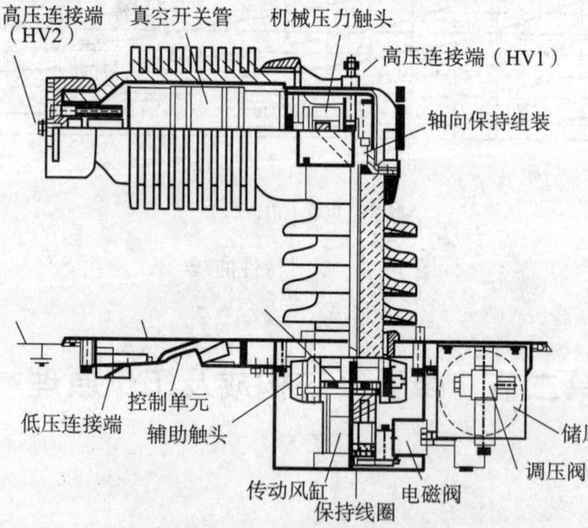

图 10-5 主断路器结构

主断路器闭合和断开工作原理如图 10-6 和图 10-7 所示。

3. 高压电流互感器:每个基本动力单元 1 个,全列共 2 个。变流比 200/5 A,用于检测牵引变压器原边电流,如图 10-8 所示。

4. 避雷器:每个基本动力单元 1 个,全列共 2 个。额定电压 42 kV(RMS),动作电压(57 kV)以下,DC 限制电压 107 kV,如图 10-9 所示。

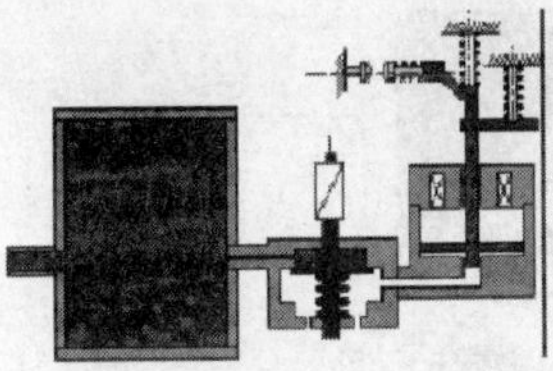

1.断开状态

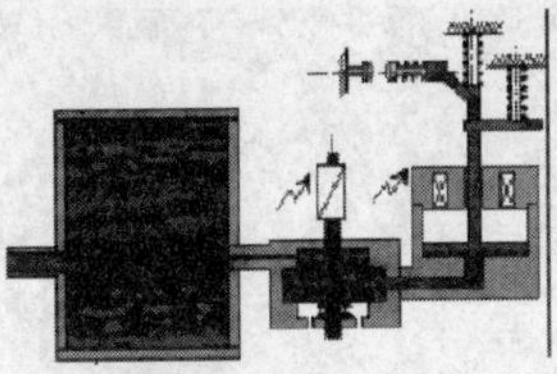

2.得电后，压缩空气由储风缸进入传动气缸

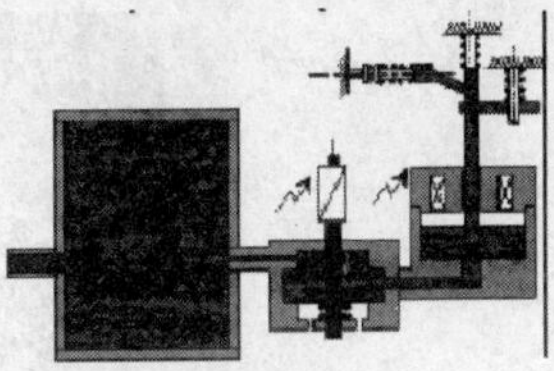

3.动触头随活塞移动而运动，恢复弹簧压缩，主触头闭合

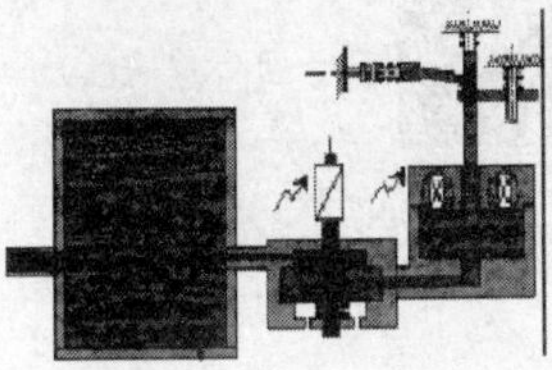

4.触头压力弹簧压缩，活塞达到行程末端，保持线圈在保持位置得电

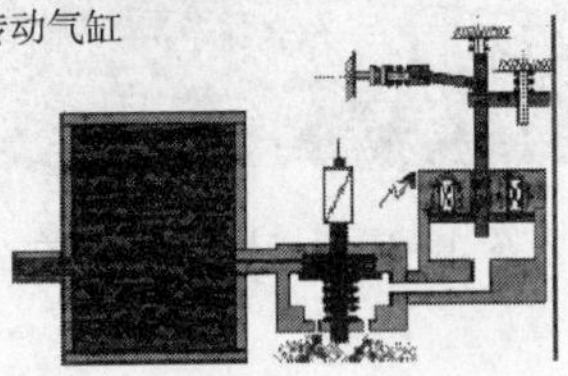

5.电磁阀失电，传动气缸压缩空气排出，断路器闭合

图 10-6 主断路器闭合

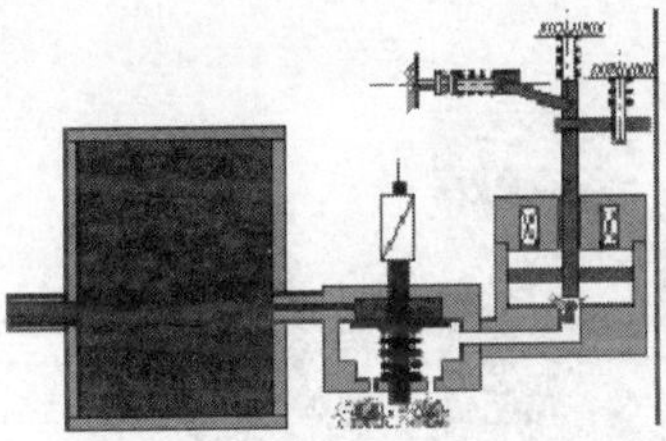

1.保持线圈失电，活塞在触头压力弹簧和恢复弹簧力作用下移动

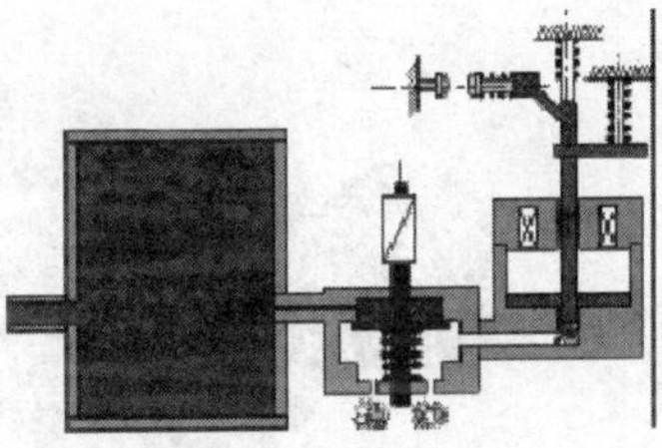

2.主触头打开，真空灭弧室灭弧，行程结束，活塞缓冲，主触头断开

图 10-7 主断路器断开

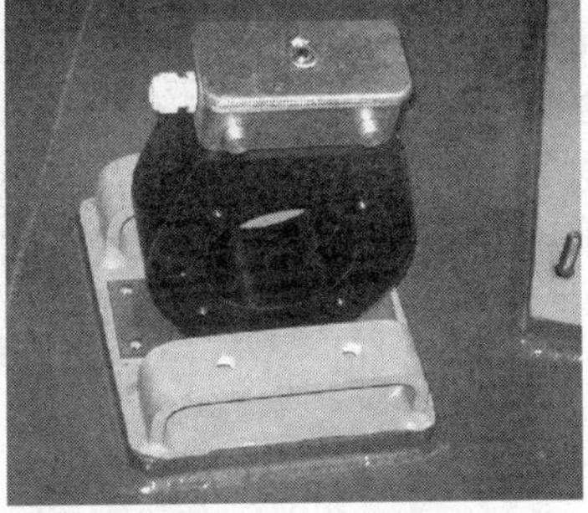

图 10-8 高压电流互感器

图 10-9 避雷器

5. 接地保护开关(EGS 开关)：每个基本动力单元 1 个，全列共 2 个。额定瞬时电流 6 000 A，如图 10-10 所示。

图 10-10　接地保护开关

(二)牵引变压器

一个基本动力单元 1 个牵引变压器,全列共 2 个。采用壳式结构、车体下吊挂、油循环强迫风冷方式。具有 1 个原边绕组(25 kV、3 060 kV・A),2 个牵引绕组(1500 V、2×1 285 kV・A),1 个辅助绕组(400 V、490 kV・A)。采用铝线圈、轻量耐热材料和环保型硅油,质量 2 910 kg,效率大于 95%,外观如图 10-11 所示。

图 10-11　牵引变压器外观

变压器由铁芯(或磁芯)和线圈组成,线圈有两个或两个以上的绕组,其中接电源的绕组叫初级线圈,其余的绕组叫次级线圈。变压器原理是电磁感应技术,变压器有两个分别独立的共用一个铁芯的线圈。当初级线圈中通有交流电流时,铁芯(或磁芯)中便产生交流磁通,使次级线圈中感应出电压(或电流),原理如图 10-12 所示。

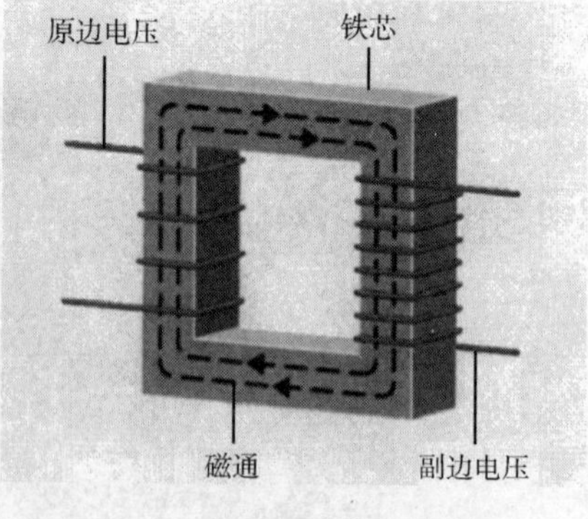

图 10-12　牵引变压器工作原理

(三)牵引变流器

一个基本动力单元 2 个牵引变流器,全列共 4 个。采用车下吊挂,液体沸腾冷却方式。

主电路由脉冲整流器、中间直流电路、中间整流电路、逆变器构成,采用 PWM 方式控制。中间直流电压为 2 600～3 000 V(随牵引电机输出功率进行调整),1 个牵引变流器采用矢量控制原理控制 4 台并联的牵引电机。效率大于 96%,功率因数大于 97%,外观如图 10-13 所示,内部结构如图 10-14 所示。

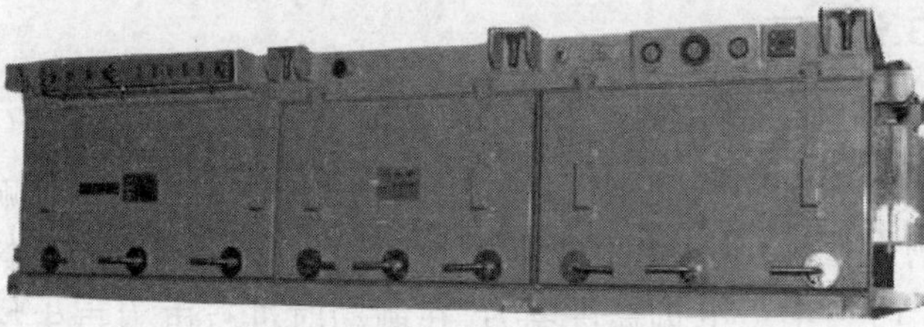

图 10-13　牵引变流器外观

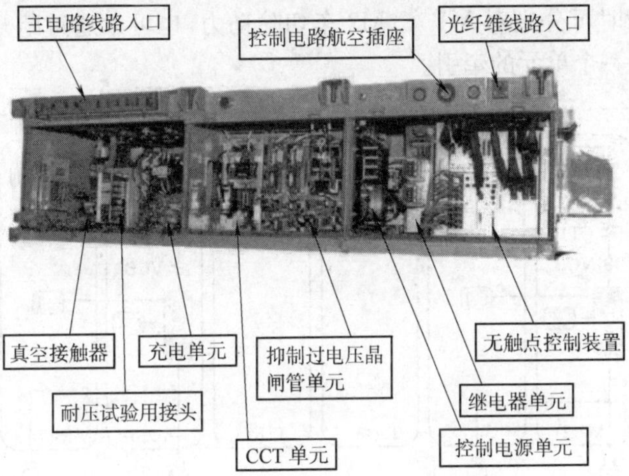

图 10-14　牵引变流器内部结构

（四）牵引电动机

每节动车有 4 台并联牵引电动机，一个基本动力单元 8 台，全列共 16 台。

牵引电动机为 4 极三相鼠笼式异步电动机，采用架悬、强迫风冷方式，通过挠性齿型连轴节连接传动齿轮。额定输出功率 300 kW，额定转速 4 140 r/min，外观如图 10-15 所示。

图 10-15　牵引电动机

二、牵引主电路工作原理

动车组电源由接触网通过受电弓获得，通过 VCB 与牵引变压器的 1 次侧绕组连接。牵引电路开闭由 VCB 来实施。牵引变压器 2 次绕组侧设有 2 个线圈，1 次侧的电压为 25 kV 时，2 次侧绕组电压则为 1 500 V。牵引变流器在 M1 车、M2 车上，每台牵引变流器控制 4 台牵引电机。在牵引时向牵引电机提供电力、在制动时进行电力再生控制。如图 10-16 所示。

牵引电机采用三相鼠笼式感应电机，其轴端设置有速度传感器，用于检测牵引变流器测速以及制动控制装置的速度(转子频率数)。

牵引系统故障时可分别对 M1 车、M2 车切除动力，也可以通过断开 VCB 切除一个牵引单元。不影响另一个单元的牵引。

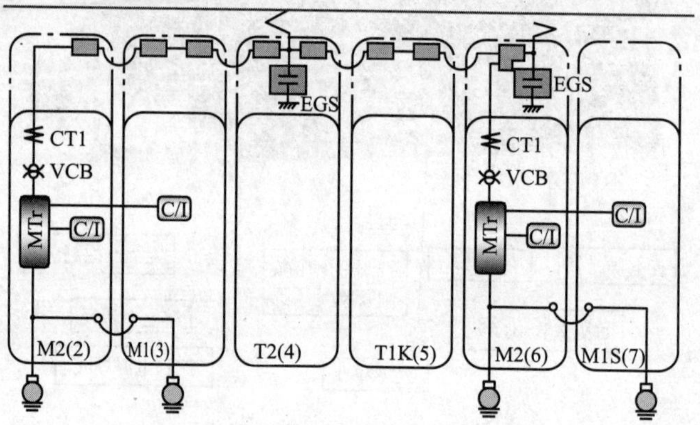

图 10-16 牵引主电路工作原理

第三节 辅助供电系统

一、辅助电源装置(APU)概述

CRH2 型动车组辅助供电系统由牵引变压器 3 次辅助绕组提供电源，采用干线供电方式，电源系统贯穿全列车。每列车设置 2 台辅助电源装置(APU)，安装在 1、8 号车体底下，分别向 4 辆车提供辅助电源。当一台辅助电源装置发生故障时，可通过另一台辅助电源装置向全列车提供辅助电源。

和牵引变压器 3 次线圈直接连接的系统中，连接有空调装置、换气装置以及 ATP 主控电源。

动车组在 2、4、6 号车上分别设有一个蓄电池箱。外部车体侧面装有连接外部电源的插座(AC 400 V、单相、50 Hz)，M2 车(2 号车及 6 号车)上各有一处。车辆检修基地设置有外部电源，可供辅助电路的工作。

辅助电源装置(APU)由 APU 输入辅助整流器、PWM 三相输出逆变器、逆变器输出变压器、CVCF 输出变压器、辅助变压器等构成。辅助电源装置(APU)的输入为 400 V，该设备作为电源向以下五个系统提供电源：

1. 非稳压单相 AC 100 V 系统。
2. 稳压单相 AC 100 V 系统。
3. 稳压单相 AC 220 V 系统。
4. 稳压三相 AC 400 V 系统。
5. 稳压 DC 100 V 系统。

输出电压种类见表 10-1。

表 10-1　辅助供电系统输出电压种类

类别	交流三相	交流单相		直流（辅助整流器箱）	ATr（非稳压）输出
额定电压	AC 400 V	AC 100 V	AC 220 V	DC 100 V	AC 100 V
额定功率	123 kV·A	12 kV·A	12 kV·A	58 kW	22 kV·A
电压精度	+10%～−10%	同左	同左	+10%～−10%	+26%～−41%
频率	50×(1±1%)Hz	同左	同左	—	50 Hz
畸变系数	5%以下	—	—	—	—
担当负荷	100%连续 180%、10 s 连续	—	—	100%连续 120%、20 s 连续	—

二、辅助供电系统工作原理

辅助供电系统由牵引变压器 3 次绕组 AX3 取得电源，降压后的电源进入辅助电源装置，经降压、整流或逆变后输出非稳压单相 AC 100V、稳压单相 AC 100V、稳压单相 AC 220 V、稳压三相 AC 400 V 和稳压 DC 100 V 供给各种设备使用，如图 10-17 所示。

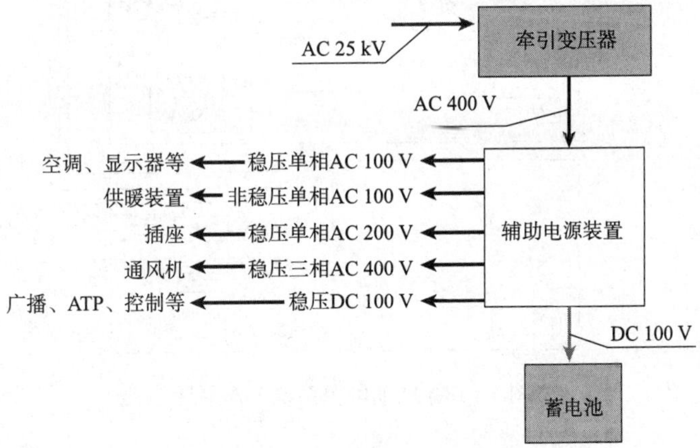

图 10-17　辅助供电系统供电框图

非稳压单相 AC 100 V 系统，由辅助变压器（ATr）将牵引变压器辅助绕组的 AC 400 V 电压直接降压至 AC 100 V，向热水器的加热器等容许电压变动的负荷供电。

稳压 AC 100 V、AC 220 V 系统和稳压 DC 100 V 系统，使用辅助电源装置与 AC 400 V

实现隔离,并且降压和稳压。

稳压三相 AC 400 V 与牵引系统相关的辅助设备(牵引变压器、牵引变流器、牵引电机用各送风机等)连接。

稳压 DC 100 V 系统向车辆的控制电源、车厢照明、蓄电池等供电。

三、工作原理

APU 的输入电源是牵引变压器三次辅助绕组输出的 AC 400 V,通过可控硅混合电桥变换成为直流电。该直流电通过 PWM 三相逆变器变换成为交流电,通过逆变器输出变压器提供 AC 400 V 三相 50Hz 电源。CVCF 输出变压器将 AC 400 V 三相电源变换成单相 AC 220 V、AC 100 V 的稳压电源。辅助变压器将牵引变压器辅助绕组的 AC 400 V 变换成另一单相 AC 100 V 电源。辅助整流器箱使用整流器变压器将 APU 的 400 V 三相电压输出变压后,通过三相全波整流器,输出 DC 100 V,如图 10-18 所示。

输入整流器使用大电流、高电压器件,实现了小型、轻量化。逆变器单元使用可高速开关的 IGBT,通过高频 PWM 控制,实现了滤波电抗器的小型、轻量化。

辅助整流装置采用自冷式,由整流器变压器、整流二极管单元、用于实现输出电压下降特性的电阻等构成。

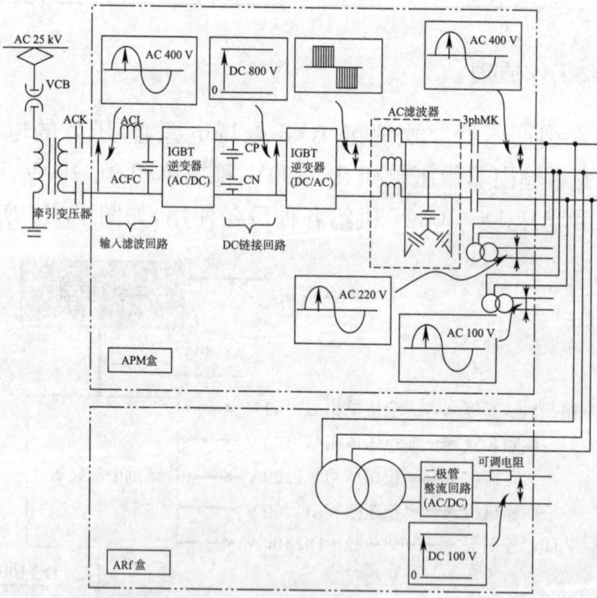

图 10-18　辅助电源系统工作原理

四、辅助电源系统各主要设备作用

1. 牵引变压器

牵引变压器将架线电压 25 kV 变换成辅助电源装置的输入电压 AC 400 V,同时也担负辅助电源装置对架线的绝缘作用。

2. 输入滤波回路

输入滤波回路是降低从架线流入到脉冲整流器/逆变器上的高频电流。

3. IGBT 脉冲整流器

脉冲整流器将牵引变压器的单相交流输出电压变换成直流的恒定电压。控制方式采用使用了大容量 IGBT 的脉宽调制方式(PWM)。

4. DC 环形回路

滤波电容器将稳定的直流电压供给后段的逆变器。

5. IGBT 逆变器

逆变器将直流电压变换成为恒频恒电压的三相变流电压。

6. AC 滤波回路

AC 滤波回路降低逆变器输出电压中的由于切换所产生的高频电压、使其输出畸变很小的正弦波。

7. 输出接触器

输出接触器 3 phMK 担负切断和辅助电源装置间的负荷的作用。

8. 辅助整流器

辅助整流器(ARf)采用二极管整流电路。APU 的三相 AC 400 V 输出电压通过二极管三相桥电路变换为 DC 100 V 电压,向列车蓄电池箱提供充足电流。整流电路通过可调电阻进行直流输出电压的调节。

五、交流供电系统

辅助电源装置(APU),有供给三相 400×(1±10%)V、50 Hz 稳压电源的逆变器(SIV)及把牵引变压器 3 次绕组电压进行降压的辅助变压器(ATr)的 2 种电源。此外,整流器箱(ArfBox)的内部设置有接受 SIV 的输出电力,向 302 线及 202 线提供单相 220 V 及 100×(1±10%)V、50 Hz 稳压电源的恒压变压器(CVT)。1～4 号车交流布线如图 10-19 所示,5～8 号车交流布线如图 10-20 所示,交流电路电源系统参数见表 10-2。

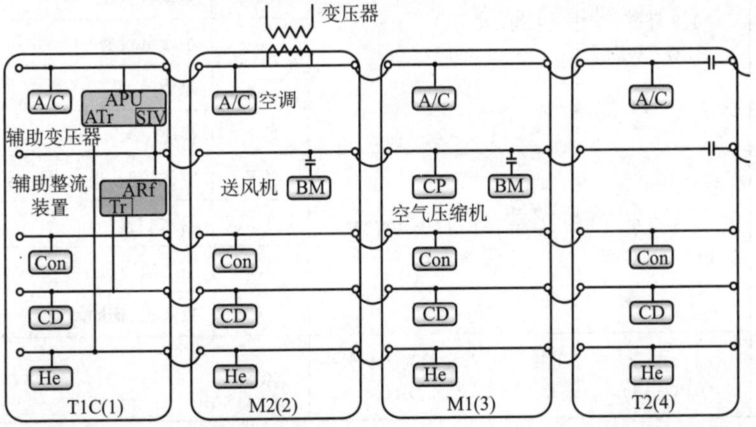

图 10-19　1～4 号车交流布线

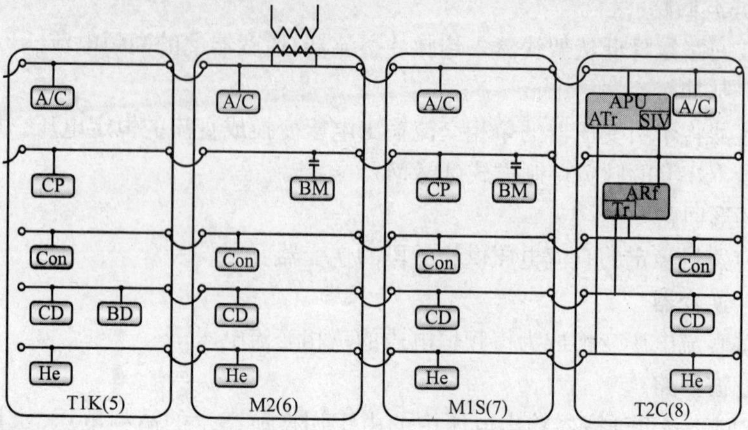

图 10-20　5～8 号车交流布线

表 10-2　交流电路电源系统参数表

电源系统	电　源	电　压	车辆	负　载
704、754 线	牵引变压器 3 次	单相 400 V，50 Hz	各车	空调装置、换气装置
			1、8	辅助电源(APU)、司机室空调
771、781、791 线	1、8 号车 APU-SIV	三相 400×(1±10%)V， 50 Hz	2、6	油泵(MTOPM)、通风机(MTrBM)
			2、3、6、7	牵引变流器通风机，牵引电机通风机
			3、5、7	空气压缩机
			1、8	辅助整流器(ARf)
			2、4、6、8	开水器
302 线	1、8 号车 APU-CVT	单相 220×(1±10%)V， 50 Hz	2、4、6、8	开水器控制
			3	自动售货机
			5	小卖部设备
			5、7	录像
			各车	插座
202 线	1、8 号车 APU-ARf-CVT	单相 100×(1±10%)V， 50 Hz	各车	空调控制、显示设定器
			1、3、5、7	给水装置
			3、6	空气清净机
			1、7、8	收音机、辅助制动
251 线	1、8 号车 APU-ATr	单相 100 V(允差为－41%～ ＋26%)，50 Hz	各车	电热器

上述内容中，704、754 线系统，771、781、791 线三相电源系统及 302 线系统，在一侧电源发生故障时，为了能够通过电源感应来延长供电，在 4 号车设置电磁接触器 ACK2、BKK 并

具备电磁接触器互锁功能。

六、直流供电系统

辅助整流器箱使用整流器变压器将 APU 的 400 V 三相电压输出变压后，通过三相全波整流器，输出稳压 DC 100 V，向车辆的控制电源、车厢照明、蓄电池、插座、服务设备等供电。

DC 100 V 系统可由 102、103 线两条线供电。通常是由 103 线供电，架线停电时，通过操作应急灯切换接触器，在将电源由 103 线切换到 102 线的同时，即可向广播装置、应急灯等最低限度所需的设备供电。

直流供电系统如图 10-21 所示、1～4 号车交流布线如图 10-22 所示、5～8 号车交流布线如图 10-23 所示、交流电路电源系统参数见表 10-3。

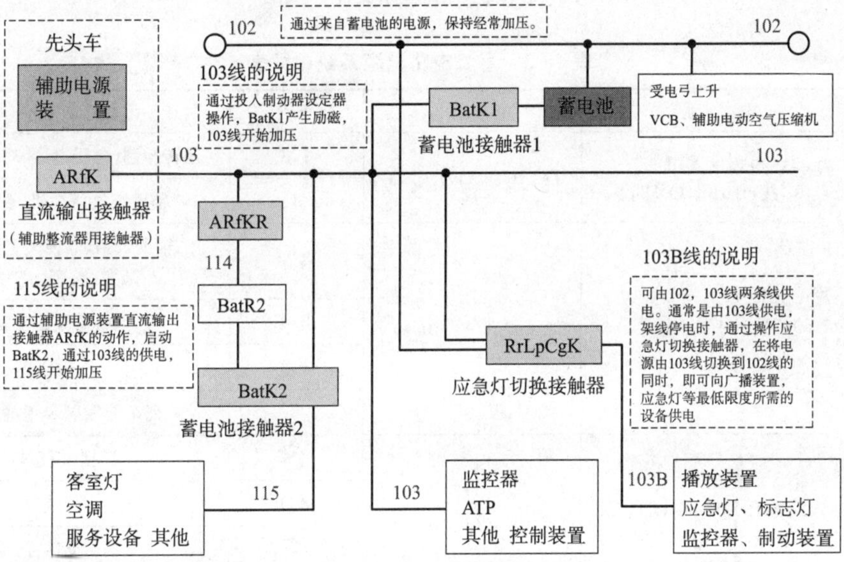

图 10-21　直流供电系统框图

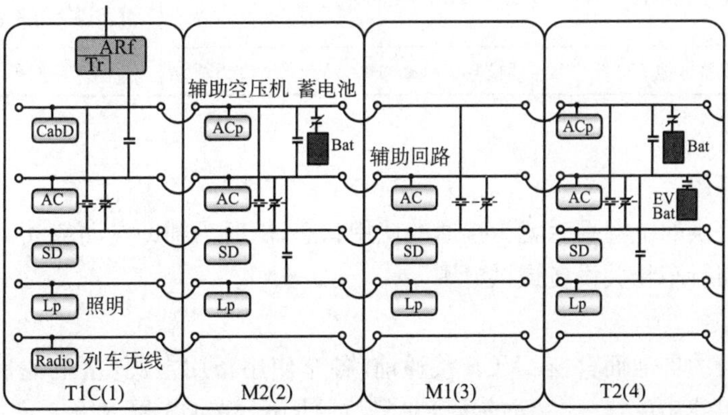

图 10-22　1～4 号车交流布线图

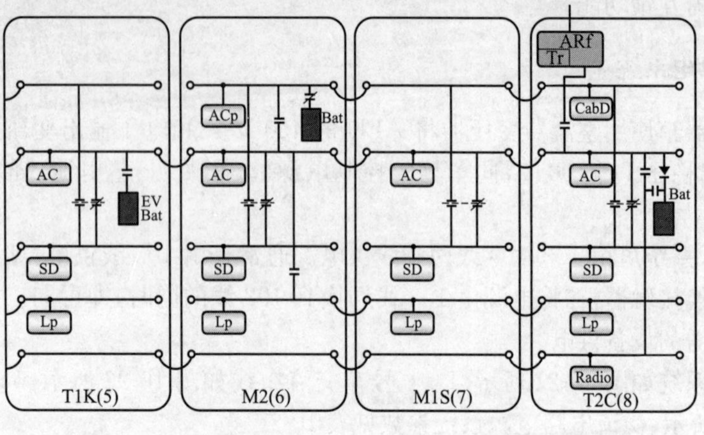

图 10-23　5～8 号车交流布线图

表 10-3　直流电路电源系统参数表

电源系统	电　源	电　压	车辆	负　载
102 线	2、4、6 号车蓄电池，103 线(BatK1,ON 时)	DC 100×$(1^{+20\%}_{-10\%})$V	1、8	运转控制(含受电弓、VCB 控制)
			2、4、6	辅助空气压缩机、蓄电池
103 线	1、8 号车 Arf	DC 100×(1±10%)V	各车	辅助电路、监控装置、制动装置、关车门装置
			2、3、6、7	牵引变流器控制
			1、8	ATP
			8	列车无线用专用蓄电池
103B 线	102 线(RrLpCgK,ON 时) 103 线(RrLpCgK,OFF 时)	DC 100×(1±10%)V	各车	广播、应急灯
			1、3、5、7	物理装置
			7	自动广播
			1、8	标志灯、摘挂装置、刮雨器装置
115 线	103 线(BatK2,ON 时)	DC 100×(1±10%)V	各车	空调控制、自动门装置、客室照明、客室空调通风机
118A 线	专用蓄电池 103 线	DC 100×(1±10%)V	1、8	列车无线装置

各直流线路说明：

1. 102 线系统

由蓄电池提供的电源平时就为接通的使用状态，随时为辅助电动空气压缩机、受电弓及真空断路器等与行车相关设备提供电源。

2. 103 线系统

就列车编组的贯通而言，在 VCB 接通前，各车使用备用电源(蓄电池)。VCB 接通后，辅助电源的输出线 101 线(103 线的场合是经过 ARfK)提供电源。

由于制动设定器手柄接通，105 线接通，M2 车的 BVR 动作，通过 BVR 接点接通，

BAtK1 动作，103 线被接通。此外，即使断开制动设定器手柄，若 VCB 接通时，由于 BatK1 继续动作，103 线仍处于接通状态。

该电源用于控制电路、ATC、监控器、车辆开关门电路等主要的直流电源装置及机器。

3. 103B 线系统

在由 102 线及 103 线两者提供电源的电路中，通常是由 103 线供电。在接触网停电时，进行切换应急灯的操作，将备用电源接入，为两头车的标志灯、回转接触电源、广播设备、备用灯等提供电源。

4. 115 线系统

蓄电池的充电电路。过程：辅助电源装置的直流输出的继电器（ARfKR）动作，114 线接通→导致 M2 车的 BAtK2R 励磁→通过 BAtK2R 的动作，致使 M2 车的 BAtK2R 励磁→通过来自 103 线的电源 115 线接通。它是用作客房灯、自动门、空调及辅助旋转机器控制等服务设施的电源。

5. 118A 线系统

平时以 103 线作为电源。非常情况时应急灯切换接触器 RrLpCgK 关闭、列车无线用蓄电池切换接触器（TWEmCgK）工作，电源从 103 线切换成列车无线用蓄电池（TWBat）。列车无线用蓄电池（TWBat）平时从 103 线得到充电。

思 考 题

1. 牵引系统由哪些设备组成？
2. 网侧高压电气设备包括哪些设备？
3. 牵引变压器的工作原理是什么？
4. 牵引主电路的工作原理是什么？
5. 辅助电源装置向哪些系统提供电源？

第十一章　制动系统部件构成、制动方式分类及特点

本章主要介绍了 CRH2A 型动车组制动、再生制动控制、空气制动控制的组成功用及制动方式分类方面的知识。从业人员通过对本章的学习能初步掌握 CRH2A 型动车组制动系统方面的基础知识。

第一节　制动系统组成

一、系统组成

制动系统主要由电制动系统、空气制动系统、防滑装置和制动控制装置组成。

动车上的每根轴上有电制动和空气制动装置,空气制动装置包括 2 套轮盘式制动装置;拖车的每根轴上只有空气制动装置,包括 2 套轮盘式制动装置和 2 套轴盘式制动装置。

制动系统分为 4 个控制单元,以一动一拖构成一个单元,采用电气再生制动与空气制动的复合制动方式。在单元内再生制动优先,空气制动实现延迟控制,以减少机械制动零部件的磨耗;速度较高时实施电制动,低速时电制动不足或故障由空气制动补充。制动方式的转换由微机系统完成,对应速度—黏着曲线模式进行制动力控制,还具有滑行检测技能及应载荷机能。系统组成如图 11-1 所示。

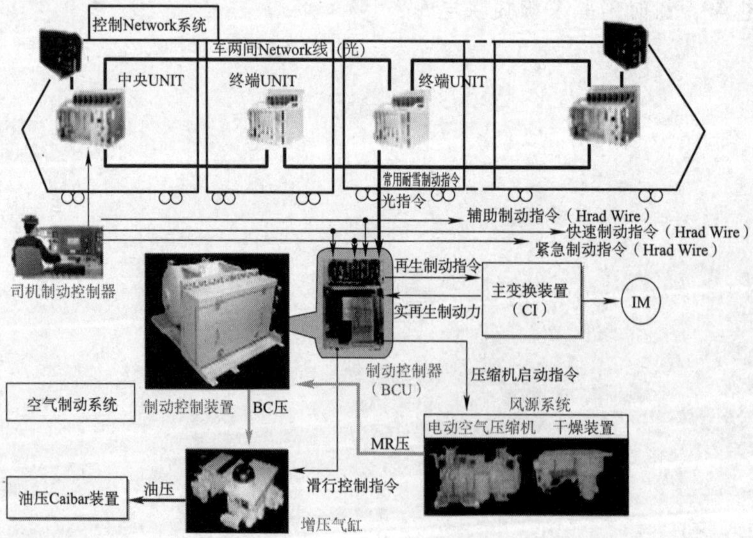

图 11-1　制动系统组成

二、制动系统原理

动车组的制动指令是由司机制动控制器发出的，经车辆信息控制装置传送到每辆车的制动控制装置，由制动控制装置的制动控制单元结合速度、载荷和制动级别等信息进行运算，按制动控制规律(减速度随速度的变化)控制 EP 阀电磁部，并经中继阀送出压缩空气到增压气缸，由基础制动装置完成制动作用。制动系统原理如图 11-2 所示。

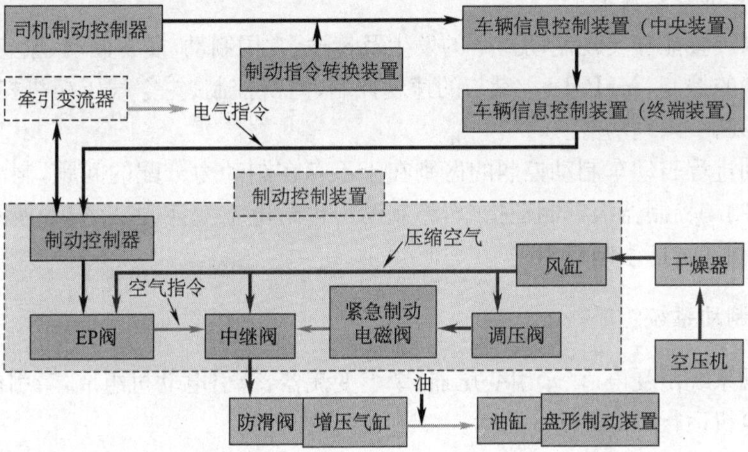

图 11-2 制动系统原理

第二节 再生制动控制系统

一、制动控制系统组成及功能

制动控制系统由再生制动和电气控制的空气制动系统两部分组成。主要包括制动控制器、牵引变流器(再生制动模式下)、电空变换阀 EP 中间继电器、制动阀等组成。

制动控制系统包括制动信号发生装置、制动信号传输装置和制动控制装置。

1. 制动信号发生装置

制动控制系统的制动指令有两种。一种由司机制动控制手柄发出，另一种来自 ATP 或 LKJ 设备，由 ATP 或 LKJ 与制动系统接口发出。

2. 制动信号传输装置

制动信号传输装置借助车辆信息控制装置(包括中央装置和终端装置)，不但负责将制动信号发生装置发出的制动指令传送给列车中所有车辆，还负责将各车信息传送给司机室。

3. 制动控制装置

制动控制装置接受制动指令、实现制动力控制，吊装在每辆车地板下，内部集成了制动控制单元 BCU 和各种空气控制阀，其核心是 BCU。BCU 内部采用微处理器。制动控制器接收制动手柄或 ATP 的制动指令，指令经过中央处理装置和终端装置通过光纤传输，根据各车辆的载荷信号和速度信息运算出所要的制动力，进而进行电气制动及空气制动的控制。

制动控制器根据制动指令和车重(通过空气弹簧计算出)决定制动力的大小,将制动力传给主变流器作为再生制动指令,主变流器将实际的制动力传给制动控制器。制动控制器计算制动力不足的部分,通过电流指令传给电空变换阀(EP 阀),将其转换为空气压力信号,经中继阀放大使制动缸产生相应的制动力。紧急制动时制动指令不经过制动控制器直接加给中继阀产生最大的制动力。

制动控制单元通过微机处理器,采用数字运算处理方式并与传输终端之间进行信息传输,实时输出各种控制数据。

制动控制装置能够实现制动指令的发生及传输、常用制动、非常制动、紧急制动、辅助制动和耐雪制动的控制、ATP/LKJ 参与的速度控制、防滑控制、主空气压缩机控制、系统状态记录和故障诊断一系列功能。

拖车制动过程与动车制动控制的区别在于不存在制动力分配的问题,制动力完全由空气制动产生,制动控制器根据制动指令,将制动力传给电空变换阀,电空变换阀输出量经中继放大后,经制动缸产生制动力。

二、再生制动系统组成

再生制动系统由受电弓、牵引变压器、牵引变流器、牵引电动机组成,牵引电动机在制动时转变为发电机运行,如图 11-3 所示。

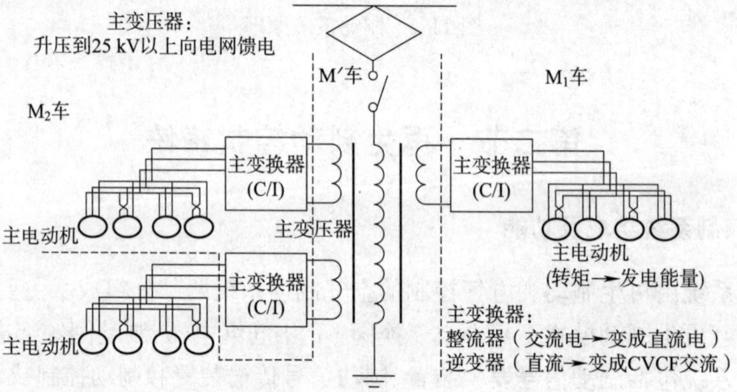

图 11-3　再生制动系统

(一)从牵引变流器向制动控制装置传送的信号有:

1. 再生反馈。

2. 再生有效信号。

(二)从制动控制装置向牵引变流器传送的信号有:

1. 再生制动模式。

2. 牵引变流器根据来自制动控制装置的再生制动模式信号(再生制动指令),控制执行再生制动。牵引变流器根据逆变器的输出电流和牵引电机的转速,计算制动转矩,作为再生反馈信号向制动控制装置传送。制动控制装置操作必须有足够的制动力,当电气制动的制动力不足时,用空气制动加以补足。

3. 牵引变流器对电制动力的不足进行检测。如检测出电制动力不足时，则 UBCDR(再生有效信号)接点处在打开的状态，制动控制器接收到再生有效信号打开时，用空气制动力补足所缺的制动力。

三、再生制动系统性能

当列车运行速度较低时电制动急剧衰减，因此，在速度低于 15 km/h 以下时不使用电制动。15～70 km/h 的速度范围内为 VVVF 控制的恒力矩区。速度在 70～250 km/h 之间时，制动力受牵引电动机功率限制，随速度的升高而减小。再生制动力性能曲线如图 11-4 所示。

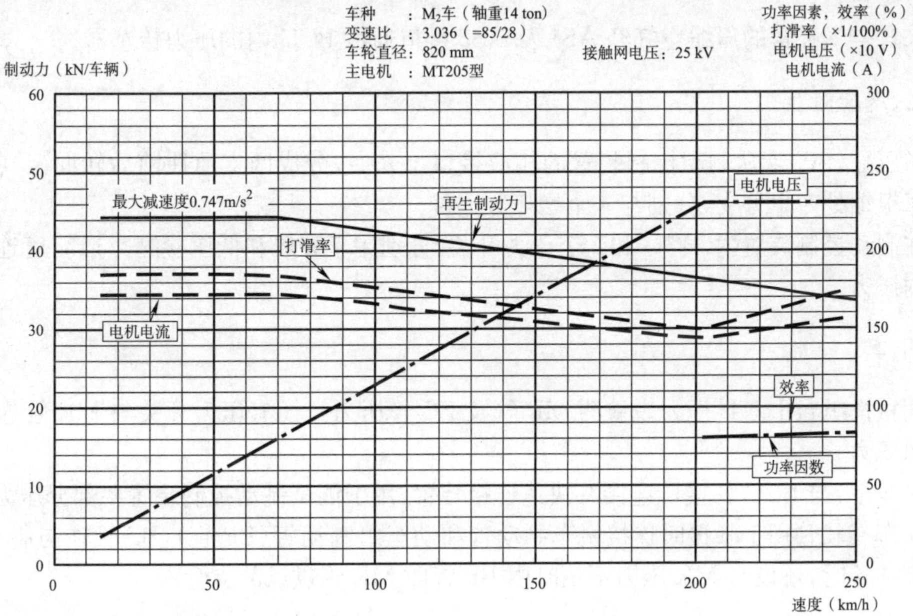

图 11-4　再生制动力性能曲线

第三节　空气制动控制系统

空气制动控制系统主要由供气装置、制动控制装置、增压缸管、总风管、制动管、压力表等组成。各主要部件气路如下。

一、供气装置

由空气压缩机出来的压缩空气经干燥装置冷却和除湿后，从制动控制装置的 MR1 管路接口向总风缸供风，总风缸压缩空气由 MR2 接口连接到贯通整个列车的总风缸管，没有压缩机的车辆的总风缸通过 MR1 接口从 MR 管接受压缩空气。

总风压力由 BCU 调整。

二、制动控制装置

在空气制动控制装置内部,总风管压缩空气通过截断塞门、滤尘器和止回阀与制动风缸及控制风缸相连接。

制动风缸通过管路与中继阀、电空转换阀和调压阀相连。来自制动风缸的压缩空气经管路接口 SR1 与地板上的 SR 塞门连接,再经接口 SR2 返回车下,以便从车地板上关闭空气制动;除了在地板上设置有 SR 塞门外,在制动控制装置内还设有其他塞门。此外,还配置了只关闭紧急制动作用的 UB 塞门。

控制风缸内的压力空气经 CTR2 接口通往调压阀,在调压阀内压力减至 490 kPa 后通往 CTR1 接口。

来自空气弹簧的压缩空气经 AS1 及 AS2 接口通往 BCU 内的压力传感器。

三、增压缸管

增压缸(BC)管从制动控制装置的相应接口出来后,分成两支通往前后转向架,各分支又在每根轴处产生分支,分别与 4 个增压缸连接。

在制动控制装置内,BCU 和 2 个压力开关(分别用于高压和低压检测)与 BC 管连接,控制管内压力。

四、其　他

司机操纵台上双针压力表检测 MR 管及 BC 管压力。还有压力开关与 MR 管连接,检测总风压力。

在车下,与 BCU 各接口连接有快速连接装置,用于测试制动控制装置各部分压力。

头车有软管用于救援时连接机车制动管和动车组制动管(BP 管),BP 管在与制动指令转换器连接时,还设有 MR 压力不足时由 BP 管向 MR 管供风的支管。

第四节　制动方式分类

一、分　类

制动作用根据指令类型不同可以分为:

常用制动(61～67 线、10 线得电)。

快速制动(152 线不得电、10 线得电)。

紧急制动(153 线、154 线不得电)。

辅助制动(411、461 线之间得电)。

耐雪制动(157 线得电)。

(一)常用制动

常用制动设 1～7 级。制动指令信号为数字式,采用光缆传输。各挡位的减速度均具有应载荷机能,无论车辆的质量如何,减速度保持一致。制动初速在 75 km/h 以上时,以一动一拖为单元对电制动力和空气制动力进行控制,电制动优先,动车的再生制动负担拖车的部分空气制动，制动初速 65 km/h 以下时，切换为各车制动力独立控制模式。由 ATP/LKJ 控制的常用制动，相当于制动手柄的 1、4、7 挡作用。

常用制动按速度—黏着特性(以雨天时的黏着试验为依据)曲线控制，并具有空重车载荷调整功能，可按载重来调节制动力。救援/回送制动执行的也是 1～7 级的常用制动功能。

(二)快速制动

快速制动与常用制动控制模式相同，具备最大常用制动 1.5 倍的制动力。

(三)紧急制动

紧急制动按安全回路失电启动的模式设置，紧急制动为纯空气制动，其制动力根据运行速度进行两级调整：速度在 160～200 km/h 范围内时，减速度为 0.6 m/s；速度在 160 km/h 以下时约为 0.778 m/s。紧急制动不具备空重车载荷调整功能。

发生下列情况引起紧急制动。

1. 总风压力过低，总风压力小于(590±10)kPa 时。

2. 列车分离，前方车辆采用快速制动动作，后方车辆则采用快速制动与紧急制动制动力大的一方动作。

3. 检测到制动不足时：当压力开关检测到 BC 压力不足，同时主变换器也检测到电气制动力不足时。

4. 操作紧急制动按钮，使紧急电磁阀失电。

5. 制动手柄处在拔取位。

注意：紧急制动复位操作需将制动手柄置于“快速”位，按下紧急制动复位按钮。

(四)辅助制动

制动装置异常、制动指令线路断线、车辆信息控制装置故障时使用。不经过车辆信息控制装置和制动控制装置，根据制动手柄的位置，直接使 EP 阀动作。产生相当于 3、5、7 级常用制动及紧急制动的空气制动，但每个级位的制动力为固定值，与列车速度和载重无关。通过操作司机室的设定开关以及各个单元(Tc 车)的配电盘开关来进行工作。使用辅助制动时，制动控制装置的电源不应断掉。辅助制动只在 1 号车和 8 号车动作，所以制动力较弱。

(五)耐雪制动

耐雪制动的作用方式和常用空气制动相似，防止下雪时制动盘和闸片间存雪，影响制动力。可以轻轻压紧闸片，使闸片和制动盘之间的间隙关闭。速度 110 km/h 以下，操作耐雪制动开关起作用。

二、制动减速度曲线

制动减速度曲线如图 11-5 所示。

图中：速度从 70 km/h 到 0 为止的减速度 β 一定。

常用 1 级：$\beta(m/s^2) = 0.1667$

常用 2 级：$\beta(m/s^2) = 0.2639$

常用 3 级：$\beta(m/s^2) = 0.3611$

常用 4 级：$\beta(m/s^2) = 0.4583$

常用 5 级：$\beta(m/s^2) = 0.5528$

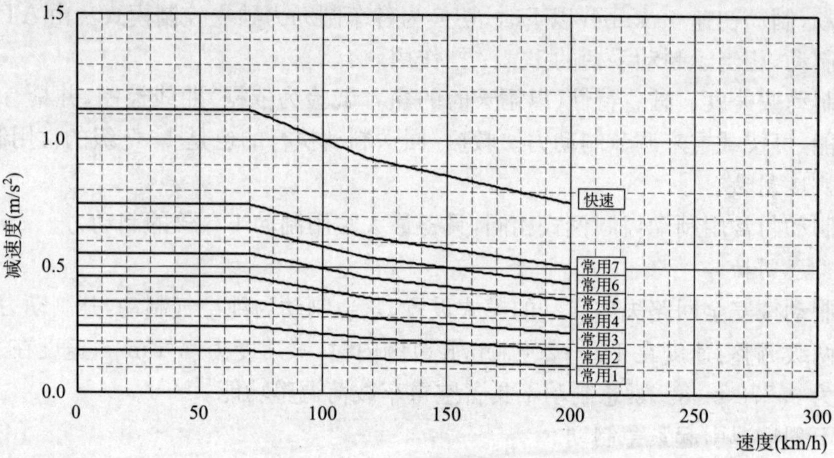

图 11-5 制动减速度曲线

常用 6 级:β(m/s²)＝ 0.6500

常用 7 级:β(m/s²)＝ 0.7472

快速:β(m/s²)＝ 1.1222

三、制动系统的技术特点和指标

(一)技术特点

1. 常用制动采用电、空结合的复合制动方式,电制动优先,所承担的制动能量占全部制动能量的 97%。

2. 常用制动按速度—黏着特性曲线进行控制,并具有应载荷机能。

3. 基础制动装置采用液压夹钳装置,体积小,响应迅速。

4. 具有与 ATP/LKJ 的接口,可施行安全制动。

5. 具有故障诊断和相关信息保存功能。

(二)主要技术指标

1. 动车组在平直道和额定载荷下的紧急制动距离:速度为 200 km/h 时不大于 1 720 m,速度为 160 km/h 时不大于 1 070 m。

2. 基础制动传动效率在 95%以上,闸片平均摩擦系数为 0.25。

3. 正常使用时总风管压力为 780～880 kPa。充风时,由 0 上升至 880 kPa 的时间为 250.3 s,由 780 kPa 上升至 880 kPa 的时间为 28.5 s。

4. 非常制动空走时间不大于 2.3 s,ATP 空走时间不大于 3.5 s。

思考题

1. 制动系统的工作原理是什么?

2. 制动控制系统由哪些设备组成?

3. 制动方式分为哪几种?

4. 制动系统的技术特点和技术指标是什么?

第十二章　CRH2A 型动车组控制系统基本构成及控制原理

本章主要介绍了 CRH2A 型动车组控制系统中直流电源系统、升降弓控制电路、主断路器控制电路、牵引运行指令控制电路、设备远程控制电路来阐明控制系统控制原理。从业人员通过对本章的学习能初步掌握 CRH2A 型动车组控制系统方面的基础知识。

第一节　直流电源系统

辅助整流器箱使用整流器变压器将 APU 的 400 V 三相电压输出变压后，通过三相全波整流器，输出稳压 DC 100 V，向车辆的控制电源、车厢照明、蓄电池、插座、服务设备等供电。

DC 100 V 系统可由 102、103 线两条线供电。通常是由 103 线供电，架线停电时，通过操作应急灯切换接触器，在将电源由 103 线切换到 102 线的同时，即可向广播装置，应急灯等最低限度所需的设备供电。

一、直流电源系统

直流电源系统结构如图 12-1 所示。

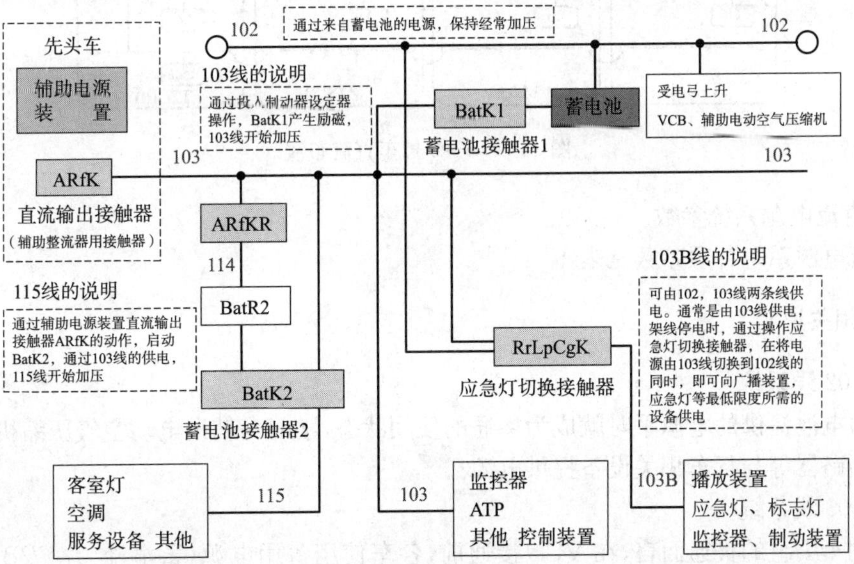

图 12-1　直流供电系统结构

二、直流供电布线

1. 直流供电系统在动车组的两个单元上的布线如图 12-2 和 12-3 所示。

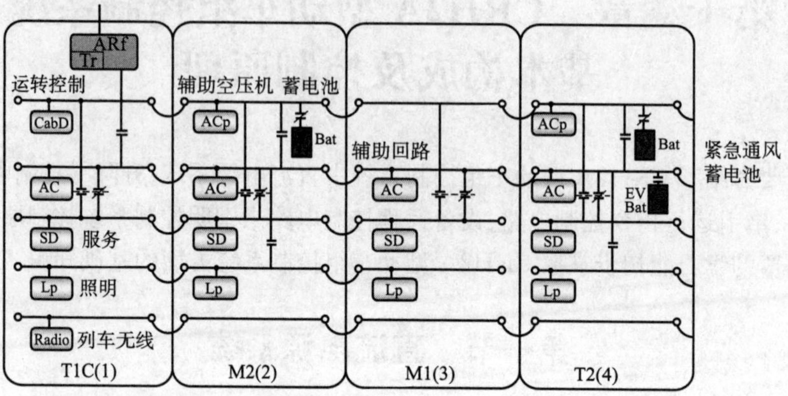

图 12-2 1～4 号车直流布线

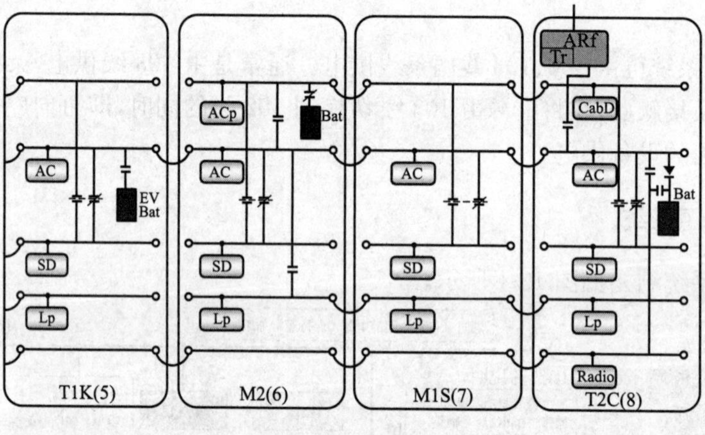

图 12-3 5～8 号车直流布线

2. 直流电源系统参数

直流电源系统各项参数见表 12-1。

三、相关说明

1. 102 线系统

由蓄电池提供的电源平时就成为接通的使用状态，随时为辅助电动空气压缩机、受电弓及真空断路器等与行车相关设备提供电源。

2. 103 线系统

就列车编组的贯通而言，在 VCB 接通前，各车使用备用电源（蓄电池）。VCB 接通后，辅助电源的输出线 101 线(103 线的场合是经过 ARfK)提供电源。

表 12-1 直流电源系统参数

电源系统	电 源	电 压	车辆	负 载
102 线	2、4、6 号车蓄电池，103 线(BatK1，ON 时)	DC $100\times(1^{+20\%}_{-10\%})$V	1、8	运转控制(含受电弓、VCB 控制)
			2、4、6	辅助空气压缩机、蓄电池
103 线	1、8 号车 Arf	DC $100\times(1\pm10\%)$V	各车	辅助电路、监控装置、制动装置、关车门装置
			2、3、6、7	牵引变流器控制
			1、8	ATP
			8	列车无线用专用蓄电池
103B 线	102 线(RrLpCgK，ON 时) 103 线(RrLpCgK，OFF 时)	DC $100\times(1\pm10\%)$V	各车	广播、应急灯
			1、3、5、7	物理装置
			7	自动广播
			1、8	标志灯、摘挂装置、刮雨器装置
115 线	103 线(BatK2，ON 时)	DC $100\times(1\pm10\%)$V	各车	空调控制、自动门装置、客室照明、客室空调通风机
118A 线	专用蓄电池 103 线	DC $100\times(1\pm10\%)$V	1、8	列车无线装置

由于制动设定器手柄接通，105 线接通，M2 车的 BVR 动作，通过 BVR 接点接通，BAtK1 动作，103 线被接通。此外，即使断开制动设定器手柄，若 VCB 接通时，由于 BatK1 继续动作，103 线仍处于接通状态。

该电源用于控制电路、ATC、监控器、车辆开关门电路等主要的直流电源装置及机器。

3. 103B 线系统

在由 102 线及 103 线两者提供电源的电路中，通常是由 103 线供电。在接触网停电时，进行切换应急灯的操作，将备用电源接入，为两头车的标志灯、回转接触电源、广播设备、备用灯等提供电源。

4. 115 线系统

蓄电池的充电电路。过程：辅助电源装置的直流输出的继电器(ARfKR)动作，114 线接通→导致 M2 车的 BAtK2R 励磁→通过 BAtK2R 的动作，致使 M2 车的 BAtK2R 励磁→通过来自 103 线的电源 115 线接通。它是用作客房灯、自动门、空调及辅助旋转机器控制等服务设施的电源。

5. 118A 线系统。平时以 103 线作为电源。非常情况时应急灯切换接触器 RrLpCgK 关闭、列车无线用蓄电池切换接触器(TWEmCgK)工作，电源从 103 线切换成列车无线用蓄电池(TWBat)。列车无线用蓄电池(TWBat)平时从 103 线得到充电。

第二节 升降弓控制电路

一、升降弓控制原理

受电弓设置在 4 号车或 6 号车上。正常情况下，只能有一个受电弓升起。因此当受电弓上升连锁装置继电器(PanIR)选择一侧的受电弓时,将不能输入另一侧受电弓的上升指令。

受电弓的升降指令能够通过设置在司机台的操作开关或者监控器的显示器发出。

为了安全起见,在不使用外电源充电的情况下,将2、6专车运转配电盘内的EXPanN断开。

二、升降弓电路中的联锁装置

设在头车上的司机控制器继电器MCR将3线(由103线)作为电源,在制动设定器的手柄位置(运行—非常)以及司机控制器辅助继电器MCRR常闭接点闭合的条件下进行励磁(参照逻辑运行控制原理图)。

头车的MCR以及MCRR的联锁关系如图12-4所示,1号车的MCR进行励磁后,经由制动电路贯穿线(3Y、3Z)8号车的司机控制器辅助继电器MCRR进行励磁,与8号车的司机控制器继电器MCR线圈串联的MCRR常闭接点处于断开的状态,所以8号车MCR不能被励磁。于是,从8号车的MCR接点经由制动电路贯穿线(3Y、3Z)、1号车司机控制器辅助继电器MCR被励磁的电路不能贯通。

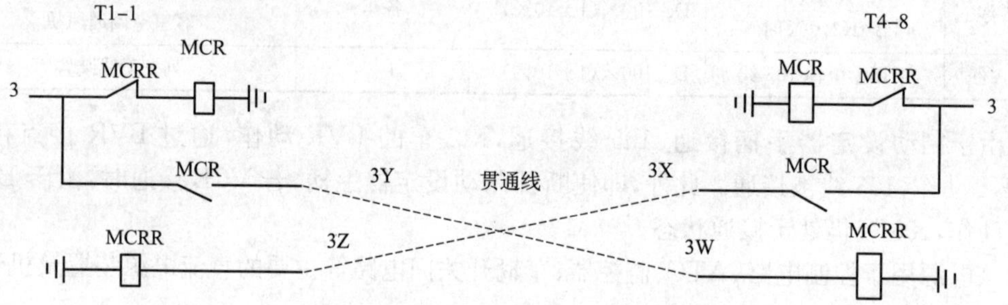

图12-4 MCR和MCRR的联锁关系

由于8号车MCRR进行了励磁,因此110贯穿线(EGS条件)、111线(VCB条件)从8号车MCRR接点被励磁,VCB辅助继电器(VCBRR)、接地保护开关继电器(EGSR)各线圈被励磁,各继电器的接点是闭合的状态。

4号、6号车的PanIR、受电弓上升指令继电器(PanUR)联锁关系如图12-5所示。对4号车输入受电弓的上升指令后,通过106G线6号车的PanIR被励磁。由于6号车的PanIR被励磁,6号车的PanIR的常闭接点是断开的状态,因此PanUR没有被励磁。6号车被输入受电弓上升指令的情况下,按照同样的逻辑,4号车的PanUR不能励磁。

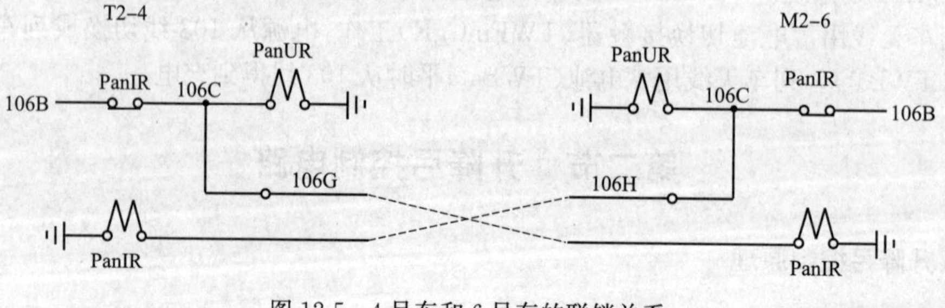

图12-5 4号车和6号车的联锁关系

三、升起受电弓的指令

在 EGSR、VCBRR 没被励磁(EGS、VCB 未闭合)的状态下，操作升起受电弓开关(PanUS)后，升起受电弓的指令 106X 线(6 号车受电弓上升指令线)或者 106Y(4 号车受电弓上升指令线)线得电。至于 106X 线(M5-6 车)和 106Y 线(M3-4 车)中的哪一个得电，由受电弓的切换开关(PanCGS)进行选择。106 线得电后，PanUR 被励磁，PanUR 的常开接点处于关闭的状态。这里如果没有输入降下受电弓的指令(PanDWR 非励磁)，受电弓上升电磁阀被励磁，受电弓上升。

由监控器显示器输入升起受电弓的指令，单元指令继电器(URO4)切换到监控器终端装置一侧，对该单元的 PanUR 进行励磁。

四、降下受电弓指令

按下降下受电弓开关(PanDS)，受电弓下降指令 107 线得电，同时 VCB 断开指令 8 线被加压(参照辅助电路原理图)。107 线得电，降下受电弓继电器(PanDWR)被励磁，PanDWR 的常闭接点处于打开状态，使 PanUV 成为非励磁，受电弓降下，如图 12-6 所示。

由监控器显示器输入降下受电弓的指令，开放受电弓指令继电器(PanCOR)被励磁，由此 PanDWR 工作。

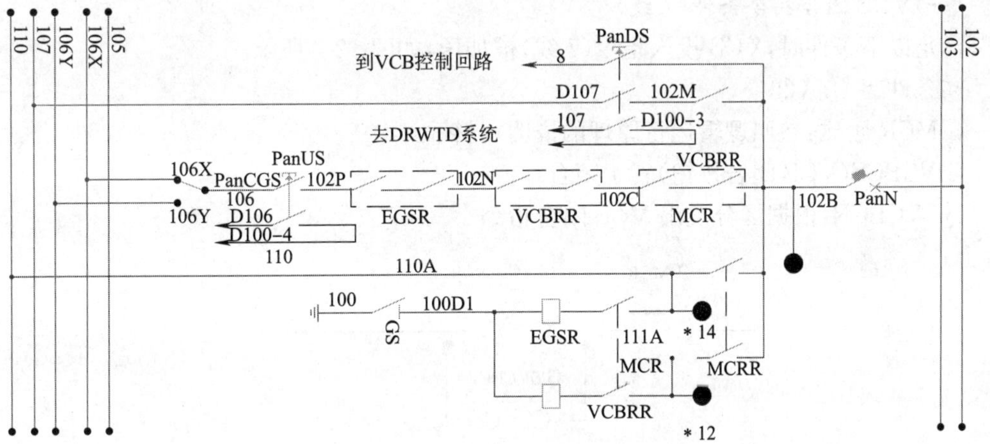

图 12-6 升降弓控制电路

第三节 主断路器控制电路

一、VCB 投入

VCB 投入是在确认 4 或 6 号车的受电弓升起后，操作 VCB 投入开关(VCBCS)，VCB 投入指令的 7 线得电，VCBCR1 被励磁。另外，各车的 VCB 投入条件(保护设备没有动作)齐备时，VCBOR2 进行励磁。VCBCR1 和 VCBOR2 励磁，在 2 号、3 号车和 6 号、7 号车的牵引变流器的接触器处在开放(KRR 消磁)状态和主变压器的油泵用 NFB(MTOPMN)投入为条件,VCB-M 进行励磁,VCB 投入。

二、VCB 断路

通常 VCB 的断开是,操作 VCB 断按钮(VCBOS),VCB 断路指令的 8 线得电,VCBOR1 工作,VCB-M 失电,编组内的所有 VCB 都断开。另外,操作降下受电弓开关(PanDS)的时候,为防止由受电弓造成的电流断路,8 线得电,使用 VCB 将电流断路。

作为异常时的断路,由以下的任一动作造成 VCBOR2 失电,该单元的 VCB 断开。

①ACMGVR(小型空气压缩机调压器用继电器):OFF(辅助气压的低下)

②VCBCOR(VCB 断开继电器):ON(由设备远距离控制造成的断开)

③ACOCCR(交流化电流辅助继电器):ON(1 次(原边)过电流电流检测)

④AOCN(辅助电路过电流 NFB):OFF(3 次过电流检测)

⑤GRR3(第 3 级电路接地继电器):ON(第 3 级电路接地检测)

⑥CIFR(牵引变流器故障检测继电器):OFF(牵引变流电路故障检测)

⑦GRR(初级电路接地继电器):ON(初级电路接地检测)

三、连接图各条件说明(注:符号"∧"代表"和"的关系、"∨"代表"之一"的关系)

(一)VCB 闭合指令条件(7 线)

满足以下条件时,VCB 投入指令(7 线)被加压,如图 12-7 所示。

<条件> ①∧②

①MCR 励磁:参照逻辑运行原理的说明资料

②VCBCS(VCB 闭合按钮)置于闭合

③SVCBCR:根据区分发出 VCB 闭合指令

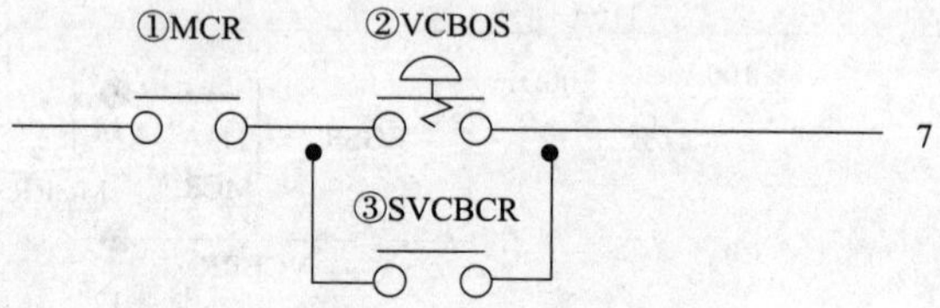

图 12-7　VCB 闭合指令条件

(二)VCB 断开指令条件(8 线)

满足以下条件时,VCB 断开指令(8 线)得电,如图 12-8 所示。

<条件> ①∨②

①VCBOS(VCB 断开开关)置于 ON

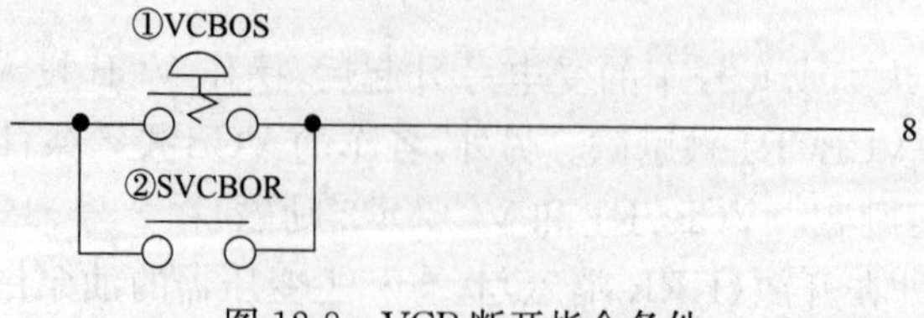

图 12-8　VCB 断开指令条件

②SVCBOR 励磁：根据区分发出 VCB 断开指令

（三）VCBCR1 条件

满足下列条件时，VCBCR1 励磁，如图 12-9 所示。

<条件> ①∧②∧③

①MCR 励磁

②VCBCS（VCB 闭合按钮）置于 ON

③UR0＊非励磁：监视器显示器没有发出选择模块的指令

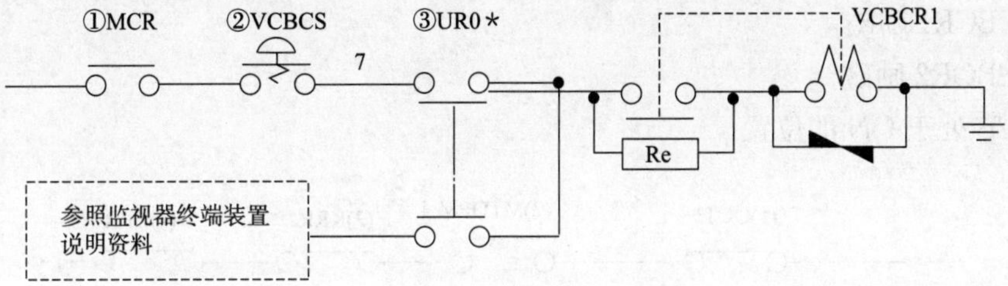

图 12-9　VCBCR1 条件

（四）VCBOR2 条件

满足下列条件时，VCBOR2 励磁，如图 12-10 所示。

<条件> ①∧②∧③∧④∧⑤∧⑥∧（⑦∨⑧）∧⑨∧（⑩∨⑪）∧⑫

①ACMGVR 励磁：辅助气压正常

②VCBOR1 非励磁

③VCBCOR 非励磁：监视器显示器没有发出断开 VCB 的指令

④ACOCRR 非励磁：不是 1 次（原边）过电流

⑤AOCN 励磁：不是 3 次过电流

⑥GRR3 非励磁：第 3 级电路接地正常

⑦⑩CIFR 励磁：牵引变流器装置正常

⑧⑪CORR 励磁：牵引电机停止工作

⑨⑫CIGRR 非励磁：牵引变流器装置接地正常

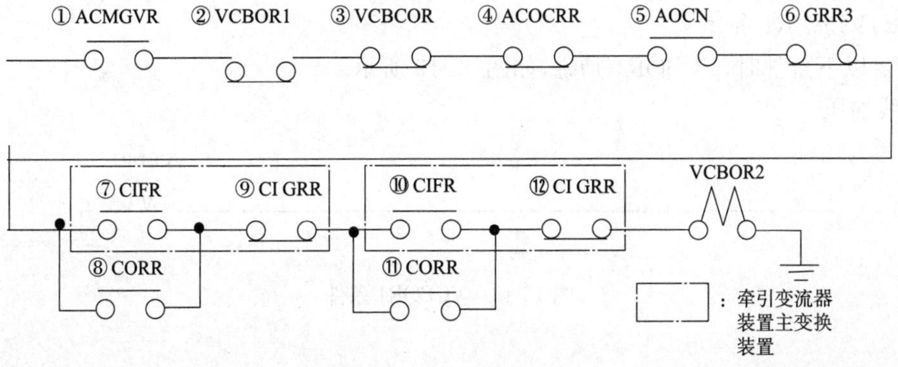

图 12-10　VCBOR2 条件

(五)VCB-M 条件

满足以下条件时,VCB-M 励磁,如图 12-11 所示。

<条件> ①∧{(②∧③∧④∧⑤)∨⑦}∧⑥

①OCTN 非励磁

②MTOPMN 励磁:牵引变压器油泵断路器投入

③KRR 非励磁:牵引变流器装置接触器开放 M1/M3 车

④KRR 非励磁:牵引变流器装置接触器开放 M2/M4 车

⑤VCBCR1 励磁

⑥VCBOR2 励磁

⑦VCB 处于 ON 的位置

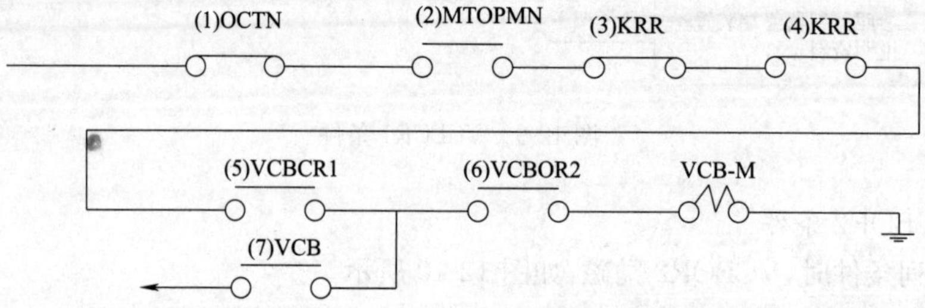

图 12-11　VCB-M 条件

(六)OCTN 条件

满足以下条件时,OCTN 励磁,如图 12-12 所示。

ACOCRR 励磁:是 1 次(原边)过电流

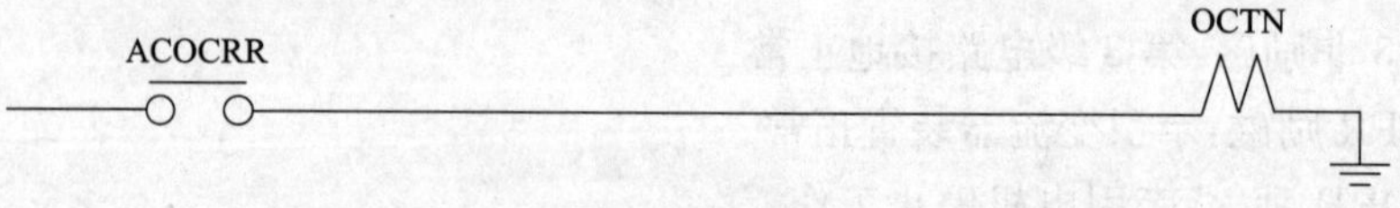

图 12-12　OCTN 条件

(七)VCBOR1 条件

满足以下条件时,VCBOR1 励磁,如图 12-13 所示。

8 线加压

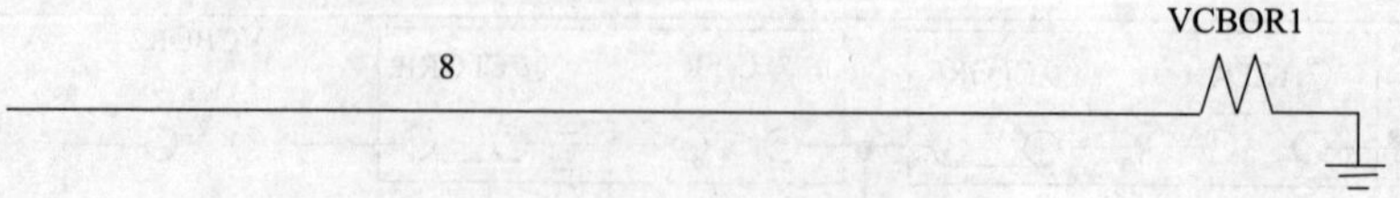

图 12-13　VCBOR1 条件

第四节　牵引运行指令控制电路

一、牵引运行指令控制概述

运车组的牵引运行是通过牵引变流器和终端装置间的数据传送光缆(光纤)进行传送和接收控制指令信息及故障信号等。除了使用光缆传送的控制指令信息之外,作为备份,使用硬线把前进(4 线)、后退(5 线)、复位(6 线)、动力级位 A(9A 线)、动力级位 B(9B 线)信号输入到牵引变流器。另外使用硬线,把下列控制装置正常诊断用继电器 (WDTR)、牵引变流器故障检测用继电器 (CIFR2)、牵引变流器接地检测用继电器 (CIGRR2)、牵引变流器控制电源用继电器 (DCR)、主电路电流检测装置用继电器 (CDR2)的故障、状态信号等从牵引变流器输入到终端装置。

二、牵引运行指令控制接口

牵引变流器向制动控制装置传送再生反馈、再生有效信号的信号,制动控制装置向牵引变流器传送再生制动模式的信号。牵引变流器根据来自制动控制装置的再生制动模式信号,控制电气制动。牵引变流器根据逆变器的输出电流和牵引电机的转速,计算制动转矩,作为再生反馈信号向制动控制装置传送。制动控制装置操作必要的制动力,当电气制动的制动力不足时,用空气制动加以补足。

此外,使用牵引变流器对电制动力的不足进行检测。如检测出电制动力不足时,则 UBCDR(再生有效信号)接点处在打开的状态,向空气制动转移。UBCDR 接点处在打开状态,在制动控制装置侧,速度在 160 km/h 以上时,BCS2(制动控制低压不足检测开关)为 OFF,或是速度在 160 km/h 以下时,BCS1(制动控制高压不足检测开关)在满足了 OFF 的条件时,UBTR(制动不足检测用定时继电器)其自身保持电路断开被释放。如果 UBTR 处在 OFF 的话,UV(紧急制动阀)的励磁断开,紧急制动动作(参照制动电路连接)。

作为 VCB 闭合/断开条件,从牵引变流器输出牵引变流器 1 次侧电源投入用的接触器投入继电器 (KRR)、牵引变流器故障检测用继电器 (CIFR1)、牵引变流器接地检测用继电器 (CIGRR1)的工作状态信号。为防止 VCB 投入/断开时对牵引变流器的冲击电流,在 VCB 投入的条件中,包括牵引变流器 1 次侧电源接触器没有投入(KRR 消磁)的状态。此外,在 VCB 处在投入的状态,当牵引变流器发生故障(CIFR 消磁)或牵引变流器接地发生异常(CIGRR 励磁)时,就会断开 VCB。VCB 投入/断开状态输入到牵引变流器,通过 VCB 投入,能够进行滤波电容器预备充电、牵引变流器 1 次侧电源接触器的投入。

三、牵引运行指令控制电路中滤波电容器预备充电

为防止牵引变流器 1 次侧电源投入用接触器(K)投入时的过大冲击电流,在 K 投入前对滤波电容器进行充电。开始充电的时机是从终端装置输入换向器(reverser)投入信号的时候。充电开始到 K 投入为止的流程为换向器(reverser)投入、输出充电用接触器(CHK)投入、滤波电容器充电、充电用接触器(CHK)断开、K 投入。

四、牵引运行指令控制电路的逻辑运行控制

(一)动力运行指令关系(前进、后进、动力运行、级位指令)

主控制器的前进(4线)或后进(5线)、动力运行指令(9线)及1～10级位指令(11·12·13·15·17·19线)的各指令线被输入到车辆信息控制的中央装置,通过控制传送向牵引变流器发出指令,进行动力运行。

(二)定速开关电路(恒速行驶)

定速控制指令的输出条件是:在ATPCOS正常位置(ATP有效、没有Cut out(切断))、动力运行2挡位以上的基本条件下,通过操作司机台的定速开关(定速SW),定速继电器(CSR)得到励磁、CSR的常开接点处在关闭状态,输入到车辆信息控制的中央装置(23线)。

(三)启动试验开关电路

此电路的目的是在处理牵引变流器的故障等以后,不行驶也能判断动力运行是否良好。通过制动设定器在7级位以上的条件下操作启动试验开关,使9线(动力运行指令)得到加压。

(四)MCR条件(主控制器继电器)

1号车主控制器继电器MCR以3线(103线)作为电源,在制动控制手柄位置为运转～非常位(即制动控制手柄没有拔下、有效)及主控制器辅助继电器MCRR常闭接点闭合(另一侧司机台的主控制器非有效)的条件下动作。

(五)制动指令电路连接图各条件说明

1. MCR条件

如果①～③满足以下条件,MCR就励磁,如图12-14所示。

＜条件＞①∧②∧③

①B运非R励磁

②MCRR非励磁:相反侧的先头车的MCR非励磁

③MXR非励磁:与其他编组没有连挂

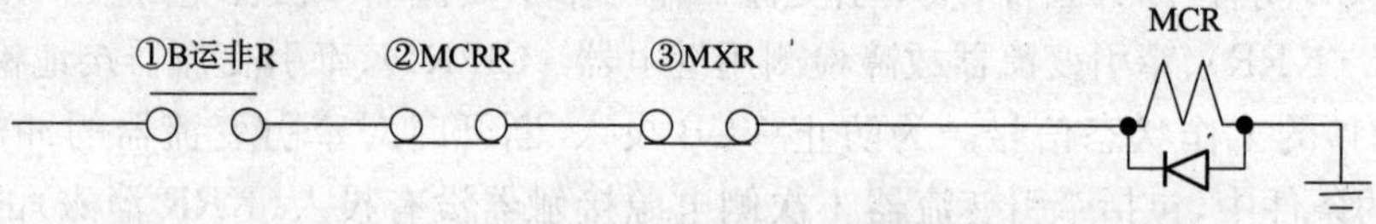

图12-14 MCR励磁条件

2. 动力运行指令R的条件(9线)

①～⑥满足以下条件的话,动力运行指令R励磁,如图12-15所示。

由于动力运行指令R得到励磁,主控制器指令可以输入监控器。

＜条件＞①∧(②∨③)∧④∧(⑤∨⑥)

①MCR励磁

②换向开关前R进行励磁

③换向开关后R进行励磁

④JTR 励磁:没有进行紧急制动
⑤DIR 励磁:塞拉门在关闭状态
⑥DIRS 为 ON:关门连动继电器用开关为 ON

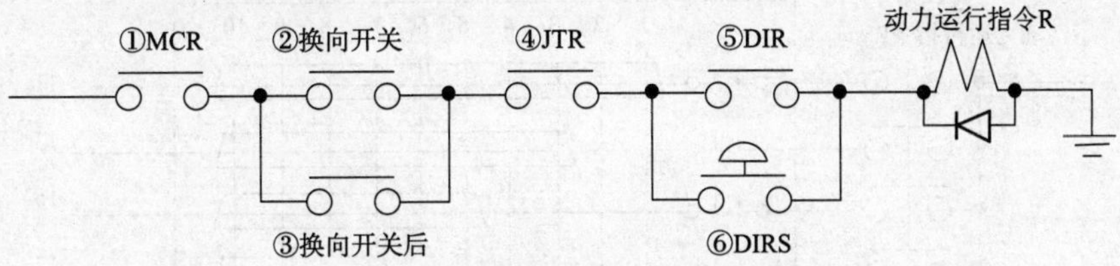

图 12-15　动力运行指令 R 励磁条件

3. MCPR 条件(主控制器接通继电器)

①～②满足以下条件,MCPR 励磁,如图 12-16 所示。

<条件>①∧②

①动力运行指令 R 励磁

②MC 断开 R 励磁:(MC 断开状态)

③MCCOR 励磁:(MC 断开状态)

※MCPR 一旦励磁,动力运行指令 R 直到非励磁为止,一直自我保持。

MCPR 得到励磁后,主控制器指令通过 9 线,可以输入监控器。

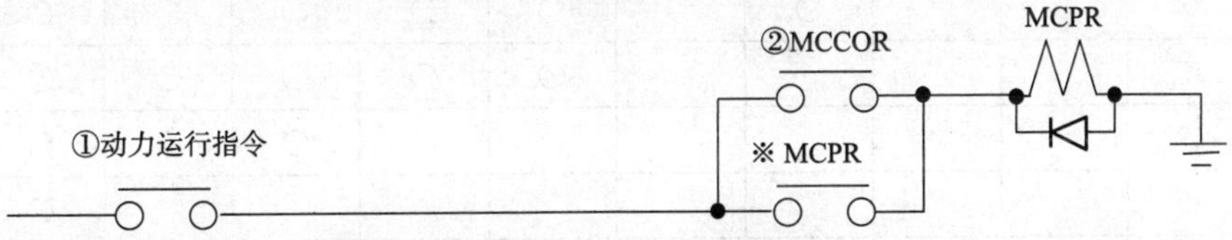

图 12-16　MCRR 的励磁条件

4. 换向开关 R 条件

换向开关前位置时,换向开关前 R 就励磁(前进模式)。

换向开关后位置时,换向开关后 R 就励磁(后进模式),如图 12-17 所示。

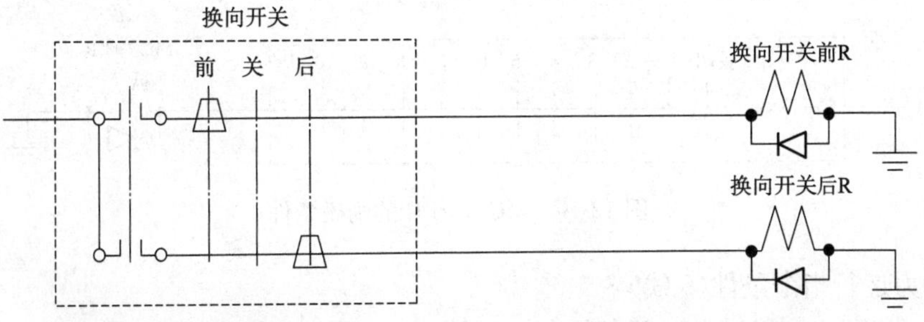

图 12-17　换向开关 R 励磁条件

5. MC 级位指令条件

动力运行指令 R 在励磁状态,通过操作 MC(主控制器)级位,表 12-2 中的 11、12、13、

15、17、19 线的各线得电，如图 12-18 所示。

各线输入监控器中央装置，进行动力运行控制。

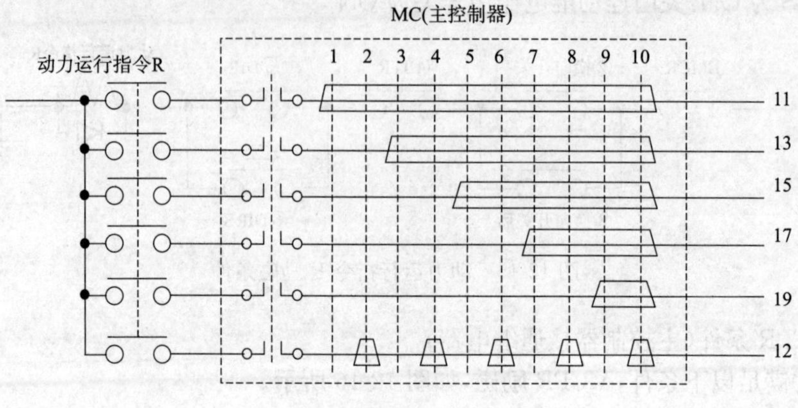

图 12-18　MC 级位指令条件

表 12-2　主控制器与级位指令线的对应

		主控制器级位指令									
		1	2	3	4	5	6	7	8	9	10
加压线	11	○	○	○	○	○	○	○	○	○	○
	13			○	○	○	○	○	○	○	○
	15					○	○	○	○	○	○
	17							○	○	○	○
	19									○	○
	12		○		○		○		○		○

注：○=「得电」、空白处=「不得电」

6. MC 关闭 R 的条件

把 MC 处在「关闭」位置、MC 关闭 R 进行励磁。由此 MCPR 可以励磁，能使动力运行指令条件(9 线)有效，如图 12-19 所示。

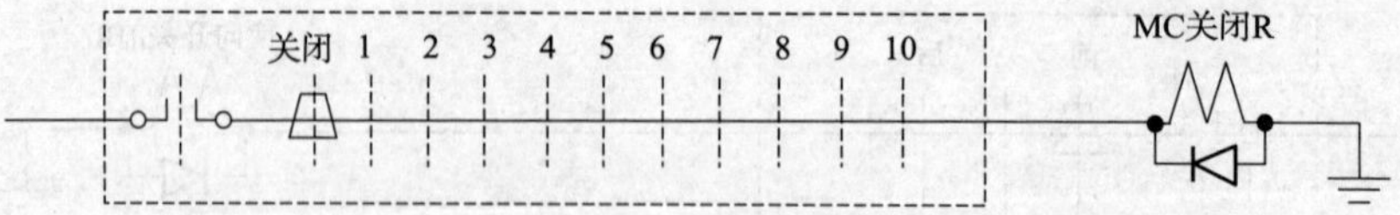

图 12-19　MC 关闭 R 的励磁条件

7. 动力运行指令条件(9 线)

在①～⑩项中如果满足以下条件，动力运行线(9 线)进行加压及 PR 励磁，如图 12-20 所示。

PR 的接点信号输入到制动装置。由此，制动装置识别动力运行模式。

<条件> ①∧②∧③∧④∧{(⑤∧⑥)∨⑦}∧⑧∧⑨

①动力运行指令 R 励磁:参照 17.6.6(2)
②MC 级位为 1～10
③MCPR 励磁
④B 运非 R 励磁
⑤B7 非 R 励磁
⑥启动试验 SW 为 ON
⑦B1 非 R 为非励磁
⑧NBR 励磁:放缓 ATP 常用制动
⑨ATCKB1R 为非励磁

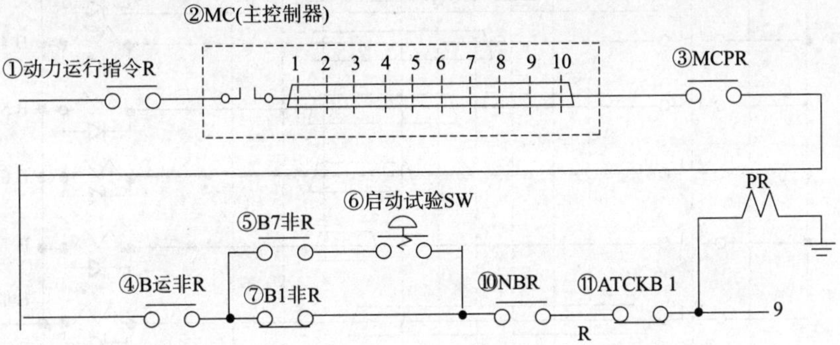

图 12-20　动力指令运行条件

(1)换向开关前指令条件(4 线)

在①、②的项目中,如果满足以下的条件,换向开关前指令(4 线)得电,如图 12-21 所示。

＜条件＞ ①∧②
①MCR 励磁
②换向开关前 R 励磁

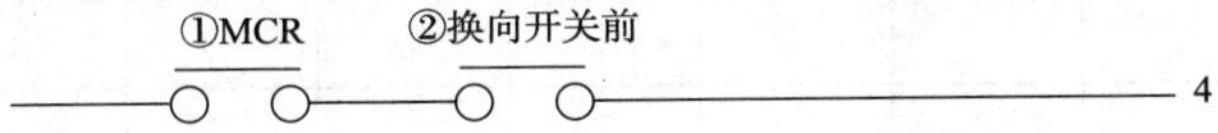

图 12-21　换向开关前指令 4 号线得电条件

(2)换向开关后指令条件(5 线)

在①、②的项目中,如果满足以下条件,换向开关后指令(5 线)得电,如图 12-22 所示。
＜条件＞ ①∧②
②MCR 励磁
③换向开关前 R 励磁

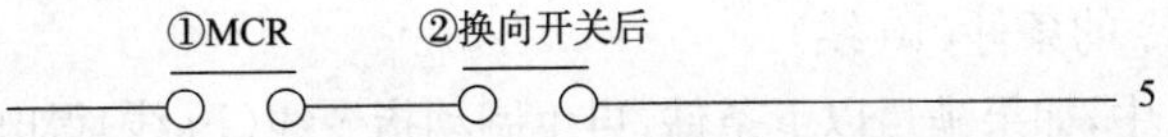

图 12-22　换向开关后指令 5 号线得电条件

(3)制动级位设定器

根据操作制动设定器,将对应于表 12-3 的继电器励磁,如图 12-23 所示。

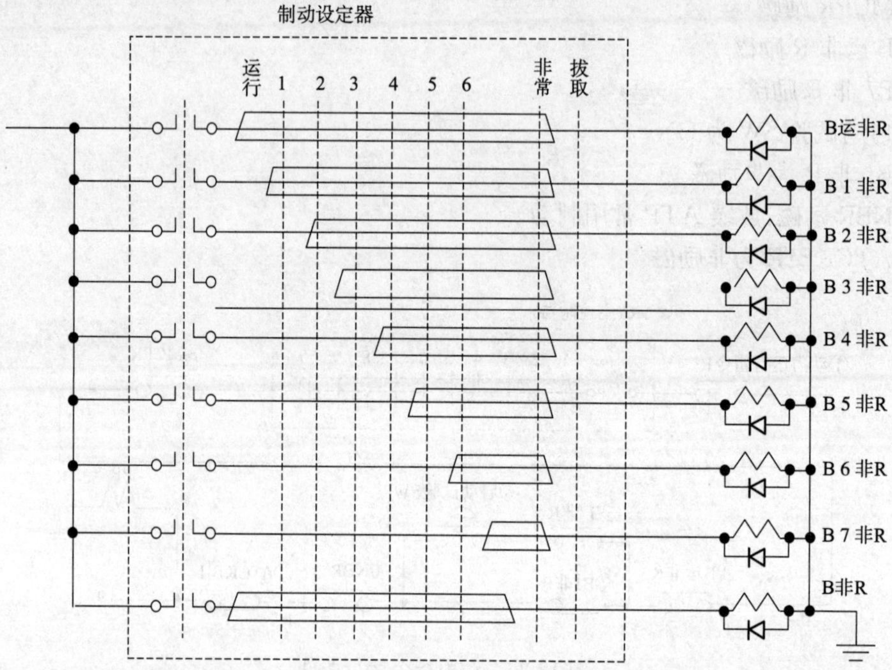

图 12-23 制动级位设定器

表 12-3 制动设定器和励磁继电器的对应

		制动设定器指令								
		运转	1	2	3	4	5	6	7	应急
继电器	B运非 R	○	○	○	○	○	○	○	○	○
	B1 非 R		○	○	○	○	○	○	○	○
	B2 非 R			○	○	○	○	○	○	○
	B3 非 R				○	○	○	○	○	○
	B4 非 R					○	○	○	○	○
	B5 非 R						○	○	○	○
	B6 非 R							○	○	○
	B7 非 R								○	○
	B 非 R	○	○	○	○	○	○	○		

注:○=「励磁」、空白处=「非励磁」。

(4)再生制动指令的条件(10 线)

在①~⑦的项目中,如果满足以下条件,再生制动指令线(10 线)得电,如图 12-24 所示。

＜条件＞ (①∨②∨③)∧(④∨⑤)∧⑥∧⑦

①B1 非 R 励磁
②ATCBR 励磁
③ATCKB1R 励磁
④5SR 为非励磁：速度为 5 km/h 以上
⑤空挡 R 励磁
⑥SBNR 为非励磁：(制动装置正常，不是辅助制动模式)
⑦电气制动开放开关为 OFF(再生制动没有被切断)

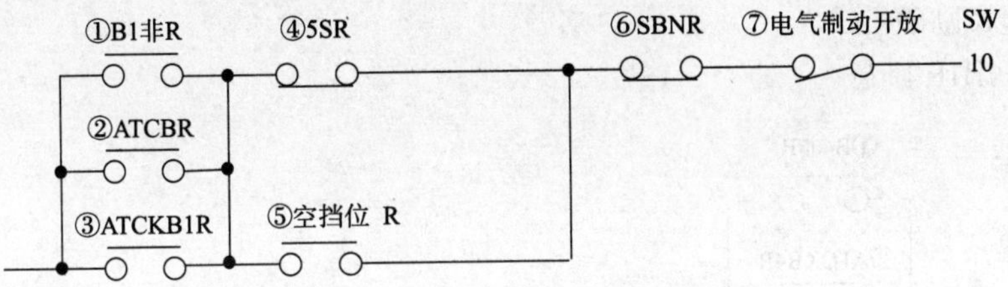

图 12-24　再生制动指令 R 励磁条件

(5)制动指令条件(61 线)(1 挡)

在①～③的项目中，如果满足以下条件，制动指令(61 线)得电及 B61R 励磁，如图 12-25 所示。

<条件> ①∨②∨③
①B1 非 R 励磁
②ATCBR 励磁
③ATCKB1R 励磁

图 12-25　制动指令 61 线得电条件

(6)制动指令的条件(62 线)(2 挡)

如果满足以下条件，制动指令(62 线)得电，如图 12-26 所示。

B2 非 R 励磁

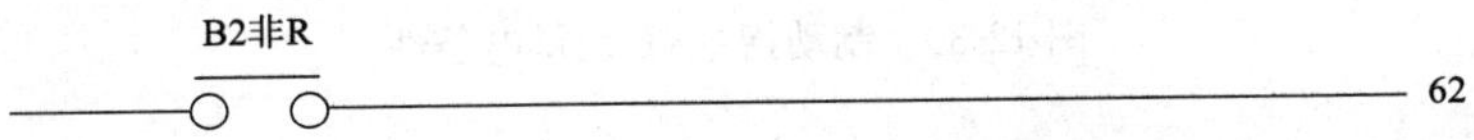

图 12-26　制动指令 62 线加压条件

(7)制动指令的条件(63 线)(3 挡)

如果满足以下条件，制动指令(63 线)得电，如图 12-27 所示。

B3 非 R 励磁

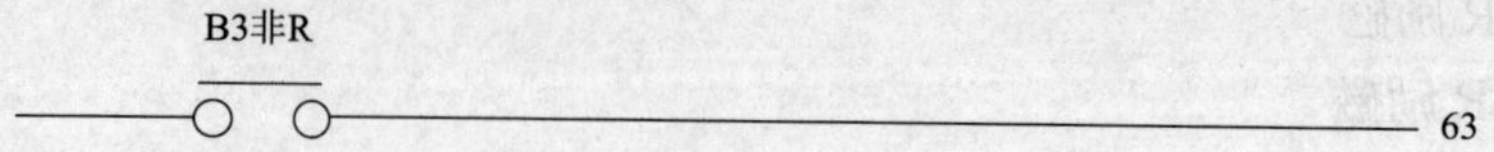

图 12-27　制动指令 63 线得电条件

(8)制动指令的条件(64 线)(4 挡)

在①、②的项目中,如果满足以下条件,制动指令(64 线)得电,如图 12-28 所示。

<条件> ①∨②

①B4 非 R 励磁

②ATCKB4R 励磁

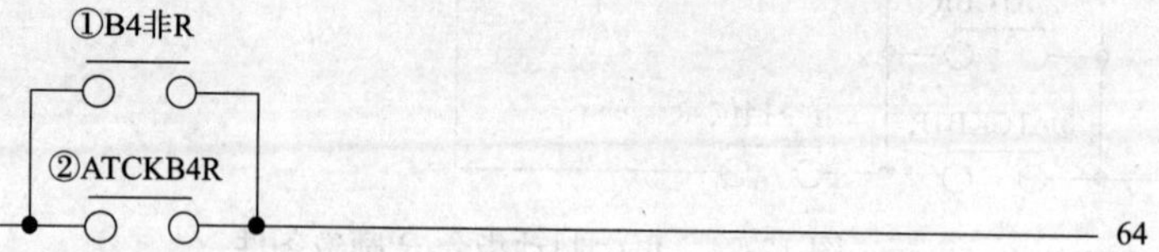

图 12-28　制动指令 64 线得电条件

(9)制动指令的条件(65 线)(5 挡)

如果满足以下条件,制动指令(65 线)得电,如图 12-29 所示。

B5 非 R 励磁

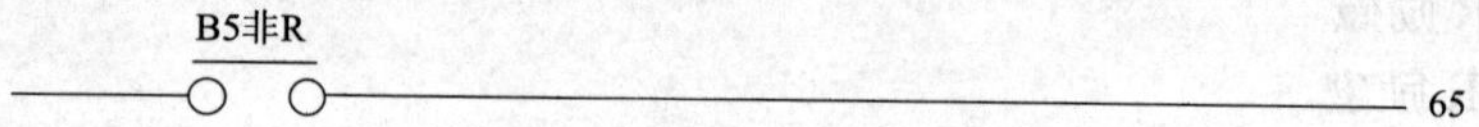

图 12-29　制动指令 65 线得电条件

(10)制动指令的条件(66 线)(6 挡)

在①~②的项目中,如果满足以下条件,制动指令(66 线)得电,如图 12-30 所示。

<条件> ①∨②

①B6 非 R 励磁

②ATCBR 励磁

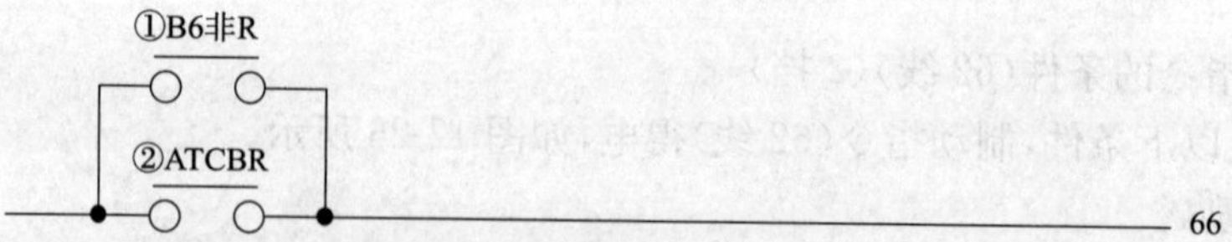

图 12-30　制动指令 66 线得电条件

(11)制动指令的条件(67 线)(7 挡)

在①、②的项目中,如果满足以下条件,制动指令(67 线)得电,如图 12-31 所示。

<条件> ①∨②

①B7 非 R 励磁

②ATCBR 励磁

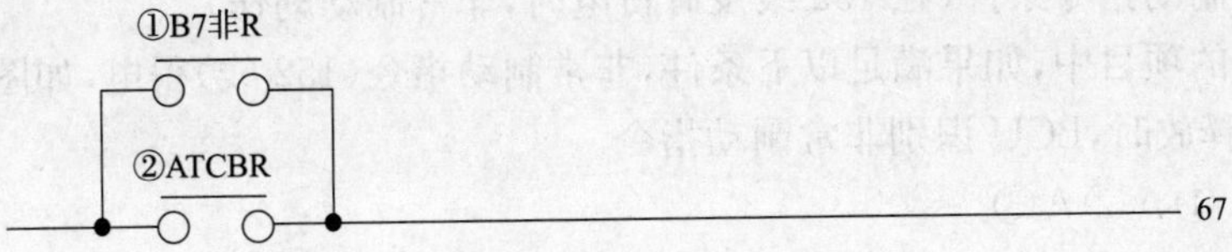

图 12-31　制动指令 67 线得电条件

(12)153K 的条件

在①～③的项目中，如果满足以下条件，153K 被励磁。

当 153K 被励磁后，153 线(平时加压的贯穿线)得电，构成紧急制动电路。当此电路变为没有得电时，紧急制动及非常制动工作，如图 12-32 所示。

＜条件＞ ①∧②∧③

①B 运非 R 励磁

②MCR 励磁

③MRrAPSR 励磁：总风缸用气压开关为 ON

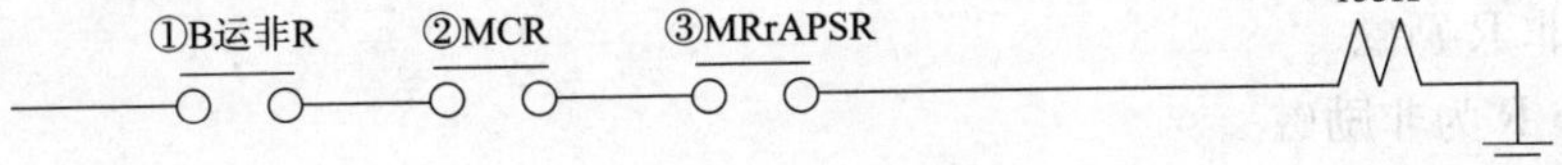

图 12-32　153K 励磁条件

(13)JTR 的条件(在 JTR 无励磁时非常制动动作)

在①～④的项目中，如果满足以下条件，通过 JTRTD，JTR 进行励磁，如图 12-33 所示。

当 JTRTD 从励磁变为非励磁时是 0.2 s 后释放。

＜条件＞ ①∧②∧③∧④

①MCR 励磁

②B 非 R 为非励磁

③B7 非 R 励磁

④UBRSWR 励磁

一旦 JTR 励磁，直至 154 线变为失电，进行自保持。

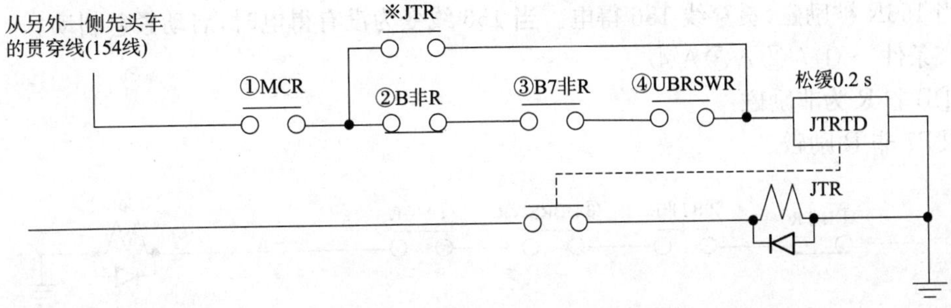

图 12-33　JTR 励磁条件

(14)非常制动指令条件(在152线没有得电时,非常制动动作)

在①~③的项目中,如果满足以下条件,非常制动指令(152线)得电,如图12-34所示。

※152线释放时,BCU识别非常制动指令。

<条件> ①∧②∧③

①JTR励磁

②EBR励磁:缓解ATP非常制动

③B非R励磁

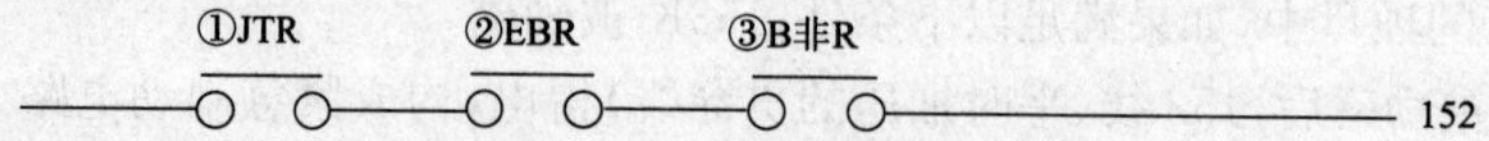

图12-34 非常制动指令条件

(15)155R的条件(检测制动力不足)

在①~⑥的项目中,如果满足以下条件,155R励磁,如图12-35所示。

当155R励磁,贯穿线155被加压。155线变为没有得电时,启动紧急制动。

<条件> ①∧{②∨(③∧④)}∧⑤∧⑥

①B运非R励磁

②B5非R为非励磁

③B7非R为非励磁

④70SR为非励磁:速度在70 km/h以上

⑤NBR励磁:缓解ATP常用制动

⑥JTR励磁

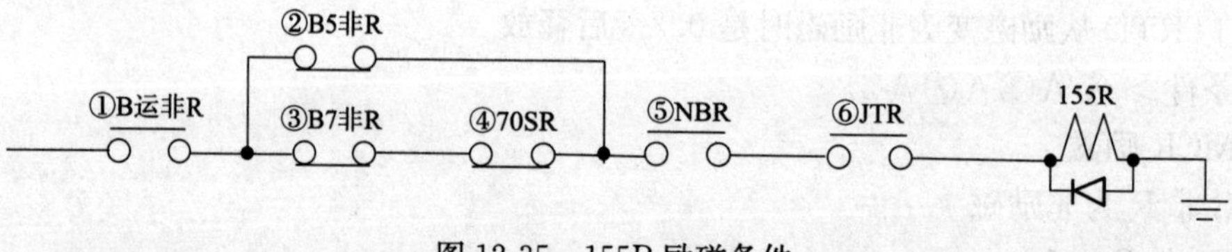

图12-35 155R励磁条件

(16)156R的条件(紧急复位)

在①~④的项目中,如果满足以下条件,156R励磁,如图12-36所示。

当156R被励磁,贯穿线156得电。当156线变为没有得电时,启动紧急制动。

<条件> ①∧②∧③∧④

①B非R为非励磁

②B7非R励磁

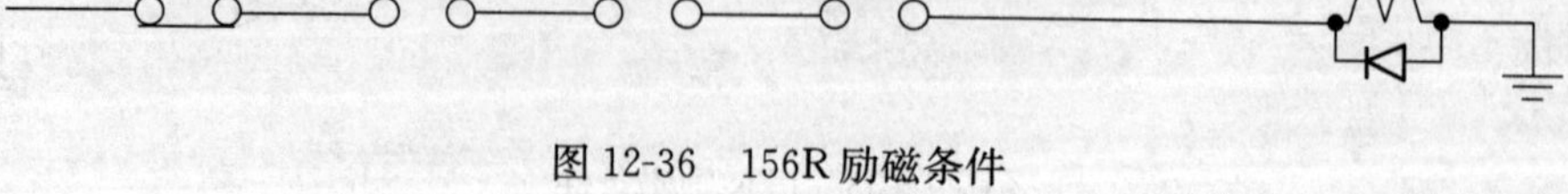

图12-36 156R励磁条件

③UBRSWR 励磁

④MCR 励磁

(17)耐雪制动指令条件(157 线)

在①、②的项目中,如果满足以下条件,耐雪制动指令(157 线)得电,如图 12-37 所示。

＜条件＞ ①∧②

①耐雪 SW 为 ON

②MXR 为非励磁:没有和其他编组连挂

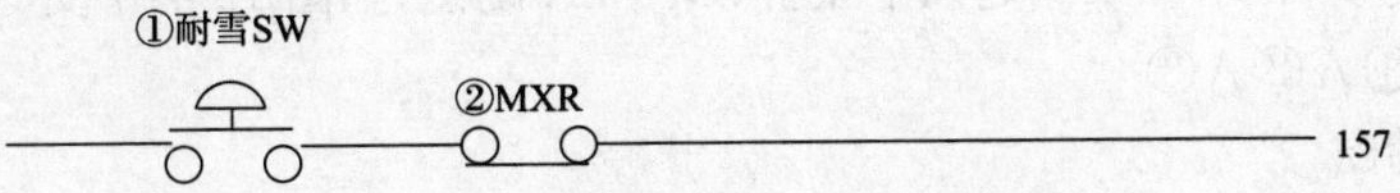

图 12-37　耐雪制动指令 157 线得电条件

(18)SBNR 的条件(辅助制动)

如果满足以下条件,SBNR 励磁,如图 12-38 所示。

当 SBNR 励磁后,辅助制动的级位信号输出继电器(如下 B6-7K,B4-5K,B1-3K,B 非 K)变为可以励磁,从辅助制动模式产生器发出辅助制动力指令变为可能。

SBN1 辅助接点为 ON:辅助制动用断路器的辅助接点为 ON。

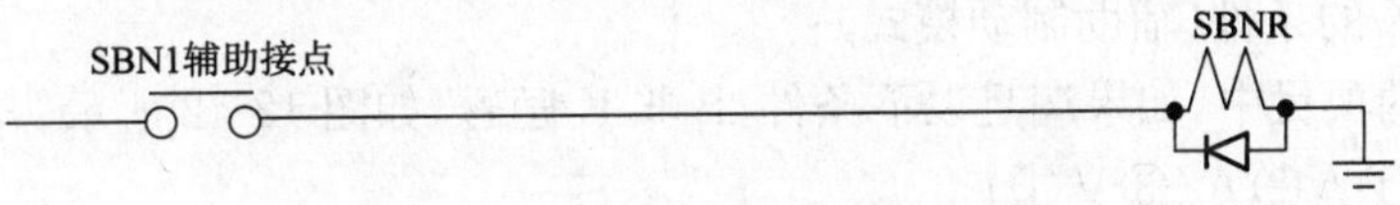

图 12-38　辅助制动 SBNR 励磁条件

(19)B6～7K 的条件(辅助制动模式)

在①～③的项目中,如果满足以下条件,B6～7K 励磁,如图 12-39 所示。

＜条件＞ ①∧②∧③

①SBNR 励磁

②B6 非 R 励磁

③B 非 R 励磁

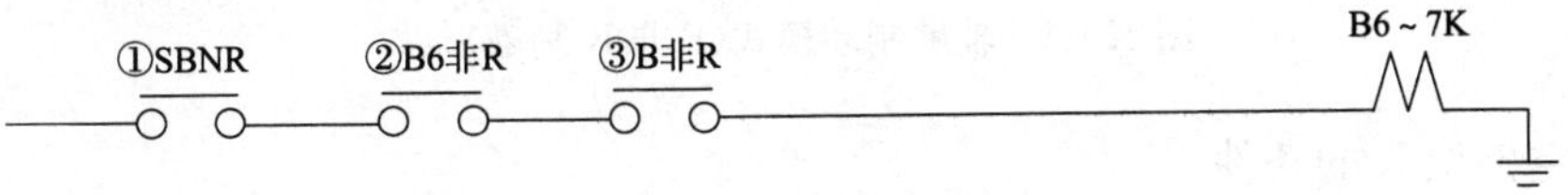

图 12-39　辅助制动模式条件

(20)B4～5K 的条件(辅助制动模式)

在①～③的项目中,如果满足以下条件,B4～5K 励磁,如图 12-40 所示。

＜条件＞ ①∧②∧③

①SBNR 励磁

②B4 非 R 励磁

③B6 非 R 为非励磁

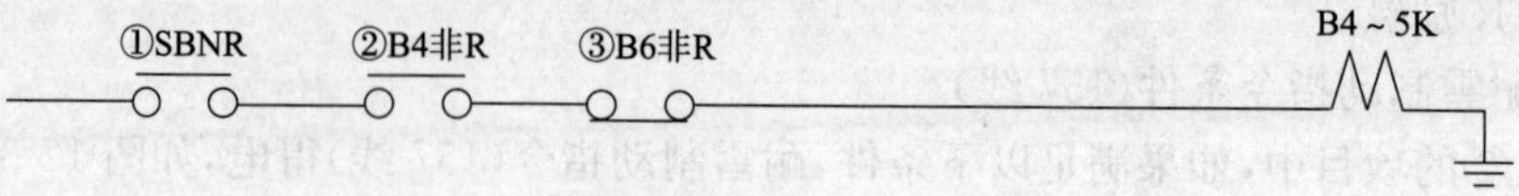

图 12-40 辅助制动模式(B4～5K 励磁)条件

(21)B1～3K 的条件(辅助制动模式)

在①～③的项目中,如果满足以下条件,B1～3K 励磁,如图 12-41 所示。

＜条件＞ ①∧②∧③

①SBNR 励磁

②B1 非 R 励磁

③B4 非 R 为非励磁

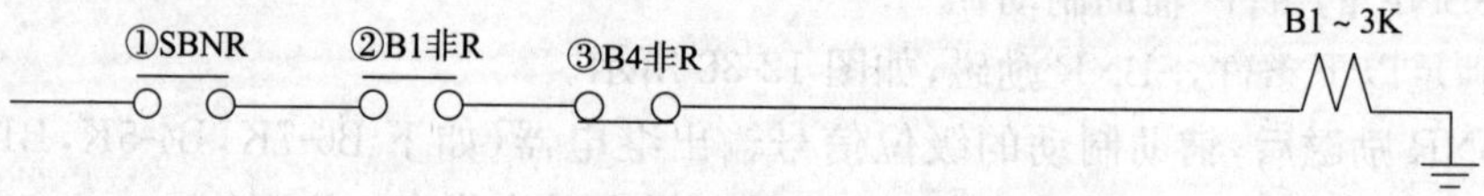

图 12-41 辅助制动模式(B1～3K 励磁)条件

(22)B 非 K 的条件(辅助制动模式)

在①～④的项目中,如果满足以下条件,B 非 K 励磁,如图 12-42 所示。

＜条件＞ ①∧②∧(③∨④)

①SBNR 励磁

②MCR 励磁

③B 非 R 为非励磁

④JTR 为非励磁

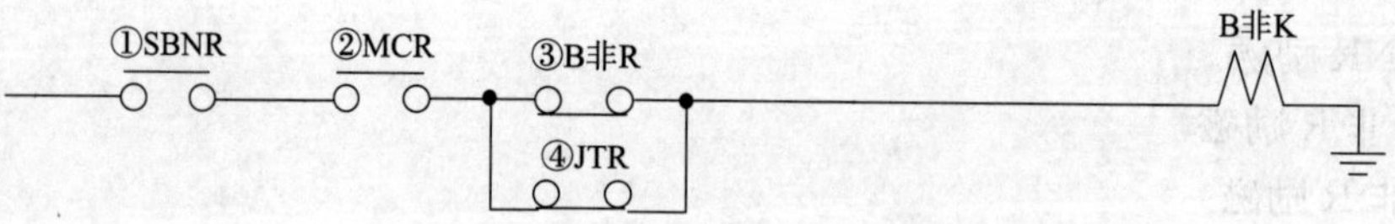

图 12-42 辅助制动模式(B 非 K 励磁)条件

(23)空挡位 R 的条件

如果满足以下条件,空挡 R 励磁,如图 12-43 所示。

当空挡 R 被励磁后,79 线得电,由监视器,使空挡位试验成为可能。

①SqS 为 ON

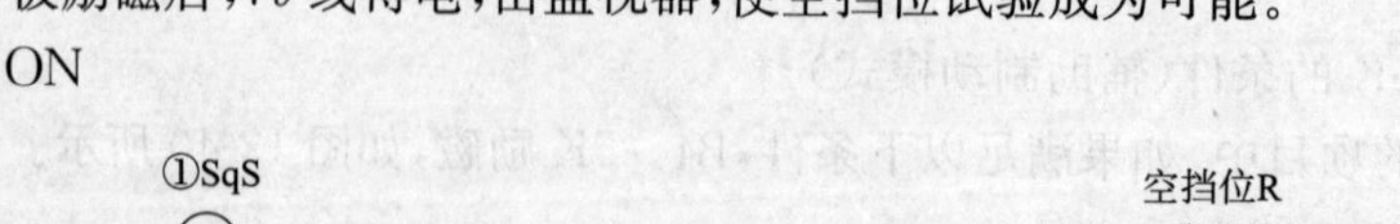

图 12-43 空挡位 R 的励磁条件

(24)空挡位指令条件(79 线)

在①、②的项目中,如果满足以下条件,空挡位指令条件(79 线)得电,如图 12-44 所示。

<条件> ①∧②

①MCR 励磁

②空挡位 R 励磁

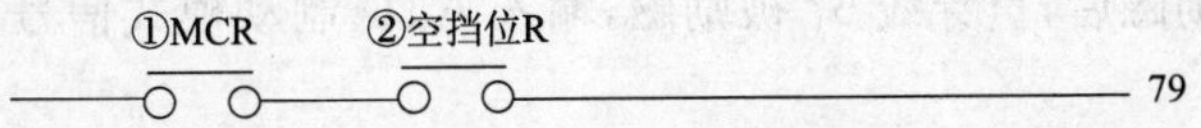

图 12-44　空挡位指令条件

(25)UBRSWR 的条件(紧急制动复位)

如果满足以下条件,UBRSWR 励磁,如图 12-45 所示。

①UBRS 为 ON:紧急制动复位开关为 ON

②5SR 为 ON:动车组速度低于 5 km/h 为 ON

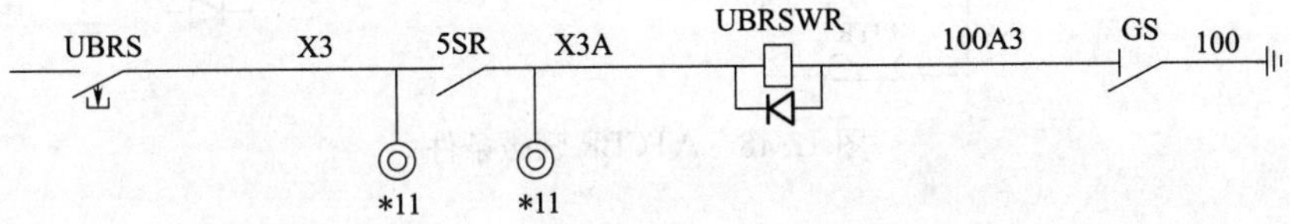

图 12-45　紧急制动 UBRSWR 复位条件

(26)ATCKB1R 的条件

在①～②的项目中,如果满足以下条件,ATCKB1R(ATC 缓和制动(B1))励磁,如图 12-46 所示。

<条件> ①∧②

①MCR 励磁

②KBA1R 励磁:ATP 指令

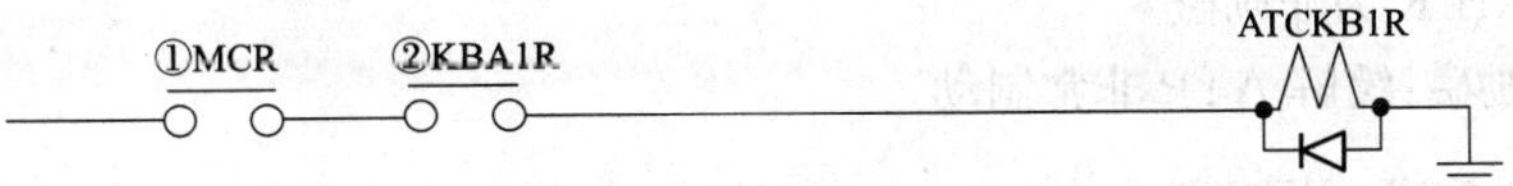

图 12-46　ATCKB1R 紧急制动解除的条件

(27)ATCKB4R 的条件

在①～②的项目中,如果满足以下条件,ATCKB4R(ATC 缓和制动(B4))励磁,如图 12-47 所示。

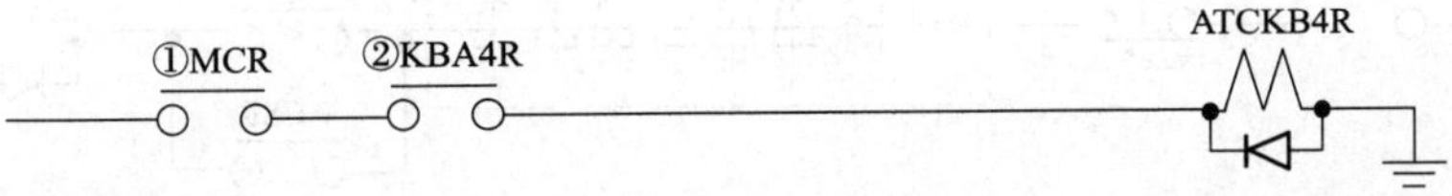

图 12-47　ATCKB4R 励磁条件

<条件> ①∧②

①MCR 励磁

②KBA4R 励磁：ATP 指令

(28)ATCBR 的条件

在①～③的项目中，如果满足以下条件，ATCBR 励磁。

当 ATCBR 被励磁后，贯穿线 67 被励磁，输入 ATC 制动模式信号至各制动装置，如图 12-48 所示。

<条件>①∧(②∨③)

①MCR 励磁

②NBR 为非励磁：启动 ATP 常用制动

③JTR 为非励磁

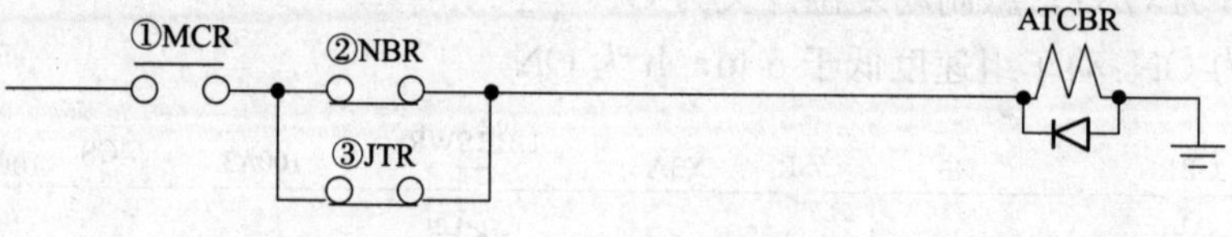

图 12-48　ATCBR 励磁条件

(29)CSR 的条件(定速控制)

在①～⑪的项目中，如果满足以下条件，CSR 励磁，如图 12-49 所示。

<条件> ①∧②∧④∧⑤∧⑥∧⑦∧⑧∧⑨∧⑩∧⑪

①动力运行指令 R 励磁

②ATPCOR 为励磁：ATP 正常

④B 运非 R 励磁

⑤B1 非 R 为非励磁

⑥NBR 励磁：缓解 ATP 常用制动

⑦ATCKB1R 为非励磁

⑧EBR 励磁：缓解 ATP 非常制动

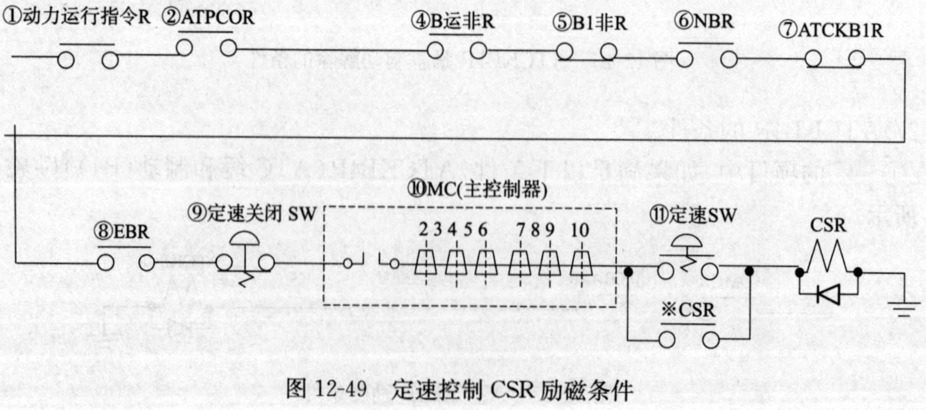

图 12-49　定速控制 CSR 励磁条件

⑨定速关闭 SW 为 OFF

⑩MC 挡固定在 2～10 中的任意一个

⑪定速 SW 为 ON

定速 SW 变为 ON，当 CSR 被励磁后，即使定速 SW 被开放也进行自我保持。

(30)定速控制条件(23 线)

在①、②的项目中，如果满足以下条件，定速控制条件(23 线)得电，(定速控制指令)如图 12-50 所示。

＜条件＞ ①∧②

①PCR 动力运行指令 R 励磁

②CSR 励磁

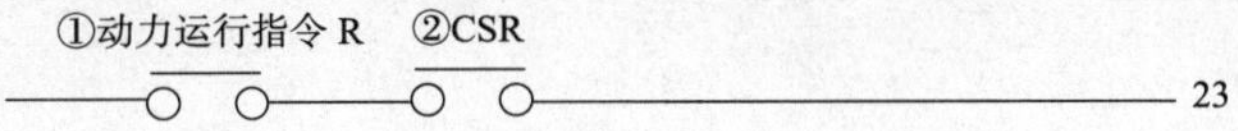

图 12-50　定速控制励磁条件

第五节　设备远程控制电路

一、设备远程控制原理

在设置于驾驶台的监视器上设定的指令，通过车辆信息传送线(光纤)传送到各车的监视器终端装置上，由监视器终端装置对相关的继电器供电。

二、远程控制连接图各条件说明

单元选择条件

根据监视器终端装置的加压指令，UR0＊励磁，如图 12-51 所示。

(＊＝单元编号)

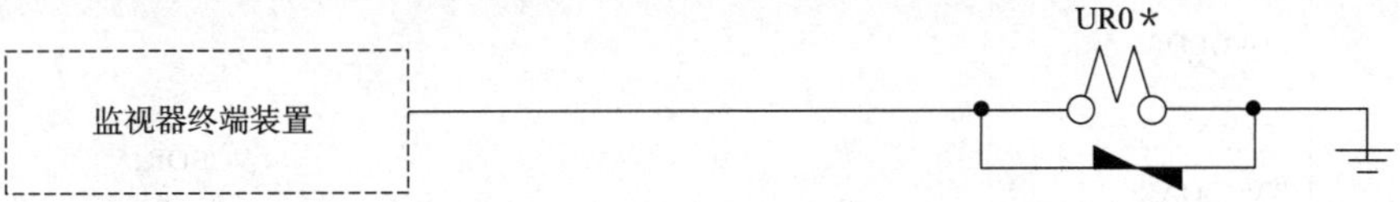

图 12-51　远程控制单元选择条件

(1)PanCOR/ PanCOR-R 条件

满足下面的条件时，PanCOR/ PanCOR-R 励磁，如图 12-52 所示。

＜条件＞ ①∧②

①监视器终端装置发出的加压指令

②UR0＊励磁

(2)VCBCOR / VCBCOR-R 条件

满足以下的条件时，VCBCOR / VCBCOR-R 励磁，如图 12-53 所示。

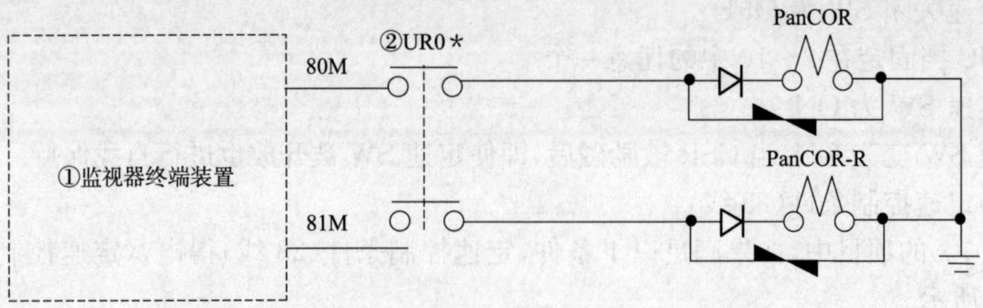

图 12-52　MON 屏发出受电弓远程切断控制电路

＜条件＞ ①∧②

①监视器终端装置发出的加压指令

②UR0＊励磁

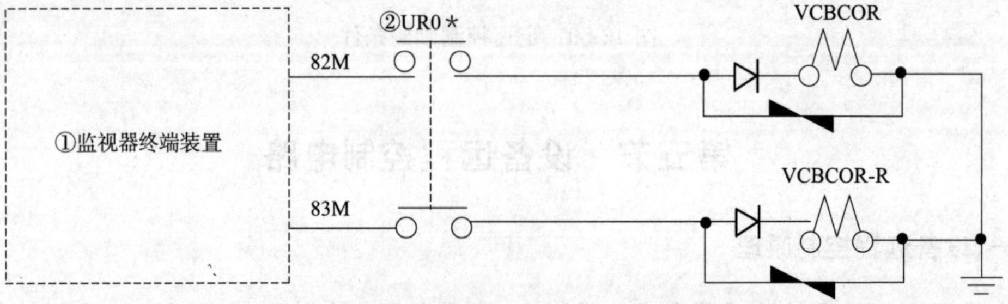

图 12-53　MON 屏发出 VCB 远程切断控制电路

(3)VCBOR1 条件

满足以下的条件时,VCBOR1 励磁,如图 12-54 所示。

＜条件＞①∨②

①将 VCBOS 开关置于 ON

②VCBOAR 励磁：PanDAR 励磁(监视装置发出降下受电弓的指令)

图 12-54　MON 屏发出远程受电弓切断,同时远程断开 VCB 指令电路

(4)VCBCR 条件

满足以下的条件时,VCBCR 励磁,如图 12-55 所示。

＜条件＞ (①∧②)∨{②∧③∧(④∨⑤)}

①监视器终端装置发出的得电指令

②UR0＊励磁

③MCR 励磁:参照运行指令电路连接说明资料
④将 VCBCS 开关置于 ON
⑤SVCBCR 励磁:不是过分相区间

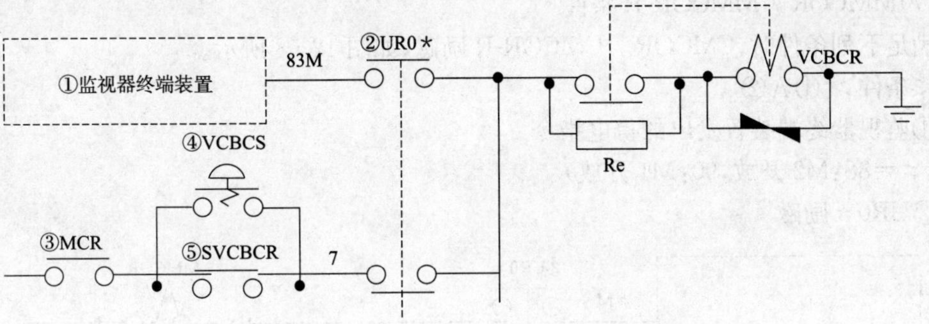

图 12-55　MON 屏发出 VCB 远程合指令电路

(5)MTCOR / MTCOR-R 条件
满足以下条件时,MTCOR / MTCOR-R 励磁,如图 12-56 所示。
＜条件＞ ①∧②∧③
①监视器终端装置发出的得电指令
②UR0＊励磁
③VCB 处于闭合状态:只有 MTCOR 一侧

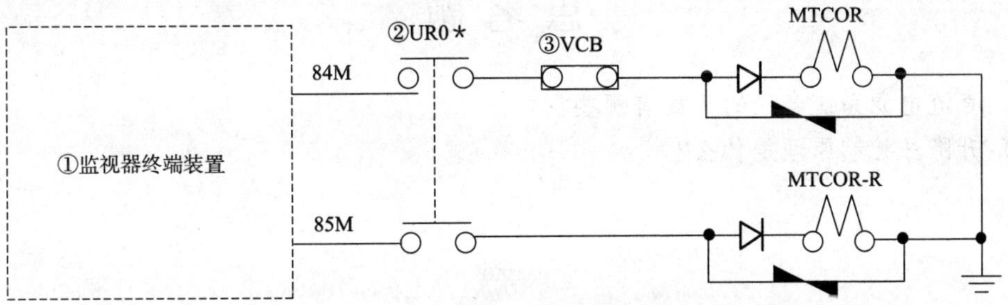

图 12-56　MON 屏发出变压器远程切断(M 车切除)指令电路

(6)CMCOR / CMCOR-R 条件
满足以下条件时,CMCOR/CMCOR-R 励磁,如图 12-57 所示。

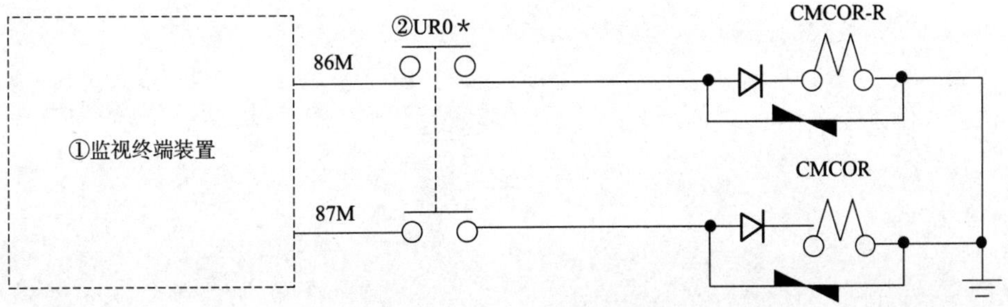

图 12-57　MON 屏发出压缩机远程切断指令电路

<条件> ①∧②

①监视器终端装置发出的得电指令

②UR0＊励磁

(7)MMCOR / MMCOR-R 条件

满足下列条件时，CMCOR / CMCOR-R 励磁，如图 12-58 所示。

<条件> ①∧②

①监视器终端装置发出的得电指令

(♯＝88：M2 开放，90：M1 开放)

②UR0＊励磁

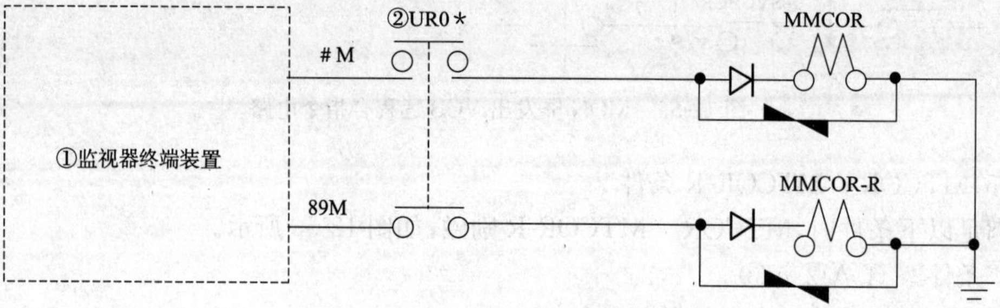

图 12-58　MON 屏发出牵引电机远程切断指令电路

思考题

1. 直流电源系统各线的负载有哪些？
2. 升降弓控制原理是什么？

第十三章　网络信息控制系统构成、工作原理及基本操作

本章主要介绍了 CRH2A 型动车组信息网络系统的技术基础、基本原理、功能特点、拓扑结构、设备组成、布线等内容，具体到显示器显示内容时，仅介绍和动车组司机有关的内容。从业人员通过对本章的学习能对 CRH2A 型动车组网络信息控制系统进行基础操作。

第一节　概　　述

车载信息控制装置通过贯穿列车的总线来传送信息，从而减轻了列车的质量。通过对列车运行以及与车载设备动作相关的信息进行集中管理，可以有效地帮助司机和乘务员操纵列车，加强车载设备的维护保养，提升对乘客的服务质量。

信息控制装置配置彩色液晶显示装置，显示画面为中文，简单易懂。

信息控制装置具有如下所示的三大功能：

控制指令传送功能：动车组牵引、制动、辅助电源等设备分散布置于列车各车辆，司机操作台布置在头车，控制指令也可通过硬连线传达各车辆，但需要大量电缆，通过信息网络，可减少大量硬连线，实现列车的集中控制，减轻列车质量。

监视器功能：将列车信息显示在司机台的显示器上，使乘务员了解列车运行状态。

车载检测功能：使列车检测自动化，实时检测记录列车设备状态，及时切除故障设备，避免故障扩大，记录的状态数据还可作为维修依据，减轻维护保养工作。

一、系统功能

（一）牵引/制动指令传输

1. 牵引指令、制动指令的串行传输。

2. 救援连接时的制动指令的串行传输。

（二）设备启动/关闭指令的传输

1. 牵引变流器/辅助电源装置启动/关闭指令。

2. 向配电盘传送的操作指令。

3. 设备远程开启/关闭指令。

4. 辅助绕组电源感应电路的控制指令。

5. 三相 AC 400 V 电源感应的控制指令。

6. 空调温度控制器的指令

（三）显示灯/蜂鸣器控制指令传输

1. 司机台故障显示灯的显示输出。

2. 司机台单元显示灯的显示输出。

3. 司机台蜂鸣器的控制输出。

4. 各车配电盘显示灯的显示输出。

5. 空挡亮灯。

(四)乘务员支持信息传输

1. IC卡中,输入并显示运行区段/列车号/时刻表(对应将来的运行管理系统可进行追加)。

2. 向列车无线、车号中继器、ATP检查记录部、脉冲转发器传送车号信息(对应将来的运行管理系统可进行追加内容)。

3. 发生故障或者异常时,司机台的警报生成和内容显示及引导显示。司机及列车长辅助用的各种列车信息/设备信息的显示。

4. 应急指南的显示。

5. 和其他编组之间的分割/合并状态的显示。

6. 安全设施故障记录的显示。

7. 最新故障记录的显示。

8. 指令通告的显示及接收确认功能(对应将来的运行管理系统可进行追加)。

9. 技术支持系统功能(对应将来的运行管理系统可进行追加)。

(五)服务设备控制信息传输

1. 车内信息显示器、侧面目的地显示器的显示内容指令。车内旅客信息显示器所显示的内容(停车站点向导、新闻、宣传等)在地面基地进行编辑后,存储到IC卡中,通过附属于司机台信息显示器的IC卡读出器,输入到列车信息控制装置中。

2. 车号显示器的显示信息指令。

3. 向自动播放装置传送播放定时信息。

4. 分割时的其他编组播放切换输出。

5. 通过无线装置接收的广告文字、紧急文字的显示(对应将来的运行管理系统可增加功能)。

6. 服务设备(空调、室内灯、播放节目)的控制及状态显示。

(六)数据记录功能

1. 故障时的设备动作信息的记录。

2. 主故障发生时的状态记录。

3. 走行距离及牵引/再生电力的累积。

4. 营业运行中或者试运行中的列车性能信息的收集。

5. 营业运行中或者试运行中的项目选择信息的收集。

6. 营业运行中或者试运行中的空调运转率信息的收集。

7. 营业运行中或者试运行中的空调运转状态的收集。

(七)车上试验

车上试验(和制动器、牵引变流器、ATP、辅助电源等各设备内置的自我诊断功能相协调的车上试验功能)。

试验结果的收集。

具备下列诊断功能、检查结果显示功能。

1. 牵引变流器。

2. 辅助电源装置。

3. 制动器控制装置。

4. 安全装置。

5. 车门开闭延时测量。

注意：对于制动器、车门应由检查人员判断试验结果是否合格。

（八）自我诊断传送线

1. 各监视器部分/控制传送部分之间的传送错误的检测。

2. 控制信息的自我诊断。

3. 光传送故障时的运转控制指令的备份。

（九）远程装载功能

（十）列车信息控制装置的自我诊断功能

1. ROM 诊断。

2. RAM 诊断。

3. 数字输入输出诊断。

4. 模拟输入诊断。

（十一）信息显示功能

司机台上设置的列车信息显示器中，提供司机模式、检修模式等用于不同用途的动作模式。从菜单画面中选择希望显示信息的画面切换方法采用触摸面板方式，画面结构的基础为触摸一次即跳转，也可以从菜单选择画面直接跳转。

例如，当需要牵引变流器的信息时，从菜单画面中触动"主变流（各车）"后，跳转到车号选择画面，选择车号后，显示来自该车牵引变流器的数据。并且，车号选择画面及数据画面的右上角显示菜单选择键，通过触摸它，可以返回到菜单画面。菜单画面的构成清晰，使乘务员可以清晰地看到希望看到的画面。

二、性　　能

1. 控制方式，通过环形连接的光纤双环网络传送及多股绞合传送线。

2. 列车合并时也可保持环形结构的高可信度的传送系统。

3. 控制指令传送系统采用独立于监视器部分的双重 CPU 方式，具有故障导向安全和备份。

4. 控制指令延迟在系统中为 50 ms 以下，并且在合并状态下也保持 50 ms 以下，是可协调的控制方式。

5. 司机台中设置 2 台显示装置。

6. 合并时的接近状态等及故障时的信息可以在司机台进行确认的画面显示。

7. 远程开启指令电路中的监视显示器触摸面板和监视器中央装置之间，通过多股绞合线以串联方式传送。

三、传送系统构成

传送线有列车信息传送线(光纤)及自我诊断信息传送线(双绞线)两种。头车中设置有由控制部分和监视器部分构成的中央装置,具有列车编组整体信息管理功能和向司机台监视显示器传送数据的功能。各列车分别设置有 1 台终端装置,实施各列车中车载设备的功能和信息传送。

中央装置和终端装置由双重环形构成的控制/监视器传送线连接,采用不易发生故障的双向环形网络方式。具有向左和向右两条线路,是一种分散型的系统,即使是 2 处以上的线路发生故障,环形网络断开时,也可以继续由其他连接着的正常线路之间的传送。另外,还设置有备份传送线,即使在环形网络故障时也可以进行传送,在发生故障时使用备份传送线路的控制指令,对各设备进行控制。

第二节　车载信息控制装置构成

一、列车总线

车载信息控制装置的设备由中央装置、终端装置、显示器、显示控制装置、IC 卡架以及车内信息显示器构成。这些设备之间的连接和信息的传输是通过列车总线完成的。各装置在列车内的配置情况见表 13-1。

表 13-1　车载信息控制装置配置

车辆编号	T1c-1	M2-2	M1-3	T2-4	T1k-5	M2-6	M1s-7	Tc2-8
中央装置	1							1
终端装置	1*1	1*1	1	1*1	1*1	1*1	1	1*1
显示器	2						1	2
显示控制装置	2						1	2
卡架	2							2
车内信息显示器	2	2	2	2	2	2	2	2

*1:有模拟输入(AIN)卡

列车总线传送线路包括车辆信息传送线(光纤环网)及自我诊断信息传送线(双绞屏蔽线)两种。车辆信息传送线是环线回路(loop)构成,如果在一个方向的环绕中检测到没有应答的情况,就向另一个方向的环绕传送,能够避开故障部位。

另外,当两列车连挂编组时车辆的中央装置之间由 2 对电线(双绞屏蔽线)连接,条件(连挂车辆的两个中央装置之间,MCR 是 OFF 的情况下)成立时,打开环线回路(loop),将连挂前的独立的环线回路(loop)结合在一起,就能够保持编组环线回路(loop)的构成。

列车总线结构及其布线示意图。如图 13-1 所示。

列车总线性能如下。

1. 光纤网:

通过环路结合进行光纤双重环式传送。

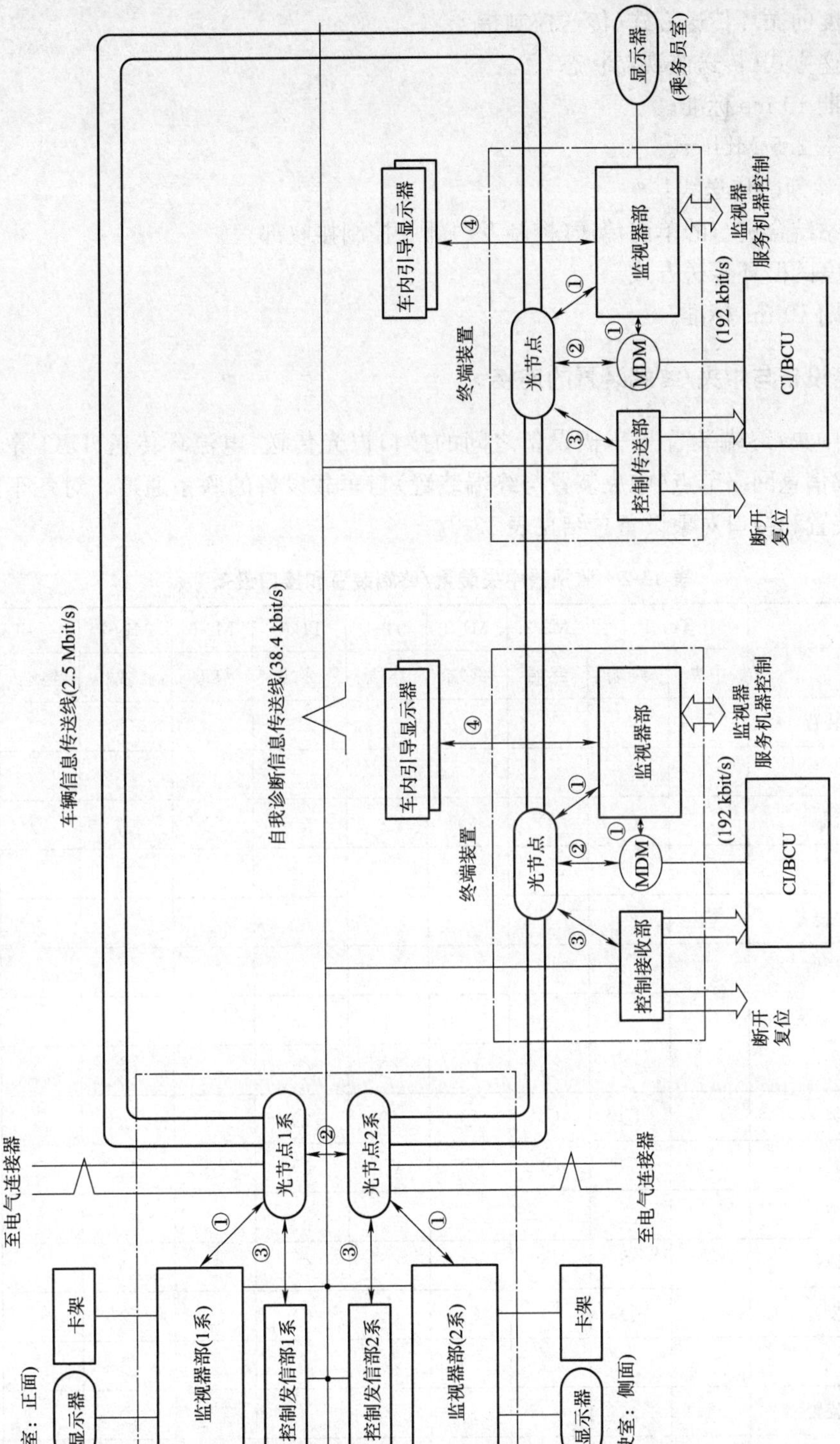
显示器
(乘务员室)
车内引导显示器
监视器部
监视器
服务机器控制
(192 kbit/s)
光节点
MDM
终端装置
控制传送部
CI/BCU
断开
复位
车辆信息传送线(2.5 Mbit/s)
自我诊断信息传送线(38.4 kbit/s)
车内引导显示器
监视器部
监视器
服务机器控制
(192 kbit/s)
光节点
MDM
终端装置
控制接收部
CI/BCU
断开
复位
至电气连接器
光节点1系
光节点2系
至电气连接器
(司机室：正面)
显示器
卡架
监视器部(1系)
控制发信部1系
控制发信部2系
监视器部(2系)
卡架
显示器
(驾驶室：侧面)
中央装置
控制指令

图 13-1 列车总线结构

黏着长度的循环传送方式(传送控制指令)。

令牌传递方式(传送监视器状态)。

传送周期 10 ms 标准。

传送速率 2.5 Mbit/s。

2. 自我诊断的传送线:

通过多站结合进行的单向传送(控制发送部→控制接收部)。

固定长度的循环传送方式。

传送周期 10 ms 标准。

二、车辆设备与中央/终端装置的连接

各车的中央/终端装置与车辆设备之间的接口以光传送、电流环传送、DIO 等形式进行,它们构成信息网络节点(中央装置与终端装置)与车载设备的联系通道。对各车的中央装置、终端装置和接口对象设备总结见表 13-2。

表 13-2 监视器中央装置/终端装置和接口设备

	Tc1-1		M2-2	M1-3	T2-4	T1k-5	M2-6	M1s-7	T2c-8	
	中央	终端	终端	终端	终端	终端	终端	终端	终端	中央
显示控制装置	○							○		○
卡架	○									○
信息显示器		○	○	○	○	○	○	○	○	
SG	○									○
解编与连挂装置	○									○
LKJ2000 装置	○									○
距离检测传感器装置	○									
配电盘		○	○	○	○	○	○	○	○	
空调控制		○	○	○	○	○	○	○	○	
侧面目的地显示器		○	○	○	○	○	○	○	○	
辅助电源		○								○
车号显示器		○	○	○	○	○	○	○		○
制动控制装置		○	○	○	○	○	○	○		○
牵引变流器			○	○			○	○		
广播服务装置								○		
自动播放装置								○		

车载设备与信息网络系统节点之间采用点对点通信方式,有多种通信规格。

三、中央装置

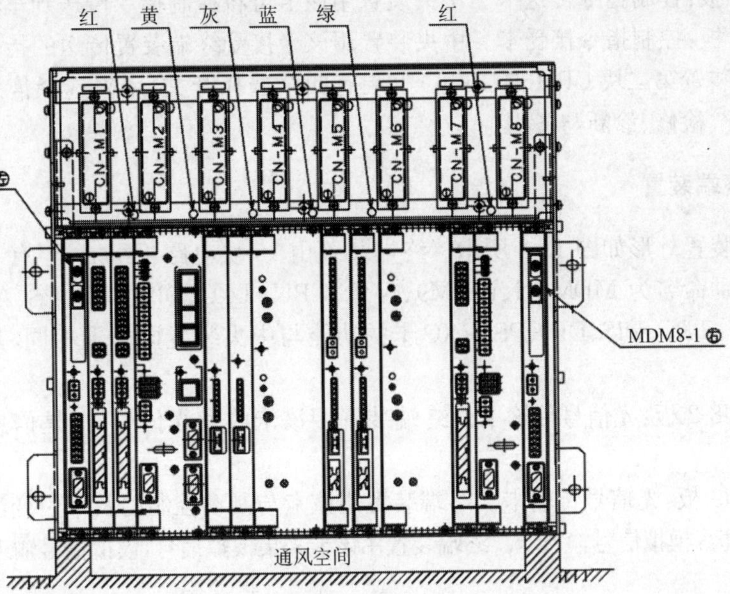

图 13-2　中央装置外形图

中央装置外形如图 13-2 所示，它由铝合金箱体组成，外形尺寸为 482.6（宽）×400（高）×345（深）。最上部为外部连线插座 CN-M1～CN-M8，中间部分安装电路板，下部为通风空间。箱体后部有两层印刷电路板，最后一层安装外部连线插座，另一层作为各印刷电路板底板，电路板通过连接器与底板连接，构成中央装置。

中央装置由 13 块电路板组成，由左至右分别命名为 MDM8-1 左、TRC、TRC、CPU、DIS、DIO、PS、TXC、RXC、PS、TRC、CPU、MDM-1 右，其基本功能简述如下。

MDM8-1 板：中央装置的光信号传输卡。中央装置用该卡收发光信号，它是信息网络系统的主要传输电路。

TRC 板：信号传输卡。该卡有 8 个传输通道，包含 20 mA 电流环与 HDLC 同步通信电路。

CPU 板：中央装置主处理板。板上 CPU 字长 32 位（相当于 MC68360），具备 4MBROM 存储器，2MBRAM 存储器。该板实际上是为中央装置设计的专用嵌入式计算机，用于信息的处理、计算及信息记录。

DIS 板：光电隔离数字信号输入卡。用于处理 24 V、100 V 开关输入信号，输入信号较多。

DIO 板：光电隔离或继电器隔离数字信号输出卡。用于处理 24 V、100 V 开关输出信号，输入信号较少。

PS 板：电源卡。该板为 DC/DC 电源调整卡，输入为 DC 100 V，输出电压为 DC 24 V 与 DC 5 V。输出电流有两种规格，其中 PSB 型容量较大，24 V 输出 2 A，5 V 输出 8 A，作为中央装置供电电源，其中PSA型容量较小，24 V输出2 A，5 V输出3 A，作为终端装置供电电源。

TXC板：控制指令传送卡。中央装置用该卡可将控制指令传送到车辆设备。

RXC板：控制指令接受卡。中央装置用该卡接受终端装置传送的指令。

中央装置第二块CPU卡（右边）上装有四个选择开关，用来选择信息网络系统的运行模式：正常、检修、诊断与备用。

四、终端装置

终端装置外形如图13-3所示。终端装置由10块电路板组成，但有11个插卡位置，由左至右分别命名为MDM8-2、MDM9、保留、CPU、TRC、DIS、DIO、PS、AIN、PS、RXC、PS，其中CPU、TRC、DIS、DIO、PS、RXC卡的功能与中央装置同类卡相同，其他卡基本功能简述如下。

MDM8-2板：光信号传输卡。终端装置用该卡收发光信号，它是信息网络系统的主要传输电路。

MDM9板：光信号传输卡。终端装置用该卡与制动控制器及牵引变流器交换信息。

AIN板：模拟信号输入卡。终端装置用该卡采集模拟信号，模拟信号输入范围为0～100 V。

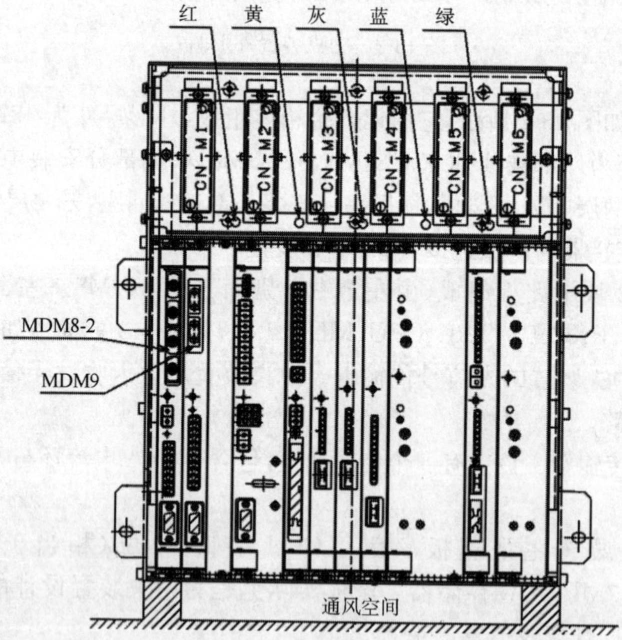

图13-3　终端装置外形

五、动车组信息网络系统功能

（一）控制指令的传输功能

控制传送部经由车辆信息传送线向牵引变流器和制动控制装置等传送从司机台输入的

下列控制指令。另外，在监视器部的动作模式为检修模式时（车上试验执行模式），可根据从监视器部接收的指令发出控制指令。传输指令见表 13-3、表 13-4、表 13-5、表 13-6。

表 13-3　光传送的运行控制指令项目

线编号	指　令	光传送				用　途　等
		CI	BCU	中央接点	终端接点	
61～67	常用制动器		○		○(61M) ○(A,B)	61 M 线接点信号用于踏面清扫装置(配电盘) 常用制动器 A、B 用于 BCU 传送的备用
157	耐雪制动器		○			
4	前进牵引	○			○	接点信号用于 CI 传送的备份
5	后退牵引	○			○	接点信号用于 CI 传送的备份
9/11/13/15/17/19/12	牵引/牵引级位	○	○(9)		○ (A,B)	BCU 传送信号用于防止空转时的滑行误检测 牵引 A、B 用于 CI 传送的备份
10	电制动	○				
23	定速	○				
79	空挡	○	○			
M601	车上试验					
6	复位	○			○(6M)	接点信号用于 ACOCRRI/GRR3 复位和 CI 传送的备份。还共用于辅助电源复位。
18	高加速	○				
1A	接通制动设定器					发出运行指令信号条件
58	救援					发出救援指令信号条件发出运行指令信号条件

表 13-4　光传送的设备远程控制指令项目

线编号	指　令	光传送				用　途　等
		CI	BCU	中央接点	终端接点	
80M/81M	受电弓下降/受电弓下降				○	
82M/83M	VCB 切断/VCB 接通				○	
84M/85M	电源感应/电源感应复位				○	
86M/87M	压缩机断开复位/压缩机断开				○	
88M/89M/90M	M2 断开/复位/M1 断开				○	
71M～76M	单元选择				○	

表 13-5 光传送的指示灯控制指令项目

线编号	指　令	光传送				用 途 等
		CI	BCU	中央接点	终端接点	
130M	准备未完			○		根据各车监视信息通过 S/W 编程逻辑
131M	紧急制动器			○		根据各车监视信息通过 S/W 编程逻辑
132M	电气设备			○		根据各车监视信息通过 S/W 编程逻辑
133M	转向架			○		根据各车监视信息通过 S/W 编程逻辑
134M	VCB			○		根据各车监视信息通过 S/W 编程逻辑
137M	设备断开			○		根据各车监视信息通过 S/W 编程逻辑
121M	单元显示(RLP1)			○		从监视器部输出
122M	单元显示(RLP2)			○		从监视器部输出
123M	单元显示(RLP3)			○		从监视器部输出
124M	单元显示(RLP4)			○		从监视器部输出
125M	单元显示(RLP5)			○		从监视器部输出
126M	单元显示(RLP6)					从监视器部输出
79M	空挡					从监视器部输出

表 13-6 光传送的其他控制指令项目

线编号	指　令	光传送				用 途 等
		CI	BCU	中央接点	终端接点	
91N/91D	供电条件/受电条件成立				○	辅助电源感应控制用
92M	ACK2 接通				○	辅助电源感应输出
93M2	BKK(三相 AC 400 V线间)断开				○	BKK 断开输出
93M1	BKK(三相 AC 400 V线间)接通				○	BKK 接通输出
M205	ACVR1				○	BKK 控制用
M206	ACVR2				○	BKK 控制用

(二)诊断信息的传输功能

1. ROM 诊断

2. RAM 诊断

3. DI/DO 诊断

4. AI/PI 诊断

5. 光传送诊断

6. 设备传送诊断

7. 传送信息的诊断

8. LCD 诊断

9. DSW 确认

10. 故障数据收集功能

(三)信息显示功能

显示器有下面 3 种显示模式。

一般模式:营业运行用的或试运行数据收集用的动作模式。

诊断模式:监视器部安全检查用的动作模式。

检修模式:检修车辆用或车上试验用的动作模式。

注意:通常接通电源后的模式为一般模式。可通过操作中央装置前面的模式切换开关切换到其他模式。但在以下项目的动作过程中,禁止切换工作模式。

正在向 IC 存储卡写入或读取时;

正在实行车上试验时;

正在清除存储的记忆数据时。

1. 一般模式的功能

(1)里程检测

①里程的初期设定。

②里程运算。

③里程校正。

(2)车辆检查的显示

①出库信息画面:调查并显示各设备有无电源、显示做好出库准备的车辆有无异常现象。

②制动信息画面:为确认制动控制装置的作用,显示(模拟信息用曲线图显示)从各个车辆的制动控制装置发出的指令挡/收信挡及 BC 电压/AS 电压/MR 电压/EP 阀电流/再生制动力指令/再生指令反馈。

③牵引变流器(编组):为确认牵引变流器的启动,显示(模拟信息用曲线图显示)从各个车辆的牵引变流器发出的指令挡/收信挡及扭矩/直流电压/转子频率/再生制动力。

④牵引变流器(车辆):为确认牵引变流器的控制状态,显示从各个车辆的牵引变流器传送过来的画面状态信息及故障信息。

⑤电源电压画面:为确认牵引变压器/辅助电源装置的动作,显示(模拟信息用曲线图显示)辅助电压/变流 100 V 稳压/蓄电池电压。

⑥供电分类画面:为确认牵引变压器/辅助电源装置的动作,显示辅助电源的供电范围。还显示三相交流 400 V 稳压的各电源的供电状态。

⑦断开状态画面:显示以下各项目的断开状态。

受电弓断开、VCB 断开、M 车断开、压缩机断开、气制动断开、非连动、车种。

⑧车辆信息画面:显示以下各项目。

a. 编组构成(号车,M-T)与行驶方向。

b. 故障发生:牵引变流器制动控制装置/辅助电源装置/监视器的故障发生以及发生故障的车辆。

c. 制动动作信息：显示紧急制动的动作原因及 BC 电压。

d. 设备动作信息：显示压缩机/EGS/无电压/MR 电压的动作状态。

⑨配电盘信息画面：显示从各个车辆的配电盘输入的设备的动作状态及故障状态。

⑩空转滑行画面：显示 1 天中的空转及滑行运行次数。

⑪ 车门信息画面：显示车门开闭状态(1 位～4 位)及车门压紧信息。

(3)监视器信息的修改输入

可从监视显示器上修改车辆信息控制装置内的以下的各项数据。

①日期…年月日。

②时刻…时分秒。

(4)运行状态的显示

显示列车运行所需的以下各项信息

①运行挡位。

②列车号。

③处于断开状态的设备，同时显示号车编号。

④主电路动作：牵引/再生制动。

⑤ATC 信号。

⑥车窗开闭状态。

⑦单元显示：单元划分范围如下。

车辆编号	1(9)	2(10)	3(11)	4(12)	5(13)	6(14)	7(15)	8(16)
	T1C	M2	M1	T2	T1K	M2	M1S	T2C
单元及其编号		1(4)		2(5)			3(6)	

(5)安全装置动作状态的显示：显示安全装置的动作状态。

(6)应急指南的显示：显示车辆异常时的应急指南。

(7)与其他形式编组的分割/合并状态的显示

为支援与其他形式编组之间的分割/合并操作，显示以下内容。

①分并信息画面：显示合并时与其他编组之间的距离。

②分并序列画面：为进行分割/合并时的故障分析，显示分割/合并电路中使用的各个继电器的动作状态。分并信息画面在正面的显示器上显示，分并序列画面在侧面的显示器上显示。

(8)指示灯关闭控制输入

发生轴温异常、黏着异常时，可以在监视显示器上关闭转向架指示灯。

(9)列车长信息的显示：显示列车长所需的信息。

(10)向车内显示器传送的显示内容的指令

根据停靠站数据(IC)卡或通过手动设定画面输入的信息，向各车的车内显示器，传送引导指令。

(11)向到达地显示器传送的显示内容的指令

根据停靠站数据(IC)卡或通过手动设定画面输入的信息，向各车的到达地显示器，传送列车类别、到达地显示指令。

(12)向号车引导显示盘传送的显示内容的指令

根据停靠站数据(IC)卡或通过手动设定画面输入的信息，向各车的号车引导显示盘，输出号车引导显示指令(1～8号车辆，9～16号车辆)。

(13)空调控制

向各车的空调装置，传送空调运行模式指令、暖气/冷气减半指令、冷气/暖气基准温度、外部温度等。

(14)室内灯控制

控制各车室内灯的点灯/熄灯控制。

(15)播放控制

进行各车播放的开关输出控制。

(16)其他编组的播放控制

根据条件，进行编组间播放关闭的输出。

(17)留置条件的输出

为了进行不需要的蓄电池负荷(115线)断开、标识灯关闭、扬水装置控制，输出留置开关状态。

(18)自动播放装置的控制

传送自动播放控制所需要的信息。

(19)对牵引变流器的信息传送

传送相位差运行时所需的信息。

(20)对制动控制器的信息传送

对制动控制装置传送模拟速度信息：利用监视显示器的操作设定，传送模拟速度信息。但是，模拟速度信息的传送只有在"空挡"状态时传送。

(21)故障显示/故障记录

在发生设备故障时，车辆信息控制器在故障信息画面上显示以下内容。

①显示故障(异常)发生：检测到设备故障(异常)时显示故障发生。

②显示故障(异常)内容：在驾驶员及列车长叫出故障画面时，显示故障(异常)内容及应急处理要领。

③显示处理结果：通过复位/断开等处理方法，解除掉故障(异常)的检测条件时，上述故障显示便会解除。

④显示最新故障：记录并在画面上显示一般模式下发生的20件最近故障。另外，在检测到设备故障时，进行以下3种内容的记录。

a. 异常检测记录：设备发生动作异常时，记录下全面信息(列车号、发生日期、发生时刻、车速、里程等)，同时还记录发生故障的名称。

b. 故障跟踪记录：为较容易地掌握设备的故障情况，收集并记录故障发生前后的动作波形的跟踪数据(车辆信息控制装置侧跟踪)。

c. 设备跟踪记录：当设备发生重大故障时，收集并记录故障发生前后的动作波形跟踪数据(设备侧的跟踪)。这些记录信息经IC存储卡在地面设备上可读出。

(22)行驶距离、牵引/再生电力的累计

累计每单元的牵引/再生电力值及消耗电力量，并记录开始时间及行驶距离。此信息经

IC存储卡在地面设备上可读出。

(23)发生主故障时的状态记录

发生主故障时，收集并记录司机台信息(发生日期、时分秒、速度、公里数、ATC信号、挡)及同一单元内的各车的设备状态(各车配电盘指示灯亮灯原因)。此信息经IC存储卡在地面设备上可读出。

(24)营业运行中或试运行中的车辆性能信息的收集

收集并显示车辆性能信息(电机电流类型、电机电流类型反馈、直流电压类型、直流电压类型反馈、BC电压、挡、ATC信号、加减速度、行驶距离)，同时具有为了在地面设备上读出而收集的数据传送到存储卡里的功能。

(25)营业运行中或试运行中的空调运转率信息的收集

为了掌握各空调变频装置的动作情况，按运行类型以时间的方式记录累计运转率。这些信息经存储卡在地面设备上可读出。

(26)营业运行中或试运行中的项目选择信息的收集

将各个车辆需要记录的项目选择信息在监视器画面上进行选定，数显8点(全部为任意设定)，模拟5点(4点:任意设定，1点:车速)，收集并记录触发脉冲发生前后的数据。记录容量为触发脉冲发生前14 s、发生后6 s(每隔50 ms采样，采样次数为401次)、每个车辆为3次(最初的1次、最后的2次)。此信息经存储卡在地面设备上可读出。

(27)营业运行中或试运行中的空调运行状态的收集

记录空调运转率信息(空调运行模式(状态)，负荷减半(状态)、空调运转率、空调控制温度(状态)、室内温度、外部温度、AS电压、记录时间)。此信息经IC存储卡在地面设备上可读出。

2. 检修模式功能

在检修模式下，一般模式、诊断模式下的各动作全部停止，只进行必要动作。

第三节　车载信息系统操作

一、主要功能

(一)牵引和制动指令传输

实现牵引和制动的指令系统信息的串行传输，通过界面传输司机的控制指令。

(二)设备的切除、复位功能

1. 向牵引变流器、辅助电源装置以及配电盘传送复位指令。

2. 设备远程切除指令的传送。

3. 辅助绕组电源感应电路的控制。

4. 三相AC 400 V电源感应电路的控制(BKK远程断开及闭合操作)。

(三)乘务人员提示功能

1. 发生故障时自动显示故障名称、部位以及应急处理办法，并鸣响蜂鸣器。

2. 通过IC卡输入并显示担当区段、车次、时刻表、站名等信息。

3. 显示应急故障处理手册。

4. 显示两列动车组重联状态及连挂信息。

5. 显示最新故障信息。

（四）服务设备控制功能

1. 控制车内信息显示器、目的地显示器的显示内容。

2. 控制车号显示器的显示内容。

3. 向自动广播装置传送播音时间信息。

4. 向广播服务装置传送公里里程信息。

5. 解编时关闭其他编组广播输出。

6. 服务设备(空调、室内灯、广播)的控制及状态显示。

（五）数据记录功能

1. 故障时记录设备动作信息。

2. 主故障发生时记录状态。

3. 累计走行公里及牵引/再生电力。

4. 正式运行或试运行中记录车辆性能、项目选择、空调运转率、空调运行状态等信息。

（六）车上试验功能

判断相关设备工作是否正常，如牵引变流器、APU、车门等的状态试验。

（七）自诊断功能

确保设备自身的正确工作。

二、显示模式及硬件切换方法

系统分为一般、检修和诊断三个模式，通过 MON 中央装置的模式切换开关进行三种模式之间的转换。

（一）一般模式

一般模式是乘务人员在动车组运行中使用的操作模式，分为司机模式、列车员模式和记录模式。

1. 司机模式：查看列车行驶状态、车辆信息、出库信息、制动信息、电源电压、配电盘信息、车门状态及车次设定等功能。

2. 列车员模式：查看车门信息、空调状态、实现对服务设施、广告显示、空调模式等项目的设定等功能。

3. 记录模式：实现动车组正常运行及试运行信息的记录下载等功能。

（二）检修模式

在动车组入库或在检修基地检修时所使用的模式，共有 42 项功能。

1. 实现动车组主变流器、总风管压力、常用和非常用制动试验、辅助制动试验、加压和非加压辅助电源检查以及车门开关的测试，并对检查试验的信息进行记录和存储。

2. 设定车轮直径、编组信息、车号车次、停车站等项目。

3. 查询主故障记录信息。

4. 读取和写入 IC 卡信息。

5. 设定模拟故障。

（三）诊断模式

实现对车载信息系统设备的自诊断以及对网络的诊断。

三、页面转换关系框图

司机模式下的页面转换关系如图 13-4 所示。

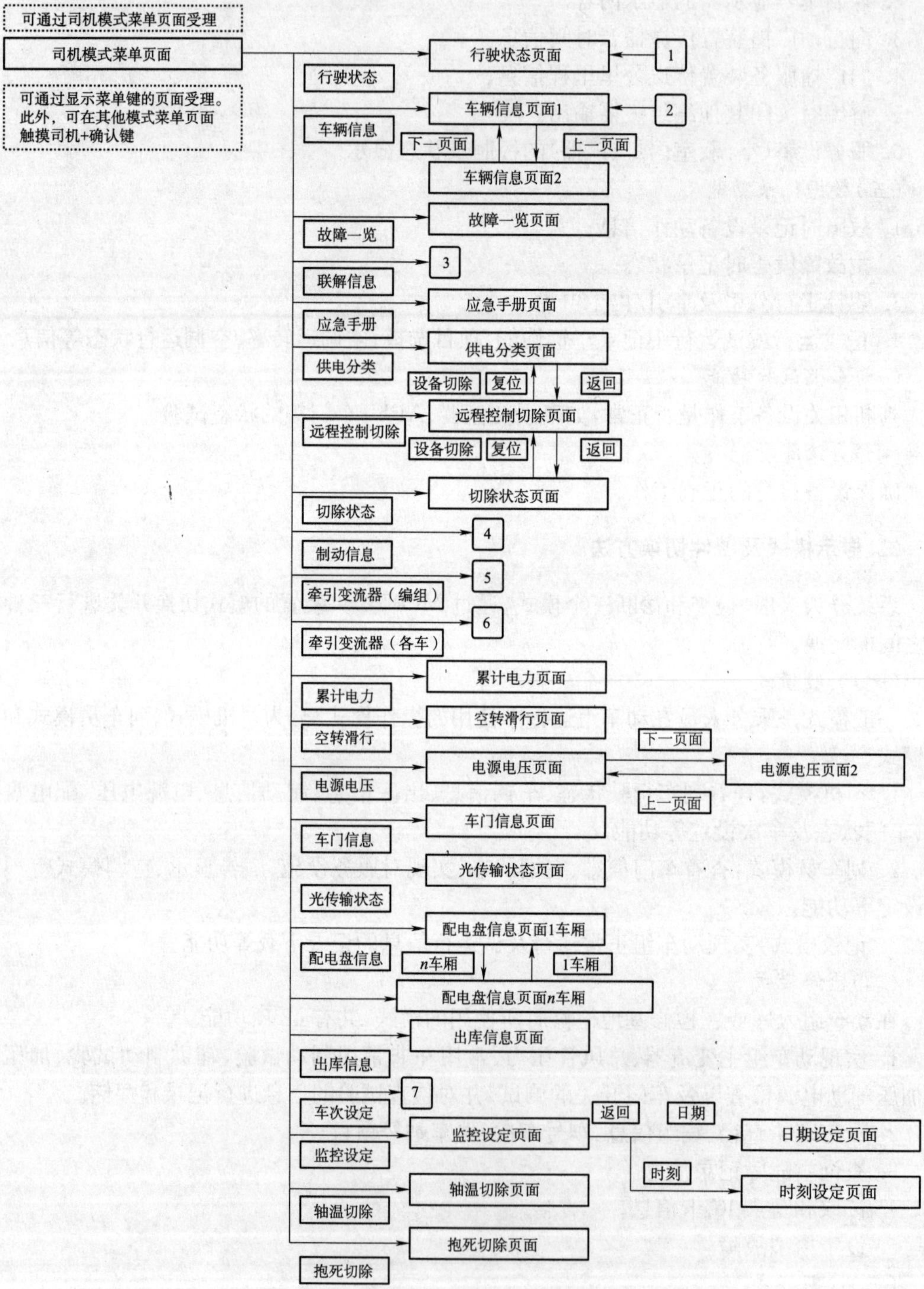

图 13-4　司机模式下的页面转换关系

四、主页面公共部分说明

(一)标 题 栏

标题栏显示内容如图 13-5 所示,显示含义见表 13-7。

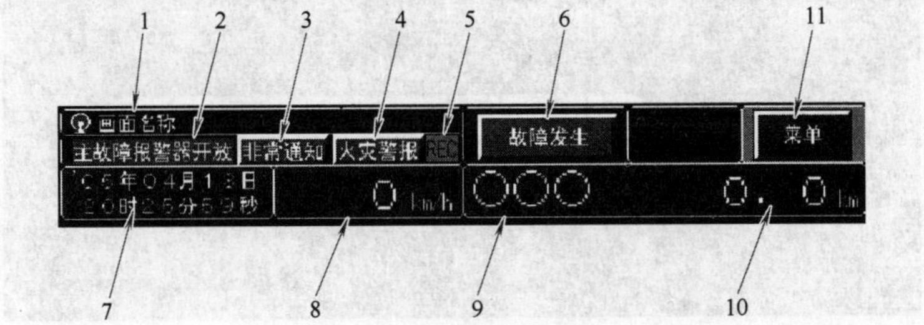

图 13-5　标题栏显示内容

表 13-7　标题栏显示含义

号码	名　　称	说　　明	备　　注
1	页面标题	显示页面名称	通常显示
2	主故障蜂鸣器切除	显示主故障蜂鸣器正在切除	
3	紧急报警键	紧急报警发生时显示	报警状态页面,以突出闪烁显示
4	火灾报警键	火灾报警发生时显示	报警状态页面,以突出闪烁显示
5	REC	显示正在进行调试记录	
6	故障发生键	显示故障发生	在故障信息画面上无显示
7	当前日期、时刻	显示当前日期、时刻	
8	当前速度	显示当前速度	
9	线路	显示当前线路	仅限于设定列车编号时显示
10	公里数	显示当前的公里数	仅限于设定列车编号时显示
11	菜单键	用来跳转到各模式菜单画面	

(二)信息显示

信息显示如图 13-6 所示。

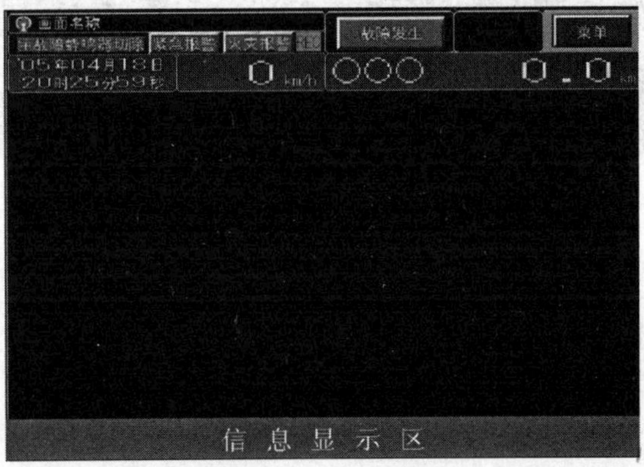

图 13-6　信息显示

(三)列车显示

列车显示如图 13-7 所示。

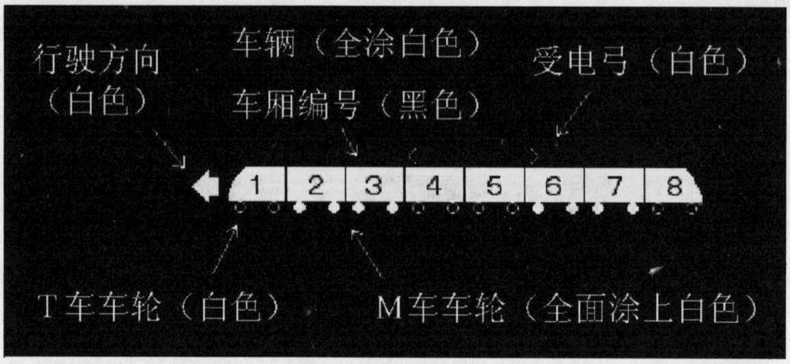

图 13-7　信息显示

五、一般模式具体操作方法

(一)接通电源

在车载信息系统电源接通,并且开始传输之后,监视屏显示以下初始选择页面,如图 13-8 所示。

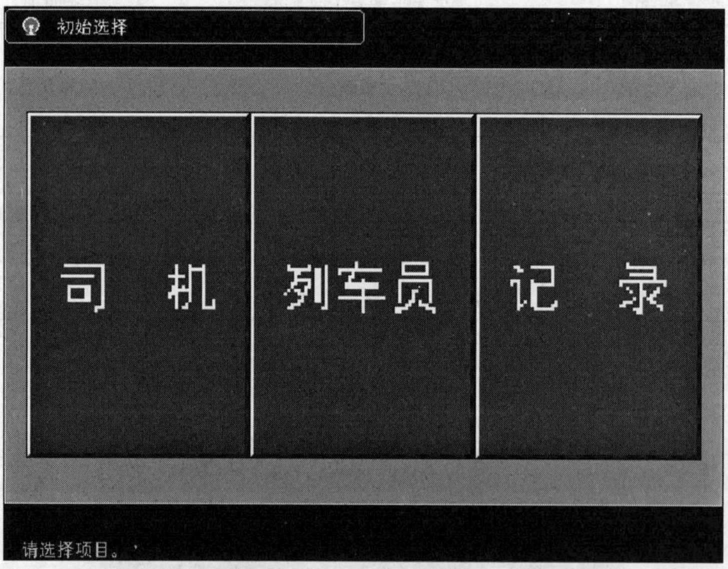

图 13-8　初始选择页面

(二)页面选择

1. 模式选择键在正常情况下文字以白色显示,背景以蓝色显示,如:司　机。触按相应选择键时,被选中的文字以黑色显示,背景以绿色显示,如:司　机。

2. 触按司　机键切换至“司机模式”页面;如图 13-9 所示。

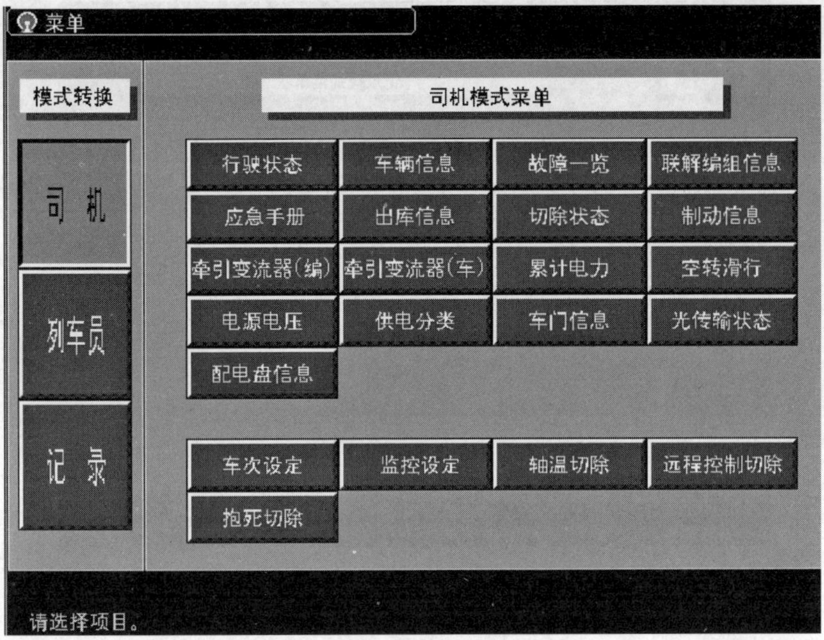

图 13-9　司机模式页面

3. 触按列车员键切换至“列车员模式”页面；如图 13-10 所示。

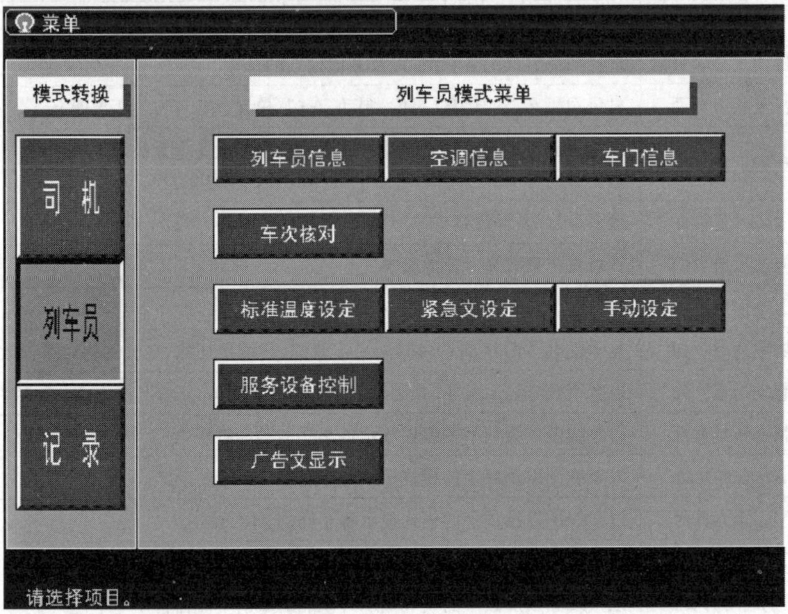

图 13-10　列车员页面

4. 触按记　录键切换至“记录模式”页面；如图 13-11 所示。

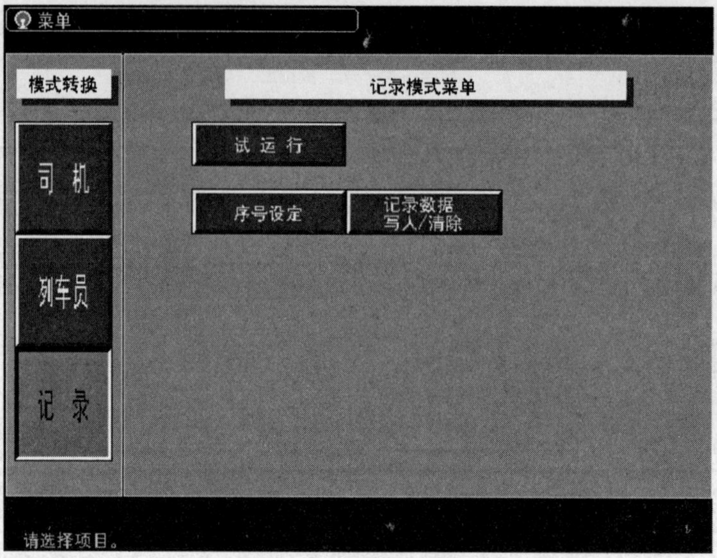

图 13-11 记录模式页面

(三)"一般模式"下级页面菜单项目

"司机模式"菜单项目说明见表 13-8.

表 13-8 司机模式菜单

项目编号	页面名称	说明
1	司机模式菜单页面	选择司机模式的各页面,以及其他模式的选择
2	行驶状态页面	显示司机必需的信息(级位、制动、车门、单元、牵引/再生工况等)
3	车辆信息页面	第 1 页面显示引发紧急制动的原因以及主要设备有无故障。 第 2 页面显示 CMP、EGS、无电压、MR 压的动作信息
4	故障一览页面	最多显示 20 件最新的故障记录
5	应急手册页面	针对具体事故显示应急指导
6	出库信息页面	显示各设备是否接通电源、有无异常
7	切除状态页面	显示受电弓切除、VCB 切除、M 车切除、压缩机切除、空气制动切除、非连锁等各状态
8-1	制动信息页面	以数字模式显示各压力(制动缸压力、AS 压、MR 压、EP 阀电流、再生型)的状态
8-2	制动信号页面	以条线图以及数字的模式显示各车厢的制动缸压力
8-3	AS 压力页面	以条线图以及数字的模式显示各车厢的 AS 压力
8-4	MR 压力页面	以条线图以及数字的模式显示各车厢的 MR 压力
8-5	EP 阀电流页面	以条线图以及数字的模式显示各车厢的 EP 阀电流
8-6	再生制动力页面	以条线图以及数字的模式显示各车厢的牵引变流器再生型电压
9-1	牵引变流器信息(编组)页面	以数字的模式显示各牵引变流器的电机电流、直流电压、电机频率、再生制动力的状态。此外,通过触按键操作可以转移至显示有各信息条线图的页面
9-2	电机电流页面	以条线图以及数字的模式显示各牵引变流器的电机电流型、电机电流反馈型
9-3	直流电压页面	以条线图以及数字的模式显示各牵引变流器的直流电压型、直流电压反馈型

续上表

项目编号	页面名称	说　明
9-4	电机频率页面	以条线图以及数字的模式显示各牵引变流器的电机频率
9-5	再生制动页面	以条线图以及数字的模式显示各牵引变流器的再生制动力
10	牵引变流器信息（各车）页面	显示各车牵引变流器的工作状态
11	累计电力页面	以数字的模式显示各牵引变流器的累计开始日期、牵引电量、再生电量、总消耗电量、累计行车距离
12	空转滑行页面	显示各车空转、滑行的出现次数
13	电源电压页面	显示三相电压、AC 100 V（恒压）、蓄电池电压的状况
14	供电分类页面	显示 AC 400 V、DC 100 V、AC 220 V、AC 100 V、AC 100 V（恒压）等各电压的供电范围
15	车门信息页面	显示各车的车门信息
16	光传输状态信息	显示光传输路径状态
17	配电盘信息页面	显示各车厢的配电盘信息。此外，触按车厢号码键后可以显示被指定车厢的配电盘信息
18-1	车次设定页面	不使用日常卡的情况下设定车次
18-2	始发站选择页面	在车次设定页面设定好车次后，设定始发站
18-3	车次设定确认	对已设定的车次、始发站内容进行确认
19-1	监控信息设定页面	选择设定项目（日期、时刻）
19-2	日期设定页面	设定日期
19-3	时刻设定页面	设定时刻
20	轴温切除页面	设定轴温切除操作
21	远程控制切除页面	设定远程控制切除操作
22	抱死切除页面	设定抱死切除操作
23-1	联解操作页面	显示连挂时的状态
23-2	连挂程序页面	显示连挂时的程序
23-3	解联程序页面	显示解联时的程序
24	故障信息页面（司机）	显示故障发生时的故障信息（故障内容、保护措施、处理措施、注意）
25	故障发生页面（司机）	发生故障时，无论处在哪个页面都会在该页面的下方瞬间显示故障信息（故障内容、保护）
26	通知状态页面（司机）	发生紧急报警时或发生火灾报警时，显示紧急报警状态和火灾报警状态

（四）“司机模式”菜单操作说明

1. 通过触按“司机模式”页面中显示的各功能键，可进入所指定的页面显示功能。

2. 远程控制切除键仅在装入了主控制器的驾驶室的显示器 1、显示器 2 中显示。在其他显示器中打开远程控制切除页面时，则显示“其他页面远程控制页面显示中”，页面不会切换。

3. 车次设定键仅在装入了主控制器的驾驶室或两驾驶室主控制器未装入时的显示器 1、显示器 2 中显示。

4. 触按故障一览键时，如果一起故障也没有，则显示“无故障记录”，页面不会切换。

(五)详细页面说明

1. 行驶状态页面如图 13-12 所示。

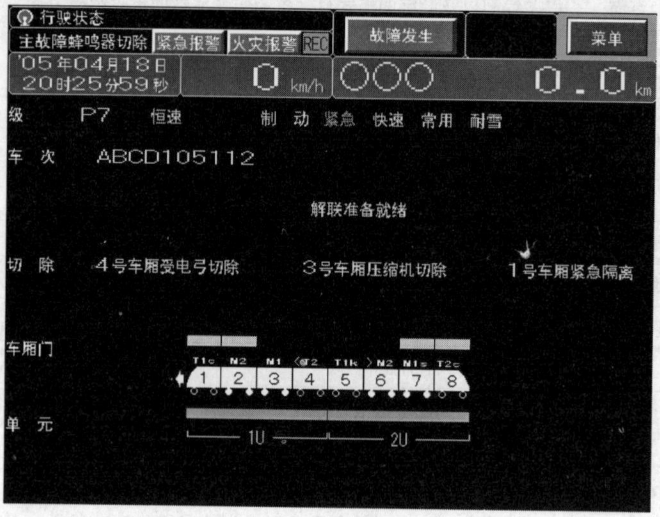

图 13-12　行驶状态页面

页面显示内容见表 13-9。

表 13-9　行驶状态页面显示内容

显示内容		备　注
级	○○○	牵引级 P1-P10 制动级 B1-B7 快速制动快速
恒速		恒速时显示
制动	紧急	依据优先顺序从前向后显示
	快速、常用、耐臂	
车次	○○○○ 888888	英文 4 文字 数文 6 文字
解联准备就绪 切除	○○○	分编准备完毕时显示。 无切除信息的场合，也无“切除”显示
车门		关闭时无显示
单元		正常时
		异常时
		不明时

续上表

显示内容		备　注
车辆		通常时
		牵引时
		再生时
滑行/空转		通常时
车型		空转/滑行时

2. 车辆信息页面(车辆信息第一页面)

车辆信息第一页面显示引发快速、紧急制动的原因以及重要设备有无故障,如图 13-13 所示。

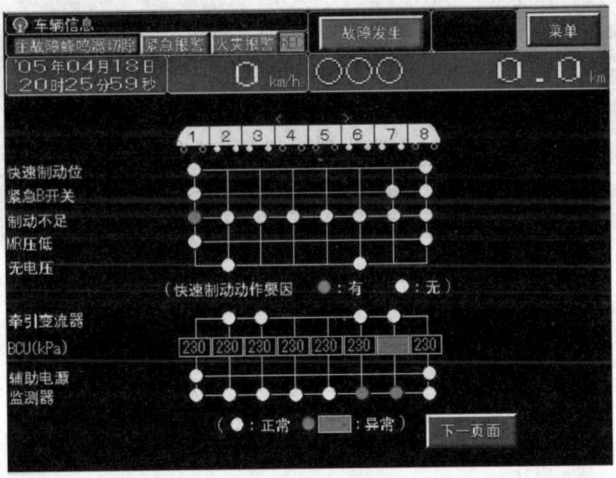

图 13-13　车辆信息第一页面

页面显示内容见表 13-10。

表 13-10　车辆信息第一页面显示内容

显示内容		备　注
快速制动位 紧急 B 开关 制动不足 MR 压低 无电压 牵引变流器 辅助电源 监控器	○	正常时
	●	异常时

续上表

显示内容		备　注
BCU(kPa)	888 (BC 压力)	正常时
	000	故障时
	下一页面	

3. 车辆信息页面(车辆信息第二页面)

车辆信息第二页面显示各设备的工作状态,如图 13-14 所示。

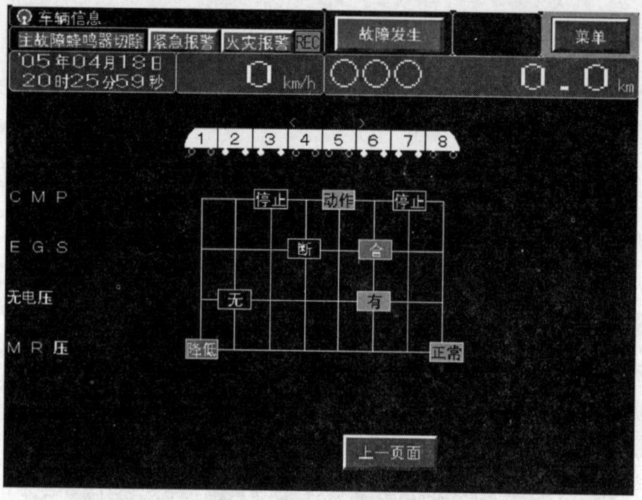

图 13-14　车辆信息第二页面

页面显示内容见表 13-11。

表 13-11　车辆信息第二页面显示内容

显示内容		备　注
CMP	停　止	压缩机停止时
	动　作	压缩机动作时
EGS	0 断 0	EGS 断时
	0 合 0	EGS 合时
无电压	0 无 0	NVR 无时
	0 有 0	NVR 有时
MR 压力	正　常	MRrAPS 正常时
	降　低	MRrAPS 降低时
	上一页面	

4. 故障一览页面

最多显示 20 起最新的故障记录，如图 13-15 所示。

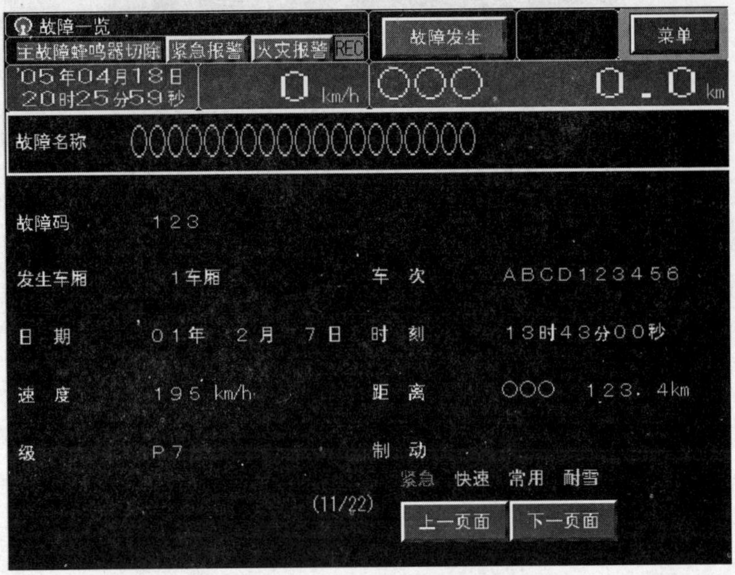

图 13-15　故障一览页面

页面显示内容见表 13-12。

表 13-12　故障一览页面显示内容

显示内容		备　注
故障名称	○○	
故障码	123	
发生车厢	0 车厢	故障发生车厢
车次	ABCD123456	英文 4 文字 数字 6 文字
日期	01 年 2 月 7 日	故障发生日期
时刻	13 时 43 分 00 秒	故障发生速度
速度	195 km/h	故障发生速度
距离	000 123.4km	故障发生里程
级	P0	与行驶状态页面相同
制动	BO	
	上一页面	
	下一页面	
页号码		有关故障信息的页码号(分子/分母)

5. 出库信息页面(图 13-16)

页面显示内容见表 13-13。

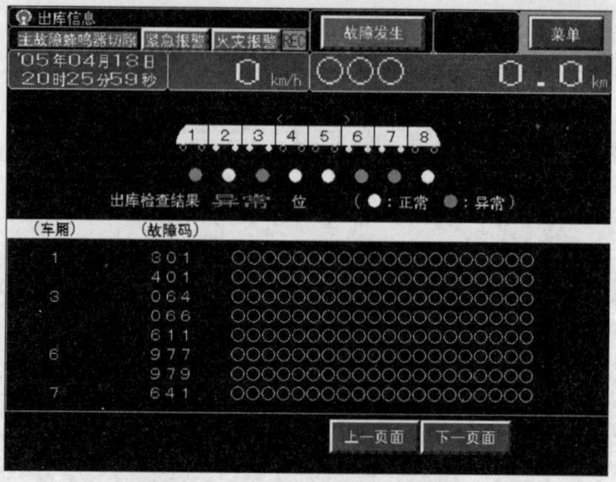

图 13-16　出库信息页面

表 13-13　出库信息页面显示内容

显示内容		备　注
检查结果	○	正常时
	●	异常时
出库检查结果	正常	全车厢正常的场合
	异常	出现 1 节或以上异常车厢的场合
车厢	1	
故障码	301	
异常名称	○○(20 个文字)	
	上一页面	异常项目为 9 个或 9 个以上时，则显示
	下一页面	

6. 切除状态页面(图 13-17)

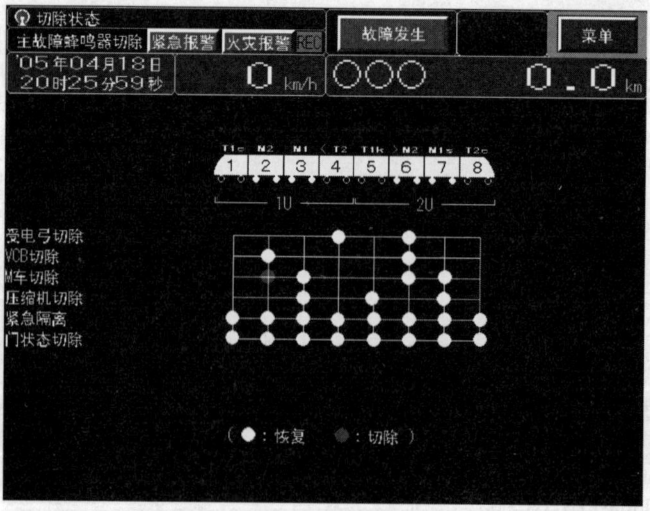

图 13-17　切除状态页面

页面显示内容见表 13-14。

表 13-14　切除状态页面显示内容

显示内容		备　注
受电弓切除 VCB 切除 M 车切除 压缩机切除 紧急隔离 门状态切除	●	正常时
	●	切除时

○:恢复
●:切除

7. 制动信息页面(图 13-18)

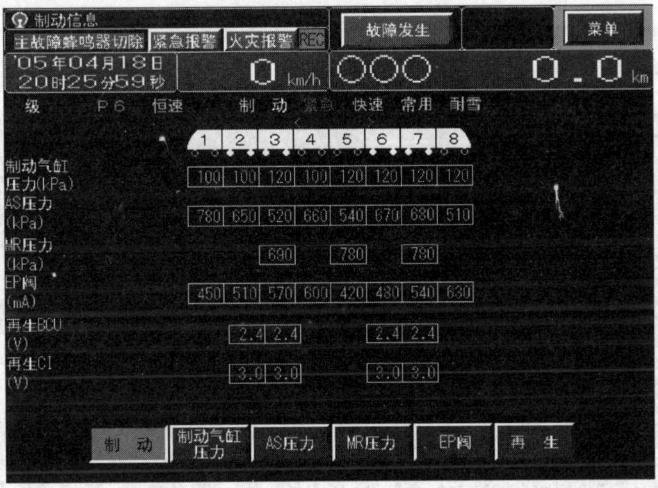

图 13-18　制动信息页面

页面显示内容见表 13-15。

表 13-15　制动信息页面显示内容

显示内容		备　注
级		与行驶状态页面相同
制动		
恒速		
制动气缸压力 (kPa)	888	显示范围 0～780 kPa 分辨率 10 kPa
AS 压力 (kPa)	888	显示范围 0～780 kPa 分辨率 10 kPa
MR 压力 (kPa)	8888	显示范围 0～1 000 kPa 分辨率 10 kPa

续上表

显示内容		备　注
EP阀(mA)	888	显示范围 0～700 mA 分辨率 1 mA
再生 BCU	88.8	显示范围 0～20.4 V 分辨率 0.1 V
再生 BCU	88.8	显示范围 0～10.0 V 分辨率 0.1 V
制动 制动气缸压力 AS压力 MR压力 EP阀 再生	通常 文字：白 背景：蓝	转移至各项目的条线图页面
	页面选择中 文字：黑 背景：绿	

制动气缸压力页面如图 13-19 所示。

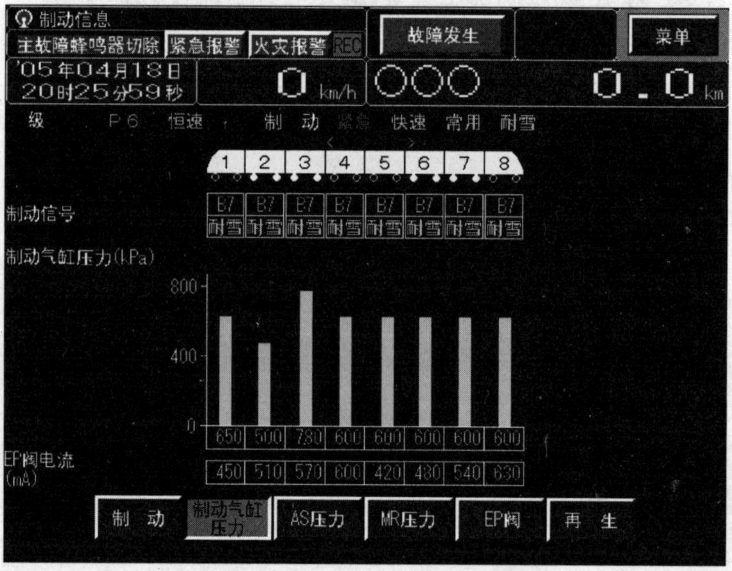

图 13-19　制动气缸压力页面

页面显示内容见表 13-16。

表 13-16　制动气缸压力页面显示内容

显示内容		备　注
级		参照行驶信息页面
制动		
恒速		

续上表

显示内容		备　注
制动信号	○○○	牵引级 P 制动级 B1～B7 OFF 紧急 B UB 快速 B EB 耐雪 B：根据来自于 BCU 装置的接收数据显示
耐雪 B	耐雪	耐雪 B 时
	无显示	通常
制动气缸压力 (kPa)条线图	9 9	
制动气缸压力 (kPa)	888	显示范围 0～780 kPa 分辨率 10 kPa
EP 阀电流 (mA)	888	显示范围 0～700 mA 分辨率 1 mA
制动 制动气缸压力 AS 压力 MR 压力 EP 阀 再生	通常 文字：白 背景：蓝	
	页面选择中 文字：黑 背景：绿	

AS(空气弹簧)压力页面如图 13-20 所示。

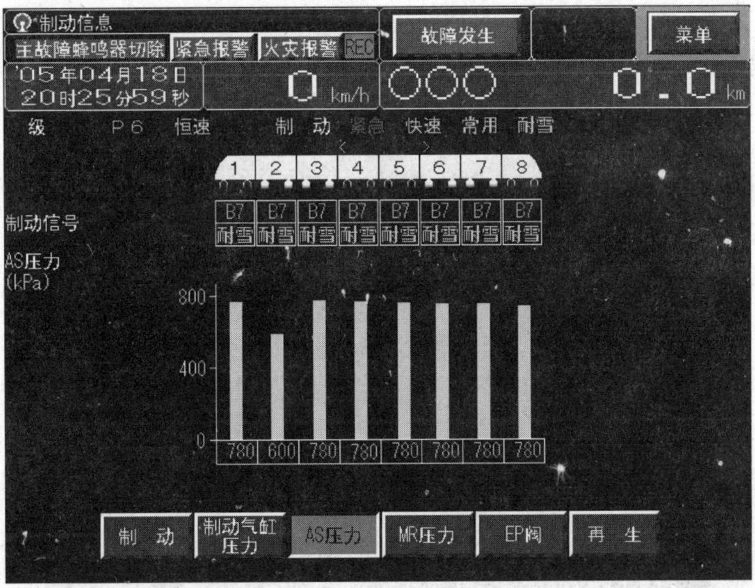

图 13-20　AS 压力页面

页面显示内容见表 13-17。

表 13-17　AS 压力页面显示内容

显示内容		备　注
级		参照行驶信息页面
制动		
恒速		
制动信号		参照制动气缸压力页面
耐雪 B		
制动气缸压力 (kPa)条线图	9 9	显示范围 0～780 kPa 分辨率 14 kPa
制动气缸压力 (kPa)	888	
制动 制动气缸压力 AS 压力 MR 压力 EP 阀 再生	通常 文字:白 背景:蓝	
	页面选择中 文字:黑 背景:绿	

MR(主风管)压力页面如图 13-21 所示。

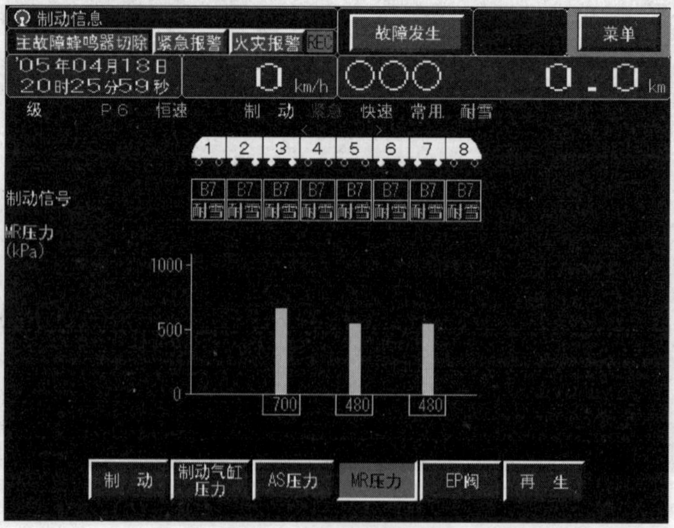

图 13-21　MR 压力页面

页面显示内容见表 13-18。

表 13-18　MR 压力页面显示内容

显示内容		备　注
级		参照行驶信息页面
制动		
恒速		
制动信号		参照制动气缸压力页面
耐雪 B		
MR 压力(kPa)条线图	9 9	显示范围 0～1 000 kPa 分辨率 10 kPa
MR 压力(kPa)	888	
制动 制动气缸压力 AS 压力 MR 压力 EP 阀 再生	通常 文字:白 背景:蓝	
	页面选择中 文字:黑 背景:绿	

EP(电空转换)阀电流页面如图 13-22 所示。

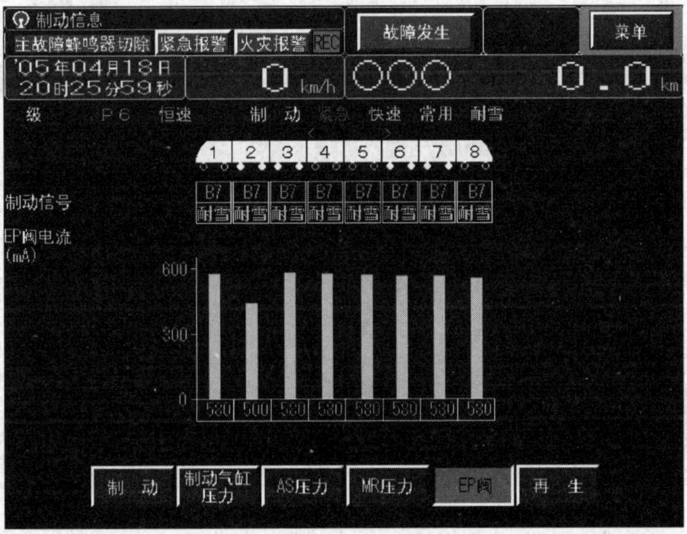

图 13-22　EP 阀电流页面

页面显示内容见表 13-19。

表 13-19　EP 阀电流页面显示内容

显示内容		备　注
级		参照行驶信息页面
制动		
恒速		
制动信号		参照制动气缸压力页面
耐雪 B		
E P 阀电流 (mA)条线图	9 9	显示范围 0～700 mA 分辨率 1 mA
E P 阀电流 (mA)	888	
制动 制动气缸压力 AS 压力 MR 压力 EP 阀 再生	通常 文字:白 背景:蓝	
	页面选择中 文字:黑 背景:绿	

再生制动力页面如图 13-23 所示。

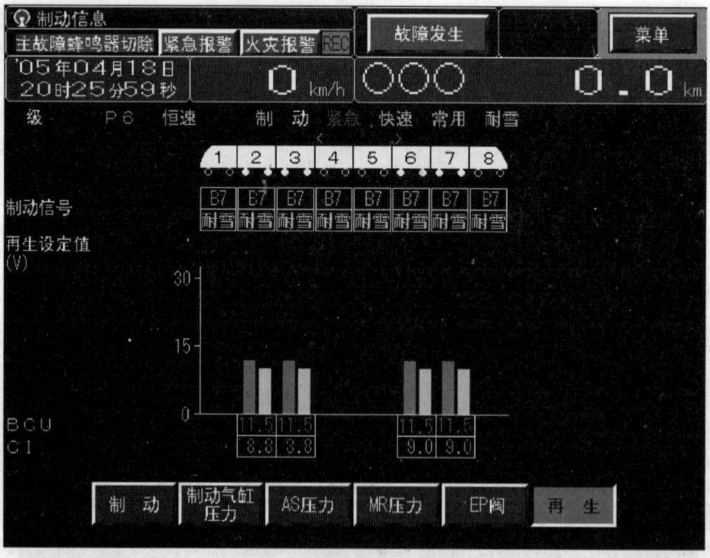

图 13-23　再生制动力页面

页面显示内容见表 13-20。

表 13-20　再生制动力页面显示内容

显示内容		备　注
级		参照行驶信息页面
制动		
恒速		
制动信号		参照制动气缸压力页面
耐雪 B		
再生图形(V) BCU 条线图	9 9	显示范围 0～20.4 V 分辨率　0.1 V
再生图形(V) BCU 条线图	88.8	
再生图形(V) CI 条线图	9 9	显示范围 0～10.0 V 分辨率　0.1 V
再生图形(V) CI	88.8	
制动 制动气缸压力 AS 压力 MR 压力 EP 阀 再生	通常 文字:白 背景:蓝	
	页面选择中 文字:黑 背景:绿	

8. 牵引变流器信息(编组)页面

牵引变流器信息页面如图 13-24 所示。

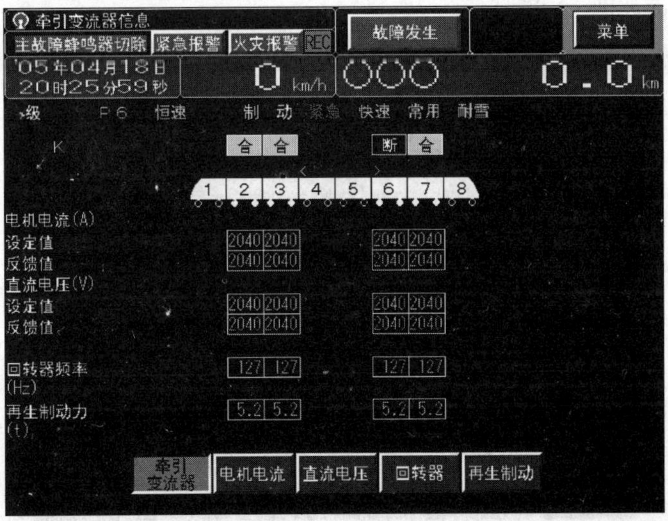

图 13-24　牵引变流器信息页面

页面显示内容见表13-21。

表13-21　牵引变流器信息页面显示内容

显示内容		备　注
级		参照行驶信息页面
制动		
恒速		
K(断流器)	合	KON为"合(通)"、其他为"断"
	断	
电机电流 设定值(A)	8888	
电机电流 反馈值(A)	8888	
电机电流 设定值(A)	8888	
直流电压 反馈值(A)	888	
再生制动力(t)	8.8	
牵引变流器 电机电流 直流电压 电机频率 再生制动	通常 文字:白 背景:蓝	通过触摸各页面的键(电机电流、直流电压等),转移至各项目的条线图页面
	页面选择中 文字:黑 背景:绿	

电机电流页面如图13-25所示。

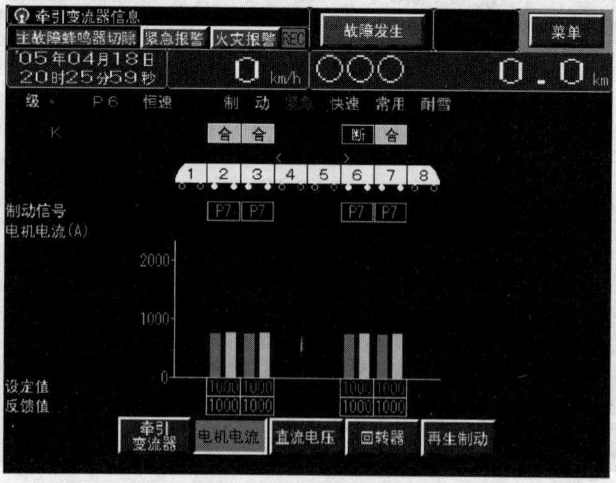

图13-25　电机电流页面

页面显示内容见表 13-22。

表 13-22　电机电流页面显示内容

显示内容		备　注
级		参照行驶信息页面
制动		
恒速		
K(断流器)		参照牵引变流器信息页面
制动信号	○○	牵引级 P1～P10、OFF 再生制动级 B
电机电流设定值(A) 条线图	8 8	
电机电流反馈值(A) 条线图	8 8	
电机电流设定值(A)	8888	
电机电流反馈值(A)	8888	
牵引变流器 电机电流 直流电压 电机频率 再生制动	通常 文字:白 背景:蓝	
	页面选择中 文字:黑 背景:绿	

直流电压页面如图 13-26 所示。

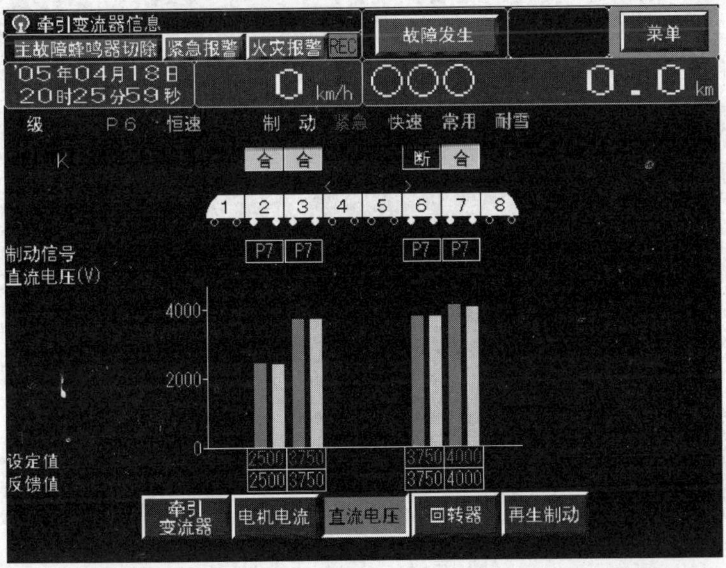

图 13-26　直流电压页面

页面显示内容见表 13-23。

表 13-23　直流电压页面显示内容

显示内容		备　注
级		参照行驶信息页面
制动		
恒速		
K(断流器)		参照牵引变流器信息页面
制动信号		参照电机电流页面
直流电压设定值(V) 条线图	8 8	
直流电压反馈值(V) 条线图	8 8	
直流电压设定值(V)	8888	
直流电压反馈值(V)	8888	
牵引变流器 电机电流 直流电压 电机频率 再生制动	通常 文字:白 背景:蓝	
	页面选择中 文字:黑 背景:绿	

电机频率页面如图 13-27 所示。

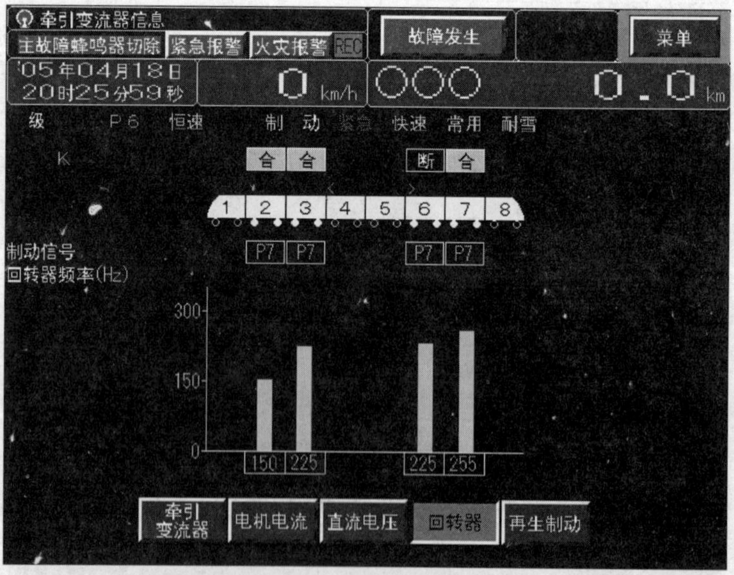

图 13-27　电机频率页面

页面显示内容见表 13-24。

表 13-24　电机频率页面显示内容

显示内容		备　注
级		参照行驶信息页面
制动		
恒速		
K(断流器)		参照牵引变流器信息页面
制动信号		参照电机电流页面
电机频率(Hz) 条线图	8 8	
电机频率(Hz)	88	
牵引变流器 电机电流 直流电压 电机频率 再生制动	通常 文字:白 背景:蓝	
	页面选择中 文字:黑 背景:绿	

再生制动页面如图 13-28 所示。

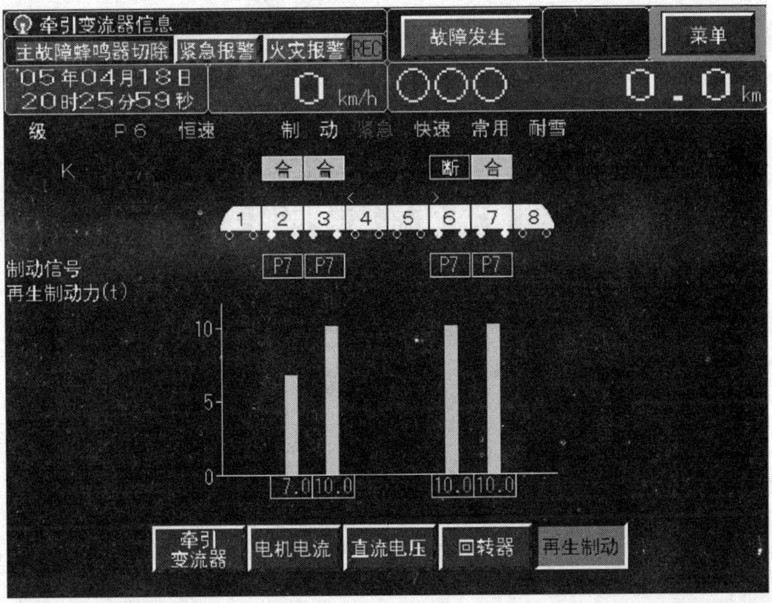

图 13-28　再生制动页面

页面显示内容见表 13-25。

表 13-25　再生制动页面显示内容

显示内容		备　注
级		参照行驶信息页面
制动		
恒速		
K(断流器)		参照牵引变流器信息页面
制动信号		参照电机电流页面
再生制动力(t)条线图	8 8	
再生制动力(t)	8.8	
牵引变流器 电机电流 直流电压 电机频率 再生制动	通常 文字:白 背景:蓝	
	页面选择中 文字:黑 背景:绿	

9. 牵引变流器信息(各车)页面

显示被选择车厢的牵引变流器的工作/异常状态，如图 13-29 所示。

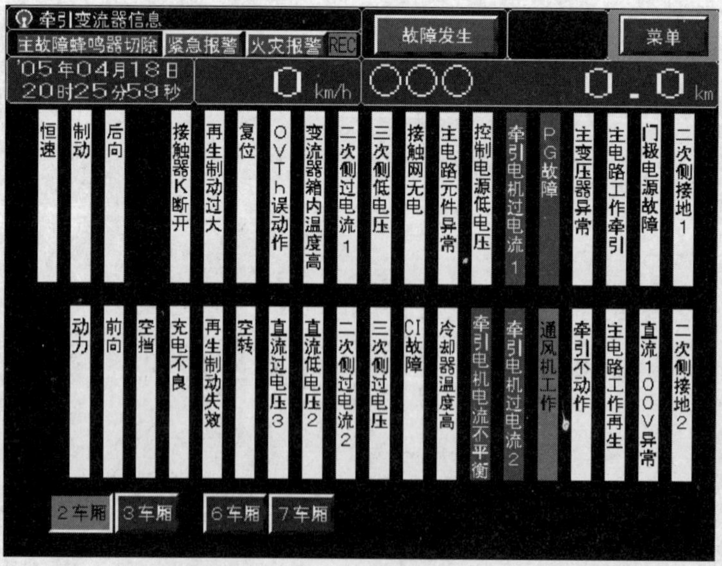

图 13-29　牵引变流器信息(各车)页面

页面显示内容见表 13-26。

表 13-26　牵引变流器信息(各车)页面显示内容

显示内容		备　注
牵引变流器工作状态		不明时
		正常时
	8 8	工作时
	0 0	异常时
n 号车	通常 文字:白 背景:蓝	
	页面选择中 文字:黑 背景:绿	

10. 累计电力页面(图 13-30)

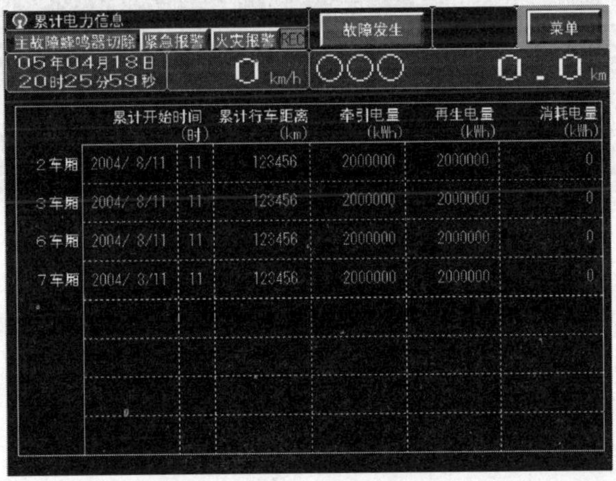

图 13-30　累计电力页面

页面显示内容见表 13-27。

表 13-27　累计电力页面显示内容

显示内容		备　注
累计开始时间(时)	8888/88/88	显示累计开始时间
累计行车距离 (km)	888888	显示范围:0～9999999 kW·h 分辨率:1 kW·h

续上表

显示内容		备　注
牵引电量 (kW・h)	8888888	显示范围:0～9999999 kW・h 分辨率:1 kW・h
再生电量 (kW・h)	88888888	减除牵引电能与再生电能后显示
消耗电量 (kW・h)	88888888	显示范围:0～999999 kW・h 分辨率:1 kW・h

11. 空转滑行页面(图 13-31)

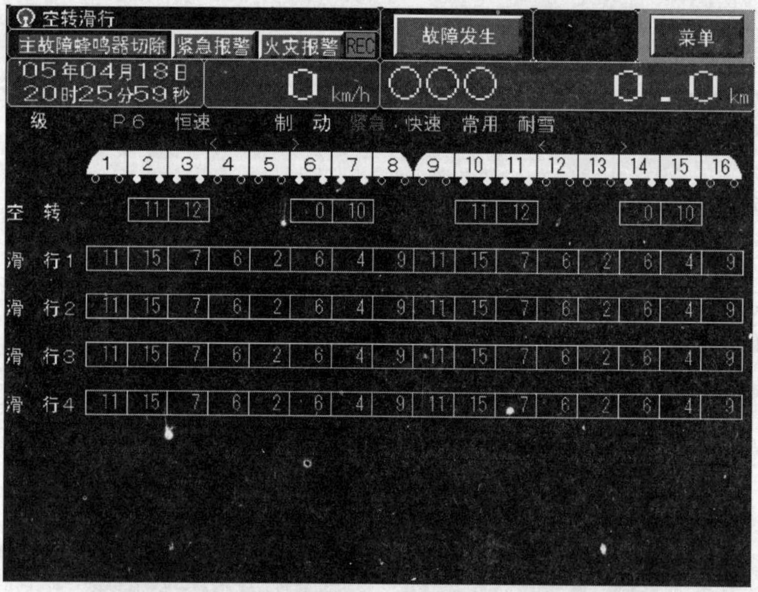

图 13-31　空转滑行页面

页面显示内容见表 13-28。

表 13-28　空转滑行页面显示内容

显示内容		备　注
级		参照行驶信息页面
制动		
恒速		
空转	888	显示一天内空转发生的次数 (MAX:255 次止、显示)
滑行 1234		显示一天内滑行发生的次数 (MAX:255 次止、显示)

12. 电源电压页面如图 13-32 所示。

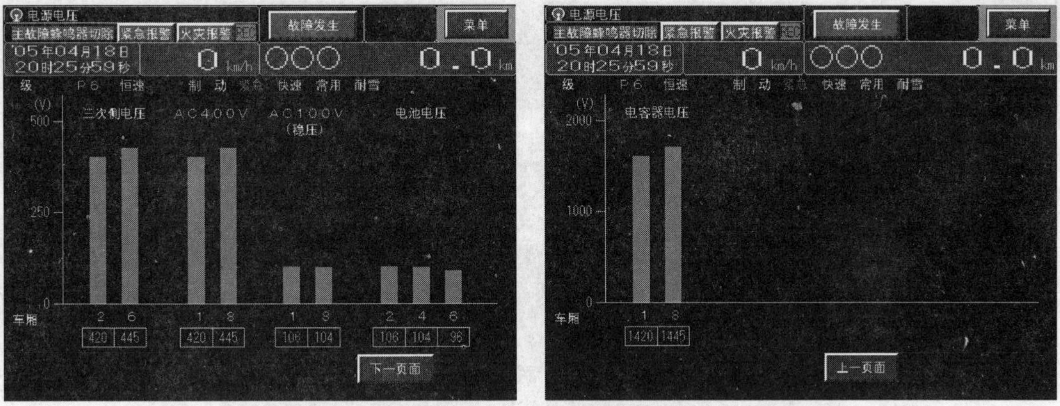

图 13-32　电源电压页面

页面显示内容见表 13-29。

表 13-29　电源电压页面显示内容

显示内容		备　注
级		参照行驶信息页面
制动		
恒速		
三次侧电压 (V)条线图	8 8	显示范围 0～400 V 分辨率 1 V
AC 400 V(V) 条线图	8 8	显示范围 0～400 V 分辨率 1 V
AC 100 V 定电压(V) 条线图	8 8	显示范围 0～100 V 分辨率 1 V
电池电压(V) 条线图	8 8	显示范围 0～100 V 分辨率 1 V
三次侧电压(V)	888	
AC 400 V(V)	888	
AC 100 V 稳压(V)	888	
电池电压(V)	888	
电容器电压(V)	888	

13. 供电分类页面(图 13-33)

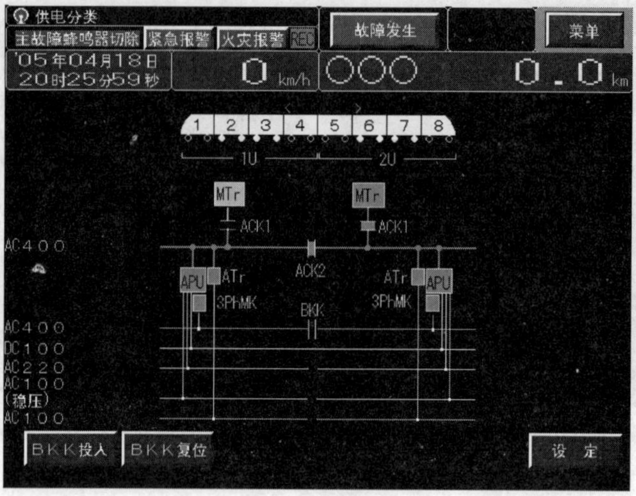

图 13-33 供电分类页面

页面显示内容见表 13-30。

表 13-30 供电分类页面显示内容

显示内容		备 注
BKK 投入 BKK 复位	触摸选择时 文字:黑 背景:绿	通过触摸 BKK 投入+设定键,使 BKK 投入。 通过触摸 BKK 复位+设定键,使 BKK 复位
设定		

14. 车门信息页面(图 13-34)

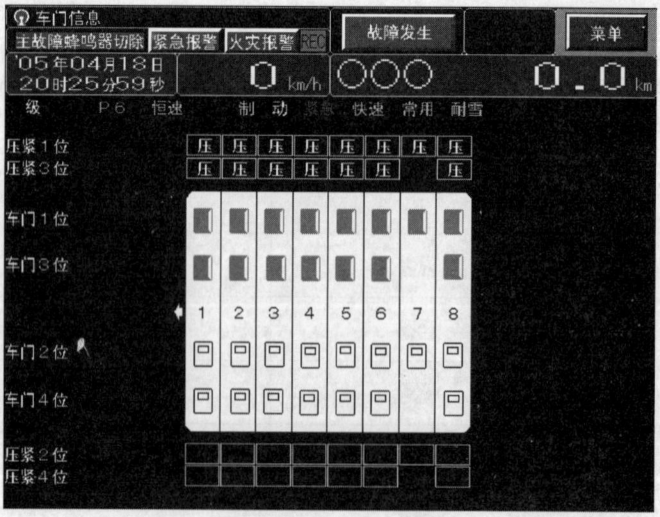

图 13-34 车门信息页面

页面显示内容见表 13-31。

表 13-31　车门信息页面显示内容

显示内容		备　注
级		参照行驶信息页面
制动		
恒速		
压紧 1、2、3、4 位	压紧	
	(空白)	
车门	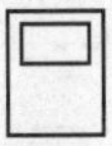	关时
		开时

15. 光传输状态页面

单编组如图 13-35 所示。

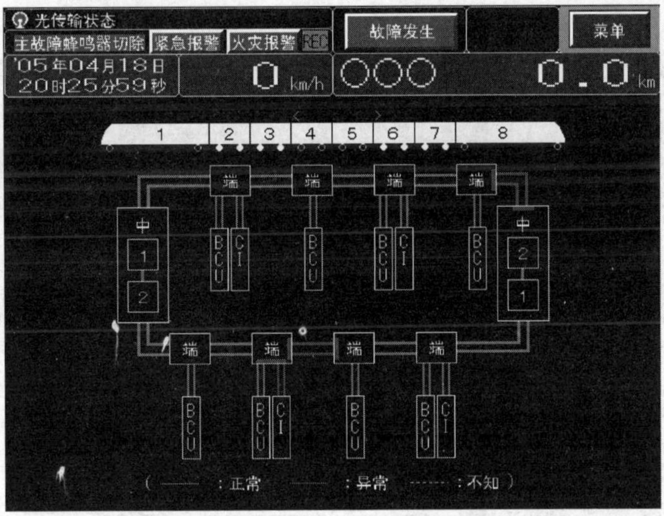

图 13-35　光传输页面

页面显示内容见表 13-32。

表 13-32　光传输页面显示内容

显示内容		备　注
中 1、中 2 中 1、中 2 端	文字色:白 框线:绿	正常时
	文字色:白 框线:白虚线	不明时

续上表

显示内容		备　注
COM1 COM2	o	异常时
	(无显示)	正常时
COM3	oooooooooooooooooo	异常时
	(无显示)	正常时
传输线	━━(绿)	正常时
	━━(红)	异常时
	----	不明时
前编组 后编组		仅连挂时显示 进行显示内容的前编组(1~8 车厢) 和后编组(9~16 车厢)的切换

16. 轴温切除页面

在每个轴中显示轴温状态。此外,轴温异常时通过本页面设定各轴的切除、复位,如图 13-36 所示。

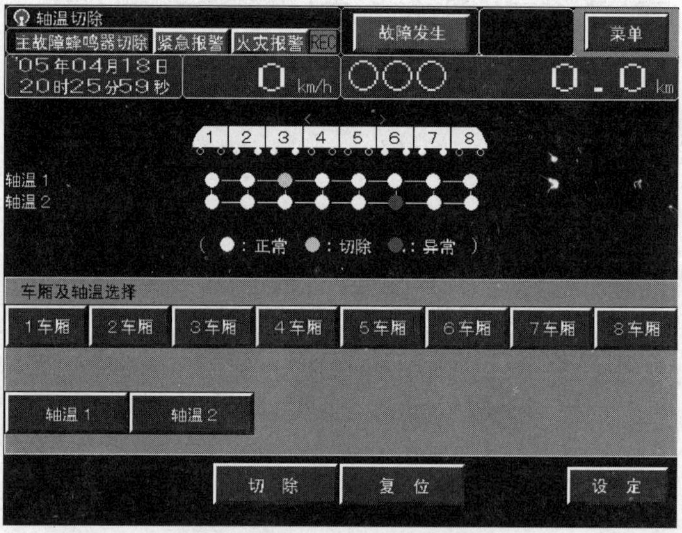

图 13-36　轴温切除页面

页面显示内容见表 13-33。

表 13-33　轴温切除页面显示内容

显示内容		备　注
输入错误,请重新设定	○○○○	车厢、轴温、切除/复位中有未选择项的状态下触摸设定键后显示。可通过触摸任意键清除此信息

续上表

显示内容		备　注
轴温 1 轴温 2	○	恢复时
	●	异常时
	●	切除时
1 车厢～8 车厢 9 车厢～16 车厢	通常 文字:白 背景:蓝	仅可选择任意一个车厢键
轴温 1、轴温 2	页面选择中 文字:黑 背景:绿	仅可选择任意一个轴温键
切除 复位 设定		仅可选择切除键以及复位键两者之一

17. 远程控制切除页面

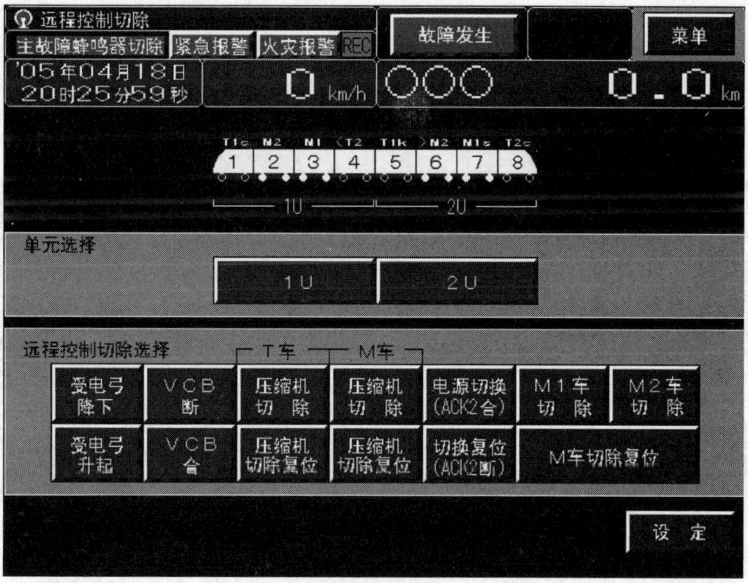

图 13-37　远程控制切除页面

设定设备切除、复位时转移至切除状态页面，如图 13-37 所示。

页面显示内容见表 13-34。

表 13-34　远程控制切除页面显示内容

显示内容		备　注
输入错误，请重新设定	○○○○	车厢、抱死切除/复位中有未选择项的状态下触摸设定键后显示。可通过触摸任意键清除此信息

续上表

显示内容		备　注
1U～4U 受电弓降下 受电弓升起 VCB 断 VCB 合 压缩机切除 压缩机切除复位 电源切换(ACK2 合) 切换复位(ACK2 断) M1 车切除 M2 车切除 M 车切除复位	通常 文字:白 背景:蓝	
	页面选择中 文字:黑 背景:绿	
设定		选择完需要进行远程控制切除的切除设备后，通过触摸设定键，即可实现各种操作

18. 抱死切除页面

在每个抱死中显示抱死状态。此外，抱死异常时通过本页面设定每个抱死的切除、复位，如图 13-38 所示。

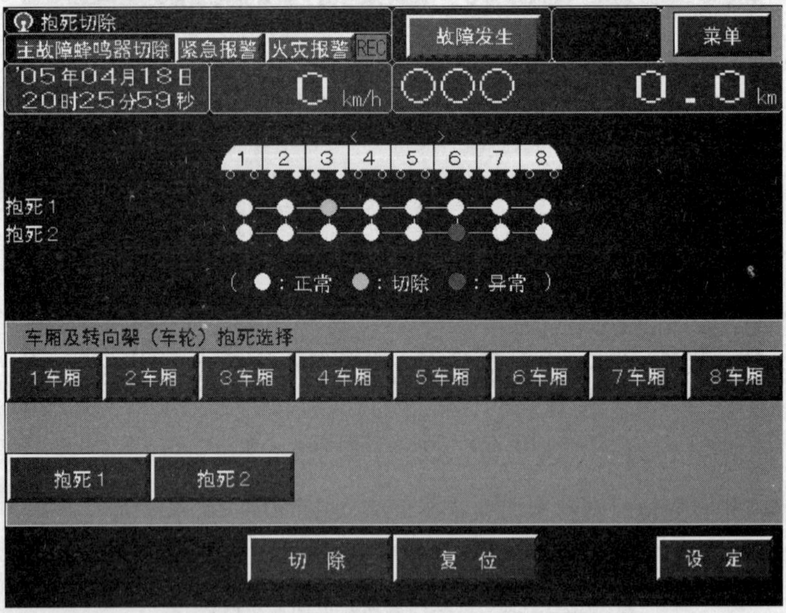

图 13-38　抱死切除页面

页面显示内容见表 13-35。

表 13-35　抱死切除页面显示内容

显示内容		备　注
输入错误,请重新设定	○○○○	车厢、抱死切除/复位中有未选择项的状态下触摸设定键后显示。可通过触摸任意键清除此信息
抱死 1 抱死 2	○	恢复时
	●	异常时
	●	切除时
1 车厢~8 车厢 9 车厢~16 车厢 抱死 1、抱死 2	通常 文字:白 背景:蓝	仅可选择任意一个车厢键
	页面选择中 文字:黑 背景:绿	仅可选择任意一个抱死键
切除 复位 设定		仅可选择切除键以及复位键两者之一

19. 联解编组信息页面

联解编组信息页面(T1c)如图 13-39 所示。

图 13-39　联解编组信息页面

页面显示内容见表 13-36。

表 13-36　联解编组信息页面显示内容

显示内容		备　注
级		
制动		参照行驶信息页面
恒速		
车次	○○○○ 888888	英文 4 文字 数字 6 文字
加/减速度	88.8	
剩余距离	88.8(10 m 以上时) 88.8(小于 10 m 时)	
传感器信息	通道 1 故障 通道 2 故障 通道 1 传输不良 通道 2 传输不良	未发生故障的场合:空白
连挂信息	连挂准备	
	连挂准备就绪	
	连挂完成	
	注意距离	
	连接器故障	

连挂顺序页面(T1c)如图 13-40 所示。

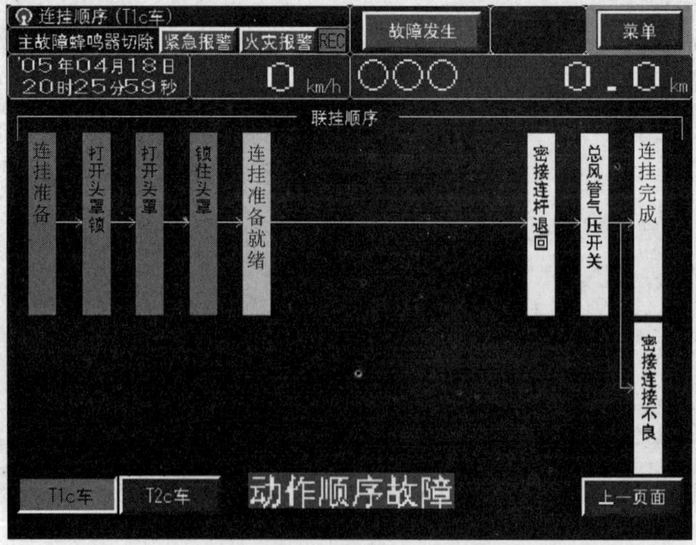

图 13-40　连挂顺序页面

页面显示内容见表 13-37。

表 13-37 连挂顺序页面显示内容

显示内容		备注	
动作顺序故障	○○○○	故障时	
顺序		未完时	文字:黑 背景:白
		完了时	文字:黑 背景:绿
	连挂准备就绪	准备就绪时	
	密接连接不良	连接不良时	
上一页面 下一页面 T1c 车 T2c 车			

20. 故障信息第一页面

当满足以下条件时,驾驶室的正面显示器以及列车员室的显示器会在正在显示的页面中自动显示相关信息,如图 13-41 所示。

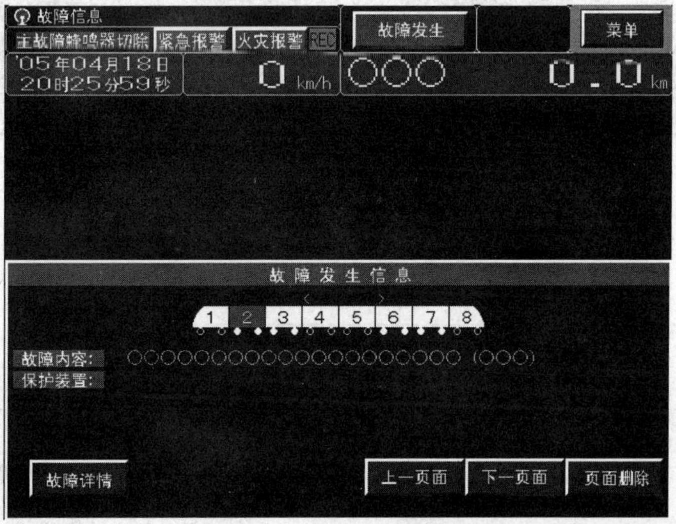

图 13-41 故障信息第一页面

页面显示内容见表 13-38。

表 13-38　故障信息第一页面显示内容

显示内容		备　注
故障内容	○○○	显示故障名称
保护装置	○○○	显示相关保护装置(无保护装置时无显示)
故障发生车辆	000	故障显示中的车辆
	↓	发生故障的其他车辆
故障详细		转移至故障信息页面
上一页面 下一页面		故障数为 2 起以上时,通过上一页面、下一页面键进行循环显示(按照故障发生顺序)
页面删除		删除故障发生信息页面

故障信息页面第二页面如图 13-42 所示。

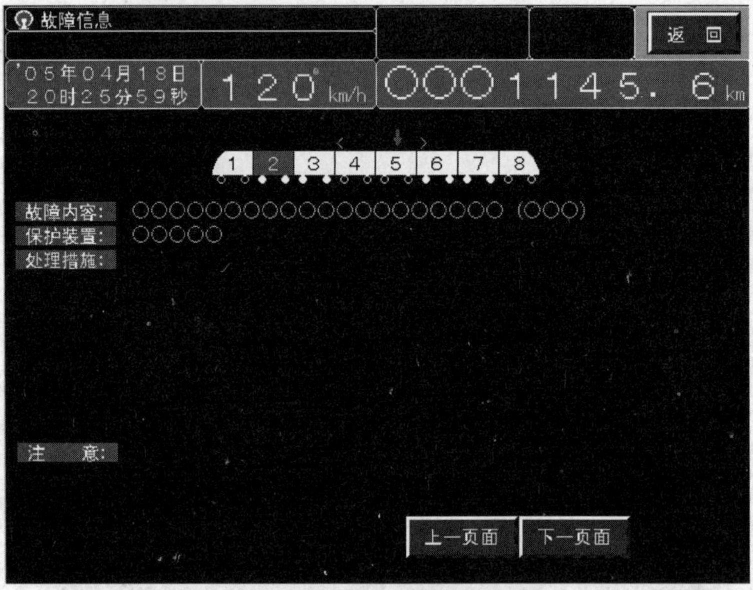

图 13-42　故障信息第二页面

页面显示内容见表 13-39。

表 13-39　故障信息第二页面显示内容

显示内容		备　注
故障内容	○○○	显示故障名称
保护装置	○○○	显示相关保护装置
处理措施	○○○	显示对已发生故障的处置
注意	○○○	显示对已发生故障的注意(无注意事项时无显示)

续上表

显示内容		备　注
故障发生车辆	000	故障显示中的车辆
	↓	发生故障的其他车辆
上一页面 下一页面		故障数为2起以上时，通过上一页面、下一页面键进行循环显示（按照故障发生顺序）
返回		通过触摸返回键，返回至故障信息页面转移前的页面

21. 通知状态页面（图13-43）

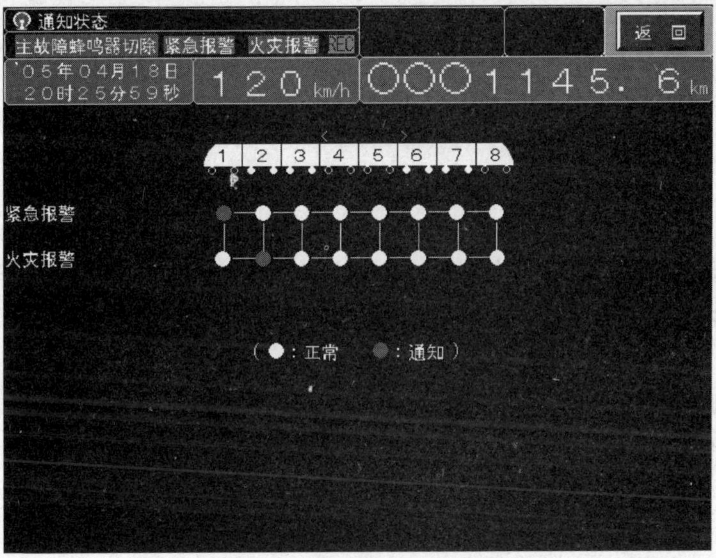

图13-43　通知状态页面

页面显示内容见表13-40。

表13-40　通知状态页面显示内容

显示内容		备　注
紧急报警 火灾报警	○	正常时
	●	通知时

○:正常

●:通知

思考题

1. 显示器有哪些显示模式？
2. 一般模式下都有什么页面？

第十四章　司机室设备组成、功用及基本操作

司机室是动车组司机工作的场所，安装有列车运行、控制用的各种开关、按钮、手柄；显示列车运行信息和车辆状态的各种显示器、指示灯以及控制司机室环境的设备。本章主要介绍了 CRH2A 型动车组司机室上述设备的位置和功能、使用时机，还介绍了部分设备的操作方法。

第一节　司机室总体布局

一、概　　述

CRH2A 型动车组 1 号、8 号车各设一个司机室，室内设有司机间和随车机械师间。司机室与客车车厢之间的隔墙上，安装有向驾驶室内开的门，气密和环境控制条件与客车车厢相同。

司机室两侧设有门，门上装有向内开的带自动锁的车窗。另外，司机室后部的通过台，安装有随车机械师用弹起式座席 2 组并有搭载品的空间。

驾驶室前方安装有前照灯（DC 100 V，封闭式大灯，150 W/50 W 切换式）和标志灯（红色 LED）。司机操纵台下地板上安装有脚踏式汽笛阀。

驾驶室前面车窗采用透明的安全玻璃、附带有电动刮雨器、加热器及遮阳装置，安装有防雾导电膜。侧窗为了遮光采用青铜色中间膜。

CRH2B 型动车组、CRH2E 型动车组司机室设在 1 号和 16 号车，其他与 CRH2A 型动车组一致。

二、司机室主要设备布局

CRH2A 型动车组司机室内的司机操作设备安装在操纵台、侧墙面板和设备柜面板上，如图 14-1 所示。CRH2B 型、CRH2E 型与 CRH2A 型动车组基本一致。

1. 司机室操作设备

操作设备主要包括操纵台上部设备、操纵台下部设备、左侧墙面板设备、司机室后墙配电板及控制开关等。

2. 操纵台上部设备安装

操纵台上部安装有司机经常操作的各种开关、按钮、手柄以及显示各种信息的显示器、指示灯等。操纵台上部设备如图 14-2 所示。

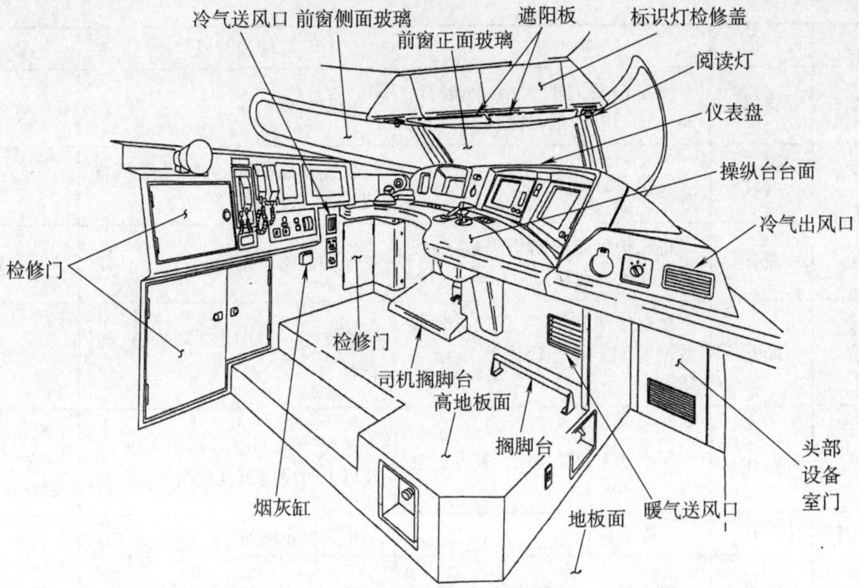

图 14-1　CRH2A 型动车组司机室内主要设备

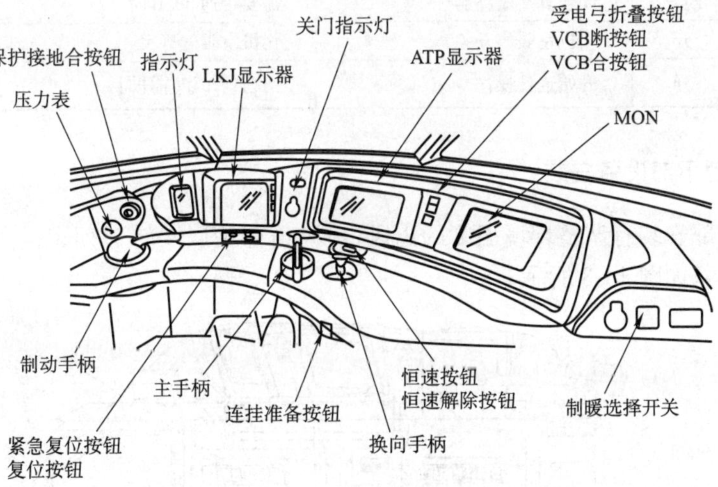

图 14-2　CRH2A 型动车组操纵台上部设备

操纵台上部设备名称、功能及使用时机见表 14-1。

表 14-1　操纵台上部设备名称、功能、使用时机

名称	常位	功　能	使用时机	备　注
主手柄	切	设定牵引力的大小，分为 P1～P10 挡	根据需要	
换向手柄	关	设定动车组的运行方向，分前、关、后 3 挡	根据需要	

续上表

名称	常位	功　能	使用时机	备　注
制动手柄	运行	设定制动力的大小，分运行、B1～B7、快速、拔取位	根据需要	
紧急制动复位按钮	断开	复位紧急制动	发生紧急制动后，制动手柄置快速位，按压紧急复位	弹簧复位
复位按钮	断开	将保护电路的动作复位，使设备重新投入运转	保护电路动作后	弹簧复位
保护接地合按钮	断开	接通接地开关，升弓状态使接触网接地，降弓状态高压设备防护	需要进行高压设备检查、维护时	红色
恒速按钮	断开	保持动车组以均衡的速度行驶	速度≥30 km/h，牵引手柄 P2 及以上时设定恒速控制	操作制动手柄或牵引手柄级位可自动解除恒速
恒速切除按钮	断开	解除定速控制	不需要定速时	
受电弓折叠按钮	断开	降下受电弓，同时断开 VCB	受电弓下降操作时	弹簧复位
VCB 断按钮	断开	断开真空断路器	需要断开 VCB 时	弹簧复位
VCB 合按钮	断开	闭合真空断路器	需要接通 VCB 时	弹簧复位
暖气转换 2	开	司机室暖气开关	司机室暖气开关	
连挂准备	开	开始连挂操作	两列动车组连挂时	操纵台下

三、操纵台下部设备安装

操纵台下部安装有调整环境温度的出风口、风笛开关以及转储列车信息的 IC 插口等。操纵台下部设备如图 14-3 所示。

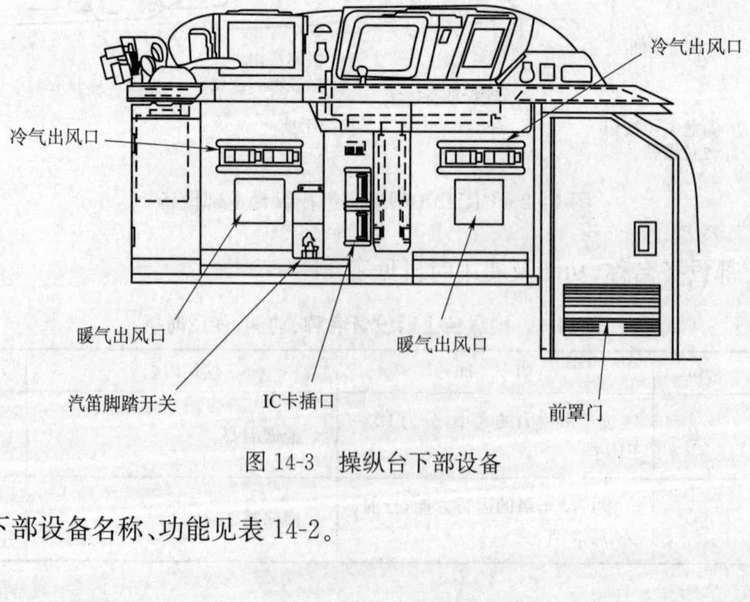

图 14-3　操纵台下部设备

操纵台下部设备名称、功能见表 14-2。

表 14-2　操纵台下部设备名称、功能

名　　称	功　　能
冷气出风口	司机室冷气装置工作时的冷气出风口
暖气出风口	司机室暖气装置工作时的暖气出风口
汽笛脚踩式开关	鸣响汽笛的脚踏式开关
IC 卡插入口	下载 MON 装置数据的 IC 卡插入口
车头罩门	为了进入设备室、车头罩内的门

四、故障显示灯及关门指示灯

操纵台左侧安装有故障显示灯及关门指示灯，用于显示车辆故障状态和车门开关状态，显示灯如图 14-4 所示，故障显示见表 14-3。

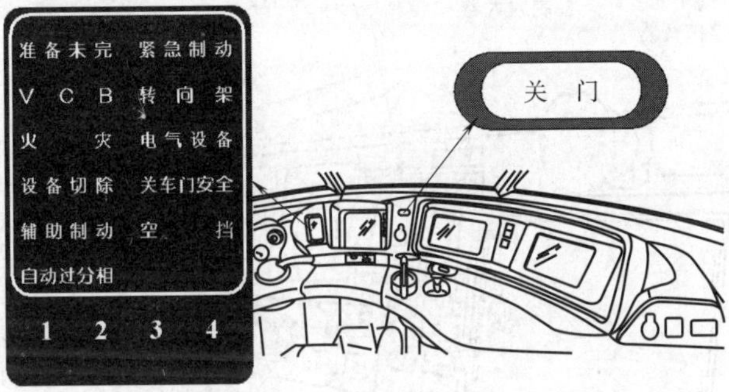

图 14-4　操纵台故障显示灯及关门指示灯

表 14-3　故障显示灯显示内容

名称	颜色	功　　能	信号源	线号码
准备未完	红	动车组尚未具备升弓合主断条件时点亮	中央监视器	130M
VCB	红	断开 VCB 时点亮	中央监视器	134M
火灾	红	火灾报警开关被按下且没有复位时点亮		
设备切除	褐	切除某一电气设备时点亮	中央监视器	137M
辅助制动	褐	辅助制动投入时点亮		140L
紧急制动	红	紧急制动动作且未复位时点亮	中央监视器	131M
转向架	红	检测到制动不缓解、轴温、黏着、空转、滑行等转向架异常时点亮	中央监视器	133M
电气设备	红	EGS 闭合时及检测到驱动电路故障时点亮	中央监视器	132M
关车门安全	绿	车速≥5 km/h 时侧门压紧后点亮		146
空挡	褐	中央装置接收到空挡时点亮		79M
自动过分相	红	检测到自动过分相控制装置故障时点亮		J515M
单元显示灯 1	红	1～4 号车动力单元工作不正常时点亮	中央监视器	121M

续上表

名称	颜色	功　能	信号源	线号码
单元显示灯 2	红	5～8 号车动力单元工作不正常时点亮	中央监视器	122M
单元显示灯 3	红	9～12 号车动力单元工作不正常时点亮	中央监视器	123M
单元显示灯 4	红	13～16 号车动力单元工作不正常时点亮	中央监视器	124M
关门显示灯	黄	车厢侧门全部关闭时点亮	DIR	140A

五、左侧墙面板设备安装

操纵台左侧墙面板上安装有通信联络设备、司机室温度控制开关、照明控制开关等，左侧墙面板设备如图 14-5 所示。

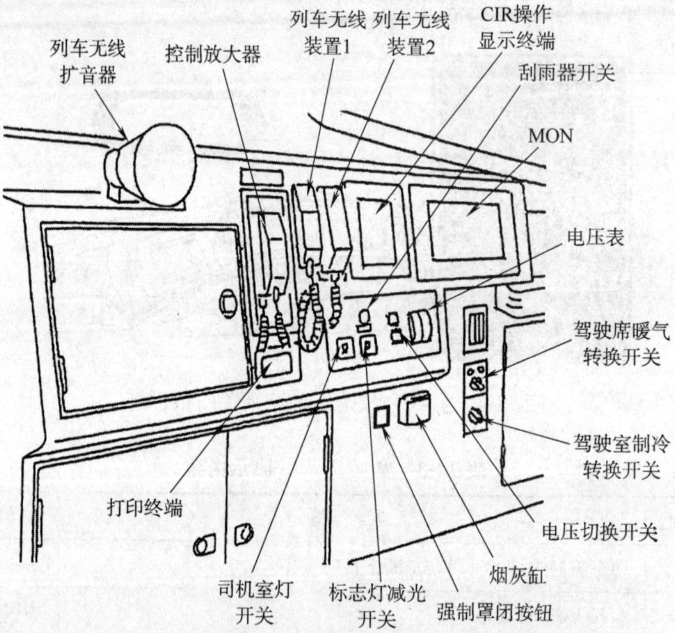

图 14-5　左侧墙面板设备

左侧墙面板设备名称、功能及使用时机见表 14-4。

表 14-4　左侧墙面板设备名称、功能、使用时机

名称	常位	功　能	使用时机	备　注
前部标识灯减光		前部标志灯强、弱调整	需调整前部标志灯强、弱光时	
司机室灯	投入	司机室照明	需点亮或关闭司机室灯时	
司机室灯开关	投入	司机室灯(随车机师室区域)点亮	根据需要使用	司机室通过台侧墙
暖气转换 1	断开	司机室暖气开关	根据需要使用	
刮雨器	断开	启动、关闭刮雨器，调整动作速度，喷水	雨天影响瞭望时	两挡拔出控制雨刷速度，右旋喷水

续上表

名称	常位	功能	使用时机	备　注
电压表切换		把直流电压表连接目标切换到 102 线(列车无线蓄电池回路)	在检测列车无线蓄电池的电压时使用	8 号车有
解编	断开	指令解编动车组,与试验按钮配合使用可关闭前端罩盖	进行动车组解编操作及强制关闭前端罩盖	1 号车司机室左侧面板
空气管关	断开	强制空气管开闭器转换为"关闭位置"	试验或手动操作空气管关时	司机室左侧检修门内
断开	断开	强制连接切换器断开电气连接	试验或手动操作动车组解编时,强制断开电气连接	司机室左侧检修门内
试验	断开	模拟动车组 5 km/h 速度信号输出,关闭头罩	解编操作后需强制关闭前端头罩时	司机室左侧检修门内,1 号车,使用后需按压恢复

六、后墙配电盘

司机室后墙上主要安装有 NFB(配电)盘、控制开关盘和司机室开关盘,安装位置如图 14-6 所示。

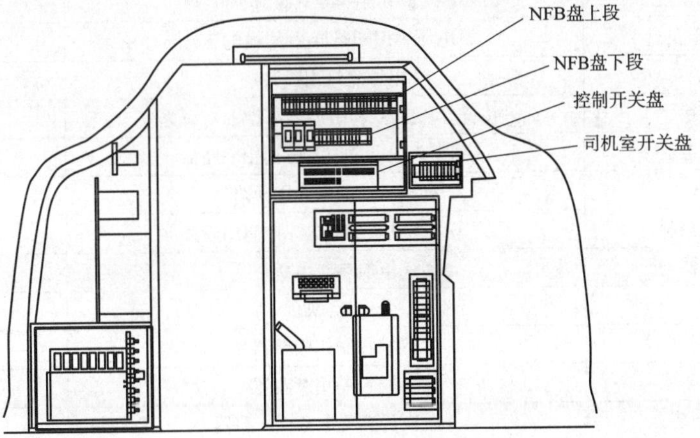

图 14-6　后墙设备安装位置

(一)NFB 盘上安装有低压控制电路的电源开关,开关形式为自由脱扣,各开关位置及功能见表 14-5 和表 14-6。

1. NFB 盘(上段)

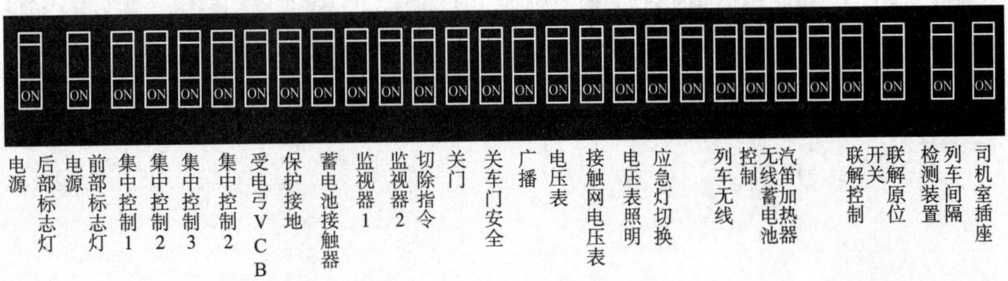

表 14-5　NFB 盘上段开关功能

名　称	功　能	常　位
后部标志灯电源	后部标示灯用电源开关	ON
前部标志灯电源	前部标示灯用电源开关	ON
集中控制 1	总控制电源用开关 1	ON
集中控制 2	总控制电源用开关 2	ON
集中控制 3	总控制电源用开关 3	ON
受电弓 VCB	受电弓 VCB 操作指令用断路器	ON
保护接地	保护接地开关控制用断路器	ON
蓄电池接触器	蓄电池接触器控制用断路器	ON
监视器 1	监视器中央装置电源用断路器 1	ON
监视器 2	监视器中央装置电源用断路器 2	ON
切除指令	切除车上试验及空挡试验指令开关用断路器	ON
显示灯电源	显示灯用断路器 2	ON
关门	关车门指令回路用断路器	ON
关车门安全	关车门安全回路用断路器	ON
广播	广播控制功放用断路器 2	ON
电压表	电压表用断路器 1(直流 100 V)	ON
接触网电压表	电压表用断路器 2(架线电压)	ON
电压表照明	电压表灯用断路器	ON
应急灯切换	预备灯切换选择用断路器(前照灯减光)	ON
列车无线蓄电池	列车无线电系统蓄电池用断路器	ON
列车无线	列车无线电电源用断路器	ON
无线蓄电池控制	列车无线电系统蓄电池控制用断路器	ON
风笛加热器	风笛加热器用断路器	ON
	空缺	
联解控制	连挂控制用断路器 1	OFF
联解限位开关	连挂控制用断路器 2	OFF
列车间隔检测装置	距离传感器电源用断路器	OFF
司机室插座	驾驶室插座用断路器	ON

注意:"列车无线蓄电池"开关只在 8 号车有;"列车间隔检测装置"开关只在 1 号车上有。

2. NFB 盘(下段)

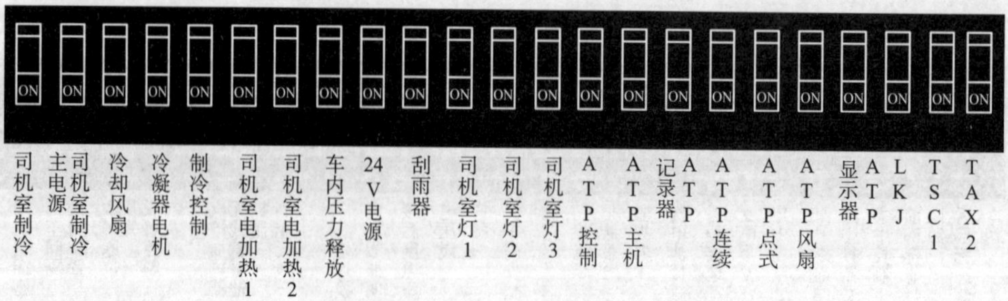

表 14-6　NFB 盘下段开关功能

名　称	功　能	常　位
司机室制冷	驾驶室空调主断路器	ON
司机室制冷主电源	驾驶室空调电动机电源用断路器	ON
冷却风扇	驾驶室空调风机电动机用断路器	ON
冷凝器电机	驾驶室空调冷凝器电动机用断路器	ON
制冷控制	驾驶室空调控制电源用断路器	ON
司机室电加热 1	驾驶室加热器用断路器 1	ON
司机室电加热 2	驾驶室加热器用断路器 2	ON
车内压力释放	车门压紧压力控制用断路器	ON
24 V 电源	24 V 电源装置输入用断路器	ON
刮雨器	刮雨器用断路器	ON
司机室灯 1	驾驶台射灯用断路器 1	ON
司机室灯 2	驾驶台射灯用断路器 2	ON
司机室灯 3	驾驶室灯用断路器	ON
ATP 控制	ATP 电源总断路器	ON
ATP 主机	ATP 主机电源用断路器	ON
ATP 记录器	ATP DRU 装置电源用断路器	ON
ATP 连续	ATP STM 装置电源用断路器	ON
ATP 点式	ATP BTM 装置电源用断路器	ON
ATP 风扇	ATP 风机电源用断路器	ON
ATP 显示器	ATP DMI 装置电源用断路器	ON
LKJ	LKJ 电源用断路器	ON
TSC1	TSC1 电源用断路器	ON
TAX2	TAX2 电源用断路器	ON

(二)转换开关盘

转换开关盘安装有转换开关,开关名称及功能见表 14-7。

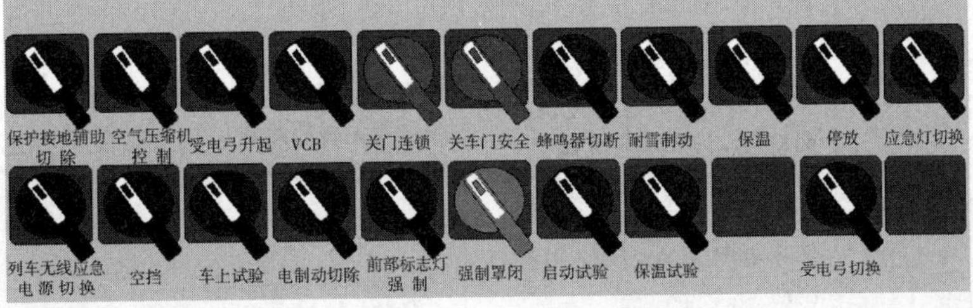

表 14-7 转换开关盘名称功能

名称	常位	功能	使用时机	备注
保护接地切除	左	保护接地开关一起断开复位	切除保护接地时,首先拔出保护接地合 EGSC1,然后扳动此开关,切除保护接地	弹簧复位
辅助空气压缩机控制	左	启动辅助空气压缩机	MR 压力低于 640 kPa(指示灯显示"准备未完")时	弹簧复位
受电弓升起	左	升起受电弓	需要升起受电弓时	弹簧复位
VCB 合	左	闭合真空断路器	需要接通 VCB 时	弹簧复位
关门连锁	左	使 DIR(门互锁继电器)短路、强制动力运行指令恢复工作	确认 EMU 所有车门已关闭,但无法启动 EMU 时,强制切除门互锁	
关车门安全	左	运行速度 30 km/h 以下、强制性压紧门	低速通过清洗线时等	弹簧复位
蜂鸣器切除	左	停止蜂鸣器声响	需要解除蜂鸣器报警时	
耐雪制动	左	EMU 运行速度不足 110 km/h 时,可使夹钳与制动盘轻轻压紧,防止雪进入制动盘与夹钳间,影响制动效果	雪天,运行速度 110 km/h 以下,需要启动耐雪制动	
保温	左	室外温度 10 ℃以下,自动投入保温加热器	需要对水平阀等的保温加热器加热时	常位:断开 反位:投入
停放	左	库内升弓状态下停放。将空调、换气系统、门、车厢照明、标志灯关闭	防寒期内升弓状态停放动车组时	常位:正常停放动车组 反位:受电弓升起状态,停放
应急灯切换	左	将应急灯的电源切换到 102 线,即使 BatK 断开也保持应急灯供电	受电弓降下,主控钥匙未插入状态,客室、司机室需要照明时	常位:应急灯灭 反位:应急灯点亮
列车无线应急电源切换	左	将列车无线的电源切换到 102 线,即使 BatK 断开也保持列车无线供电	受电弓降下,主控钥匙未插入状态,应急灯点亮,需要使用列车无线时	8 号车
空挡	左	试验主电路牵引性能,进行空挡试验。主电路得电状态,牵引电机不得电	动车组停留状态,需要试验主电路牵引性能时	常位:断开 反位:投入
车上试验	左	与牵引变流器、制动系统、ATC、辅助电源等各设备内置的自我诊断功能协调动作。给车辆信息装置发出指令	牵引变流器、制动系统、ATC、辅助电源等设备故障修复后,试验牵引变流器性能时	MON 检修模式时使用
电制动切除	左	切除电气制动,仅使用空气制动	需要切除电气制动时	

续上表

名称	常位	功　能	使用时机	备注
前部标识灯强制	左	主控钥匙未插入状态，强制性点亮前照灯	需要强制点亮前照灯时	
强制罩闭	左	强制关闭头罩	自动解编后，8 号车头罩无法关闭时使用	8 号车，弹簧复位
启动试验	左	制动手柄处在 B7 或快速位，操作主手柄置 P1 位试验主电路得电	需要试验主电路牵引性能时，操作制动手柄、牵引手柄后，扳动此开关	弹簧复位
保温试验	左	试验辅助加热器的性能(强制闭合)10 ℃以上，可强制投入保温加热器	与保温开关联合使用，试验辅助加热器的性能。强制加热水平阀等的保温加热器	
受电弓切换	4 或 6	选择升起 4 和 12 号车或 6 和 14 号车受电弓	选择前后受电弓时	受电弓降下状态，操作此开关

(三)司机室开关盘

司机室开关盘主要安装设备室等开关及救援、辅助制动等开关，开关名称及功能见表 14-8。

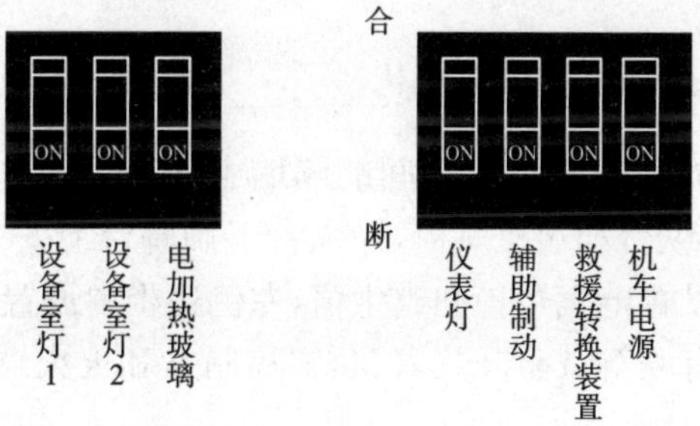

表 14-8　司机室开关盘开关名称及功能

名　称	常位	功　能	使用时机
设备室灯 1	OFF	设备室内照明灯开关	根据需要使用
设备室灯 2	OFF	设备室内照明灯开关	根据需要使用
电加热玻璃	OFF	司机室前挡风玻璃加热	需要加热司机室前挡风玻璃时
仪表灯	OFF	点亮司机室仪表灯	需要点亮仪表灯时
辅助制动	OFF	供给辅助制动用的交流电源	制动控制装置故障时使用
救援转换装置	OFF	接通制动指令转换器电源，将 BP 管压力变化转变为动车组制动信号	动车组无动力回送或使用机车救援时
机车电源	OFF	获得外部 DC 110 V 电源	动车组无动力回送需要机车提供外部电源时

(四)联解试验开关盘

联解试验开关盘位于操纵台至随车机械师间的通道左侧配电柜内,主要装有重联解编用的开关及试验开关。

七、司机室安全保护设备

司机室配备了灭火器、止轮器、扩音器等安全保护设备,灭火器、扩音器等存放在随车机械师间座椅上方,止轮器存放在右侧司机室门处。设备存放位置如图 14-7 所示。

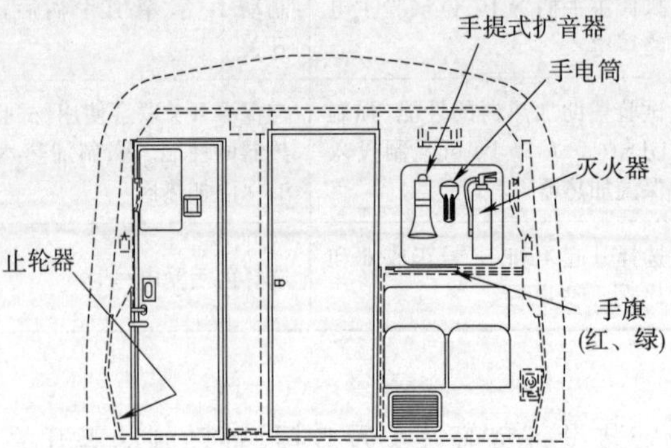

图 14-7　安全保护设备存放位置

八、CRH2A 统型动车组司机室设备变化

CRH2A 统型动车组司机室与车厢之间的隔墙中间,安装有向司机室内开的门。司机室中央靠前位置设置有操纵台和司机座椅,操纵台下搁脚台上安装有汽笛开关和警惕脚踏开关;司机室的两侧分别设置电气边柜和逃生窗,左侧边柜中设置有司机室转换开关盘和辅助座椅,右侧边柜中设置有联解试验开关盘、联解控制盘和灭火器;司机室左后部端墙上设置有司机室配电盘。

CRH2A 统型动车组司机室主要设备布局如图 14-8 所示。

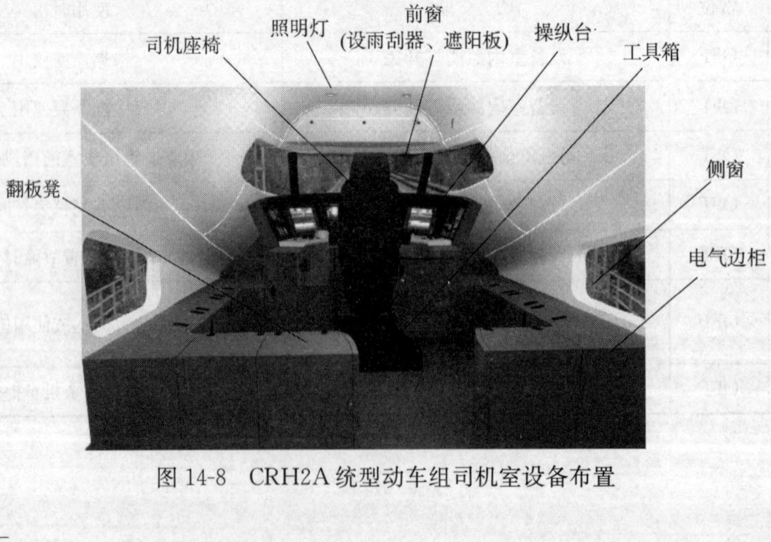

图 14-8　CRH2A 统型动车组司机室设备布置

（一）操 纵 台

司机室操纵台设备布置如图 14-9 所示。与 CRH2A 型动车组不同之处在于在操纵台两侧的开关盘上，增加了开门和关门按钮、停放制动按钮等，左右开关盘设备如图 14-10 所示。

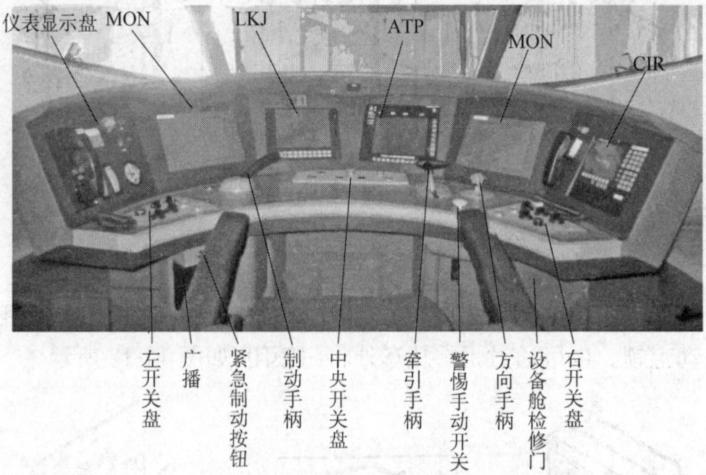

图 14-9　操纵台设备布置

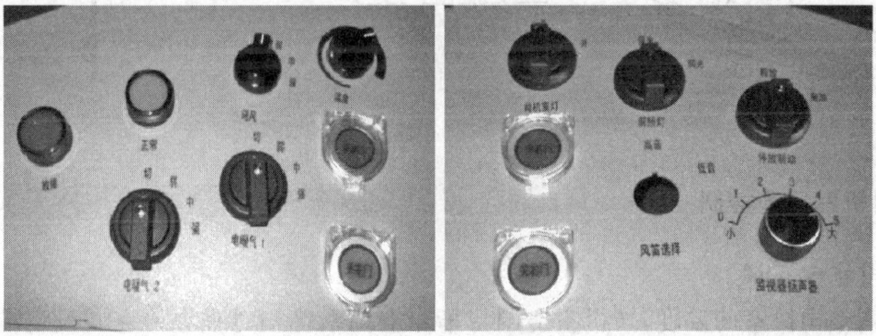

图 14-10　操纵台左开关盘和右开关盘

（二）电气边柜

司机室转换开关盘置于左侧边柜内；联解试验开关盘位于右侧边柜中；司机室配电盘位于司机左后方的端墙上，各配电盘内开关及其功能和 CRH2A 型动车组相同，在此不再赘述。

第二节　司机室其他设备及控制

一、进出司机室操作

司机室侧门装有膨胀性密封橡胶，密封橡胶充风压紧车门，可保持高速行驶中车辆气密性。门内侧下方有“侧气密”阀门，操作此阀门可对门气密橡胶进行充排风（操作门把手开关车门也可实现）。

1. 开门操作:将车门钥匙插入钥匙孔,顺时针旋转 90°,打开司机室门锁,推开外侧手柄推杆,将手伸进开口部分,下拉手柄,打开驾驶室门,进入司机室,如图 14-11 所示。

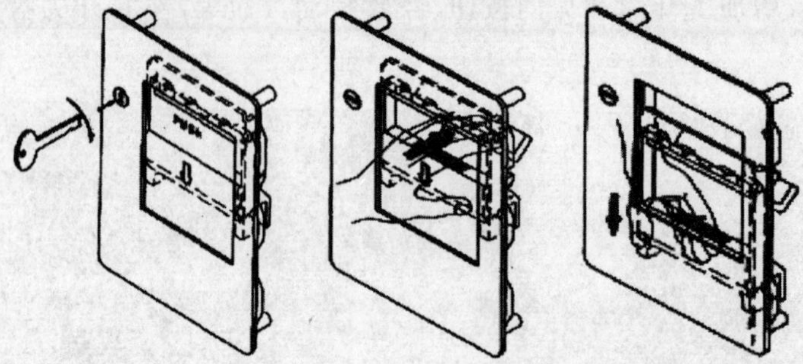

图 14-11　开门操作流程

2. 关门操作:将锁扣顺时针旋转 180°(使标记"关"朝上),走出车外,使用埋头把手将车门关闭,即可自动上锁。也可通过钥匙从车外将门锁闭,如图 14-12 所示。

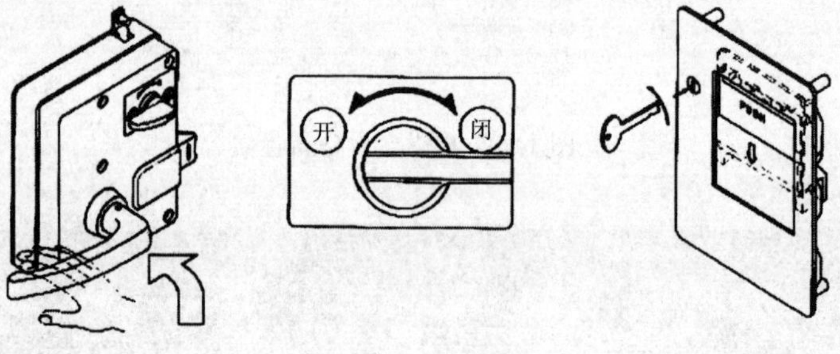

图 14-12　关门操作

二、司机室环境控制

(一)司机室空调

用于调整司机室的温度,司机室空调与车厢空调系统相对独立。空调设定器与出风口的位置如图 14-13 所示。

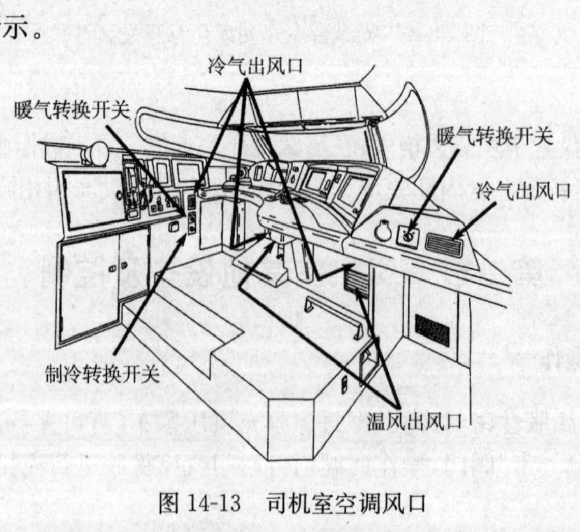

图 14-13　司机室空调风口

空调开关分为暖气开关和制冷开关。暖气开关分为关、弱、中、强挡，左侧与右侧制暖器为独立设置。制冷开关通过温度与风量设定旋钮调节，风量分为停止、弱、中、强挡。如图 14-14 所示。

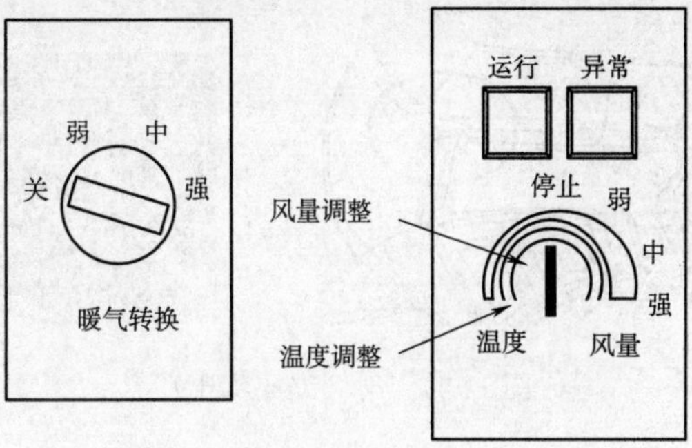

图 14-14　制暖开关和制冷开关

（二）司机室通风

司机室天花板上设置了 2 处出风口，由车厢的空调装置提供送风。在乘务员出入口设有循环空气的回风口，由车厢的换气装置进行换气，如图 14-15 所示。

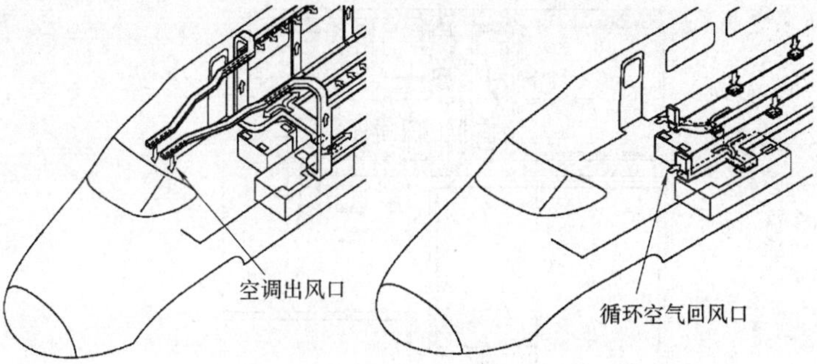

图 14-15　司机室换气出风口

（三）照　　明

司机室内装设了 4 盏日光灯，其中 1 盏是应急灯。夜间上车时，在操作车辆前，应先要将应急灯打开，再操作其他设备。

司机室随车机师间日光灯（应急灯）开关位置如图 14-16 所示。

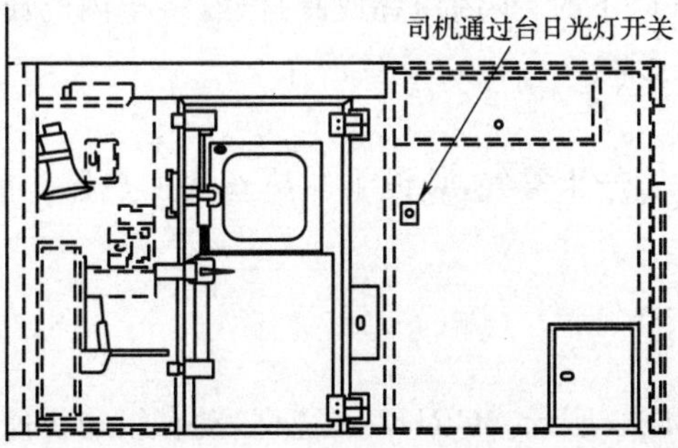

图 14-16　应急灯开关位置

在靠前方玻璃上部位置的左右两边设置了射灯。射灯的开关附设在灯具的上面，如图14-17所示。

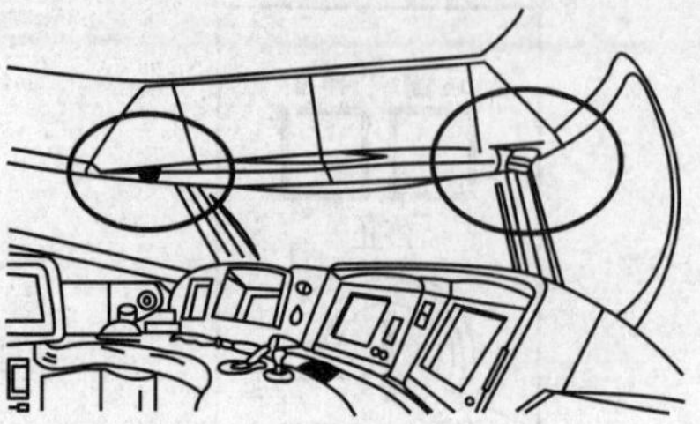
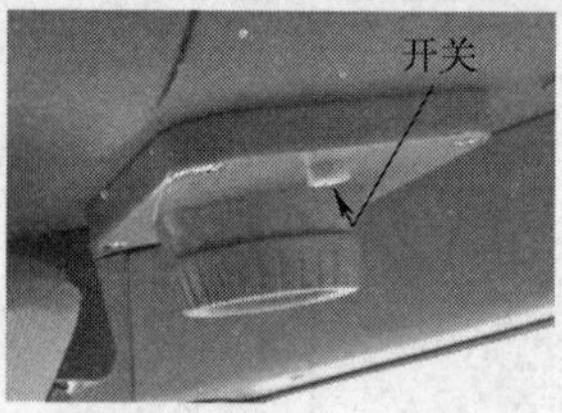

图14-17　射灯位置及开关

车辆在启动状态时，前照灯就会自动打开。制动手柄解锁侧车头点亮，反向车头为红色标志灯。两侧驾驶台的制动手柄都未开锁的场合，两侧都为红色标志灯。

驾驶座左侧的面板上有前部标识灯减光开关，能够进行前照灯减光操作，如图14-18所示。

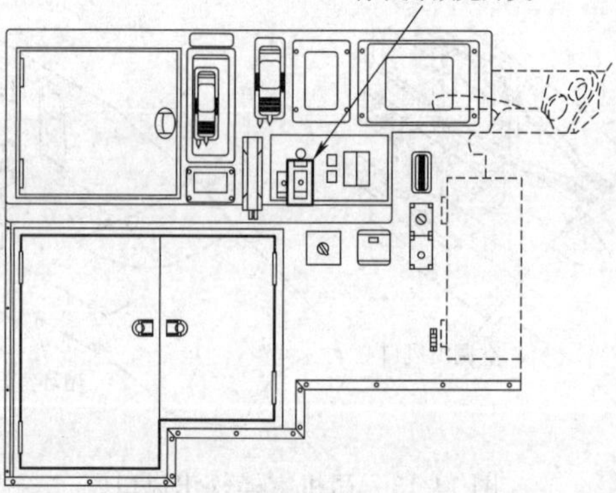

图14-18　标识灯减光开关

(四)气　　密

在车头罩内装设了车内压力释放阀。

当速度超过30 km/h，车内压释放阀关闭，车内开始保持气密。

当速度降到30 km/h以下时，车内压释放阀打开，将车内的压力变为与大气压相同，以避免对侧开门的开闭带来影响。

(五)挡风玻璃加热

为了防止前方挡风玻璃产生雾气，装设了加热丝式加热器。前方挡风玻璃的温度调节器安装在车头罩内。

三、司机座椅

司机座椅外形如图14-19所示。CRH2A(统型)动车组司机座椅下方还设置有工具箱。

座椅的调节方法如下：

1. 上下高度调整

将前位侧的圆把手向前回转，座椅的前部降低；向后回转，座椅的前部上升，使座椅面的倾斜角度和高度发生变化(调整量:±20 mm 无级)。

将后位侧的圆把手向前回转，座椅的后部降低；向后回转，座椅的后部上升，使座椅面的倾斜角度和高度发生变化(调整量:±20 mm 无级)。

2. 前后移动调整

向外侧扳动把手，解除锁紧状态，座椅可向前或向后以每格 15 mm 移动调整(最大调整量:165 mm)。

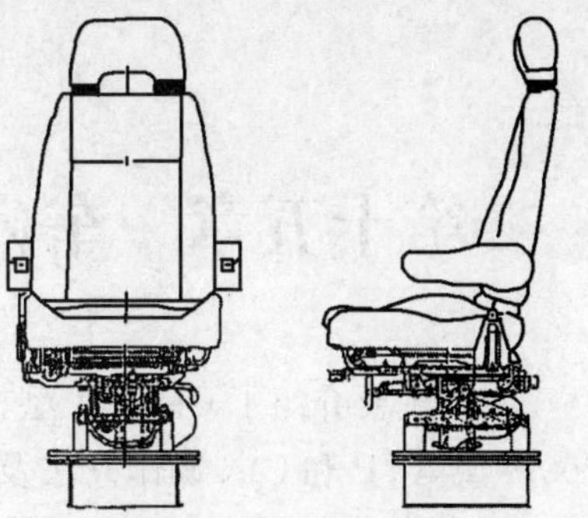

图 14-19　司机座椅

3. 座椅回转调整

向上拉起把手，座椅可向左或向右回转(回转角度:向左向右一共 90°)。

4. 座椅靠背调整

向上拉起把手，身体向后倾斜，座椅靠背随之后倾；身体向前倾斜，座椅靠背随之前倾(每格 2°，分 32 段调整)。

5. 扶手角度调整

按下左右扶手前端的按钮，扶手也可以抬起到与靠背平行的位置(每格 8°，上下方向 4 段调整)。

6. 头枕的高度调整

按下按钮，解除锁紧状态，可以将头枕向上拔起，也可以从靠背上拔出(分 15 mm 和 25 mm移动量，2 段调整)。

7. 座椅悬挂的体重调整

旋转圆把手调整到与司机的体重相适应的程度。向"SOFT"侧旋转逐渐变软，向"HARD"侧旋转逐渐变硬。

思考题

试述 CRH2A 型动车组司机室操纵台上设备的功能及使用时机。

第十五章　车内设备及动车组检查试验程序

本章主要介绍了 CRH2A 型接车检查程序、动车组上电程序、制动、牵引等试验程序、200H 型 ATP 和 CIR 操作方法及步骤。重点对 CIR 功能号的操作、应急处置及 200H 型 ATP 的操作进行了详细介绍。从业人员通过对本章的学习能初步掌握 CRH2A 型动车组司机室内行车设备的相关操作。

第一节　接车检查作业

一、接车检查程序

1. 按规定时间到动车段(所)办理接车手续。

2. 确认动车组停放股道,防护信号及安全警示标志已撤除;上车后确认动车组防溜状态,在出所(库)端与地勤司机办理动车组行车安全装备(ATP、CIR、LKJ)技术状态、动车组各系统技术状态及主控、司机室门钥匙交接。了解动车组运用、检修情况。

3. 闭合蓄电池、照明等相应开关,开启各行车安全装备和通信装置,司机将 IC 卡数据文件输入监控装置,持交付的运行揭示与输入监控装置的数据文件进行核对,确保运行揭示内容输入正确。输入选择列控车载设备各项数据并确认无误。值乘机班按机务段制定的检查整备作业程序对动车组进行检查试验。检查试验时,作业人员互相配合和联控,确保人身安全。检查时不得持导电物品,严禁明火。发现不良处所及时报告动车段(所)和随车机械师等有关人员。

二、动车组出库前值乘机班主要检查试验项目

1. 检查各行车安全装备:各行车安全装备齐全良好,外观无破损,显示屏、指示灯显示状态良好,接收审核合格证。

2. 检查各防护用品:各灭火器、防溜器具、信号灯(旗)、响墩、火炬、短路铜线、工具备品等,齐全良好。

3. 检查司机室各开关、手柄、按钮位置正确;各门窗及仪表、显示屏、指示灯状态良好。

4. 检查试验:前后司机室制动试验、启动试验及 CIR 的车次号注册试验、集控开关门试验、前照灯及风笛试验、信号灯测试。

第二节　动车组上电程序

1. 外观检查。确认动车组编组正确、受电弓降下状态、止轮器安放正确(CRH2A 统型动车组设有停放制动,无止轮器操作),防护信号已撤除。

2. 从动车组非操纵端接车，将司机室侧门钥匙插入钥匙孔，顺时针旋转 90°，打开司机室侧门锁，进入非操纵端司机室。

3. 确认司机室各防护用品、设备及灭火器齐全、良好。

4. 确认 MR 压力大于 640 kPa。如压力不足，扳动辅助空压机控制开关（ACMS），启动辅助空气压缩机，待压力上升至满足要求，故障显示灯“准备未完”灯熄灭。

5. 确认各按键开关、切换开关、NFB 的状态位于定位。

6. 确认制动手柄处在“拔取”位，将主控钥匙插入制动手柄钥匙孔，向顺时针方向旋转，解锁制动控制器。

7. 将制动手柄移动至“快速”位，主控继电器（MCR）工作。将 MON 显示器页面切换至“电源电压页面”，确认控制电压表大于 87 V。电压不足必须充电后方可出库。

8. 确认各显示灯显示正常（VCB 及电气设备灯亮）。

9. MON 显示器切换至“车辆信息”页面，确认 EGS 断开。

10. 鸣笛一长声，扳动受电弓上升开关“升弓”，通过 MON 确认受电弓升起。

11. 按 VCB 合（VCBCS）开关，通过故障显示灯（VCB 灯熄灭）、网压电压表，确认 VCB 闭合。

12. APU 自动启动，确认直流电压约 100 V。

13. 确认 CIR 无线装置电源状态正常，ATP、LKJ 正常启动。

14. 确认 MR 压力大于 780 kPa。

15. 按压紧急制动复位开关（UBRS），故障显示灯“紧急制动”灯熄灭。

16. 按规定进行制动系统试验，并按规定鸣笛。

17. 按规定进行启动试验。

18. 检查试验“恒速”系统和司机室空气调节器、刮雨器、照明灯、各门窗开关及锁闭器、插销良好。

19. 换向手柄“关”位，将制动手柄移至“拔取”位，确认 BC 压力大于 260 kPa，将主控钥匙逆时针方向旋转、锁定制动手柄，拔取钥匙。

20. 从司机室左侧门下车，将止轮器撤除（CRH2A 统型动车组设有停放制动，无止轮器操作），确认后部标志灯（红色）已点亮。

21. 返回司机室，锁闭司机室门、进入客车车厢，锁闭隔板门。由客车车厢进入操纵端司机室。

22. 确认各防护用品、设备及灭火器齐全、良好，各按键开关、切换开关、NFB 的状态位于定位。

23. 用主控钥匙打开制动控制器，将制动手柄移至“快速”位。

24. 确认控制电压表 100 V 以上、各显示灯正常。

25. 确认 CIR 无线装置电源状态正常，ATP、LKJ 正常启动。

26. 设定列车车次及始发站等参数。

27. 确认 MR 压力大于 780 kPa。

28. 按压紧急制动复位开关（UBRS），故障显示灯“紧急制动”灯熄灭。

29. 按规定进行制动系统试验，并按规定鸣笛。

30. 按规定进行启动试验。

31. 检查试验"恒速"系统和司机室空气调节器、刮雨器、照明灯、各门窗开关及锁闭器、插销良好。

32. 从司机室左侧门下车，将止轮器撤除(CRH2A 统型动车组设有停放制动，无止轮器操作)，确认前照灯已点亮，受电弓升起状态。

33. 返回司机室。

34. 检查试验完毕，确认设定的行车安全装备参数正确、止轮器撤除(CRH2A 统型动车组设有停放制动，无止轮器操作)后，准备出库。

第三节　制动、电气试验

CRH2A 型动车组的库内试验项目主要有制动试验和启动试验。

一、制动系统试验程序

(一)全部试验

1. 制动手柄 "快速"位，确认 BC 压力大于 400 kPa；

2. 制动手柄移置"B7"位，确认 BC 压力大于 270 kPa；

3. 制动手柄移置"运行"位，确认 BC 压力 0 kPa；

4. 制动手柄置"B7"位，保持动车组制动状态。

注意：ATP 已启动时，先缓解 ATP 制动再进行制动试验。

(二)简略试验

同全部试验。

二、启动试验程序

(一)"前"位试验

1. 制动手柄置"B7"位或"快速"位，换向手柄置"前"位。

2. 将 MON 显示器页面切换到【牵引变流器】页面。

3. 牵引手柄置"P1"位。

4. 扳动启动开关 3～5 s。

5. 检查电机电流等数据符合相关标准(在 MON 上确认 K 接通，MM 电流约 340 A，直流电压约 2 600 V)。

6. 牵引手柄置"切"位。

(二)"后"位试验

1. 制动手柄置"B7"位或"快速"位，换向手柄置"后"位。

2. 将 MON 显示器页面切换到【牵引变流器】页面。

3. 牵引手柄置"P1"位。

4. 扳动启动开关 3～5 s。

5. 检查电机电流等数据符合相关标准(在 MON 上确认 K 接通，MM 电流约 340 A，直流电压约 2 600 V）。

6. 牵引手柄置“切”位。

注意：如果车门已开放，将关门连锁开关置反位，启动试验完毕将关门连锁恢复正常位。关门连锁如图 15-1 所示。

图 15-1 关门连锁开关

第四节 行车安全装备操作

动车组行车安全装备包括机车综合无线通信设备（简称 CIR）、列车运行监控记录装置（简称 LKJ）和列控车载设备（简称 ATP），本节主要介绍 CIR 和 ATP 的操作。

一、CIR 操作

（一）司机操作简要说明

1. 开机：闭合操纵端的列车无线开关（非操纵端的列车无线开关须在断开位）。

2. 功能设置

按控制面板上的[设置]键进入设置界面。按[↑]或[↓]键移动绿色光带进行选择，按[←]或[→]键前后翻页，选中后按[确认签收]键。

(1)在 GSM-R 工作模式，利用数字键或字母键输入车次号，按[确认签收]键即可完成注册；注销车次号时，界面提示“是否需要注销车次号”，按[确认签收]键即可完成注销；列车运行中需要修改车次号时，先注销当前车次号，再手动输入新的车次号，按[确认签收]键。

注意：

①只有车次号为“未知”(手动设置车次号为 0)时，车次号才随 TAX 箱而改变。

②车次号由 TAX 箱而改变时，机车处于降级状态，车次号不注册。

(2)工作模式选择

MMI 开机自动进入关机前的工作模式状态。

①选择“设置自动工作模式”时，MMI 主界面状态栏显示“自动”。

②手动选择工作模式后，MMI 主界面状态栏显示“手动”。

3. 接听

收到 GSM-R 个呼呼入，扬声器发出“嘟……嘟……”重复振铃声，摘机后，按发话键(PTT)可以通话；如果送受话器未挂机时，个呼呼入，按一下发话键(PTT)，即可代替摘机动作。收到 GSM-R 组呼呼入，扬声器发出“嘟……”一声后，自动接通，此时在扬声器里可听到通话声。

4. 多个电话间切换

GSM-R 工作模式下，如果同时有多个呼叫时，自动接入优先级高的电话，其余电话处于守候状态，屏幕右下角会显示守候电话的数目，可利用[↑]或[↓]键选择，再按[切换]键切换到所选电话；如果按[挂断]键则挂断当前电话，系统自动接入下一个优先级高的电话。

注意：不能挂断等于或高于两级的呼入组呼或个呼。如紧急呼叫(299)，203 组呼，220 组呼。

5. 呼叫

(1)按下相应按键可分别呼叫“前方调度”、“调度”、“前站”、“本站”、“后站”、“车长”、“邻站组呼”、“站内组呼”(注：只有在车次号注册成功后，“车长”键才为可用按键)按数字键或字母键输入要呼叫的电话号码或车次号功能号，按[呼叫]键呼出，按[回格]键可删除输错的数字或字母，按[退出]键，退回到初始状态)。

(2)通话状态，按 PTT 可直接发话，松开 PTT，只能听话，不能发话。

(3)进入组呼通话状态后，按 PTT，抢占上行通路，抢占成功，发出“叮”一声，同时 MMI 状态栏显示[话筒符号]表示可以发话；如果没有“叮”声，表示不能发话。如果没有“叮”声，可以按住 PTT 不松开，系统会自动抢占，直到发出“叮”声。

(4)直接挂机或按面板上的[挂断]键，可挂断电话。

(5)车次号功能号拨号规则

如：呼叫车次号 T138 运转车长，输入 2T13808；呼叫机车号 22401234 司机，输入 32240123401。

6. 调整喇叭音量大小

挂机状态，按[←]键或[→]键可进行喇叭音量调整。

7. 调整听筒音量大小

拿起听筒，按[←]键或[→]键可进行听筒音量调整。

8. 主、副控通话

按住[呼叫]键 3 s 后，可以直接呼叫另一控制端，按发话键(PTT)发话，直接挂机结束通话，主控端也可按[挂断]键挂机。

9. 整机复位

如果设备不可操作，按下[复位]键 5 s 后，设备会重新启动。如无效，可将列车无线开关断电 30 s 后重新闭合。

注意:设备启动后,到 MMI 出现场强值,可能要近 1 min!

(二)功 能 号

功能号是将铁路用户根据其当前行使的职能进行编号,这个号有可能是非永久的,需要注册和注销。例如车次功能号、动车组功能号等。

1. 功能号的注册

(1)GSM-R 网络状态下,在始发站 CIR 设备必须手动注册车次号。

(2)200 km/h 以下动车组按开车键后,由 LKJ 向 CIR 发送车次号、动车组号。

(3)300 km/h 动车组没有 TAX 箱,只能手动注册车次号。

(4)动车组号已经预置在 CIR 设备中,开机自动注册机车号,只有当 LKJ 输出动车组号与 CIR 设备存储不符时将经告警提示。

2. 采用功能号呼叫动车组方法

(1)采用车次功能号呼叫:2 ××××××××01,见表 15-1。

表 15-1 车次功能号呼叫方法

车次功能号呼叫动车组方法举例				
序号	客车类型	拨叫方式	举例车次	
1	动车组(D 字头)	20068××××01	D6011	20068601101
2	高铁(G 字头)	20071×××01	G128	2007112801
3	回送图定动车(0D 字头)	24868×××01	0D35	248683501
4	回送车底(00 打头)	24848××××01	0086	248488601
5	动检车(DJ 字头)	26874××××01	DJ331	2687433101

(2)采用动车组功能号呼叫:3 动车组型号 动车组号 01,见表 15-2。

表 15-2 动车组功能号呼叫方法

序号	机车名称	机车符号	机车编码
1	1 型动车组(BST)	CRH1	301
2	2 型动车组(四方股份)	CRH2	302
3	3 型动车组(唐山股份)	CRH3	303
4	5 型动车组(长客股份)	CRH5	305
5	380 动车组(四方股份)	CRH380A	306
6	380 动车组(长客股份)	CRH380B	307

举例:采用动车组功能号呼叫 CRH2-2332 号动车组为 33020233201。

(三)GSM-R 手持机使用说明

动车组上除了装备 GSM-R 车载台 CIR 以外,司机和其他列车工作人员还配备了

GSM-R 手持机,本说明适用于 OPH610 型和 OPH810 型手持机。

GSM-R 手持机是指专门为铁路通信设计的综合专用数字移动通信系统手机。GSM-R 配的 SIM 卡号码称为 MSISDN 号,如 14981830205。手机的功能菜单有“呼叫记录”“电话簿”“工具”“短消息”“GSM-R”等功能菜单,其中“GSM-R”为该手持机专用菜单,配合专用 SIM 使用的。其他菜单同普通手机一样。“GSM-R”菜单功能又受到所配 SIM 卡的权限限制。如工区所配 SIM 卡不能注册司机车次功能号,不能发起 210 组呼等限制。手持机使用说明如下:

1. GSM-R 手持台用户类别

(1)调度通信用户:司机、助理值班员(车务应急值守人员)、随车机械师。

(2)其他用户:通信、信号、工务、供电维护人员,列车长,公安人员,有关管理人员。

2. GSM-R 手持台呼叫方式

(1)常规功能的使用

①GSM-R 手机只能实现手机与铁路电话的互打,不支持与移动、联通、电信的号码互打。

②GSM-R 手机拨打 GSM-R 手机,直接拨打对方号码(如 14981830205,手机上会显示南昌来电和来电号码)。

③使用 GSM-R 手机拨打铁路电话:901—铁路长途区号—铁路 5 位电话号码。

④铁路电话拨打 GSM-R 手机:铁路长途区号—0—手机号码。

(2)功能号呼叫方式

该拨叫方式适合调度通信用户,列车长。使用功能号呼叫前提是被叫用户必须进行功能号网络注册(注册方式见下文)。用户直接拨打功能号即可发起呼叫。

例 1:通过车次功能号呼叫 D333 次动车司机,可以直接拨打 2006833381(“2”表示使用车次功能号呼叫,“0068”表示“D”,“333”表示 1～5 位可变长度的车次号数字位,“81”表示本务司机手持台);如果呼叫 D333 次列车长,可以拨打 2006833310(最后 2 位“10”表示列车长)。

车次功能号呼叫,除直接按齐号码拨打外,也可通过菜单:“GSM-R”—“铁路通信拨号”—“车次功能号”—【输入车次号】栏输入 D333,—【输入功能码】栏输入 81 或按“选择”键选择“本务司机手持台”项后拨打电话,通过本菜单可减少手工换算功能码的程序。

例 2:如果通过机车功能号呼叫 SS98888 值乘司机,可以直接拨叫 3216888881,“3”表示使用机车功能号呼叫,“216”是机车类型代码,表示 SS9,“8888”表示机车编号,“81”表示本务司机手持台。

机车功能号呼叫,除直接按齐号码拨打外,也可通过菜单:“GSM-R”—“铁路通信拨号”—“车次功能号”—【输入机车号】栏输入 2168888(216 表示 SS9 机车,需查表附 1 进行换算),—【输入功能码】栏输入 81 或按“选择”键选择“本务司机手持台”项后拨打电话。

(3)短号呼叫方式

该拨叫方式适合所有 GSM-R 手持台用户。目前短号呼叫方式有三种,号码分别为:1200、1300、1400。“1200”表示呼叫最合适的路局列车调度台;“1300”表示呼叫最合适的车站值班员;"1400"表示呼叫最合适的铁路局供电调度台。用户直接拨打短号即可发起呼叫。为了避免影响行车组织工作,除调度通信用户外,一般情况禁止其他用户使用1200、1300。常用短号号码在"GSM-R"—"铁路通信拨号"—"铁路快速拨号"—"选择"菜单下列出了16个常用短号码。各短号对应调度员见附表2。

(4)组呼呼叫方式

该拨叫方式适合开通了GSM-R无线组呼功能的用户。调度员、机车司机、车站助理值班员(车务应急值守人员)、随车机械师开通了299、210组呼功能。工务维修人员开通了299组呼功能。

299组呼是GSM-R所有呼叫中级别最高的呼叫(0级,属紧急呼叫),呼叫范围是相邻三个基站覆盖小区范围内的具有299组呼功能用户,一旦组呼发起后,将切断该范围内所有开通299组呼功能用户的通话,并将开通299组呼功能的用户纳入组呼。组呼的发起方为:机车司机、运转车长、助理值班员(车务应急值守人员)、工务维护人员;组呼的接收方为:福州枢纽列车调度员、车站值班员、助理值班员(车务应急值守人员)、机车司机、随车机械师、工务维护人员。组呼的发起地点为全线GSM-R信号覆盖的任何地点。开通299组呼功能的用户只需拨打299即可发起紧急呼叫。

210组呼是GSM-R呼叫权限中的3级,呼叫范围是车站GSM-R基站信号覆盖区域内的具有210组呼功能的用户,一旦组呼发起后,将切断该范围内所有开通210组呼功能用户的通话,并将开通210组呼功能的用户纳入组呼。组呼的发起方为:车站值班员、助理值班员(车务应急值守人员)、机车司机、随车机械师;组呼的接收方为:车站值班员、助理值班员(车务应急值守人员)、机车司机、随车机械师。组呼的发起地点为车站GSM-R基站信号覆盖区域的任何地点。开通210组呼功能的用户只需拨打210即可发起紧急呼叫。手机上的PPT键用于组呼中抢讲话权。

3. 功能号注册方法

(1)车次功能号注册方法

车次功能号注册主要适合调度通信用户、车长手持台和机车CIR。

①手持台注册、注销操作步骤

注册步骤:待机画面—按"OK"键进入菜单—GSM-R功能—功能号管理—注册—车次功能号—输入具体车次(例如:D8888)—输入2位功能代码(附表1),按OK键确认,屏幕提示注册成功即完成功能号注册。

注销操作步骤:待机画面—按"OK"键进入菜单—GSM-R功能—功能号管理—注销,按照提示操作。

②说明

车次号数字部分为1~5位可变长度。功能码为2位数,详见附表1。

(2)机车功能号注册

机车功能号注册主要适合司机手持台和机车CIR。

①手持台注册、注销步骤

注册操作步骤:待机画面—按"OK"键进入菜单—GSM-R功能—功能号管理—注册—机车功能号—输入3位"车型代码"(附表1)—按"OK"键确认—输入1~5位"机车编号"—

输入2位功能代码,按OK键确认,屏幕提示注册成功即完成功能号注册。

注销操作步骤:待机画面—按"OK"键进入菜单—GSM-R功能—功能号管理—注销,按照提示操作。

②说明:

a. 机车编号为1~5位可变长度,如需区分A、B端则末尾数字分别用0和1表示。当机车编号高位为"0"时,"0"不输入,如机车编号"0308",机车编号只输入"308"。

b. 功能码为2位数,详见表15-3。

(3)调度功能号注册、注销步骤

调度功能注册主要适合车站助理值班员(车务应急值守人员)

注册步骤:待机画面—按"OK"键进入菜单—GSM-R功能—功能号管理—注册—调度功能号—输入位置区代码—输入2位功能代码(详见表4),按OK键确认,屏幕提示注册成功即完成功能号注册。

注销操作步骤:待机画面—按"OK"键进入菜单—GSM-R功能—功能号管理—注销,按照提示操作。

说明:一般情况不要使用"快速注册功能号",应使用"功能号注册向导"。

4. GSM-R专用菜单功能说明

GSM-R专用菜单功能说明详见附表3。

5. 常用功能号存储

按"OK"键进入菜单选"GSM-R功能"项进入"常用号码维护"子菜单。可以输入常用的功能号并存储,类似电话号码本。

注意:手机右上角带"!"的红色方形按钮是紧急呼叫键,触发后将形成组呼,严重影响行车,拔电池、关机不起作用。

6. 附件

(1)功能号代码表(表15-3)。

(2)短号功能说明表(表15-4)。

(3)组呼功能表(表15-5)。

(4)GSM-R专用菜单功能说明(表15-6)。

表15-3 功能号代码表

功能码(FC)	功能描述
01	本务机司机
02~05	补机司机
10	列车长1
11	列车长2
28	乘检人员(随车机械师)
31	乘警长
81	本务机司机手持台
82~85	补机司机手持台

表 15-4　短号码功能表

短号码	功能说明	功能号	功能说明
1000	试验号	1900	连接最适当的机车调度员
1001	障碍申告台	1901	连接最适当的机务段运转值班员
10××	保留国内使用	1902	连接最适当的机务折返段运转值班员
11××	保留特服号使用(详见特服号)	190×	保留国内使用(机务)
1200	连接最适当的列车调度员	1910	货运调度员
12××	保留国内使用(连接最适当的列车调度员)	1911	车站(场)货运室值班员
1300	连接最适当的车站值班员	1912	车站(场)货运员
13××	保留国内使用(连接最适当的车站值班员)	191×	保留国内使用(货运)
1400	连接最适当的牵引供电调度员	1920	牵引变电所值班员
14××	保留国内使用(连接最适当的牵引供电调度员)	1921	接触网工区值班员
1500	连接最适当的 CTCS RBC	1926	电力调度值班员(水电)
15××	保留国内使用(连接最适当的 CTCS RBC)	192×	保留国内使用(牵引供电)
1612	高优先级呼叫确认中心,包括铁路紧急呼叫确认中心	1930	列车段(客运段)值班员
16××	保留国际使用	1933	客运调度员
1700	司机安全设备	193×	保留国内使用(客运)
17××	保留国际使用	194×	保留国内使用(客运)
1800	调车无线机车信号无线传输业务节点	1950	保留国内使用
180×	保留国内使用	1955	工务工区值班员
1810	机车同步操作无线传输业务节点	195×	工务调度员
181×	保留国内使用	1960	保留国内使用(工务)
1820	连接最适当的 DMIS/TDCS/CTC 中心(电路交换传输方式)	1966	电务工区值班员
182×	保留国内使用	196×	电务调度员
184×～189×	保留国内使用	197×～199×	保留国内使用(电务)

注：12××、13××、14××、15××中的××用于提供补充精确位置信息,缺省值为 00。

表 15-5　组呼功能表

组标识	功能说明	备　注
210	车站基站区组呼(3 级优先级)	
211	车站基站区组呼(3 级优先级)	
21×	保留国内使用	
220	相邻三车站及站间区间组呼(2 级优先级)	
221	相邻三车站及站间区间组呼(3 级优先级)	
22×	保留国内使用	
299	相邻三小区组呼(铁路紧急呼叫组呼,0 级优先级)	最高优先级、慎用

表 15-6　GSM-R 专用菜单功能说明

- GSM-R功能
  - 铁路通信拨号
    - 铁路快速拨号：可输入号码直接拨打，也可通过“选择”短号进行呼叫，详见“2.3点”说明。
    - 车次功能号：利用车次号呼叫车上人员，如本务机司机，列车长等，详见“2.2点”说明。
    - 机车功能号：利用机车号呼叫车上人员，如本务机司机，列车长等，详见“2.2点”说明。
    - 车号功能号：利用车厢号呼叫车上人员。
    - 维修及调车组功能号：呼叫特定维修及调车场相关的某角色/职位的号码。
    - 调度功能号：呼叫车站助理值班员及其他值班员，如1200、1300、1400等四位短号。
  - 功能号管理
    - 注册
      - 快速注册功能号：将换算好的功能号码，直接输入、快速注册，不建议使用。
      - 功能号注册向导：可根据向导注册车次、机车、车号功能号，无需记住换算规则，详见“3点”说明。
      - 注册向导添加086：在注册的功能号前添加中国国际码086。
    - 注销：注销已注册的功能号，每日上班前注册、下班后注销。
    - 强制注销：只能特定人员，如调度长，才能强制注销他人功能号。
    - 查询：查询某功能号是否已被注册。
    - 切换功能号：可在已注册成功的功能号间进行切换，如在车次和机车功能号切换，但任一个功能号都可以呼叫到你。
    - 注销所有功能号：注销已注册的所有功能号
    - 同步功能号：指将SIM卡上已经存在的功能号与网络交互，将无效的功能号删除的操作。此功能暂时不可用。
  - 组呼/广播
    - 发起组呼：发起210、211组呼等。接收方可通过PPT键对讲，详见“2.4点”说明。
    - 发起广播：发起210、211广播等。接收方只能听，不能对话，调度员有对话功能。
    - 紧急呼叫：发起299紧急呼叫。
    - 管理组呼ID：管理210、211等组呼号码，勾选中的号码可以发起组呼和接听，受SIM权限限制，多数不可设置。
    - 管理广播ID：管理210、211等广播号码，勾选中的号码可以发起文播和接听，受SIM权限限制，多数不可设置。
    - 紧急呼叫开关：本功能适用于OPH-810R型号手机，用于控制手机上“红色！键”的299紧急呼叫开关。
  - 已存在的呼叫：用于加入已发起的组呼/广播。
  - 常用号码维护：维护常用的车次、机车等功能号，仅在进行功能号注册时使用。不能进行呼叫。
  - 设置呼叫优先级：设置呼叫优先级，不建议进行修改。优先级从高到低为。0级、1级、2级、3级、网络默认优级先级。

二、动车组 CTR 设备应急处理操作办法

(一)操作失效

如果连续出现 MMI 各部按键操作失效的现象,请按以下步骤进行检查及操作。

1. 检查确认当前使用的 MMI 是否处于主控状态。如果 MMI 未处于主控状态,按“主控”键 3 s 以上,在 MMI 切换为主控状态后再尝试操作。

2. 如果 MMI 已处于主控状态,按 MMI 的“复位”键 3 s 以上,对 CIR 整机进行复位。待 CIR 重启恢复正常工作后再尝试操作。

(二)工作模式不正确,不能正常进行车机联控

如果 CIR 操作、显示状态均正常,但无法进行正常车机联控,请按以下步骤进行检查及操作。

1. 检查确认 MMI 屏幕显示的工作方式是否正确,线路名称和工作模式与列车当前运行线路(交路)是否一致。

(1)如果工作方式是“自动”,但“自动”两字符处于红色闪烁状态,线路名称或工作模式不正确,而机车上方无明显遮挡,说明卫星定位单元可能故障,请进入“运行区段”界面,选择相应铁路局后再选择正确的运行线路。

(2)如果工作方式是“自动”,但“自动”两字符处于红色闪烁状态,线路名称或工作模式不正确,机车上方有明显遮挡(如隧道、站房),请进入“运行区段”界面,选择相应铁路局后再选择正确的运行线路。待列车通过遮挡区域后,恢复到原来的工作方式。

(3)如果工作方式是“手动”,线路名称和工作模式都不正确,而此前已确认卫星定位单元有故障,请进入“运行区段”界面,选择相应铁路局后再选择正确的运行线路。

(4)如果工作方式是“手动”,线路名称和工作模式都不正确,而此前并未出现卫星定位

单元故障现象，请进入“运行区段”界面，设置 CIR 的工作方式为“自动”。

2. 如果经过上述处理后，如果故障现象仍然存在，请按 MMI 的“复位”键 3 s 以上，对 CIR 整机进行复位重启。待 CIR 重启恢复正常工作后正确设置 CIR 的工作方式、运行线路和工作模式，然后再尝试操作。

（三）进入 GSM-R 工作模式时 CIR 不自动注册车次号

1. 如果在列车进入 GSM-R 工作模式区段（如胶济线、京津城际、合宁线等）后未自动注册车次号，请按以下步骤进行检查及操作。

（1）检查确认 CIR 工作模式是否为“GSM-R”。如果 CIR 工作模式不正确，请按第 2 项的步骤进行检查。

（2）如果 CIR 工作模式正确，请检查确认 MMI 屏幕左上角车次号及注册状态是否正确。

2. 如果 MMI 屏幕未显示车次号信息，请进入“车次号功能号设置、注册”界面，重新输入正确的车次号并注册。

3. 如果 MMI 屏幕显示的车次号正确，但字体为黑色（表示车次号尚未注册），请进入“车次号功能号设置、注册”界面进行车次号注册。

（四）GSM-R 工作模式时车次号注册不成功

在司机手动注册车次号时或列车进入 GSM-R 工作模式区段后，如果出现 CIR 扬声器语音提示“车次号注册失败”，同时 MMI 屏幕显示“车次号注册失败”，表示 CIR 向 GSM-R 网络注册当前车次号失败。请按以下步骤进行检查及操作。

1. 检查确认 MMI 屏幕左上角显示的车次号是否正确。如果显示的车次号不正确，请进入“车次号功能号设置、注册”界面，重新输入正确的车次号并注册。

2. 如果显示的车次号正确，请报告调度员“×××次列车车次号注册失败”。

3. 列车调度员接到报告后，通知电务维修人员进行处理。

4. 在电务维修人员处理完毕后，列车调度员通知司机重新进行车次号注册。

（五）GSM-R 工作模式时，可配置式功能按键不能正确显示车站名

在 GSM-R 工作模式时，如果 MMI 屏幕下方的可配置式功能按键不能正确显示车站名，司机不能使用快捷键呼叫车站时，请按以下步骤进行检查及操作。

1. 检查确认 MMI 屏幕显示的工作方式是否为“自动”。如果工作方式不是“自动”，请进入“运行区段”界面，设置 CIR 的工作方式为自动。

2. 如果工作方式是“自动”，请检查确认 MMI 屏幕显示的线路名称是否正确。如果 CIR 工作方式是“自动”，但 MMI 屏幕显示的线路名称不正确（如列车在胶济客专线路上运行，但 MMI 屏幕显示的线路名称为“胶济线”），请按 MMI 的“切换”键进入运行线路选择界面，然后选择正确的运行线路或进入“运行区段”界面后，选择相应铁路局，再选择正确的运行线路。

3. 如果工作方式是“自动”，但“自动”两字符闪烁，可能是卫星定位（GPS）单元故障或列车上部有障碍物阻挡接收信号，可通过查询“通信录”选择需要呼叫的车站名称进行通话或按下“本站”按键呼叫当前就近车站的值班员。

（六）GSM-R 工作模式时不能接收进路预告信息

列车运行在 CTC 区段时，如果 CIR 未能正常接收 CTC 系统发出的列车接车进路预告

信息，请按以下步骤进行检查及操作。

1. 检查确认 MMI 屏幕左上角显示的车次号是否正确。如果车次号不正确，请重新输入正确的车次号并注册。

2. 检查确认 MMI 屏幕右上方显示的机车号是否正确。如果 MMI 屏幕右上方显示的机车号正确，可按 MMI 的“复位”键 3 s 以上，对 CIR 整机进行复位重启。

3. 如果 CIR 复位重启后故障未消除或 MMI 屏幕右上方显示的机车号不正确，请呼叫就近的车站值班员(列车调度员)并报告“×××次列车不能接收进路预告信息，机车号为××××××××”。

4. 车站值班员(列车调度员)接到报告后，通知电务维修人员进行处理。

(七)MMI 未显示车次号信息

如列车进入正线运行后，MMI 屏幕左上方一直未显示车次号，请进入 MMI 的设置界面，输入正确的车次号。

(八)MMI 显示错误的车次号信息

列车正常运行中，如果 MMI 屏幕左上方车次号显示错误，请按以下步骤进行检查及操作。

1. 检查确认 LKJ 显示的车次号是否正确。如果 LKJ 显示的车次号不正确，请操作 LKJ 重新输入正确的车次号。

2. 如果 LKJ 显示的车次号正确，请操作 CIR 的 MMI 重新输入正确的车次号进行注册。

三、200H 列控车载设备的操作

(一)ATP 设备启动前准备

1. 确认 ATP 设备[隔离开关]处于[正常]位置，如图 15-2 所示。

2. 确认 ATP 设备各断路器处于[ON]位置，如图 15-3 所示。

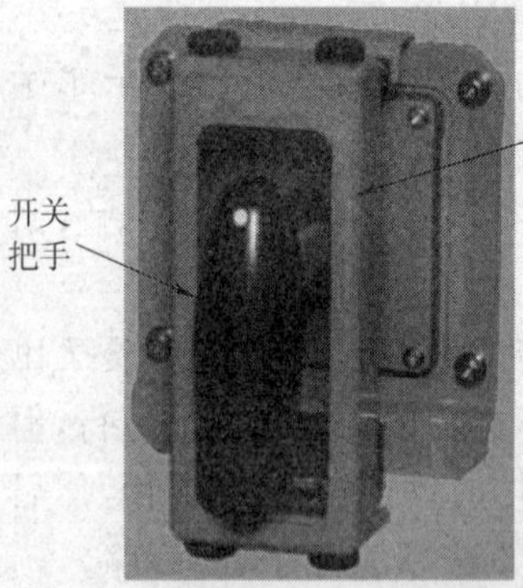

图 15-2　ATP 隔离开关

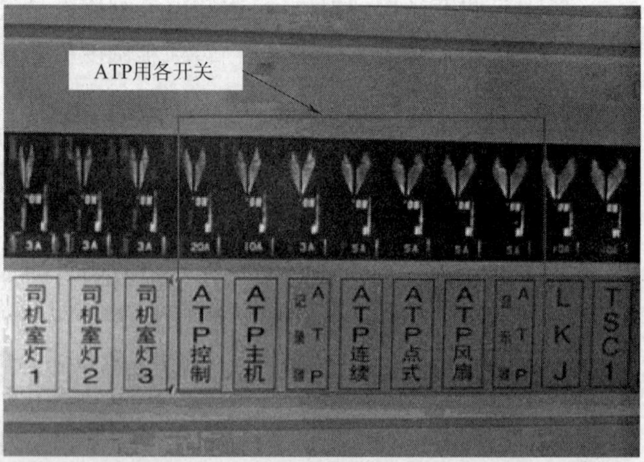

图 15-3　NFB 控制盘内 ATP 设备位置

(二)ATP 设备启动操作

1. 将主控钥匙插入主控钥匙孔，旋转到[开]位置。

2. 制动手柄由[拔取]旋转到[B7]，ATP 设备得电，如图 15-4 所示。

注意

ATP设备完成启动，约需1 min。
ATP设备启动后如存在异常，紧急处理时，可将[ATP控制开关]打到[OFF]位，等待30 s后，将[ATP控制开关]打到[ON]位，ATP设备整体进行重启。
观察ATP设备状况

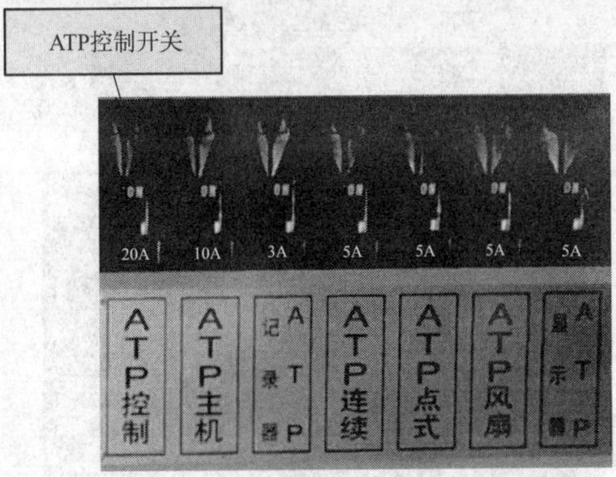

图 15-4　ATP 得电

ATP 得电后，进行设备自检。检测无异常后，进入[待机]模式，等待司机输入命令，如图 15-5 所示。

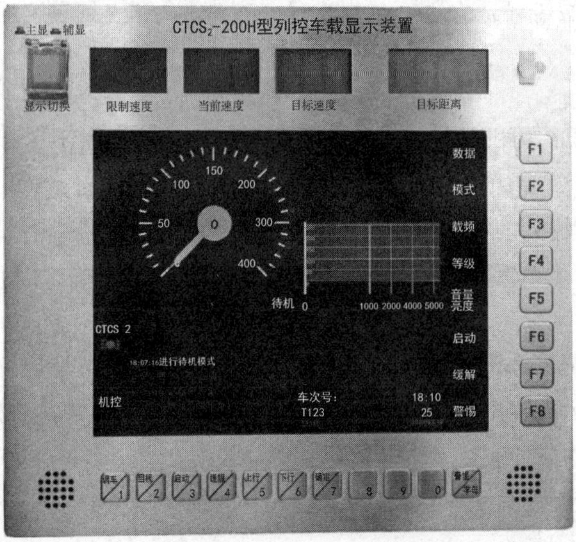

图 15-5　待机模式

(三)DMI 基本操作

1. 数据输入

正常情况下,司机号、车次号由 LKJ 通过提供数据,不用输入,但是司机必须在 DMI 主界面上检查数据是否正确。当 TAX 箱不能提供数据时,司机在 DMI 上输入。

(1)在 DMI 主界面按压功能键 F1“数据”按钮,进入基础数据输入界面,如图 15-6 所示。如果不选择输入司机号或者车次号,按压功能键 F8“返回”按钮,返回到 DMI 主界面。司机号的有效范围是 1～4294967294,车号的有效范围是,前 3 位为字母,后 5 位为数字,字母至多 3 位,数字至多 5 位。输入完成,按确定键后,若输入值有效,基础数据输入界面显示输入值;否则,基础数据输入界面维持历史值。

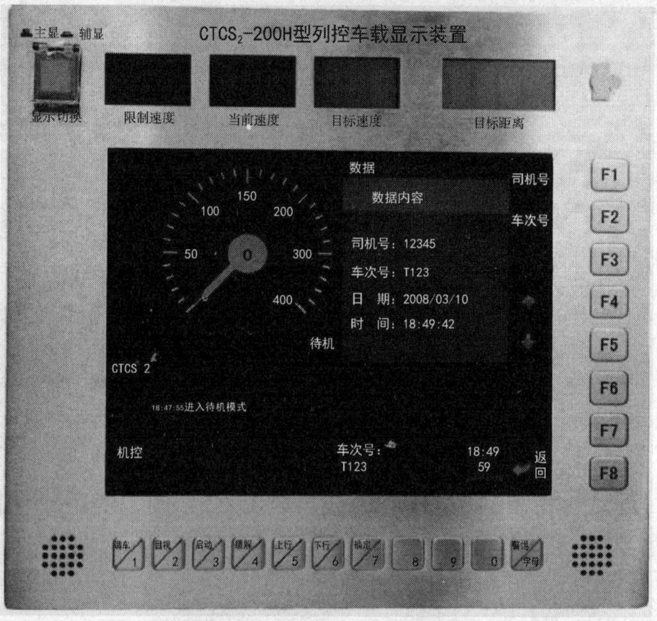

图 15-6　基础数据输入界面

(2)按压功能键 F1“司机号”按钮,进入司机号编辑界面,如图 15-7 所示;此时屏幕下方的数字键和字母键被激活,可以进行基础数据的编辑工作。编辑过程中,按压功能键 F7“删除”按钮,将删除当前输入的字符;按压功能键 F8“取消”按钮,将取消当前的编辑工作,返回到基础数据输入界面。编辑完新的司机号后,按压功能键 F6“确定”按钮,进入司机号更改提示界面。

(3)如果输入的司机号符合规格,则显示内容为输入的司机号,如图 15-8 所示;如果输入的司机号错误,提示内容仍为司机输入的司机号数据,但会在更改提示界面右下角进行错误提示,如图 15-9 所示。

(4)按压 F6“确定”按钮,返回基础数据输入界面。

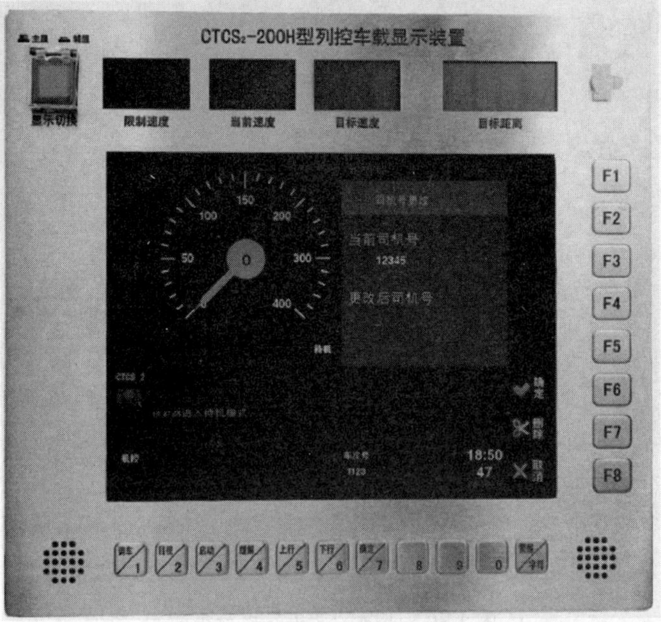

图 15-7　司机号编辑界面

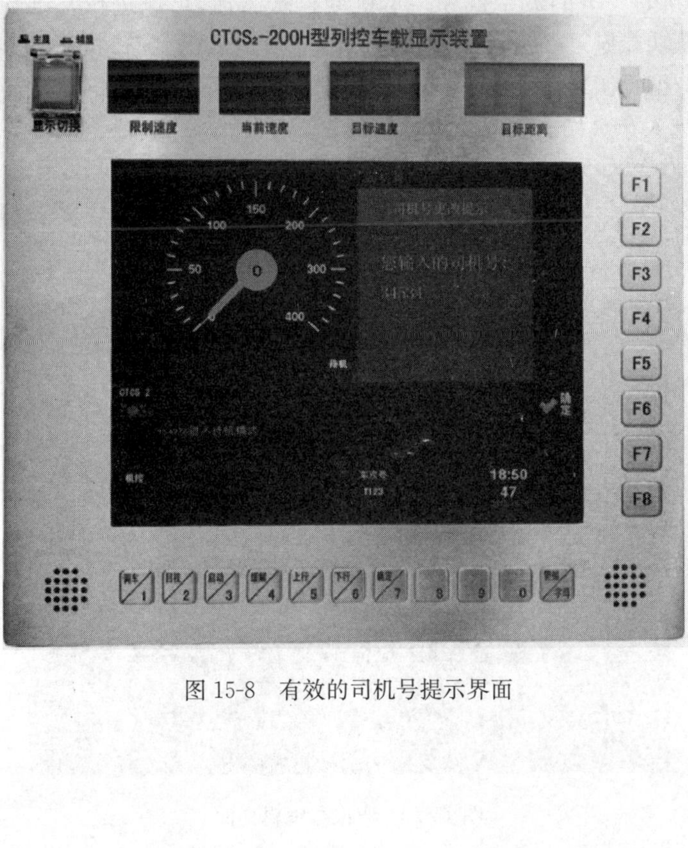

图 15-8　有效的司机号提示界面

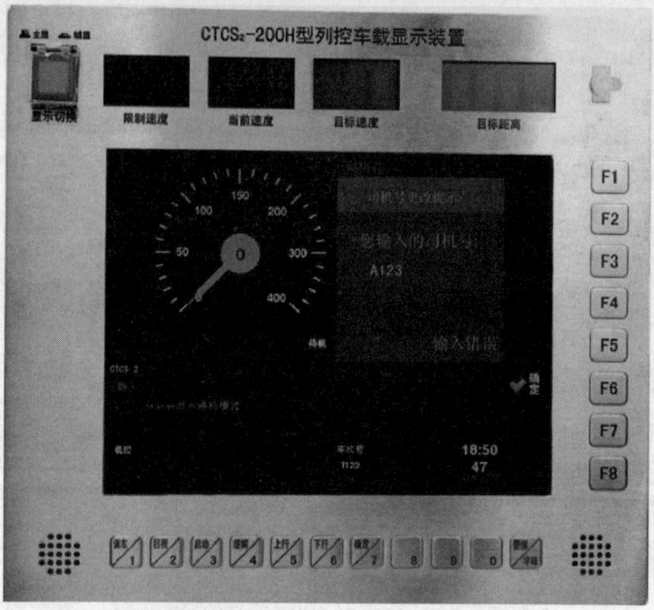

图 15-9　无效的司机号提示界面

(5)在基础数据输入界面下,按压功能键 F2“车次号”按钮,进入车次号编辑界面,如图 15-10 所示;此时屏幕下方的数字键和字母键同样被激活,可以进行基础数据的编辑工作。编辑过程中,按压功能键 F7“删除”按钮,将删除当前输入的字符;按压功能键 F8“取消”按钮,将取消当前的编辑工作,返回到基础数据输入界面。编辑完新的车次号后,按压功能键 F6“确定”按钮,进入车次号更改提示界面。

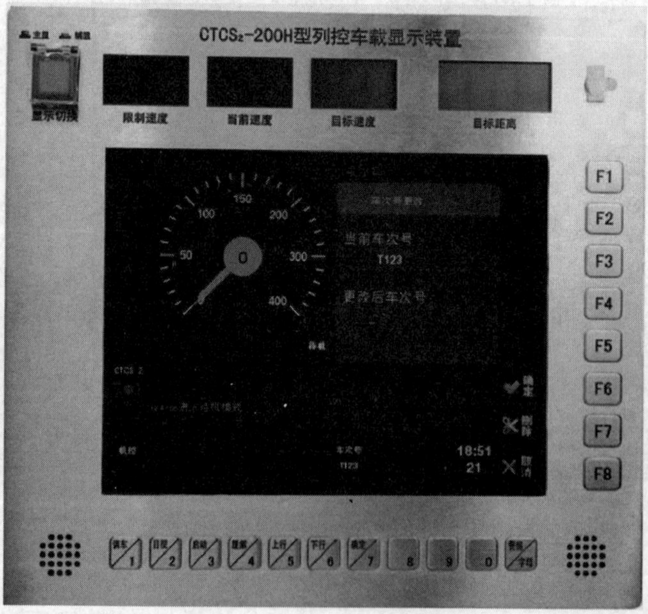

图 15-10　车次号编辑界面

(6)如果输入的车次号符合规格，则显示内容为输入的车次号，如图 15-11 所示；如果输入的车次号错误，提示内容仍为司机输入的车次号数据，但会在更改提示界面右下角进行错误提示，如图 15-12 所示。

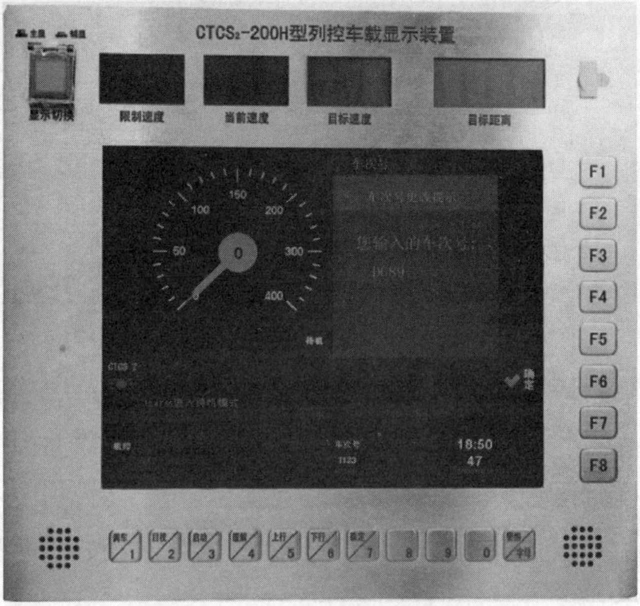

图 15-11　有效的车次号提示界面

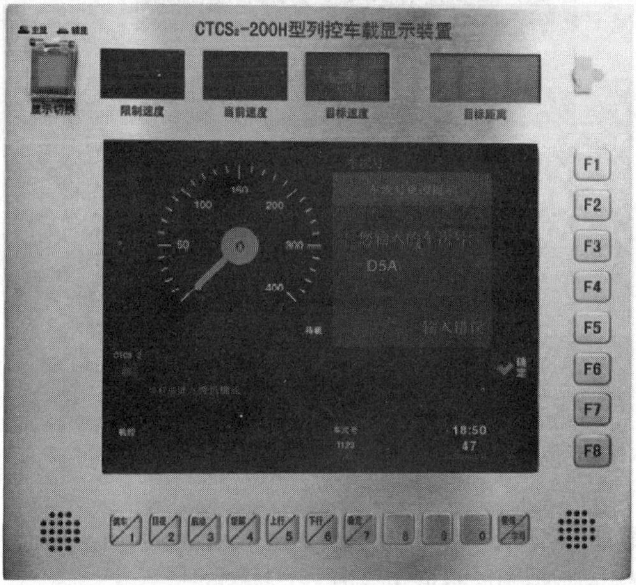

图 15-12　无效的车次号提示界面

2. 调车模式切换

进入调车模式切换界面有两种方法：

在主界面按压可扩展功能键 F2“模式”按钮，进入模式选择界面，如图 15-13 所示。此时按压功能键 F1“调车”按钮，进入调车模式切换界面，如图 15-14 所示。

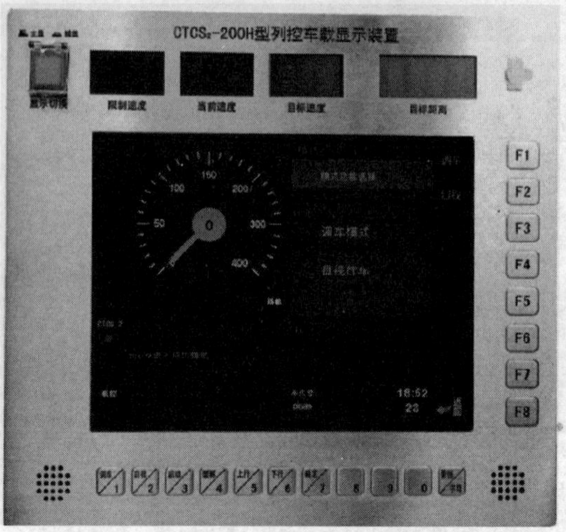

图 15-13　模式选择界面

在主界面下直接按压屏幕下方即固定功能按键区的“调车”按钮，进入调车模式切换界面，如图 15-14 所示。

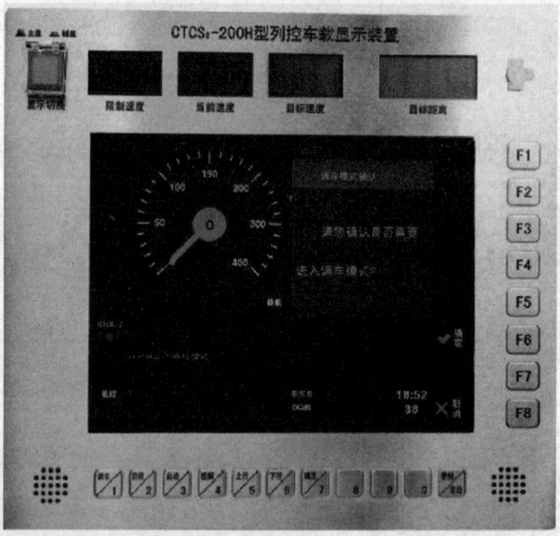

图 15-14　调车模式切换界面

此时，按压功能键 F6“确定”按钮，切换到调车模式，并返回主界面。如果按压功能键 F8“取消”按钮，则放弃切换操作，返回主界面。

退出“调车”模式的操作方法与进入“调车”模式的方法相同，DMI 以及列控车载设备会根据实际情况判断出司机当前的操作是进入还是退出“调车”模式，并据此显示相应的提示对话框。

3. 目视行车模式切换

进入目视行车模式切换界面有两种方法：

在主界面按压功能键 F2“模式”按钮，进入模式选择界面，如上图 15-13 所示。然后按压功能键 F2“目视”按钮，进入目视行车模式切换界面，如图 15-15 所示。

在主界面下直接按压屏幕下方即固定功能按键区的“目视”按钮，进入目视行车模式切换界面，如图 15-15 所示。

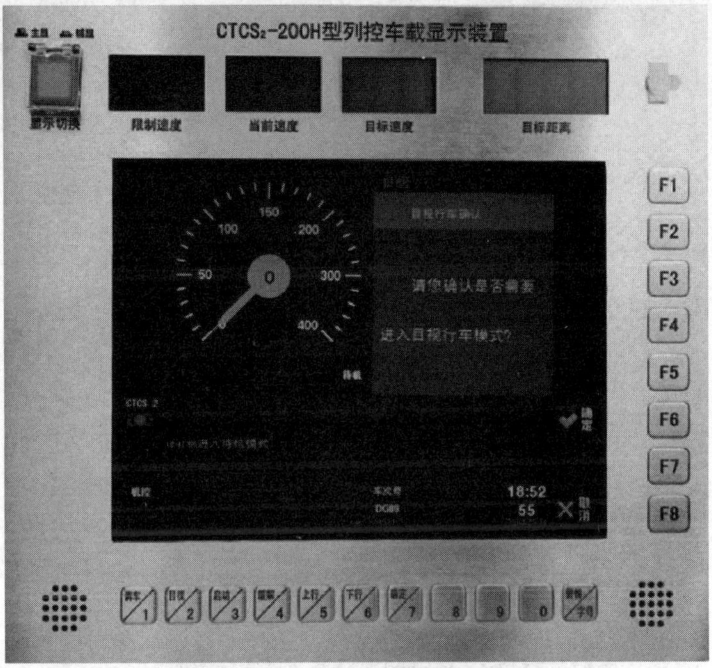

图 15-15　目视行车模式切换界面

此时，按压功能键 F6“确定”按钮，切换到目视行车模式，并返回主界面。如果按压功能键 F8“取消”按钮，则放弃切换操作，返回主界面。

列控车载设备退出“目视行车”模式，是根据地面轨道电路情况以及应答器信息接收情况自动完成的，不需要司机特别的操作。

4. 载频切换

在列控车载设备工作过程中，司机可以通过 DMI 切换上、下行载频。

进入上下行载频切换界面有两种方法：

在主界面下按压功能键 F3“载频”按钮，进入载频选择界面，如图 15-16 所示。

此时，按压功能键 F1“上行”按钮，进入上行载频切换界面，如图 15-17 所示；按压功能键 F2“下行”按钮，进入下行载频切换界面，如图 15-18 所示。

在上述载频切换界面下，按压功能键 F6“确定”按钮，切换到选择的载频，并返回主界面。如果按压功能键 F8“取消”按钮，则放弃切换操作，返回主界面。

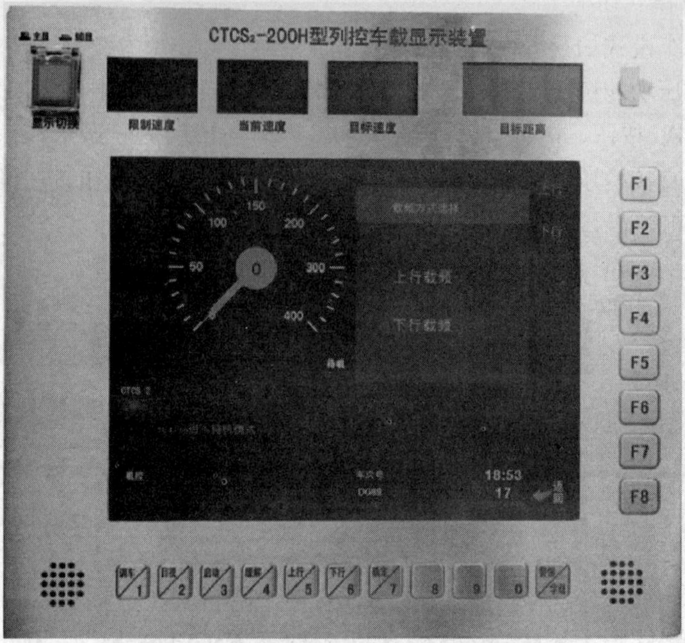

图 15-16　载频选择界面

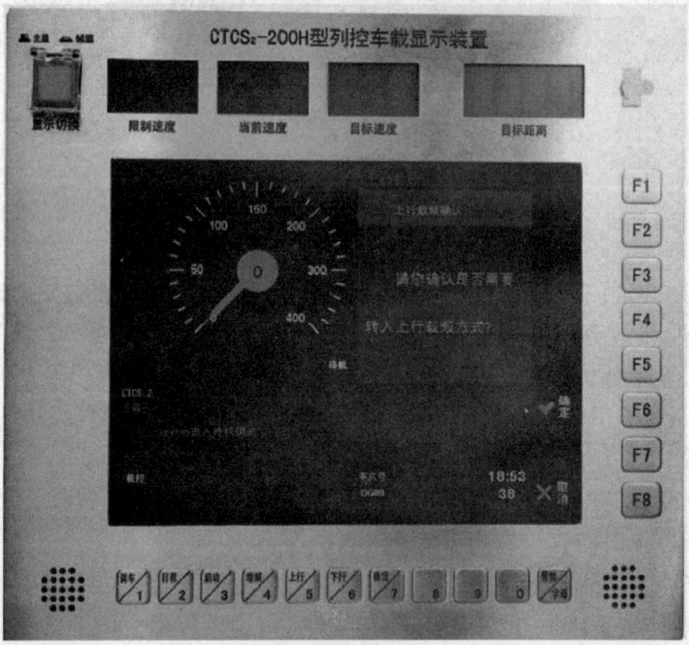

图 15-17　上行载频切换界面

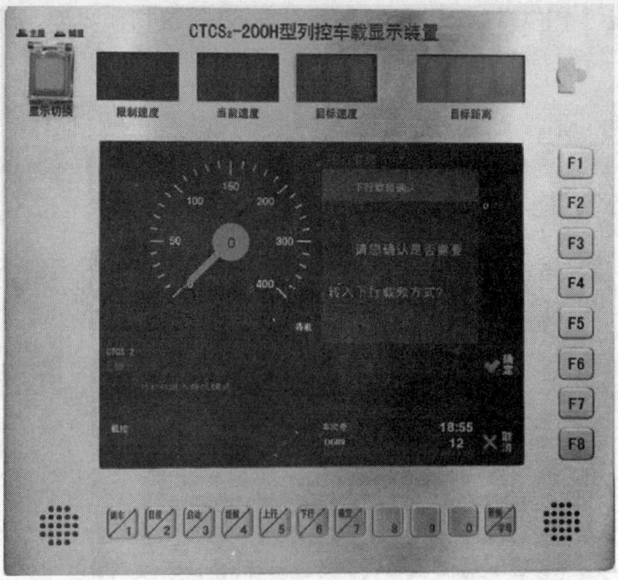

图 15-18　下行载频切换界面

在主界面下直接按压屏幕下方即固定功能按键区的“上行”按钮，进入上行载频切换界面，如图 15-17 所示，在主界面下直接按压屏幕下方即固定功能按键区的“下行”按钮，进入下行载频切换界面，如图 15-18 所示。

5. 运行等级切换

在列控车载设备工作过程中，司机可以通过 DMI 选择 CTCS 等级。

在主界面下按压功能 F4“等级”按钮，进入运行等级选择界面，如图 15-19 所示。

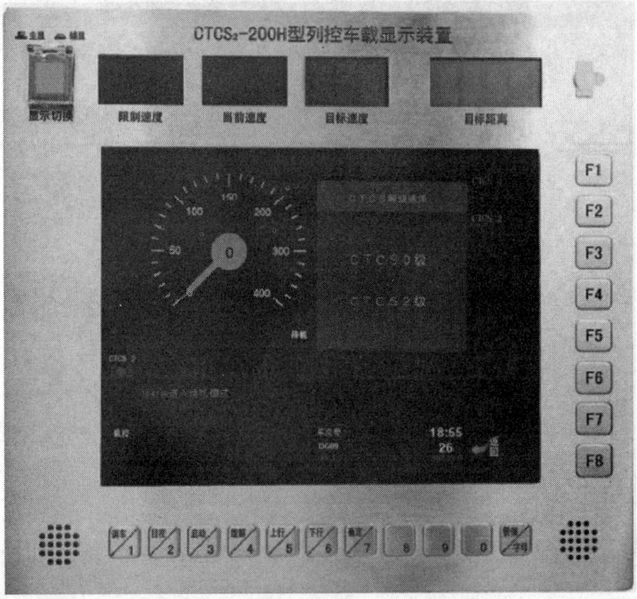

图 15-19　运行等级选择界面

此时,按压功能键 F1“CTCS0”按钮,进入 CTCS0 等级切换界面,如图 15-20 所示;按压功能键 F2“CTCS2”按钮,进入 CTCS2 等级切换界面,如图 15-21 所示。

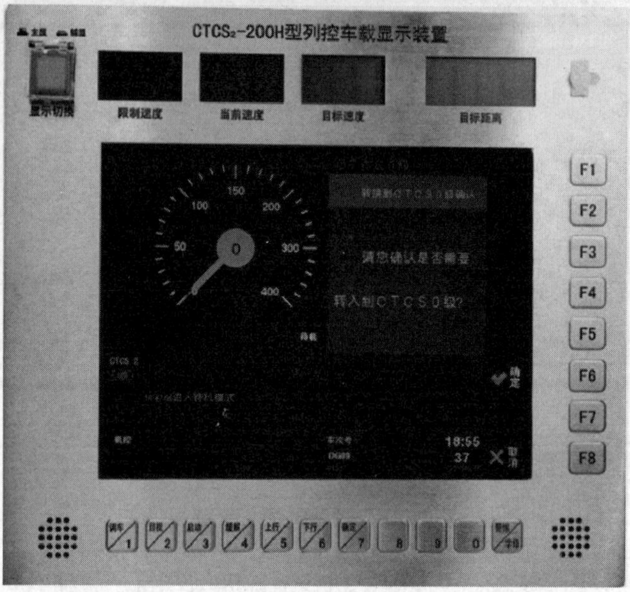

图 15-20　CTCS0 切换界面

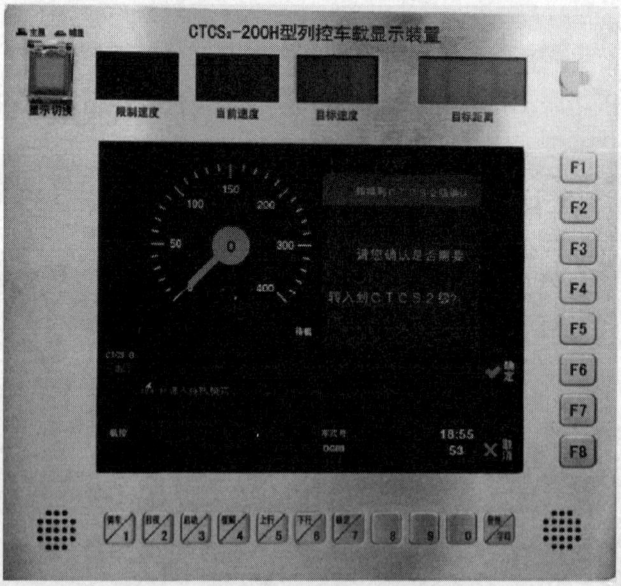

图 15-21　CTCS2 切换界面

在上述切换界面中,按压功能键 F6“确定”按钮,列控车载设备将切换相应的运行等级,并返回主界面。

如果此时按压功能键 F8“取消”按钮,则放弃切换操作,返回主界面。

6. 声音、亮度调节

在主界面下按压功能键 F5“音量亮度”按钮，进入声音、亮度调节界面，如图 15-22 所示。

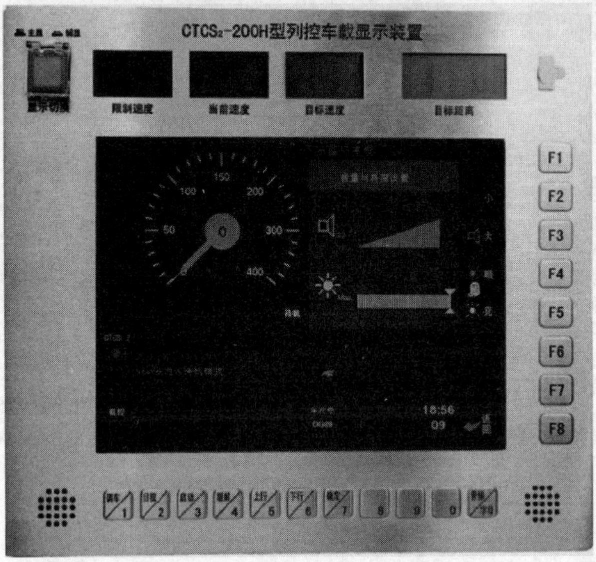

图 15-22　声音、亮度调节界面

此时，按压功能键 F2“小”按钮，可减小音量；按压功能键 F3“大”按钮，增大音量；界面中绿色喇叭图标右下角的数字表示音量的等级，最大为 25(MAX)，最小为 0(MIN)。按压功能键 F4“暗”按钮，减小显示亮度；按压功能键 F5“亮”按钮，增大显示亮度。界面中亮度表示图标右下角的数字表示亮度调节的等级，最大为 31(MAX)，最小为 0(MIN)；调节结束后，按压功能键 F8“返回”按钮，返回主界面。

7. 启动模式

如果列控车载设备处在待机模式，此时有两种方式进入启动确认界面。

按压屏幕正下方即固定功能按键区的“启动”按钮，进入“启动”确认界面，如图 15-23 所示。

在主界面按压屏幕右方的功能键 F6“启动”按钮，进入“启动”确认界面，如图 15-23 所示。

此时，按压功能键 F6“确定”按钮，进入部分监控模式，如图 15-24 所示；如果按压功能键 F8“取消”按钮，将放弃操作，返回原来状态。

如果列控车载设备处在待机以外的模式，则按压此键无效。

8. 缓解制动

在设备触发常用制动后，当速度低于常用制动值时，司机通过缓解制动操作，缓解常用制动；在设备触发紧急制动停车后，司机通过缓解制动操作，缓解紧急制动。按压屏幕下方的“缓解”按钮或者在主界面下按压功能键 F7“缓解”按钮，进入缓解制动界面，如图 15-25 所示。

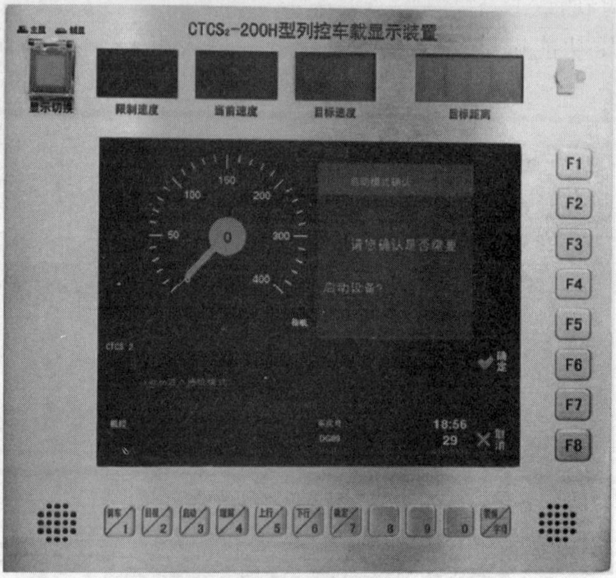

图 15-23 “启动”确认界面

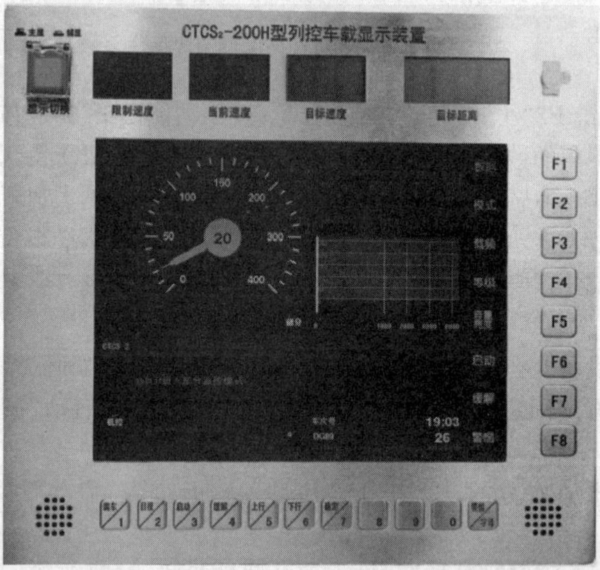

图 15-24 由待机模式进入部分监控模式界面

此时，按压功能键 F6“确定”按钮，执行缓解制动操作，并返回主界面。如果按压功能键 F8“取消”按钮，则放弃缓解制动操作，返回主界面。

9. 警惕

在车载设备处于目视行车或引导模式下，司机需每隔一定时间或距离(如 60 s 或者 200 m)以内按压“警惕”键，以表明司机了解当前车载设备处于目视行车模式或引导模式下。按压“警惕”键有两种方式：

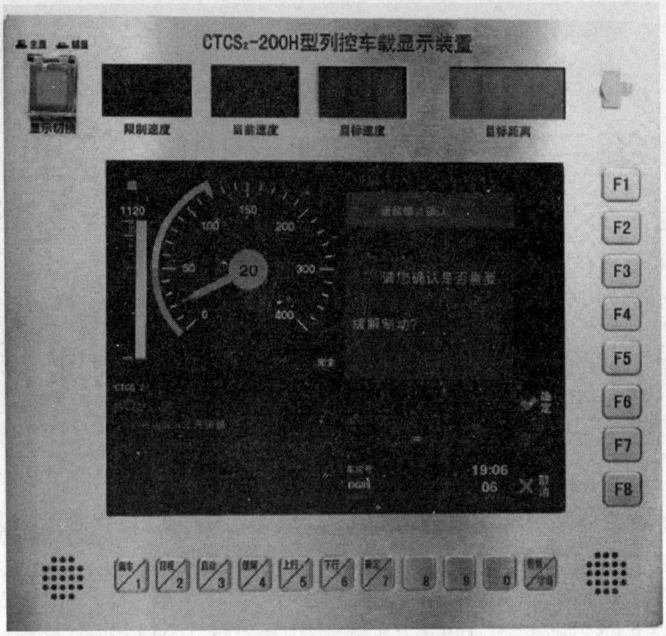

图 15-25　缓解制动界面

(1)按压屏幕下方的“警惕”按钮。

(2)在主界面下按压功能键 F8“警惕”按钮。

思考题

1. 动车组库内检查内容有哪些？
2. 动车组上电程序是什么？
3. 简述动车组制动和启动试验程序。
4. GSM-R 手持机的功能号如何注册和注销？

第三部分　CRH380B(L)型动车组专业知识

第十六章　牵引传动系统基本构成、技术特点及工作原理

本章主要介绍了CRH380B(L)型动车组牵引传动系统工作方式和原理、牵引传动特性、辅助供电系统方面的知识，同时对CRH2A型动车组牵引系统中各主要设备及其功用进行了重点讲述。从业人员通过对本章的学习能初步掌握CRH380B(L)型动车组牵引传动系统方面的基础知识。

第一节　动车组牵引传动方式

CRH380B型动车组整列为一个高压单元，由两个对称的牵引单元组成(每四辆车为一个牵引单元)，牵引单元间由车顶高压线缆连接。CRH380BL型动车组由两个独立的高压单元组成(前、后八辆分别为一个高压单元)，每个高压单元由两个对称的牵引单元组成(每四辆车为一个牵引单元)，牵引单元间由车顶高压线缆连接，如图16-1所示。

CRH380B和CRH380BL型动车组高压供电系统组成、工作原理基本相同：接触网高压电经受电弓进入动车组，经主断路器(MCB)等高压部件，一路直接进入本牵引单元、另一路经隔离开关(RLDS)、车顶高压电缆进入另一牵引单元。

CRH380B型动车组牵引传动系统采用4动4拖的动力配置，01、03、06、08车为动车，02、04、05、07车为拖车，全列由2个牵引单元组成，每个牵引单元由1台变压器、2台变流器和2个动车的8台牵引电机组成，全车共计16台牵引电动机；CRH380BL型动车组牵引传动系统采用8动8拖的动力配置，01、03、06、08、09、11、14、16车为动车，02、04、05、07、10、12、13、15车为拖车，全列由四个牵引单元组成，每个牵引单元由1台变压器、2台变流器和2个动车的8台牵引电机组成，全车共计32台牵引电动机。

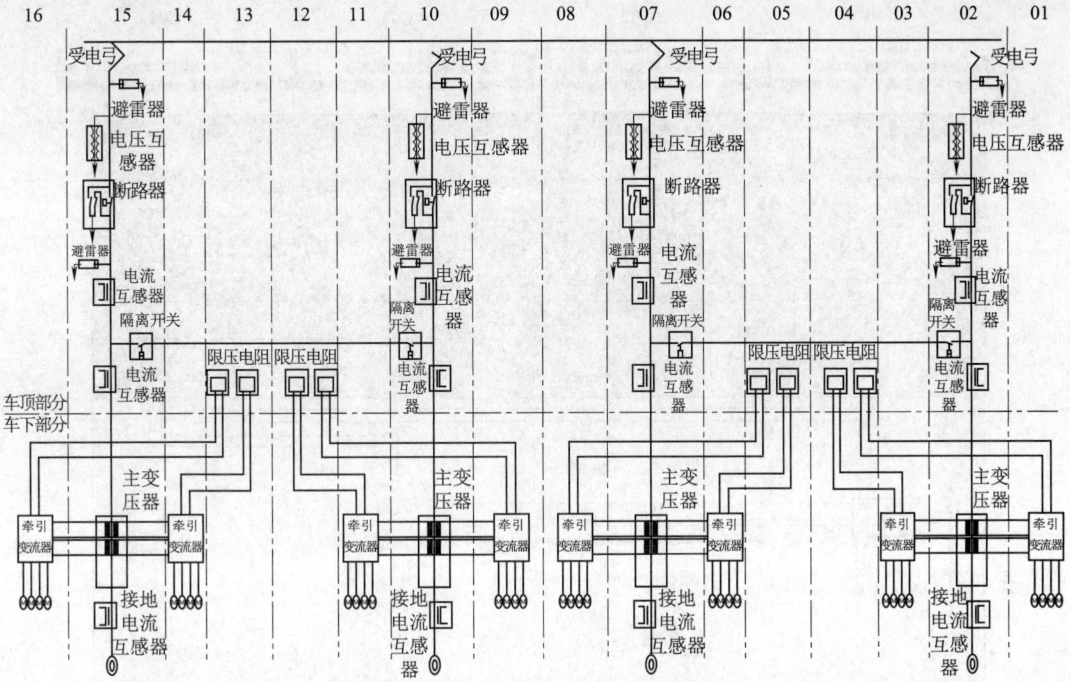

图 16-1　CRH380BL 型动车组高压单元

第二节　牵引系统构成及工作原理

一、原理及基本组成

CRH380B 型动车组整列为一个高压单元，由两个对称的牵引单元组成(每四辆车为一个牵引单元，如图 16-2 所示)，牵引单元间由车顶高压线缆连接。

CRH380BL 型动车组由两个独立的高压单元组成(前、后八辆分别为一个高压单元)，每个高压单元由两个对称的牵引单元组成(每四辆车为一个牵引单元)，牵引单元间由车顶高压线缆连接。

CRH380B、CRH380BL 型动车组高压供电系统组成、工作原理基本相同。接触网高压电经受电弓进入动车组，经主断路器(MCB)等高压部件，一路直接进入本牵引单元，连接到牵引变压器的原边绕组，另一路经隔离开关(RLDS)、车顶高压电缆进入另一牵引单元。

牵引单元主要由主变压器、牵引变流器和牵引电机等组成。动车组高压设备安装在变压器车 02、07、10(CRH380BL)、15(CRH380BL)车顶上，每个变压器车安装 1 架受电弓，正常运行时，每个高压单元仅升起 1 架受电弓，另一架受电弓备用，处于折叠状态。本高压单元高压部件或牵引单元发生故障时，可将故障受电弓或牵引单元隔离，不影响另一个动力单元。

牵引变流器连接到主变压器次边牵引绕组上，通过预充电单元(在接通期间)给两个并联整流模块供电，其作用是将单相输入电压转变为 DC 链路的直流电压，实现主电路和 DC 链

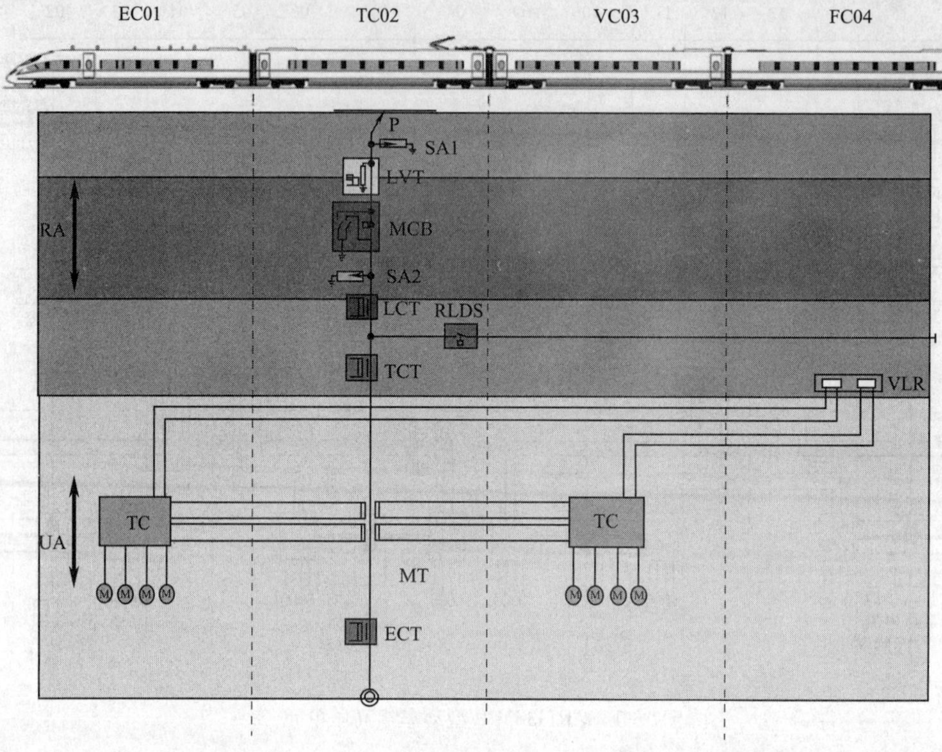

ECT—接地回流互感器；　RA—车顶区域；
M—牵引电机；　RLDS—隔离开关；
LCT—线电流互感器；　SA1,SA2—电涌放电器；
LVT—线电压互感器；　TC—牵引变流器；
MCB—主断路器/接地开关；　TCT—牵引单元电流互感器；
MT—主变压器；　UA—地板下区域；
P—受电弓；　VLR—过电压限压电阻器

图 16-2　牵引单元

路之间的能量转换，DC 链路含有电容器、谐波电路、接地故障检测和保护模块，DC 链路电压经脉冲逆变器变换成三相变频脉冲电压，电压振幅和频率可以设定，给三相异步牵引电机供电。

牵引电机相对于列车方向横向安装在动力转向架上，通过四个固定点固定到转向架的电机支撑上，采用由轴向、径向都具有柔性的联轴器以及齿轮传动装置将牵引电机的驱动力矩传递到轮对。

二、牵引设备组成

(一)CX-PG 型受电弓

CRH380B(L)动车组安装 CX-PG 型受电弓，如图 16-3 所示，主要由底架、下臂、上臂、下拉杆、上拉杆、平衡系统、弓头、自动降弓装置、APIM 装置、减振器、绝缘子和柔性联轴节组成。

该型受电弓由气囊组成的气动平衡系统控制，气囊的压力空气由气动控制单元提供。在压力空气作用下气囊产生扭矩，通过凸轮及弹性连接轴作用在下臂的铰链处，从而使受电

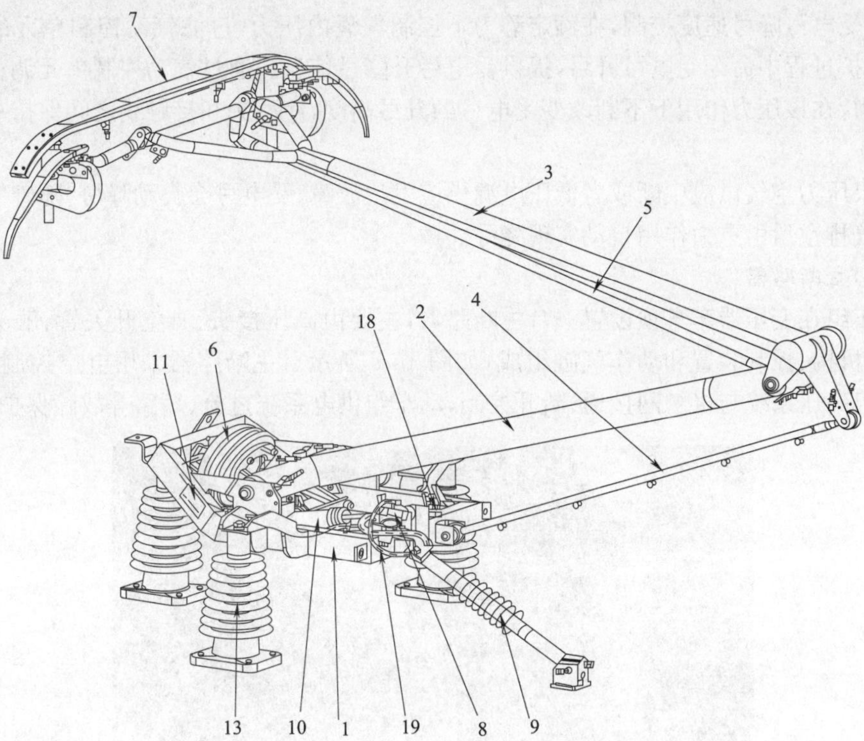

图 16-3　CX-PG 型受电弓

1—底架；2—下臂；3—上臂；4—下拉杆；5—上拉杆；6—平衡系统；7—弓头；8—自动降弓装置；
9—APIM 装置；10—减振器；11—铭牌；13—绝缘子

弓根据设定速度升弓。

气动控制单元如图 16-4 所示，该控制单元有以下功能：受电弓升弓命令，受电弓升弓速

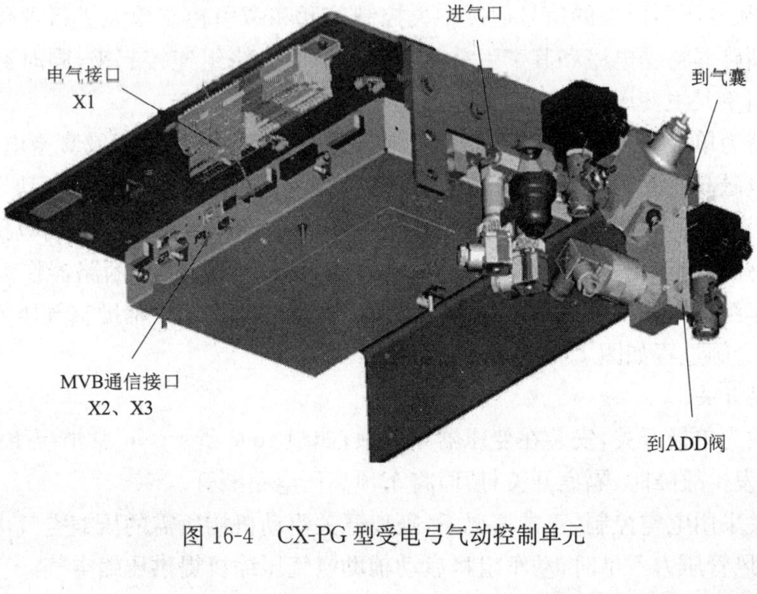

图 16-4　CX-PG 型受电弓气动控制单元

度控制，受电弓降弓速度控制，在额定静力下控制气囊内压力，过滤气动控制单元的压力空气，在维护过程中命令受电弓升弓，提供受电弓升降弓信息。通过气动控制单元调整压缩空气的压力，在该压力作用下不断改变受电弓的升弓高度，使弓头和接触线之间保持一定的接触力。

如果压力空气供应中断或者低压电源供应发生故障，受电弓会自动降弓，随着气囊内的压力空气排空后由重力作用自动实现降弓。

(二)主断路器

动车组在变压器车车顶设置一台主断路器，主要由高压接头、真空开关管、触头压力机构、脱动机构、控制装置和动作气缸组成，如图 16-5 所示。主断路器采用电空控制方式，实现动车组高压系统与接触网接通、断开控制，动车组供电系统过流、短路等故障保护。

图 16-5　主断路器

真空主断路器将受电弓接受的 AC 25 kV 供电与车顶电缆连接，主断路器中集成了接地绝缘和电流互感器用于测量动车组的电流，从电流互感器出来的信号通过中央控制单元进行评估，而从变压器出来的信号通过中央控制单元和牵引控制单元进行评估。带有接地绝缘的真空断路器将受电弓和其牵引单元主变压器原边绕组连接起来，同时通过车顶电缆与另一个牵引单元主变压器原边绕组连接起来。

主断路器为单极真空主断路器，内置有弹簧式压缩空气作动器以及真空电弧放电室，主断路器通过电磁阀线圈得电，压缩空气进入压力缸推动气缸内活塞，活塞推动作动器动触头动作，与静触头接触，主触点闭合，同时吸持电磁线圈得电保证接触压力，当吸持电磁线圈失电时，在复位弹簧的作用下，动触头与静触头断开。正常情况下，主断路器作动器所需的压缩空气由动车组主风管提供；当主风管压力不足时，动车组将启动辅助空气压缩机提供压缩空气，主断路合闸过程如图 16-6 所示。

(三)隔离开关

隔离开关为单极开关，安装在变压器车车顶，如图 16-7 所示。正常情况下，隔离开关处于闭合状态；发生故障时，隔离开关打开，将车顶高压电路断开。

隔离开关采用电空控制，正常情况下，隔离开关驱动机构所需的压缩空气由动车组主风管提供；当主风管压力不足时，动车组将启动辅助空气压缩机提供压缩空气。

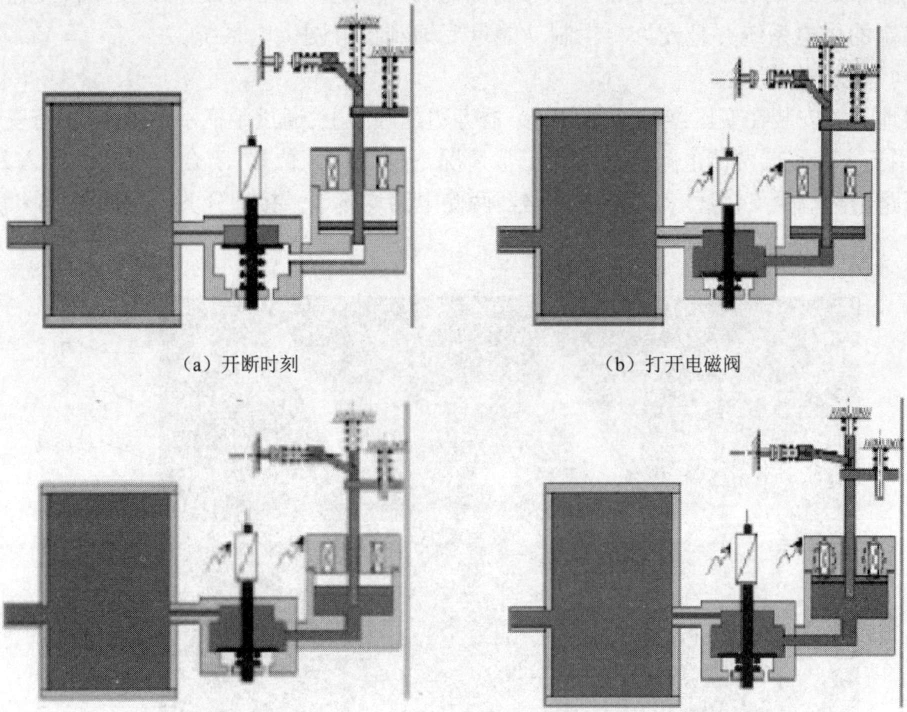

（a）开断时刻　（b）打开电磁阀

（c）主触头移动　（d）主触头闭合

图 16-6　主断路合闸过程

图 16-7　隔离开关

为了确保动车组在故障时的运行能力，借助车顶隔离开关将相关的动力单元在电气上断开。动车组牵引是交流传动方式。由牵引变流器驱动三相异步牵引电机，变流器由四象限斩波器(4QC)、DC中间连接和一个脉宽调制(PWM)逆变器组成。四象限斩波器(4QC)确保稳定的供电系统并且允许再生制动能量反馈到接触网供电系统。

(四)接地开关

接地开关安装在变压器车车顶主断路器旁边的底座上,通过手柄手动操作,带有安全连锁钥匙,用于主断路器两侧电路的接地。正常情况下处于打开位置,闭合时将闸刀转入刀夹内,使主断路器两端触点接通,动车组主断路器两侧电路均接地。接地开关结构如图16-8所示。

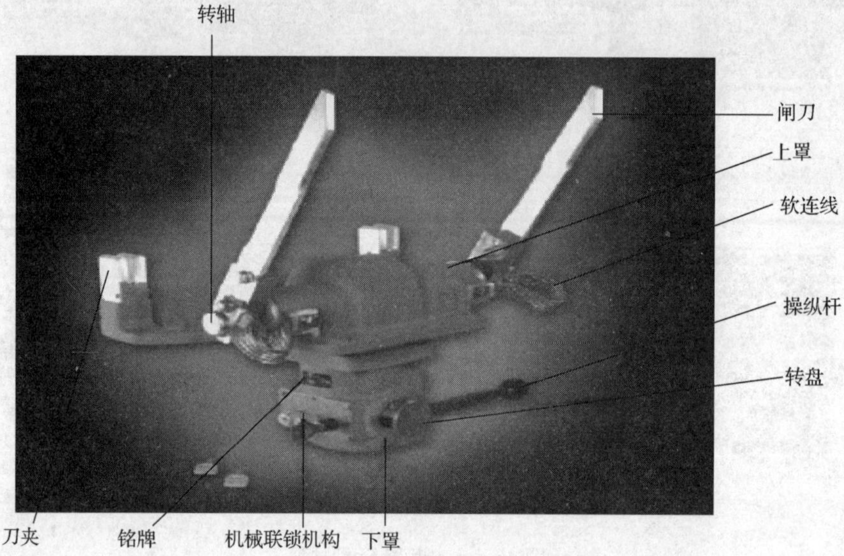

图16-8 接地开关结构示意

(五)避 雷 器

避雷器安装在车顶受电弓安装区域,用于保护动车组及电气系统,如图16-9所示。接

图16-9 避雷器结构

1—复合材料外壳;2—有气体分流器的凸缘;3—缩弹簧;4—线性金属氧化晶体管;
5—间板;6—放孔

触网过压保护避雷器防止过电压通过接触网进入动车组(如闪电过压)。变压器过压保护避雷器用于保护主变压器,防止主断路器闭合时主变压器过压。

(六)互 感 器

1. 电压互感器

如图 16-10 所示,电压互感器原边绕组与受电弓相连接,位于受电弓与主断路器之间,用于测量、监视接触网线电压。

图 16-10　电压互感器

2. 电流互感器

每辆变压器车安装有 3 个直通式电流互感器,分别为线电流互感器(LCT)、主变压器电流互感器(TCT)、主变压器回流互感器(ECT),如图 16-11 所示。

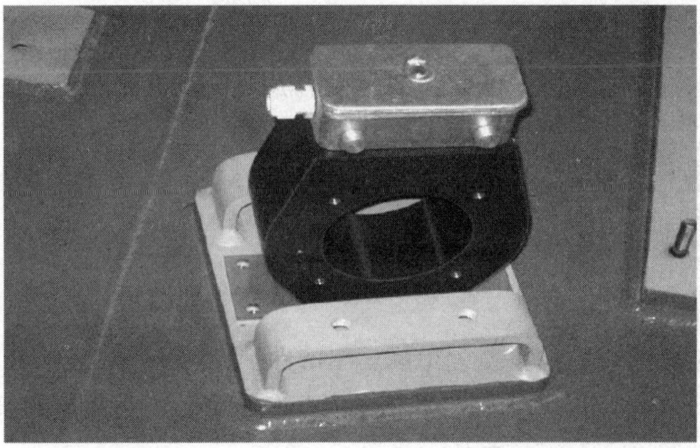

图 16-11　线电流互感器

线电流互感器安装在车顶,用于检测每个高压单元的电流;主变压器电流互感器安装在车顶,用于检测每个主变压器输入端电流;主变压器回流互感器安装在主变压器框架中,用于检测每个主变压器的回流电流。通过同一高压单元中线电流互感器、两个主变压器电流互感器的检测值间的比较,可以判断动车组高压系统是否存在接地故障。通过每个主变压器电流互感器、主变压器回流互感器的检测值间的比较,可以判断主变压器是否存在接地故障。

(七)车顶电缆

如图 16-12 所示,动车组两个牵引单元的高压系统通过车顶高压电缆相互连接。车辆间高压电缆连接通过位于车端的支撑绝缘子和跨接电缆实现。

图 16-12 跨接电缆的基本结构

(八)运行电流回流/接地

动车组接地分为保护性接地、电磁兼容接地、运行接地。运行接地(运行电流回流)以及保护接地(列车车体接地)分别保护在线路短路的情况下车体不接触电压,以下电压等级的设备必须接地:直流大于 50 V;交流大于 24 V。

1. 电磁兼容接地

电磁兼容接地主要是电缆屏蔽层接地,电缆屏蔽层两端接地,不论对电场还是对磁场都能起到屏蔽作用。

2. 运行接地

用来把高压电网电流反馈到轨道上,轨道的作用是充当电流回馈变电所的导体。

3. 保护性接地

所有可能接触且故障时可能带有高电压的导电部件,必须与车体(车体某部件)直接连接或通过接地线连接,包括电气设备附近可接触导电部件,如厨房设备、金属柜、天线等。

4. 接地装置布置

以 CRH380B 型动车组为例,整列电动车组的保护性接地装置安装在牵引单元中 04、05 车两台转向架的四个轴头上,运行接地装置安装在 02、07 车转向架两个轴头上,每个接地装置通过电缆连接到变压器的汇流排上。

(九)主变压器

1. 组成

主变压器箱体安装在动车组的 02、07、10(CRH380BL)、15(CRH380BL)拖车的地板车下,主要由油箱、储油柜、铁芯绕组、变压器、油冷却系统、监视保护装置等部件组成,如图 16-13 所示。

图 16-13　主变压器及冷却单元

2. 冷却系统

牵引变压器部冷却采用了油循环风冷却方式，冷却单元、冷却系统循环路径如图 16-14 所示。冷却系统主要由油冷却器、电动油泵、冷风机等部件组成。电动冷风机从车辆侧面吸入冷却风，经防护网空气过滤器送往油冷却器，热交换后的空气从进气风道对面的排气风道排出，绝缘油在油冷却器冷却后被送往变压器。油在流经绕组表面和铁芯侧面时吸收热量，吸收热量后的油经集成在冷却回路中的冷却泵再次送往油冷却器进行热交换。

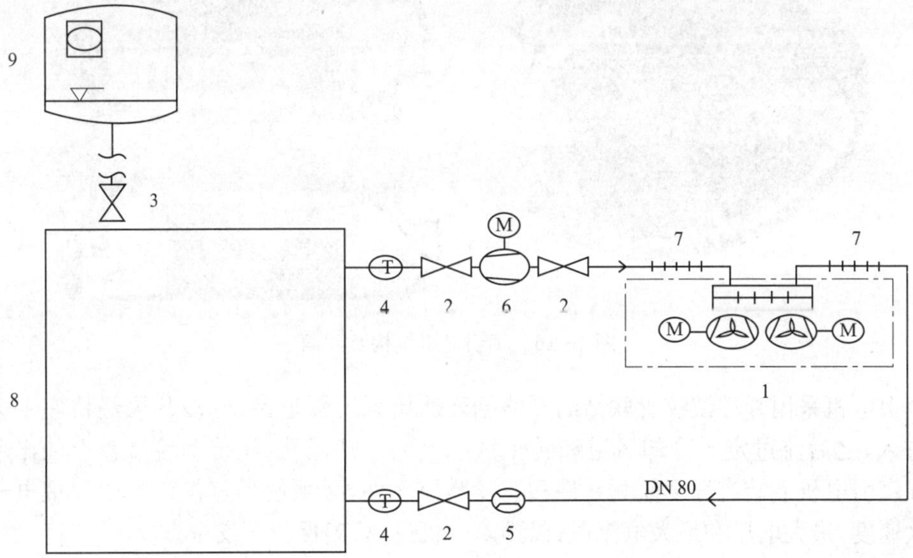

图 16-14　冷却单元、冷却系统循环路径示意

1—冷却设备；2—法兰叶；3—密封套管；4—PT100；5—流量计；6—冷却油泵；7—补偿器；8—主变压器；9—膨胀油箱

(十)牵引变流器

牵引变流器安装在 01、03、06、08、09(CRH380BL)、11(CRH380BL)、14(CRH380BL)、16(CRH380BL)车下牵引设备箱中，采用结构紧凑，易于运用和检修的模块化结构，如图

16-15 所示。牵引变流器由 2 个四象限斩波器(4QC)、带谐振电路的中间电压电路、1 个制动斩波器以及 1 个脉冲宽度调制逆变器(PWMI)组成,模块具有互换性,其输入线路接触器由牵引控制单元 TCU 控制。

图 16-15　牵引变流器结构

(十一)牵引电机及冷却风扇

牵引电机为 4 极三相异步电机,主要由定子、转子、轴承和端盖组成,如图 16-16 所示。每辆动车组装有 4 个牵引电机,具有结构坚固、质量轻、噪声小、设计紧凑等特征。

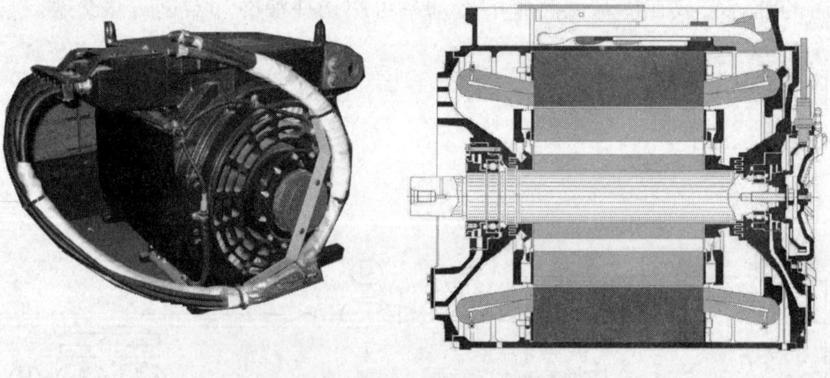

图 16-16　牵引电机结构及剖面

牵引电机采用弹性波纹管联结的开路循环通风系统强迫冷却,冷却风经机座上方凸缘通路进入,之后流过定子冷却风道和转子铁芯上的冷却风孔,经传动端端盖上的出风口排出。在牵引电机上装有温度监测元件和速度监控元件,必须使用监控系统以保证电机不超过最大速度,最大电压和最大电流值,以预防电机过热、确保行车安全。

1. 定子

电机定子由机座、定子铁芯和定子线圈等部件组成。

电机机座采用高质量的球墨铸铁制造,结构紧凑合理,机座内轴向冷却风道的散热筋,赋予机座非常高的强度和刚性,具有极高的抗振质量。

定子铁芯由绝缘冷轧硅钢板叠压,采用绝缘拉杆固定,使定子铁芯成为一个圆形壳体。

定子绕组为双层成型绕组，采用专用的涨形机制造，成型后嵌进定子槽中。为了得到足够的机械强度、良好的电气性能与优良的热稳定性，定子绕组用端箍固定，带绕组的定子铁芯整体经真空压力浸漆(VPI)、旋转烘焙后热套进机座中，组成定子单元。

整个电机的绕组绝缘为200级耐电晕绝缘系统。

2. 转子

转子为鼠笼结构，由转轴、铁芯、鼠笼绕组等部件组成。

转轴由高强度的锻造合金钢制成。绝缘冷轧硅钢板叠压组成的转子铁芯及压板热套安装到转轴上。铜导条插入铁芯槽内，在传动端和非传动端分别与铜合金端环铜焊在一起，形成鼠笼绕组。每端转子压板有一个圆形槽，将平衡块放置并紧固以保证转子动平衡。

3. 轴承、端盖

铝合金端盖装入定子机座的两侧，支撑转子。

两端轴承分别压入钢质轴承盖内，并在端盖内用螺栓固定。转子在传动端由深沟球轴承、非传动端由圆柱滚子轴承支撑。轴承用润滑脂润滑，可通过锥形注油嘴添加润滑脂，在传动端端盖、非传动端端盖底部集油孔内收集用过的润滑脂。

4. 牵引电机冷却通风机

每个牵引电机冷却通风机同时给同一转向架的2个牵引电机提供规定数量的冷却空气。牵引电机的冷却通风机安装在动车组转向架附近的车体下，牵引电机通风机如图16-17所示。

图16-17　牵引电机通风机

(十二)过电压限制电阻

动车组装有4个、8(CRH380BL)个相互独立的过压限制电阻器单元，每一组过压限制电阻器单元组成一个功率单元。每两个过压限制电阻器分别被安装在04、05(其中CRH380BL型动车组在04、05、12、13)车顶上设备箱中，如图16-18所示。

当电制动所产生的能量不能被弓网吸收时，过压限制电阻器会及时地将这些能量转换成热能，外罩上设有用于空气吸入的栅格。

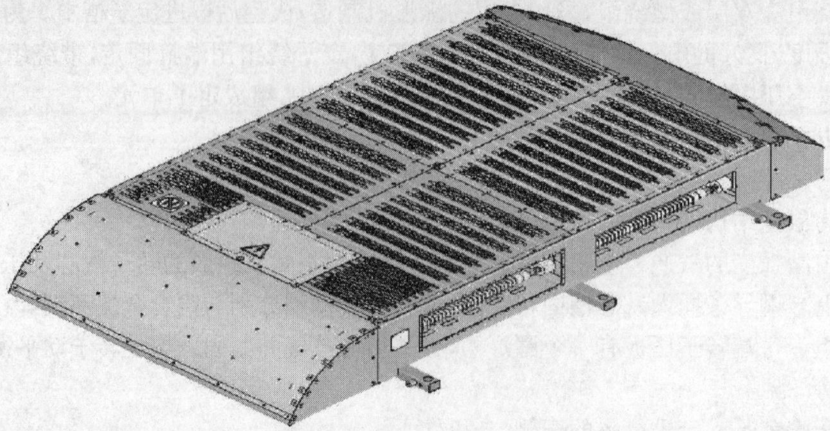

图 16-18　过压限制电阻单元

第三节　辅助供电系统

一、辅助供电设备组成

CRH380B(L)型动车组的辅助供电系统主要由单辅助变流器、双辅助变流器、充电机、蓄电池、AC 440 V/AC 230 V 变压器、DC 110 V/AC 230 V 逆变器、DC 110 V/DC 24 V 变换器组成。

在 02、07、10(CRH380BL)、15(CRH380BL)车设有单辅助变流器，在 04、05、12(CRH380BL)、13(CRH380BL)车上设有双辅助变流器，他们与 MVB 相连接，如图 16-19 所示。辅助变流器用于提供 3×AC 440 V 60 Hz 电压(动车组也可以通过外接插座得到 3×AC 400 V 50 Hz 电源)。

充电机安装在 04、05、12(CRH380BL)、13(CRH380BL)车上，充电机控制单元与 MVB 相连。充电机将 3×AC 440 V 60 Hz 电变换为 DC 110 V 负载所需的供电电压和蓄电池充电电压。

在 15(CRH380BL)、10(CRH380BL)、07 和 02 变压器车上配备有一个单辅助变流器单元。他们与头车 16(CRH380BL)、01 以及中间车 09(CRH380BL)、08 的牵引变流器中间电路相连，在中间车 13(CRH380BL)、12(CRH380BL)、05 和 04 分别配备了一个双辅助变流器。他们分别与中间车 14(CRH380BL)、11(CRH380BL)、06 和 03 内牵引变流器的中间电路相连，在双辅助变流器和单辅助变流器的输入端都与一根电缆相连接，这样可以实现在从一个继续有效的牵引变流器同时给辅助变流器供电。

CRH380BL 型动车组每节动车上都配备一台牵引变流器，电能输入模块连接在牵引变流器的中间电路。在供电失效的情况下可以通过牵引变流器中间电路将牵引电机发出的电继续供给车载电源系统。在 25 kV 供电的分相区，列车速度达到 70 km/h 以上时可以实现上述功能。

CRH380BL 型动车组设有 4 组高倍率蓄电池(CRH380B 为 2 组)，每组容量为 2×163 A·h。地面三相 AC 380 V/50 Hz 电源也可以为车上辅助负载供电。

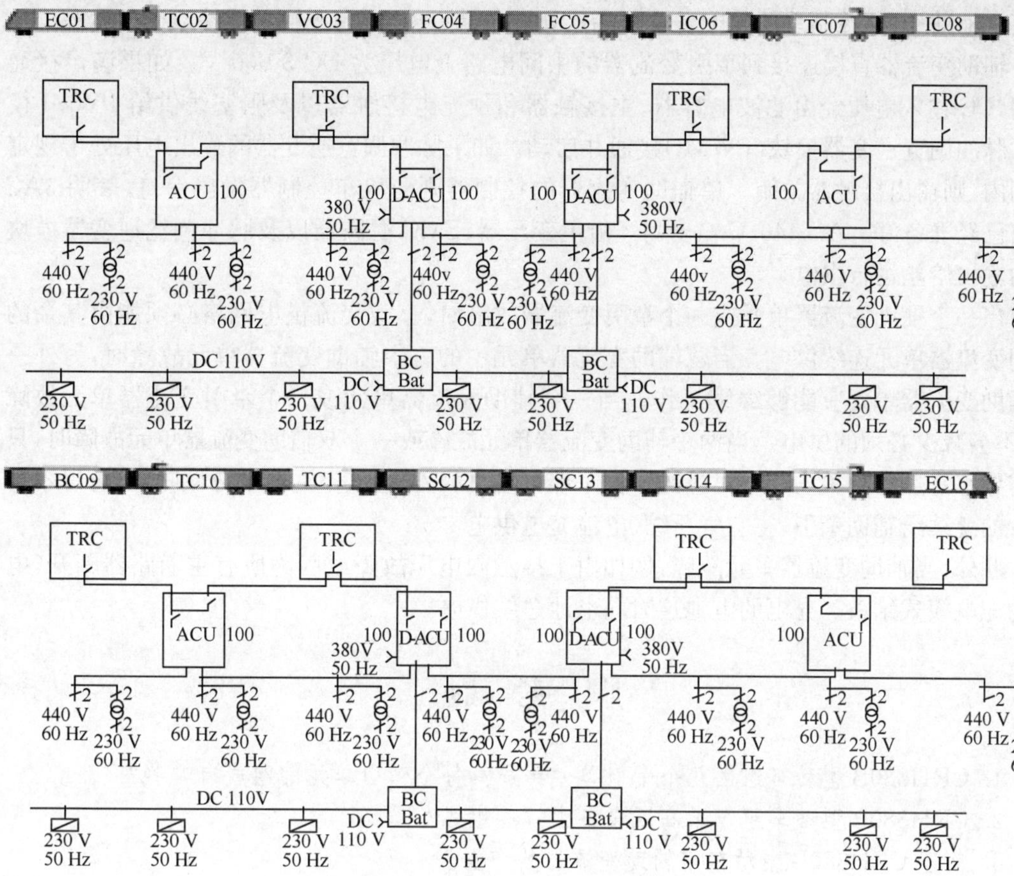

图 16-19　辅助供电设备组成

TRC—牵引变流器；ACU—辅助变流器；D-ACU—双辅助变流器；

BC—电池充电机；Bat—蓄电池

二、辅助设备供电方式

CRH380B(L)型动车组的辅助供电系统采用母线供电方式，CRH380BL 的 1～8 车与 9～16车分为两个独立的辅助供电系统，两个辅助供电系统之间的中、低压母线互不贯通。

辅助供电制式分为以下 5 种：AC 三相 440 V 60 Hz、AC 单相 230 V 60 Hz、AC 单相 230 V 50 Hz 、DC 110 V、DC 24 V。

辅助电源为列车辅助设备如冷却风机、空调装置、照明、网络控制系统、制动装置、旅客信息、列车无线电等设备提供电能。正常情况下，所有的辅助变流器都向母线输出同相位三相 440 V 60 Hz 电源，实现联网供电。

三、辅助供电设备工作原理

辅助变流器的脉宽调制逆变器采用最先进的 IGBT 技术，脉宽调制逆变器采用 PWM 工作原理。辅助变流器由其中央控制系统控制和诊断，同时脉宽调制逆变器的控制系统也对其有辅助作用,控制系统除配备诊断端口和服务端口外,还有车辆总线接口(MVB)。

辅助变流器直接连接到牵引变流器的中间电路上电压为 DC 3 000 V。如果满足接通条件,DC 输入电压经由滤波电容器、主接触器和预充电接触器以及阻塞线供给 PWMI 模块。脉冲调宽逆变器模块(PWMI)接通并启动。如果脉冲调宽逆变器的输出电压处于规定范围内,则输出接触器关闭。单辅助变流器的控制器则向机车控制器发出信息,表明 3AC 输出已经准备好。AC 440 V 输出则经由主变压器、EMC 滤波器以及脉冲调宽逆变器模块后的输出熔丝进行供电。

当一个辅助变流器单元或一个牵引变流器故障时,车载交流供电网络必须能由其余的辅助变流器单元连续供电。当双辅助变流器单元中的一个辅助变流器单元故障时,另外一个辅助变流器单元应能够继续工作。当一个辅助变流器单元或一个牵引变流器单元故障时,不会减少必须的供电。当两个辅助变流器单元故障或一个双辅助变流器单元故障时,只有与旅客舒适性相关的与之对应的 8 辆车部分的负载需减少(空调或部分取暖)。可以不用减少的继续给辅助牵引、主空气压缩、电池充电供电。

此外,当辅助变流器单元故障,例如由于接触限电压故障或因为所有主断路器断开,电池的充电模式结束。充电的电池这时向电池总线供电。

思 考 题

1. CRH380B 型动车组由几个牵引单元组成?每个牵引单元的组成有哪些?
2. CRH380B 型动车组车顶高压设备由哪些组成?
3. 简述 CRH380B 型动车组辅助变流器的布置。

第十七章　制动系统部件构成、制动方式分类及特点

本章主要介绍了CRH380B(L)型动车组制动、再生制动控制、空气制动控制的组成功用及制动方式分类方面的知识。从业人员通过对本章的学习能初步掌握CRH380B(L)型动车组直接/间接制动、ASC自动控制、强制制动等制动系统方面的基础知识。

第一节　制动系统组成

CRH380B(L)型动车组采用微机控制的直通电空制动系统，备用制动装置采用间接作用的空气分配阀。制动包括以下几部分：控制元件和产生制动力的部件，制动力由摩擦制动和电制动产生。电制动和摩擦制动的作用由制动控制单元(BCU)、牵引控制单元(TCU)和列车中央控制系统(CCU)调节。供风系统包括2套主风源和2套辅助风源。

一、压缩空气系统(图17-1)

(一)主供风装置

CRH380B型动车组安装有2个供风装置，分别位于03、06车的地板下方；CRH380BL列车安装有4个供风装置，分别位于03、06、11、14车的地板下方。每个供风装置包括1个SL22型的螺旋式主空压机。空压机电机由车载电源的440 V 60 Hz 3AC母线供电。该空压机与1个双塔型空气干燥器和1个带防冻设备的冷凝物收集器相连。

供风装置的空气送至总风(MRP)管，该管通过软管与临车相连。总风管为各车提供压缩空气，还给每个容量125 L的总风缸充风。03、06、11(CRH380BL)、14(CRH380BL)车每车装有2个总风缸。总风管提供的压缩空气最高压力为1 000 kPa(工作压力范围850～1 000 kPa)。主空压机的电源由电网通过车载变流器提供。

空压机管理03、06、11(CRH380BL)、14(CRH380BL)车中4个主空压机中的2个(CRH380B为2个主空压机中的1个)作为首选主空压机。如果首选的2个空压机不能使用，就由另2个可用空压机代替首选空压机。如果2个首选空压机的运行时间在一小时内超过50%，还可用另两个可用空压机代替。如果总风管压力平均值低于850 kPa时，激活空压机，如果总风管压力平均值低于830 kPa时，则启动全部空压机。

以CRH380BL型动车组为例，在16辆编组的动车组内，为避免电源供电中断，4台空压机要依次接通电源。如果16辆编组动车组电源的可用性在最高时下降，则激活受影响的16辆动车组中的2台空压机。当列车实施制动且总风管压力低于700 kPa，那么列车中的可用空压机全部运转，缩短总风管增加到1 000 kPa所需的时间。

在司机的HMI显示器上，可显示头车01、08、16(CRH380BL)车的列车管压力以及01、

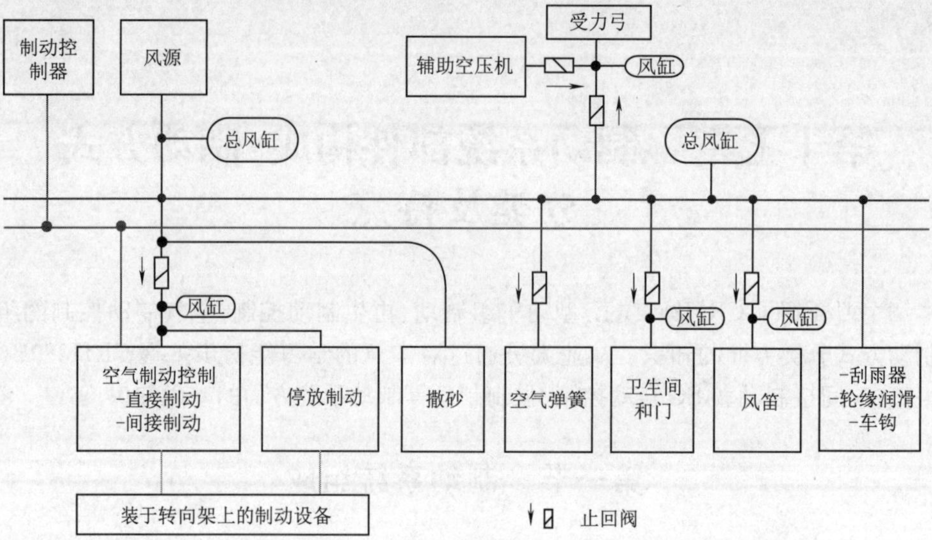

图 17-1 压缩空气系统

08、16(CRH380BL)车的总风管压力。

列车管实际压力显示范围为高于 388 kPa 至 700 kPa 的压力范围。为了有更好的可读性,列车管压力刻度分成上下两部分。当列车管压力大于 50 kPa 时,压力显示为下部分,在较低压力时显示为空。

位于辅助操作台的"列车管和总风管"双针压力表,也可监控列车管和总风管压力。

主空压机可通过在司机 HMI 上的"制动关闭状态"显示页面(图 17-2)进行控制。操作软键"空压机切断",切除动车组内的全部主空压机;操作软键"空压机接通",释放动车组内的全部主空压机。

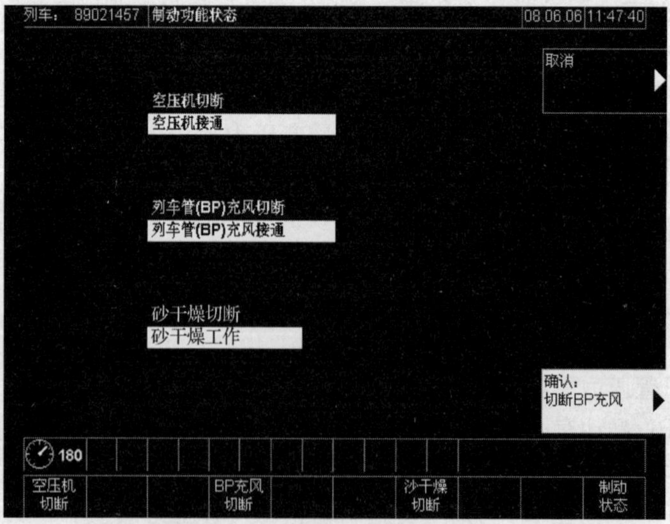

图 17-2 HMI 上的"制动关闭状态"显示页面

(二)辅助供风装置(图 17-3)

在受电弓附近 02、07、10(CRH380BL)、15(CRH380BL)车地板下方安装有 LP115 型辅助空压机。辅助空气压缩机为一缸活塞式压缩机,主要由压缩机、直流电机、干式空气滤清器组成,压缩机由直流 110 V 电机驱动。

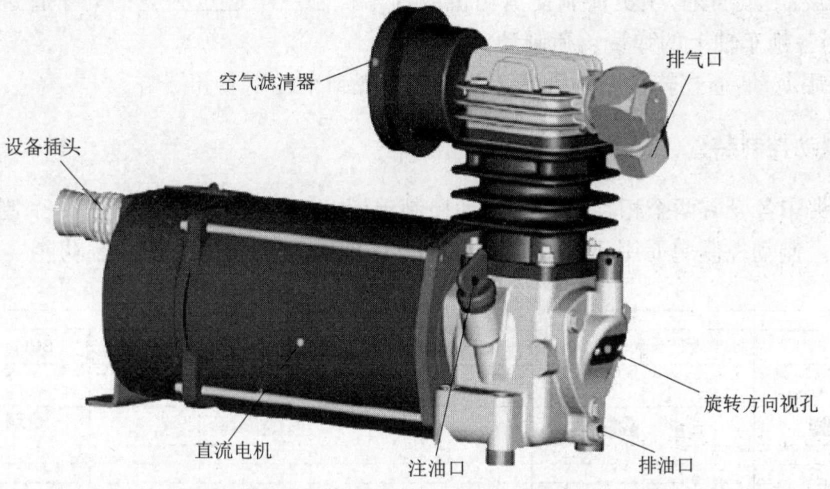

图 17-3　辅助空压机结构示意

在总风缸欠压或无风时,受电弓、主断路器和车顶隔离开关所需压缩空气将由辅助空气压缩机提供,辅助空压机通过 CCU 激活,由 02、07、10(CRH380BL)、15(CRH380BL)车中的制动控制模块进行控制。辅助空气压缩机供风系统示意图如图 17-4 所示。

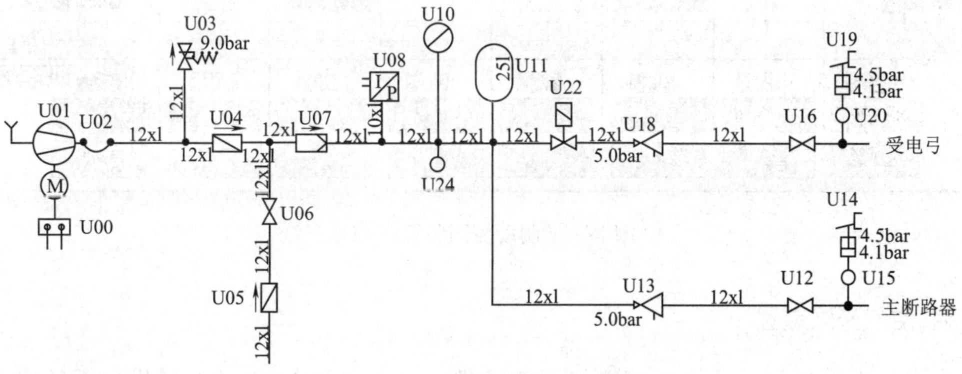

图 17-4　辅助空压机供风示意

二、空气制动系统

直通空气制动由电子制动控制系统控制。间接空气制动是由列车管(BP)控制,它能在整车范围内传送空气制动信号。空气制动面板和制动控制单元组合成单一制动控制模块并形成制动控制单元。一车只有一个制动控制模块。在拖车轮对上,每个轴安装有三个轴装制动盘;在驱动轮上,每个轴安装有两个轮装制动盘。

空气制动装置执行以下功能：

1. 常用制动。

2. 紧急制动。

3. 旅客紧急制动。

4. 停放制动。该弹簧负荷制动由司机或列车控制系统通过独立的列车管进行激活和控制，使用各拖车轴上的弹簧负荷制动。

5. 备用制动，通过辅助制动手柄（C02）来实现列车的制动和缓解。

三、制动控制装置(BCU)(图 17-5)

每辆头车各设有两个相互冗余的制动控制单元(BCU)，其他车各设有一个制动控制单元(BCU)。制动控制单元用于实现制动装置的控制和诊断，包括防滑控制功能。

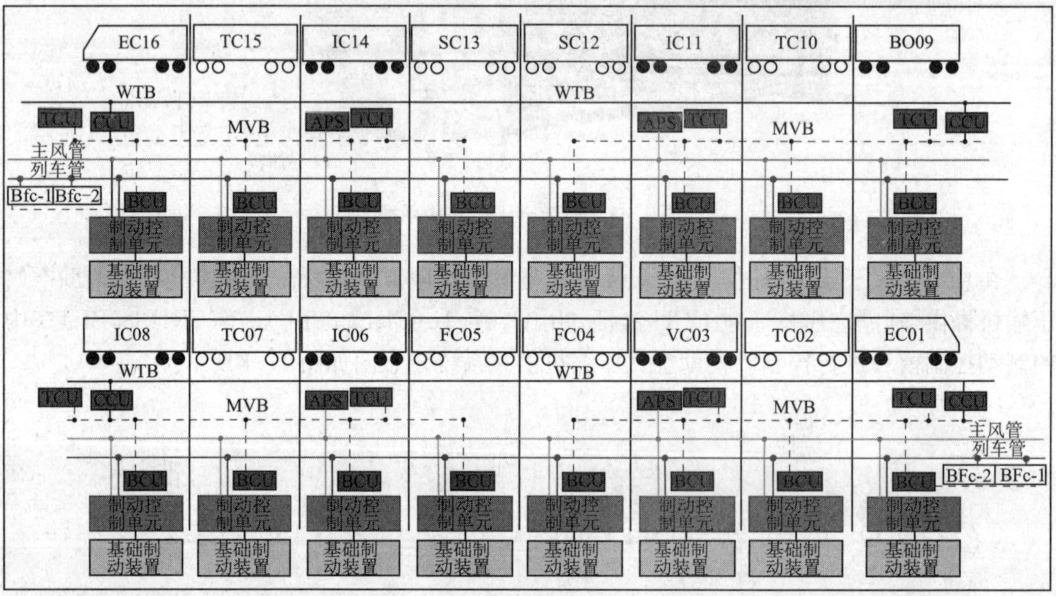

图 17-5　制动控制装置(BCU)

四、空气干燥装置

为满足动车组制动系统压缩空气湿度要求，CRH380B(L)型动车组供风系统安装了双罐式空气干燥器，该空气干燥器主要由以下几部分组成：两台带有整体式分离器的干燥塔；一个支架带有再生空气节流器；用于干燥塔的单向阀；用来控制空气的预控阀；带消音器的双活塞阀；控制循环的阀门磁铁等。双罐式空气干燥器组成及工作制式如图 17-6 所示。

双罐式空气干燥器同时运行两个工序，即干燥工序和再生工序。当一个风缸中主气流被干燥时，另一风缸中的干燥剂则再生。

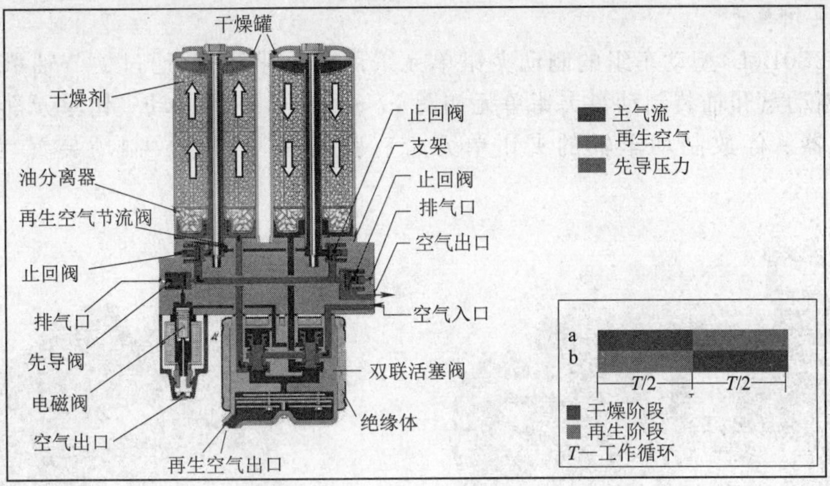

图 17-6　双罐式空气干燥器组成及工作制式

五、基础制动装置

动车组基础制动装置都是利用杠杆原理，把空气制动部分的制动缸活塞推力，经过夹钳单元杠杆的作用扩大适当倍数后较为一致地传到各制动闸片上，使闸片压紧制动盘，从而达到制动的目的。

CRH380B(L)型动车组基础制动装置包括制动盘、夹钳单元及制动闸片。

(一)制 动 盘

CRH380B(L)型动车组均采用盘形制动装置，动车每个轮对安装两个轮盘，拖车每个轮对安装三个轴盘。

动车组轮装制动盘和轴装制动盘均为铸刚制造，轮装制动盘直径为 750 mm，每副轮盘(两片)用 12 条螺栓分别连接在车轮辐板的两侧。轮装制动盘采用模块化设计，质量轻，易于拆装。轴装制动盘的直径为 640 mm，制动盘由摩擦环、盘毂和连接装置组成，摩擦环与盘毂之间也是通过 12 条螺栓连接；轴盘上具有用于通风的散热筋结构，不仅可在非制动状态节省 60% 的能量，还使制动盘上存在的过热点更少。轮装制动盘和轴装制动盘安装如图 17-7 所示。

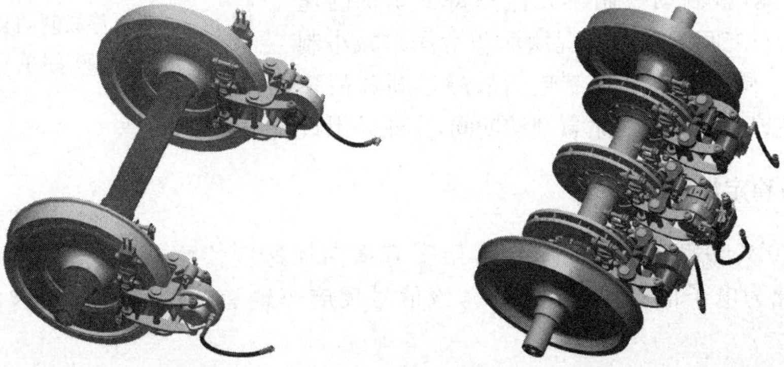

图 17-7　轮装制动盘和轴装制动盘安装

(二)夹钳单元

CRH380B(L)型动车组的制动夹钳单元采用模块化结构,通过关节轴承与构架相连,轮装制动盘和轴装制动盘夹钳单元如图 17-8 所示。所有制动夹钳单元都有内置的自动闸调器。停放制动车辆的夹钳单元带有弹簧驱动的停放制动装置,如图 17-9 所示。

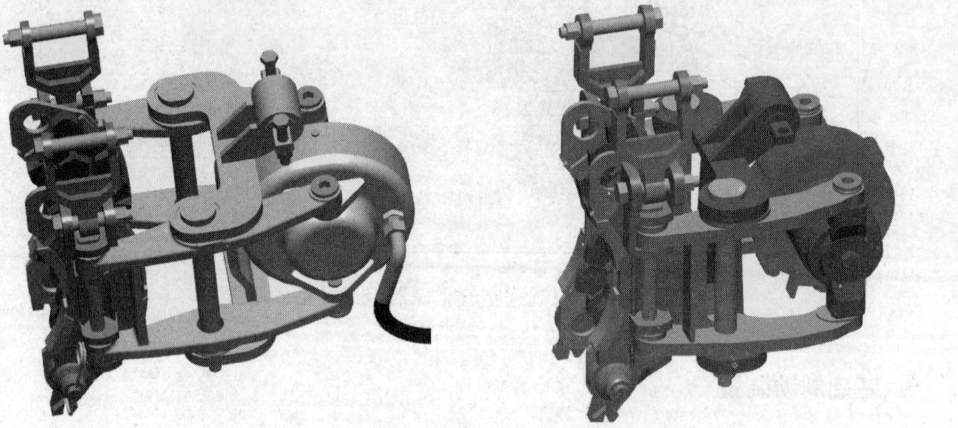

图 17-8 轮装制动盘和轴装制动盘夹钳单元

CRH380B(L)型动车组 ISOBAR 型闸片,结构如图 17-10 所示,采用烧结粉末冶金材料制成,其组成结构为闸片钢背(弧形导轨)、三角支架、摩擦块和卡簧。闸片元件通过静态力的平均分配使每个摩擦块粒子和制动盘之间达到一个平衡的表面压力,从而保证每个摩擦块粒子有均匀的摩擦痕迹,制动盘表面也有均匀的磨耗。

图 17-9 带有停放制动装置的轴装制动盘夹钳单元

六、车轮防滑控制功能

CRH380B(L)型动车组车轮防滑控制装置包含在制动控制单元内,制动控制单元监测每个车轴的速度,可根据轮轨之间的黏着情况激活防滑阀来减小制动缸的压力。微软处理器控制包括故障诊断和故障指示,以便维护和操作。在紧急制动期间,车轮防滑设备正常运行。

七、运行稳定性监测

CRH380B(L)型动车组每个转向架安有横向加速度传感器,该传感器探测横向加速度,并转化为电子信号反馈至 BCU,该信号反应车辆运行的稳定性及转向架的振动幅度。

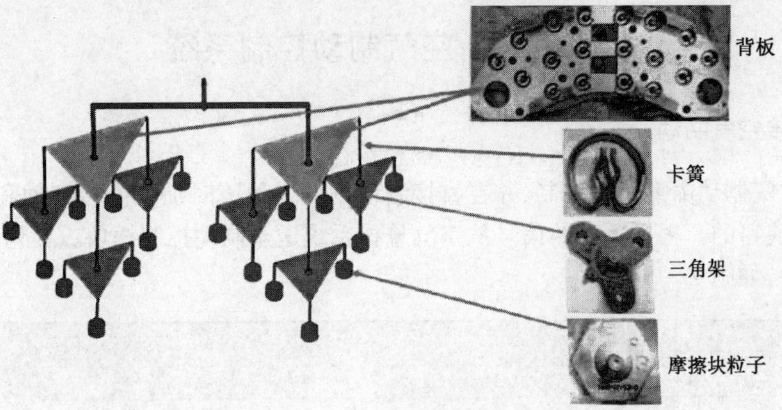

图 17-10　ISOBAR 型闸片结构示意

八、撒砂功能

制动控制单元(BCU)除执行防滑、轴不旋转和运行稳定性监测外,还执行撒砂等辅助功能。来自主风缸管路的压缩空气通过截断球阀送至撒砂模块,经过两个减压阀后,通过速度控制电磁阀流入砂箱底部的撒砂装置。

执行撒砂操作时,砂粒由空气流带动,经撒砂管进入撒砂喷嘴,进而完成撒砂动作。为了使砂粒保持干燥,另一个电磁阀负责控制用于干燥砂粒的空气流。

为了优化砂的配量,动车组高速运行时撒砂装置的空气压力要比低速时的大。这由 BCU 根据动车组运行速度激活对应的电磁阀来控制。

第二节　电气制动控制系统

CRH380B(L)型动车组装配有一个电制动系统(ED 制动)。该制动系统用于常用和紧急制动。制动系统(ED 制动)由 01、03、06、08、09(CRH380BL)、11(CRH380BL)、14(CRH380BL)、16(CRH380BL)车的牵引系统提供,并由 BCU 进行连续控制,制动能量将返回至接触网上。

在分相区内,接触网无电,车辆的主断路器断开,因此,在分相区内牵引和车载电源不能从接触线供电。在分相区内不能对列车进行再生制动,所以在这种情况下,只能使用空气制动。

若电制动受限或不足,将利用辅助电空制动(EP 制动),以便达到所需的制动效果。常用制动时,优先使用电制动系统(接近无磨损)。因此,在正常常用制动条件下,优先采用动车中的电制动(ED 制动)。当 ED 制动系统故障或 ED 制动达到极限时,EP 制动将提供援助,以执行停车制动。低速时,该混合模式可使空气停车制动平稳取代电制动。

在右侧司机的 MMI 的“E”行的显示页面“制动状态”上显示电制动机的状态。

第三节 空气制动控制系统

一、间接空气制动

间接空气制动由列车管控制，并在直接制动机发生故障时提供间接制动和备用方式功能，用于拖拽目的。根据负载的信号从空气悬挂系统送至制动控制模块。在列车分离时，施加紧急制动，如图17-11所示。

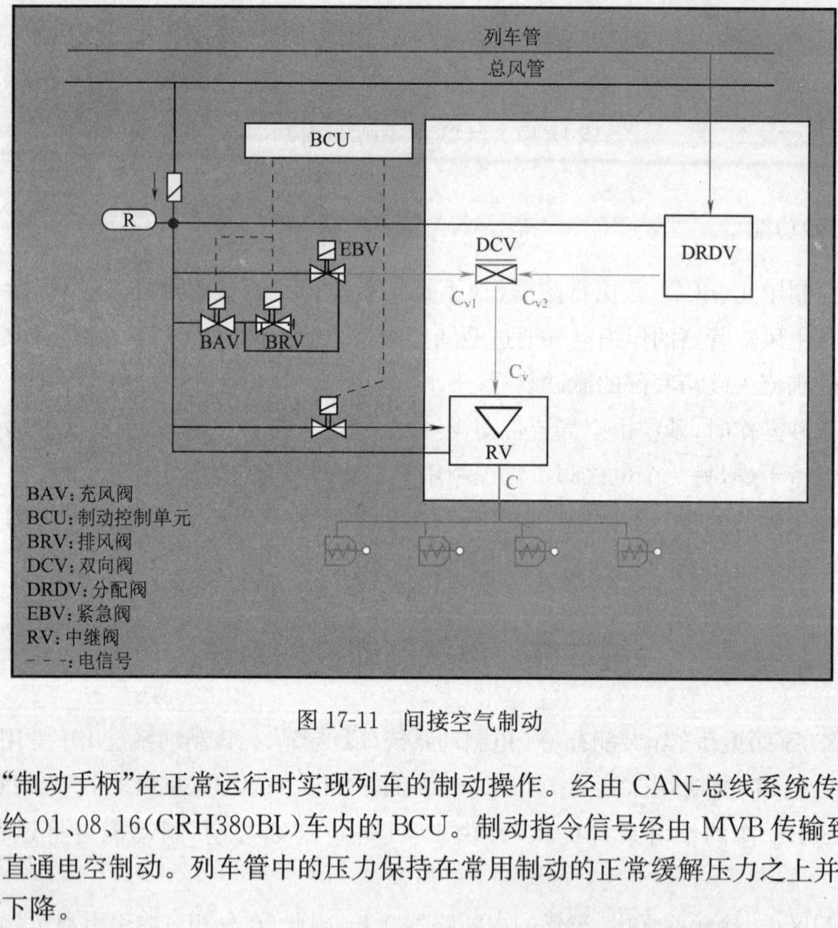

图17-11 间接空气制动

通过“制动手柄”在正常运行时实现列车的制动操作。经由CAN-总线系统传输的电气信号提供给01、08、16(CRH380BL)车内的BCU。制动指令信号经由MVB传输到每辆车，用于操作直通电空制动。列车管中的压力保持在常用制动的正常缓解压力之上并仅在紧急制动时才下降。

通过“制动手柄”(位置“EB”)或其他紧急停车设备施加紧急制动时，列车内的全部紧急制动阀通电，列车管排风。

间接制动机与直通制动机系统一起通过BCU激活，列车在直通制动系统故障时仍可停车。间接制动设计为一次缓解制动，列车管中增加很小的压力就可缓解。

二、直接空气制动

负载相关的直通空气制动机用于常用和紧急制动。根据从空气悬挂系统的负载信号输送到制动控制模块。以微机为基础的制动控制单元(BCU)执行局部制动控制功能。它用于接收和解释制动指令信号以及其他列车网络信号，以控制电空直通制动系统，如图 17-12 所示。

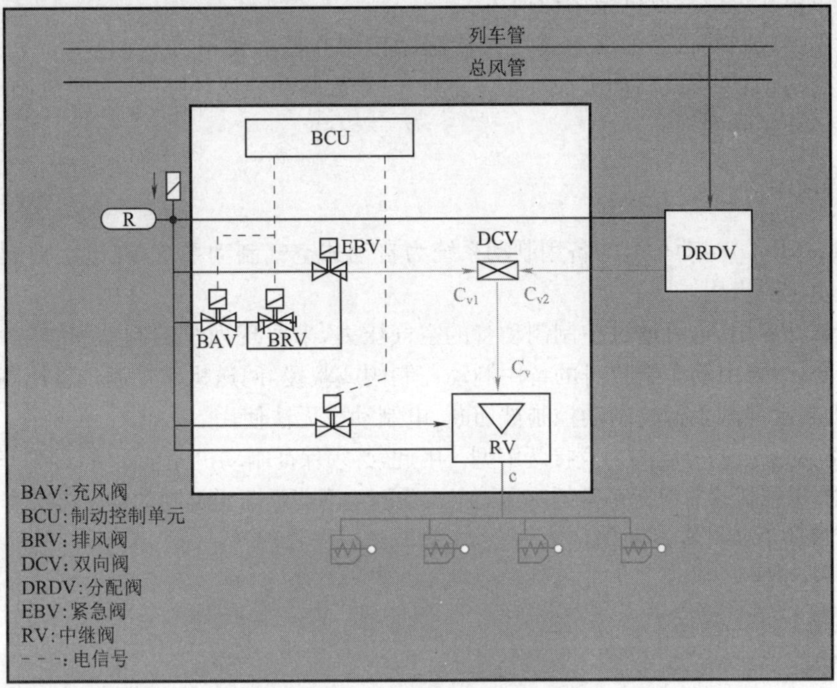

图 17-12　直接空气制动

微机控制逻辑包括故障分析和故障显示，以帮助维修和操作。在紧急制动实施时，电气紧急制动回路将打开。在紧急制动期间，需要最大制动力，因而没有制动缸压力的连续调整。在速度高于 200 km/h 时施加低减速度压力，在速度低于 200 km/h 时施加高减速度压力。

三、旅客紧急制动

操作紧急制动拉盒打开旅客紧急制动回路。这时在司机室产生一个声光报警并且 BCU 实施一次紧急制动，但是如有需要给司机忽略实施制动的机会（如选择停车的更加合适的位置）。只要紧急制动拉盒手柄保持在旅客紧急制动激活位置，光信号就保持激活。用方钥匙顺时针旋转紧急制动拉盒的控制轴可以使紧急制动拉盒手柄推回到其开始位置。

四、停放制动

CRH380B(L)型动车组受电弓车每个拖轴都装有停放制动缸，停放制动的弹簧承载机构可以保证动车组列车安全地停放在坡道上。

在弹簧承载制动缸里，停放制动通过弹簧力实施无需任何空气压力。缓解停放制动，需压缩空气供给来抵消机械弹簧力。

为了确保停放制动能够紧急缓解，在设有停放制动的转向架两侧装有手动缓解拉绳。

当空气制动和弹簧承载的停放制动同时作用用时,空气制动产生的制动缸压力通过双向止回阀向弹簧承载机构加压,这就使得弹簧承载制动缓解到与空气制动实施的同等程度,可以防止夹钳单元过载造成机械结构损坏。

每辆车停放制动状态可以通过压力传感器检测并显示在司机室 HMI 屏上。另外,在列车运行期间,如果停放制动施加,BCU 会断开“停放制动监视环路”实施紧急制动,以防止受影响的制动盘受到损坏。

五、备用制动

CRH380B(L)型动车组的备用制动系统为自动式空气制动系统,在电空控制的直通式制动无法使用时启用。

备用制动启用后,可通过控制制动管的空气压力,来实现列车的制动和缓解;制动管的空气压力变化,可由动车组自身的备用制动控制阀或救援/回送机车控制。备用制动系统启用后,司机制动控制手柄的制动控制被切断,电制动也无法使用。

备用制动系统的分配阀为直接缓解型。因此,必须保证制动机完全缓解,即列车管在实施制动后再次实施制动前保持正常缓解压力(600 kPa),不能逐渐缓解制动然后再次实施制动。

辅助制动手柄具有下列挡位:

1. 完全缓解。
2. 缓解。
3. 空挡。
4. 制动。
5. 全制动。

空挡、完全缓解和全制动挡位设计有凹口。缓解和制动挡位没有凹口,这就是说操纵杆从这些挡位缓解后,操纵杆返回到空挡。在辅助制动手柄的全缓解挡位,列车管中的压力保持在 600 kPa 的调整常用制动压力。

在辅助制动手柄的制动设定中,列车管中的压力根据工作的时间长度下降。在操纵杆的缓解挡位中,列车管中的压力增加。在全制动挡位中,制动管中的压力用尽。在辅助制动手柄的空挡中,列车管中的压力没有影响,制动阀泄漏引起的除外。

辅助制动手柄具有非常有限的排风容量。为了减少增加制动压力的时间,间接制动系统装有一个中继阀。当司机使用辅助制动手柄实施制动时,控制管通过辅助制动手柄中的排气口排风。压力表显示指示压力,并指示司机要实施制动的确切的列车管压力。

根据工作的持续时间,控制管中的指示压力下降。中继阀按照指示压力降低列车管中的压力。

第四节　制动方式分类

一、通过制动手柄的常用制动

(一)原　　理

通过“制动手柄”的常用制动用于无速度自动控制(ASC)的列车运行期间的列车制

动。对于常用制动，制动力的设定值与“制动手柄”的偏移成比例，但是设定值也可由 ASC 规定。

制动操作主要通过“制动手柄”执行。制动挡取决于手柄的位置（位置决定控制模式）。制动手柄电子检测位置。用于紧急制动的位置 EB 直接开通列车管，并执行电紧急制动控制。

制动手柄的制动力设定值和 ASC 规定的设定值通过列车控制系统读入，并在制动管理范围内分给可获取的 ED 制动和 EP 制动。制动管理系统确保在制动过程中不会因过高的制动力而超出摩擦系数，确保列车摩擦制动器的载荷均匀（最优化磨损，防止空气制动出现热过载情况）。

（二）操　　作

使用“制动手柄”控制所有常用制动挡和紧急制动：

1.“OC”：忽略旅客激活紧急制动及其他紧急制动。

2.“REL”：缓解挡。

3.“1A，1B，2，3，4，5，6，7，8”：常用制动（CRH380BL）；“1A，1B，2，3，4，5，6，7”：常用制动（CRH380B）。

4.“8”挡：最大的常用制动挡（CRH380BL）；“7”挡：最大的常用制动挡（CRH380B）。

5.“EB”：紧急制动（CRH380BL）；“EB、UB” 紧急制动（CRH380B）。

“OC”位置未被闭锁，当制动手柄释放时，将恢复至“REL”位置。“1A”和“1B” 位置未被闭锁，从而可连续微调常用制动设置点。

二、常用制动的子模式

（一）在手动制动时，根据操作“制动手柄”可选择下列三种常用制动的子模式：

1. 正常制动

列车制动管理通电后自动激活正常制动。如果“制动手柄”没在常用制动挡，速度大于 25 km/h 时，自动激活正常制动。

2. 比例制动

比例制动用来达到全部车轴上相同的黏着系数。同时并按与请求的制动指令相同比例请求电制动和电空制动。每辆车几乎同时制动。

这种方法在不良的黏着条件下改善了制动性能。速度低于 25 km/h 时，正常方式自动变成比例方式。速度高于 25 km/h 时，通过简单地按压“制动手柄”就可激活比例方式。

3. 雪天制动

使用雪天制动可以改进由于雪和冰引起的不良黏着系数。雪天制动力通过产生的小摩擦制动力防止雪天制动盘上结冰。

在速度低于 40 km/h 时，只要长按“制动手柄”上的按钮，就可激活雪天制动。

（二）在制动子模式中，按下列顺序使用不同的制动：

1. 使用动轴的电制动机，直至其全部能力。

2. 拖车轴采用电空制动。

3. 当制动指令设定值进一步升高时，将在动轴施加额外的电空制动力。

三、紧急制动

(一)紧急制动特性

1. 通过动车组制动管(BP)完全排风,在所有转向架上施加最大的制动力。

2. 空气制动和电制动同时作用于紧急制动。

3. 如果触发了紧急制动,牵引力将被封锁。同时车轮防滑保护系统激活。

(二)紧急制动触发方式

1. CRH380BL 型动车组紧急制动(EB)触发方式:

(1)在司机室启动紧急制动蘑菇头。

(2)在司机室将制动手柄置于紧急制动“EB”位。

(3)列车自动保护系统(ATP)或自动安全装置 ASD 触发紧急制动。

(4)列车运行时,停放制动施加,停放制动监控环路断开触发紧急制动。

(5)转向架运行稳定性监控或轴端轴承温度监控触发最大常用制动无效时,断开转向架监控环路触发紧急制动。

2. CRH380B 型动车组紧急制动触发方式

CRH380BL 型动车组与 CRH380B 型动车组制动系统有所区别,CRH380B 型动车组增加了紧急制动 EB 和紧急制动 UB 功能,并能够根据实际运行情况实现紧急制动 EB 和紧急制动 UB 的转换。

(1)紧急制动 EB

CRH380B 型动车组紧急制动 EB 环路的结构与 CRH380BL 型动车组紧急制动环路相同,但其触发方式仅三种,分别为制动手柄 EB 位、自动安全装置 ASD 及列车运行时,停放制动施加,停放制动监控环路断开触发紧急制动。CRH380B 型动车组紧急制动 EB 环路如图 17-13 所示。

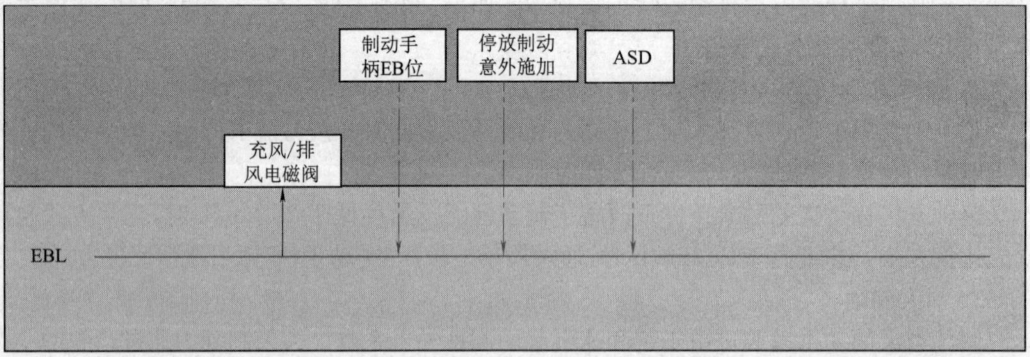

图 17-13　CRH380B 型动车组紧急制动 EB 环路示意

(2)紧急制动 UB

CRH380B 型动车组紧急制动 UB 环路触发方式为紧急制动蘑菇头、制动手柄置于紧急制动“UB”位、列车自动保护系统(ATP)及转向架监控环路。

(3)紧急制动 EB 和紧急制动 UB 的转换

当动车组制动控制单元(BCU)检测到紧急制动 EB 减速度低于目标值时,将自动触发紧急制动 UB 并生成故障信息。当备用制动、紧急驱动模式激活时,紧急制动 EB 将自动转为紧急制动 UB。

通过 CRH380B 型动车组司机室故障面板上的 EB/UB 转换开关实现紧急制动 EB 向紧急制动 UB 的转换。CRH380B 型动车组与其他动车组紧急制动差别如图 17-14 所示。

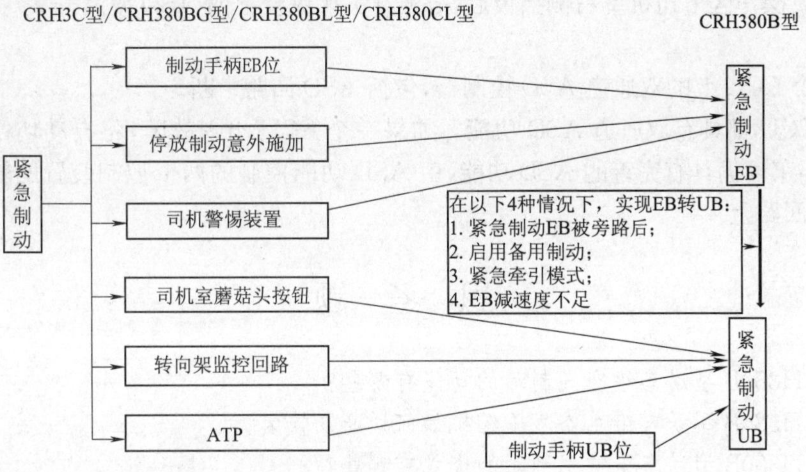

图 17-14　CRH380B 型动车组紧急制动差别示意

四、速度自动控制（ASC)制动

ASC 为牵引和制动装置生成设定值,从而使动车组能够达到规定的设定速度并保持在该速度。

使用 ASC 来执行制动操作可通过 0.5 m/s^2 的平均减速度实现。标准减速度在两种情况下会改变:在达到设定速度之前 ASC 持续减少制动力。这意味着以平缓的方式达到设定速度。使用制动调节会加强或减弱制动带来的显著的速度改变。

为了达到制动效应,标准制动管理控制电制动和空气制动系统。标准制动管理将所需的执行力分配给不同的系统,电制动具有优先权。

列车司机可以通过操作“制动手柄”在任何时间进行制动操作。如果列车司机用这种方法进行制动,制动控制系统就会按照制动手柄的指令进行制动而忽略 ASC 的制动指令,此时列车会自动退出 ASC 的控制。

五、自动安全装置的强制制动

为了保证司机可进行运营,在行驶期间,必须在 30 s 的时间间隔内或最迟在发出声音警告后,启动 ASD 其中一个控制元件。若未正确操作,ASD 将以紧急制动的方式实施强制制动。

自动安全装置由每个牵引单元实现,因此,每个司机室分配有一个自动安全装置。ASD 由以下元件组成:

1. ASD 控制元件。

2. 集成在"牵引手柄"的手控按钮。

3. 位于司机台下方脚踏处的脚控"ASD 踏板"。

4. HMI 上的状态标记。

5. 声音信号装置。

6. 二级操作区下司机室右侧挡板后,故障开关操纵台上的 ASD 故障开关"自动安全装置"。

7. 每个 CCU 上的双通道 ASD 控制器,包括 ASD 回路中断。

每个 CCU 都具有双通道 ASD 功能。如果一个 CCU 出现故障,将自动切换至另一个工作 CCU,车辆仍具有完善的 ASD 功能,由 ASD 功能控制的两个控制装置的输出并行存在于 ASD 回路上。

思 考 题

1. CRH380B 型动车组空气制动的功能有哪些?

2. CRH380B 型动车组主空气压缩机如何切断及恢复?

3. CRH380B 型动车组常用制动的模式有哪些?

第十八章　网络信息控制系统构成、工作原理及基本操作

本章主要介绍了 CRH380B(L)型动车组信息及网络系统、终端装置、旅客信息系统。重点对中央控制单元(CCU)的组成及功能、HMI 人机界面进行了介绍。从业人员通过对本章的学习能初步掌握 CRH380B(L)型动车组网络信息控制系统方面的基础知识。

第一节　信息及网络系统

一、通信与网络原理

CRH380B(L)型动车组列车通信和控制网络以及子系统和传统电路技术形成了列车总体网络控制系统。列车控制网络 TCN 包括列车级通信网络 WTB(绞接式列车总线)和车辆级通信网络 MVB(多功能车辆总线),这两个系统都采用了双路冗余线传输。

列车级通信网络 WTB 用于经常连挂和解编的重联车辆,具有可变的拓扑结构。多功能车辆总线 MVB 用于每辆车或一个牵引单元内设备之间的数据通信,具有固定的拓扑结构。

为了提高可用性,使用一个主链结构实现车辆总线 MVB 的拓扑结构,MVB 分支段通过中继器连接至主链上。该结构的优点在于如果车内一个 MVB 分支段出现故障,不会对本牵引单元其他车的通信产生影响。CRH380B(L)动车组网络拓扑结构如图 18-1 所示。

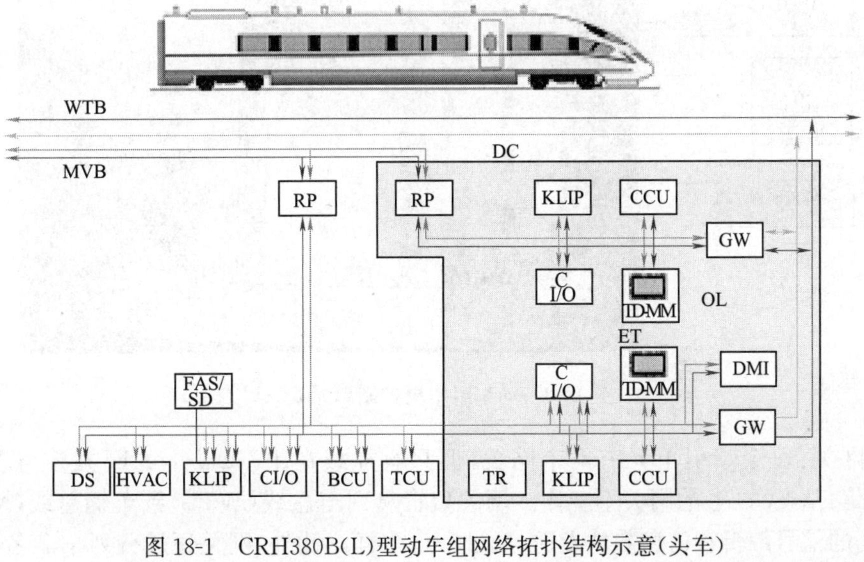

图 18-1　CRH380B(L)型动车组网络拓扑结构示意(头车)

二、列车通信网络的构成与功能

CRH380B(L)型网络控制系统设备包括：中央控制单元、人机接口显示屏、牵引控制单元、制动控制单元、辅助控制单元、输入输出模块及温度采集单元、中继器等，如图 18-2 所示。

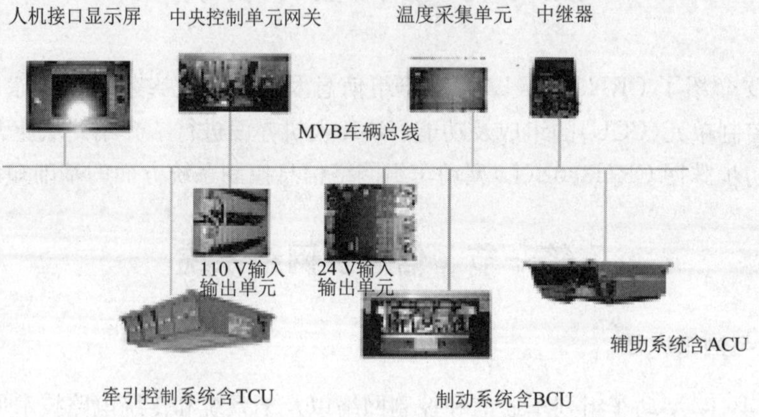

图 18-2　动车组网络系统设备示意(局部)

(一)中央控制单元(CCU)

1. CCU 的组成

CRH380B(L)型动车组每个牵引单元内有两个 CCU，其中一个 CCU 以主控 CCU 方式工作，另一个以从控 CCU 方式工作。中央控制单元(CCU)由 MVB32 板卡、各控制板卡及网关板卡等元件组成，如图 18-3 所示。

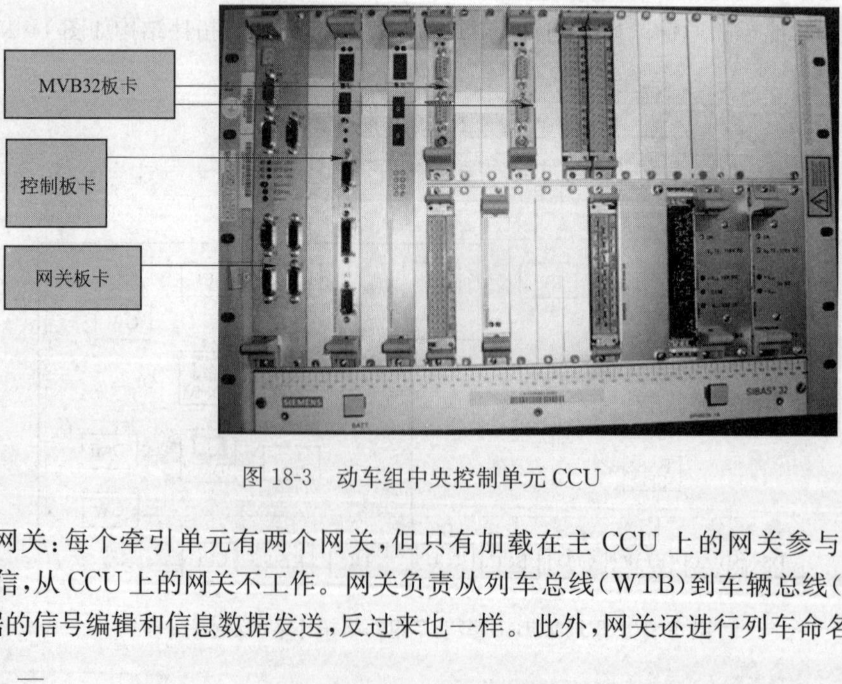

图 18-3　动车组中央控制单元 CCU

(1)网关：每个牵引单元有两个网关，但只有加载在主 CCU 上的网关参与 WTB 和 MVB 通信，从 CCU 上的网关不工作。网关负责从列车总线(WTB)到车辆总线(MVB)的处理数据的信号编辑和信息数据发送，反过来也一样。此外，网关还进行列车命名工作，包括“TCN 命名”和“逻辑命名”以及提供确定出来的配置。

(2)CPU 模块：它由一个中央处理单元构成，配置了一个 586CPU，通过两个基座插头与 SIBAS 系统连接。在插头 X1 上 SIBAS 总线接口被引了出来，在插头 X2 上是外围信号和 CAN 接口。

(3)输入输出模块(IOM)：输入/输出模块用于中央处理单元和 SIBAS32 的所有输入/输出模块的接口，其通过数据总线和地址总线与中央处理单元相连接，此模块可以实现 23 个外部模拟信号和 2 个内部模拟信号的模拟/数字转换。

(4)MVB 模块：它是一个与 TCN 标准一致的通信记录的子处理单元。除了微处理器和一个 MVB 控制器之外，在模块上还有不同的存储器和外围元件。

(5)输入输出模块(IOA)：此输入/输出模块用于处理不同的模拟和数字/二进制信号。

(6)变流器 110 V 二进制输入模块：用于 110 V 电压信号输入。

(7)接触器驱动 110 V 二进制输出模块：用于≤110 V 电压信号的输出。

(8)抗干扰 110 V 滤波器模块：该模块可在高干扰电压下保护 SIBAS32 控制装置，消除短时间的电压波动影响。

(9)电源启动模块：该模块用于一、二次电源低电压监控和控制系统的接通和断开，一次电源通过模块前面插头连接，并提供了 20 A 和 10 A 两种电源接线。在 CCU 启动过程中，接通电源的瞬间启动电流较大，但时间很短。该模块允许出现瞬间的过流，但对正常工作后产生的过流，模块将作为不稳定的电源供应，并切断电源。

(10)一次电流监控模块：该模块作为变压器保护系统安装在 SIBAS32 的控制装置中，其运行模式通过软件进行设置。

(11)变流器模块：为 SIBAS 机箱提供电源。

2. CCU 的功能

在占用司机室里的主 CCU 为列车主控 CCU，除了主控 CCU 的功能外，它还接管整个车组更高级的控制。主 CCU 负责本牵引单元的车辆控制，从列车总线(WTB)读取指令和信息，并向列车总线(WTB)和外围发送控制信号和反馈信息。CCU 通过收集分布式输入/输出设备和连接到 MVB 总线上的其他设备信号，进行逻辑判断后发布指令，对动车组实施控制。

(1)管理 WTB 和 MVB

每个 MVB 网络段的主 CCU 均形成一个网关；配备 WTB 技术的 CRH3 总是采用相邻 MVB 网络段重联的方式运行；主 CCU 是 MVB 总线管理器；主 CCU 对总线参与者、MVB 通道 A 及通道 B 进行通信监控及诊断。

(2)控制列车及本车 MVB 总线

主 CCU 向车组发出命令(牵引/制动命令、门释放、空调开/关、主电路接通/断开等等)，在本 MVB 内发送控制命令，采集所有 MVB 参与者的状态信息并通过 MVB 进行分析，采集车组所有 MVB 状态并为整列车组进行分析。

(3)控制主电路部件动作

主 CCU 采集在整个动车组范围内有效的关于主电路的司机指令，并通过列车总线

WTB发送；每个车辆总线MVB采集列车主CCU的指令及主电路部件的通电状态；根据各个主电路部件的开关指令及通电状态诊断主电路部件。

(4)处理牵引控制单元(TCU)、制动控制单元(BCU)、辅助变流器单元(ACU)、门控单元(DCU)与空调控制(HVAC)单元的指令。

(5)控制信号灯与室内照明。

(6)实现车辆诊断功能。

(7)控制自动安全装置。

(8)可视化显示通过WTB传输的状态数据实现。

除此之外，主CCU还具有以下作用：

设定牵引控制单元牵引点设置；变压器保护；控制车载电源；前端连接和前端活动阀门的控制；监控安全回路、火警系统和转向架的诊断情况；通过分散的输入输出站(SIBAS-KLIP,MVB-Compact I/O)对数字和模拟输入和输出进行控制；停放制动控制；通过所属网关连接到列车总线(WTB)，确定和检测动车组和重联车组的配置。

从CCU与主CCU运行相同的程序，其不能对过程主动进行控制。从CCU可以监控主CCU工作状态，并在主CCU发生故障时随时接替主CCU的工作。主、从CCU都有对高压设备进行主动保护的功能。所有由CCU监控的部件的故障状态都储存在CCU中并传送至动车组的显示界面。

3. 人机接口显示屏

人机接口显示屏是动车组的信息显示和输入设备，也是动车组的中央诊断系统。人机界面HMI位于司机室和乘务员室，主要承担的任务有：动车组的人机操作接口；为动车组和牵引单元提供诊断系统；通过发出声音信号，通知司机有关列车控制方面的特殊信息。

4. 牵引控制单元

牵引控制单元主要由中央控制单元、信号处理器、信号输入输出模块、MVB通信模块和电源模块等组成。信号处理器实现所有实时牵引控制功能，以减轻中央控制单元的数据处理任务。

5. 制动控制单元

每辆头车各设有两个相互冗余的制动控制单元，其他拖车各有两个制动控制单元，中间动车各有一个制动控制单元。制动控制单元用于实现制动装置的控制和诊断，包括防滑控制等功能。

6. 辅助控制单元

CRH380B(L)型动车组拖车上的辅助变流器控制单元与MVB相连。辅助变流器用于提供三相AC 440 V 60 Hz电压，也可以通过外接插座得到三相AC 400 V 50 Hz电源。

7. 输入输出模块及温度采集单元

(1)分布式输入/输出设备KLIP站

KLIP站是由许多不同模块组成的数字分布式输入、输出设备。通过车辆总线(MVB)与CCU进行通信，可以将被监控设备的状态信息传输给CCU或执行CCU的指令，如图18-4所示。

图 18-4　分布式输入/输出设备 KLIP 站

(2)紧凑式 I/O 模块

MVB-CompactI/O 是许多固定的输入和输出通道的集成装置,用于接收司机室发出的专门信号,例如,来自按钮、开关、指示器、断路器、编码插头和主控制器,如图 18-5 所示。

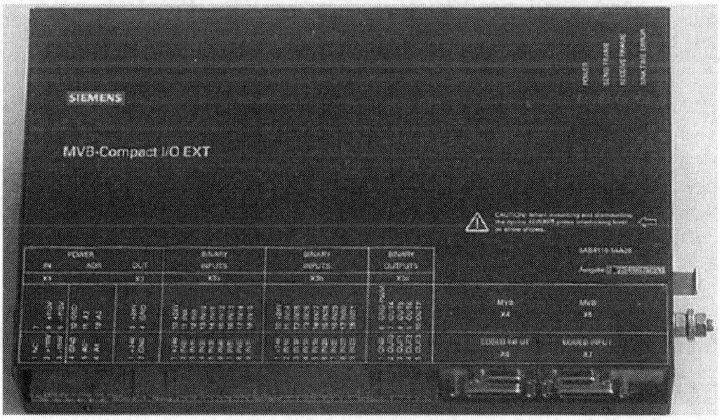

图 18-5　紧凑式 I/O 模块

(3)紧凑式 PT100

紧凑式 PT100 是许多固定的输入和输出通道的集成装置,具有对模拟量进行输入输出的功能,主要用于接收来自温度传感器的信号,例如轴温报警、牵引电机轴承温度、齿轮箱大小齿轮温度等信号,通过检测值限定列车运行速度,如图 18-6 所示。

(4)中继器

中继器是连接网络线路的一种装置,主要功能是通过对数据信号的重新发送或者转发,来扩大网络传输的距离。它的作用是放大信号、补偿信号衰减、支持远距离通信,如图 18-7 所示。

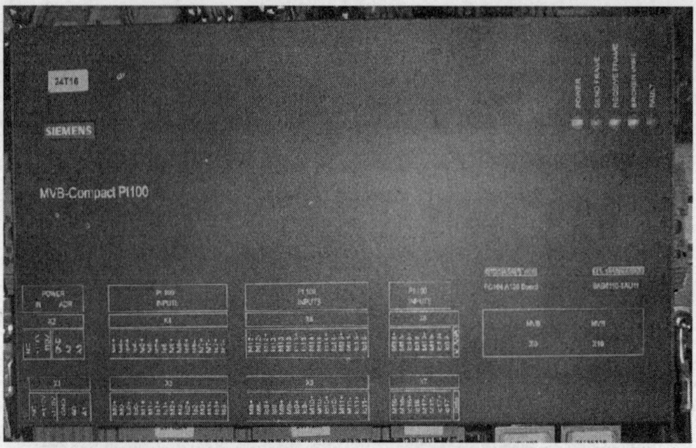

图 18-6　紧凑式 PT100

图 18-7　中继器

8. 其他

CRH380B(L)型动车组网络控制系统设备还包括充电机控制单元、车门控制单元、HAVC 控制单元、PIS 系统、火警控制单元。

三、安全环路

为进一步提高动车组运行的安全性和可靠性，设计了以“故障导向安全”为原则的安全环路，它将影响动车组安全运行的各种不安全因素串入到安全环路中，使动车组在特殊情况下能够安全停车。

(一)安全环路结构

安全环路由环路中断器(LIA)、环路控制线(LCL)、环路状态线(LSL)及环路状态继电器(LP)组成。动车组安全环路结构如图 18-8 所示。

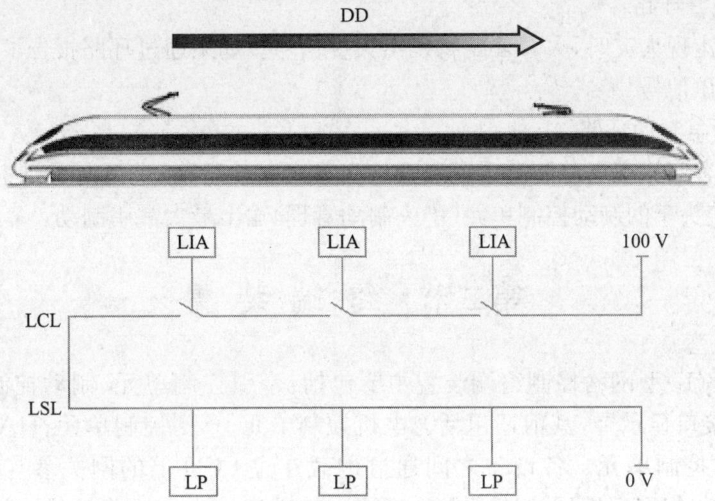

图 18-8　安全环路结构示意

（二）安全环路作用原理

当动车组蓄电池电源打开，110 V 电源向列车环路控制线供电，列车环路控制通过布置于整列车直到尾部端车的监控接触元件（环路中断器）实现，环路控制线的信息传递到尾部端车环路状态线中，该控制线按顺序将信息传递到整列车，并由环路状态评估元件（环路状态继电器）执行一个实际环路状态探测。

在环路断电时环路控制线及状态线也会失电，环路状态继电器失电，各车的环路状态继电器响应控制线及状态线的变化，对列车或单车执行对应操作。

（三）动车组安全环路简介

1. 紧急制动环路

紧急制动环路的任务是将动车组运行途中不安全因素诱发的紧急制动请求传递给列车内各制动部件，各制动组件通过评估紧急制动环路状况，触发紧急制动动作，为动车组提供最大制动力，确保动车组能够安全停车。

2. 转向架监控环路

转向架监控环路监测轴端轴承的温度以及动车组所有转向架的运行平稳性（运行平稳性监测），当限值被超出且紧急制动未生效时，可断开转向架监测回路，进而通过串联在紧急制动环路中的转向架监控环路状态继电器触发紧急制动停车。

3. 停放制动监控环路

停放制动监控环路负责监控停放制动的施加状态，在列车行驶过程中如果错误施加了停放制动，司机室 HMI 屏会发出声音信号，同时停放制动状态继电器还会通过中断的紧急制动回路触发紧急制动停车，此举可确保停放制动盘不会被过度磨损或过热。

4. 制动缓解环路

制动缓解环路负责监控空气制动的施加状态，在列车行驶过程中如果错误施加了空气制动，可通过封锁牵引的方式确保制动盘不会被过度磨损或过热。

5. 火灾报警环路

当动车组出现火灾时,火警环路将发出火警信号。如果通过环路报告了火警信息,司机室中将出现视讯信号。

6. 旅客紧急制动环路

旅客通过客室旅客紧急制动手柄断开旅客紧急制动环路,进而向司机室发出旅客紧急制动请求,并使头车的制动控制单元(中央制动管理)输出最大常用制动。

第二节 终端装置

CRH380B(L)型网络控制终端装置主要包括:牵引控制单元、制动控制单元、辅助控制单元、人机接口显示屏,其他还包括充电机控制单元、车门控制单元、HAVC控制单元、PIS系统、火警控制单元。各设备之间通过加载在主CCU上的网关参与WTB和MVB通信。指令的收集和反馈通过凑式I/O模块中的固定输入和输出通道,接收司机室发出的专门信号,例如,来自按钮、开关、指示器、断路器、编码插头和主控制器。

终端装置的各设备是网络设备的组成部分,通过网络控制能够实现对全列车的牵引控制、制动控制、高压系统控制、辅助系统控制及空调控制等控制功能。

一、终端装置主要设备组成

(一)牵引控制单元

牵引控制单元主要由中央控制单元、信号处理器、信号输入输出模块、MVB通信模块和电源模块等组成。信号处理器实现所有实时牵引控制功能,以减轻中央控制单元的数据处理任务,如图18-9所示。

图18-9 牵引控制单元

在网络终端上,牵引控制单元处理和完成以下指令和功能:

1. TCU上电/断电控制。

2. 牵引力设定值处理。

3. 切除 TCU。

4. 牵引指令生成。

5. 隔离 TCU 的主断释放接触器。

6. 牵引封锁。

7. TCU 产生的分主断。

8. 4QS 封锁。

9. 运行方向确定。

10. TCU 工作状态反馈。

(二)制动控制单元

每辆头车各设有两个相互冗余的制动控制单元,其他拖车各有两个制动控制单元,03、06、11(CRH380BL)、14(CRH380BL)车各有一个制动控制单元。制动控制单元用于实现制动装置的控制和诊断,包括防滑控制功能,如图 18-10 所示。

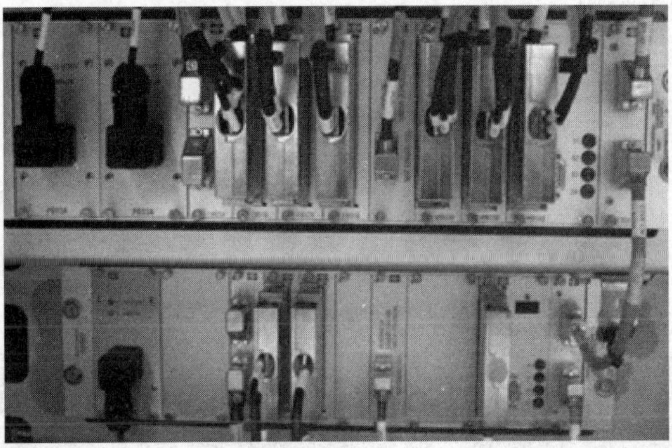

图 18-10　制动控制单元

在网络终端上,制动控制单元处理和完成以下指令和功能:

1. 紧急制动指令。

2. 辅助压缩机供风请求。

3. 常用全制动指令。

4. 报告主压缩机供电状态。

(三)辅助控制单元

辅助变流器控制单元与 MVB 相连。辅助变流器用于提供 3×AC 440 V 60 Hz 电压,可以通过外接插座得到 3×AC 400 V 50 Hz 电源,如图 18-11 所示。

在网络终端上,辅助控制单元处理和完成以下指令和功能:

1. 充电机控制。

2. ACU 控制。

3. DC 负载上电顺序控制。

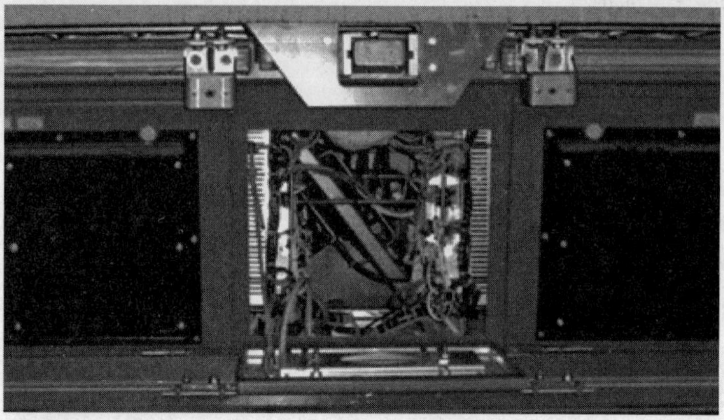

图 18-11　辅助控制单元

4. AC 冗余供电控制。

5. DC 供电线路监测。

6. AC 负载管理(上电顺序/断电)。

7. 外部供电。

8. AC 供电线路监测。

(四)人机接口 HMI

人机接口 HMI 作为动车组和重联列车的信息显示和输入设备,提供动车组和重联列车的中央诊断系统,向司机发送有关控制事件的音频信号,如图 18-12 所示。

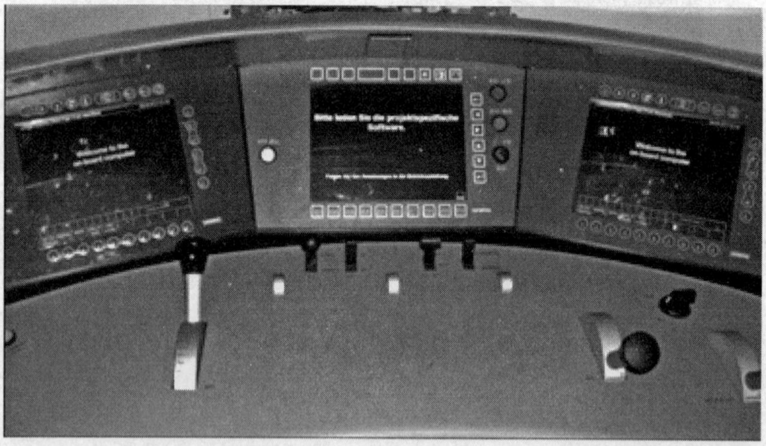

图 18-12　人机接口 HMI

二、终端装置其他设备

(一)充电机控制单元

充电机安装在 BC04 和 FC05 上,充电机控制单元与 MVB 相连。充电机将 3×AC 440 V 60 Hz 电变换为 DC 110 V 负载所需的供电电压和蓄电池充电电压,如图 18-13 所示。

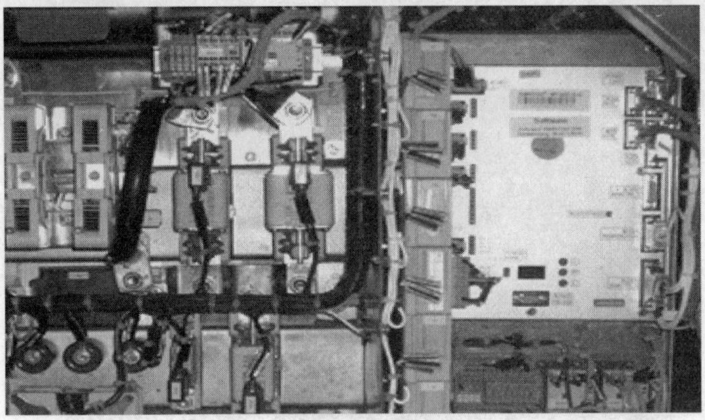

图 18-13　充电机控制单元

(二)车门控制单元

每辆车有一个车门控制单元与车辆总线(MVB)相连,该门控单元再通过 CAN 总线与本车的其他门控单元连接。车门控制单元可以完成内外车门的全部控制功能。如图 18-14 所示。

图 18-14　车门控制单元

(三)HAVC 控制单元(空调控制单元)

在每辆车上,HVAC 的控制单元与 MVB 相连,用于实现中央控制和诊断。空调系统的基本功能通过司机 HMI 和餐车的列车员 HMI 进行操作,如图 18-15 所示。

(四)PIS-STC(旅客信息系统的中央控制器)

旅客信息系统用于实现旅客视听信息、列车员通信和旅客娱乐等功能。旅客信息系统的中央控制器(PIS-STC)与 MVB 连接,如图 18-16 所示。

(五)火警控制单元

火灾报警系统是一个带有烟雾探测器和火灾报警中心的自动控制系统,通过 KLIP 站连接到列车通信控制系统,如图 18-17 所示。

图 18-15　空调控制单元

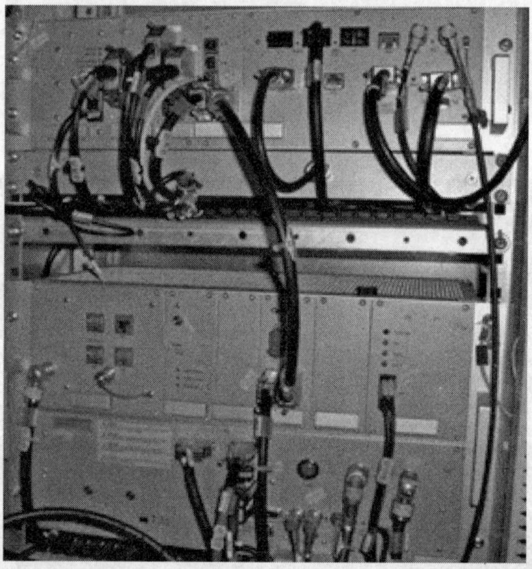

图 18-16　旅客信息系统的中央控制器

图 18-17　火警控制单元

三、HMI 故障管理

HMI 显示的是重要的车辆系统的功能限制。故障管理的操作方法适用于动车组所有的 5 个显示器(4 个司机的 HMI,1 个乘务员的 HMI)。

出现未定故障时,分为两种状态:

1. 当前未定故障自发生后,还未经司机或乘务员处理。

2. 确认故障消息显示故障尚未修复,处于待定状态。通过选择相应的补救性消息确认故障。

注:故障总览中不会显示已排除(复位)的故障。

当前的故障显示在每个屏幕画面状态行右侧的黄色字段形成"故障指示图标",该图标具有两种未定故障状态:

1. 此字段将闪烁显示车号以及最近未确认故障的操作码。

2. 如几种未确认的故障同时存在,则只显示最近故障。

选择"故障总揽按钮"键将按故障发生的顺序显示故障消息。最近发生的故障消息将列在首位。每种故障,除车号和操作码外,还显示发生的日期、时间和短报告。已确认的故障均在消息行的开始标有"*"标记。单个故障则可使用光标选择。当前选择的故障均带白色边缘。当选定(故障总览)画面后,光标将自动置于第一个未确认的消息前。使用"删除标记"功能键可将所有故障消息的确认标记删除。

使用"报告"软键可调出每种未定故障的故障说明。使用(故障总览)功能键,用户可以返回故障总览画面,用"返回"功能键,用户可以选择最后选定的 HMI 画面。

3. 当前未定故障的 HMI(人机界面)操作:

对于当前的未确认故障,可直接选择两种帮助文本,即在行驶($v>0$)或静止($v=0$)时,使用"行驶期间"或"停止"硬键查看帮助文本。此故障通过选择帮助文本屏幕画面来确认。还可使用(故障总览)硬键选择故障总览页面。这样就可以选择当前的未确认故障并及时顺序启动修复措施。更多有关未确认故障的详尽信息,可操作"报告"软键。

注意:针对不同的列车的运动状态($v=0$,$v>0$)同一故障相应的补救措施也不同,因此必须选择正确画面。

四、HMI 上的位置和独立状态诊断信息

当前所有司机人机界面上相关的故障消息可通过操作硬键选择显示在故障总览页面中。每条故障消息均显示车号、子系统的名称以及短故障文本和故障发生时间。最近的故障显示在列表的顶部,按时间顺序以此向下排列。已确认故障(即你已访问的此故障的帮助文本)标有"*"。已解决的故障(清除的)则从此列表中除去。

注意:某些修正措施画面允许直接启动切换操作及进入其他画面。这些软键均突出显示为黄色。

五、声音输出

HMI 将发出声音信号以将 HMI 上发生的重大变化通知给您。这些信号分为三种声音文件：

1. “咚—叮”声，每次故障发生时将发生此声音。

2. “叮”声，此声音将每隔 30 s 产生一次，直到所有的故障信号全部确认。

3. “昂”声，当状态栏发生重大变化时，将发出该声音(指示灯)。

六、手动启动远程数据传输

无论列车处于行驶还是静止状态，所有已由动车组中央诊断系统自动记录以及乘务员手动记录的维修事件可提前通过远程数据传输报告给永久监测站。

1. 通过功能键选择所需传输的相应数据(诊断数据、记录数据或操作数据)。

2. 通过功能键“触发远程数据传输”启动数据传输。

GSM 移动无线系统用于进行远程数据传输。传输信息包括每个诊断事件的故障的诊断识别码，发生事件的车代码以及故障发生和消失的时间。

七、左右 HMI 主页面显示

CRH380B(L)型动车组左侧 HMI 主页面为牵引信息，如图 18-18、图 18-19 所示；右侧 HMI 主页面为制动信息，如图 18-20、图 18-21 所示。

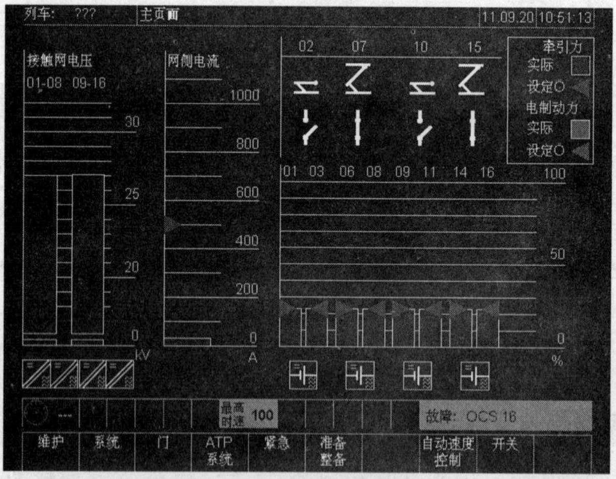

图 18-18　CRH380BL 型动车组左侧 HMI 屏牵引主页面

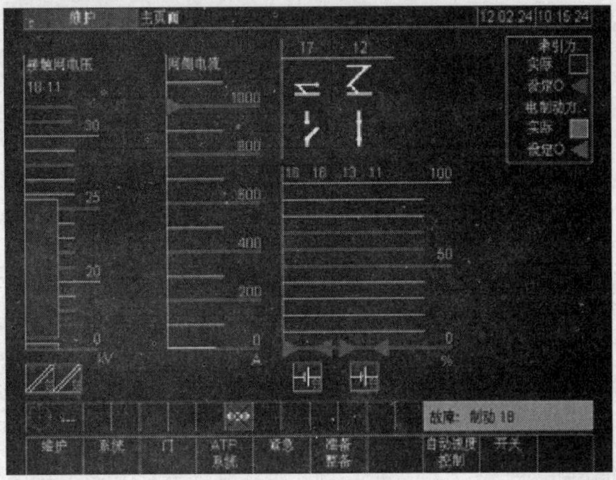

图 18-19　CRH380B 型动车组左侧 HMI 屏牵引主页面

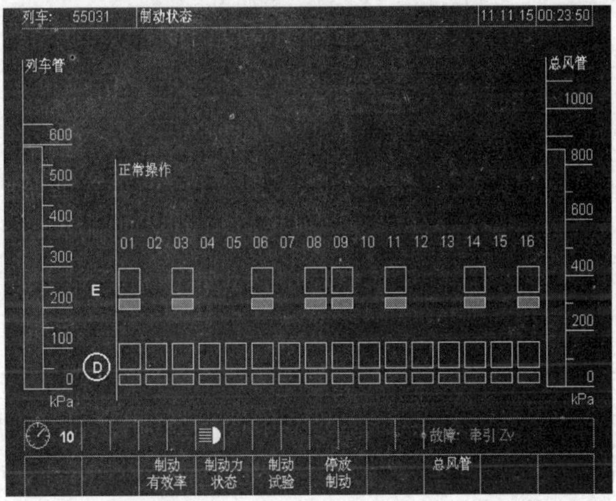

图 18-20　CRH380BL 型动车组右侧 HMI 屏制动主页面

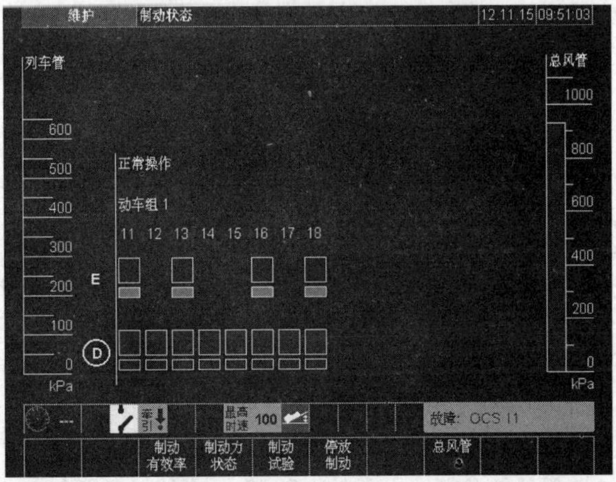

图 18-21　CRH380B 型动车组右侧 HMI 屏制动主页面

（一）左侧 HMI 显示页面

左侧 HMI 页面分级显示如图 18-22 所示。

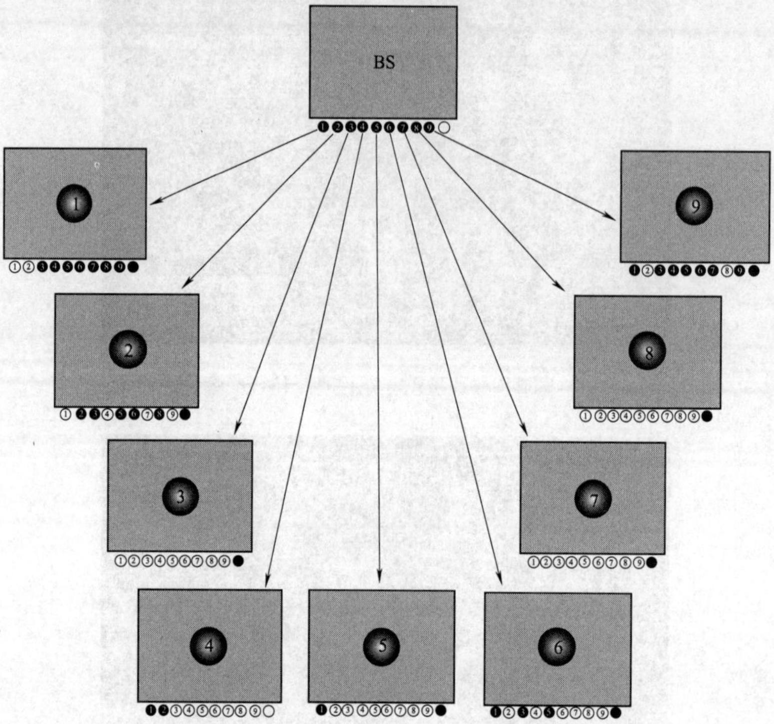

图 18-22　左侧 HMI 页面分级示意

BS 牵引主页面，按键 1“维护”页面，按键 2“系统”页面，按键 3“门”页面，按键 4“ATP 系统”页面，按键 5“紧急”页面，按键 6“准备/整备”页面，按键 7“牵引制动”页面，按键 8“自动速度控制”页面，按键 9“开关”页面。

（二）右侧 HMI 显示页面

右侧 HMI 页面分级显示如图 18-23 所示。

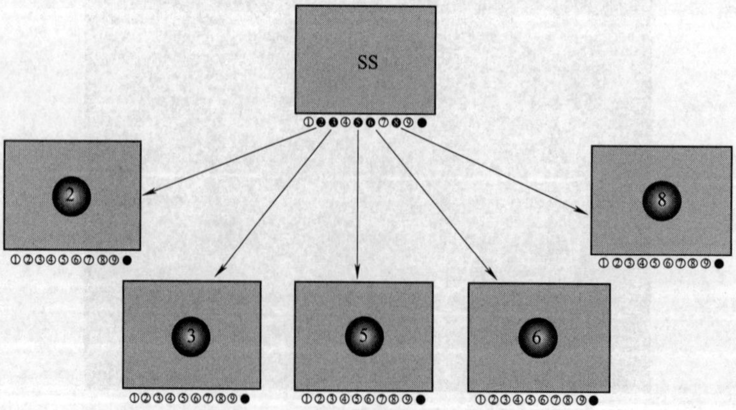

图 18-23　右侧 HMI 页面分级示意

SS 制动主页面，按键 2“制动有效率”页面，按键 3“制动力状态”页面，按键 5“制动试验”页面，按键 6“停放制动”页面，按键 8“总风管”页面。

第三节　旅客信息系统

CRH380B(L)型动车组的旅客信息系统由旅客信息显示、列车内部通信和旅客信息广播、旅客音频和视频娱乐等子系统组成。

一、旅客信息显示子系统

旅客信息显示子系统由客室中的可显示图形的单色发光二极管(内部列车信息显示器)以及靠近车门外侧的显示屏(外部列车信息显示器)组成。这些信息均是由车载计算机通过串行总线提供的(车厢控制器，CCT)。

旅客信息显示子系统在初始化阶段过后独立运行，并由 GPS 和数据段支持(行驶路线，速度)。

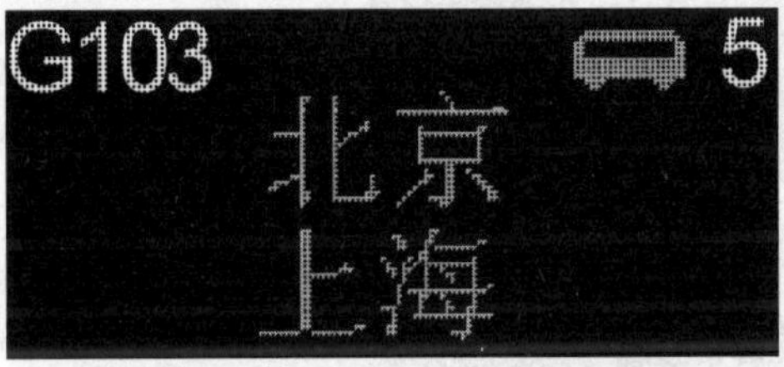

图 18-24　外部列车信息显示器

(一)外部列车信息显示器(图 18-24)

显示的内容是根据列车当前的位置确定的。驶出车站后，则外部列车信息显示器将不再显示。在列车达到下一站前的短时间内，外部列车信息显示器将再次激活。

(二)内部列车信息显示器

内部列车信息显示器位于每辆车客室的两端(两端头车的观光区除外)并根据距离、车门打开信号 GPS 定位点按下表显示的顺序自动提供信息。文字用中英文交替显示，见表 18-1。

表 18-1　内部列车信息显示器显示内容表

显 示 器	含义	描　述
	欢迎文字	在中间的文字行内，显示终到站。在底部的文字行内显示“欢迎”。文字行是静止的并不滚动
	线路信息	在中间文字行从右至左水平滚动显示线路上的中间站。在底部文字行内显示终到站

续上表

显　示　器	含义	描　　述
	外部温度信息	文字静止并不滚动
	速度信息	在显示速度信息时，为了显示列车的实际速度，显示器每 3 s 更新 1 次。文字静止并不滚动
	前方车站信息	在中间的文字行显示“前方车站”。在底部文字行内显示终到站。文字静止并不滚动
	出口侧信息	文字静止并不滚动
	再见文字	在中间的文字行显示终到站。在底部文字行显示“再见”。文字静止并不滚动

二、列车内部通信和乘客信息广播

对于“内部通信和声音乘客信息”，每辆车及每个司机室中均配有一个内部通信单元。客室，餐车区域，入口区以及卫生设施中均安装了顶部扬声器。

通信和乘客信息广播按功能可分为几组：广播和内部通信功能、扩展的广播功能、优先级

(一)广播和内部通信功能

每列车均具备基本的广播和内部通信功能。基本功能如下：

1. 基本广播(内部通信单元→所有扬声器，司机→所有扬声器)

广播前，先发出在广播列车所有车中均能听到的声音信号。广播在扬声器系统中具有最高的优先级。广播期间，扬声器所有其他音频功能将被断开。

2. 基本通信

内部通信单元→司机：通过内部通信单元，司机的电话连接同司机对讲机站实现连接。

司机→内部通信单元：司机发出的停车信号通过广播系统在整列车上播放。列车乘务员在得知司机欲与其对话后，通过列车安装的内部通信单元同司机进行连接。

内部通信单元→内部通信单元：内部通信单元之间的主叫是通过内部通信单元上的数

字键实现的。此功能必须在同CCT连接后才能实现，即如果CCT出现故障后，则不能开展此功能。

（二）扩展的广播功能

扩展的广播功能是在车可选择以及等级可选择的广播体制下执行的。此类广播可使用内部通信单元中的数字键启用。

动车组具备此扩展的广播功能并且此功能适用于乘务员室中的内部通信单元的广播。

旅客信息系统配有存储器，借助此存储器，预定的广播可回放两遍。

自动启动的存储消息的广播→所有扬声器：通过所有扬声器向乘客播放广播（启用自动广播系统后（通过PIS-HMI），自动广播借助GPS坐标定位在进入下一站前的几公里前开始广播）。

手动启动的存储消息的广播→所有扬声器：通过所有扬声器向乘客广播（乘务员通过PIS-HMI（人机界面）从预定/存储的通知中选择通知并通过扬声器系统输出）。

（三）优 先 级

广播声音设置可根据列车的车速自动调节，见表18-2。

表18-2　广播声音优先级别

优先级	功　　能
1(高)	内部通信单元发出的动车组范围内的广播 司机发出的动车组范围内的广播
2	可选择的广播
3	手动启动的存储消息的广播 自动启动广播
4(低)	所有扬声器系统可用的其他类型的音频功能(例如音乐)

（四）内部通信单元（图18-25）

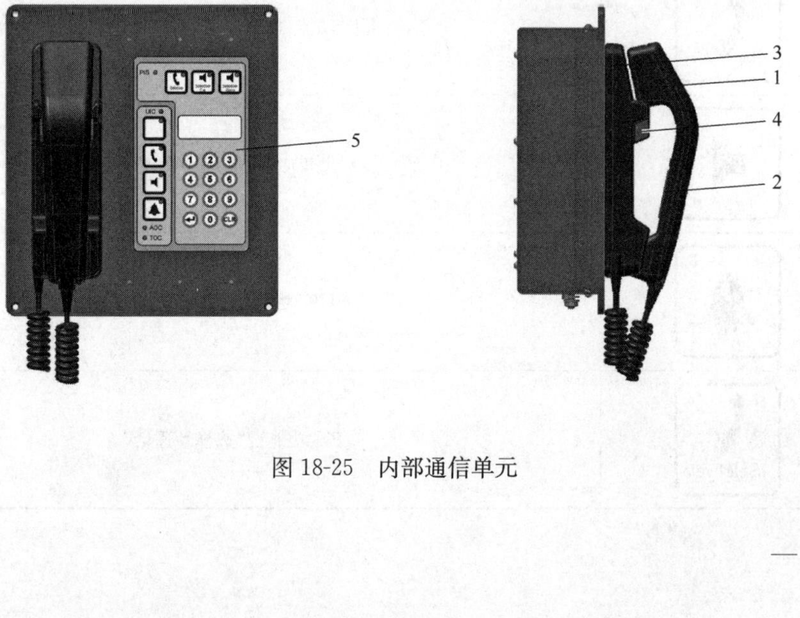

图18-25　内部通信单元

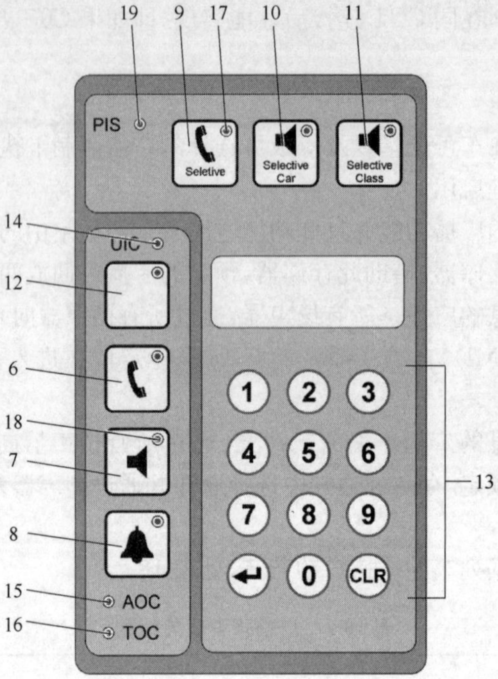

图 18-25　内部通信单元(续)

内部通信单元由以下部件组成：听筒(1)、带通话按钮(2)、电话托架(3)带锁定装置(讲听筒锁定在托架上)、挂钩开关(4)(电话托架中的红色开关，通过听筒中的磁铁起作用)、铺箔键盘(5)，带下表中所述的操作键和指示灯，见表 18-3。

表 18-3　内部通信单元部件功用

位置	按钮/指示灯	用　　途
6		UIC 功能键“基本通话(同司机)”
7		UIC 功能键“基本 PA”
8		UIC 功能键“停车信号”
9		PIS 功能键“选择性通话”

续上表

位置	按钮/指示灯	用　　途
10		“每辆车上可选择的 PA”的 PIS 功能键
11		“每辆车上可选择的 PA”的 PIS 功能键
12		无功能(备用:同中央控制系统的基本通话)
13		数字键,带 CLEAR(清除)和 ENTER(输入)键用于选择性通话/PA
14		绿色发光二极管:“UIC 总线状态” 如果内部通信单元同 UIC 总线连接并可操作则该灯点亮
15		红色发光二极管:“扬声器占用” 指示基本 PA(最高优先级的 PA 功能)启用且因此 PA 系统被占用
16		红色发光二极管:“电话占用” 红色发光二极管:“电话占用”
17		PIS 功能键(9)～(11)中的绿色发光二极管 指示 PIS 功能键相关功能启用。这些指示灯是通过 PIS 系统启用的
18		UIC 功能键(6)～(8)中的绿色发光二极管 指示 UIC 功能键相关功能启用
19		绿色发光二极管“PIS 状态” 如果内部通信单元同 PIS 总线连接并且 PIS 软件正在运行则点亮

三、娱乐系统

此娱乐系统为旅客信息系统(PIS)的子系统,主要作用是使一等客室内的乘客更加舒适。该系统将在旅途中为相应客室内提供音频和视频娱乐信号。

(一)音频系统

音频系统由 MP3 播放器、FM 收音、音频播放所需部件(一等座椅中配有控制装置和耳机插口以及相应的布线)组成。

(二)视频系统

视频系统由中央视频娱乐机架(VER)、音频传输站(ADR)、电视等组成。

思 考 题

1. CRH380B(L)型动车组网络采用什么结构?
2. CRH380B(L)型动车组车辆总线(MVB)由哪些设备组成?
3. CRH380B(L)型动车组 HMI 显示不可控元件不可操作元件有哪些?

第十九章　司机室设备组成、功用及基本操作

本章主要介绍 CRH380B(L)型动车组司机室列车运行、控制用的各种开关、按钮、手柄；显示列车运行信息和车辆状态的各种显示器、指示灯以及控制司机室环境的设备的位置和功能、使用时机，还介绍了部分设备的操作方法。

第一节　司机室布局

CRH380B(L)型动车组司机室设计遵循 UIC 651 标准，符合现代人机工程学设计原理。主要包括司机操纵台(第一操作区)、右控制柜(第二操作区和故障面板区)、左控制柜(第三操作区)、脚踏区域、司机间壁、司机室遮阳帘、司机座椅、司机室空调，如图 19-1 所示。

图 19-1　司机室布局

与 CRH3 型动车组司机室比较：增加一个新的 DMI 显示屏，与原 DMI 形成冗余结构；在第五显示区右侧新增一个安装盒结构，用于安装“GFX-3A 正常”、“GFX-3A 故障”、“GFX-3A 预告”、“火警”4 个指示灯及速度表；前导流罩开关由新增加的门控制选择开关替换；原安装在第 5 显示区的“日夜转换”、“司机占用”、“手动过分相”三个开关改在操纵台台面右侧区域。

第一操作区(主操纵台)在司机室前方居中布置，布置驾驶列车需要的设备和经常用到的元件；司机室主操作台及左、右柜的机械结构采用压型铝板件焊接、铆接及螺栓连接结构；主操作台、左柜和右柜的连接采用弹性连接，即不仅主操纵台与左右柜之间采用弹性橡胶减振器连接，而且与车体之间也采用弹性橡胶减振器连接；主操作台与车体之间通过 2 个支座连接，如图 19-2 所示。

图 19-2　司机室操纵台设备

第二节　司机操纵设备

司机室各操作设备包含车内设备、车外设备和辅助设备，其设备组成如图 19-3 所示。

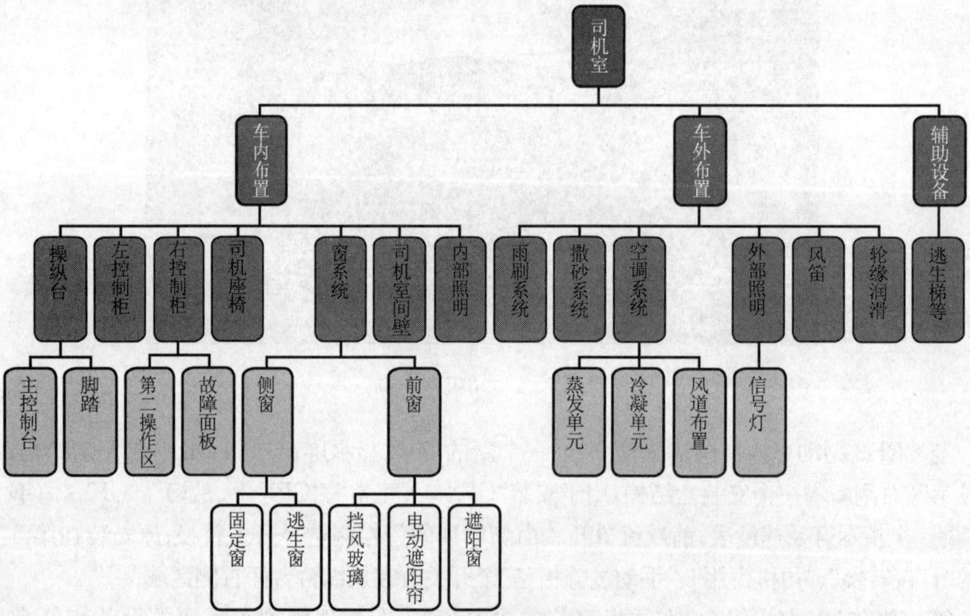

图 19-3　司机室设备组成

一、司机室设备分布

司机驾驶列车所需的电子、电气、空气和机械等设备按照操作区分别布置在司机操纵台、左控制柜和右控制柜中，通过它可以进行行车、通信、调节内部环境等控制活动，如图19-4和图19-5所示。其设备详见表19-1。

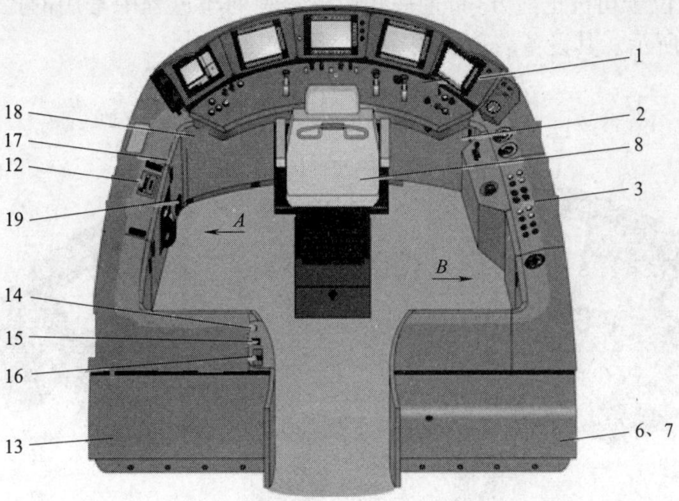

图19-4　司机室操作区

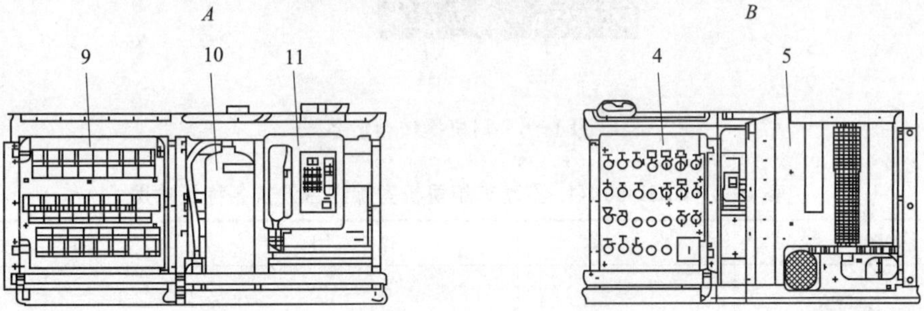

图19-5　司机室左、右控制柜各主要设备

表19-1　司机室主要设备

位置	名　称	位置	名　称
1	司机控制台	11	内部通信装置
2	旋球塞刮水系统，麦克风	12	CIR中心用打印机
3	二级操作区	13	辅助座椅
4	故障开关控制台	14	MVB服务插座
5	CCU1/2	15	总计km计数器
6	LSS面板（休息区）	16	旋转开关“电压调节” 有“更高”和“更深”两种设置
7	LSS面板（休息区）	17	废物箱
8	司机座椅	18	手提灯
9	LSS面板	19	杯托
10	灭火器		

二、司机操纵台(第一操作区)设备分布

司机操纵台位于司机正前方,布置一些司机驾驶列车过程中常用的控制和信息显示零部件,如图 19-6 所示。其设备名称及用途详见表 19-2。

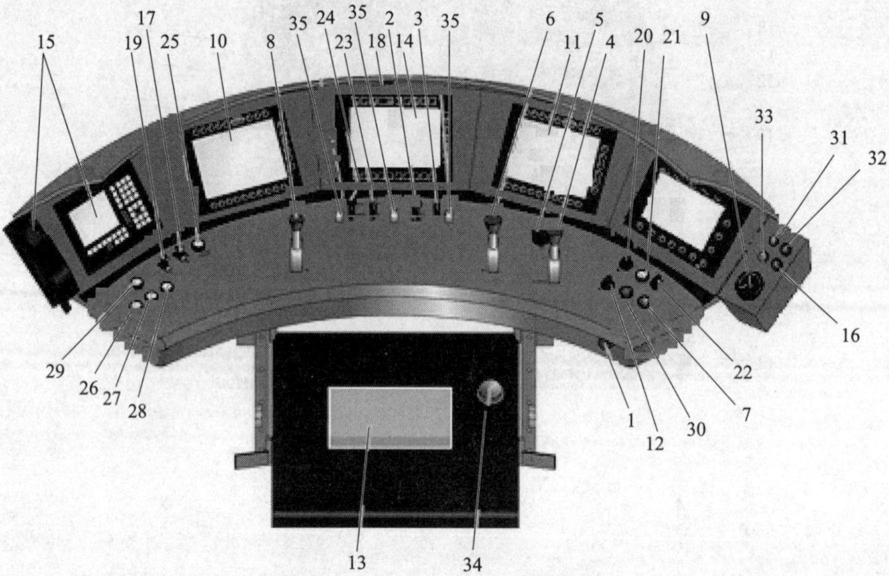

图 19-6　司机操作台设备

表 19-2　CRH380B(L)型动车组司机室操纵台设备名称及功用

位置	图　标	名　称	作　用	备　注
1		紧急断电	紧急断开主开关,降弓	
2	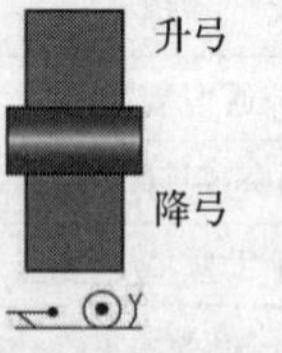	受电弓拨动开关	使列车中所有受电弓升起或降落	设置:“升弓”、“降弓”、“降弓和撒砂”
3	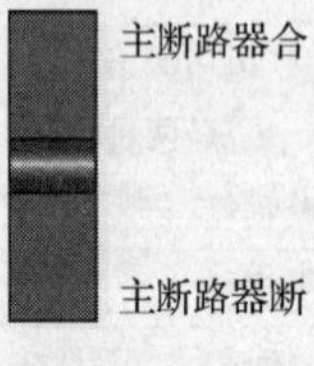	主断路器拨动开关	操作主开关设置:“ON”、“合”、“OFF”、“断”	

续上表

位置	图　标	名　称	作　用	备　注
4	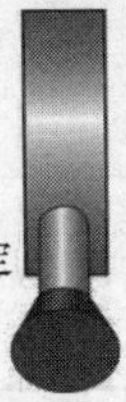	恒速手柄	在0和V最大之间设置列车运行速度	
5		行驶方向开关	确定行驶方向设置:“F”前进、“0”无方向、“R”倒车。当钥匙开关处于“闭合”位置时,行驶方向开关才被启动	
6	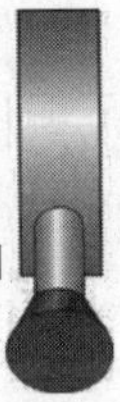	牵引手柄	使用电位计确定牵引力	“0”—牵引力已使用,辅助变流器未计时“EN”—牵引力已使用,当列车静止时,牵引箱/牵引电机的风扇已启动,辅助变流器计时“P0”至“P大”—模拟牵引力
7		钥匙开关	激活司机室设置:“ON”“开启”、“OFF”“关闭”只有钥匙开关处于关闭的位置时,才可取出钥匙	
8		制动手柄	CRH380BL 激活制动设置:“OC”—超控旅客激活紧急制动。 “REL”—运转位“1A,1B,2,3,4,5,6,7,8”—行车制动(8为最大行车制动挡),“EB”—紧急制动	CRH380B 激活制动设置:“OC”—超控旅客激活紧急制动。 “REL”—运转位“1A,1B,2,3,4,5,6,7”—行车制动(7为最大行车制动挡),“EB”、“UB”—紧急制动
9		模拟式显示器	指示列车运行速度	

续上表

位置	图　标	名称	作用	备注
10		司机 HMI 左侧，用于车辆控制	用于控制和监测车辆，与右侧司机 HMI 互为冗余	
11		司机 HMI 右侧，用于车辆控制	用于控制和监测车辆，与左侧司机 HMI 互为冗余	
12	指示灯调节 	指示灯调节控制开关	用于调节指示灯的明暗度。设置:“明”、“暗”	
13	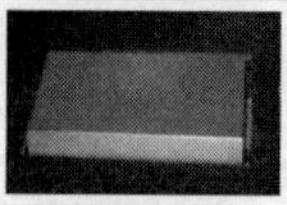	ASD 踏板	启动 ASD	
14		左 DMI 显示器系统	通告和操作与右互换冗余	
15		右 DMI 示器系统	通告和操作与左互换冗余	
16		机车综合无线通信设备	司机通信的处理和显示	
17	火警 	火警指示灯	指示火警回路已触发	
18	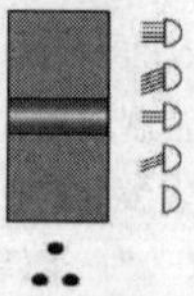	前照灯/信号/远照灯拨动开关	启动外部照明设备设置:“远照灯”、“远照灯变暗”、“信号灯”(基本设置)、“信号灯变暗”、“OFF”、“关闭”	
19		时刻表灯	为司机台上的时刻表照明设置:“开启”、“关闭”、“变暗”	
20	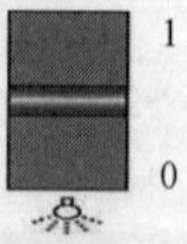	司机室照明设备拨动开关	启动司机室照明设备设置:“1”开启、“0”关闭	
21		挡风玻璃刮水器旋转开关	启动挡风玻璃刮水器设置:“0”、关闭、“Ⅰ”(停止位置)、“Ⅱ”(间歇刮水)、“Ⅲ”连续刮水	

续上表

位置	图　标	名　称	作　用	备　注
22	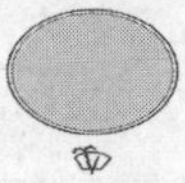	白色清洗按钮	启动挡风玻璃刮水器的清洗装置	
23	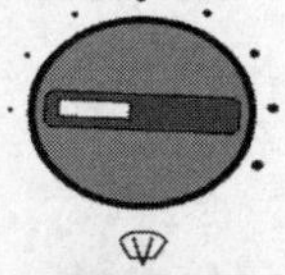	刮水器速度旋转开关	启动挡风玻璃刮水器的刮水速度(8种速度设置)	
24	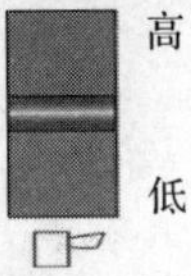	喇叭拨动开关	手动启动喇叭设置:“高”“低”	
25	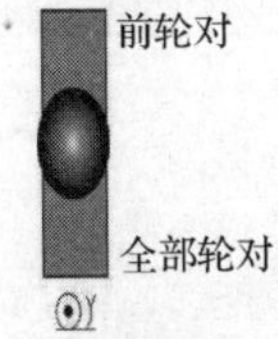	撒砂拨动开关	启动撒砂功能设置:“前轮对”(行驶方向)“全部轮对	
26	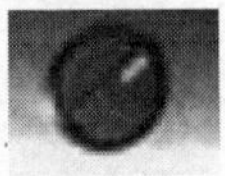	门侧选择 (CRH380BL)	确认开门的方向:“左侧开门”“右侧开门”	
27	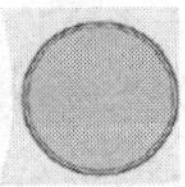 前车钩罩打开	前车钩罩开 ASC 2 km/h (CRH380B)	打开车钩罩,激活 ASC 连挂模式	
28	 左侧门释放	左侧门释放白色按钮点亮	释放列车左侧门	
29	 关门	关门白色按钮点亮	关上列车左右侧门	
30	 右侧门释放	右侧门释放白色按钮点亮	释放列车右侧门	

续上表

位置	图　标	名　称	作　用	备　注
31	 开门	开门白色按钮点亮	开门	
32	手动过分相 	分相区间点亮蓝色按钮	用于通过分相区间，而需不启动 ATP	
33	工作 	GFX ON 点亮绿色按钮	GFX 准备运行指示	
34	故障 	GFX 故障点亮红色按钮	GFX 系统故障指示	
35	预告 	GFX 分相区间点亮蓝色按钮	指示一个分相区间信号（没有 ETCS）	
36	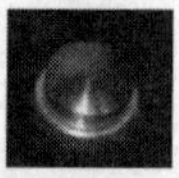	喇叭脚踏开关	同时脚踏激活两个麦克风	

三、警惕装置(ASD)

警惕装置(ASD)为安全行驶开关，由每个牵引单元实施，每个司机室都有一个 ASD。为了确保正常行车，在列车行驶期间，司机必须在 30 s 的时间间隔内或最迟在发出声音警告后启动 ASD 元件之一。警惕装置(ASD)由 ASD 控制元件、信号灯指示装置、声音指示装置、ASD 故障开关等设备组成，如图 19-7 所示。

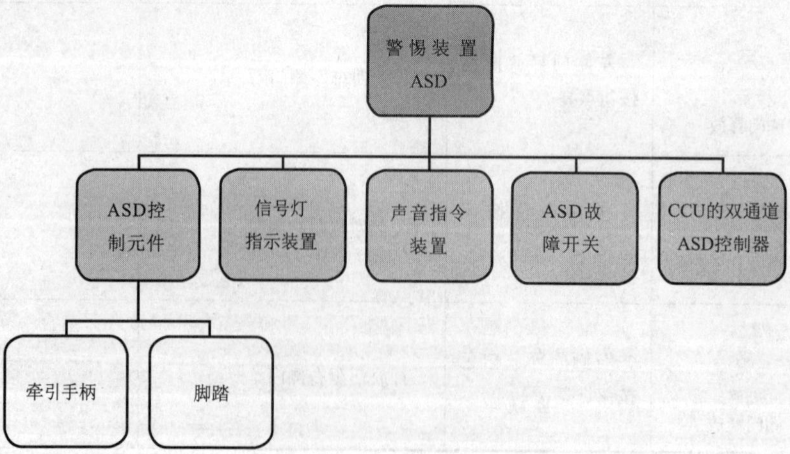

图 19-7　ASD 设备组成

第三节　设备柜及配电盘

一、司机室右控制柜(第二操作区和故障面板区)设备分布

(一)CRH380B(L)型动车组司机室右控制柜操作区

CRH380B(L)型动车组司机室右控制柜操作区,如图 19-8、图 19-9 所示。其设备名称及用途详见表 19-3。

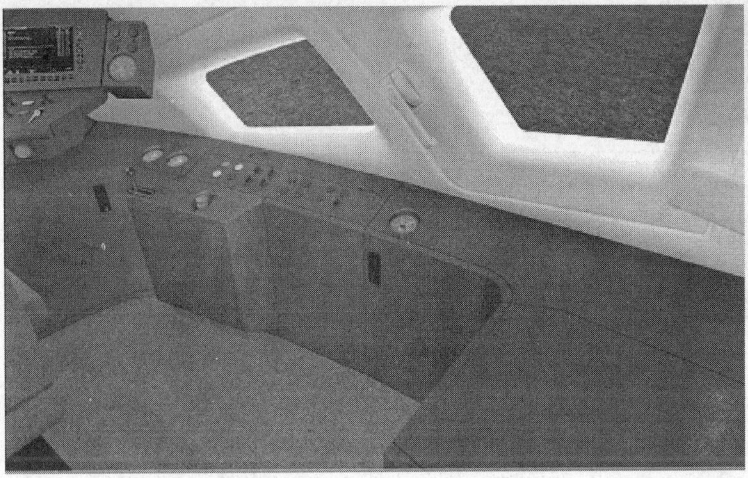

图 19-8　右控制柜操作区

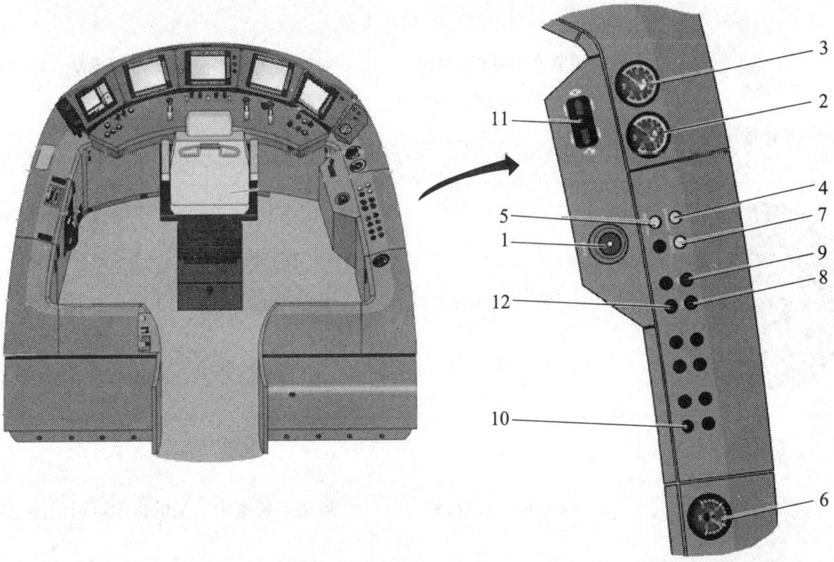

图 19-9　右控制柜(第二操作区)设备

表 19-3　CRH380B(L)型动车组司机室右控制柜(第二操作区)设备开关

位置	按钮/旋钮/指示器/部件	说　明	用　途
1	 紧急停车	(紧急制动阀) 红色操作按钮	1. 紧急制动阀直接同制动管道通风。 2. 紧急制动回路也在阀打开时通过电气接触打开
2		双压力计	显示主风缸管道(MRP,红色指针)和制动管道(BP,黄色指针)的压力
3		压力计	显示制动手柄(C02)的控制压力
4	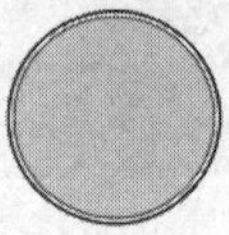 实施停放制动	(实施停车制动) 黄色传动装置按钮点亮	1. 对整辆列车实施停车。 2. 制动实施全部制动时
5	 缓解停放制动	缓解停车制动、白色 传动装置按钮点亮	对整辆列车实施缓解停车制动。在缓解全部制动时点亮按钮
6		电池电压表	显示当前的电池电压(110 V)
7	 检测指示灯	(检测指示灯)按钮	启用司机室中定义的指示灯以供测试用

续上表

位置	按钮/旋钮/指示器/部件	说　明	用　途
8	 温度	(温度)旋转开关	改变司机室中空调系统的温度设定值(9 个设定值)
9	 通风	(通风)旋转开关	为司机室中的风扇设定转速(7 个设置值)
10		电池电压选择开关	开关设置:“近端电压”“远端电压”
11	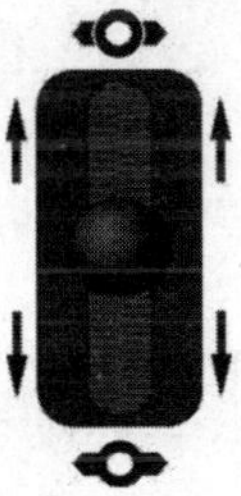	辅助制动手柄(C02)	1. 电气直接制动失败时,制动可通过控制制动管道压力的制动手柄进行控制(备用模式)。设置: 缓解制动、闭塞位缓解制动: 空挡; 制动; 制动、闭塞位空挡。 2. 缓解制动和制动闭塞位均设有凹槽。 3. 缓解和制动位没有凹槽,表示操纵杆从这些位返回至空挡位。 4. 如果电空直接制动发生故障时才插入此操纵杆
12		备用开关	备用

(二)右控制柜(故障面板区)

CRH380BL 型动车组司机室故障面板位于司机室右控制柜的面板后。故障面板区域布置了在维修期间或故障发生时主要需要的元件,如图 19-10 所示;CRH380B 型动车组司机室故障面板与 CRH380BL 相同,仅增加了 EB/UB 开关回路(=43-S32)与 EBL 故障开关(43-S31),如图 19-11 所示。CRH380B(L)型动车组故障面板上分布的设备详见表 19-4。

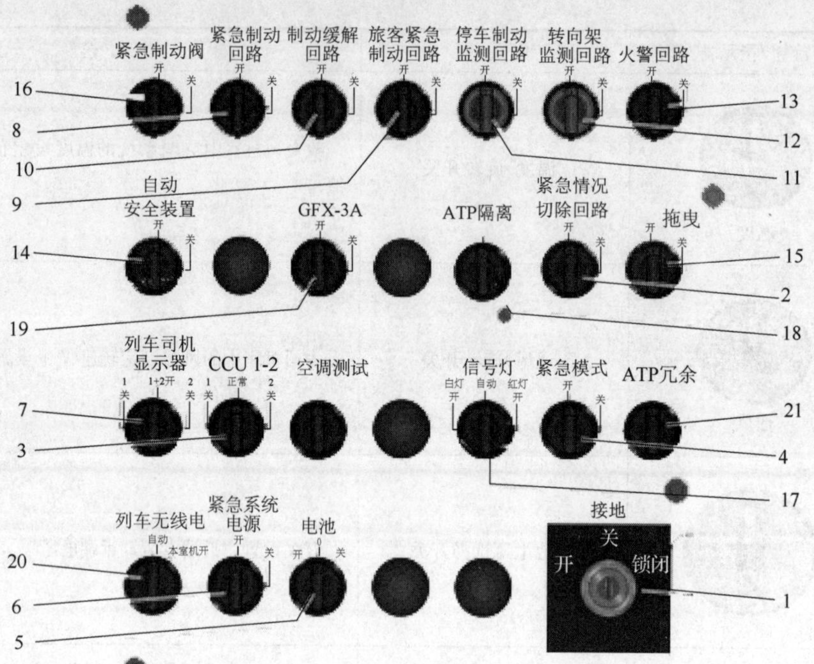

图 19-10　CRH380BL 型动车组故障面板设备

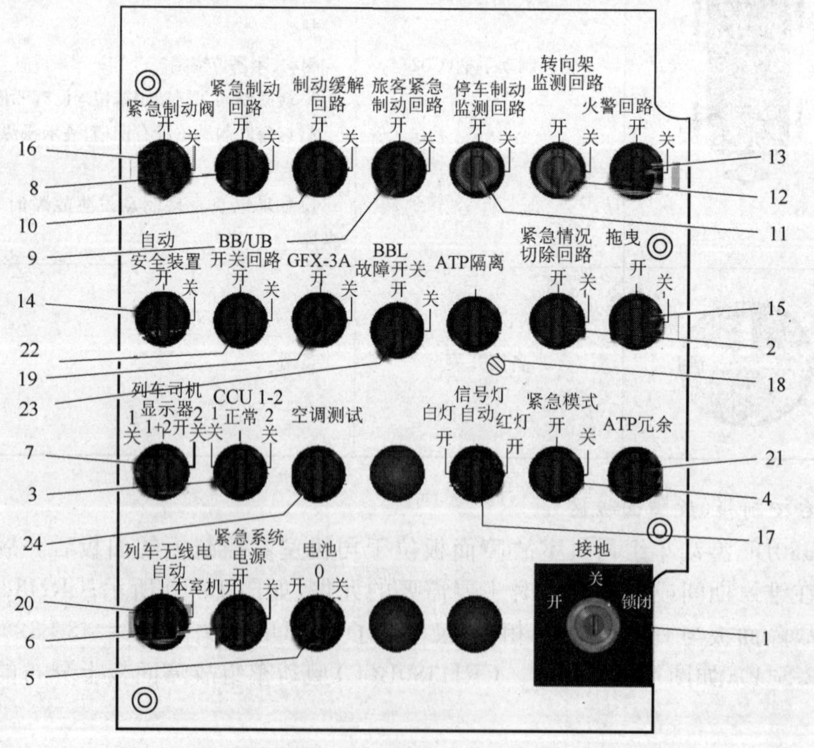

图 19-11　CRH380B 型动车组故障面板设备

表 19-4　CRH380B(L)型动车组司机室故障面板设备说明

位置	旋钮部件名称	说　明	用　途
1		(车辆接地 A 钥匙)钥匙开关	设定： “ON”：当列车所有的钥匙均处于此位置时，列车处于就绪状态。 “OFF”(至少一个司机室中)：CCU 将所有的主开关关闭并将所有的受电弓降低。 “LOCKED”(锁闭)(至少一个司机室中)：同“OFF”(关闭)功能相同，但是执行接地程序的钥匙可以从此位置取出
2	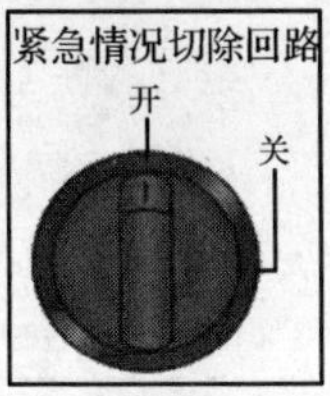	l(紧急情况切除回路)控制开关	用于紧急情况切除回路旁通(牵引装置 1/2 近端)
3	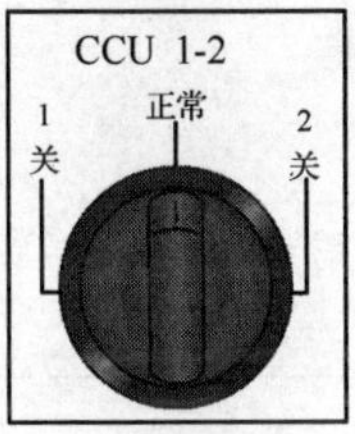	CCU 1-2 控制开关	禁用 CCU 1 或 CCU 2
4	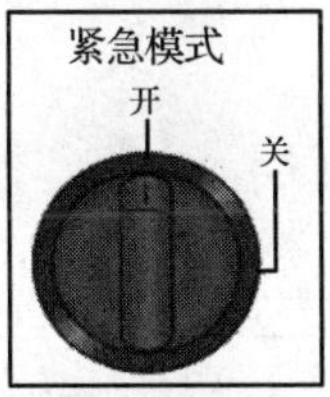	(紧急驱动模式开关)控制开关	启动紧急驱动模式
5	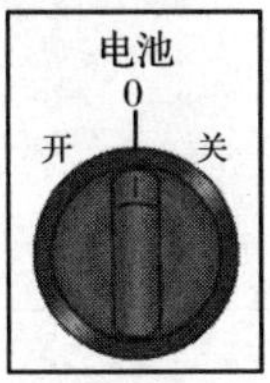	启动紧急模式控制开关	接通或切断整列列车的主电池接触器
6	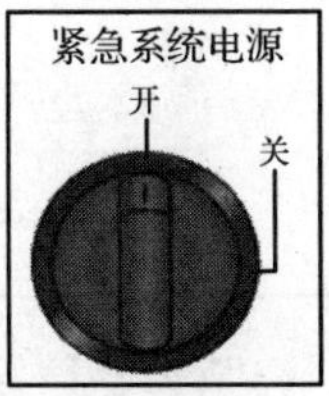	BD(使用直连电池的紧急系统)控制开关	当此开关启用后，紧急系统(紧急照明，列车无线电，固定对讲机站)均通过“BD”电池母线供电，即独立于主电池接触器

续上表

位置	旋钮部件名称	说 明	用 途
7	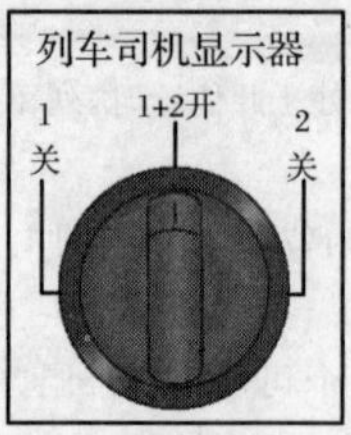	MMI(司机人机界面)控制开关	禁用左侧和右侧司机显示器
8	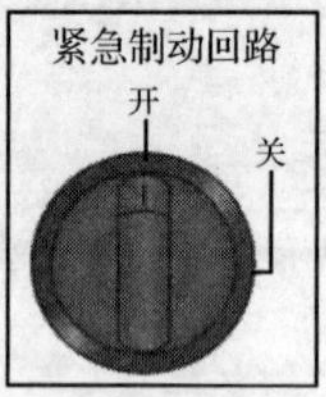	EBL 控制开关	用于紧急制动回路旁通
9	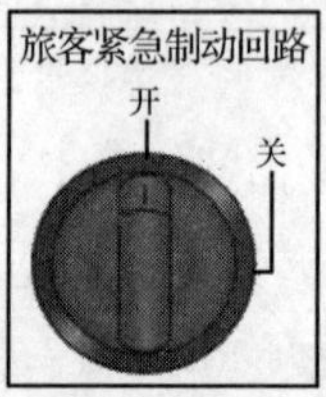	PEBL 控制开关	用于旅客紧急制动回路旁通
10	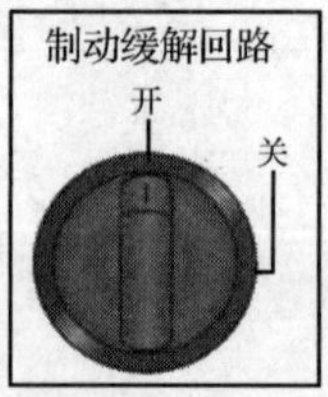	BRL 控制开关	用于旁通制动缓解回路
11	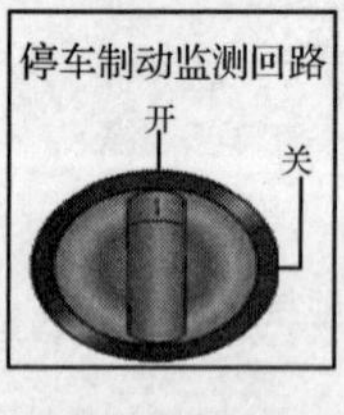	PBML 红色控制开关	用于停车制动监测回路旁通
12	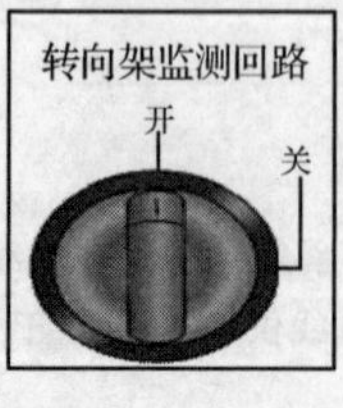	(转向架监测回路)红色控制开关	用于转向架监测回路旁通

续上表

位置	旋钮部件名称	说 明	用 途
13	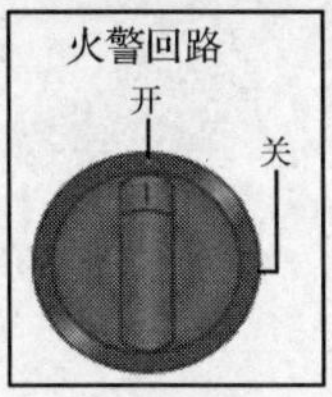	火警回路控制开关	用于火警回路旁通
14	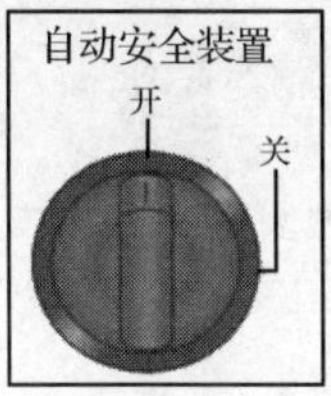	ASD(自动安全装置)控制开关	禁用 ASD 功能
15	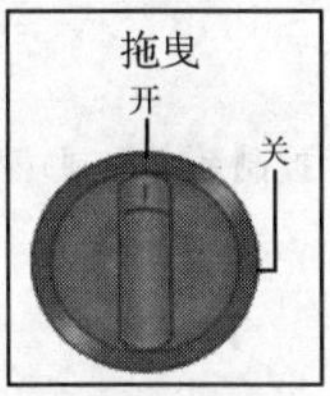	(拖曳)控制开关	如果主电池接触器切断,禁用拖曳功能
16	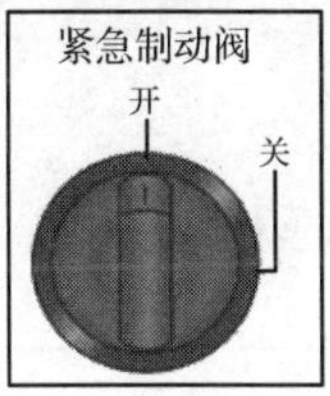	EB 紧急制动阀控制开关	禁用此车中的紧急制动
17	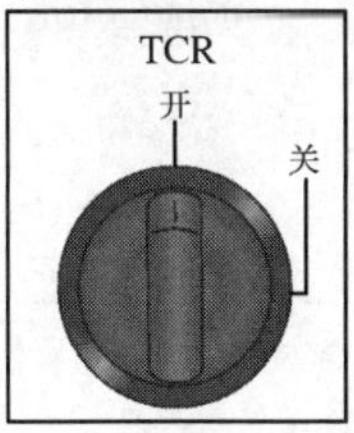	TCR 控制开关	紧急停车禁用
18	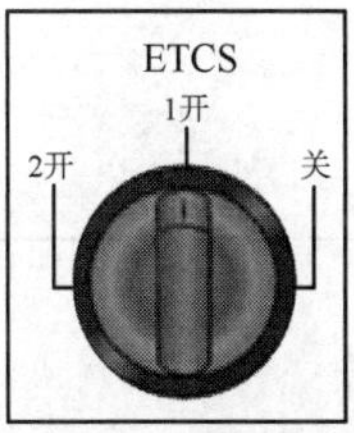	(列车长)红色控制开关	复原(EVC2)/正常 EVC2

续上表

位置	旋钮部件名称	说　明	用　　途
19	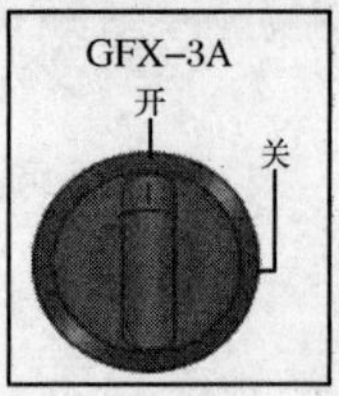	GFX-3A ON/OFF 控制开关	启用/禁用 GFX
20	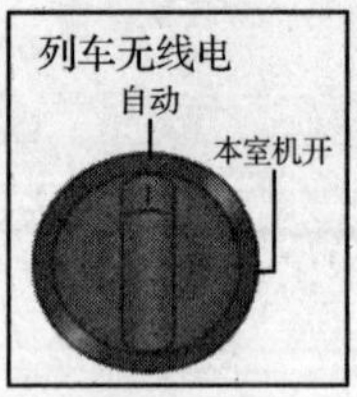	列车无线电控制开关	启用空司机室内的列车无线电装置
21	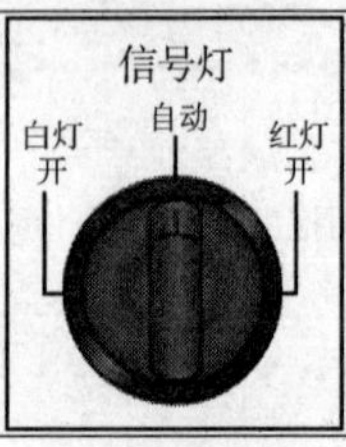	近前端或尾灯控制开关	将头灯从自动(即头灯由车辆控制系统控制)模式切换为"白色点亮""红色点亮"
22		EB/UB 开关回路(＝43-S32)	仅 CRH380B
23		EBL 故障开关(43-S31)	仅 CRH380B
24		空调测试开关	自动、全冷、通风、半暖、全暖

二、司机室左控制柜(第三操作区)设备分布

CRH380B(L)左控制柜操作区布置一些司机驾驶过程不常使用或不使用的元件，例如，

打印机、垃圾箱、灭火器、杯托等结构(图 19-12)并且司机室左侧线路安全开关(LSS)面板(图 19-13)也安装在该位置。

图 19-12　左控制柜

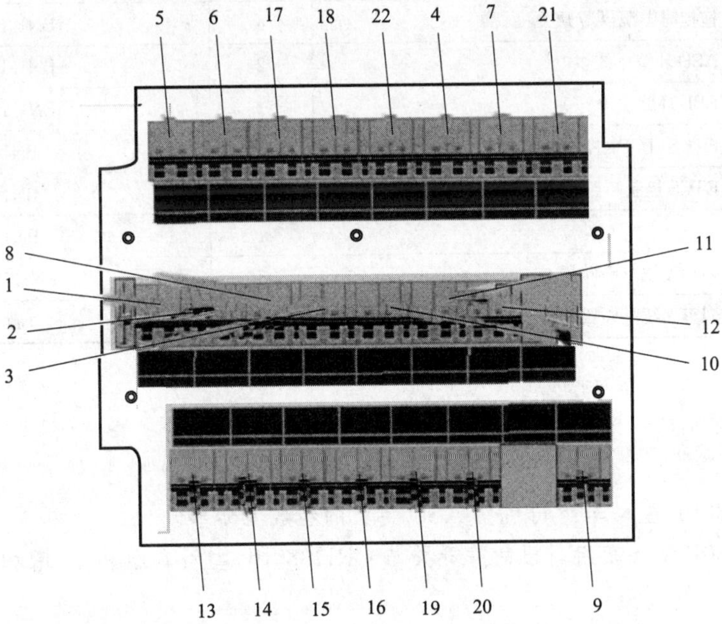

图 19-13　左控制柜线路安全开关(LSS)面板

表 19-5　司机室左侧线路安全开关(LSS)面板设备

位置	LSS 开关名称	电流 (A)	母线段上的负荷 BD(直连电池) BN1/2(常规电池)
1	-21-F12:紧急控制断路器	4	BN1
2	-22-F43:主电路控制断路器	2	BN1

续上表

位置	LSS 开关名称	电流(A)	母线段上的负荷 BD(直连电池) BN1/2(常规电池)
3	-22-F71:主电路紧急模式断路器	4	BN1
4	-28-F11:BCU1 控制电源断路器	10	BD
5	-28-F12:BCU2 控制电源断路器	10	BD
6	-28-F19:BEB 控制电源断路器	4	BN
7	-28-F28:停放制动控制断路器	4	BD
8	-42-F05:驾驶室显示屏电源控制断路器	2	BD
9	-42-F06	2	BN1
10	-43-F01:故障开关,紧急制动请求	2	BN1/BD
11	-43-F02:ETCS,EBL,火灾系统供电	2	BN1/BD
12	-43-F03:PBML,FAL,BML,BRL 环路供电开关	2	BN1/BD
13	-43-F04:PEBL 环路供电开关	2	BN1/BD
14	-43-F05:拖拽时电源供应开关	6	BN1/BD
15	-43-F06:ASD 环路系统供电	2	BN1/BD
16	-43-F08:EBL 环路供电开关	2	BN1/BD
17	-44-F11:ETCS/TCC1 控制断路器	6	BN1
18	-44-F13:ETCS 控制断路器	6	BN1
19	-44-F23	4	BN1
20	-48-F01:列车无线电断路器	10	BN1/BD
21	-48-F02:列车无线电断路器	10	BD

思 考 题

1. CRH380BL 型动车组司机室 ASD 装置的组成有哪些?
2. CRH380B 型动车组司机故障开关与 CRH380BL 型动车组相比,增加了哪些开关?

第二十章 车内设备及动车组检查试验程序

本章主要介绍了CRH380B(L)型接车检查程序、动车组上电程序、制动、牵引等试验程序、300T型ATP操作方法及步骤。重点对HMI显示及操作功能、300T型ATP的操作进行了详细介绍。从业人员通过对本章的学习能初步掌握CRH380B(L)型动车组司机室内行车设备的相关操作。

第一节 司机室内设备检查

一、库内接车检查作业

(一)非出库端(重联动车组重联端司机室除外)

1. 确认动车组型号正确。

2. 进入非出库端司机室。

3. 检查左侧安全保护开关柜内各开关均在闭合位(闭合“列控车载设备系统电源”开关),司机室操纵手柄及开关位置正确,检查故障开关柜内各开关位置正确(列控车载设备隔离开关在运行位、列控车载设备冗余开关在1系或2系、接地钥匙在开位)。

4. 开启蓄电池后,占用司机室,通过HMI显示确认配置正确,发现当前故障信息及时通知随车机械师或动车所调度。

5. 根据随车机械师的要求选择相应的受电弓,升起受电弓后闭合主断路器。

6. 根据需要选择“网侧电流限制”。

7. 确认列控车载设备、CIR启动正常。

8. 进行制动试验。

9. 确认停放制动施加,断开“列控车载设备系统电源”开关,方向开关、牵引手柄置“0”位,确认HMI屏换端标识后拔出主控钥匙,退出司机室占用。

10. 离开司机室时确认司机室门窗锁闭。

(二)出 库 端

1. 进入司机室,检查及作业程序参照非出库端。

2. 输入列控车载设备、CIR有关数据。

二、车站换端(乘)作业程序

(一)同向继乘

1. 交班司机

(1)保持列车制动状态。

(2)装备 LKJ 的动车组转储 LKJ 运行数据。
(3)填写《动车组运用技术状态交接簿(单)》。
(4)向接班司机交接调度命令、动车组技术状态、动车组钥匙、电务车载设备检测合格证。
(5)注销 GSM-R 手持终端车次功能号。
2. 接班司机
(1)按规定与交班司机交接,对交接内容进行确认。
(2)修改列控车载设备司机代码等相关参数。
(3)装备 LKJ 的动车组,输入 LKJ 参数并载入 IC 卡数据。
(4)注册 GSM-R 手持终端车次功能号。
(5)确认司机室门锁闭,做好开车准备。
(二)换端作业
1. 本班司机折返
(1)施加停放制动,将主手柄置于“0”位。
(2)装备 LKJ 的动车组转储 LKJ 运行数据。
(3)注销 CIR、GSM-R 手持终端车次功能号,关闭 CIR 设备电源。
(4)退出司机室占用,确认操纵台各开关、手柄位置正确,锁闭司机室门窗。
(5)换端后投入主控钥匙激活司机室,进行制动试验。
(6)输入 CIR、列控车载设备数据参数。
(7)装备 LKJ 的动车组,输入 LKJ 参数并载入 IC 卡数据。
(8)确认司机室门窗锁闭,做好开车准备。
2. 换乘折返
(1)交班司机
①按同向继乘交班司机作业内容。
②离开司机室时确认司机室门窗锁闭。
(2)接班司机
①按规定与交班司机交接,对交接内容进行确认。
②换端后投入主控钥匙激活司机室,进行制动试验。
③输入 CIR、列控车载设备数据参数。
④装备 LKJ 的动车组,输入 LKJ 参数并载入 IC 数据。
⑤注册 GSM-R 手持终端车次功能号。
⑥确认司机室门窗锁闭,做好开车准备。

第二节 司机室内设备操作

一、司机室 HMI 设备及操作

(一)左侧司机 HMI 显示屏
左侧司机 HMI 显示屏结构如图 20-1 所示。

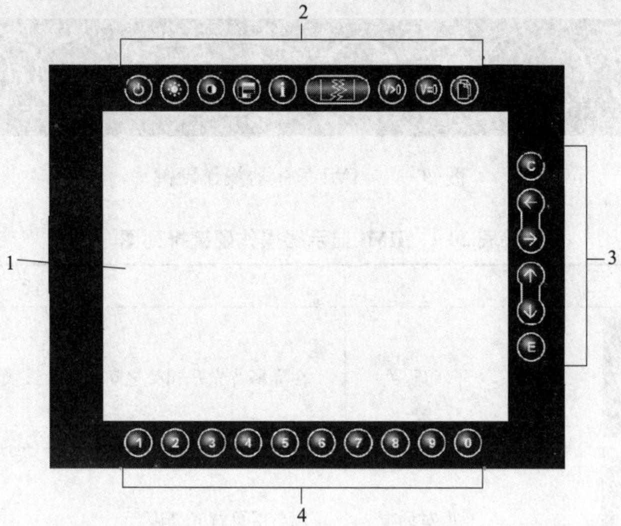

图 20-1　左侧司机 HMI 显示屏结构

1—屏幕；2—操作硬键；3—光标和输入硬键；4—键盘软件(10 位)

(二)右侧司机 HMI 显示屏

右侧司机 HMI 显示屏结构如图 20-2 所示。

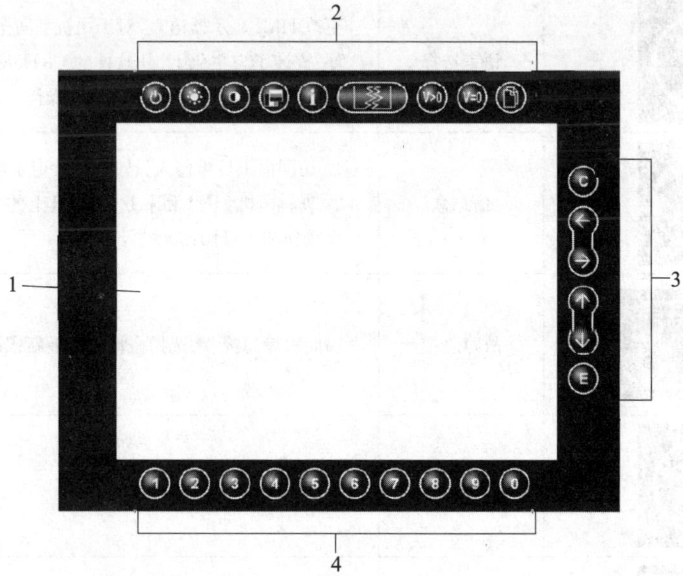

图 20-2　右侧司机 HMI 显示屏结构

1—屏幕；2—操作硬键；3—光标和输入硬键；4—键盘软件(10 位)

(三)HMI 显屏器操作硬键

HMI 显示器操作硬键布局、功能，如图 20-3 所示。其内容详见表 20-1。

图 20-3　HMI 显示器操作硬键

表 20-1　HMI 显示器操作硬键排列图

操作硬键	名　称	功　能
	屏幕开/关	在屏幕背光开和关之间切换。该操作仅适用于相同显示器
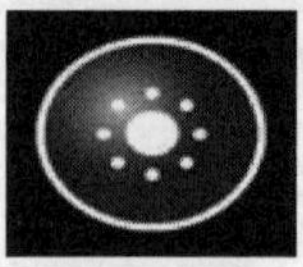	亮度对话框	调节屏幕背光亮度
	日/夜切换	在日夜设计模式间切换，对于司机室两个司机 HMI 均适用。 长按该键 3 s，进行截屏操作
	语言选择	更改 HMI 显示器语言，对于司机室两个司机 HMI 均适用。 注：安装了自主化 HMI 软件的 CRH380B(L)型动车组，该键不再具备语言选择，更改为截屏操作
	信息盒	1. 访问由工厂维修人员输入的特定车辆信息。 2. 查看司机 HMI 和乘务员 HMI 上的操作信息和描述（各种可操作和不可操作元件及其含义）
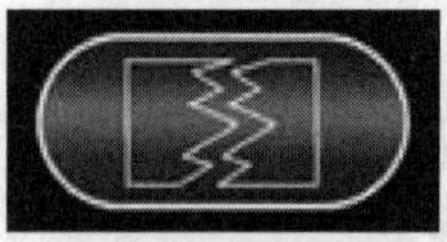	故障总揽	访问故障总揽，将选择栏设置为最新未确认故障
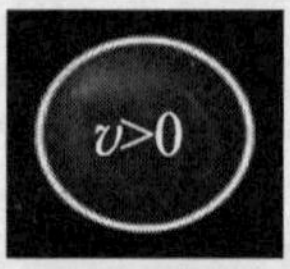	帮助文本 $V>0$	行驶期间，显示校正措施
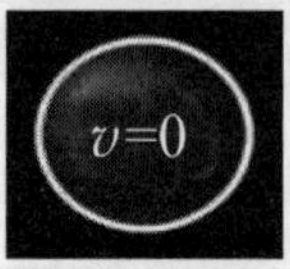	帮助文本 $V=0$	静止时，显示校正措施
	显示器切换	切换至其他司机 HMI 上的显示功能（如从右司机 HMI 上访问左司机 HMI 的屏幕）

续上表

操作硬键	名　称	功　能
	删除/取消操作	1. 删除、终止输入。 2. 返回至上一显示屏
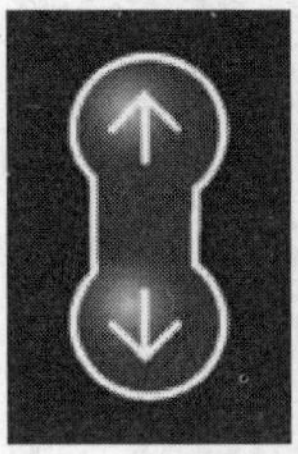 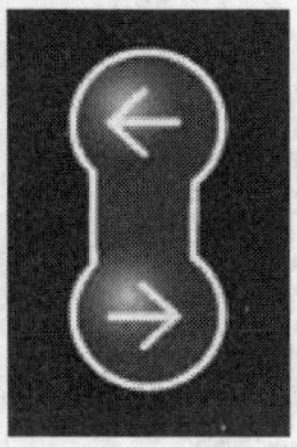	光标硬键	1. 在同页中上下逐行切换光标所在行，需要时，可适当滚动浏览。 2. 在屏幕中将光标向右/左/上/下移动一位，在该屏幕中，列车可操作组件以逐车矩阵(如光开关矩阵)的形式显示，也可进行多次(数字)输入
	输入	输入、确认
 …… 	键盘软键	使用键盘软键可访问显示屏，显示屏内容与各屏幕上的软键含义相关。相应的含义将在软键上方区域出现

(四)HMI 屏显示

HMI 屏显示布局如图 20-4 所示。

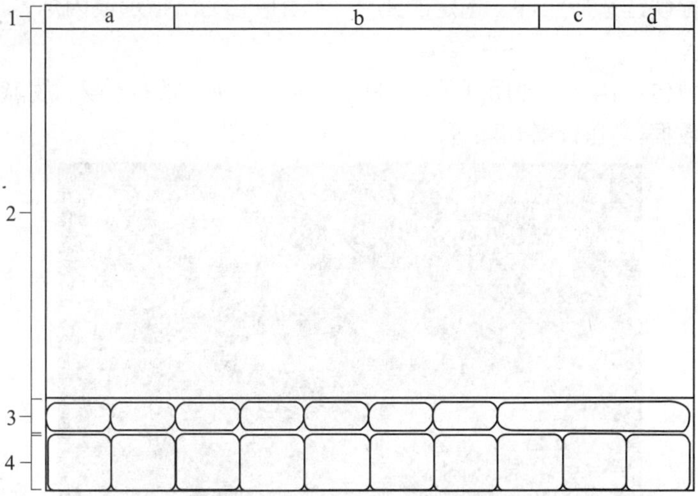

图 20-4　HMI 屏幕布局

1—标题栏(1a 列车编号，1b 屏幕标题，1c 日期，1d 时间)；2—显示区；3—状态栏；4—功能键栏标题栏显示列车编号、屏幕标题、日期时间等基本信息。状态栏显示指示图标和故障指示器，所有的司机显示屏中会显示指示图标。故障指示器作为短消息显示在状态栏(三个功能键的宽度)的最右边的字段，同时发出声信号。功能键栏将显示所有当前可操作的功能键所显示的短消息包括车辆编号和子系统代码，如图 20-5 所示。

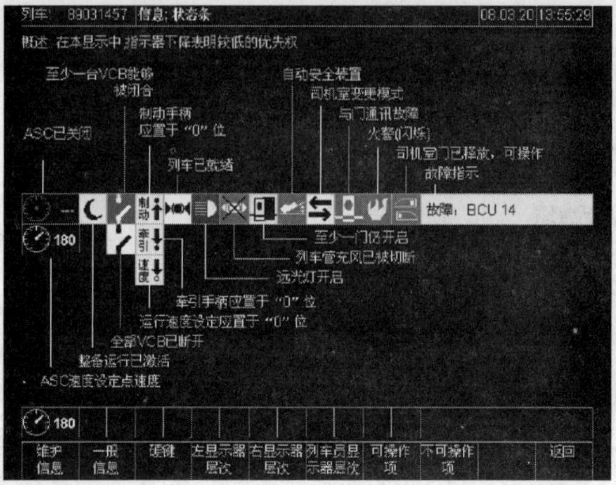

图 20-5　状态栏内能显示的所有状态信息

（五）HMI 屏幕显示项目

HMI 屏幕显示中包括：可操作项和不可操作项。各种可操作和不可操作元件及其含义显示在 HMI 屏幕硬键中。

1. 可操作项，如图 20-6、图 20-7 所示。

（1）可在选择后改变可操作元件，例如空调控制的操作元件（开/关）或牵引控制元件（受电弓的升降，接通/切断主开关）。

（2）可用光标硬键选择元件。选定的元件/字段将会突出指示或闪烁。可通过软键来改变/操作这些元件。

（3）可操作项包括：空调、照明开关，空调温度调整，列车数据输入，故障信息查询，故障信息标记，传送数据，高压设备切除等。

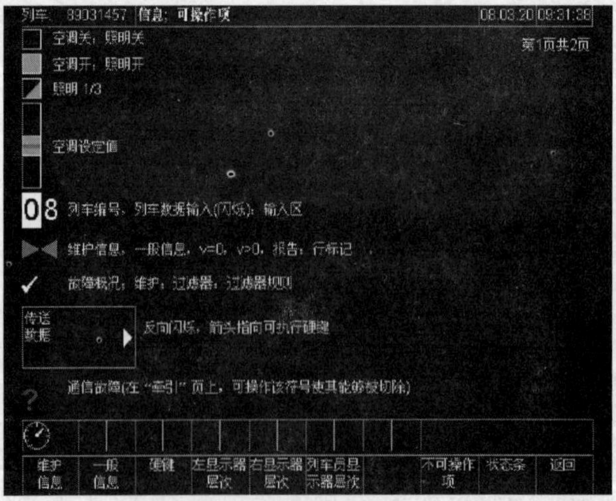

图 20-6　所有可操作项(1)

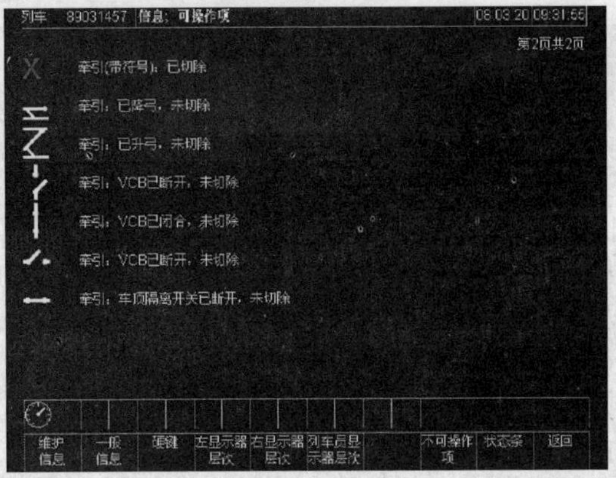

图 20-7　所有可操作项(2)

2. 不可操作项，如图 20-8、图 20-9、图 20-10、图 20-11、图 20-12、图 20-13、图 20-14 所示。

(1)列车部件的状态(例如外乘客门关闭/打开)。

(2)列车相关读数(例如接触电网电压)以及运行顺序(例如远程数据传输运行中的“数据传输运行”指示符)。

(3)不可操作元件的信息通过所附符号或文字在屏幕中自说明。

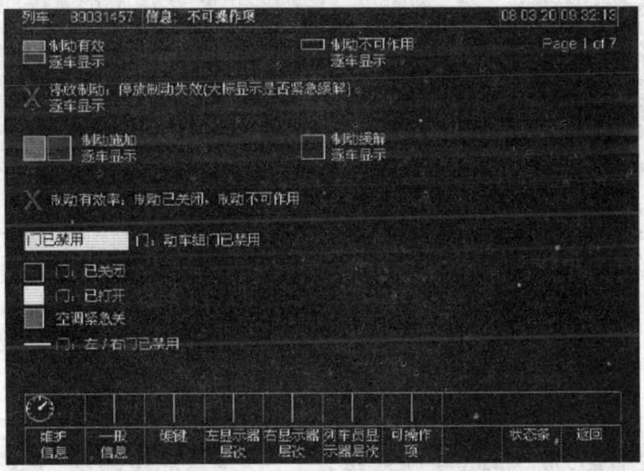

图 20-8　不可操作项(1)

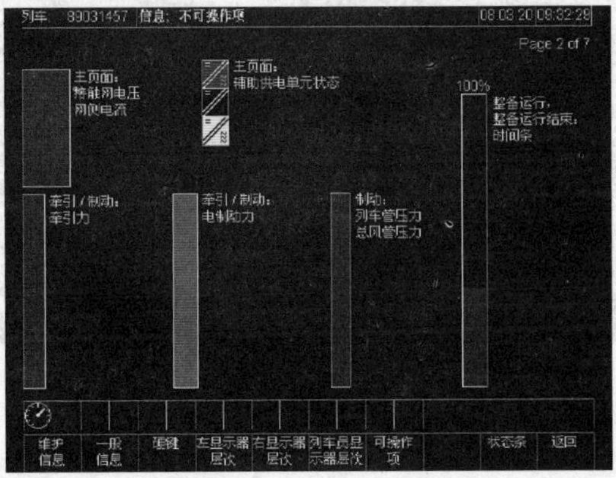

图 20-9　不可操作项(2)

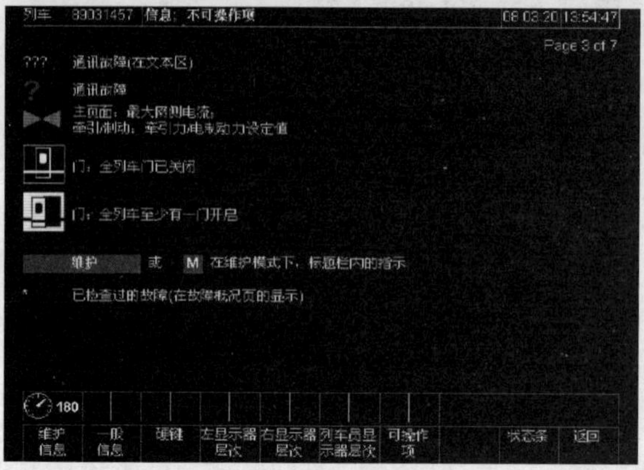

图 20-10 不可操作项(3)

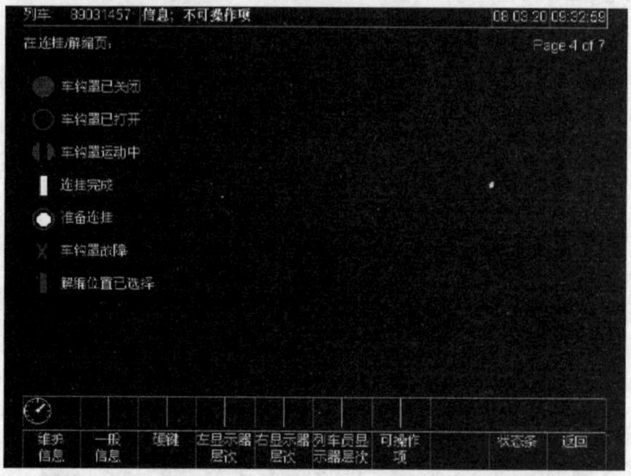

图 20-11 不可操作项(4)

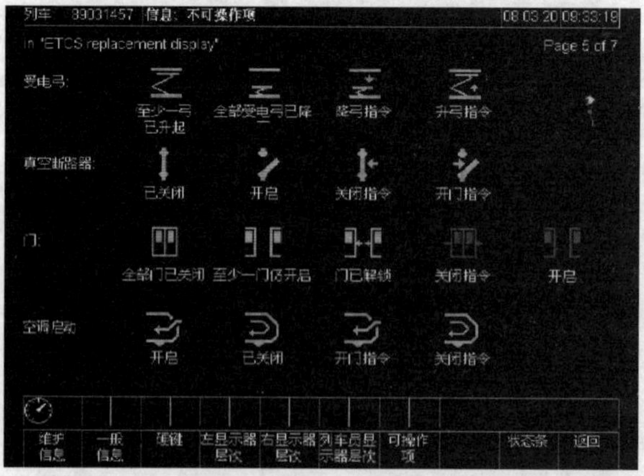

图 20-12 不可操作项(5)

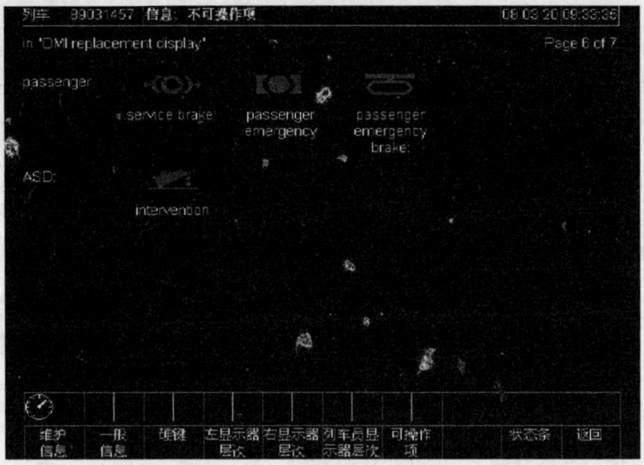

图 20-13　不可操作项(6)

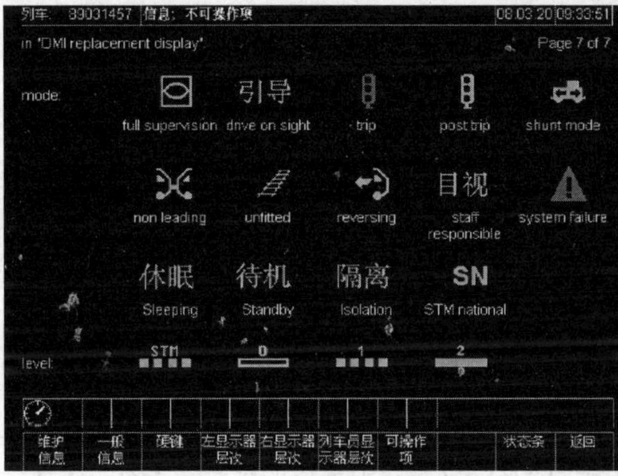

图 20-14　不可操作项(7)

(六)HMI(人机界面)中的故障管理

1. 故障指示

HMI 显示的是重要的车辆系统的功能限制。故障管理的操作方法适用于动车组所有的 5 个显示器(4 个司机的 HMI,1 个随车机械师的 HMI)。

出现未定故障时,分为两种状态:

(1)当前未定故障自发生后,还未经司机或随车机械师查看、处理。

(2)确认故障消息显示故障尚未修复,处于待定状态。通过选择相应的补救性消息确认故障。

注意:故障总览中不会显示已排除(复位)的故障。

当前的故障显示在每个屏幕画面状态条最右侧的黄色字段形成“故障指示图标”,该图标具有两种未定故障状态:

(1)此字段将闪烁显示车号以及最近未确认故障的操作码。

(2)如果几种未确认的故障同时存在,则只显示最近故障。

2. 故障查寻

选择按键将按故障发生的顺序显示故障消息。最近发生的故障消息将列在

首位。

每种故障，除车号和故障代码码外，还显示发生的时间和短报告。已确认的故障均在消息行的开始标有“ * ”标记。每个故障可使用光标选择。当选择一个故障时，该故障会出现带白色边缘。

当选定(故障总览)画面后，光标将自动置于第一个未确认的故障消息上。使用“删除标记”功能键可将所有故障消息的确认标记删除。

使用“报告”软键可调出每种未定故障的故障说明。使用(故障总览)功能键，用户可以返回故障总览画面；用“返回”功能键，HMI 页面将返回至用户查询故障前 HMI 屏所处的页面。

3. 查询 HMI 故障处理提示

对于当前的未确认故障，可直接选择两种帮助文本，即在行驶($V>0$)或静止($V=0$)时，使用或硬键查看帮助文本。此故障通过选择帮助文本屏幕画面来确认。还可使用(故障总览)硬键选择故障总览页面。这样就可以选择当前的未确认故障并及时顺序启动修复措施。更多有关未确认故障的详尽信息，可操作“报告”软键。

注意：针对不同的列车的运动状态($V=0$，$V>0$)同一故障相应的补救措施也不同，因此必须正确选择或硬键。

4. HMI 上的位置和独立状态诊断信息

当前所有司机人机界面上相关的故障消息可通过操作硬键选择显示在故障总览页面中。每条故障消息均显示车号、子系统的名称以及短故障信息文本和故障发生时间。最近的故障显示在列表的顶部，按时间顺序以此向下排列。已确认的故障(即查看该故障的帮助文本)标有“ * ”。已解决的故障(清除的)则从此列表中除去。

注意：某些处理措施画面允许直接启动切换操作及进入其他画面。这些软键均突出显示为黄色。

5. 声音输出

设备发生故障或提示信息时，HMI 在显示故障信息时，还同时发出声音信号对司机进行提示。这些信号分为三种声音文件：

(1)“咚—叮”声，每次故障发生时将发生此声音。

(2)“叮”声，此声音将每隔 30 s 产生一次，直到所有的故障信号全部确认。

(3)“昂”声，当状态栏发生重大变化时，将发出该声音。

(七)手动启动远程数据传输

无论列车处于行驶还是静止状态，所有已由动车组中央诊断系统自动记录以及乘务员手动记录的维修事件可提前通过远程数据传输传送回动车基地。

1. 通过功能键选择所需传输的相应数据(诊断数据、记录数据或操作数据)。

2. 通过功能键“触发远程数据传输”启动数据传输。

GSM移动无线系统用于进行远程数据传输。传输信息包括每个诊断事件的故障的诊断识别码，发生事件的车代码以及故障发生和消失的时间。

二、外部照明(前照灯)操作

(一)外部照明开关

相应的信号由人操作，非连挂的1号或8号车在向前行驶时通过拨动开关来接通电源。有五个切换位置：

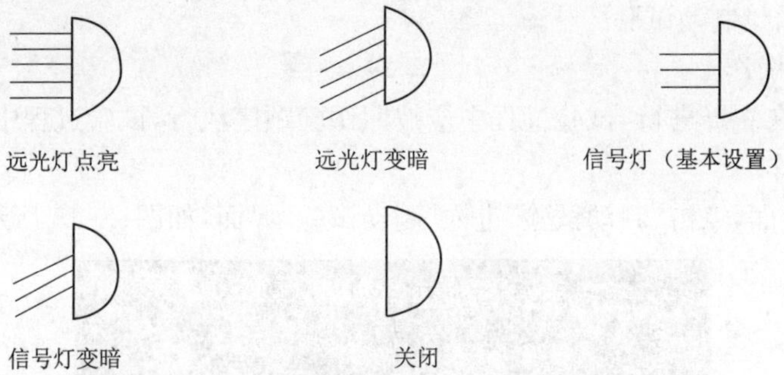

(二)外部照明特殊操作

位于故障开关控制台上的旋转开关“信号灯”

，使用此开关可将头灯从“自动”(即头灯由车辆控制系统控制)模式切换为“白灯点亮”或“红灯点亮”模式。从而可以在特殊情况下(例如当列车被拖曳或灯控制系统出现故障时)手动将三个白色信号灯或两个红色尾灯电源接通。“白灯亮”和“红灯亮”设置优先于所有其他的启用设置。

控制开关“紧急系统电源”

，如果将开关操作至“开”位置，则未连挂端车头外部照明的信号灯变为“列尾标志灯”(红色标志灯)。蓄电池直接供电的“紧急系统电源”的开关仅在

开关处于“自动”位置时才能起作用。通过

开关启用的优先级高于控制系统的自动控制。

第三节　制动、电气试验

一、CRH380B(L)型动车组制动试验办法

(一)全部制动试验办法

1. 制动试验前提条件

(1)司机室需投入占用并升弓送电，HMI屏制动界面显示正常。

(2)动车组管路未通过辅助装置充风。

(3)备用制动未激活。

(4)停放制动处于施加状态。

(5)列车空气制动处于缓解状态(确认 ATP 没有施加制动,如 ATP 输出制动时,隔离 ATP 或转换模式)。

(6)ASC 设置为关闭,故障面板上各环路故障开关在正常位置。

(7)总风管风压大于 850 kPa,列车管风压大于 550 kPa。

2. 制动试验内容

动车组制动试验包括直接制动试验、紧急制动试验、总风管(MRP)贯通性试验、列车管(BP)泄漏试验、间接制动试验。

3. 制动试验操作

制动试验需在右屏进行,试验过程中应按照试验顺序执行,试验过程中不可进行其他影响制动试验的操作。

(1)在制动界面,点击“制动试验”进入“制动试验”界面,如图 20-15 所示。

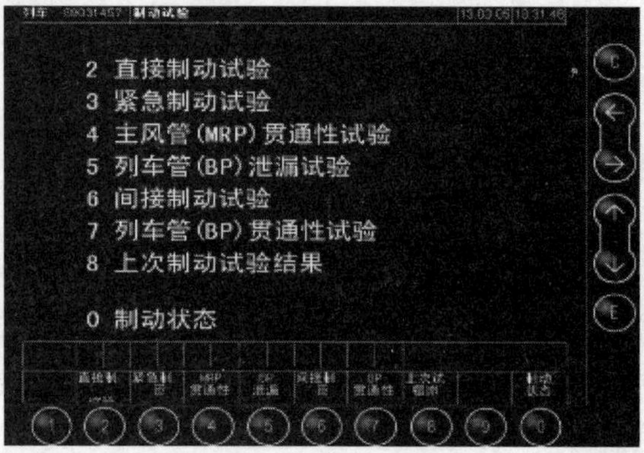

图 20-15 “制动试验”界面

(2)直接制动试验

①点击“直接制动试验”进入如下页面,如图 20-16 所示。

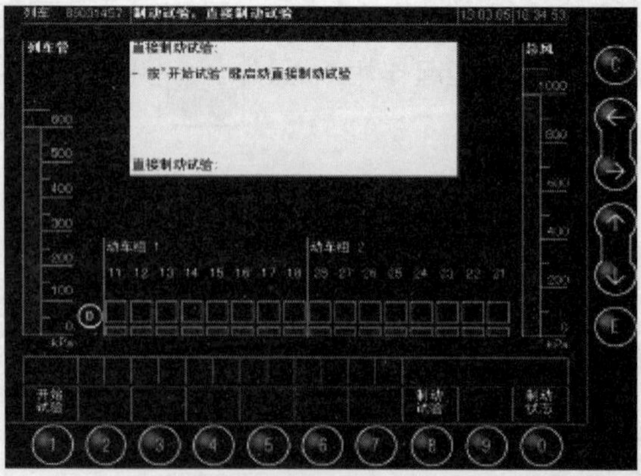

图 20-16 “直接制动试验”界面

②点击“开始试验”,根据屏幕提示将制动手柄置于 3 级,然后根据屏幕提示将制动手柄置于缓解位。待出现如下界面时,点击“制动试验”,完成此步试验,如图 20-17 所示。

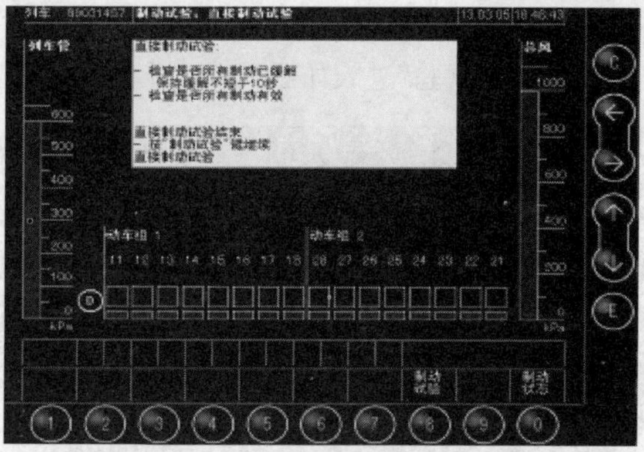

图 20-17　“直接制动试验”完成界面

(3)紧急制动试验

①点击“紧急制动试验”进入如图 20-18 所示页面。

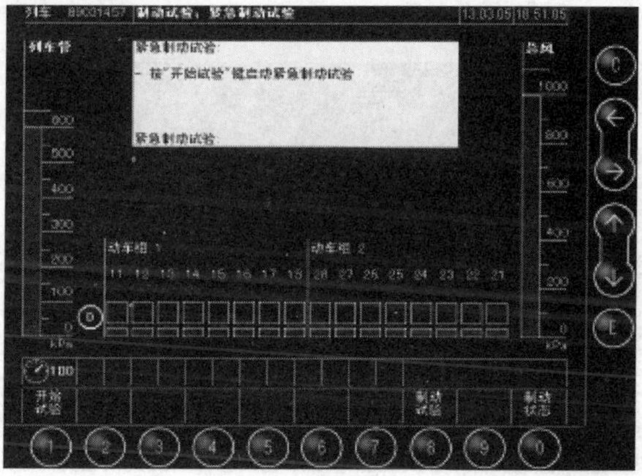

图 20-18　“紧急制动试验”界面

②点击“开始试验”,根据屏幕提示将制动手柄置于紧急位,然后根据屏幕提示将制动手柄置于“OC”位。根据提示将手柄置于“OC”位后列车管刚开始充风,HMI 屏即提示进行下一步试验,如图 20-19 所示。此时需待列车管达到 600 kPa,车辆缓解后方可点击“制动试验”进行下一步试验。

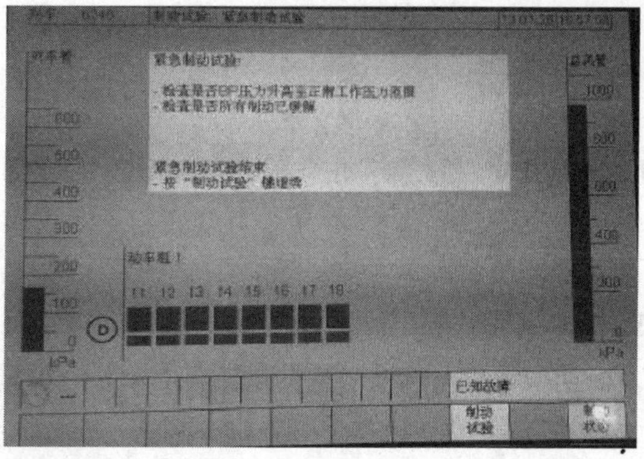

图 20-19　“紧急制动试验”完成界面

(4)总风管(MRP)贯通性试验

①点击“总风管(MRP)贯通性试验”进入如图 20-20 所示页面。

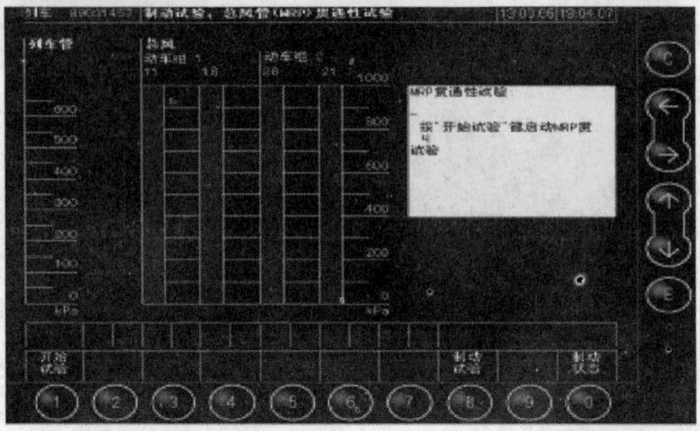

图 20-20 “总风管(MRP)贯通性试验”开始界面

②点击“开始试验”,出现如图 20-21 所示页面。

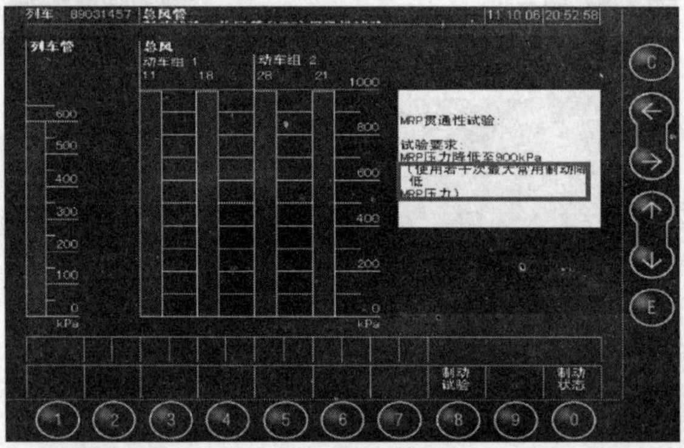

图 20-21 “总风管(MRP)贯通性试验”进行界面

如果提示红框内容,通过施加和缓解常用制动,降低总风压力,直至上图中红色框内的内容消失;注意:施加制动或缓解制动后,手柄在制动或运行位稍作停留,不应快速操作,红色框内的内容在总风压力约为 870 kPa 时消失,此步试验中不允许将总风压力降至 850 kPa 以下。降低总风压力时,各车的压力下降应同步。如无红框提示则无需进行任何操作。

等待总风管压力上升,直至系统提示,进行下一步试验,不进行任何操作,根据屏幕提示点击“制动试验”进行下一步试验。注意:如果压力无上升,机械师检查尾部空压机是否工作。

(5)列车管(BP)泄漏试验

①点击“列车管(BP)泄漏试验”进入如图 20-22 所示页面。

②点击“开始试验”,根据屏幕提示点击“制动试验”进行下一步试验。

(6)间接制动试验

①点击“间接制动试验”进入如图 20-23 所示页面。

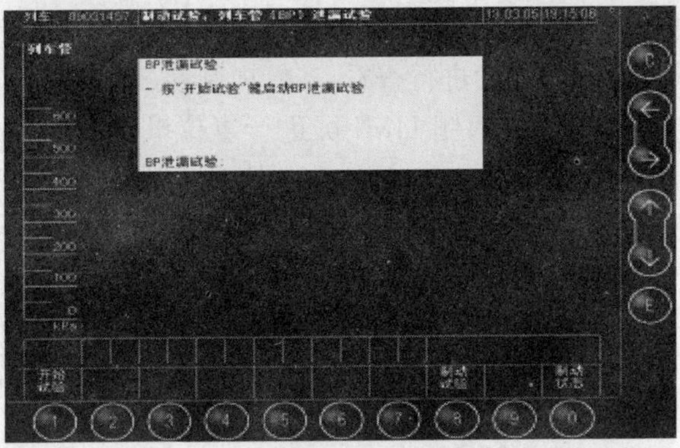

图 20-22　“列车管(BP)泄漏试验”界面

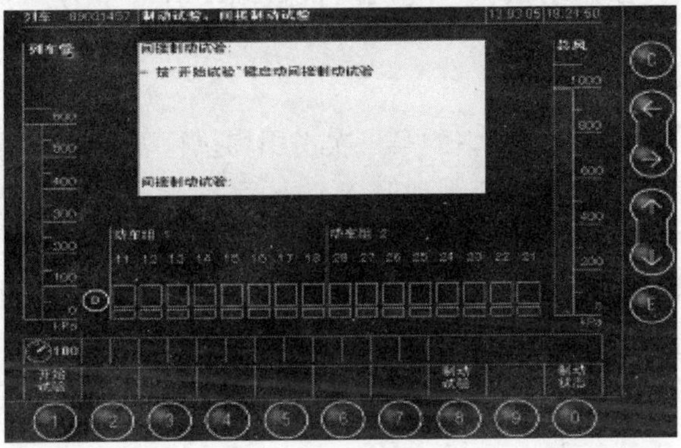

图 20-23　“间接制动试验”界面

②点击“开始试验”,根据屏幕提示点击“BP 排风”,待列车管排风结束后,再根据屏幕提示点击“停止排风”,待列车管压力达到 550 kPa 以上,空气制动缓解后,根据屏幕提示点击“制动试验”,完成制动试验。

(7)制动试验注意事项

①做制动试验时,必须严格按照 HMI 屏提示进行操作,切忌不能抢屏操作。

②如果某项制动试验未通过,在此项试验结束后 HMI 将会显示“××试验失败…”,此时需根据 HMI 屏提示信息查看故障代码,根据故障代码排除故障,重做该项制动试验。试验通过后,可继续进行其他未完成的试验项目,无需重新进行全部制动试验。

③制动试验期间,不可进行其他影响制动试验的操作(例如:操作 ASC、ATP、切换 HMI、激活备用制动、意外触动制动手柄等);如果某项制动试验中途因误操作终止或退出,需要重新进行该项制动试验,而无需重新进行全部制动试验。

④进行直接制动试验时,需要将手柄一次性置于 3 级制动级位,切勿将手柄置于 4 级制动后再回置于 3 级制动,同时必须要在 HMI 提示将制动手柄置于缓解位时才能缓解 3 级制动。

⑤如遇紧急情况,试验时间不足以完成全部试验时,可先进行(2)、(3)、(6)制动试验(直接制动试验、紧急制动试验、间接制动试验)。

⑥在进行试验时需在右侧 HMI 屏(制动系统默认显示屏)进行制动试验,可将左侧 HMI 屏调至制动试验显示时间界面进行查看,若每项制动试验完成时不显示最新试验时间或试验时间显示后自动消失,需将两侧 HMI 屏进行复位操作,并再次进行制动试验,如果复位后制动试验时间仍然不能正常显示,但制动有效率正常,不影响动车组制动性能,动车组可以投入运营。

(三)简略制动试验办法

1. 运行中换端操作

(1)换端后,施加紧急制动,并保持 10 s 后,检查制动有效率为 100%,则制动简略试验完成。

(2)若上述操作后,制动有效率不是 100%,则执行菜单指导制动试验中的"直接制动试验、紧急制动试验、间接制动试验",完成后检查制动有效率为 100%,则制动简略试验完成。

2. 重联解编后操作

解编后动车组司机在两端司机室的第一次占用均执行以下操作:

(1)通过操作制动手柄施加紧急制动保持 10 s 后,缓解紧急制动,动车组司机目视检查制动、缓解功能正常;检查车辆制动有效率为 100%。

(2)施加 3 级常用制动后,缓解;动车组司机目视检查制动、缓解功能正常。

(3)执行并完成制动试验中的"列车管泄漏试验"。

二、电气试验

确认停放制动施加状态,制动手柄 8 级→提牵引手柄→确认牵引功率上升(不超过 10%)→牵引手柄回置 0 位。

第四节　行车安全装备操作

300T 型 ATP 基于 V4.0.0 版司机手册。

一、基本操作流程

(一)ATP 设备启动前准备

1. 将主控钥匙插入主控钥匙孔,旋转到[开]位置,激活驾驶室。确认 ATP 设备[隔离开关]处于[正常]位置、[冗余开关]处于工作位置,如图 20-24、图 20-25 所示。

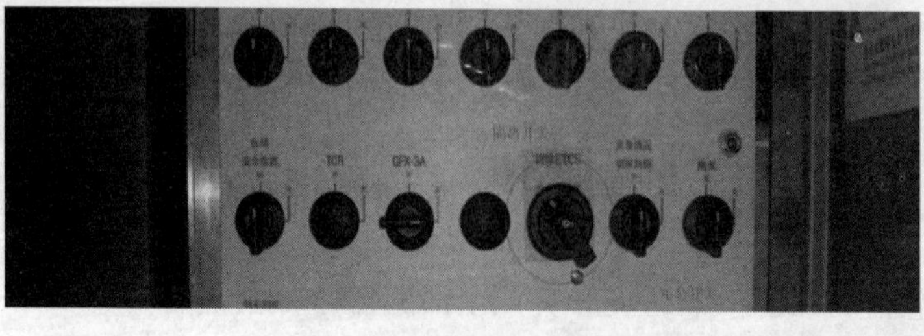

图 20-24　CRH380B(L)[隔离开关]

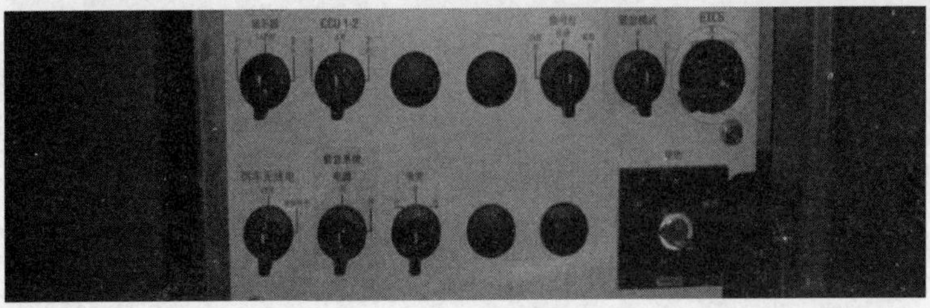

图 20-25　CRH380B(L)[冗余开关]

2. 确认司机室内 NFB 上 ATP 设备控断路器位置(图 20-26)正确。

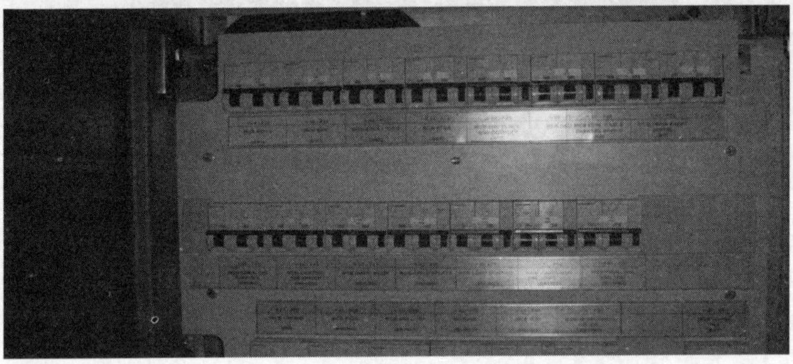

图 20-26　CRH380B(L)ATP 设备控断路器位置

(二)ATP 设备启动操作

将 ATP 电源司机室控制开关闭合,给车载设备上电,等待大约 1 min 42 s 或 1 min 52 s(如果 ATP 上电 2 min 后,还没有进入待机模式,就需要重启 ATP 或切换到另一系重新启动),车载设备开始进行内部测试,此时 DMI 显示文本信息"ATP 正在启动,请等待";车载设备自检成功后缓解车载设备制动,此时 DMI 显示待机模式,如图 20-27、图 20-28 所示。

图 20-27　ATP 自检显示

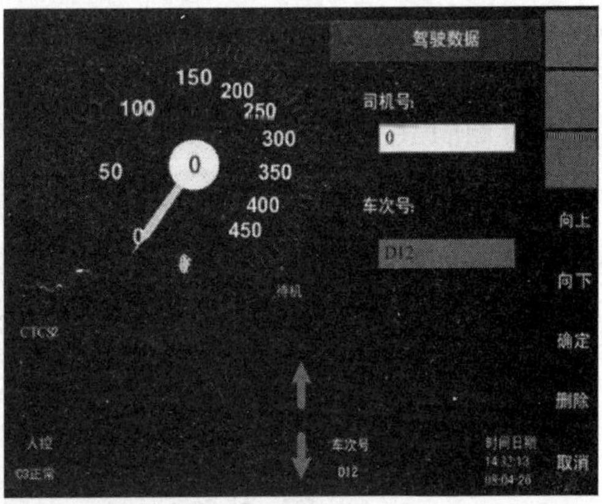

图 20-28　ATP 上电成功后界面

(三)激活驾驶室输入司机号、车次号

DMI 上就会出现驾驶数据输入界面。分别输入司机号和车次号,其中司机号位最多 8 位数字,车次号最多 3 位字母和 5 位数字,如图 20-28 所示。

（四）进行制动测试

驾驶数据输入完成后，DMI 上显示“执行制动测试”（图 20-29），按“确定”执行自动测试，在进行自动测试前，要缓解车辆输出的制动，CRH380A(L)型需将制动手柄置于 B6 级以下级位，如果 DMI 显示“无法启动制动测试”、“制动测试失败”须确认车辆制动是否缓解且制动手柄在 B6 级以下。正常情况下 DMI 显示“正在进行制动测试”，测试结束后，显示“制动测试成功”。

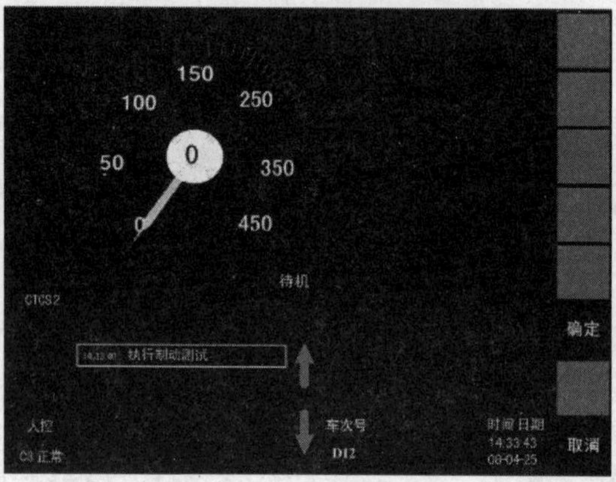

图 20-29　执行制动测试

注意：每次启动时司机必须进行制动测试，并确保制动测试成功；在进行制动测试成功之前，禁止选择等级和输入。制动测试时需要司机观看列车的状态屏，确认 ATP 输出制动时，列车执行了 ATP 的制动命令。如果 DMI 显示“制动测试中断，重新测试”，按正确的操作过程重新启动 ATP。

（五）ATP 等级选择

1. 由于 ATP 存储上次使用等级，如果 ATP 上次处于 C3 级关机（死机）制动测试结束时，DMI 显示“正在与 RBC 建立连接”（图 20-30），不能手动选择列控等级，ATP 使用上次关机时存储的 RBCID 和电话号码直接呼叫 RBC（无线连接需要等待 1～2 min）。

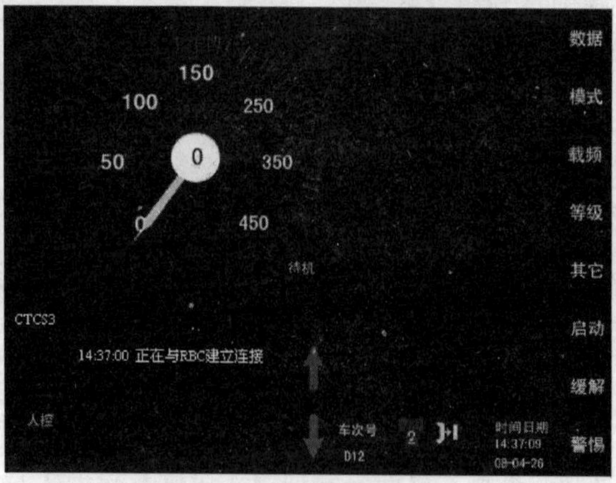

图 20-30　DMI 显示“正在与 RBC 建立连接”

2. 如果 ATP 上次关机处于 C2 级结束工作，DMI 上显示闪烁的文本信息“确认 CTCS-2”(图 20-31)，菜单上显示“确定”和“取消”两个按钮。需使用 CTCS-3 等级发车时，按“取消”按钮，重新请求等级，(所有可能的等级都显示在等级选择菜单上，可用的等级为蓝色，不可用的等级为灰色，带白色边框的是当前等级，如图 20-32 所示)。车站发车时优先选择“CTCS-2 级”。

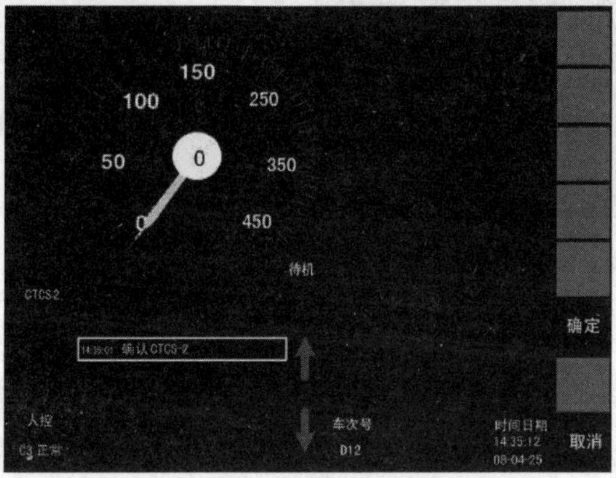

图 20-31　闪烁的文本信息“确认 CTCS-2”

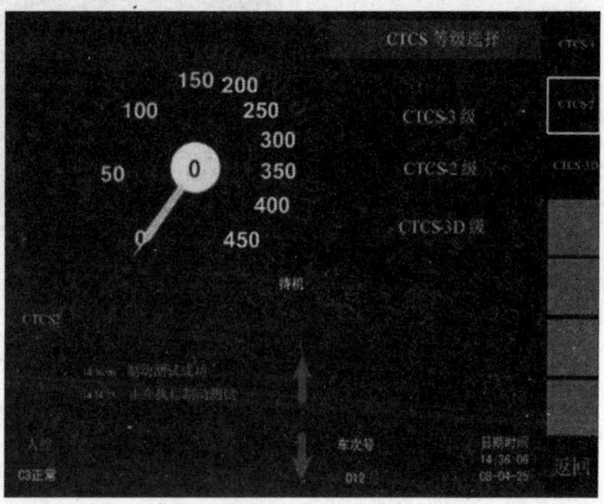

图 20-32　等级选择界面

3. 如果选择 C3 级，DMI 上会出现 RBC 数据输入界面，包括输入 RBC ID 和 RBC 号码等信息(网络编号不需要输入，使用默认值即可)，如图 20-33 所示。

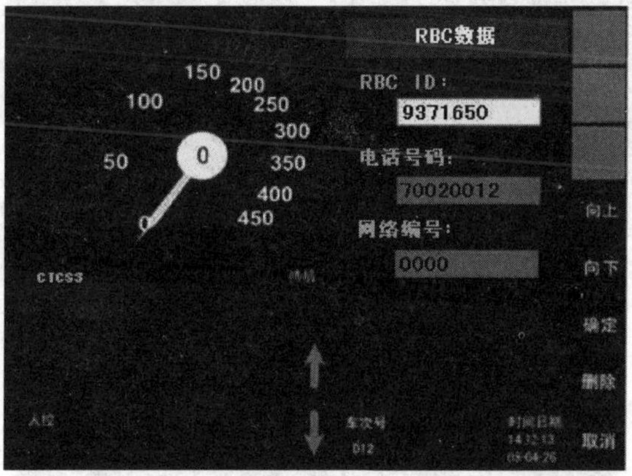

图 20-33　C3 级 DMI 上会出现 RBC 数据输入界面

注意：在两个 RBC 管辖重叠区内重启 ATP 时，司机需要输入下一个 RBC 的电话号码和 RBC ID；如果输入前一个 RBC 电话号码，会导致 ATP 因无法获得下一个 RBC 的 MA(移动授权)而停车。

(六)列车数据输入

列车数据输入界面，使用“工作个数”表示。在 DMI 上显示默认的列车编组数(1 表示 8 辆编组，2 表示 16 辆编组或者两列 8 辆编组重联)；根据列车实际长度，司机可以修改列车编组数，按“确定”键确定修改后的列车编组数，如图 20-34 所示。

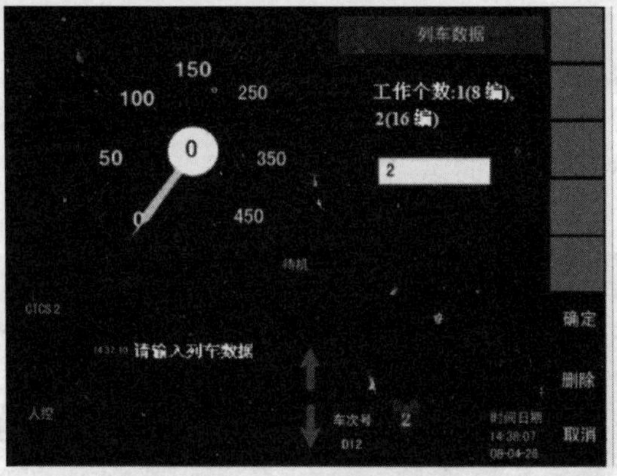

图 20-34　列车数据输入界面

（七）载频选择

列车数据输入完成后，ATP 提示输入载频信息。不管在 C2 下还是在 C3 下，都需要输入正确的载频信息。载频信息也需要进行确认，选择正确的载频，按“确定”键后，再次按“确定”键确认，如图 20-35、图 20-36、图 20-37 所示。

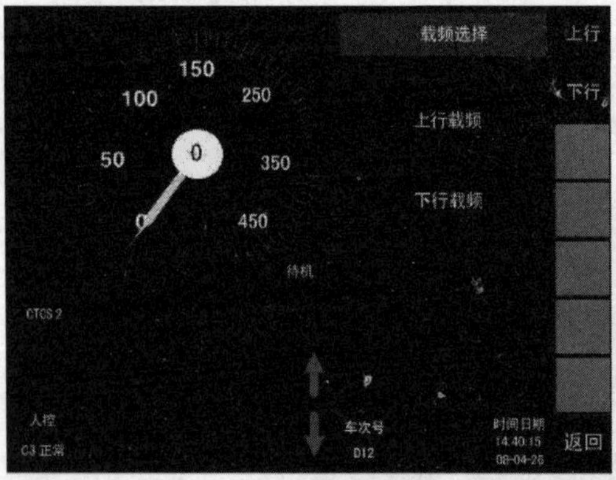

图 20-35　载频选择界面

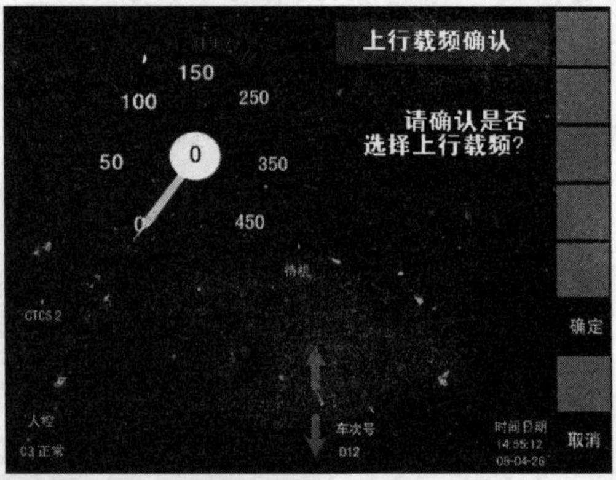

图 20-36　载频确认界面

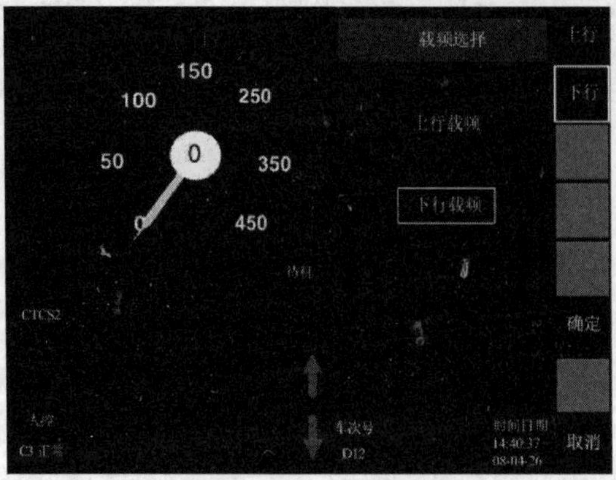

图 20-37　载频确认后的再次确认界面

（八）启动确认

ATP 在进行数据输入后，DMI 上显示闪烁的文本“启动完成”，司机按“确认”按钮，确认 ATP 启动完成，如图 20-38 所示。

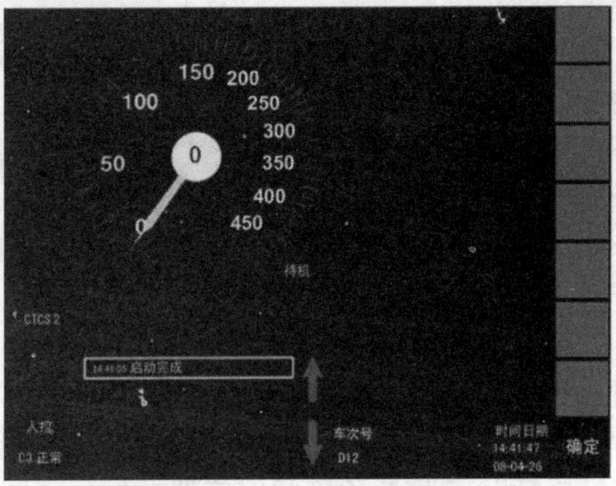

图 20-38　ATP 启动完成显示

ATP 启动过程中选择 C3 级时，确认 ATP“启动完成”后，ATP 进入 C3 级的待机模式，司机在确认（车门关闭、行车凭证、开车时间）具备开车条件后，选择“目视”模式后，DMI 提示“越行确认”，司机需要在 5 s 内进行“确认”操作，否则可能使 ATP 进入“冒进”模式，并且司机在进行“越行确认”后，60 s 内必须启动列车并运行 12 m 以上，如 60 s 内未越过前方目标点或故障点，重新选择“目视模式”，再次激活越行。

二、注意事项

1. 车载设备如果处于“休眠”模式，应先对车载设备断电，等待 30 s 后再重新上电启动。

2. 系统上电后，DMI 会显示“ATP 正在启动，请等待”，若超过 2 min ATP 没有进入待机模式可重启 ATP。

3. 若启机提示“确认 CTCS-2 级”，司机要以 CTCS-3 等级发车，但是又误确认了 CTCS-2 等级，需重启 ATP。

4. 若启机 ATP 自动呼叫 RBC 启机提示“无法与 RBC 建立连接”，司机要以 CTCS-3 等级发车，应在输入列车长度时，按“取消”键，选择 CTCS-3 级，重新输入 RBC ID 和电话号码；若依然与 RBC 无法建立连接，转到 CTCS-2 级后重启 ATP。

5. 若以 CTCS-3 等级发车，但司机所输的 RBC ID 和电话号码错误，应在输入列车长度时，按“取消”键，选择 CTCS-3 级，重新输入 RBC ID 和电话号码；若与 RBC 成功建立连接，按压“数据”键输入列车数据；若依然与 RBC 无法建立连接，转到 CTCS-2 级后重启 ATP。

6. 车载设备的两个 DMI 如果同时上电，都与 TSG 通信，ATP 和 DMI 都不能正常工作，需要关掉一个 DMI 后，再重新启动 ATP。

7. 若因列车停于应答器上方导致车载设备启动不成功可换系重启。

8. CTCS-3 完全监控模式下，发车信号开放时修改列车数据（列车编组数与车次号），在列车数据（列车编组数与车次号）被 RBC 确认前，车载拒收 RBC 的移动授权，导致 ATP 无允许速度，司机应重启 ATP。

9. CTCS-3 等级调车时，如遇紧急制动停车进入冒进模式后，司机需重新启动 ATP

10. DMI 显示“紧急制动故障”文本，在 ATP 输出制动的同时，司机需须将手柄置于制动位，停车后重启 ATP。

11. 若 DMI 显示“BTM 测试失败”、“BTM 测试超时”或“BTM 测试将在 XX 小时后超时”时，应重启 ATP 或换系重启。

12. ATP 运行过程中 DMI 显示允许码但 CTCS-3 等级无允许速度，司机应与调度确认后，以 CTCS-2 级发车或停车重启 ATP。

13. 司机手动选择 CTCS-2 到 CTCS-3 等级转换后，如果 ATP 进入冒进模式，应重启 ATP。

14. 司机应注意观察 DMI 显示屏幕的刷新(可通过观察或参考 DMI 时钟)，如未刷新变化，司机应采取制动措施，停车后重启车载设备。

15. 若 DMI 显示“BTM 故障”并施加制动，停车应重启 ATP 或换系重启。

16. DMI 提示“BSA 故障”(车载设备接收应答器功能暂时异常)并制动停车后，若“BSA 故障”文本消失，须与调度人员进行确认前方进路正常后可继续行车；若 DMI 再次提示“BSA 故障”并制动停车，须换系重启 ATP；若停车后车载系统故障，须重启 ATP。

17. 安装 7.3.10.1 版软件的 300T 型 ATP 在 C2 等级且与 RBC 建立连接，如修改列车长度或车次信息，需重启 ATP 后再进行修改。

18. 安装 7.3.10.1 版软件的 300T 型 ATP 的动车组在运行途中，司机如果发现 DMI 上显示的列车速度迅速降到 0；而列车速度维持不变(DMI 上短时出现“紧急消息”图标，允许速度突降)时，司机须手动输出最大常用制动，停车后重启 ATP 设备。

19. 若 DMI 显示以下文本，停车后司机应重启 ATP。(1)MVB 故障；(2)VDX 故障；(3)DX 故障；(4)SDP 故障；(5)NVMEM 故障；(6)安全软件故障；(7)软件配置故障；(8)ATPCU 故障；(9)BTM 故障；(10)制动旁路故障；(11)方向控制故障；(12)紧急制动切除故障；(13)停车制动输入故障；(14)TSG 故障；(15)Profibus 总线故障。

思 考 题

1. CRH380B(L)型动车组司机室检查都有哪些内容?

2. CRH380B(L)型动车组制动试验步骤有哪些?

3. 300T 型 ATP 使用注意事项有哪些?

第四部分　练习题题库及模拟考试

第二十一章　CRH2A 型动车组练习题题库

一、填 空 题

1. CRH2A 型动车组采用动力分散型(　　)传动方式。　交流

2. CRH2A 型动车组编组 1、2、(　　)号车为一个单元。　3、4

3. CRH2A 型动车组编组(　　)、7、8 号车为另一个单元。　5、6

4. CRH2A 型动车组编组(　　)单元的动力配置完全相同。　两个

5. CRH2A 型动车组动力车转向架全部车轮装有(　　)机械制动盘。　轮盘

6. CRH2A 型动车组动车转向架上装有轻型交流异步(　　)。　电动机

7. CRH2A 型动车组拖车转向架车轴上装有(　　)机械制动盘。　轴盘

8. CRH2A 型动车组动车转向架(KW175)主要由轮对、轴箱、一系悬挂、构架、(　　)、驱动装置和基础制动单元等七部分组成。　二系悬挂

9. CRH2A 型动车组(　　)转向架(KW176)主要由轮对、轴箱、一系悬挂、构架、二系悬挂和基础制动单元等六部分组成。　拖车

10. CRH2A 型动车组室内设有司机间和随车(　　)间。　机械师

11. CRH2A 型动车组紧急制动复位按钮的功能是复位(　　)。　紧急制动

12. CRH2A 型动车组保护接地合按钮的功能是接通接地开关,升弓状态使接触网接地,降弓状态(　　)设备防护。　高压

13. CRH2A 型动车组恒速按钮的功能是保持动车组以(　　)的速度行驶。　均衡

14. CRH2A 型动车组操作(　　)或牵引手柄级位可自动解除恒速。　制动手柄

15. CRH2A 型动车组受电弓折叠按钮的功能是降下受电弓,同时断开(　　)。　VCB

16. CRH2A 型动车组 VCB 断按钮的功能是断开真空(　　)。　断路器

17. CRH2A 型动车组操纵台下部安装有调整环境温度的出风口、风笛开关以及转储(　　)的 IC 插口等。　列车信息

18. CRH2A 型动车组操纵台故障显示灯准备(　　)点亮表示动车组尚未具备升弓合主断条件时点亮。　未完准备

19. CRH2A 型动车组操纵台故障显示灯 VCB 点亮表示 VCB(　　)。　断开

20. CRH2A 型动车组操纵台故障显示灯辅助制动点亮表示(　　)投入。　辅助制动

21. CRH2A 型动车组操纵台故障显示灯紧急制动点亮表示紧急制动动作且未(　　)。复位

22. CRH2A 型动车组操纵台故障显示灯自动过分相点亮表示检测到自动过分相控制装置(　　)。　故障

23. CRH2A 型动车组操纵台左侧墙面板上空气管关控制开关作用是强制空气管开闭器转换为“(　　)位置”。　关闭

24. CRH2A 型动车组司机室后墙上主要安装有 NFB(配电)盘、控制开关盘和司机室(　　)盘。　开关

25. CRH2A 型动车组转换开关盘关(　　)开关的使用时机是确认动车组所有车门已关闭,但无法启动动车组时,强制切除门互锁。　门联锁

26. CRH2A 型动车组转换开关盘关车门安全开关的使用时机是低速通过(　　)时等。　清洗线

27. CRH2A 型动车组司机室开关盘辅助制动开关的使用时机是(　　)装置故障时。　制动控制

28. CRH2A 型动车组采用(　　)分散交流驱动方式,在前后两端都设有司机室,在前端的司机室内进行操作。　动力

29. CRH2A 型动车组再生工况时,牵引电动机变为(　　)。　发电机

30. CRH2A 型动车组网侧高压电气设备主要包括:受电弓、(　　)、避雷器、电流互感器、接地保护开关等。　主断路器

31. CRH2A 型动车组牵引电路开闭由(　　)来实施。　VCB

32. CRH2A 型动车组当一台辅助电源装置发生故障时,可通过(　　)辅助电源装置向全列车提供辅助电源。　另一台

33. CRH2A 型动车组(　　)采用手动制动方式及由 ATPLKJ 控制的自动制动方式并用。　制动系统

34. CRH2A 型动车组制动系统主要由电制动系统、空气制动系统、(　　)装置和制动控制装置组成。　防滑

35. CRH2A 型动车组采用电气再生制动与空气制动的(　　)方式。　复合制动

36. CRH2A 型动车组空气制动控制系统主要由供气装置、制动控制装置、增压缸管、总风管、(　　)、压力表等组成。　制动管

37. CRH2A 型动车组(　　)复位操作需将制动手柄置于“快速”位,按下紧急制动复位按钮。　紧急制动

38. CRH2A 型动车组常用制动按速度一黏着特性曲线进行控制,并具有应(　　)机能。　载荷

39. CRH2A 型动车组基础制动装置采用(　　)夹钳装置,体积小,响应迅速。　液压

40. CRH2A 型动车组受电弓的升降指令能够通过设置在司机台的操作开关或者监控器的(　　)发出。　显示器

41. CRH2A 型动车组 VCB 的断开是操作(　　)断按钮断开。　VCB

42. CRH2A 型动车组监视器功能是将列车信息显示在司机台的显示器上,使乘务员了解(　　)状态。　列车运行

43. CRH2A 型动车组显示器诊断模式是监视器全部(　　)检查用的动作模式。

安全

44. CRH2A 型动车组显示器检修模式是检修车辆用或(　　)试验用的动作模式。车上

45. CRH2A 型动车组显示器牵引变流器信息画面是为确认牵引变流器的(　　)。启动

46. CRH2A 型动车组的车门分为(　　)、内端墙拉门、司机室侧门、司机室隔门等。外门

47. CRH2A 型动车组在各车厢内前后端墙的上部,设有火灾报警按钮以及乘客(　　)按钮。 紧急停车

48. CRH2A 型动车组按下火灾报警按钮及乘客紧急停车按钮,司机室和随车机械师室的(　　)将发出报警声音。 蜂鸣器

49. CRH2A 型动车组发生报警后,按相关规定处理后,须对报警蜂鸣器进行(　　)操作。 复位

50. 车载设备主要由天线、信号接收单元、制动控制单元、司机显示器、(　　)传感器等组成。 速度

51. CTCS2 级列控车载设备的控车模式有完全监控、(　　)、引导、目视行车、调车、隔离和待机等模式。 部分监控

52. 在待机模式下,列控车载设备正常接收轨道电路及(　　)信息。 应答器

53. 隔离模式,列控车载设备故障后,司机根据故障提示经特殊操作,列控车载设备(　　)停用,在该模式下司机按调度命令行车。 控制功能

54. 当列控车载设备处于调车模式时,司机按压“调车”键,如果满足转换条件,列控车载设备就将退出调车模式而进入(　　)模式。 待机

55. DMI 显示器缓解键,当 DMI 上给出允许缓解的提示后,司机按下(　　)键,列控车载设备结束制动。 缓解

56. DMI 显示器缓解键,在机控或人控优先的状态下,如果列车触发了(　　)制动,当列车停车后,列控车载设备允许司机缓解制动。 紧急

57. DMI 显示器载频键,用于选择列车(　　)行载频。 上、下

58. 检查试验时,作业人员互相配合和联控,确保(　　)。 人身安全

59. MON 显示器切换至“车辆信息”页面,确认(　　)断开。 EGS

60. 按压紧急制动复位开关(UBRS),故障显示灯(　　)灯熄灭。 紧急制动

61. 动车组进行转线、调车作业时,司机必须在运行方向的(　　)司机室操纵运行。前端

62. 进入车站到发线,按动车组停车位置标停车,并做到一次(　　)。停妥后保持列车制动状态。 稳准停妥

63. 停车后开启站台侧集控车门,开关门按钮不在(　　)的由随车机械师开启车门。司机室

64. 需进行换端作业时,必须确认车门的(　　)状态,防止因换端失败造成车门关闭。开启

65. 长大上坡道启动时,可将牵引手柄置于一定级位再缓解动车组制动,防止动车组(　　)。 溜逸

66. 动车组运行中应使用自动过分相装置。在经过乘务区段(　　)分相区时,需验证能否正常自动过分相。 第一个

67. 当自动过分相装置故障时,应采用(　　)过分相。 手动

68. 动车组运行速度达到目标值后,如恒速装置作用良好,可按下(　　)按钮,恒速运行。 恒速

69. 运行中或未停稳时,严禁换向操纵。更换乘务组或更换驾驶室操纵时,必须进行制动(　　)试验。 简略

70. 动车组运行中出现故障时,司机应立即通知随车机械师并按(　　)监控装置的提示,按步骤进行操作处理。 车载信息

71. CRH2A 型动车组可与同型动车组重联运行,两列 CRH2A 动车组的连挂与解编可以在司机室操作自动进行,紧急情况下也可以(　　)操作。 手动

二、单 选 题

1. CRH2A 型动车组适用于我国(　　)铁路的既有线和 200～300 km/h 客运专线运行。 B

A. 非电气化　B. 电气化　C. 合资　D. 地方

2. CRH2A 型动车组可以(　　)重联运行。 A

A. 2 个编组　B. 2 个车辆　C. 1 个编组　D. 1 个车辆

3. CRH2A 型动车组编组标称速度为(　　)km/h。 D

A. 260　B. 220　C. 250　D. 200

4. CRH2A 型动车组编组最高营运速度为(　　)km/h。 C

A. 260　B. 220　C. 250　D. 200

5. CRH2A 型动车组编组列车定员(　　)人。 C

A. 625　B. 620　C. 610　D. 615

6. CRH2A 型动车组编组方式是(　　)动车配 4 节拖车。 A

A. 4 节　B. 6 节　C. 8 节　D. 5 节

7. CRH2A 型动车组编组牵引功率为(　　)kW。 D

A. 4 850　B. 4 600　C. 4 900　D. 4 800

8. CRH2A 型动车组输出功率为(　　)kW。 D

A. 4 850　B. 4 600　C. 4 900　D. 4 800

9. CRH2A 型动车组主电源为(　　),单相交流。 B

A. 25 kV 60 Hz　B. 25 kV 50 Hz　C. 27 kV 50 Hz　D. 25 kV 52 Hz

10. CRH2A 型动车组电动机额定功率为(　　)kW。 A

A. 300　B. 320　C. 330　D. 350

11. CRH2A 型动车组全长(　　)mm。 A

A. 201 400　B. 201 100　C. 201 200　D. 201 300

12. CRH2A 型动车组头车长(　　)mm。　D

A. 25 600　　B. 25 500　　C. 25 200　　D. 25 700

13. CRH2A 型动车组中间车长(　　)mm。　B

A. 26 000　　B. 25 000　　C. 23 000　　D. 24 000

14. CRH2A 型动车组动力配置,由(　　)两个动力单元构成。　A

A. 4 动 4 拖　　B. 6 动 2 拖　　C. 5 动 3 拖　　D. 2 动 2 拖

15. CRH2A 型动车组每个动力单元由(　　)构成,两个动力单元构成一个列动车组。　D

A. 6 辆动车和 2 辆拖车　　B. 4 辆动车和 4 辆拖车

C. 3 辆动车和 1 辆拖车　　D. 2 辆动车和 2 辆拖车

16. 机车救援 CRH2A 型动车组采用自动空气制动机和(　　)号车钩。　C

A. 2　　B. 13　　C. 15　　D. 12

17. CRH2A 型动车组最高运行[试验]速度为(　　)km/h。　C

A. 220　　B. 200　　C. 250　　D. 210

18. CRH2A 型动车组每节车辆安装(　　)个转向架。　A

A. 2　　B. 1　　C. 4　　D. 3

19. CRH2A 型动车组运用气温技术条件参数为−20°～(　　)。　D

A. 25°　　B. 30°　　C. 35°　　D. 40°

20. CRH2A 型动车组运用海拔技术条件参数为海拔高度:≤(　　)m。　A

A. 1 500　　B. 1 100　　C. 1 200　　D. 1 600

21. CRH2A 型动车组线路基础设施运用技术条件参数为最大坡度:(　　)‰(困难条件下 20‰)。　B

A. 6　　B. 12　　C. 25　　D. 10

22. CRH2A 型动车组两列编组连挂时间:≤(　　)min。　D

A. 5　　B. 6　　C. 2　　D. 3

23. CRH2A 型动车组立即折返时间:<(　　)min。　A

A. 16　　B. 10　　C. 20　　D. 15

24. CRH2A 型动车组车钩中心线高度为(　　)mm。　B

A. 815　　B. 1 000　　C. 890　　D. 960

25. CRH2A 型动车组整备质量为(　　)t。　D

A. 375　　B. 360　　C. 385　　D. 370

26. CRH2A 型动车组转向架中心距为(　　)mm。　D

A. 17 200　　B. 17 300　　C. 17 600　　D. 17 500

27. CRH2A 型动车组固定轴距为(　　)mm。　C

A. 2 300　　B. 2 200　　C. 2 500　　D. 2 510

28. CRH2A 型动车组车轮径为(　　)mm。　A

A. 860　　B. 850　　C. 880　　D. 890

29. CRH2A 型动车组车钩中心线高度为(　　)mm。　A

A. 1 000　　B. 900　　C. 850　　D. 880

30. CRH2A 型动车组转向架运行速度为(　　)km/h。　D

A. 200　　B. 220　　C. 230　　D. 250

31. CRH2A 型动车组额定轴重为(　　)。　B

A. 15 t　　B. 14 t　　C. 16 t　　D. 17 t

32. CRH2A 型动车组主手柄的功能是设定牵引力的大小,分为(　　)挡。　A

A. P1～P10　　B. P1～P8　　C. P1～P16　　D. P1～P12

33. CRH2A 型动车组制动手柄的功能是设定制动力的大小,分运行、(　　)、快速、拔取位。　C

A. B1～B9　　B. B1～B8　　C. B1～B7　　D. B1～B6

34. CRH2A 型动车组操纵台故障显示灯关车门安全点亮表示车速≥(　　)km/h 时侧门压紧后。　D

A. 2　　B. 3　　C. 4　　D. 5

35. CRH2A 型动车组操纵台左侧墙面板上电压表切换控制开关作用是把直流电压表连接目标切换到(　　)线(列车无线蓄电池回路)。　B

A. 101　　B. 102　　C. 103　　D. 105

36. CRH2A 型动车组操纵台左侧墙面板上试验控制开关作用是模拟动车组(　　)km/h 速度信号输出,关闭头罩。　A

A. 5　　B. 4　　C. 3　　D. 2

37. CRH2A 型动车组转换开关盘辅助空气压缩机控制开关的使用时机是 MR 压力低于(　　)kPa(指示灯显示"准备未完")时。　A

A. 640　　B. 650　　C. 630　　D. 620

38. CRH2A 型动车组转换开关盘耐雪制动开关的使用时机是雪天,运行速度(　　)km/h 以下,需要启动耐雪制动。　C

A. 90　　B. 120　　C. 110　　D. 100

39. CRH2A 型动车组驾驶室内设置操纵台,操纵台上安装有(　　)、ATP 及车辆信息控制装置的显示器、故障显示灯、各仪表、按钮、操作手柄等。　A

A. LKJ　　B. IDU　　C. HHI　　D. CTC

40. CRH2A 型动车组制动手柄,常使用位置:运行位。功能:设定制动力,运转、常用 B1 至 B7、快速、拔取位(　　)个位置。使用时机:根据需要。　D

A. 6　　B. 7　　C. 8　　D. 10

41. CRH2A 型动车组操纵台关门显示灯(　　),功能:显示车门关闭好否,关闭好显示灯亮。　A

A. 绿色　　B. 白色　　C. 黄色　　D. 红色

42. CRH2A 型动车组操纵台(　　)显示器,功能:GSMR 调度通信、通用数据传输、应用的操作、状态显示以及语音提示的功能。　C

A. LKJ　　B. IDU　　C. CIR　　D. HHI

43. CRH2A 型动车组操纵台故障显示灯,功能:显示运行、(　　)车门等状态。　B

A. 紧急　　B. 制动　　C. 常见　　D. 缓解

44. CRH2A 型动车组主控器手柄，常使用位置：切。功能：设定牵引力的大小，分为 P1～P(　　)挡。使用时机：根据需要。　A

A. 10　　B. 8　　C. 6　　D. 7

45. CRH2A 型动车组操纵台故障显示灯紧急制动（　　），功能：紧急制动动作且未复位时点亮。　D

A. 绿色　　B. 白色　　C. 黄色　　D. 红色

46. CRH2A 型动车组操纵台故障显示灯火灾(　　)，功能：火灾报警开关被按下且没有复位时点亮。　A

A. 红色　　B. 绿色　　C. 白色　　D. 黄色

47. CRH2A 型动车组操纵台故障显示灯转向架(　　)，功能：检测到制动不缓解、轴温、黏着、空转、滑行等转向架异常时点亮。　A

A. 红色　　B. 绿色　　C. 白色　　D. 黄色

48. CRH2A 型动车组保温转换开关正常使用位置是置于左侧，功能是室外温度(　　)℃以下，自动投入保温加热器。　A

A. 10　　B. 15　　C. 5　　D. 20

49、应急灯切换转换开关正常使用位置是置于左侧，功能是将应急灯的电源切换到(　　)线，即使 BatK 断开也保持应急灯供电。　B

A. 120　　B. 102　　C. 106　　D. 105

50. CRH2A 型动车组空挡转换开关正常使用位置是置于左侧，功能是验(　　)牵引性能，进行空挡试验。主电路得电状态，牵引电机不得电。　A

A. 主电路　　B. 电路　　C. 控制电路　　D. 辅助电路

51. CRH2A 型动车组保温试验转换开关正常使用位置是置于左侧，功能是试验辅助加热器的性能(强制闭合)(　　)℃以上，可强制投入保温加热器。　A

A. 10　　B. 15　　C. 5　　D. 20

52. CRH2A 型动车组受电弓切换转换开关正常使用位置是置于左侧，功能是选择升起(　　)号车受电弓。　C

A. 2 或 7　　B. 3 或 7　　C. 4 或 6　　D. 2 或 5

53. CRH2A 型动车组应急蓄电池合转换开关正常使用位置是置于左侧，功能是驱动进、排气风扇电机与气密阀的通风装置，使客室内的通风换气系统能继续正常运转，持续时间约(　　)h。　D

A. 0.5　　B. 1.5　　C. 1　　D. 2

54. CRH2A 型动车组司机室机车电源转换开关正常使用位置是 OFF 断开位，功能是获得外部(　　)V 电源。　A

A. DC 110　　B. AC 110　　C. DC 100　　D. AC 100

55. CRH2A 型动车组当速度达到(　　)km/h 时，车内压释放阀关闭，车内开始保持气密。　C

A. 20　　B. 25　　C. 30　　D. 35

56. CRH2A 型动车组当速度降到(　　)km/h 时，车内压释放阀打开，将车内的压力变为与大气压相同，以避免对侧开门的开闭带来影响。 A

A. 28　　B. 25　　C. 30　　D. 20

57. CRH2A 型动车组牵引工况时，受电弓从接触网接收 25 kV、(　　)Hz 的单相交流电，经主断路器 VCB 至主变压器 MTr，降压后供给两台牵引变流器。 A

A. 50　　B. 60　　C. 40　　D. 70

58. CRH2A 型动车组以(　　)为一个基本动力单元。 C

A. 3 动 1 拖　　B. 2 动 1 拖　　C. 2 动 2 拖　　D. 1 动 2 拖

59. CRH2A 型动车组一个基本动力单元的牵引系统主要包括网侧高压电气设备、(　　)牵引变压器。 A

A. 1 台　　B. 2 台　　C. 3 台　　D. 4 台

60. CRH2A 型动车组一个基本动力单元的牵引系统主要包括网侧高压电气设备、1 台牵引变压器、(　　)牵引变流器。 B

A. 1 台　　B. 2 台　　C. 3 台　　D. 4 台

61. CRH2A 型动车组一个基本动力单元的牵引系统主要由网侧高压电气设备、1 台牵引变压器、2 台牵引变流器、(　　)三相交流异步牵引电机构成。 A

A. 8 台　　B. 10 台　　C. 6 台　　D. 4 台

62. CRH2A 型动车组主断路器每个基本动力单元(　　)。 D

A. 2 个　　B. 3 个　　C. 4 个　　D. 1 个

63. CRH2A 型动车组主断路器每个基本动力单元 1 个，全列共(　　)。 A

A. 2 个　　B. 3 个　　C. 4 个　　D. 1 个

64. CRH2A 型动车组高压电流互感器：每个基本动力单元(　　)。 D

A. 2 个　　B. 3 个　　C. 4 个　　D. 1 个

65. CRH2A 型动车组高压电流互感器：每个基本动力单元 1 个，全列共(　　)。 A

A. 2 个　　B. 3 个　　C. 4 个　　D. 1 个

66. CRH2A 型动车组避雷器每个基本动力单元(　　)。 C

A. 2 个　　B. 3 个　　C. 1 个　　D. 4 个

67. CRH2A 型动车组避雷器每个基本动力单元 1 个，全列共(　　)。 B

A. 3 个　　B. 2 个　　C. 1 个　　D. 4 个

68. CRH2A 型动车组接地保护开关(EGS 开关)：每个基本动力单元(　　)。 D

A. 2 个　　B. 3 个　　C. 4 个　　D. 1 个

69. CRH2A 型动车组接地保护开关(EGS 开关)：每个基本动力单元 1 个，全列共(　　)。 A

A. 2 个　　B. 3 个　　C. 4 个　　D. 1 个

70. CRH2A 型动车组一个基本动力单元 1 个牵引(　　)，全列共 2 个。 A

A. 变压器　　B. 变流器　　C. 辅助变压器　　D. 辅助变流器

71. CRH2A 型动车组有(　　)牵引变压器。 A

A. 2 个　　B. 3 个　　C. 4 个　　D. 1 个

72. CRH2A 型动车组一个基本动力单元 2 个(　　),全列共 4 个。 C

A. 变压器　　B. 辅助变压器　　C. 牵引变流器　　D. 辅助变流器

73. CRH2A 型动车组每节动车有(　　)牵引电动机。 D

A. 2 台串联　　B. 2 台并联　　C. 4 台串联　　D. 4 台并联

74. CRH2A 型动车组一个基本动力单元有(　　)牵引电动机。 C

A. 4 台串联　　B. 6 台并联　　C. 8 台串联　　D. 10 台并联

75. CRH2A 型动车组全列共(　　)牵引电动机。 D

A. 12 台串联　　B. 20 台并联　　C. 18 台串联　　D. 16 台并联

76. CRH2A 型动车组牵引电动机额定输出功率(　　)kW。 B

A. 310　　B. 300　　C. 330　　D. 350

77. CRH2A 型动车组稳压 DC(　　)V 系统向车辆的控制电源、车厢照明、蓄电池等供电。 A

A. 100　　B. 120　　C. 105　　D. 120

78. CRH2A 型动车组牵引变压器将架线电压 25kV 变换成辅助电源装置的输入电压 AC(　　)V,同时也担负辅助电源装置对架线的绝缘作用。 D

A. 380　　B. 480　　C. 600　　D. 400

79. CRH2A 型动车组空气制动装置包括(　　)式制动装置。 A

A. 2 套轮盘　　B. 4 套轴盘　　C. 4 套轮盘　　D. 4 套轴盘

80. CRH2A 型动车组拖车的每根轴上只有空气制动装置,包括 2 套轮盘式制动装置和(　　)式制动装置。 D

A. 8 套轴盘　　B. 6 套轴盘　　C. 4 套轴盘　　D. 2 套轴盘

81. CRH2A 型动车组在速度低于 15 km/h 以下时不使用(　　)。 B

A. 辅助制动　　B. 电制动　　C. 耐雪制动　　D. 保持制动

82. CRH2A 型动车组在速度低于(　　)以下时不使用电制动。 A

A. 15 km/h　　B. 25 km/h　　C. 35 km/h　　D. 45 km/h

83. CRH2A 型动车组总风压力小于(590±10)kPa 时,动车组产生(　　)制动。 C

A. 停车制动　　B. 制动　　C. 紧急　　D. 常用

84. CRH2A 型动车组总风压力小于(　　)kPa 时,动车组产紧急制动。 C

A. 600±20　　B. 600±10　　C. 590±10　　D. 590±20

85. CRH2A 型动车组常用制动采用电、空结合的复合制动方式,电制动优先,所承担的制动能量占全部制动能量的(　　)。 B

A. 95%　　B. 97%　　C. 96%　　D. 90%

86. CRH2A 型动车组受电弓设置在(　　)车上。 A

A. 4 号车或 6 号　　B. 2 号车或 7 号　　C. 3 号车或 6 号　　D. 2 号车或 6 号

87. CRH2A 型动车组 VCB 投入是在确认(　　)的受电弓升起后,操作 VCB 投入开关。 A

A. 4 号车或 7 号　　B. 2 号车或 8 号　　C. 3 号车或 7 号　　D. 2 号车或 7 号

88. CRH2A 型动车组显示器电源电压画面是为确认牵引变压器辅助电源装置的动

作,显示辅助电压变流(　　)稳压蓄电池电压。　D

A. 120 V　　B. 110 V　　C. 105 V　　D. 100 V

89. CRH2A 型动车组显示器供电分类画面是为确认牵引变压器辅助电源装置的动作,显示辅助电源的供电范围。还显示三相交流(　　)稳压的各电源的供电状态。　A

A. 3 相　　B. 2 相　　C. 4 相　　D. 单相

90. CRH2A 型动车组显示器供电分类画面是为确认牵引变压器辅助电源装置的动作,显示辅助电源的供电范围。还显示(　　)交流 400 V 稳压的各电源的供电状态。　D

A. 360 V　　B. 380 V　　C. 600 V　　D. 400 V

91. CTCS 根据功能要求和设备配置划分应用等级分为(　　)级。　C

A. 2～4　　B. 0～5　　C. 0～4　　D. 1～4

92.(　　)级由通用机车信号+列车运行监控装置组成,为既有系统。　D

A. CTCS-3　　B. CTCS-2　　C. CTCS-1　　D. CTCS-0

93.(　　)级由主体机车信号+安全型运行监控记录装置组成,点式信息作为连续信息的补充,可实现点连式超速防护功能。　C

A. CTCS-3　　B. CTCS-2　　C. CTCS-1　　D. CTCS-0

94.(　　)级是基于轨道传输信息并采用车—地一体化系统设计的列车运行控制系统。　B

A. CTCS-3　　B. CTCS-2　　C. CTCS-1　　D. CTCS-0

95.(　　)级是基于无线传输信息并采用轨道电路等方式检查列车占用的列车运行控制系统。点式设备主要传送定位信息。　A

A. CTCS-3　　B. CTCS-2　　C. CTCS-1　　D. CTCS-0

96. 在引导模式下,司机应当在每(　　)或运行 200 m 以前按下警惕键,否则列控车载设备将触动紧急制动。　C

A. 50 s　　B. 50 s 之内　　C. 60 s 之内　　D. 60 s

97. 在引导模式下,司机应当在每 60 s 之内或运行(　　)按下警惕键,否则列控车载设备将触动紧急制动。　C

A. 300 m　　B. 300 m 以前　　C. 200 m 以前　　D. 200 m

98. 在引导模式下,司机应当在每 60 s 之内或运行 300 m 以前按下警惕键,否则列控车载设备将触动(　　)制动。　C

A. 停车制动　　B. 制动　　C. 紧急　　D. 常用

99. DMI 显示器允许查询的数据包括(　　)、司机号以及各种文本信息等。　A

A. 车次号　　B. 车站号　　C. 列车号　　D. 版本号

100. DMI 显示器允许查询的数据包括车次号、(　　)以及各种文本信息等。　A

A. 车次号　　B. 车站号　　C. 列车号　　D. 版本号

101. DMI 显示器共设(　　)按键,2 块键盘。　D

A. 16 个　　B. 17 个　　C. 18 个　　D. 19 个

102. DMI 显示器共设 19 个按键,(　　)键盘。　A

A. 2 块　　B. 1 块　　C. 3 块　　D. 4 块

103. DMI 显示器右侧键盘为(　　)可扩展的功能键。 B

A. 2 个　　B. 8 个　　C. 6 个　　D. 4 个

104. DMI 显示器目视键，在停车(　　)按压目视键无效。 D

A. 三分钟　　B. 三分钟之内　　C. 两分钟　　D. 两分钟之内

105. DMI 显示器目视键，当列控车载设备接收到停车信号允许速度为(　　)km/h，司机在列车停车两分钟后，根据行车管理办法，按压“目视”键，列控车载设备进入目视行车模式。 B

A. 0～1　　B. 0　　C. 0～2　　D. 3～0

106. DMI 显示器警惕键，列控车载设备处于目视行车模式或引导模式时，司机需每隔(　　)s 或者(　　)m 按压“警惕”键，以表明司机了解当前车载设备处于目视行车模式或引导模式下。 B

A. 600　　B. 200　　C. 400　　D. 300

107. DMI 显示器警惕键，列控车载设备处于目视行车模式或引导模式时，司机需每隔(　　)s 或者 200 m 按压“警惕”键，以表明司机了解当前车载设备处于目视行车模式或引导模式下。 A

A. 60　　B. 50　　C. 40　　D. 30

108. 确认 MR 压力大于(　　)kPa。如压力不足，扳动辅助空压机控制开关(ACMS)，启动辅助空气压缩机，待压力的上升至满足要求，故障显示灯“准备未完”灯熄灭。 A

A. 640　　B. 630　　C. 620　　D. 600

109 将 MON 显示器页面切换至电源电压页面，确认控制电压表大于(　　)V。 C

A. 82　　B. 83　　C. 87　　D. 84

110. 按 VCB 合开关，通过故障显示灯 VCB 灯熄灭、网压电压表，确认(　　)闭合。 D

A. ASD　　B. EGS　　C. VSB　　D. VCB

111. VCB 闭合确认 APU 自动启动，确认直流电压约(　　)V。 A

A. 100　　B. 105　　C. 110　　D. 120

112. 换向手柄关位，将制动手柄移至拔取位，确认 BC 压力大于(　　)kPa，将主控钥匙逆时针方向旋转、锁定制动手柄，拔取钥匙。 C

A. 280　　B. 290　　C. 260　　D. 250

113. 换向手柄关位，将制动手柄移至拔取位，确认(　　)压力大于 260kPa，将主控钥匙逆时针方向旋转、锁定制动手柄，拔取钥匙。 A

A. BC　　B. AC　　C. BP　　D. WP

114. 制动手柄(　　)位，确认 BC 压力大于 400kPa。 A

A. 快速　　B. 紧急　　C. 常用制动　　D. B6 级

115. 制动手柄 快速位，确认 BC 压力大于(　　)kPa。 B

A. 380　　B. 400　　C. 450　　D. 420

116. 制动手柄移置(　　)位，确认 BC 压力大于 270 kPa。 B

A. B3　　B. B7　　C. B6　　D. B5

117. 制动手柄移置 B7 位，确认 BC 压力大于(　　)kPa。　A

A. 270　　B. 260　　C. 280　　D. 220

118. 制动手柄移置运行位，确认(　　)压力 0 kPa。　A

A. BC　　B. AC　　C. BP　　D. WP

119. 动车组在无制动力状态时，调车速度不得超过(　　)km/h。　C

A. 6　　B. 2　　C. 5　　D. 3

120. 开车前(　　)min，锁闭司机室门窗并进行开车时间预报，确认操纵台各仪表、显示屏显示正常，各开关、手柄位置正确。　D

A. 3　　B. 10　　C. 15　　D. 5

121. CRH2A 型动车组制动系统故障切除(　　)制动力时，限速 160 km/h 运行。　A

A. 25%　　B. 35%　　C. 50%　　D. 15%

122. CRH2A 型动车组制动系统故障切除 25%制动力时，限速(　　)km/h 运行。　B

A. 120　　B. 160　　C. 180　　D. 140

123. CRH2A 型动车组切除 50%制动力时，限速(　　)km/h 运行。　A

A. 120　　B. 160　　C. 180　　D. 140

124. CRH2A 型动车组切除(　　)制动力时，限速 120 km/h 运行。　A

A. 50%　　B. 30%　　C. 35%　　D. 45%

125. CRH2A 型动车组空气弹簧故障时，限速(　　)km/h 运行。　D

A. 160　　B. 180　　C. 140　　D. 120

126. CRH2A 型动车组车窗玻璃破损导致车厢密封失效时，限速(　　)km/h 运行。　A

A. 160　　B. 180　　C. 140　　D. 120

127. 为减少动车组冲动，运行中操纵制动系统应根据运行速度选择适当的制动级位，高速运行时应尽量用(　　)及以上级。　B

A. B2　　B. B5　　C. B3　　D. B4

128. 非紧急情况尽量不用快速制动，缓解后应确认(　　)压力为 0 后，再使用牵引手柄加速运行。　A

A. BC　　B. AC　　C. BP　　D. WP

三、多 选 题

1. CRH2A 型动车组编组为(　　)辆，最高运行速度(　　)km/h。　A、D

A. 8　　B. 16　　C. 200　　D. 250

2. CRH2A 型动车组编组方式是(　　)动车配(　　)拖车。　A、B

A. 4 节　　B. 4 节　　C. 2 节　　D. 6 节

3. CRH2A 型动车组两副受电弓分别安装在(　　)和(　　)车上。　C、D

A. 2 号　　B. 7 号　　C. 6 号　　D. 4 号

4. CRH2A 型动车组主电源(　　)，单相交流　A、B

A. 25 kV　　B. 50 Hz　　C. 29 kV　　D. 60 Hz

5. CRH2A 型动车组本车配备有紧急用梯子,(　　),灭火器,火灾报警按钮,(　　)按钮,(　　)紧急报警按钮。　A、B、C

A. 过渡板　　B. 紧急报警　　C. 厕所　　D. 门控

6. CRH2A 型动车组换向手柄的功能是设定动车组的运行方向,分(　　)挡。　B、C、D

A. 前制　　B. 关(中立)　　C. 后进　　D. 前进

7. CRH2A 型动车组(　　)车各设一个司机室。　A、B

A. 1 号　　B. 8 号　　C. 16 号　　D. 2 号

8. CRH2A 型动车组恒速按钮的控制原理是速度(　　)km/h,牵引手柄(　　)及以上时设定恒速控制。　A、D

A. ≥30　　B. ≥20　　C. P1 级　　D. P2 级

9. CRH2A 型动车组操纵台故障显示灯单元显示灯(　　)表示(　　)车动力单元工作不正常。　C、D

A. 2～4 号　　B. 2 点亮　　C. 1～4 号　　D. 1 点亮

10. CRH2A 型动车组操纵台故障显示灯单元显示灯(　　)表示(　　)车动力单元工作不正常。　A、D

A. 2 点亮　　B. 3 点亮　　C. 6～8 号　　D. 5～8 号

11. CRH2A 型动车组操纵台故障显示灯单元显示灯(　　)表示(　　)车动力单元工作不正常。　B、C

A. 4 点亮　　B. 3 点亮　　C. 9～12 号　　D. 9～13 号

12. CRH2A 型动车组操纵台故障显示灯单元显示灯(　　)表示(　　)车动力单元工作不正常。　A、D

A. 4 点亮　　B. 3 点亮　　C. 9～13 号　　D. 13～16 号

13. CRH2A 型动车组电压切换,功能:把直流电压表连接目标切换到(　　)线(列车无线蓄电池回路)。使用时机:在检测列车无线蓄电池的电压时使用仅(　　)号车。　A、C、D

A. 118D　　B. 108D　　C. 8　　D. 1

14. CRH2A 型动车组操纵台恒速按钮使用时机:车速≥(　　)km/h,牵引手柄(　　)及以上时设定定速控制,操作制动手柄或牵引手柄级位可自动解除恒速。　B、C

A. 25　　B. 30　　C. P2　　D. P1

15. CRH2A 型动车组操纵台冷气开关,常使用位置:(　　)。功能:(　　)冷气开关。使用时机:司机室冷气开关。　A、C、D

A. 开　　B. 关　　C. 司机室　　D. 动车组

16. CRH2A 型动车组启动试验转换开关正常使用位置是置于左侧,功能是制动手柄处在(　　)或快速位,操作主手柄置(　　)位试验主电路得电。　B、C

A. B6　　B. B7　　C. P1　　D. P2

17. CRH2A 型动车组每节动车有(　　)并联牵引电动机,一个基本动力单元 8 台,全列共(　　)。　A、D

A. 4 台　　B. 2 台　　C. 20 台　　D. 16 台

18.（　　）kV 电网高压首先由受电弓引入动车组，然后经过故障隔离开关接入到高压机器箱，并旁路连接了保护接地开关（　　）。　B、C

A. 29　　B. 25　　C. EGS　　D. EGF

19. CRH2A 型动车组牵引电动机额定输出功率（　　）kW，额定转速（　　）r/m。A、B

A. 300　　B. 4 140　　C. 350　　D. 4 200

20. CRH2A 型辅助电源装置（APU），安装在（　　）号车、（　　）号车体底下，分别向 4 辆车提供辅助电源。　C、D

A. 3　　B. 2　　C. 1　　D. 8

21. CRH2A 型动车组以 2 动 2 拖为（　　）基本动力单元，一列动车组有（　　）牵引动力单元组成。　B、C

A. 两个　　B. 一个　　C. 两个　　D. 三个

22. CRH2A 型动车组一个基本动力单元的牵引传动系统主要由网侧高压电气设备、（　　）台牵引变压器、（　　）台牵引变流器、（　　）台三相交流异步牵引电机构成。　A、B、C

A. 1　　B. 2　　C. 8　　D. 6

23. 受电弓从接触网（　　）kV、（　　）Hz 单相交流电源受电，通过主断路器 VCB 连接到牵引变压器原边绕组上。　C、D

A. 29　　B. 60　　C. 25　　D. 50

24. CRH2A 型动车组在（　　）号车上分别设有一个蓄电池箱。　B、C、D

A. 1　　B. 2　　C. 4　　D. 6

25. CRH2A 型动车组牵引变压器将架线电压（　　）kV 变换成辅助电源装置的输入电压 AC（　　）V，同时也担负辅助电源装置对架线的绝缘作用。　A、B

A. 25　　B. 400　　C. 29　　D. 380

26. CRH2A 型动车组每列车设置（　　）辅助电源装置（APU），安装在（　　）车体底下，分别向 4 辆车提供辅助电源。　A、B

A. 2 台　　B. 1、8 号　　C. 4 台　　D. 2、8 号

27. CRH2A 型动车组 DC（　　）系统可由（　　）线两条线供电。　A、B、C

A. 100 V　　B. 102　　C. 103　　D. 105

28. 为了使（　　）被机车救援，（　　）号车上装载了能把救援机车 BP 管的 BP 压力指令转换成电气指令的救援转换装置。　A、B

A. 1 号车　　B. 2 号车　　C. 3 号车　　D. 4 号车

29. CRH2A 型动车组拖车的每根轴上只有空气制动装置，包括（　　）式制动装置和（　　）式制动装置。　A、D

A. 2 套轮盘　　B. 4 套轮盘　　C. 4 套轴盘　　D. 2 套轴盘

30. 制动控制器配置数量为（　　）个，安装位置（　　）号车。　A、C、D

A. 1　　B. 2　　C. 1　　D. 8

31. CRH2A 型动车组，共计配置 3 台电动空气压缩机。分别安装在(　　)号车下面。　B、C、D

A. 2　　B. 3　　C. 5　　D. 7

32. CRH2A 型动车组上采用了 3 台辅助空压机，吊挂在(　　)号车的横梁上。　A、B、C

A. 2　　B. 4　　C. 6　　D. 3

33. CRH2A 型动车组为了使被机车救援，(　　)车上装载了能把救援机车 BP 管的 BP 压力指令转换成电气指令的救援转换装置。　A、B

A. T1　　B. T2　　C. T5　　D. T6

34. CRH2A 型动车组制动系统制动作用的种类，有(　　)，辅助、耐雪制动五种功能。A、B、D

A. 常用　　B. 快速　　C. 保持　　D. 紧急

35. CRH2A 型动车组列车分离，前方车辆采(　　)制动，后方车辆则采用快速制动与(　　)制动。　B、D

A. 常用　　B. 快速　　C. 保持　　D. 紧急

36. CRH2A 型动车组使用电气指令式的备用制动相当于(　　)级常用制动。　A、C、D

A. 3　　B. 4　　C. 5　　D. 7

37. CRH2A 型动车组在车头前侧安装有前照灯，采用的额定输入电压为(　　)V，波动范围 DC 77 V～DC(　　)V。　A、C

A. DC100　　B. AC100　　C. 137.5　　D. 136.5

38. CRH2A 型动车组操纵台冷气开关，常使用位置：(　　)。功能：(　　)冷气开关。使用时机：司机室冷气开关。　A、C、D

A. 开　　B. 关　　C. 司机室　　D. 动车组

39. CRH2A 型动车组电压切换，功能：把直流电压表连接目标切换到(　　)线(列车无线蓄电池回路)。使用时机：在检测列车无线蓄电池的电压时使用仅(　　)号车。　A、C、D

A. 118D　　B. 108D　　C. 8　　D. 1

40. CRH2A 型动车组操纵台恒速按钮使用时机：车速≥(　　)km/h，牵引手柄(　　)及以上时设定定速控制，操作制动手柄或牵引手柄级位可自动解除恒速。　B、C

A. 25　　B. 30　　C. P2　　D. P1

41. CRH2A 型动车组操纵台故障显示灯单元显示灯 5 (红色)，功能：(　　)号车动力单元工作不正常时点亮(连挂状态)。　A、B

A. 12　　B. 13　　C. 11　　D. 15

42. CRH2A 型动车组操纵台故障显示灯单元显示灯 6 (红色)，功能：(　　)号车动力单元工作不正常时点亮(连挂状态)。　A、B、C

A. 14　　B. 15　　C. 16　　D. 11

43. CRH2A 型动车组启动试验转换开关正常使用位置是置于左侧，功能是制动手柄

处在(　　)或快速位,操作主手柄置(　　)位试验主电路得电。　B、C

A. B6　　B. B7　　C. P1　　D. P2

44. CRH2A 型动车组即(　　)车各设一个司机室,运行方向前端的司机室负责控制列车运行,两个司机室具有基本相同的结构和功能。　A、B

A. 1号车　　B. 8号　　C. 10号　　D. 16号

45. 在引导模式下,司机应当在每(　　)之内或运行(　　)以前按下警惕键,否则列控车载设备将触动紧急制动。　A、C

A. 60 s　　B. 40 s　　C. 200 m　　D. 300 m

46. CRH2A 型动车组 DMI 显示器共设(　　)个按键,(　　)键盘。　A、D

A. 19　　B. 18　　C. 3块　　D. 2块

47. DMI 显示器警惕键,列控车载设备处于目视行车模式或引导模式时,司机需每隔(　　)s 或者(　　)m 按压"警惕"键,以表明司机了解当前车载设备处于目视行车模式或引导模式下。　A、C

A. 60　　B. 40　　C. 200　　D. 300

48. CRH2A 型动车组切除(　　)制动力时,限速(　　)运行。　B、C

A. 20%　　B. 50%　　C. 120 km/h　　D. 160 km/h

49. CRH2A 型动车组制动系统故障切除(　　)制动力时,限速(　　)运行。　A、D

A. 25%　　B. 50%　　C. 120 km/h　　D. 160 km/h

四、判 断 题

1. CRH2A 型动车组是由四方股份有限公司在国内制造生产的动车组。(　　)　√
2. CRH2A 型动车组采用动力分散型交直流传动方式。(　　)　×
3. CRH2A 型动车组采用动力分散型交流传动方式。(　　)　√
4. CRH2A 型动车组编组 1、2、3、4 号车为一个单元。(　　)　√
5. CRH2A 型动车组编组 4、5、6 号车为另一个单元。(　　)　×
6. CRH2A 型动车组编组 5、6、7、8 号车为另一个单元。(　　)　√
7. CRH2A 型动车组编组两个单元的动力配置基本相同。(　　)　×
8. CRH2A 型动车组编组两个单元的动力配置完全相同。(　　)　√
9. CRH2A 型动车组车身为铝合金筒形结构。(　　)　√
10. CRH2A 型动车组编组列车装有两副受电弓。(　　)　√
11. CRH2A 型动车组本车配备有紧急用梯子,过渡板,灭火器,火灾报警按钮,紧急报警按钮,门控紧急报警按钮。(　　)　×
12. CRH2A 型动车组紧急用梯子是在列车运行中无法停靠站台时,旅客从车辆下到地面时使用。(　　)　√
13. CRH2A 型动车组过渡板是在列车停车时,旅客从车辆换乘至另一列列车时使用。(　　)　×
14. CRH2A 型动车组车厢内前后车门上方设置有火灾报警按钮和紧急报警按钮。(　　)　×

15. CRH2A 型动车组动力车转向架全部车轮装有机械轴制动盘。（ ） ×

16. CRH2A 型动车组动力车转向架全部车轮装有机械制动盘(轮盘)。（ ） √

17. CRH2A 型动车组动车转向架上装有轻型交流异步电动机。（ ） √

18. CRH2A 型动车组转向架上装有轻型交流异步电动机。（ ） ×

19. CRH2A 型动车组拖车转向架车轴上装有机械制动盘(轴盘)。（ ） √

20. CRH2A 型动车组拖车转向架车轴上装有机械制动盘(轮盘)。（ ） ×

21. CRH2A 型动车组动车转向架(KW-175)主要由轮对、轴箱、一系悬挂、构架、二系悬挂、驱动装置和基础制动单元七部分组成。（ ） √

22. CRH2A 型动车组动车转向架(KW-175)主要由轮对、轴箱、一系悬挂、构架、二系悬挂、驱动装置和基础制动单元等九部分组成。（ ） ×

23. CRH2A 型动车组动车转向架(KW-175)主要由轮对、轴箱、一系悬挂、二系悬挂、驱动装置和基础制动单元等七部分组成。（ ） ×

24. CRH2A 型动车组动车转向架(KW-175)主要由轮对、一系悬挂、构架、二系悬挂、驱动装置和基础制动单元等七部分组成。（ ） ×

25. CRH2A 型动车组转向架(KW-175)主要由轮对、轴箱、一系悬挂、构架、二系悬挂、驱动装置和基础制动单元七部分组成。（ ） ×

26. CRH2A 型动车组动车转向架(KW-175)主要由轴箱、一系悬挂、构架、二系悬挂、驱动装置和基础制动单元等七部分组成。（ ） ×

27. CRH2A 型动车组动车转向架(KW-175)主要由轮对、轴箱、一系悬挂、构架、二系悬挂和基础制动单元等七部分组成。（ ） ×

28. CRH2A 型动车组动车转向架(KW-175)主要由轮对、轴箱、一系悬挂、构架、二系悬挂、驱动装置和基础单元等七部分组成。（ ） ×

29. CRH2A 型动车组拖车转向架(KW-176)主要由轮对、轴箱、一系悬挂、构架、二系悬挂和基础制动单元六部分组成。（ ） √

30. CRH2A 型动车组转向架(KW-176)主要由轮对、轴箱、一系悬挂、构架、二系悬挂和基础制动单元等六部分组成。（ ） ×

31. CRH2A 型动车组拖车转向架(KW-176)主要由轮对、轴箱、一系悬挂、构架、二系悬挂和基础单元等六部分组成。（ ） ×

32. CRH2A 型动车组拖车转向架(KW-176)主要由轮对、轴箱、一系悬挂、二系悬挂和基础制动单元等六部分组成。（ ） ×

33. CRH2A 型动车组拖车转向架(KW-176)主要由轮对、一系悬挂、构架、二系悬挂和基础制动单元等六部分组成。（ ） ×

34. CRH2A 型动车组拖车转向架(KW-176)主要由轮对、轴箱、构架、二系悬挂和基础制动单元等六部分组成。（ ） ×

35. CRH2A 型动车组室内设有司机间和随车机械师间。（ ） √

36. CRH2A 型动车组司机室与客车车厢之间的隔墙上，安装有向驾驶室内开的门。（ ） √

37. CRH2A 型动车组司机室两侧设有门，门上装有向内开的带自动锁的车窗。

(　　)√

38. CRH2A 型动车组司机室内的设备安装在操纵台、侧墙面板和设备柜面板上。(　　)×

39. CRH2A 型动车组操作设备主要包括操纵台上部设备、操纵台下部设备、左侧墙面板设备、司机室后墙配电板及控制开关等。(　　)√

40. CRH2A 型动车组操纵台上部安装有司机经常操作的各种开关、按钮、手柄以及显示各种信息的显示器、指示灯等。(　　)√

41. CRH2A 型动车组紧急制动复位按钮的功能是复位制动。(　　)×

42. CRH2A 型动车组紧急制动复位按钮的使用时机是发生紧急制动前,制动手柄置快速位,按压紧急复位。(　　)×

43. CRH2A 型动车组复位按钮的功能是将电路的动作复位,使设备重新投入运转。(　　)×

44. CRH2A 型动车组保护接地合按钮的功能是接通接地开关,升弓状态使接触网接地,降弓状态高压设备防护。(　　)√

45. CRH2A 型动车组恒速按钮的功能是保持动车组以均衡的速度行驶。(　　)√

46. CRH2A 型动车组操作手柄或牵引手柄级位可自动解除恒速。(　　)×

47. CRH2A 型动车组受电弓折叠按钮的功能是降下受电弓,同时断开 VCB。(　　)√

48. CRH2A 型动车组 VCB 断按钮的功能是断开真空断路器。(　　)√

49. CRH2A 型动车组 VCB 合按钮的功能是闭合真空断路器　√

50. CRH2A 型动车组连挂准备的功能是连挂操作。(　　)×

51. CRH2A 型动车组操纵台下部安装有调整环境温度的出风口、风笛开关以及转储列车信息的 IC 插口等。(　　)√

52. CRH2A 型动车组操纵台左侧安装有故障显示灯及关门指示灯,用于显示车辆故障状态和开关状态。(　　)×

53. CRH2A 型动车组操纵台故障显示灯准备未完准备点亮表示动车组尚未具备升弓合主断条件时点亮。(　　)√

54. CRH2A 型动车组操纵台故障显示灯 VCB 点亮表示 VCB 断开。(　　)√

55. CRH2A 型动车组操纵台故障显示灯火灾点亮表示火灾报警开关被按下且进行复位。(　　)×

56. CRH2A 型动车组操纵台故障显示灯设备切除点亮表示切除某一制动设备。(　　)×

57. CRH2A 型动车组操纵台故障显示灯辅助制动点亮表示辅助制动投入。(　　)√

58. CRH2A 型动车组操纵台故障显示灯紧急制动点亮表示紧急制动动作且未复位。(　　)√

59. CRH2A 型动车组操纵台故障显示灯转向架点亮表示检测到制动、轴温、黏着、空转、滑行等转向架异常。(　　)×

60. CRH2A 型动车组操纵台故障显示灯电气设备点亮表示 EGS 闭合时及检测到电路

故障。(　　)　×

61. CRH2A 型动车组操纵台故障显示灯空挡点亮表示中央装置接收到空挡指令。(　　)　√

62. CRH2A 型动车组操纵台故障显示灯自动过分相点亮表示检测到自动过分相控制装置故障。(　　)　√

63. CRH2A 型动车组操纵台左侧墙面板上安装有通信联络设备、司机室温度控制开关、照明控制开关等。(　　)　√

64. CRH2A 型动车组操纵台左侧墙面板上刮雨器控制开关作用是启动刮雨器,调整动作速度,喷水。(　　)　×

65. CRH2A 型动车组操纵台左侧墙面板上解编控制开关作用是指令解编动车组,与试验按钮配合使用可打开前端罩盖。(　　)　×

66. CRH2A 型动车组操纵台左侧墙面板上空气管关控制开关作用是强制空气管开闭器转换为“关闭位置”。(　　)　√

67. CRH2A 型动车组操纵台左侧墙面板上断开控制开关作用是强制连接切换器断开电气连接。(　　)　√

68. CRH2A 型动车组司机室后墙上主要安装有 NFB(配电)盘、控制开关盘和司机室开关盘。(　　)　√

69. CRH2A 型动车组 NFB 盘上安装有低压控制电路的电源开关,开关形式为定位脱扣。(　　)　×

70. CRH2A 型动车组转换开关盘保护接地切除开关的使用时机是切除保护接地时,首先按住保护接地合 EGSC1,然后扳动此开关,切除保护接地。(　　)　×

71. CRH2A 型动车组转换开关盘关门连锁开关的使用时机是确认动车组所有车门已关闭,但无法启动动车组时,强制切除门互锁。(　　)　√

72. CRH2A 型动车组转换开关盘关车门安全开关的使用时机是低速通过清洗线时等。(　　)　√

73. CRH2A 型动车组转换开关盘蜂鸣器切除开关的使用时机是需要解除蜂鸣器报警时。(　　)　√

74. CRH2A 型动车组转换开关盘应急灯切换开关的使用时机是主控钥匙未插入状态,客室、司机室需要照明时。(　　)　×

75. CRH2A 型动车组转换开关盘空挡开关的使用时机是动车组停留状态,需要试验主电路制动性能时。(　　)　×

76. CRH2A 型动车组转换开关盘强制罩闭开关的使用时机是牵引变流器、制动系统、ATC、辅助电源等设备故障修复后,试验牵引变流器性能时。(　　)　√

77. CRH2A 型动车组转换开关盘车上试验开关的使用时机是自动解编后,8 号车头罩无法关闭时使用。(　　)　√

78. CRH2A 型动车组转换开关盘启动试验开关的使用时机是需要试验主电路时,操作制动手柄、牵引手柄后,扳动此开关。(　　)　×

79. CRH2A 型动车组司机室开关盘主要安装设备室等开关及救援、辅助制动等开关。

(　　) √

80. CRH2A 型动车组司机室开关盘辅助制动开关的使用时机是制动控制装置故障时。(　　) √

81. CRH2A 型动车组司机室开关盘装置开关的使用时机是动车组无动力回送或使用机车救援时。(　　) ×

82. CRH2A 型动车组司机室开关盘电源开关的使用时机是无动力回送需要机车提供外部电源时。(　　) ×

83. CRH2A 型动车组联解试验开关盘位于操纵台至随车机械师间的通道左侧配电柜内,主要装有重联解编用的开关及试验开关。(　　) √

84. CRH2A 型动车组司机室配备了灭火器、止轮器、扩音器等安全保护设备,灭火器、扩音器等存放在随车机械师间座椅上方,止轮器存放在右侧司机室门处。(　　) √

85. CRH2A 型动车组采用动力分散交流驱动方式,在前后两端都设有司机室,在前端的司机室内进行操作。(　　) √

86. CRH2A 型动车组采用交—直传动方式。(　　) ×

87. CRH2A 型动车组再生工况时,牵引电动机变为发电机。(　　) √

88. CRH2A 型动车组网侧高压电气设备主要包括:受电弓、主断路器、避雷器、电流互感器、接地保护开关等。(　　) √

89. CRH2A 型动车组牵引电动机为 3 极三相鼠笼式异步电动机,采用架悬、强迫风冷方式,通过挠性齿形联轴节连接传动齿轮。(　　) ×

90. CRH2A 型动车组电源由接触网通过受电弓获得,通过 VCB 与牵引变压器的 2 次侧绕组连接。(　　) ×

91. CRH2A 型动车组牵引电路开闭由 VCB 来实施。(　　) √

92. CRH2A 型动车组辅助供电系统由牵引变压器 3 次辅助绕组提供电源,采用分段供电方式,电源系统贯穿全列车。(　) ×

93. CRH2A 型动车组当一台辅助电源装置发生故障时,可通过另一台辅助电源装置向全列车提供辅助电源。(　　) √

94. CRH2A 型动车组制动系统采用手动制动方式及由 ATP、LKJ 控制的自动制动方式并用。(　　) √

95. CRH2A 型动车组制动动作方式采用电气再生制动方式与电气指令式制动方式并用。×

96. CRH2A 型动车组制动系统主要由电制动系统、空气制动系统、防滑装置和制动控制装置组成。(　　) √

97. CRH2A 型动车组非动车上的每根轴上有电制动和空气制动装置。(　　) ×

98. CRH2A 型动车组采用电气再生制动与空气制动的复合制动方式。(　　) √

99. CRH2A 型动车组制动控制系统由再生制动和电气空气制动系统两部分组成。(　　) ×

100. CRH2A 型动车组空气制动控制系统主要由供气装置、制动控制装置、增压缸管、总风管、制动管、压力表等组成。(　　) √

101. CRH2A 型动车组司机操纵台上双针压力表检测 MR 管及 BP 管压力。(　　)还有压力开关与 MR 管连接，检测总风压力。(　　)　×

102. CRH2A 型动车组前方车辆采用快速制动动作，后方车辆则采用快速制动与紧急制动制动力大的一方动作。(　　)　×

103. CRH2A 型动车组紧急制动复位操作需将制动手柄置于"快速"位，按下紧急制动复位按钮。(　　)　√

104. CRH2A 型动车组常用制动按速度－黏着特性曲线进行控制，并具有应载荷机能。(　　)　√

105. CRH2A 型动车组基础制动装置采用液压夹钳装置，体积小，响应迅速。(　　)　√

106. CRH2A 型动车组正常情况下，只能有两个受电弓升起。(　　)　×

107. CRH2A 型动车组受电弓的升降指令能够通过设置在司机台的操作开关或者监控器的显示器发出。(　　)　√

108. CRH2A 型动车组 VCB 的断开是操作 VCB 断按钮断开。(　　)　√

109. CRH2A 型动车组车载信息控制装置通过贯穿车辆的总线来传送信息，从而减轻了列车的质量。(　　)　×

110. CRH2A 型动车组监视器功能是将列车信息显示在司机台的显示器上，使乘务员了解列车运行状态。(　　)　√

111. CRH2A 型动车组车载检测功能，使列车检测自动化，实时检测记录列车设备状态，及时切除故障设备，避免故障扩大，记录的状态数据还可作为维修依据，减轻维护保养工作。(　　)　√

112. CRH2A 型动车组发生故障时，司机台的警报生成和内容显示及引导显示。(　　)　×

113. CRH2A 型动车组司机台上设置的列车信息显示器中，提供司机模式、检修模式等用于不同用途的动作模式。(　　)　√

114. CRH2A 型动车组构成车载信息控制装置的设备由中央装置、终端装置、显示器、显示控制装置、IC 卡架以及车内信息显示器构成。(　　)　√

115. CRH2A 型动车组显示器普通模式是营业运行用的或试运行数据收集用的动作模式。(　　)　×

116. CRH2A 型动车组显示器诊断模式是监视器全部安全检查用的动作模式。(　　)　√

117. CRH2A 型动车组显示器检修模式是检修车辆用或车上试验用的动作模式。(　　)　√

118. CRH2A 型动车组显示器信息画面：调查并显示各设备有无电源、显示做好出库准备的车辆有无异常现象。(　　)　×

119. CRH2A 型动车组显示器牵引信息画面是为确认制动控制装置的作用。(　　)　×

120. CRH2A 型动车组显示器牵引变流器信息画面是为确认牵引变流器的启动。(　　)　√

121. CRH2A 型动车组显示器断开状态画面显示受电弓断开、VCB 断开、M 车断开、压缩机断开、气制动断开、非连动、车种的断开状态。(　　) √

122. CRH2A 型动车组车载信息系统主要功能是实现牵引和制动的指令系统信息的串行传输,通过界面传输司机的控制指令。(　　) √

123. CRH2A 型动车组车载信息系统一般模式是乘务人员在动车组运行中使用的操作模式,分为列车员模式和记录模式。(　　) ×

124. CRH2A 型动车组车载信息系统是查看列车行驶状态、车辆信息、出库信息、制动信息、电源电压、配电盘信息、车门状态及车次设定等功能。(　　) ×

125. CRH2A 型动车组车载信息系统列车员模式是查看车门信息、空调状态、实现对服务设施、广告显示、空调模式等项目的设定等功能。(　　) √

126. CRH2A 型动车组车载信息系统记录模式是实现动车组正常运行及试运行信息的记录下载等功能。(　　) √

127. CRH2A 型动车组车载信息系统司机模式是在动车组入库或在检修基地检修时所使用的模式。(　　) ×

128. CRH2A 型动车组的车门分为外门、内端墙拉门、司机室侧门、司机室隔门等。(　　) √

129. CRH2A 型动车组高速运行时,为了保证旅客安全或车体的密闭,是允许开门的。(　　) ×

130. CRH2A 型动车组通过操作在司机室以及随车机械师室(1 号车、8 号车,7 号车)上设置的乘务员开关,作为开关的集中控制方式。(　　) √

131. CRH2A 型动车组打开侧拉门之后司机台的关门显示灯会亮起。(　　) ×

132. CRH2A 型动车组在各车厢内前后端墙的上部,设有火灾报警按钮以及乘客紧急停车按钮。(　　) √

133. CRH2A 型动车组按下火灾报警按钮及乘客紧急停车按钮,司机室和随车机械师室的蜂鸣器将发出报警声音。(　　) √

134. CRH2A 型动车组发生报警后,按相关规定处理后,须对报警蜂鸣器进行复位操作。(　　) √

135. 列控系统是列车防护和机车信号系统的一体化系统。(　　) ×

136. 列控系统主要由地面设备及车载设备两大部分组成,地面设备与车载设备一起配合才能完成列车运行控制的功能。(　　) √

137. 地面控制中心通过电缆与铁路线上的轨道电路、信号机、应答器等设备相连,主要完成列车位置检测、形成速度信号及目的距离等信号,并将此信号传递给列车,车载设备将按照速度信号控制列车制动。(　　) √

138. 车载设备主要由天线、信号接收单元、制动控制单元、司机显示器、速度传感器等组成。(　　) √

139. CTC 的体系结构按铁路运输管理层、网络传输层、地面设备层和车载设备层配置。(　　) ×

140. CTCS3 级是基于轨道传输信息的列车运行控制系统。(　　) ×

141. CTCS2 级适用于各种限速区段，地面设通过信号机，机车乘务员凭车载信号行车。(　　)　×

142. CTCS3 级是基于无线通信(如 GSMR)的列车运行控制系统，它可以叠加在既有干线信号系统上。(　　)　√

143. CTCS3 级面向提速干线、高速新线或特殊线路，基于无线通信的固定闭塞或虚拟自动闭塞。(　　)　√

144、无线通信(GSM-R)地面设备作为系统信息传输平台完成大容量的信息交换。(　　)　×

145. CTCS2 级列控车载设备的控车模式有完全监控、部分监控、引导、目视行车、调车、隔离和待机等模式。(　　)　√

146. 休眠模式是列控车载设备上电后的默认模式。(　　)　×

147. 在待机模式下，列控车载设备正常接收轨道电路及应答器信息。(　　)　√

148. 列控车载设备自检后，自动处于休眠模式。(　　)　×

149. 完全监控模式是列车的正常运行模式。列控车载设备根据控车数据自动生成目标距离模式曲线，司机依据人机界面显示的列车运行速度、允许速度、目标速度和目标距离等信息控制列车运行。(　　)　√

150. 部分监控模式是侧线发车得不到应答器线路数据、缺省线路数据时的模式。若列控车载设备接收到轨道电路允许行车信息，但线路数据缺损时，列控车载设备产生固定限制速度，控制列车运行。(　　)　√

151. 引导模式是列控车载设备从轨道电路接收 HB 码后在轨道电路出口处形成速度为 45 km/h 的模式曲线，越过进站信号机后，自动转入本模式。(　　)　×

152. 隔离模式，列控车载设备故障后，司机根据故障提示经特殊操作，列控车载设备控制功能停用，在该模式下司机按调度命令行车。(　　)　√

153. DMI 显示器输入的数据主要包括车次号和司机号及区段号。(　　)　×

154. DMI 显示器屏幕正下方的键盘为固定功能键，个别键可有两个定义。(　　)　×

155. DMI 显示器调车键，当列控车载设备处于非调车模式时，司机按压“调车”键，如果满足转换条件，列控车载设备就进入调车模式。(　　)　√

156. 当列控车载设备处于调车模式时，司机按压“调车”键，如果满足转换条件，列控车载设备就将退出调车模式而进入待机模式。(　　)　√

157. DMI 显示器确认键，用于开车时从待机状态转入正常运行状态。(　　)　×

158. DMI 显示器缓解键，当 DMI 上给出允许缓解的提示后，司机按下“缓解”键，列控车载设备结束制动。(　　)　√

159. DMI 显示器缓解键，在机控或人控优先的状态下，如果列车触发了紧急制动，当列车停车后，列控车载设备允许司机缓解制动。(　　)　√

160. DMI 显示器载频键，用于选择列车上、下行载频。(　　)　√

161. DMI 显示器功能键，允许司机手动选择列控车载设备的控制模式，可选择模式包括：目视行车模式和调车模式。(　　)　×

162. DMI 显示器模式键，按压该键后，可以使 DMI 进入基础数据输入界面，在此界面

下可以查询或进入下一级菜单修改司机号、车次号等数据。(　　) ×

163. 接车检查作业时,按规定时间到动车段(所)办理接车手续。(　　) √

164. 接车检查作业时,值乘机班按机务段制定的检查整备作业程序对动车组进行检查试验。(　　) √

165. 检查试验时,作业人员互相配合和联控,确保人身安全。(　　) √

166. 检查各防护用品,各灭火器、防溜器具、信号灯(旗)、响墩、火炬、短路铜线、工具备品等,齐全良好。(　　) √

167. 检查司机室各开关、手柄、按钮位置正确;各门窗及仪表、显示屏、指示灯状态良好。(　　) √

168. 确认制动手柄处在"快速"位,将主控钥匙插入制动手柄钥匙孔,向顺时针方向旋转,解锁制动控制器。(　　) ×

169. 将制动手柄移动至"拔取"位,主控继电器(MCR)工作。(　　) ×

170. MON 显示器切换至"车辆信息"页面,确认 EGS 断开。(　　) √

171. 按压紧急制动复位开关(UBRS),故障显示灯"紧急制动"灯熄灭。(　　) √

172. 检查试验完毕,确认设定的行车安全装备参数正确、止轮器撤除后,准备出库。(　　) √

173. 正常情况下,司机号由 LKJ 提供数据,不用输入,但是司机必须在 DMI 主界面上检查数据是否正确。(　　) ×

174. 按压 F5"确定"按钮,返回基础数据输入界面。(　　) ×

175. 出勤前必须充分休息,身体状态良好。(　　) √

176. 出勤前严禁饮酒及服用易盹睡的药物,准时出勤。(　　) √

177. 担当所出作业时,按规定时间到达动车所。(　　) √

178. 检查试验完毕,将非操纵端各手柄、开关置于定位,锁闭各门窗进行换端检查试验。(　　) ×

179. 出段(所)时间,按照各动车段(所)规定的出段(所)时间执行。(　　) √

180. 动车组进行转线、调车作业时,司机必须在运行方向的前端司机室操纵运行。(　　) √

181. 进入车站到发线,按动车组停车位置标停车,并做到一次稳准停妥。停妥后保持列车制动状态。(　　) √

182. 停车后开启站台侧集控车门,开关门按钮不在司机室的由随车机械师开启车门。(　　) √

183. 动车组在无网区(无电区)需要进行调车作业时,由随车人员负责安装过渡车钩等专用设备;调车人员负责车钩摘解、软管摘结。(　　) ×

184. 在动车段(运用所)内使用内燃机车调车作业时,动车段(运用所)的地勤机械师或检修人员负责过渡车钩等设备的安装和摘解,地勤司机配合。(　　) √

185. 发车前须确认监控装置接码正常、输入参数及运行揭示正确无误;在操作显示终端上选择正确线路及工作模式。(　　) ×

186. 发车前须确认列控车载设备工作模式,CTCS-0 级区段开车时,必须处于部分监控

状态。(　　)　×

187. 需进行换端作业时，必须确认车门的开启状态，防止因换端失败造成车门关闭。(　　)　√

188. 启动动车组时，应将牵引手柄在“P0～P1”位稍作停留，再根据目标速度采用适当级位，做到起车稳、加速快。(　　)　×

189. 长大上坡道启动时，可将牵引手柄置于一定级位再缓解动车组制动，防止动车组溜逸。(　　)　√

190. 非 CTCS-2 级区段，运行至对标开车位置时，按压开车键对标，接收到出站口应答器信息后，确认列控车载设备进入完全监控模式。(　　)　×

191. CTCS-2 级区段，运行至对标开车位置时，按压开车键对标，进入监控状态。(　　)　×

192. 动车组司机在运行中应按照列车操纵示意图或操纵提示卡操纵列车。(　　)　√

193. 动车组司机在运行中应严格执行“彻底瞭望、确认信号、高声呼唤、手比眼看”要求，严格执行确认呼唤和车机联控制度(指路行车)，按规定鸣笛。(　　)　√

194. 动车组仅限于在规定的股道及进路上接发，遇动车组接发不能在基本进路办理时，必须以值班员命令为准。(　　)　×

195. 司机必须在运行方向前端司机室操纵。(　　)　√

196. 正常情况下，操纵端各开关、手柄、司机室门窗均应置于断开位或锁闭位。(　　)　×

197. 行车安全设备必须全程运转，监控装置和列控车载设备的转换必须按规定操作。(　　)　√

198. 动车组运行中应使用自动过分相装置。在经过乘务区段第一个分相区时，需验证能否正常自动过分相。(　　)　√

199. 当自动过分相装置故障时，应采用手动过分相。(　　)　√

200. 运行中每次过分相应对操纵台各仪表显示进行检查确认。(　　)　×

201. 动车组运行速度达到目标值后，如恒速装置作用良好，可按下恒速按钮，恒速运行。(　　)　√

202. 遇接触网故障或降、升受电弓标、降、升弓手信号时，应降下或升起受电弓。(　　)　×

203. 运行中或未停稳时，严禁换向操纵。(　　)　√

204. 动车组运行中出现故障时，司机应立即通知随车机械师并按车载信息监控装置的提示，按步骤进行操作处理。(　　)　√

205. 实行紧急制动时应考虑动车组速度、线路情况、限速要求等条件，准确掌握制动时机和级位，保持动车组均匀减速。(　　)　×

206. 遇紧急情况时，迅速将制动手柄置于紧急制动位或使用紧急停车按钮。(　　)　×

207. 到达换班继乘站后，保持列车制动状态。(　　)　√

208. CRH2A 型动车组可与同型动车组重联运行，两列 CRH2 动车组的连挂与解编可以在司机室操作自动进行，紧急情况下也可以手动操作。（　）√

209. CRH2A 型动车组重联必须 1 号车与 1 号车之间连挂，不允许两个 1 号车与 1 号车或 8 号车与 8 号车之间连挂。（　）×

210. 两列动车组重联运行时，运行前进方向第一列动车组负责操纵，第二列动车组不必安排司机。（　）√

211. 重联运行时第二列动车组制动手柄"运转"位，主手柄"断开位"，主控钥匙拔出，司机室门锁闭。（　）×

五、简 答 题

1. CRH2A 型动车组安全设备配置有哪几种?

答：CRH2A 型动车组配备有紧急用梯子，过渡板，灭火器，火灾报警按钮，紧急报警按钮，厕所紧急报警按钮。

2. CRH2A 型动车组安全设备紧急用梯子的用途?

答：紧急用梯子是在列车运行中无法停靠站台时，旅客从车辆下到地面时使用。使用前应首先确认地面安全。紧急用梯子的放置场所在 1 号车(1 位侧)和 8 号车(4 位侧)。

3. CRH2A 型动车组火灾报警按钮、紧急报警按钮的用途?

答：每节车厢内前后车门上方设置有火灾报警按钮和紧急报警按钮。按下按钮后，在蜂鸣器报警的同时，驾驶室和列车员室的显示器上也显示报警画面。

4. CRH2A 型动车组动车转向架部件组成?

答：主要由轮对、轴箱、一系悬挂、构架、二系悬挂、驱动装置和基础制动单元等七部分组成。

5. CRH2A 型动车组拖车转向架部件组成?

答：主要由轮对、轴箱、一系悬挂、构架、二系悬挂和基础制动单元等六部分组成。

6. CRH2A 型动车组操作设备有哪些?

答：主要包括操纵台上部设备、操纵台下部设备、左侧墙面板设备、司机室后墙配电板及控制开关等。

7. CRH2A 型动车组操纵台下部安装设备有哪些?

答：操纵台下部安装有调整环境温度的出风口、风笛开关以及转储列车信息的 IC 插口等。

8. CRH2A 型动车组左侧墙面板安装设备有哪些?

答：操纵台左侧墙面板上安装有通信联络设备、司机室温度控制开关、照明控制开关等。

9. CRH2A 型动车组列车无线应急电源切换转换开关作用?

答：将列车无线的电源切换到 102 线，即使 BatK 断开也保持列车无线供电。

10. CRH2A 型动车组空挡转换开关作用?

答：试验主电路牵引性能，进行空挡试验。主电路得电状态，牵引电机不得电。

11. CRH2A 型动车组启动试验转换开关作用?

答：需要试验主电路牵引性能时，操作制动手柄、牵引手柄后，扳动此开关。

12. CRH2A 型动车组救援转换装置开关作用?

答:接通制动指令转换器电源,将 BP 管压力变化转变为动车组制动信号。

13. CRH2A 型动车组牵引系统网侧高压电气设备的组成?

答:主要包括:受电弓、主断路器、避雷器、电流互感器、接地保护开关等。

14. CRH2A 型动车组制动系统组成?

答:制动系统主要由电制动系统、空气制动系统、防滑装置和制动控制装置组成。

15. CRH2A 型动车组再生制动系统组成?

答:再生制动系统由受电弓、牵引变压器、牵引变流器、牵引电动机组成,牵引电动机在制动时转变为发电机运行。

16. CRH2A 型动车组空气制动控制系统设备组成?

答:主要由供气装置、制动控制装置、增压缸管、总风管、制动管、压力表等组成。

17. CRH2A 型动车组信息网络信息控制装置车载检测功能?

答:使列车检测自动化,实时检测记录列车设备状态,及时切除故障设备,避免故障扩大,记录的状态数据还可作为维修依据,减轻维护保养工作。

18. CTCS-3 级列车运行控制系统的控制原理?

答:是基于无线传输信息并采用轨道电路等方式检查列车占用的列车运行控制系统。点式设备主要传送定位信息。

19. 列车运行控制系统隔离模式的控制原理?

答:列控车载设备车载设备故障后,司机根据故障提示经特殊操作,列控车载设备控制功能停用,在该模式下司机按调度命令行车。

20. 列车运行控制系统车载设备显示界面主要显示信息内容?

答:车载设备显示界面主要显示速度及距离信息、地面信息、车载设备状态和日期时间等内容。

21. CRH2A 型动车组运行中遇制动系统故障及空气弹簧故障时,限速运行的规定是什么?

答:(1)动车组制动系统故障切除 25%制动力时,限速 160 km/h 运行;切除 50%制动力时,限速 120 km/h 运行。(2)空气弹簧故障时,限速 120 km/h 运行。(3)车窗玻璃破损导致车厢密封失效时,限速 160 km/h 运行。

22. CRH2A 型动车组重联时第二列动车组的操纵规定?

答:重联运行时第二列动车组制动手柄“拔取”位,主手柄“断开位”,主控钥匙拔出,司机室门锁闭。

23. CRH2A 型动车组运行中操纵方法?

答:动车组运行速度达到目标值后,如恒速装置作用良好,可按下恒速按钮(运行速度 30 km/h 以上、牵引级位“P2”及以上),恒速运行。恒速装置不良时,使用牵引手柄控制动车组速度在规定速度范围内,超过规定速度时,及时使用制动手柄控制动车组速度。

24. CRH2A 型动车组设备远程切除/复位操作?

答:(1)按压主控端司机室 MON 屏【远程控制切除】键,进入“远程控制切除”页面。(2)选择相应动力单元(1U/2U/3U)。(3)选择要切除/复位的设备。4. 按下【设定】键,即:【单元】+【对应设备】+【设定】。(4) MON 屏切换至“切除状态”页面，确认对应设备的切除/复位状态。

25. CRH2A 型动车组电源切换操作?

答:(1)按压主控端司机室 MON 屏【远程控制切除】键，进入“远程控制切除”页面。(2)选择要进行 MTr 切除的单元，按【电源切换(ACK2 合)】键，再按【设定】键。(3) MON 屏切换至“供电分类”页面，确认 ACK1 断开，ACK2 合上。

26. CRH2A 型动车组 BKK、BKK2 投入/复位操作?

答:(1)按压 MON 屏【供电分类】键，进入“供电分类”页面。(2)断开故障 APU、APU3 对应的【辅助电源装置控制】断路器。(3)在 MON 屏“供电分类”页面，按压【BKK 投入】/【BKK 复位】或【BKK2 投入】/【BKK2 复位】键，再按【设定】键。

27. CRH2A 型动车组抱死切除/复位操作?

答:(1)按压主控端司机室 MON 屏【抱死切除】键，进入“抱死切除”页面。(2)选择相应车厢。(3)选择【抱死 1】或【抱死 2】。(4)按【切除】/【复位】键。(5)按【设定】键。

28. CRH2A 型动车组轴温报警切除/复位操作?

答:(1)按压主控端司机室 MON 屏【轴温切除】键，进入“轴温切除”页面。(2)选择相应车厢。(3)选择【轴温 1】或【轴温 2】。(4)按【切除】/【复位】键。(5)按【设定】键。

六、问 答 题

1. 简述 CRH2A 型动车组牵引系统的组成。

答:动车组以 2 动 2 拖为一个基本动力单元。一个基本动力单元的牵引系统主要由网侧高压电气设备、1 台牵引变压器、2 台牵引变流器、8 台三相交流异步牵引电机构成。

2. 简述 CRH2A 型动车组牵引主电路工作原理。

答:动车组电源由接触网通过受电弓获得，通过 VCB 与牵引变压器的 1 次侧绕组连接。牵引电路开闭由 VCB 来实施。牵引变压器 2 次绕组侧设有 2 个线圈，1 次侧的电压为 25 kV 时，2 次侧绕组电压则为 1 500 V。牵引变流器在 M1 车、M2 车上，每台牵引变流器控制 4 台牵引电机。在牵引时向牵引电机提供电力、在制动时进行电力再生控制。

3. 简述 CRH2A 型动车组辅助电源装置(APU)概述。

答:CRH2 型车组辅助供电系统由牵引变压器 3 次辅助绕组提供电源，采用干线供电方式，电源系统贯穿全列车。每列车设置 2 台辅助电源装置(APU)，安装在 1、8 号车体底下，分别向 4 辆车提供辅助电源。当一台辅助电源装置发生故障时，可通过另一台辅助电源装置向全列车提供辅助电源。

4. 简述 CRH2A 型动车组直流供电系统概述。

答:辅助整流器箱使用整流器变压器将 APU 的 400 V 三相电压输出变压后，通过三相全波整流器，输出稳压 DC 100 V，向车辆的控制电源、车厢照明、蓄电池、插座、服务设备等供电。DC 100 V 系统可由 102、103 线两条线供电。通常是由 103 线供电，架线停电时，通过操作应急灯切换接触器，在将电源由 103 线切换到 102 线的同时，即可向广播装置，应急灯等最低限度所需的设备供电。

5. 简述 CRH2A 型动车组制动系统控制原理是什么?

答:动车组的制动指令是由司机制动控制器发出的,经车辆信息控制装置传送到每辆车的制动控制装置,由制动控制装置的制动控制单元结合速度、载荷和制动级别等信息进行运算,按制动控制规律(减速度随速度的变化)控制 EP 阀电磁部,并经中继阀送出压缩空气到增压气缸,由基础制动装置完成制动作用。

6. 简述 CRH2A 型动车组信息网络车载信息控制装置。

答:车载信息控制装置通过贯穿列车的总线来传送信息,从而减轻了列车的质量。通过对列车运行以及与车载设备动作相关的信息进行集中管理,可以有效地帮助司机和乘务员操纵列车,加强车载设备的维护保养,提升对乘客的服务质量。

7. 简述 CRH2A 型动车组信息网络信息控制装置控制指令传送功能。

答:动车组牵引、制动、辅助电源等设备分散布置于列车各车辆,司机操作台布置在头车,控制指令也可通过硬连线传达各车辆,但需要大量电缆,通过信息网络,可减少大量硬连线,实现列车的集中控制,减轻列车质量。

8. 简述 CRH2A 型动车组信息网络传送系统构成。

答:传送线有列车信息传送线(光纤)及自我诊断信息传送线(双绞线)两种。头车中设置有由控制部分和监视器部分构成的中央装置,具有列车编组整体信息管理功能和向司机台监视显示器传送数据的功能。各列车分别设置有 1 台终端装置,实施各列车中车载设备的功能和信息传送。

9. 简述 CRH2A 型动车组客室内乘客紧急按钮、火灾报警按钮控制原理。

答:在各车厢内前后端墙的上部,设有火灾报警按钮以及乘客紧急停车按钮。按下此按钮,司机室和随车机械师室的蜂鸣器将发出报警声音,在发出报警的同时,司机室和随车机械师室的 MON 画面上显示相应的报警信息,如报警的种类(紧急报警还是火灾报警)、报警的车辆及位置等。

10. 简述列控系统的主要功能。

答:防止列车冒进关闭的信号机;防止列车错误出发;防止列车退行;防止列车超速通过道岔;防止列车超过线路允许的最大速度;监督列车通过临时限速区段;在出入库无信号区段限制列车速度。

11. 简述 CTCS-2 级列车运行控制系统的控制原理。

答:是基于轨道传输信息并采用车—地一体化系统设计的列车运行控制系统。可实现行指—联锁—列控一体化、区间—车站一体化、通信—信号一体化和机电一体化。

12. 简述列车运行控制系统完全监控模式的控制原理。

答:完全监控模式是列车的正常运行模式。列控车载设备根据控车数据自动生成目标距离模式曲线,司机依据人机界面显示的列车运行速度、允许速度、目标速度和目标距离等信息控制列车运行。

13. 简述列车运行控制系统部分监控模式的控制原理。

答:部分监控模式是侧线发车得不到应答器线路数据、缺省线路数据时的模式。若列控车载设备接收到轨道电路允许行车信息,但线路数据缺损时,列控车载设备产生固定限制速度,控制列车运行。

14. 简述列车运行控制系统引导模式的控制原理。

答:引导模式是列控车载设备从轨道电路接收 HB 码后在轨道电路出口处形成速度为 40 km/h 的模式曲线,越过进站信号机后,自动转入本模式。在该模式下,司机应当在每 60 s之内或运行 200 m 以前按下警惕键,否则列控车载设备将触动紧急制动。

15. 简述列车运行控制系统目视行车模式的控制原理。

答:当列控车载设备接收到禁止信号或无信号时,列车停车后,根据行车管理办法(含调度命令),司机经特殊操作(如按压专用按钮),列控车载设备生成固定限制速度 40 km/h,列车在列控车载设备监控下运行,司机对安全负责。

16. 简述 CRH2A 型动车组制动系统全部试验程序。

答:(1)制动手柄"快速"位,确认 BC 压力大于 400 kPa;(2)制动手柄移置"B7"位,确认 BC 压力大于 270 kPa;(3)制动手柄移置"运行"位,确认 BC 压力 0 kPa;(4)制动手柄置"B7"位,保持动车组制动状态。注意:ATP 已启动时,先缓解 ATP 制动再进行制动试验。

17. 简述 CRH2A 型动车组前进位启动试验试验程序。

答:(1)制动手柄置"B7"位或"快速"位,换向手柄置"前"位;(2)将 MON 显示器页面切换到【牵引变流器】页面;(3)牵引手柄置"P1"位;(4)扳动启动开关 3～5s;(5)检查电机电流等数据符合相关标准(在 MON 上确认 K 接通,MM 电流约 340 A,直流电压约 2 600 V);(6)牵引手柄置"切"位。

18. 简述 CRH2A 型动车组后进位启动试验试验程序。

答:(1)制动手柄置"B7"位或"快速"位,换向手柄置"后"位;(2)将 MON 显示器页面切换到【牵引变流器】页面;(3)牵引手柄置"P1"位;(4) 扳动启动开关 3～5 s;(5)检查电机电流等数据符合相关标准(在 MON 上确认 K 接通,MM 电流约 340 A,直流电压约 2 600 V);(6)牵引手柄置"切"位。注意:如果车门已开放,将关门连锁开关置反位,启动试验完毕将关门连锁恢复正常位。

19. 简述 CRH2A 型动车组入库正常停放操作程序。

答:动车组制动停车,将制动手柄置"B7"位,换向手柄置"关"位。按压"VCB 断"按钮,故障显示灯"VCB"灯点亮。按压"降弓"按钮,通过 MON 确认受电弓降下。制动手柄置"拔取"位,锁闭制动控制器,拔下钥匙。各显示灯、显示屏熄灭。通过双针压力表确认 MR 压力大于 780kPa,BC 压力大于 260kPa。下车按指定位置安放止轮器(CRH2A 统型动车组设有停放制动,无止轮器操作),确认受电弓降下。锁闭司机室门锁。

20. 简述 CRH2A 型动车组库内通电加压状态停放操作程序。

答:制动手柄置"快速"位,确认 BC 压力大于 210kPa。换向手柄置"关"位。制动手柄置"拔取"位,锁闭制动控制器,拔下钥匙。确认 BC 压力大于 260kPa。下车按规定位置安放止轮器(CRH2A 统型动车组设有停放制动,无止轮器操作)。锁闭司机室门锁。

21. 简述 CRH2A 型动车组起车操纵方法。

答:(1)启动动车组时,应将牵引手柄在"P1"位稍作停留,再根据目标速度采用适当级位,做到起车稳、加速快。(2)长大上坡道启动时,可将牵引手柄置于一定级位再缓解动车组制动,防止动车组溜逸。(3)非 CTCS-0 级区段,运行至对标开车位置时,按压开车键对标,接收到出站口应答器信息后,确认列控车载设备进入完全监控模式。(4)CTCS-0 级区段,运行至对标开车位置时,按压开车键对标,进入监控状态。

22. 简述 CRH2A 型动车组重联连挂的操作规定。

答:CRH2 型动车组重联必须 8 号车与 1 号车之间连挂,不允许两个 1 号车与 1 号车或 8 号车与 8 号车之间连挂。两列动车组重联运行时,运行前进方向第一列动车组负责操纵,第二列动车组不必安排司机。重联运行时第二列动车组制动手柄“拔取”位,主手柄“断开位”,主控钥匙拔出,司机室门锁闭。

23. 简述 CRH2A 型动车组运行中制动调速操纵的规定。

答:牵引手柄与制动手柄的配合操纵,应充分利用动车组制动优先的控制逻辑设计,正常情况下,使用制动手柄前,应先将牵引手柄回“切”位再实施制动,紧急情况下需要调速时,牵引手柄在任一牵引位上,可直接利用制动手柄调速,再将牵引手柄回“切”位。

24. 简述 CRH2A 型动车组常用制动时操纵的规定。

答:实行常用制动时应考虑动车组速度、线路情况、限速要求等条件,准确掌握制动时机和级位,保持动车组均匀减速。为减少动车组冲动,运行中操纵制动系统应根据运行速度选择适当的制动级位,高速运行时应尽量用“B5”及以上级,非紧急情况尽量不用“快速”制动,缓解后应确认 BC 压力为“0”后,再使用牵引手柄加速运行。

25. 简述 CRH2A 型动车组运行中操纵注意事项。

答:遇接触网故障或降、升受电弓标、降、升弓手信号时,应及时降下或升起受电弓。遇接触网临时停电或有异常情况时,要迅速断开主断路器、降下受电弓,根据动车组运行速度、风表压力情况选择适当地点停车,并立即报告车站值班员或列车调度员,及时通知随车机械师、列车长。运行中或未停稳时,严禁换向操纵。更换乘务组或更换驾驶室操纵时,必须进行制动简略试验。

26. 简述 CRH2A 型动车组复位操作。

答:(1)RS 复位操作:按压主控端司机室操纵台上的【复位】开关。(2)紧急复位操作:将制动手柄置于“快速”位,按压主控端司机室操纵台上的【紧急复位】按钮。(3)大复位操作:在停车状态下,断开 VCB、降下受电弓,将制动手柄置于“拔取”位,30 s 后重新投入制动手柄。注:(1)RS 复位操作只对保护电器的轻故障起复位作用。(2)大复位操作前须关闭全列侧拉门,复位之后须重新输入车次。

第二十二章　CRH380B(L)型动车组练习题

一、单 选 题

1. 随着通信技术的发展和业务需求的不断增加，列车无线通信的内容也得到了完善与发展，并形成了(　　)平台。　B

A. 通信　　B. 列车综合无线通信　　C. 移动通信　　D. 铁路移动通信

2. 450 MHz 列车无线调度通信机车台、车站台和调度设备之间具有(　　)传输功能。　C

A. 语音　　B. 单项数据　　C. 双向数据　　D. 数据

3. GSM-R 调度通信系统由网络交换子系统等(　　)设备构成。　D

A. 六个　　B. 七个　　C. 八个　　D. 九个

4. 综合无线通信设备由操作显示终端等(　　)设备构成。　B

A. 六个　　B. 七个　　C. 八个　　D. 九个

5. 选择"设置自动工作模式"时，MMI 主界面状态栏显示(　　)。　B

A. 手动　　B. 自动　　C. 待机　　D. 复位

6. 手动选择工作模式后，MMI 主界面状态栏显示(　　)。　A

A. 手动　　B. 自动　　C. 待机　　D. 复位

7. 车次功能号注册后，相关人员可以通过(　　)车次功能号呼叫司机。　D

A. 随车机械师　　B. 列车调度员　　C. 值班员　　D. 司机

8. 司机呼叫相关人员时也会带上(　　)，被叫方能识别呼叫者的身份。　A

A. 功能号　　B. 工牌号　　C. 单位代码　　D. 路局代码

9. 车次功能号注册后，才能发起对(　　)的呼叫。　B

A. 随车机械师　　B. 列车调度员　　C. 值班员　　D. 司机

10. 高速铁路均采用牵引供电的电气化铁路，牵引供电系统由(　　)和接触网组成。　A

A. 牵引变电所　　B. AT 所　　C. 分区所　　D. 开闭所

11. 牵引变电所是电气化铁路供电系统中的心脏，无论一般线路还是高速线路都要求它具有高度的(　　)。　A

A. 可靠性　　B. 经济性　　C. 稳定性　　D. 通用性

12. 接触网定位装置把接触网导线固定在(　　)某一位置，保证导线不会超出受电弓工作范围。　A

A. 线路中心　　B. 水平线　　C. 垂向　　D. 纵向

13. (　　)是自动过分相的关键技术之一，定位准确和可靠是保证系统可靠运行的基

础。 A

A. 列车定位　　B. 跟踪　　C. 自动控制　　D. 通信

14. CRH380B 型动车组在分相区内，主断路器断开，牵引和辅变不能由电网供电，牵引变流器转换到中间电路的(　　)模式，以确保在通过分相区时对车载电源的持续供电。 C

A. 待机　　B. 供电延伸　　C. 直流环节电压保持　　D. 供电激活

15. CRH380B 型动车组列车由 ATP 控制通过分相区时，通过 GFX-3A 的分相区信号需要(　　)，以避免 ATP 和 GFX-3A 间的冲突。 A

A. 隔离　　B. 提示　　C. 追踪　　D. 保存

16. CRH380B 型动车组过分相信号通过 MVB 传递到 CCU，并由 CCU 向(　　)发送信号来开始电压保持状态。 A

A. TCU　　B. CCU　　C. MVB　　D. WTB

17. CRH380B 型动车组过分相区时主断路器断开，为保持中间电路供电，所以必要的能量只能从列车的(　　)中获得。 A

A. 动能　　B. 蓄电池　　C. 辅助变流器　　D. 主变流器

18. CRH380B 型动车组 TCU 进入中间电压保持模式用时(　　)s。 B

A. 0.3　　B. 0.5　　C. 1　　D. 1.5

19. CRH380B 型动车组列车驶出分相区，触发出分相信号，信号通过 MVB 将信号传递到(　　)。 B

A. TCU　　B. CCU　　C. MVB　　D. WTB

20. 轨道对机车车辆运行起(　　)作用，直接承受由车轮传来的巨大压力，并把它传给路基或桥隧建筑物。 A

A. 导向　　B. 决定　　C. 承受　　D. 承载

21. 道床的作用是支撑轨枕，把从轨枕传来的压力均匀传给(　　)。 D

A. 基座　　B. 石砟　　C. 道床　　D. 路基

22. 轨道爬行就是因列车运行时(　　)的作用，使钢轨产生纵向移动，有时甚至产生带动轨枕一起移动的现象。 C

A. 横向力　　B. 垂向力　　C. 纵向力　　D. 惯性力

23. 调度集中系统的主要功能是调度员对所辖区段内的信号设备进行(　　)，对列车运行进行直接指挥和管理。 B

A. 集中管理　　B. 集中控制　　C. 集中操作　　D. 集中指挥

24. 分散自律调度集中系统是综合计算机技术、网络通信技术和现代控制技术，采用(　　)分散自律设计原则。 C

A. 集成化　　B. 信息化　　C. 智能化　　D. 自动化

25. 分散自律调度集中以列车运行调整计划控制为中心，兼顾列车与调车作业的高度(　　)的调度指挥系统。 D

A. 集成化　　B. 信息化　　C. 智能化　　D. 自动化

26. 自律控制系统是整个 CTC 系统的核心模块，它根据各列车的实际运行情况，将调

度员下达的控制计划转化为对车站联锁设备的(　　),从而实现运输指挥的高效和自动。　B

A. 信息　　B. 控制命令　　C. 指令　　D. 计划

27. CTC系统(　　)是指由调度中心控制车站作业改变为由车站独立控制各自的列车和调车作业。　A

A. 分散　　B. 自律　　C. 定义　　D. 含义

28. CTC系统(　　)是指系统按照《技规》《行规》《调规》和《站细》等自动协调列车调车作业矛盾,控制进路。　B

A. 分散　　B. 自律　　C. 定义　　D. 含义

29. 控制中心是中央自律控制子系统,车站是车站自律控制子系统,中央自律和车站自律互为(　　)。　C

A. 依靠　　B. 监督　　C. 备用　　D. 监视

30. 分散自律调度集中系统通过(　　)无线传输系统,将调度命令直接传输到机车的接收设备上,并可打印输出,代替传统的停车取命令的方式。　D

A. 铁路通信　　B. 铁路移动通信　　C. 车站　　D. 车—地

31. 分散自律控制的基本模式是用列车运行调整计划自动控制(　　)。　A

A. 列车运行进路　　B. 列车运行自动报点　　C. 列车运行时刻　　D. 列车追踪

32. 分散自律调度集中系统的进路控制功能包括(　　)进路控制。　A

A. 列车和调车　　B. 客车和动车组　　C. 客车和货车　　D. 列车和机车

33. CRH380B型动车组为(　　)编组。　C

A. 4辆　　B. 8辆　　C. 16辆　　D. 24辆

34. CRH380B型动车组排障器距轨面高度为(　　)mm。　C

A. 180　　B. 210　　C. 245　　D. 250

35. CRH380B型动车组全列共有(　　)个牵引单元。　B

A. 1　　B. 2　　C. 4　　D. 8

36. CRH380B型动车组的最高速度为(　　)km/h。　C

A. 300　　B. 350　　C. 380　　D. 400

37. CRH380B型动车组的动、拖数量为(　　)。　C

A. 6动2拖　　B. 2动6拖　　C. 4动4拖　　D. 5动3拖

38. CRH380B型动车组的轴重≤(　　)t。　C

A. 12　　B. 14　　C. 17　　D. 21

39. CRH380B型动车组的列车总长为(　　)m。　C

A. 180　　B. 200　　C. 200.65　　D. 215

40. CRH380B型动车组车体宽度为(　　)mm。　C

A. 2 500　　B. 3 000　　C. 3 257　　D. 3 400

41. CRH380B型动车组车体高度为(　　)mm。　B

A. 3 000　　B. 3 890　　C. 4 000　　D. 4 500

42. CRH380B型动车组的牵引总功率为(　　)kW。　D

A. 6 500　　B. 7 200　　C. 8 000　　D. 9 200

43. CRH380B型动车组牵引电机功率为(　　)kW。　D

A. 300　　B. 400　　C. 450　　D. 587

44. CRH380B型动车组的连挂运行时通过最小曲线半径为(　　)m。　D

A. 50　　B. 150　　C. 200　　D. 250

45. CRH380B型动车组的单组调车时通过最小曲线半径为(　　)m。　B

A. 50　　B. 150　　C. 200　　D. 250

46. CRH380B型动车组的辅助供电方式为三相(　　)。　D

A. AC 24 V/50 Hz　B. AC 110 V/50 Hz　C. AC 220 V/60 Hz　D. AC 440 V/60 Hz

47. CRH380B型动车组装有自动式和半永久式(　　)车钩。　B

A. 一种　　B. 两种　　C. 三种　　D. 四种

48. CRH380B型动车组自动车钩的制动管(BP)和主风缸管(MRP)接头位于机械钩头(　　)。　A

A. 正面　　B. 左侧　　C. 右侧　　D. 顶面

49. CRH380B型动车组配备一套统型过渡车钩，车钩由(　　)模块和相应连接附件组成。　A

A. 两个　　B. 三个　　C. 四个　　D. 五个

50. CRH380B型动车组统型过渡车钩放置在(　　)车储物柜下部。　C

A. 1号　　B. 4号　　C. 5号　　D. 8号

51. CRH380B型动车组客室内门按照(　　)方式分为自动门和手动门。　A

A. 驱动　　B. 操作　　C. 计算　　D. 使用

52. CRH380B型动车组司机室设计为单人驾驶模式，司机操纵台设置在(　　)位置。　B

A. 对称　　B. 中央　　C. 前端　　D. 水平

53. CRH380B型动车组紧急断电按钮的作用：紧急断开主断路器和(　　)。　C

A. 紧急制动　　B. 断电　　C. 降弓　　D. 报警

54. CRH380B型动车组恒速手柄的作用：在“0”和(　　)之间设置列车运行速度。　D

A. 300　　B. 350　　C. 400　　D. V最大

55. CRH380B型动车组当钥匙开关处于(　　)位置时，方向开关才被激活。　B

A. 中立　　B. 开　　C. 关　　D. 激活

56. CRH380B型动车组只有钥匙开关处于(　　)的位置时，才可从钥匙开关上取出钥匙。　C

A. 中立　　B. 开　　C. 关　　D. 激活

57. CRH380B型动车组制动手柄共设置了(　　)常用制动位置。　C

A. 六个　　B. 七个　　C. 八个　　D. 九个

58. CRH380B型动车组指示灯调节控制开关作用：用于调节指示灯的(　　)。　A

A. 明暗度　　B. 色度　　C. 能耗　　D. 音量

59. CRH380B型动车组前车钩罩开按钮的作用：打开车钩罩，激活ASC(　　)模式。 C

A. 停车　　B. 解编　　C. 连挂　　D. 通信

60. CRH380B型动车组警惕装置(ASD)为安全行驶装置，每个司机室设置(　　)。 A

A. 一个　　B. 二个　　C. 三个　　D. 四个

61. 在列车运行期间，司机必须在(　　)s的时间间隔内操作ASD进行响应。 B

A. 20　　B. 30　　C. 40　　D. 60

62. 司机室双针压力表的作用：显示(　　)的风压。 C

A. 两个头车制动缸　　B. 主风缸管和辅助风缸

C. 主风缸管和制动管　　D. 头车动轴和拖轴

63. 施加停放制动按钮作用：对(　　)施加停放制动。 B

A. 头车　　B. 全列　　C. 第一编组　　D. 第一牵引单元

64. 全列车全部施加停放制动后，停放制动施加按钮灯点亮(　　)。 A

A. 黄灯　　B. 白灯　　C. 红灯　　D. 绿灯

65. 蓄电池电压正常状态应为(　　)V。 C

A. 24　　B. 100　　C. 110　　D. 220

66. CRH380B型动车组司机室故障面板位于司机室(　　)控制柜的面板。 B

A. 左　　B. 右　　C. 前　　D. 后

67. CRH380B型动车组整列为一个高压单元，由(　　)对称的牵引单元组成。 B

A. 一个　　B. 两个　　C. 三个　　D. 四个

68. CRH380B型动车组每(　　)车为一个牵引单元，牵引单元间由车顶高压线缆连接。 D

A. 一个　　B. 两个　　C. 三个　　D. 四个

69. CRH380B型动车组全列由两个牵引单元组成，每个牵引单元设(　　)变压器。 A

A. 一个　　B. 两个　　C. 三个　　D. 四个

70. CRH380B型动车组每个牵引单元设置(　　)变流器。 B

A. 一个　　B. 两个　　C. 三个　　D. 四个

71. CRH380B型动车组每个牵引单元设置(　　)牵引电机。 C

A. 两台　　B. 四台　　C. 八台　　D. 十六台

72. CRH380B型动车组全车共计(　　)牵引电机。 D

A. 两台　　B. 四台　　C. 八台　　D. 十六台

73. 动车组高压设备分别安装在(　　)号车车顶上。 B

A. 01、08　　B. 02、07　　C. 03、06　　D. 04、05

74. 动车组每个变压器车顶安装(　　)受电弓。 A

A. 一架　　B. 两架　　C. 三架　　D. 四架

75. 牵引电机横向安装在(　　)转向架上。 A

A. 动力 B. 非动力 C. 每个 D. 动车组

76. 动车组安装CX-PG型受电弓主要由底架、绝缘子和柔性联轴节等(　　)部件组成。 D

A. 五个 B. 六个 C. 八个 D. 十个

77. 动车组在变压器车车顶设置(　　)主断路器。 A

A. 一个 B. 二个 C. 三个 D. 四个

78. 主断路器主要由控制装置等(　　)部件组成。 A

A. 六个 B. 七个 C. 八个 D. 九个

79. 主断路器采用(　　)控制方式。 C

A. 气动 B. 微机 C. 电空 D. 远程

80. 隔离开关安装在(　　)号车顶上部。 B

A. 01、08 B. 02、07 C. 03、06 D. 04、05

81. 正常情况下,隔离开关处于(　　)状态。 B

A. 打开 B. 闭合 C. 激活 D. 待机

82. 隔离开关采用(　　)控制。 C

A. 气动 B. 微机 C. 电空 D. 远程

83. 正常情况下,隔离开关驱动机构所需的风压由动车组(　　)提供。 B

A. 辅助风缸 B. 主风缸 C. 空压机 D. 制动管

84. 接地开关安装在(　　)号车顶主断路器旁边的底座上。 B

A. 01、08 B. 02、07 C. 03、06 D. 04、05

85. 每辆变压器车安装有(　　)直通式电流互感器。 C

A. 一个 B. 两个 C. 三个 D. 四个

86. 线电流互感器用于检测每个高压单元的(　　)。 C

A. 电压 B. 电容 C. 电流 D. 电涌

87. 主变压器电流互感器用于检测每个主变压器输入端(　　)。 C

A. 电压 B. 电容 C. 电流 D. 电涌

88. 通过每个主变压器电流互感器、主变压器回流互感器的检测值间的比较,可以判断主变压器是否存在(　　)。 C

A. 过流 B. 超压 C. 接地故障 D. 误差

89. 动车组两个牵引单元的高压系统通过车顶(　　)相互连接。 A

A. 高压电缆 B. 隔离开关 C. 接地装置 D. 主断路器

90. CRH380B型动车组有(　　)接地方式。 C

A. 一种 B. 两种 C. 三种 D. 四种

91. 保护性接地装置安装在(　　)号车转向架轴头上。 D

A. 01、08 B. 02、07 C. 03、06 D. 04、05

92. 运行接地装置安装在(　　)号车转向架轴头上。 B

A. 01、08 B. 02、07 C. 03、06 D. 04、05

93. 主变压器箱体安装在(　　)号车的车下部。 B

A. 01、08　　B. 02、07　　C. 03、06　　D. 04、05

94. 主变压器主要由油箱等(　　)部件组成。　A

A. 六个　　B. 七个　　C. 八个　　D. 九个

95. 牵引变流器安装在(　　)号车下牵引设备箱中。　A

A. 01、03、06、08　　B. 01、03、05、07　　C. 02、04、06、08　　D. 01、02、07、08

96. 牵引电机为4极(　　)异步电机。　C

A. 一相　　B. 两相　　C. 三相　　D. 四相

97. 每辆动力车装有(　　)牵引电机。　D

A. 一个　　B. 两个　　C. 三个　　D. 四个

98. CRH380B型动车组的辅助供电系统主要由单辅助变流器等(　　)设备组成。　B

A. 六个　　B. 七个　　C. 八个　　D. 九个

99. CRH380B型动车组的充电机安装在(　　)号车上。　D

A. 01、08　　B. 02、07　　C. 03、06　　D. 04、05

100. CRH380B型动车组在(　　)号车上设有单辅助变流器。　B

A. 01、08　　B. 02、07　　C. 03、06　　D. 04、05

101. CRH380B型动车组在(　　)号车上设有双辅助变流器。　D

A. 01、08　　B. 02、07　　C. 03、06　　D. 04、05

102. CRH380B型动车组采用微机控制的(　　)电空制动系统。　A

A. 直通式　　B. 间接式　　C. 直接式　　D. 循环式

103. 备用制动装置采用(　　)作用的空气分配阀。　B

A. 直通式　　B. 间接式　　C. 直接式　　D. 循环式

104. CRH380B型动车组安装有(　　)供风装置。　B

A. 一个　　B. 两个　　C. 三个　　D. 四个

105. CRH380B型动车组供风装置分别位于(　　)号车下部。　C

A. 01、08　　B. 02、07　　C. 03、06　　D. 04、05

106. 每个供风装置配置(　　)SL22型的螺旋式主空压机。　A

A. 一个　　B. 两个　　C. 三个　　D. 四个

107. CRH380B型动车组(　　)号车每车装有总风缸。　C

A. 01、08　　B. 02、07　　C. 03、06　　D. 04、05

108. 总风缸提供的压缩空气最高压力为(　　)kPa。　C

A. 800　　B. 850　　C. 1 000　　D. 1 200

109. 在(　　)号车下方安装有LP115型辅助空压机。　B

A. 01、08　　B. 02、07　　C. 03、06　　D. 04、05

110. 辅助空压机由直流(　　)V电机驱动。　C

A. 24　　B. 100　　C. 110　　D. 220

111. 辅助空压机通过(　　)进行控制。　A

A. CCU　　B. BCU　　C. MVB　　D. TVB

112. 辅助空压机由(　　)号车的制动控制模块进行控制。　B

A. 01、08　　B. 02、07　　C. 03、06　　D. 04、05

113. 直通空气制动由(　　)来进行控制。　B

A. CCU　　B. BCU　　C. MVB　　D. TVB

114. 间接空气制动是由(　　)控制。　A

A. 列车管　　B. 制动管　　C. 辅助空压机　　D. 主风管

115. CRH380B型动车组每辆车只有(　　)制动控制模块。　A

A. 一个　　B. 两个　　C. 三个　　D. 四个

116. 在拖车转向架轮对上,每个轴安装有(　　)轴制动盘　C

A. 一个　　B. 两个　　C. 三个　　D. 四个

117. 在动车转向架轮对上,每个轴安装有(　　)轮制动盘。　B

A. 一个　　B. 两个　　C. 三个　　D. 四个

118. CRH380B型动车组每辆头车各设有(　　)相互冗余的制动控制单元(BCU)。　B

A. 一个　　B. 两个　　C. 三个　　D. 四个

119. CRH380B型动车组除头车外,其他车各设有(　　)制动控制单元(BCU)。　A

A. 一个　　B. 两个　　C. 三个　　D. 四个

120. CRH380B型动车组制动控制单元监测每个轮对的速度,可根据轮轨之间的黏着情况激活防滑阀来减小(　　)的压力。　D

A. 辅助风缸　　B. 主风缸　　C. 空压机　　D. 制动缸

121. 为了优化砂的配量,动车组高速运行时撒砂装置的空气压力要比低速时的(　　)。　A

A. 大　　B. 小　　C. 较大　　D. 较小

122. 电制动系统用于(　　)制动。　D

A. 常用和停放　　B. 常用　　C. 紧急　　D. 常用和紧急

123. 间接空气制动在列车分离时,施加(　　)。　C

A. 停放制动　　B. 常用制动　　C. 紧急制动　　D. 常用和紧急

124. 制动指令信号经由(　　)传输到每辆车,用于控制直通电空制动。　C

A. CCU　　B. BCU　　C. MVB　　D. WTB

125. 间接制动机与直通制动机系统一起通过(　　)激活。　B

A. CCU　　B. BCU　　C. MVB　　D. WTB

126. 间接制动设计为(　　)制动,列车管中增加很小的压力就可缓解。　C

A. 自动　　B. 电空　　C. 一次缓解　　D. 阶段缓解

127. 在紧急制动期间,需要最大制动力,因而不再进行制动缸压力的(　　)。　D

A. 检测　　B. 监控　　C. 实时计算　　D. 实时调整

128. 紧急制动在速度高于200 km/h时施加(　　)减速度压力。　B

A. 高　　B. 低　　C. 固定　　D. 实时调整

129. 紧急制动在速度低于200 km/h时施加(　　)减速度压力。　A

A. 高　　B. 低　　C. 固定　　D. 实时调整

130. CRH380B 型动车组(　　)车的拖轴都装有停放制动缸。　B

A. 01、08 号　　B. 02、07 号　　C. 03、06 号　　D. 04、05 号

131. 在列车运行期间,如果停放制动施加,BCU 会断开“停放制动监视环路”实施(　　),以防止受影响的制动盘受到损坏。　C

A. 停放制动　　B. 常用制动　　C. 紧急制动　　D. 常用和紧急

132. 备用制动系统启用后,可通过控制(　　)的压力,来实现列车的制动和缓解功能。　B

A. 列车管　　B. 制动管　　C. 辅助空压机　　D. 主风管

133. 备用制动系统启用后,司机制动手柄的制动控制被切断,(　　)将无法使用。　D

A. 停放制动　　B. 常用制动　　C. 紧急制动　　D. 电制动

134. 制动手柄“OC”位作用:忽略或缓解(　　)。　C

A. 停放制动　　B. 常用制动　　C. 紧急制动　　D. 电制动

135. 制动手柄“OC”位置未被闭锁,当制动手柄释放时,将自动复原至(　　)位。　D

A. EB　　B. 1A　　C. 1B　　D. REL

136. 速度低于 25 km/h 时,正常制动模式自动变成(　　)制动模式。　B

A. 电空　　B. 比例　　C. 联合　　D. 紧急

137. 速度高于 25 km/h 时,通过按压“制动手柄”上的按钮就可激活(　　)制动模式。　B

A. 电空　　B. 比例　　C. 联合　　D. 紧急

138. 在速度低于(　　)km/h 时,只要长按“制动手柄”上的按钮,就可激活雪天制动。　D

A. 15　　B. 20　　C. 25　　D. 40

139. 紧急制动是通过动车组制动管(BP)完全排风,在所有转向架上施加(　　)制动力。　A

A. 最大的　　B. 平均　　C. 固定　　D. 实时计算的

140. 紧急制动时空气制动和电制动(　　)作用。　B

A. 先后　　B. 同时　　C. 随机　　D. 随时

141. 如果触发了紧急制动,车轮防滑保护系统将(　　)。　C

A. 关闭　　B. 报警　　C. 自动激活　　D. 提示

142. 制动手柄“EB”位的作用:触发(　　)。　B

A. 紧急制动 UB　　B. 紧急制动 EB　　C. 常用制动　　D. 最大常用制动

143. 自动安全装置 ASD 动作,将触发(　　)。　B

A. 紧急制动 UB　　B. 紧急制动 EB　　C. 常用制动　　D. 最大常用制动

144. 列车运行时,停放制动施加将触发(　　)。　B

A. 紧急制动 UB　　B. 紧急制动 EB　　C. 常用制动　　D. 最大常用制动

145. 紧急制动蘑菇头按钮被按下触发(　　)。　A

A. 紧急制动 UB　　B. 紧急制动 EB　　C. 常用制动　　D. 最大常用制动

146. 制动手柄“UB”位作用:触发(　　)。　A

A. 紧急制动 UB　　B. 紧急制动 EB　　C. 常用制动　　D. 最大常用制动

147. 转向架监控环路断开,将触发(　　)。　A

A. 紧急制动 UB　　B. 紧急制动 EB　　C. 常用制动　　D. 最大常用制动

148. 当动车组制动控制单元(BCU)检测到紧急制动 EB 减速度低于目标值时,将自动触发(　　)并生成故障信息。　A

A. 紧急制动 UB　　B. 紧急制动 EB　　C. 常用制动　　D. 最大常用制动

149.(　　)用于每辆车或一个牵引单元内设备之间的数据通信,具有固定的拓扑结构。　C

A. CCU　　B. BCU　　C. MVB　　D. WTB

150.(　　)用于连挂和解编的重联车辆,具有可变的拓扑结构。　D

A. CCU　　B. BCU　　C. MVB　　D. WTB

151.(　　)向车组发出牵引/制动命令、门释放、空调开/关、主电路接通/断开等命令。　A

A. 主 CCU　　B. 从 CCU　　C. WTB　　D. MVB

152.(　　)采集全列动车组范围内有效的指令,并通过车辆总线 WTB 发送。　A

A. 主 CCU　　B. 从 CCU　　C. WTB　　D. MVB

153. 每个车辆总线(　　)采集列车主 CCU 的指令及主电路部件的通电状态。　C

A. CCU　　B. BCU　　C. MVB　　D. WTB

154. 主、从 CCU 都有对高压设备进行(　　)的功能。　D

A. 监测　　B. 检测　　C. 保护　　D. 主动保护

155. 人机界面 HMI 是动车组的信息显示和输入设备,也是动车组的中央(　　)系统。　A

A. 诊断　　B. 监测　　C. 检测　　D. 保护

156. CRH380B 型动车组拖车上的辅助变流器控制单元与(　　)相连。　C

A. CCU　　B. BCU　　C. MVB　　D. WTB

157. 辅助变流器用于提供三相(　　)电压。　D

A. AC 24 V/60 Hz　　B. AC 110 V/60 Hz

C. AC 400 V/50 Hz　　D. AC 440 V/60 Hz

158. 辅助变流器可以通过外接插座得到三相(　　)电源。　C

A. AC24V/60Hz　　B. AC110V/60Hz　　C. AC400V/50Hz　　D. AC440V/60Hz

159. 为进一步提高动车组运行的安全性和可靠性,设计了以“(　　)”为原则的安全环路。　D

A. 故障—报警—记录　　B. 安全

C. 安全第一　　D. 故障导向安全

160. 将影响动车组安全运行的各种不安全因素串入到安全环路中,使动车组在特殊情况下能够(　　)。　D

A. 实施制动　　B. 安全　　C. 运行　　D. 安全停车

161. 旅客通过客室旅客紧急制动手柄断开旅客紧急制动环路,进而向司机室发出旅客

(　　)请求。 C

A. 停放制动　　B. 常用制动　　C. 紧急制动　　D. 电制动

162. 设备优先的列控系统在列车速度高于目标速度后立即进行制动控制，当列车速度低于目标速度后(　　)。 B

A. 手动缓解　　B. 自动缓解　　C. 语音提示　　D. 图标显示

163. 阶梯控制方式是在一个闭塞分区内只控制(　　)速度等级。 A

A. 一个　　B. 两个　　C. 两端　　D. 运行

164. 出口检查方式要求司机在闭塞分区内将列车运行降低到目标速度，ATP 车载设备在(　　)出口检查列车运行。 A

A. 闭塞分区　　B. 轨道绝缘　　C. 分区信号　　D. 轨道区段

165. 入口检查方式中本区段的入口速度就是本区段的(　　)。 D

A. 目标速度　　B. 监控速度　　C. 控制速度　　D. 允许速度

166. 入口检查方式较出口检查方式可有效提高(　　)。 B

A. 运行时间　　B. 间隔能力　　C. 追踪间隔　　D. 运输效率

167. CTCS 体系的构建原则是以地面设备为基础，车载与地面设备统一(　　)。 D

A. 结构　　B. 功能　　C. 模式　　D. 设计

168. CTCS 根据功能要求和配置应用等级划分为(　　)级。 B

A. 0～3　　B. 0～4　　C. 1～4　　D. 1～5

169. CTCS-0 级适用于列车最高运行速度为(　　)km/h 及以下，一般自动闭塞设计仍按固定闭塞方式进行，采用四显示自动闭塞，信号显示具有分级速度控制的概念，其目标距离式制动曲线可作为参考。 B

A. 120　　B. 160　　C. 200　　D. 250

170. CTCS-1 级由主体机车信号＋加强型运行监控装置组成，面向(　　)km/h 及以下的区段，在既有设备基础上强化改造，达到机车信号主体化要求，增加点式设备，实现列车运行安全监控功能。 B

A. 120　　B. 160　　C. 200　　D. 250

171. CTCS-2 级是基于轨道电路和点式信息设备传输信息的列车运行控制系统，面向提速干线和高速新线，适用于各种限速区段，地面可不设(　　)。 B

A. 轨道电路　　B. 通过信号机　　C. 调谐区　　D. 应答器

172. CTCS-3 级采取(　　)控制模式和准移动闭塞方式。 A

A. 目标距离　　B. 目标速度　　C. 距离速度　　D. 终点速度

173. CTCS-4 级是完全基于(　　)的列车运行控制系统。 B

A. 轨道电路　　B. 无线通信　　C. 应答器　　D. 移动通信

174. CTCS 各应用等级是根据设备配置来划分的，其主要差别在于地对车信息传输的(　　)和线路数据的来源。 D

A. 协议　　B. 标准　　C. 信息　　D. 方式

175. 应答器信息接收单元通过 BTM 天线，接收、解调地面应答器的报文信息，并在校核后将正确的信息传输给(　　)。 A

A. VC　B. STM　C. BTM　D. TIU

176. 应答器具有提供精确(　　)功能。　A

A. 定位　B. 信息　C. 判断　D. 识别

177. 各不同型号的动车组与各不同型号的ATP车载设备均采用统一的(　　)接口单元。　D

A. 标准　B. 协议　C. 制式　D. 制动

178. ATP车载设备的测速系统要求配置(　　)速度传感器,速度传感器需安装于不同的轴端。　A

A. 两套　B. 三套　C. 四套　D. 八套

179. 高速铁路灾害监测系统采用(　　)的处理平台。　A

A. 统一　B. 多远化　C. 实时　D. 综合

二、多 选 题

1. 我国高速铁路运营模式的主要特点是(　　)。　A、B、C、D

A. 运营线路长,客流需求特点存在很大差异。

B. 运行时间长,运行中服务需求存在很大差异。

C. "高速铁路与其他线路相关程度高,存在本线、下线、跨线等运输组织方式呈现多样化。"

D. 高速铁路运行图在高速铁路建成初期采用集中均衡式运行图模式,远期采用合理负荷下的规格化饱和运行图模式。我国CRH高速列车种类基本分为(　　)系列。

2. 我国CRH高速列车种类基本分为(　　)系列。　A、B、C、D

A. CRH1型系列　B. CRH2型系列　C. CRH3型系列　D. CRH5型

3. 列车综合无线通信设备(CIR)可覆盖(　　)等。　A、B、C、D

A. 450 MHz调度通信系统

B. 800 MHz列尾和800 MHz列车安全预警

C. GSM-R数字移动通信系统

D. 高速数据传输

4. 450 MHz列车无线调度通信系统可满足(　　)之间的话音通信。　A、B、C、D

A. 助理值班员　B. 司机　C. 调度员　D. 车站值班员

5. GSM-R调度通信系统由网络交换子系统、(　　)等设备构成。　A、B、C、D

A. 基站子系统　B. 操作支持子系统

C. 固定用户接入交换机FAS　D. 调度台

6. GSM-R调度通信系统由网络交换子系统、(　　)等构成。　A、B、C、D

A. 车站台　B. 机车综合通信设备CIR

C. 作业手持台OPH　D. 其他固定终端

7. GSM-R调度通信系统采用(　　)方式。　A、B、C、D

A. 功能寻址　B. 位置寻址　C. ISDN　D. MSISDN

8. GSM-R调度通信系统呼叫方式有(　　)呼叫。　A、B、C、D

A. 个呼　　B. 组呼　　C. 广播　　D. 紧急

9. 无线通信设备主要功能有(　　)。　A、B、C、D

A. 具有《列车无线调度系统制式及主要技术条件》中规定的机车电台功能。

B. 具有450 MHz机车电台自动和手动转换工作模式功能，并具有承载列车尾部风压、无线车次号、调度命令等数据信息的传输功能。

C. 具有GSM-R调度通信系统功能。

D. 具有GSM-R通用数据传输功能，可根据承载业务的需要提供GPRS或电路方式数据传输链路。

10. 无线通信设备主要功能有(　　)。　A、B、C、D

A. 具有GSM-R工作模式与450 MHz工作模式自动切换和手动切换功能。

B. 具有向用户提供GPS原始信息、公用位置信息的功能。

C. 操作显示终端具有GSM-R调度通信、通用数据传输、应用的操作、状态显示以及语音提示的功能。

D. 主机具有信息存储和导出功能。

11. 无线通信设备主要功能有(　　)。　A、B、C、D

A. 具有人工系统复位功能。

B. 主、副MMI之间具有通话功能。

C. 具备IEEE 802.11b标准中规定的数据传输功能。

D. 具备规定的出入库检测功能。

12. 综合无线通信设备由操作显示终端MMI、(　　)、天线、射频馈线等构成。　A、B、C、D

A. 主机　　B. 打印终端　　C. 扬声器　　D. 连接电缆

13. GSM-R调度命令无线传输系统，由(　　)等设备组成。　A、B、C、D

A. GSM-R数字移动通信网

B. GSM-R机车综合通信设备

C. GPRS接口服务器

D. CTC/TDCS

14. 无线闭塞中心(RBC)具备(　　)功能。　A、B、C、D

A. RBC系统实现列车的注册与注销，并接收来自列车的位置报告和列车数据。

B. RBC系统接受运行于CTCS-3级的列车转换至CTCS-2级运行的请求，接受运行于CTCS-2级下的CTCS-3级列车的注册请求。

C. RBC系统保证通过RBC-RBC边界的列车获得MA的一致性，使列车不减速通过RBC-RBC边界。

D. RBC系统根据从联锁获得的进路、轨道区段占用等信息以及从列车获得的状态信息，向列车发送行车许可。

15. 无线闭塞中心(RBC)具备(　　)功能。　A、B、C、D

A. RBC系统根据TSR服务器发送的临时限速命令，向相关列车发送临时限速信息。

B. RBC系统向列车提供分相区相关信息，实现自动过分相。RBC系统应能接受列车的调车模式请求，并可以接受离开调车模式的列车重新注册的请求。

C. RBC系统根据联锁或调度员的紧急停车命令，向列车发送紧急停车消息。紧急停车分两种情况，分别为联锁发送的激活紧急停车区和CTC的紧急停车命令。

D. RBC系统具备完整的自诊断、维护、测试、管理功能，可对RBC系统的各种控制、接口等信息进行记录。信息和事件的记录功能基于计算机硬件平台和以太网数据通信来实现。

16. 运营调度指挥系统涉及(　　)、安全监控、维护救援、旅客服务等多部门。　A、B、C、D

A. 运输组织　　B. 动车组　　C. 通信信号　　D. 供电

17. 高速铁路安全数据网设置网络管理系统，实现(　　)等功能。　B、C、D

A. 管理　　B. 数据记录　　C. 故障报警　　D. 状态预测

18. 高速铁路信号安全数据网接入设备包括：(　　)。　A、B、C、D

A. 列控中心(TCC)　　B. 计算机联锁(CBI)

C. 临时限速服务器(TSRS)　　D. 无线闭塞中心(RBC)

19. 高速铁路牵引供电关键技术主要有(　　)。　A、B、C、D

A. 高速接触网技术　B. 自动过分相技术　C. 高速线岔技术　D. 远程监控技术

20. 高速接触网设备主要由支柱、(　　)等组成。　A、B、C、D

A. 平腕臂　　B. 承力索支座　　C. 定位器　　D. 定位管

21. 高速接触网设备主要由支柱、(　　)等组成。　A、B、C、D

A. X腕臂　　B. 绝缘子　　C. 承力索　　D. 拉杆

22. 高速接触网设备主要由支柱、(　　)等组成。　A、B、C、D

A. 吊弦　　B. 接触导线　　C. 供电线　　D. 回流线

23. 接触网电分相一般设置在(　　)。　A、B、C、D

A. 牵引变电所出口处B. 分区亭出口处　C. 两供电臂交界处　D. 铁路局分界

24. 轨道由道床、(　　)和防爬设备等组成。　A、B、C、D

A. 轨枕　　B. 钢铁　　C. 联结零件　　D. 道岔

25. 钢轨具备足够的(　　)。　A、C、D

A. 强度　　B. 经济性　　C. 稳定性　　D. 耐磨性

26. 高速铁路轨道的主要基本技术要求是(　　)等方面。　A、B、C、D

A. 轨道的高平顺性　B. 轨道的高可靠性　C. 轨道的长寿命　D. 轨道的高稳定性

27. 道岔分为(　　)。　B、C、D

A. 重叠式道岔　　B. 单式道岔　　C. 复式道岔　　D. 菱形交叉

28. 分散自律调度集中系统能够满足我国铁路复杂的运输组织需求，实现了各级运输调度的(　　)。　B、C、D

A. 联合运行　　B. 集中管理　　C. 统一指挥　　D. 实时监督

29. CTC系统主要功能是(　　)。　A、B、C、D

A. 行车信息实时显示功能　　B. 车站实时信息站间透明显示功能

C. 列车车次号生成功能　　D. 列车无线车次号校核功能

30. CTC系统主要功能是(　　)。　A、B、C、D
A. 实时自动跟踪列车运行功能
B. 列车运行自动报点
C. 调度命令管理与下达
D. 无线调度命令自动下达指定车站和机车的功能
31. CTC系统主要功能是(　　)。　A、B、C、D
A. 自动描绘列车实际运行图功能。
B. 自动早正晚点统计功能
C. 阶段计划编制、调整和下达
D. 甩挂计划下达
32. CTC系统主要功能是(　　)。　A、B、C、D
A. 按列车阶段计划,自动办理列车进路并自动信号开放功能
B. 根据供电状态自动卡控电力机车运行进路功能
C. 动车组进路和高站台的信息提示功能
D. 动车组进路和高站台的信息提示功能
33. CTC系统主要功能是(　　)。　A、B、C、D
A. 自动控制调车进路及开放调车信号功能
B. 监控轨道电路分路不良功能
C. 设备运行状态、网络状态监督功能
D. 与相邻系统及其他系统信息交换
34. 分散自律调度集中系统分为(　　)控制模式。A、B
A. 分散自律　B. 非常站控　C. 分散执行　D. 分散运行
35. 司机室主要由(　　)组成。　A、B、C、D
A. 前墙　B. 侧墙　C. 顶板　D. 端部环形框
36. CRH380B型动车组第一牵引单元由(　　)车组成。　A、B、C、D
A. 1　B. 2　C. 3　D. 3
37. CRH380B型动车组第二牵引单元由(　　)车组成。　A、B、C、D
A. 1　B. 2　C. 3　D. 3
38. 自动车钩由(　　)等部件组成。　A、B、C、D
A. 车钩头　B. 解钩气缸　C. 电动车钩头　D. 钩身
39. 自动车钩由(　　)等部件组成。　A、B、C、D
A. 卡环　B. 导向杆　C. 风管接头　D. 接地系统
40. 自动车钩自动连挂过程时有三个工作位置,分别为:(　　)位置。　A、B、C
A. 连挂就绪　B. 已连挂　C. 解编　D. 激活
41. 动车转向架主要由轮对轴箱、一系悬挂、(　　)及附件等部件组成。　A、B、C、D
A. 构架　B. 二系悬挂　C. 驱动装置　D. 基础制动装置
42. 拖车转向架主要由轮对轴箱、一系悬挂、(　　)及附件等部件组成。　A、B、C
A. 构架　B. 二系悬挂　C. 驱动装置　D. 基础制动装置

43. 车门系统按照车体的安装位置分为(　　)。　A、B
A. 客室内门　　B. 客室侧门　　C. 卫生间门　　D. 司机室门
44. 司机室主要包括(　　)等设备设施。　A、B、C、D
A. 司机操纵台　　B. 右控制柜　　C. 左控制柜　　D. 脚踏区域
45. 司机室主要包括(　　)等设备设施。　A、B、C、D
A. 司机间壁　　B. 遮阳帘　　C. 座椅　　D. 空调
46. 受电弓开关设置:(　　)等位置。　A、B、D
A. 升弓　　B. 降弓　　C. 锁闭　　D. 降弓和撒砂
47. 方向开关设置:(　　)三个位置。　A、B、C
A. 前　　B. 后　　C. 0　　D. 中立
48. 制动手柄设置:"1A,1B,2,3,4,5,6,7"和(　　)等位置。　A、B、C、D
A. OC　　B. REL　　C. EB　　D. UB
49. 前照灯开关设置:"远光灯"(　　)等位置。　A、B、C、D
A. 远照灯变暗　　B. 信号灯　　C. 信号灯变暗　　D. 关闭
50. 牵引单元主要由(　　)等组成。　A、B、C
A. 主变压器　　B. 牵引变流器　　C. 牵引电机　　D. 制动装置
51. 动车组安装 CX-PG 型受电弓主要由(　　)等部件组成。　A、B、C、D
A. 底架　　B. 上/下臂　　C. 上/下拉杆　　D. 平衡系统
52. 动车组安装 CX-PG 型受电弓主要由(　　)等部件组成。　A、B、C、D
A. 弓头　　B. 自动降弓装置　　C. APIM 装置　　D. 减振器
53. 主断路器主要由(　　)等部件组成。　A、B、C、D
A. 高压接头　　B. 真空开关管　　C. 触头压力机构　　D. 脱动机构
54. 每辆牵引变压器车分别安装了(　　)。　B、C、D
A. 能耗互感器　　B. 主变压器电流互感器
C. 主变压器回流互感器　　D. 线电流互感器
55. 动车组接地分为(　　)。　A、B、C
A. 保护性接地　　B. 电磁兼容接地　　C. 运行接地　　D. 临时接地
56. 主变压器主要由油箱、(　　)等部件组成。　A、B、C、D
A. 储油柜　　B. 铁芯绕组　　C. 变压器　　D. 油冷却系统
57. 牵引变流器由(　　)组成。　A、B、C、D
A. 四象限斩波器　　B. 中间电压电路
C. 制动斩波器　　D. 脉冲宽度调制逆变器
58. 牵引电机主要由(　　)组成。　A、B、C、D
A. 定子　　B. 转子　　C. 轴承　　D. 端盖
59. 牵引电机转子由(　　)等部件组成。　A、B、C
A. 转轴　　B. 铁芯　　C. 鼠笼绕组　　D. 转子
60. CRH380B 型动车组的辅助供电系统主要由(　　)等设备组成。　A、B、C、D
A. 单辅助变流器　　B. 双辅助变流器　　C. 充电机　　D. 蓄电池

61. CRH380B型动车组的辅助供电系统主要由( )组成。 A、B、C
A. AC 440 V/AC 230 V变压器　　B. DC 110 V/AC 230 V逆变器
C. DC 110 V/DC 24 V变换器　　D. 空调变换器
62. 辅助空压机主要由( )组成。 B、C、D
A. 计算机　B. 压缩机　C. 直流电机　D. 干式空气滤清器
63. 空气制动装置执行( )功能。 A、B、C、D
A. 常用制动　B. 紧急制动　C. 旅客紧急制动　D. 停放制动
64. CRH380B型动车组网络控制系统设备包括:( )等设备。 A、B、C、D
A. 中央控制单元　B. 人机接口显示屏　C. 牵引控制单元　D. 制动控制单元
65. CRH380B型动车组网络控制系统设备包括:( )等设备。 A、B、C、D
A. 辅助控制单元　B. 输入输出模块　C. 温度采集单元　D. 中继器
66. 主CCU具有( )等作用。 A、B、C、D
A. 设定牵引控制单元牵引点设置　　B. 变压器保护
C. 控制车载电源　　D. 前端连接和前端活动阀门的控制
67. 主CCU具有( )等作用。 A、B、C、D
A. 监控安全回路
B. 火警系统和转向架的诊断情况
C. 通过分散的输入输出站对数字和模拟输入和输出进行控制
D. 停放制动控制
68. 主CCU具( )等作用。 A、B、C、D
A. 监控安全回路
B. 停放制动控制
C. 通过所属网关连接到车辆总线(WTB)
D. 确定和检测动车组和重联车组的配置
69. 人机界面HMI主要承担的任务有:( )。 A、B、C
A. 动车组的人机操作接口　　B. 为动车组和牵引单元提供诊断系统
C. 通过发出声音信号,通知司机　　D. 检测、监测设备运行
70. 安全环路由( )组成。 A、B、C、D
A. 环路中断器　B. 环路控制线　C. 环路状态线　D. 环路状态继电器
71. 在网络终端上,牵引控制单元处理和完成( )指令和功能。 A、B、C、D
A. TCU上电/断电控制　　B. 牵引力设定值处理
C. 切除TCU　　D. 切除BCU
72. 在网络终端上,牵引控制单元处理和完成( )指令和功能。 A、B、C、D
A. 隔离TCU的主断释放接触器　　B. 牵引封锁
C. TCU产生的分主断　　D. 4QS封锁
73. 在网络终端上,制动控制单元处理和完成( )指令和功能。 A、B、C、D
A. 紧急制动指令　　B. 辅助压缩机供风请求
C. 常用全制动指令　　D. 报告主压缩机供电状态

74. 在网络终端上，辅助控制单元处理和完成(　　)指令和功能。 A、B、C、D

A. 充电机控制　　B. ACU 控制

C. DC 负载上电顺序控制　　D. AC 冗余供电控制

75. 在网络终端上，辅助控制单元处理和完成(　　)指令和功能 A、B、C、D

A. DC 供电线路监测　　B. AC 负载管理

C. 外部供电　　D. AC 供电线路监测

76. ATP 可对列车运行速度进行实时监督，当列车运行速度超过最大允许速度时，自动控制列车实施(　　)，使列车停在显示禁止信号的信号机或停车标前方。 C、D

A. 报警　　B. 卸载　　C. 常用制动　　D. 紧急制动

77. 速度—距离模式曲线控制是根据(　　)等确定的反映列车允许速度与目标距离间关系的曲线，速度－距离模式曲线反映了列车在各点允许运行的速度值。 A、B、C、D

A. 目标速度　　B. 线路参数　　C. 列车参数　　D. 制动性能

78. 列车运行控制系统防止列车超速运行包括(　　)。 A、B、C、D

A. 防止列车超过进路允许速度

B. 防止列车超过线路结构规定的速度

C. 防止列车超过机车车辆构造速度

D. 防止列车超过临时限速及紧急限速

79. 列车运行控制系统防止列车超速运行包括(　　)。 A、B、C

A. 防止列车超过进路允许速度

B. 防止列车超过铁路有关运行设备的限速

C. 防止列车溜逸

D. 防止无人驾驶

80. 列车运行控制系统人机界面的功能包括(　　)。 A、B、C、D

A. 能够为机车乘务员提供必要的开关、按钮、显示和有关数据输入装置

B. 能够以字符、数字及图形等方式显示列车运行速度、允许速度、目标速度和目标距离

C. 能够实时给出列车超速、制动、允许缓解等表示以及设备故障状态的报警

D. 具有标准的列车数据输入界面，可根据运营和安全控制要求对输入数据进行有效性检查

81. CTCS 体系结构分为(　　)配置。 A、B、C、D

A. 铁路运输管理层　　B. CTCS 网络传输层

C. 地面设备层　　D. 车载设备层

82. 地面设备层主要包括(　　)等。 A、B、C、D

A. 列控中心　　B. 轨道电路和点式设备

C. 接口单元　　D. 无线通信模块

83. 车载设备由(　　)等部件组成。 A、B、C、D

A. VC　　B. STM　　C. BTM　　D. TIU

84. 车载设备由(　　)等部件组成。 A、B、C、D

A. DRU　　B. DMI　　C. 速度传感器　　D. 接收天线

85. 高速铁路灾害监测系统是由(　　)、地震监控等子系统组成的集成系统。　A、B、C、D

A. 风监测　　B. 雨监测　　C. 雪监测　　D. 异物侵限监控

86. 高速铁路灾害监测系统由(　　)等设备构成。　A、B、C、D

A. 现场监测设备　　B. 现场监控单元　　C. 中继站列控接口　　D. 牵引供电接口

87. 高速铁路灾害监测系统由(　　)等设备构成。　A、B、C

A. 监控数据处理设备B. 终端设备　　C. 通信网络　　D. 轨道电路

88. 强风天气预警监测子系统由风速检测设备、(　　)等设备组成。　A、B、C、D

A. 数据传输单元　　B. 监控单元　　C. 数据处理设备　　D. 终端

89. 高速铁路雪害对动车组运行产生的危害是(　　)。　A、B、D

A. 暴风雪形成的雪堆,过高时影响行车安全

B. 高速列车气动力卷起积雪并凝结在列车车体底部,导致车辆绝缘失效

C. 车下积雪增加车重提高能耗列车从降雪地区行至温暖地区,车下积雪或结冰脱落,砸向道床,使道砟飞起,危害车辆设备及附近建筑物和人员

D. 积雪使道岔扳动失灵

三、判 断 题

1. 动车组是指由若干动车和拖车或全部由动车长期固定连挂在一起组成的列车。(　　)√

2. 动车组特征是固定编组,自带动力,只能单向运行。(　　)×

3. 动车组一般具有加速能力强、爬坡能力强、换向方便等优点。(　　)√

4. 高速动车组的牵引动力配置主要有动力集中、动力分散和混合动力三种形式。(　　)×

5. 按照用途分类,绝大多数动车组用于客运,少量动车组被用于货运。还有极少一部分用于轨道检测等特殊用途。(　　)√

6. 列车中有动力的车轴所承载的车重与无动力的车轴所承载的车重之比称为动拖比。(　　)√

7. 按照动拖比分,列车动拖比小于1∶3为动力集中;等于和大于1∶1为动力分散。(　　)√

8. 450 MHz列车无线调度通信系统包括调度总机、车站电台、机车电台、便携台以及区间设备、配套的检测设备等。(　　)√

9. GSMR调度通信系统业务包括列车调度通信、货运调度通信、牵引变电调度通信、其他调度及专用通信、站场通信、应急通信、施工养护通信和道口通信等。(　　)√

10. 如果当前工作模式由GPS决定或显示车站站名,必须选择"设置自动工作模式"。(　　)√

11. CTCTDCS根据调度命令中的机车号查找对应的目的IP地址并将调度命令发送。(　　)√

12. 调度员在CTCTDCS行车调度台编辑调度命令并发送。(　　)√

13. 列车在前方车站通过出站信号机后，本站接车进路如果排定，则 CTCTDCS 将本站列车进路预告信息进行发送，发送的目的 IP 地址由 CTCTDCS 按照机车号进行自动查找。(　　) √

14. CTCTDCS 需要向辖区内所有列车发送调度命令时，CTCTDCS 对区间内所有列车按机车号查找目的 IP 地址，按数据格式要求分别打包发送。(　　) √

15. 无线闭塞中心(RBC)系统是 CTCS-3 级列控系统的核心设备，满足 CTCS-3 级列控系统总体列车控制要求。(　　) √

16. 无线闭塞中心(RBC)系统根据车载子系统、地面子系统其他系统、地面外部系统提供的列车状态、轨道占用、临时限速命令、联锁进路状态、灾害防护等信息，产生针对所控列车的行车许可(MA)。(　　) √

17. RBC 将列车的行车许可(MA)通过 GSM-R 无线通信系统传输给 CTCS-3 级车载子系统。(　　) √

18. 高速铁路的信号与控制系统，是高速列车安全、高密度运行的基本保证。(　　) √

19. 高速铁路的信号与控制系统是集微机控制与数据传输于一体的综合控制与管理系统。(　　) √

20. 高速铁路通信系统分为有线通信部分与无线通信部分，其中有线通信部分与非高速铁路通信系统区别不大，区别主要体现在无线通信部分。(　　) √

21. 高速铁路通信系统的主要功能是完成指挥列车运行的各种调度命令信息及时、准确的传输，是列车高速、安全运行的重要保证。(　　) √

22. 高速铁路运营调度系统是高速铁路运营管理现代化、自动化、安全高效的标志。(　　) √

23. 高速铁路安全数据网应满足高可靠、高可用和高可维护性的要求。(　　) √

24. 牵引变电所将电力系统的电能变换成适合动车组使用的电能。(　　) √

25. 高速铁路接触网按分区所的运行状态，通常分单边供电、双边供电两种方式。(　　) √

26. 高速铁路接触网，目前主要采用直接供电方式带回流线和自耦变压器供电方式。(　　) √

27. 接触网是牵引供电系统的重要组成部分，牵引变电所通过接触网向动车组供电，而动车组通过受电弓从接触网取电。(　　) √

28. 接触网的定位有直线定位、曲线定位两种方式，是通过定位装置实现的。(　　) √

29. 接触网的悬挂方式分为简单悬挂、双补偿链式悬挂两种方式。(　　) √

30. 接触网定位装置包括：定位管、定位器。(　　) √

31. 运行速度提高使高速列车所需的牵引功率是普速列车的 10 倍。(　　) ×

32. 高速铁路接触网采用绝缘锚段关节式电分相结构。(　　) √

33. 距进站信号机 500 m 的范围内不得设电分相，15‰以上的坡道区段不得设电分相。(　　) ×

34. 在高速铁路中，均采用列车自动过分相技术。√

35. 我国铁路牵引供电的过分相方式采用车上断电自动过分相方式。（ ）√

36. 过分相装置由车载过分相装置和地面设备组成。（ ）√

37. 车载过分相装置由车底部的车载感应信号接收器、控制系统和安装于司机室的信号指示系统三个部分组成。（ ）√

38. 地面感应装置是嵌入专用轨枕里的耐高温、耐腐蚀、不易损坏的永久磁铁。（ ）√

39. 通过车载感应信号接收器感应地面装置完成列车定位和过分相动作触发。（ ）√

40. 如果当ATP的分相区不起作用时，GFX-3A通过分相区起到控制列车的作用。（ ）√

41. 铁路线路是由路基、桥隧建筑和轨道组成的一个分体的工程结构。（ ）×

42. 路基是线路的基础。（ ）√

43. 桥隧建筑物是当线路通过河流、山岭等天然障碍或跨越公路、其他线路时修筑的桥梁、涵洞、明渠、隧道等建筑物。（ ）√

44. 钢轨的断面采用"工"字形，由轨头、轨腰、轨底组成。（ ）√

45. 防爬设备是防止轨道爬行的设备。（ ）√

46. 高平顺性是高速铁路对轨道的最根本的要求，也是建设高速铁路的控制性条件。（ ）√

47. 道岔是使机车车辆从一股道转入或跨过另一股道的线路连接或交叉设备。（ ）√

48. 采用跨区间无缝线路是提高轨道结构连续性、均匀性的重大举措。（ ）√

49. 调度集中系统是我国铁路保证行车安全、提高运输效率的基础装备。（ ）√

50. 分散自律调度集中系统大幅度地提升了我国铁路行车指挥自动化程度，是保证铁路高速度、高密度运输安全生产的重要行车设备。（ ）√

51. 自律控制系统分布在控制中心、调度所和车站3个位置。（ ）×

52. 正常情况下，系统工作在车站自律状态下，只有在车站自律失效或调试时，中央自律控制才起作用。（ ）√

53. 为保证整个程序的实时响应时间，自律程序采用循环方式，每3～5 s执行1次。（ ）×

54. 分散自律控制的基本模式是自律控制子系统按照列车运行调整计划和站细自动自主控制列车进路。（ ）√

55. 在分散自律条件下，调度中心具备人工办理列车、调车进路，车站具备人工办理调车进路的功能。（ ）√

56. 当分散自律调度集中系统故障或其他紧急情况时，车站值班员可以按下6502控制台上的紧急站控按钮，切断分散自律调度集中系统控制输出继电器的电源，直接通过控制台按钮的方式进行控制。（ ）√

57. 列车进路的控制又分为自动按图排列进路和人工排列进路。（ ）√

58. 车体是用大型中空铝合金型材组焊而成，为筒形整体承载结构。（　）√

59. 车体所使用的材料为可焊接铝合金，具有良好的防腐性。（　）√

60. 头车的车体结构设计成能够给司机提供一个安全空间，设计时候要确保车体在挡风玻璃以上的区域能够承受 1 300 kN 的力。（　）×

61. 车体外部设备包括车体设备舱、注水口盖板、排污口盖板、排障器、底部导流罩、车顶设备罩、头车玻璃钢裙板、中间车转向架裙板等部件。（　）√

62. 设备舱的作用是降低动车组运行中的空气阻力和保护车下悬挂设备防止石击。（　）√

63. 设备舱由裙板、设备舱底板、隔板等组成。（　）√

64. 排障器装在司机室前端下方，排障器中央的底部能承受 1 370 kN 的静压力。（　）×

65. 底部导流罩的作用是优化空气动力学性能并防止异物损坏导流罩后面的部件。（　）√

66. 底部导流罩采用玻璃钢材料制作，通过螺栓与排障器连接。（　）√

67. 头车玻璃钢裙板、中间车转向架裙板的作用是优化转向架区域的空气动力学性能。（　）√

68. CRH380B 型动车组 03 号车和 06 号车设有受电弓车顶导流罩。（　）×

69. CRH380B 型动车组在头车端部装有自动车钩，车钩位于司机室内。（　）×

70. 自动车钩的联杆设计为可伸缩式，车钩可气动伸出和缩回。（　）√

71. 对中装置使自动车钩保持在车辆的纵轴中心线。（　）√

72. 机械钩头装有加热器，加热器在外温降到 15 摄氏度时启动，防止在低温下影响连挂。（　）×

73. 同种类型的自动车钩可在连挂速度 5 km/h 实现自动连挂。（　）×

74. 自动连挂过程中，所有电气连接和气动连接都自动完成。（　）√

75. CRH380B 型动车组转向架均为模块化设计，主要结构基本相同。（　）√

76. 转向架构架为双 H 形设计，主要由钢板制成。（　）√

77. 制动装置包括动力转向架的轮装制动装置和拖车转向架的轴装制动装置。（　）√

78. 客室内门按用途分为内端门和外端门。（　）√

79. 由于车内气压波动对乘员舒适性的影响，所以车门必须具有很高的气密性能。（　）√

80. 驾驶动车组所需的电子、电气、空气和机械设备设于司机室柜中，设备组件按使用频率分组安装。（　）×

81. 司机室司机操纵台在司机室前方居中布置，主要布置驾驶列车需要的设备和经常用到的元件。（　）√

82. 受电弓开关的作用：使列车中所有受电弓升起或降落。（　）√

83. 受电弓开关共设置了 4 个位置。（　）×

84. 主断路器开关的作用：控制主断路器的开闭。（　）√

85. 主断路器开关设置:“合”、“断”等三个位置。( ) ×

86. 方向开关的作用:确定行驶方向。( ) √

87. 钥匙开关的作用:激活司机室。( ) √

88. 钥匙开关设置:“开”、“关”等三个位置。( ) ×

89. 制动手柄的作用:启用各项制动功能。( ) √

90. 制动手柄共设置了十四个位置。( ) ×

91. 司机室左侧 HMI 作用:用于车辆控制和监测车辆,与右侧 HMI 互为冗余。( ) √

92. 指示灯调节控制开关设置:“明”、“暗”等四个位置。( ) ×

93. 火警指示灯作用:指示火警回路已被触发。( ) √

94. 前照灯开关共设置了三个位置。( ) ×

95. 前照灯开关作用:启动司机室内部照明设备。( ) ×

96. 时刻表灯的作用:为司机台上的时刻表区域提供照明。( ) √

97. 时刻表灯设置:“开启”、“关闭”、“变暗”三个位置。( ) √

98. 撒砂开关的作用:启动撒砂功能。( ) √

99. 撒砂开关设置:“前轮对”、“全部轮对”两个位置。( ) √

100. 门侧选择开关的作用:确认开门的方向。( ) √

101. 门侧选择开关设置:“左侧开门”“右侧开门”两个位置。( ) √

102. 开门白色按钮点亮指示:已执行开门操作。( ) √

103. GFX 绿色按钮点亮指示:GFX 系统准备运行。( ) √

104. GFX 红色按钮点亮指示:GFX 系统故障。( ) √

105. 缓解停放制动按钮作用:缓解头车停放制动。( ) ×

106. 全列车全部缓解停放制动后,停放制动缓解按钮灯点亮白灯。( ) √

107. 司机室电压表作用:显示当前的蓄电池电压。( ) √

108. 检测指示灯按扭的作用:启用司机室中指示灯的测试功能。( ) √

109. 辅助制动手柄的作用:用于控制辅助制动装置制动、缓解功能。( ) √

110. CCU12 控制开关的作用:禁用 CCU-1 或 CCU-2。( ) √

111. 蓄电池开关的作用:接通或切断整列车的主电池接触器。( ) √

112. 左控制柜操作区布置一些司机驾驶过程不常使用的部件,例如,打印机、灭火器等。( ) √

113. 接触网高压电经受电弓进入动车组,经主断路器等高压部件,一路直接进入本牵引单元、另一路经隔离开关、车顶高压电缆进入另一牵引单元。( ) √

114. 正常运行时,升起两架受电弓。( ) ×

115. 本动力单元高压部件或牵引单元发生故障时,可将故障受电弓或牵引单元隔离。( ) √

116. 牵引变流器连接到主变压器次边牵引绕组上,通过预充电单元给两个并联整流模块供电。( ) √

117. 牵引电机通过四个固定点固定到转向架的电机支撑上。( ) √

118. 如果供风系统或者低压电源系统发生故障，受电弓会自动降弓。(　　) √

119. 主断路器具备动车组高压系统与接触网接通、断开控制功能。(　　) √

120. 主断路器具备动车组供电系统过流、短路等故障保护功能。(　　) √

121. 隔离开关为双极开关。(　　) ×

122. 发生故障时，隔离开关打开，将车顶高压电路断开。(　　) √

123. 当主风管压力不足时，动车组将启动辅助空压机为隔离开关提供压缩空气。(　　) √

124. 避雷器安装在头车车顶上部。(　　) ×

125. 避雷器用于保护动车组及电气系统的安全。(　　) √

126. 接地开关通过手柄手动操作，带有安全连锁钥匙。(　　) √

127. 电压互感器原边绕组与受电弓相连接。(　　) √

128. 电压互感器位于受电弓与主断路器之间。(　　) √

129. 电压互感器用于测量、监控接触网线电压。(　　) √

130. 线电流互感器安装在车顶上部。(　　) √

131. 主变压器电流互感器安装在车下部。(　　) ×

132. 主变压器回流互感器安装在辅助变流器箱体内。(　　) ×

133. 主变压器回流互感器用于检测每个主变压器的回流电流。(　　) √

134. 通过同一高压单元中线电流互感器、两个主变压器电流互感器的检测值间的比较，可以判断动车组高压系统是否存在接地故障。(　　) √

135. 车辆间高压电缆连接通过位于车端的支撑绝缘子和跨接电缆实现。(　　) √

136. 电磁兼容接地主要是电缆屏蔽层接地，电缆屏蔽层两端接地，不论对电场还是对磁场都能起到屏蔽作用。(　　) √

137. 运行接地用来把高压电网电流反馈到轨道上，轨道的作用是充当电流回馈变电所的导体。(　　) √

138. 牵引变压器冷却系统采用油循环风冷却方式。(　　) √

139. 牵引变压器冷却系统主要由油冷却器、电动油泵、冷风机等部件组成。(　　) √

140. 牵引设备箱采用紧凑型结构。(　　) √

141. 牵引变流器模块具有互换性，其输入线路接触器由牵引控制单元 CCU 控制。(　　) ×

142. 牵引电机具有结构坚固，质量轻，噪声低，设计紧凑等特征。(　　) √

143. 牵引电机采用弹性波纹管联结的开路循环通风系统强迫冷却。(　　) √

144. 牵引电机定子由机座、定子铁芯和定子线圈等部件组成。(　　) √

145. 牵引电机转子为鼠笼结构。(　　) √

146. CRH380B 型动车组的充电机控制单元与 WTB 相连。(　　) ×

147. CRH380B 型动车组的辅助供电系统采用干线供电方式。(　　) ×

148. 供风装置的空气送至总风管，该管通过软管与临车相连。(　　) √

149. CRH380B 型动车组装有四个总风缸。(　　) √

150. 空压机工作压力范围 850～950 kPa。(　　) ×

151. 辅助空压机为单缸活塞式压缩机。(　　) √

152. 在总风缸压力不足时，受电弓、主断路器和车顶隔离开关所需压缩空气将由辅助空压机来提供。(　　) √

153. 空气制动面板和制动控制单元组合成单一制动控制模块并形成制动控制单元。(　　) √

154. 制动控制单元用于实现制动装置的控制和诊断，包括防滑控制功能。(　　) √

155. 为满足动车组制动系统压缩空气湿度要求，CRH380B 型动车组供风系统安装了双罐式空气干燥器。(　　) √

156. 动车组基础制动装置都是利用杠杆原理，把空气制动部分的制动缸活塞推力，从而达到制动的目的。(　　) √

157. CRH380B 型动车组基础制动装置包括制动盘、夹钳单元及制动闸片。(　　) √

158. CRH380B 型动车组均采用盘形制动装置。(　　) √

159. CRH380B 型动车组车轮防滑控制装置包含在制动控制单元内。(　　) √

160. CRH380B 型动车组动力转向架上安装有横向加速传感器。(　　) ×

161. 横向加速传感器用于探测横向加速度，并转化为电子信号反馈至 CCU，该信号反映车辆运行的稳定性及转向架的振动幅度。(　　) ×

162. 制动控制单元除执行防滑、轴不旋转和运行稳定性监测外，还执行撒砂等辅助功能。(　　) √

163. 执行撒砂操作时，砂粒由空气流带动，经撒砂管进入撒砂喷嘴，进而完成撒砂动作。(　　) √

164. CRH380B 型动车组装配有一个电制动系统(ED 制动)。(　　) √

165. 间接空气制动在直接制动机发生故障时提供间接制动和备用方式功能。(　　) √

166. 在正常运行时通过“制动手柄”实现列车的制动操作。(　　) √

167. CRH380B 型动车组在直通制动系统故障时仍可停车。(　　) √

168. 在紧急制动实施时，电气紧急制动回路将打开。(　　) √

169. 停放制动的弹簧承载机构可以保证动车组列车安全的停放在坡道上。(　　) √

170. 为了确保停放制动能够紧急缓解，在设有停放制动的转向架两侧了装有手动缓解拉绳。(　　) √

171. 每辆车停放制动状态可以通过压力传感器显示在司机室 HMI 屏上。(　　) √

172. CRH380B 型动车组的备用制动系统为直通式空气制动系统。(　　) ×

173. 制动手柄“REL”的作用为：启用紧急制动。(　　) ×

174. 制动手柄“1A”和“1B”位置未被闭锁，从而可连续微调常用制动设置。(　　) √

175. 比例制动用来达到全部车轴上相同的制动压力。(　　) √

176. 使用雪天制动可以改进由于雪和冰引起的不良黏着系数。（　　）√

177. 雪天制动通过产生的小摩擦制动力清扫制动盘上的冰。（　　）√

178. 如果触发了紧急制动，牵引力将被切断。（　　）√

179. CRH380B 型动车组增加了紧急制动 EB 和紧急制动 UB 功能，并能够根据实际运行情况实现紧急制动 EB 和紧急制动 UB 的转换。（　　）√

180. 列车自动保护系统(ATP)动作，将触发紧急制动 EB。（　　）×

181. 当备用制动、紧急驱动模式激活时，紧急制动 EB 将自动转为紧急制动 UB。（　　）√

182. 通过司机室故障面板上的 EBUB 转换开关，实现紧急制动 EB 向紧急制动 UB 的转换。（　　）√

183. 列车控制网络 TCN 包括列车级通信网络 WTB 和车辆级通信网络 MVB，这两个系统都采用了单路冗余线传输。（　　）×

184. CRH380B 型动车组网络控制系统设备由辅助控制单元等六个设备组成。（　　）×

185. CRH380B 型动车组每个牵引单元内有两个 CCU，其中一个 CCU 以主控 CCU 方式工作，另一个以从控 CCU 方式工作。　√

186. CCU 由 MVB32 板卡、各控制板卡及网关板卡等元件组成。（　　）√

187. 在占用司机室里的主 CCU 为列车主控 CCU，除了主控 CCU 的功能外，它还接管整个车组更高级的控制。（　　）√

188. 主 CCU 负责本牵引单元的车辆控制，从 WTB 读取指令和信息，并向 WTB 发送反馈信息。（　　）√

189. 主 CCU 具有监控安全回路、控制车载电源等共八个功能。（　　）×

190. 从 CCU 可以监控主 CCU 工作状态，并在主 CCU 发生故障时随时接替主 CCU 的工作。（　　）√

191. 人机界面 HMI 仅设置于司机室内。（　　）×

192. 牵引控制单元主要由中央控制单元、信号处理器、信号输入输出模块、MVB 通信模块和电源模块等组成。（　　）√

193. 每辆头车各设有四个相互冗余的制动控制单元。（　　）×

194. 制动控制单元用于实现制动装置的控制和诊断，包括防滑控制等功能。（　　）√

195. 紧急制动环路的任务是将动车组运行途中不安全因素诱发的紧急制动请求传递给列车内各制动部件，各制动组件通过评估紧急制动环路状况，触发紧急制动动作，为动车组提供最大制动力，确保动车组能够安全停车。（　　）√

196. 转向架监控环路监测轴端轴承的温度以及动车组所有转向架的运行平稳性(运行平稳性监测)，当限值被超出且紧急制动未生效时，可断开转向架监测回路，进而通过串联在紧急制动环路中的转向架监控环路状态继电器触发紧急制动停车。（　　）√

197. 停放制动监控环路负责监控停放制动的施加状态，在列车行驶过程中如果错误施加了停放制动，司机室 HMI 屏会发出声音信号，同时停放制动状态继电器还会通过中断的

紧急制动回路触发紧急制动停车，此举可确保停放制动盘不会被过度磨损或过热。(　　)√

198. 制动缓解环路负责监控空气制动的施加状态，在列车行驶过程中如果错误施加了空气制动，可通过封锁牵引的方式确保制动盘不会被过度磨损或过热。(　　)√

199. 当动车组出现火灾时，火警环路将发出火警信号，司机室 HMI 将出现报警信息。(　　)√

200. 在网络终端上，牵引控制单元处理和完成共八项指令和功能。(　　)×

201. 列车运行控制系统是以技术手段对列车运行方向、运行间隔和运行速度进行控制，使列车能够安全运行并且提高运行效率的系统。(　　)√

202. 我国铁路目前采用列车超速防护系统 ATP。(　　)√

203. ATC 可根据行车指挥命令、线路参数、列车参数等实时监督列车运行速度，通过控制列车多级常用制动，自动降低列车运行速度，保证行车安全。(　　)√

204. ATC 是比列车超速防护系统高一级的列车自动控制系统，它可替代司机的部分操作。(　　)√

205. 人控优先的方式只有在列车速度超过安全运行所允许的速度，设备才自动介入实施制动，列车正常运行时设备不干预司机操作。(　　)√

206. 阶梯控制方式是在一个闭塞分区中只按照一种速度判断列车是否超速。(　　)√

207. 阶梯控制方式又可分为：出口检查方式、入口检查方式及全程检查三种。(　　)×

208. 入口检查方式就是列车在闭塞分区入口处接收到允许速度后立即依此速度进行检查，没有目标速度指示，一旦列车速度超过允许速度，则列控设备自动实施制动使列车运行降低到目标速度以下。(　　)√

209. 我国的列控系统采用点连式列车运行控制系统。(　　)√

210. 列车运行控制系统安全防护功能：在任何情况下防止列车无行车许可运行。(　　)√

211. 列车运行控制系统具有开机自检和动态检查功能。(　　)√

212. 列车运行控制系统具有关键数据和关键动作的记录功能及监测接口的功能。(　　)√

213. 列车运行控制系统按照信号故障导向安全原则进行系统设计，采用冗余结构，满足电磁兼容性相关标准。(　　)√

214. 铁路运输管理系统是行车指挥中心，以 CTCS 为行车安全保障基础，通过通信网络实现对列车运行的控制和管理。(　　)√

215. CTCS 网络传输层分布在系统的各个层面，只能通过有线通信方式实现数据传输。(　　)×

216. 地面设备根据行车命令、列车进路、列车运行状况和设备状态，通过安全逻辑运算，产生控车命令并传送给列控车载设备，实现对运行列车的控制。(　　)√

217. 车载设备层是对列车进行操纵和控制的主体，具有多种控制模式，并能够适应轨

道电路、点式传输和无线传输方式。(　　)　√

218. 车载设备层主要包括车载安全计算机、连续信息接收模块、点式信息接收模块、无线通信模块、测速模块、人机界面和记录单元等。(　　)　√

219. CTCS-0级的控制模式是目标距离式，它在既有地面信号设备的基础上，采取大贮存的方式把线路数据全部贮存在车载设备中，靠逻辑推断地址调取所需的线路数据，结合列车性能计算给出目标距离式制动曲线。(　　)　√

220. CTCS-2级采取目标距离控制模式，目标距离控制模式根据目标距离、目标速度及列车本身的性能确定列车制动曲线，不设定每个闭塞分区速度等级，采用一次制动方式。(　　)　√

221. CTCS-2级采取闭塞方式称为准移动闭塞方式，其追踪运行间隔要比固定闭塞小一些。(　　)√

222. CTCS-3级是基于无线通信(GSMR)的列车运行控制系统。(　　)　√

223. CTCS-3级轨道负责电路完成列车占用检测及完整性检查。(　　)　√

224. CTCS-3级应答器设备提供列车用于测距修正的定位基准信息。(　　)　√

225. CTCS-3级无线通信系统实现地—车间连续、双向的信息传输，行车许可由地面列控中心产生，通过无线通信系统传送到车上。(　　)　√

226. CTCS各应用等级均采用目标距离控制模式，采取连续多次制动方式。(　　)　×

227. CTCS-2列控系统有两个子系统，即车载子系统和地面子系统。(　　)　√

228. 车载安全计算机是ATP的核心。(　　)　√

229. 轨道电路信息接收单元用于接收ZPW-2000A系列轨道电路及4信息、8信息、18信息等传统移频轨道电路的信息，并及时将地面轨道电路信息传输给VC和LKJ监控装置。(　　)　√

230. ATP车载设备配备了记录单元，主要用于设备状态和故障信息以及各种事件的记录。(　　)　√

231. 轨道电路信息接收天线利用电磁感应接收流经钢轨的信号电流，传送到设置在ATP主机柜的BTM，BTM对该信号进行选择和解调。(　　)　×

232. 应答器信息接收天线接收地面应答器所发出的高频信号，并通过专用的电缆将该信号传递给设置在ATP的BTM。(　　)　√

233. CTCS-3级地面设备由RBC、TCC、ZPW-2000(UM)系列轨道电路、应答器(含LEU)、GSM-R通信接口设备等组成。　√

234. 列控中心(TCC)用于列车控制、产生进路命令、速度等信息设备的总称。(　　)　√

235. RBC是CTCS-3级列控系统的核心车载设备，是基于信号故障—安全原则设计的控制系统。(　　)　×

236. 高铁防灾安全监控系统作为高速铁路运营调度系统的子系统，在预防灾害对高铁运营的危害方面起着重要的保障作用。(　　)　√

237. 铁路防灾安全监控系统，应能够提供各种自然灾害情报数据，为列车运行控制提

供依据。（　　）√

238. 安全是交通运输方式的先决条件，是高效运输和持续发展之本，是铁路运输的生命线。（　　）√

239. 高速铁路由于列车高速度、高密度运行，一旦发生事故，后果相当严重。（　　）√

240. 高速铁路对行车安全保障体系提出了更高的要求。（　　）√

241. 高速铁路自然灾害和异物侵限监测系统是保证高速铁路列车安全、高效运行的技术支撑手段和重要基础装备之一。（　　）√

242. 大风对高速铁路安全的影响是不容忽视的。（　　）√

243. 强横风作用下，接触网可能引起强烈摆动、翻转。（　　）√

244. 用于车辆的侧向大风则将影响列车运行的横向稳定性，可能造成列车倾覆。（　　）√

245. 下雪时积雪过大会对高速铁路动车组运行带来危害。（　　）√

246. 雪害监测设备包括降雪计、积雪深度计、自动控制部分及除雪设备等。（　　）√

247. 在影响高速铁路运行安全的自然灾害中，地震是一种发生概率相对较小，但危害性最大的一种特殊灾害。（　　）√

248. 高速铁路条件下的隧道灾害，主要表现为火灾、水灾、空气动力学问题和隧道内的通常病害、侵限及结构失稳问题。（　　）√

249. 高速铁路桥梁及高架线路往往占有较大的比重，桥梁及高架线路的可靠程度和状态，将直接影响高速铁路运营的安全和效益。（　　）√

第二十三章　模拟试卷及答案

第一节　模拟试卷

模拟试卷(一)

一、填空题(本题共10小题,每小题2分,共20分)

1. CRH2A型动车组动力车转向架全部车轮装有(　　)机械制动盘。

2. CRH2A型动车组操纵台故障显示灯自动过分相点亮表示检测到自动过分相控制装置(　　)。

3. CRH2A型动车组受电弓的升降指令能够通过设置在司机台的操作开关或者监控器的(　　)发出。

4. CRH2A型动车组按下火灾报警按钮及乘客紧急停车按钮,司机室和随车机械师室的(　　)将发出报警声音。

5. DMI显示器缓解键,当DMI上给出允许缓解的提示后,司机按下(　　)键,列控车载设备结束制动。

6. GSM-R调度通信系统由网络交换子系统等(　　)设备构成。

7. 高速铁路均采用牵引供电的电气化铁路,牵引供电系统由(　　)和接触网组成。

8. CRH380B型动车组全列共有(　　)个牵引单元。

9. CRH380B型动车组整列为一个高压单元,由(　　)对称的牵引单元组成。

10. CRH380B型动车组(　　)车的拖轴都装有停放制动缸。

二、选择题(本题共10小题,每小题2分,共20分)

1. CRH2A型动车组可以(　　)重联运行。

A. 2个编组　　B. 2个车辆　　C. 1个编组　　D. 1个车辆

2. CRH2A型动车组动力配置,由(　　)两个动力单元构成。

A. 4动4拖　　B. 6动2拖　　C. 5动3拖　　D. 2动2拖

3. CRH2A型动车组车钩中心线高度(　　)mm。

A. 1000　　B. 900　　C. 850　　D. 880

4. CRH2A型动车组转换开关盘辅助空气压缩机控制开关的使用时机是MR压力低于(　　)kPa(指示灯显示"准备未完")时。

A. 640　　B. 650　　C. 630　　D. 620

5. CRH2A型动车组受电弓切换转换开关正常使用位置是置于左侧,功能是选择升起

(　　)号车受电弓。

A. 2或7　　B. 3或7　　C. 4或6　　D. 2或5

6. CRH380B型动车组全车共计(　　)牵引电机。

A. 两台　　B. 四台　　C. 八台　　D. 十六台

7. CRH380B型动车组有(　　)接地方式。

A. 一种　　B. 两种　　C. 三种　　D. 四种

8. 高速铁路安全数据网设置网络管理系统,实现(　　)等功能。

A. 管理　　B. 数据记录　　C. 故障报警　　D. 状态预测

9. 分散自律调度集中系统分为(　　)控制模式。

A. 分散自律　　B. 非常站控　　C. 分散执行　　D. 分散运行

10. CRH380B型动车组第一牵引单元由(　　)车组成。

A. 1　　B. 2　　C. 3　　D. 3

三、判断题(本题共10小题,每小题2分,共20分)

1. CRH2A型动车组车厢内前后车门上方设置有火灾报警按钮和紧急报警按钮。(　　)

2. CRH2A型动车组操纵台上部安装有司机经常操作的各种开关、按钮、手柄以及显示各种信息的显示器、指示灯等。(　　)

3. CRH2A型动车组操纵台故障显示灯准备未完准备点亮表示动车组尚未具备升弓合主断条件时点亮。(　　)

4. CRH2A型动车组操纵台故障显示灯转向架点亮表示检测到制动、轴温、黏着、空转、滑行等转向架异常。(　　)

5. CRH2A型动车组网侧高压电气设备主要包括:受电弓、主断路器、避雷器、电流互感器、接地保护开关等。(　　)

6. 无线闭塞中心(RBC)系统是CTCS-3级列控系统的核心设备,满足CTCS-3级列控系统总体列车控制要求。(　　)

7. 距进站信号机500 m的范围内不得设电分相,15‰以上的坡道区段不得设电分相。(　　)

8. 在分散自律条件下,调度中心具备人工办理列车、调车进路,车站具备人工办理调车进路的功能。(　　)

9. CRH380B型动车组在头车端部装有自动车钩,车钩位于司机室内。(　　)

10. 撒砂开关设置:“前轮对”、“全部轮对”两个位置。(　　)

四、简答题(本题共4小题,每小题5分,共20分)

1. CRH2A型动车组安全设备配置有哪几种?

2. CRH2A型动车组设备远程切除/复位操作?

3. 高速铁路灾害监测系统是由哪些子系统组成的集成系统?

4. 强风天气预警监测子系统由哪些设备组成?

五、论述题(本题共2小题,每小题10分,共20分)

1. CRH2A型动车组辅助电源装置(APU)概述?

2. CRH380B型动车组紧急制动环路的任务是什么?

模拟试卷(二)

一、填空题(本题共10小题,每小题2分,共20分)

1. CRH2A型动车组紧急制动复位按钮的功能是复位(　　)。

2. CRH2A型动车组VCB断按钮的功能是断开真空(　　)。

3. CRH2A型动车组司机室开关盘辅助制动开关的使用时机是(　　)装置故障时。

4. CRH2A型动车组(　　)复位操作需将制动手柄置于"快速"位,按下紧急制动复位按钮。

5. MON显示器切换至"车辆信息"页面,确认(　　)断开。

6. 间接空气制动在列车分离时,施加(　　)。

7. 备用制动系统启用后,司机制动手柄的制动控制被切断,(　　)将无法使用。

8. 在速度低于(　　)km/h时,只要长按"制动手柄"上的按钮,就可激活雪天制动。

9. 制动手柄"UB"位作用:触发(　　)。

10. CRH380B型动车组拖车上的辅助变流器控制单元与(　　)相连。

二、选择题(本题共10小题,每小题　分,共　分)

1. CRH2A型动车组制动手柄的功能是设定制动力的大小,分运行、(　　)、快速、拔取位。

A. B1～B9　　B. B1～B8　　C. B1～B7　　D. B1～B6

2. CRH2A型动车组转换开关盘耐雪制动开关的使用时机是雪天,运行速度(　　)km/h以下,需要启动耐雪制动。

A. 90　　B. 120　　C. 110　　D. 100

3. CRH2A型动车组一个基本动力单元的牵引系统主要包括网侧高压电气设备、(　　)牵引变压器。

A. 1台　　B. 2台　　C. 3台　　D. 4台

4. CRH2A型动车组空气制动装置包括(　　)式制动装置。

A. 2套轮盘　　B. 4套轴盘　　C. 4套轮盘　　D. 4套轴盘

5. 在引导模式下,司机应当在每60 s之内或运行300 m以前按下警惕键,否则列控车载设备将触动(　　)制动。

A. 停车制动　　B. 制动　　C. 紧急　　D. 常用

6. CRH380B型动车组的辅助供电系统主要由单辅助变流器等(　　)设备组成。

A. 六个　　B. 七个　　C. 八个　　D. 九个

7. CRH380B型动车组(　　)号车每车装有总风缸。

A. 01、08　　B. 02、07　　C. 03、06　　D. 04、05

8. 分散自律调度集中系统能够满足我国铁路复杂的运输组织需求,实现了各级运输调度的(　　)。

A. 联合运行　　B. 集中管理　　C. 统一指挥　　D. 实时监督

9. 制动手柄设置:"1A,1B,2,3,4,5,6,7"和(　　)等位置。

A. OC　　B. REL　　C. EB　　D. UB

10. 动车组接地分为(　　)。

A. 保护性接地　　B. 电磁兼容接地　　C. 运行接地　　D. 临时接地

三、判断题(本题共10小题,每小题2分,共20分)

1. CRH2A型动车组动车转向架(KW-175)主要由轮对、轴箱、一系悬挂、构架、二系悬挂、驱动装置和基础单元等七部分组成。(　　)

2. CRH2A型动车组紧急制动复位按钮的功能是复位制动。(　　)

3. CRH2A型动车组操纵台左侧墙面板上空气管关控制开关作用是强制空气管开闭器转换为"关闭位置"。(　　)

4. CRH2A型动车组转换开关盘空挡开关的使用时机是动车组停留状态,需要试验主电路制动性能时。(　　)

5. CRH2A型动车组非动车上的每根轴上有电制动和空气制动装置。(　　)

6. 接触网是牵引供电系统的重要组成部分,牵引变电所通过接触网向动车组供电,而动车组通过受电弓从接触网取电。(　　)

7. 受电弓开关的作用:使列车中所有受电弓升起或降落。(　　)

8. 制动手柄共设置了十四个位置。(　　)

9. 缓解停放制动按钮作用:缓解头车停放制动。(　　)

10. 当主风管压力不足时,动车组将启动辅助空压机为隔离开关提供压缩空气。(　　)

四、简答题(本题共4小题,每小题5分,共20分)

1. CRH2A型动车组火灾报警按钮、紧急报警按钮的用途?

2. CRH2A型动车组制动系统组成?

3. 高速铁路信号安全数据网接入设备有哪些?

4. CRH380B型动车组空气制动装置能够执行哪些功能?

五、论述题(本题共2小题,每小题10分,共20分)

1. 列车运行控制系统引导模式的控制原理?

2. CRH380B型动车组转向架监控环路的作用?

模拟试卷(三)

一、填空题(本题共 10 小题,每小题 2 分,共 20 分)

1. CRH2A 型动车组操纵台故障显示灯辅助制动点亮表示(　　)投入。

2. CRH2A 型动车组转换开关盘关车门安全开关的使用时机是低速通过(　　)时等。

3. CRH2A 型动车组当一台辅助电源装置发生故障时,可通过(　　)辅助电源装置向全列车提供辅助电源。

4. CRH2A 型动车组发生报警后,按相关规定处理后,须对报警蜂鸣器进行(　　)操作。

5. CRH2 型动车组可与同型动车组重联运行,两列 CRH2 动车组的连挂与解编可以在司机室操作自动进行,紧急情况下也可以(　　)操作。

6. CRH380B 型动车组采用微机控制的(　　)电空制动系统。

7. CRH380B 型动车组每辆车只有(　　)制动控制模块。

8. 制动手柄"OC"位作用:忽略或缓解(　　)。

9. 自动安全装置 ASD 动作,将触发(　　)。

10. CTCS-3 级采取(　　)控制模式和准移动闭塞方式。

二、选择题(本题共 10 小题,每小题 2 分,共 20 分)

1. CRH2A 型动车组主控器手柄,常使用位置:切。功能:设定牵引力的大小,分为 P1～P(　　)挡。使用时机:根据需要。

A. 10　　B. 8　　C. 6　　D. 7

2. CRH2A 型动车组接地保护开关(EGS 开关):每个基本动力单元(　　)。

A. 2 个　　B. 3 个　　C. 4 个　　D. 1 个

3. DMI 显示器目视键,在停车(　　)按压目视键无效。

A. 3 min　　B. 3 min 之内　　C. 2 min　　D. 2 min 之内

4. 按 VCB 合开关,通过故障显示灯 VCB 灯熄灭、网压电压表,确认(　　)闭合。

A. ASD　　B. EGS　　C. VSB　　D. VCB

5. 为减少动车组冲动,运行中操纵制动系统应根据运行速度选择适当的制动级位,高速运行时应尽量用(　　)及以上级。

A. B2　　B. B5　　C. B3　　D. B4

6. CRH380B 型动车组制动控制单元监测每个轮对的速度,可根据轮轨之间的黏着情况激活防滑阀来减小(　　)的压力。

A. 辅助风缸　　B. 主风缸　　C. 空压机　　D. 制动缸

7. 当动车组制动控制单元(BCU)检测到紧急制动 EB 减速度低于目标值时,将自动触发(　　)并生成故障信息。

A. 紧急制动 UB　　B. 紧急制动 EB　　C. 常用制动　　D. 最大常用制动

8. CRH380B 型动车组的辅助供电系统主要由(　　)等设备组成。

A. 单辅助变流器　　B. 双辅助变流器　　C. 充电机　　D. 蓄电池

9. 辅助空压机主要由(　　)组成。

A. 计算机　　B. 压缩机　　C. 直流电机　　D. 干式空气滤清器

10. CRH380B 型动车组网络控制系统设备包括:(　　)等设备。

A. 辅助控制单元　　B. 输入输出模块　　C. 温度采集单元　　D. 中继器

三、判断题(本题共 10 小题,每小题 2 分,共 20 分)

1. CRH2A 型动车组发生报警后,按相关规定处理后,须对报警蜂鸣器进行复位操作。(　　)

2. 确认制动手柄处在"快速"位,将主控钥匙插入制动手柄钥匙孔,向顺时针方向旋转,解锁制动控制器。(　　)

3. MON 显示器切换至"车辆信息"页面,确认 EGS 断开。(　　)

4. 启动动车组时,应将牵引手柄在"P0～P1"位稍作停留,再根据目标速度采用适当级位,做到起车稳、加速快。(　　)

5. 实行紧急制动时应考虑动车组速度、线路情况、限速要求等条件,准确掌握制动时机和级位,保持动车组均匀减速。(　　)

6. CRH380B 型动车组的备用制动系统为直通式空气制动系统。(　　)

7. CRH380B 型动车组增加了紧急制动 EB 和紧急制动 UB 功能,并能够根据实际运行情况实现紧急制动 EB 和紧急制动 UB 的转换。(　　)

8. 主 CCU 具有监控安全回路、控制车载电源等共八个功能。(　　)

9. CTCS-2 级采取闭塞方式称为准移动闭塞方式,其追踪运行间隔要比固定闭塞小一些。(　　)

10. RBC 是 CTCS-3 级列控系统的核心车载设备,是基于信号故障—安全原则设计的控制系统。(　　)

四、简答题(本题共 4 小题,每小题 5 分,共 20 分)

1. CRH2A 型动车组操作设备有哪些?

2. CRH2A 型动车组运行中遇下列情况,动车组限速运行的规定?

3. CRH380B 型动车组安全环路的组成?

4. CTCS 体系结构分为哪些层配置?

五、论述题(本题共 2 小题,每小题 10 分,共 20 分)

1. CRH2A 型动车组运行中操纵注意事项?

2. CRH380B 型动车组停放制动监控环路的作用?

第二节 模拟试卷答案

模拟试卷(一)答案

一、填 空 题

1. 轮盘	2. 故障	3. 显示器	4. 蜂鸣器	5. 缓解
6. 九个	7. 牵引变电所	8. 2	9. 两个	10. 02、07号

二、选 择 题

1. A　2. A　3. A　4. A　5. C　6. D　7. C　8. B、C、D　9. A、B　10. A、B、C、D

三、判 断 题

1. ×　2. √　3. √　4. ×　5. √　6. √　7. ×　8. √　9. ×　10. √

四、简 答 题

1. 答：本车配备有紧急用梯子，过渡板，灭火器，火灾报警按钮，紧急报警按钮，厕所紧急报警按钮。

2. 答：(1)按压主控端司机室 MON 屏【远程控制切除】键，进入“远程控制切除”页面。(2)选择相应动力单元(1U/2U/3U)。(3)选择要切除/复位的设备。(4)按下【设定】键，即：【单元】+【对应设备】+【设定】。(5)MON 屏切换至“切除状态”页面，确认对应设备的切除/复位状态。

3. 答：高速铁路灾害监测系统是由风监测、雨监测、雪监测、异物侵限监控、地震监控等子系统组成的集成系统。

4. 答：强风天气预警监测子系统由风速检测设备、数据传输单元、监控单元、数据处理设备、终端等设备组成。

五、论 述 题

1. 答：CRH2 型动车组辅助供电系统由牵引变压器 3 次辅助绕组提供电源，采用干线供电方式，电源系统贯穿全列车。每列车设置 2 台辅助电源装置(APU)，安装在 1、8 号车体底下，分别向 4 辆车提供辅助电源。当一台辅助电源装置发生故障时，可通过另一台辅助电源装置向全列车提供辅助电源。

2. 答：CRH380B 型动车组紧急制动环路的任务是将动车组运行途中不安全因素诱发的紧急制动请求传递给列车内各制动部件，各制动组件通过评估紧急制动环路状况，触发紧急制动动作,为动车组提供最大制动力,确保动车组能够安全停车。

模拟试卷(二)答案

一、填 空 题

1. 紧急制动　2. 断路器　3. 制动控制　4. 紧急制动　5. EGS
6. 紧急制动　7. 电制动　8. 40 km/h　9. 紧急制动 UB　10. MVB

二、选 择 题

1. C　2. C　3. A　4. A　5. C　6. B　7. C　8. B、C、D　9. A、B、C、D　10. A、B、C

三、判 断 题

1. ×　2. ×　3. √　4. ×　5. ×　6. √　7. √　8. ×　9. ×　10. √

四、简 答 题

1. 答:每节车厢内前后车门上方设置有火灾报警按钮和紧急报警按钮。按下按钮后,在蜂鸣器报警的同时,驾驶室和列车员室的显示器上也显示报警画面。

2. 答:制动系统主要由电制动系统、空气制动系统、防滑装置和制动控制装置组成。

3. 答:高速铁路信号安全数据网接入设备包括:列控中心(TCC)、计算机联锁(CBI)、临时限速服务器(TSRS)、无线闭塞中心(RBC)。

4. 答:CRH380B 型动车组空气制动装置执行常用制动、紧急制动、旅客紧急制动、停放制动功能。

五、论 述 题

1. 答:引导模式是列控车载设备从轨道电路接收 HB 码后在轨道电路出口处形成速度为 40 km/h 的模式曲线,越过进站信号机后,自动转入本模式。在该模式下,司机应当在每 60 s 之内或运行 200 m 以前按下警惕键,否则列控车载设备将触动紧急制动。

2. 答:CRH380B 型动车组转向架监控环路监测轴端轴承的温度以及动车组所有转向架的运行平稳性(运行平稳性监测),当限值被超出且紧急制动未生效时,可断开转向架监测回路,进而通过串联在紧急制动环路中的转向架监控环路状态继电器触发紧急制动停车。

模拟试卷(三)答案

一、填 空 题

1. 辅助制动　2. 清洗线　3. 另一台　4. 复位　5. 手动
6. 直通式　7. 一个　8. 紧急制动　9. 紧急制动 EB　10. 目标距离

二、选 择 题

1. A　2. D　3. D　4. D　5. B　6. D　7. A　8. A、B、C、D　9. B、C、D　10. A、B、C、D

三、判 断 题

1. √　2. ×　3. √　4. ×　5. ×　6. ×　7. √　8. ×　9. √　10. ×

四、简 答 题

1. 答:主要包括操纵台上部设备、操纵台下部设备、左侧墙面板设备、司机室后墙配电板及控制开关等。

2. 答:(1)动车组制动系统故障切除 25%制动力时,限速 160 km/h 运行;切除 50%制动力时,限速 120 km/h 运行。(2)空气弹簧故障时,限速 120 km/h 运行。(3)车窗玻璃破损导致车厢密封失效时,限速 160 km/h 运行。

3. 答:CRH380B 型动车组安全环路由环路中断器、环路控制线、环路状态线、环路状态继电器组成。

4. 答:CTCS 体系结构分为铁路运输管理层、CTCS 网络传输层、地面设备层、车载设备层配置。

五、论 述 题

1. 答:遇接触网故障或降、升受电弓标、降、升弓手信号时,应及时降下或升起受电弓。遇接触网临时停电或有异常情况时,要迅速断开主断路器、降下受电弓,根据动车组运行速度、风表压力情况选择适当地点停车,并立即报告车站值班员或列车调度员,及时通知随车机械师、列车长。运行中或未停稳时,严禁换向操纵。更换乘务组或更换驾驶室操纵时,必须进行制动简略试验。

2. 答:CRH380B 型动车组停放制动监控环路负责监控停放制动的施加状态,在列车行驶过程中如果错误施加了停放制动,司机室 HMI 屏会发出声音信号,同时停放制动状态继电器还会通过中断的紧急制动回路触发紧急制动停车,此举可确保停放制动盘不会被过度磨损或过热。